中华民族伟大复兴绝不是轻轻松松、敲锣打鼓就能实现的，也绝不是一马平川、朝夕之间就能到达的。我们要常怀远虑、居安思危，保持战略定力和耐心，“致广大而尽精微”。

——习近平主席二〇二二年新年贺词

中核集团
CNNC
中国核电
CNNP

持续改善 追求卓越

中国核电精细化运行管理之道（上）

CONTINUOUSLY IMPROVING
PURSUING EXCELLENCE

中国核能电力股份有限公司◎编著

中国经济出版社
CHINA ECONOMIC PUBLISHING HOUSE
·北 京·

图书在版编目（CIP）数据

持续改善　追求卓越：中国核电精细化运行管理之道／中国核能电力股份有限公司编著．--北京：中国经济出版社，2023. 1

ISBN 978-7-5136-7213-9

Ⅰ. ①持…　Ⅱ. ①中…　Ⅲ. ①核电站-运行-管理-中国　Ⅳ. ①F426. 23

中国国家版本馆 CIP 数据核字（2023）第 017788 号

项目负责人　李煜萍
责 任 编 辑　李若雯
责 任 印 制　马小宾
封 面 设 计　任燕飞

出版发行　中国经济出版社
印 刷 者　北京富泰印刷有限责任公司
经 销 者　各地新华书店
开　　本　710mm×1000mm　1/16
印　　张　43. 25
字　　数　700 千字
版　　次　2023 年 1 月第 1 版
印　　次　2023 年 1 月第 1 次
定　　价　238. 00 元
广告经营许可证　京西工商广字第 8179 号

中国经济出版社　**网址** www. economyph. com　**社址** 北京市东城区安定门外大街 58 号　**邮编** 100011
本版图书如存在印装质量问题，请与本社销售中心联系调换（联系电话：010-57512564）

持续改善 追求卓越：中国核电精细化运行管理之道

编 委 会

主　编　余剑锋

副主编　顾　军　王杰之　曹述栋　马文军　刘　敬
申彦峰　王学军　卢铁忠　马明泽　顾　健
李雄飞　赖江南　杜运斌　张国华　魏智刚
罗小未　刘焕冰　陈金星　陈富彬　杨景龙
高顺龙　张红军

编　委　王　兰　许　佳　陈建新　昌正科　王国华
王奇志　徐　涵

编 写 组

沈　超　葛　超　罗路红　丁利猛　汪　洋　林　凌
卢　鹏　罗　杨　刘　祯　李忠涛　许晓峰　杨　彬
周林盛　王文茜　陈超君　张向京　姜向平　吴小亮
卯春福　李燕麟　朱术超

序 一

PREFACE

天下大事，必作于细。当前，中核集团正在加快建设先进的核科技工业体系，打造世界一流核工业企业，推动核工业强国建设。在新时代新征程，做到“致广大而尽精微”，谋划时统揽大局、操作中细致精当，是中核集团改革发展的客观要求，更是内在需要。2022 年，中核集团在全系统开展了以“主动优化、持续改善”为主题的“精细化管理年”专项工作，通过全面推进精细化管理工作，为核工业发展添动能、蓄势能，为集团公司增信心、树形象。

开展精细化管理，其主旨在于不断追求卓越。30 多年来，中国核工业人以严格的标准，严格、细致开展工作，推动中国核电安全有序发展，实现了从秦山核电“国之光荣”到“华龙一号”“国家名片”的重大跨越，2021 年，中国核电 19 台核电机组 WANO 综合指数满分，位列世界第一。进入新时代特别是“两核”重组以来，中核集团通过不懈努力，跑出了核工业跨越赶超的加速度，展现了新时代核工业人的精气神。在集团全系统推行精细化管理，是对“两核”重组以来开展作风转变年、执行力提升年、抓落实年等系列专项工作的进一步延续和巩固，不断推动着企业发展的巨轮朝着一流目标前进，不断积蓄动能、积累实力，加快实现从量变到质变的跃升。

开展精细化管理，其内核在于发扬光大优良传统。核工业在创业过程中，培育了“事业高于一切，责任重于一切，严细融入一切，进取成就一切”的核工业精神。其中，严细融入一切，就是把严格细致融入一切活动、每个环节的良好作风，管理要严、工作要细，做到“严、慎、细、实”。正是有了这种精神，老一辈核工业人不断克服前进道路上的艰难险阻，铸造了“两弹一艇”的辉煌。建设世界一流企业，需要有更加科学精细的管理手段、管理水平、管理效果，助推组织战略清晰化、内部管理规范化、资源效益最大化。把核工业的优良传统与精细化管理的科学理念和方法深度融合，贯彻到日常管理、科研设计、生产运行、安全质量等方面，全面提升安全、质量、效率。

开展精细化管理，其重点在于增强系统思维、提升治理和管理水平。一流的企业要有现代的治理和一流的管理。要对治理和管理进行全方位的“精雕细琢”，对标一流完善治理、提升管理、创建示范。要突出重点，聚焦质量提升、成本降低、效率提高、安全生产、管理提升、组织发展等方面，主动优化、持续改善。要找准管理短板问题，在优化制度流程、提高工作效率、加强成本管控、防范化解风险、转变工作作风上求取时效，打一场精细化管理的攻坚战、形象战、改革战。

不断学习、实践、总结，才能实现精细化管理的迭代提升。中国核电是我国核工业管理精细化、标准化的典范和代表，也是我国核工业率先达到国际先进水平的先锋。此书系统全面展示了中国核电在运行领域开展精细化管理的理念思路和创新实践，为中核集团各领域的精细化管理工作提供了有益参考，也为中核集团加快改革发展贡献了智慧。希望我们持续用好精细化管理的理念和方法，将学习贯彻党的二十大精神的实效转化为生动实践，推动中核集团管理水平再上新的台阶，锐意进取、团结奋斗加快推动世界一流企业建设！

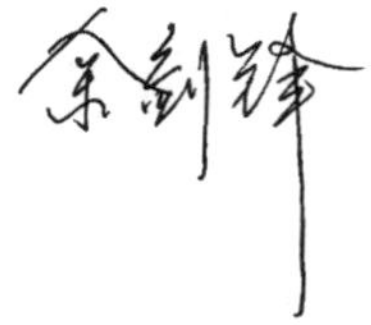

中国核工业集团有限公司党组书记、董事长

2022 年 12 月

序二

PREFACE

2022年是中核集团“精细化管理年”，1月13日，中核集团党组书记、董事长余剑锋在“精细化管理年”专项工作启动会上强调，“中核集团作为强核强国排头兵，改革发展已进入攻坚期”，“要全面推行精细化管理理念，提高工作效率、增强机制活力、提升企业价值，夯实管理基础，赋能高质量发展，更好担负起‘强核强国、造福人类’的历史使命，继续保持勇毅前行的坚定意志和埋头苦干的扎实作风，以优异成绩迎接党的二十大胜利召开”，同时提出了“一年打基础，两年抓提升，三年赶先进，四年创一流”的目标。

精细化管理是系统、科学的管理方法，是提高执行力和公司发展质量、厚植公司竞争优势的工作利器。中国核电在“从无到有、从小到大”的30多年发展历程中，充分坚持运用了系统观念和精细化管理理念，既登高望远、胸怀大局，又落细落实、积微成著，实现从秦山核电“国之光荣”到“华龙一号”“国家名片”的重大跨越。中国核电从“零的突破”到如今已形成在运在建核电机组数量全球第二的规模，2021年更创造了在运22台核电机组中19台机组世界核电运营者协会（WANO）综合指数满分的全球第一业绩，充分展示了中国核电人始终弘扬“两弹一星”精神、“四个一切”核工业精神、“强核报国、创新奉献”的新时代核工业精神的坚定和执着，展示了中国核电人将严细、精细融入精神血脉的坚持和担当。

当前，我国经济已由高速增长阶段转向高质量发展阶段，正由重视规模增长向更加重视质量效益转型，在“双碳”目标下，清洁能源事业正迎来高质量发展的全新机遇。随着市场竞争的日益激烈、社会分工的日趋细化、数字技术的快速发展、专业化程度的日益增强，企业要想站稳脚跟、适应环境、赢得竞争、引领行业，就必须提高生产、服务、管理每一个环节的精细化、专业化程度，以局部的精细合成整体的卓越，实现高质量发展。

作为我国整体核工业体系中最先与国际接轨，最早实行市场化运营、规范化管理的一家核电企业，中国核电认真落实中核集团“精细化管理年”专项工作部署，提出了“集约、增效、精准、创新”的总体目标，建立以集约化思想为核心的精细化管理方法，赋能中国核电实现高质量发展。

集约化的“集”主要指集中，集合人力、物力、财力、管理、数据等生产要素，进行统一配置；集约化的“约”是指在集中、统一配置生产要素的过程中，以简约、规范、高效为价值取向，实现管理精细化水平和人员的专业化水平提升。这是中国核电落实“精细化管理年”专项工作的特色亮点和重要抓手之一。

党的二十大描绘了全面建设社会主义现代化国家的宏伟蓝图，明确提出了积极安全有序发展核电的方针，我国核能事业迎来了新的战略机遇期。前程越是广阔，就越需要我们去开拓；梦想越是伟大，就越需要我们去拼搏；欲求行稳致远，需要我们不断总结经验、追求卓越、创新开拓。中国核电特组织编撰本书，既展示中国核电精细化管理的创新理念和各成员单位的优秀案例，又通过提炼总结找出成功密码、推广科学方法、坚定发展信心、推进事业发展，以实际行动贯彻落实党的二十大精神，为实现中华民族伟大复兴作出新的更大贡献！

中国核工业集团有限公司总经理助理

中国核能电力股份有限公司党委书记、董事长

2022 年 12 月

绪论

INTRODUCTION

中国核电“全·力”精细化管理体系主要包括一个主题、两个层面、四项原则、四个着力、四全思想、三大保障等内容，如图1所示。

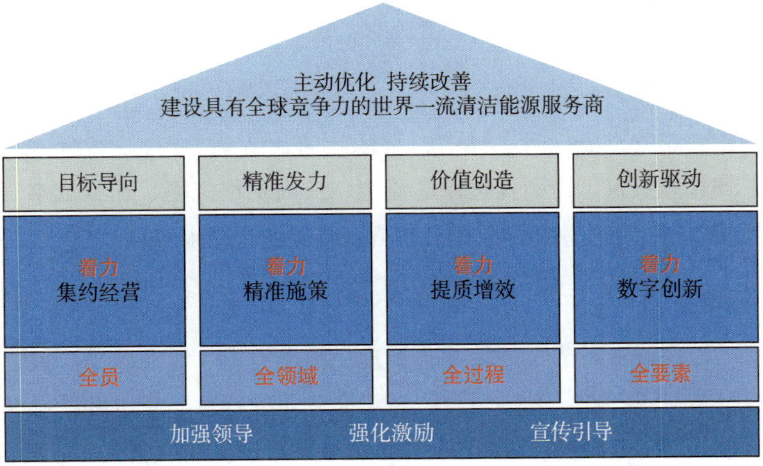

图1　中国核电“全·力”精细化管理体系

（一）一个主题

主动优化　持续改善

（二）两个层面

1. 公司层面

公司本部发挥精细化群堆管控职能，主要体现在管理体系与组织绩效、群堆设备可靠性管理体系构建与实施、以核安全文化为引领打造卓越文化核引擎、卓越人因绩效模型构建与实施、群厂经验反馈管理体系构建与实施、群堆大修精准优化、安全质量监督管理体系建设与实施、科技创新体系建设与实施、创新引领赋能核电数字化转型、现代税务管理体系构建与实施、库存管控精细化提升、集约化经营推进、高质量党建体系的创新实践等方面。

2. 电厂层面

各电厂负责精细化电厂运营工作，主要包括成员公司治理、生产管理、维修管理、大修管理、设备管理、技术支持、安全质量、人才培养等方面。

（三）四项原则

1. 目标导向

围绕核心业务，坚持问题导向、目标导向、结果导向，通过精细化管理，找准和补齐管理短板，达到优化制度流程、提高工作效率、加强成本管控、有效防控风险、转变工作作风的目的，提升现代企业管理水平。

2. 精准发力

聚焦关键领域和环节推进精细化管理，精准发力、解题破局。根据核能产业、非核清洁能源产业、敏捷端新产业三大产业的特色，制定有针对性的管理举措，促进产业转型升级。减少管理中的冗余环节，把握“恰到好处的精细”。

3. 价值创造

坚持以价值创造为衡量标准，不断挖掘产业及管理链条上价值提升的可能性，对流程、活动进行优化调整，推动整体价值链的优化增值，确保整体战略目标的实现。

4. 创新驱动

坚持创新驱动，选取国内行业龙头企业和国际先进同行作为对标对象，深化改革创新、技术创新，激发个体和组织的内在创新活力，结合数字化转型等新时代要求，实现精细化管理落地，为管理赋能，持续精进。

（四）四个着力

1. 着力集约经营

中国核电以标准、精简、高效为价值取向，集中人、财、物、技术、管理等要素，系统性谋划集约化管理和共享服务，统筹资源整合、更新迭代，实现精质量、保安全、升效率、降成本、增效益，通过集约经营，专业运作，注入发展强动力。

中国核电按照深化改革与创新驱动的总体要求，重点推进以集约化为目标的管控模式变革，将全系统范围内共用的职能集中起来，统一配置，为各成员单位提供标准化、高质量的服务，建立共性领域的专业化服务平台（共享服务中心和机构），通过资源整合和不断优化，在专业领域做精、做大、做强，形成快速反应能力和机制，对各单位生产经营提供高效支持，支撑各单位高质量发展。

中国核电集约化经营是循序渐进，不断探索、持续推进和优化的一个过程。其推进之路分为四个阶段：一是 2010 年在秦山核电基地率先开展核电运行专业化集约化改革，2013 年中核运行启动了“资源整合”第二阶段的改革，2016 年启动准备、2017 年正式切换至新的统一管理模式运作，秦山地区管理一体化持续提升；二是 2012 年“中核集团共管委”名称变更为“中国核电共管委”，共管委协调和组织中国核电独资或控股的核电业主公司、共管委项目管理单位、项目研发与实施单位共同做好核电共性项目的管理和实施工作，优化资源使用，提升中国核电核心竞争能力；三是 2017 年中国核电成立了培训中心等八大中心，在推进公司标准化、整合板块资源方面发挥了重要作用；四是近期中国核电加快集约化组织变革，加快推进集团公司、公司党委关于集约化改革的战略部署，利用 2022—2023 年的窗口期，筑牢根基、保障安全、做好“增量改革”，明确了集约化管理的总体目标和原则，制定了集约化运作推进计划，统筹六大共享中心设立，酝酿推进大共享建设。

2. 着力精准施策

中国核电以量化管理为基础，找准管理问题，厘清问题根源，制定科学、细化、可行的解决措施及行动方案，解决管理问题，推进管理优化，通过精准施策，攻坚克难，打造管理新特色。

一是核安全文化方面，中国核电以核安全文化水平持续提升为目的，通过发布充分参照外部监管要求以及核行业高标准的核安全文化准则，辅以系统化、特色化的培训与宣贯，明确组织内各级人员在核安全文化推进过程中的行为要求和职责，定期开展核安全文化水平的评价、监测和结果分析，发现核安全文化薄弱环节并提出管理改进措施，持续提升核安全文化水平。

二是安全质量监督管理方面，中国核电牢固树立“安全第一、质量第一”意识，坚持以人为本，把不以牺牲生命为代价作为一条不可逾越的红线，深入推进核安全文化建设与安全质量管理工作深入融合；强化落实企业安全生产主体责任，实行全员安全生产责任制，提高安全管理智能化水平，持续提高安全绩效，促进全行业安全管理水平共同提升；倡导全体从业人员以高度的主人翁责任感，对工作认真负责，决不弄虚作假，严格遵守质量规范，确保工作质量，力图精益求精，持续改进，以高质量、高技术的产品回报国家和社会。

三是科技创新方面，中国核电不断优化完善科研管理机制，增强创新能力，激发创新活力，形成了以创新为第一动力、“人才、项目、成果”三轮驱动的管理体系，依托五级人才梯队建设，统筹五种经费来源，全面推进五类科研攻关，在中核集团“小核心、大协作”协同创新格局下，与内外部科研院所、电厂单位、制造厂商联合攻关，在国家、地方、集团三级政策指引下，健全“1+11”科技领域制度体系，构建科技创新保障“七大机制”。

四是高质量党建体系方面，中国核电提出建立“1+N”高质量党建体系，以党内法规、党中央和上级党组织的要求组成的党建质量管理体系为运行基础（即“1”），以不断探索衍生的价值实现路径与方法组成子体系（即“N”），主要体现在狠抓党建融合体系建设，拓宽价值实现路径；促进党建创新体系落地，激发一线党建工作潜能；创新运用党建评估体系，拓宽对标提升、共同进步渠道；建立党建经验反馈体系，系统提升党建工作质量；构建宣传思想文化体系，持续凝聚人心和提升影响力。

3. 着力提质增效

中国核电践行质量变革、效率变革和动力变革，完善产业生态构建，持续推动管理升级，着力提升发展质量、运营效率、资本效率和效益，通过提质增效，协作共赢，保供清洁优质电力。

一是管理体系与组织绩效方面，中国核电推进治理体系和治理能力现代化，构建了“一体多能”的制度体系、“系统识变、科学评变、协同应变”的风控体系；争创世界一流企业，实施“深植文化，创新超越”的“3142”全面对标体系；通过计划、组织、领导、管控推动企业变革，确保绩效变革落地并产生持久价值，实现绩效和战略目标相统一。

二是群堆设备可靠性管理方面，中国核电秉持精细化管理理念，围绕设备可靠性管理关键环节，从目标、组织、职责、流程、方法、改进等关键管理要素入手，根据实际需要确定并不断细化完善每个要素的管理内容，确保设备可靠性管理工作目标明确、组织完善、责任清晰、流程规范、技术先进，并能在体系的建设和运作过程中不断改进和完善。

三是卓越人因绩效方面，中国核电以求同存异、坚持高标准为原则，逐步建立起标准化人因管理体系，并通过群厂人因管控机制运转实施，以高标准不断创新防人因失误管理，以卓越人因绩效提升模型、群厂人因管控模型引领人因绩效提升，通过交流常态化、要求标准化、形式多样化、管控信息化等举措，不断提升人因绩效改进效果。

四是群厂经验反馈管理方面，中国核电对所属各核电厂开展的各项经验反馈工作及其效果进行管控和监督；各核电厂执行中国核电的经验反馈制度、相关标准以及各项监督要求，并反馈执行的结果；技术支持单位负责为中国核电和各核电厂提供全方位的经验反馈技术支持；所有中国核电所属核电厂均已纳入群厂经验反馈管理体系中，对各核电厂的绩效改进、安全质量管理、设备可靠性、机组减非停产生了积极的效果。

五是群堆大修精准优化方面，中国核电在旗下各电厂完善的大修管理基础上，通过明确目标（2011 年提出“90－30－00”目标；2021 年提出 96% 机组能力因子的卓越目标；2022 年提出大修优化精细化管理要求，细致制定配套措施，瞄准卓越目标持续推进），自上而下推动大修优化，加大绩效考核引导力度，使群堆大修管控水平不断提升。

六是库存管控优化方面，中国核电以安全、及时、经济为原则，以“控增量、降存量、优化供应链”为抓手，构建了一套基于“战略备件＋最低储备定

额 + 运维备件”的备件管理体系，着力控制库存规模，优化库存结构，使各电厂库存稳步趋于国际先进水平，有效实现保供应和降库存统筹兼顾，有效实现备件和库存控制精细化管理。

七是税务管理方面，中国核电遵循合规管理的要求，有效防控涉税风险，以企业和员工经营管理行为为对象，将制度制订、风险识别、审查决策、风险应对、考核评价、管理培训等有组织、有计划地融入税务管理活动中。在实践中逐步形成“四精”体系，并进行了六个方面的创新，优化了企业财务管理体系的结构，完善了企业财务管理体系的功能，增强了企业财务管理体系创造价值的能力。

4. 着力数字创新

中国核电抓住数字革命的契机，以新一代信息技术与中国核电各产业深度融合为主线，坚持系统观念，运用系统工程方法，向数字化、网络化及智能化转型发展，充分利用数字技术为公司赋能，加快推进业务创新和管理变革，通过流程优化、数字创新，释放发展新活力。

中国核电以业务能力提升和价值效益为导向，以核电及新能源全生命周期、全要素的信息化、数字化、智能化为核心，推进“上云用数赋智”行动，统筹发展和安全，打造数据驱动、集成创新、合作共赢的数字化能力体系，着力提升产业链供应链“安全、高效、经济、绿色”水平。

体系内容主要包括：组织驱动，构建上下协同的数字化管理体系；架构驱动，实施“七统三集”信息化项目集约管理；安全驱动，构建“云管边端”协同纵深防御体系确保本质安全；流程驱动，打造“4E”统建系统，实现全业务覆盖、全流程贯通；数据驱动，打造智能监测平台服务生产经营提质增效；产品驱动，自主研发 ASP－1、ASP－2 服务核电安全高质发展。

（五）四全思想

1. 全员

领导带头，党员示范，全级次，全范围，层层发动，全面落实。

2. 全领域

核能、非核清洁能源、敏捷端新三大产业领域，全面覆盖。本书以核能产业为主进行阐述。

3. 全过程

市场开发、投资发展、经营管理、工程建设、安全生产、科技创新等，全面贯穿。

4. 全要素

党建、人力、财务、资产、市值、技术、信息、公共关系、文化、品牌等，全面管理。

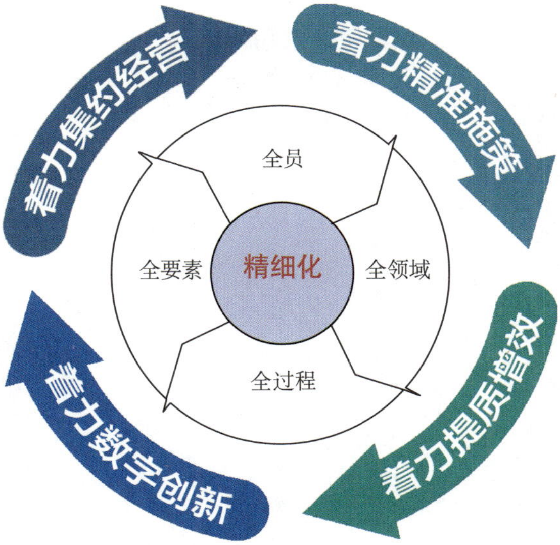

图2　中国核电精细化管理体系“四个着力”和“四全思想”

（本章编写者：王兰、徐涵、沈超、王红菊、朱术超、葛超）

总目

CONTENTS

上篇　精细化群堆管控

下篇　精细化电厂运营

目录（上）
CONTENTS

上篇　精细化群堆管控

持续改善 追求卓越

上篇

精细化群堆管控

1

第 1 章

管理体系与组织绩效

在党的十九大报告中，习近平总书记强调，“全面深化改革总目标是完善和发展中国特色社会主义制度、推进国家治理体系和治理能力现代化”；要深化国有企业改革，发展混合所有制经济，培育具有全球竞争力的世界一流企业；要建立全面规范透明、标准科学、约束有力的预算制度，全面实施绩效管理。

国有企业公司治理体系和治理能力现代化，是国家治理体系和治理能力现代化的有机组成部分，工业新业态和信息化、智能化发展对能源行业创新发展提出了更高要求。中国核电在“顺大势、谋创新、强核心、促发展”的新时代背景下，为落实高质量发展，助力集团“三位一体”奋斗目标的实现，培育自身核心竞争力，更好地应对外部挑战，着力实施精益管理，实现核电运行从“并跑”到“领跑”：在推进治理体系和治理能力现代化方面，构建了“一体多能”的制度体系、“系统识变、科学评变、协同应变”的风控体系；在争创世界一流企业方面，实施“深植文化，创新超越”的“3142”全面对标体系；在绩效管理方面，通过计划、组织、领导、管控推动企业变革，确保绩效改革落地并产生持久价值，使绩效和战略目标相统一（见图 1－1）。

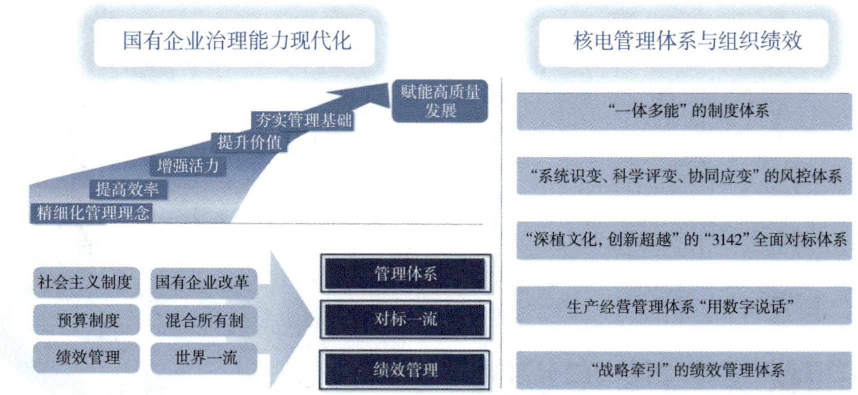

图 1－1　中国核电治理体系和治理能力现代化构架

1.1　"一体多能"的制度体系

在传统的制度管理体系中，同样的定义及管理要素在不同制度间表述不同、同一事项管理要求在不同制度间不一致、工作流程接口多执行不畅、职责调整不能及时更新到制度文本中等问题普遍存在；作为公司制度依据的国家法律法规、行业标准、集团公司及外部文件数量众多、变化频繁；公司组织架构变动和职能调整频率较高，每年超过1/3的制度因组织架构变动或者职能调整而需要升版；公司全面风险管理体系、内部控制体系、合规体系等多个管理体系存在一定的管理差异，与制度体系存在不同程度的重合，需要整合多套管理体系，合并类似管理活动。

利用系统架构、要素转化、一套制度、智能平台，实现多体系结构化、规范化的融合，承接风控合规等一体化要求，整合管理资源，实施运营管理体系数字化智能化迭代，是公司面对现实条件的必然选择。

1.1.1　概述

"十三五"以来，中国核电不断整合公司治理体系、合规管理体系、内部控制体系、全面风险管理体系、党群纪检要求、各利益相关方管理要求等各类内外部要求，逐步形成了多体系整合、划领域、分层级、多形式的一体多能型制度体系，同时利用数字化转型的契机，规划并建设制度管理平台，将“一体多能”从设计层面落地到执行层面，促进公司多管理体系融合，管理效率效益不断提高。通过公司规章制度的实施，推动技术、管理、模式等各方面的创新，快速、高效地引领企业各方面工作，推进公司治理体系和治理能力现代化，推动企业由“高速增长”转向“高质量发展”。

1.1.2 做法

中国核电策划实施了以“横向融合、纵向贯通、业务增值、数智评估”为总目标，以 XTP（制度管理平台）为核心，打通 XTP、ECM（企业内容管理）协同、ECM 文档三个系统的流程，通过制度结构化、管理模型化、模型平台化的“三部曲”方法和标准化、结构化、一体化、模型化、图谱化、数字化、实用化、信息化、智能化的九个步骤，将涵盖“法律法规、监管规定、集团制度、行业标准”的上游文件和规章制度、管理指令、辅助文件、管理导则的制度文件作为输入，实现制度管理“一体多能”的输出。

1. 制度结构化，实现“百度式”查询

1）业务标准化是起点

标准化的重要意义不言而喻，标准化的推行能够把公司经营管理全过程的各个要素和环节规范化、科学化、程序化，建立起生产、经营的最佳秩序。自中国核电 2011 年提出“三化”战略开始，标准化就成为各业务领域的一项重要工作。2017 年，中国核电构建了“战略支撑型”标准化体系，搭建了基本制度、管理导则、技术标准、组织机构、信息技术、品牌文化 6 个子体系，围绕生产经营需求和价值链走向，将其细化为 18 个一级业务领域和 50 个二级子领域，领域内根据业务条线细化管理要素，确保要素全面、细节不缺、重点突出，同时覆盖全领域、全要素、全过程。

制度建设是标准化战略的核心，中国核电围绕生产经营需求和价值链走向，以“横向融合、纵向贯通、价值创造、数智优化”为目标，将制度体系分为规章制度、管理指令、辅助文件、标准导则 4 种类型，制度层级上依次为管理大纲、领域级、业务级、操作级四个层级，确定了基本职责、管理要求、流程规范等核心内容（见图 1 –2）。目前，中国核电本部制度共约 294 项，其中，适用于所有成员单位的共性制度约 220 项；各运行核电厂制度为 1200 ~ 1500 项、在建电厂制度约

800项、新能源电厂制度约200项，上述制度共同构成中国核电的整体制度体系。

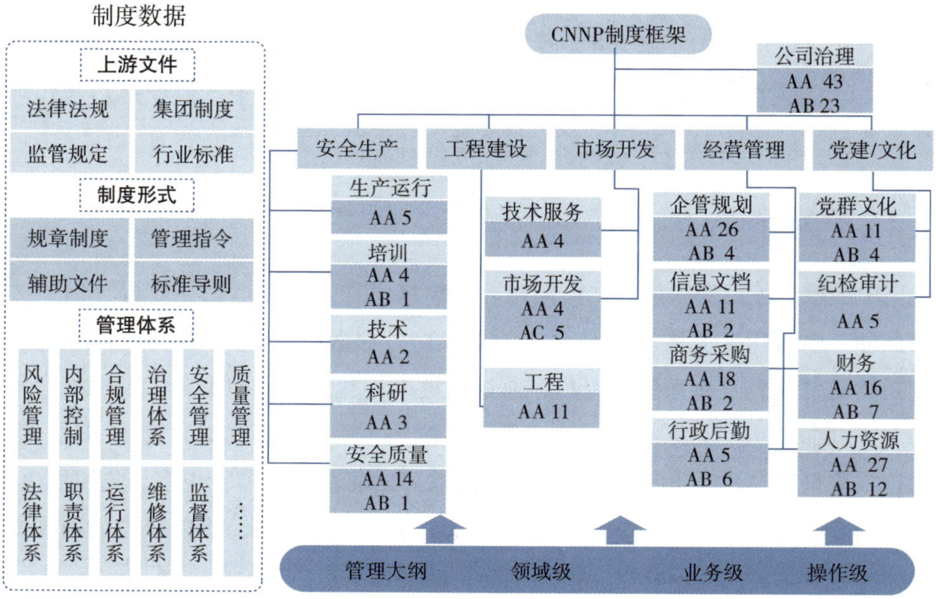

图1－2　中国核电制度管理体系

2）制度结构化是核心

制度结构化，是具体实现各管理体系要素转化的核心。形式上，对制度标准范本中关键要素进行分析和完善，每一份管理程序均包括目的、适用范围、定义、依据文件/参考文件、职责、流程/规定、记录、附录等八个章节，每个章节都实现了管理要素结构化和统一；实质上，以流程规定为核心，将流程图、风险点、控制点、不相容岗位、表单、风险矩阵、指标等多体系共性要素合为一体，通过信息系统在各要素间建立关联关系，实现各要素之间动态引用和即时修改，从而便捷实现管理体系架构的变化和调整。

制度作为管理体系各要素的载体，作为标准规范、各类管理手册的生成平台，通过结构化管理，将管理要素由分散化、无序化、难管理变为可视化、标准化、模型化、可管理。利用信息化制度体系建模管理工具，创建建模技术方法，对管理体系要素进行模型化管理，并按管理制度数据模型进行数字化储存。

3）管理一体化是结果

有了标准化、结构化的良好基础，业务管理的一体化便具备了条件。第一，统一体系管理机制，将各类管理体系作为有机整体一体化推进，形成一套管理制度体系；第二，统一体系制度类型，将监管文件中的各项要求分解至管理制度中，各管理体系均形成“以体系管理手册为主，以管理制度为支撑”的标准制度体系；第三，统一制度、法律、质保审查，由专职人员进行制度文件的各类审查，对交叉重复的内容统一描述，消除业务间的认知壁垒；第四，统一制度编制标准，明确制度分类分级管理原则及编制标准。

以风险管理、内部控制和合规管理为例，将风险管理、内部控制、合规管理等其他体系的相关管理要求均落实于业务管理制度及流程中，解决体系管理多头管理、缺乏整合带来的诸如工作重复、效率低、体系间协调性差等问题。

2. 管理模型化，构建多维可视化联动

1）构建管理模型，实现可视化管理

中国核电以数字化转型为契机，通过建立重点领域绩效管理性能指标，搭建重要管理环节的数字化模型，实现企业管理的四个转变：从非结构化到结构化、从定性到定量、从小数据到大数据、从自然语言到机器语言。

管理模型化并使用信息系统完成信息搭建之后，有两个明显的优点：一是以图形可视化方式展现管理体系，可以轻易且清晰地发现体系中存在的文件缺失等问题并加以改进；二是通过管理要素的透视化管理，任何制度的变化都可以传导至相关模型，实现模型的数据抓取和自动更新。

以职责管理模型为例，根据中国核电组织机构与职责的制度，建立部门一级、二级职责逻辑关系，二级职责又可以与各业务制度中的职责建立三级对应关系。通过在信息系统中建立的这些逻辑关联，一是可以实现职责模型的动态实时更新；二是查阅者可点击相应模块直至穿透至三级职责和具体制度；三是制度升版会自动更新职责标准库，实现制定的职责与各个业务制度中落地的职责相统一。

2）构建知识图谱，建立多维度联动

通过将制度中组织结构、岗位、人员、角色、表单、信息系统等各类管理要素在实际业务管理基础上进行有效关联，可以在它们之间构建一种有效的逻辑关系，实现各要素之间多维度联动，也可以实现不同管理模型间的多维度联动。比如，设置的某一个岗位，明确它在不同的业务流程里需要扮演什么样的角色。通过开发管理脚本，可实现各类管理要素的导入与导出，并且建立一定的关联关系；通过脚本，可快捷地查询出哪些岗位的哪些职责存在于哪些管理

制度或者流程中。

在采用信息化手段促进制度体系的数字化转型时，利用信息系统构建企业制度数据库，在系统中注入管理规范标准，构建数据对象及知识图谱，提高制度数据检索的精准性，并通过可视化方式展现制度体系、管理体系的全景图。当制度中任一管理要素改变时，立即联动至所有要素，从而整合优化工作流程，提高运行效率，同时将卡片式业务流程与信息系统进行匹配，完成流程再现，进行流程监督与分析，实现数字化的流程优化、大数据的风控与合规管理等。

3）评价数字化，构建科学管理制度

（1）制度现状数量分布合理化模型

针对中国核电及其成员公司所有业务划分的18个领域，通过对标分析计算领域的制度数量标准取值，利用数字化制度平台输出制度数量分布合理化模型。若各领域现行制定数量位于标准线以内，说明该领域现状值低于标准值；反之则说明高于标准值；同时利用数字化制度平台实现数据自动化抓取输出的功能，输出的结果在一定程度上量化，反映出现行各领域制度数量的冗余性，并在数字化制度平台各领域板块显性化展示，方便各领域及时调整优化。

（2）制度健康度评价模型

中国核电制度总体数量多而杂，需要建立一套量化模型工具来客观研判制度管理情况，通过选取影响程序体系建设有效性的关键维度指标，建立一套基于数据模型的制度体系量化评估方法，打破传统定性分析判断方式，以数字化制度平台等信息平台为抓手，定期对信息系统关键数据进行抓取及内部评估，通过对单体制度健康度、领域制度集合健康度、整体制度管理体系健康度进行量化评价，客观评估制度管理体系现状，针对发现的问题及时制定措施，实现体系建设的动态管理，助力公司精细化管理和数字化转型。

①单体制度健康度评价模型。

单体制度健康度评价模型主要对单个程序制度进行量化打分评估，抓取制度合规性、制度规范性、制度系统性三个维度进行评估，结合公司现有制度体系管理要求，通过制度管理平台标准程序模板、管理要素抓取识别，辅以内部评估的方式，实现评价管理要素与信息化系统的紧密结合。单体制度量化评估模型见式（1－1）。

$$p = \sum_{k=1}^{n} \text{评价维度} \ k \ \text{的得分} \times \text{对应的权重} \qquad (1-1)$$

式中，p为单体制度评估得分，通过对单体制度健康状态各要素、各评价方面和评价点赋予分值权重，依据所给出的分值权重计算单体制度各个维度、评价方面、评价点的得分，加权计算后得到单体制度健康评估程度，并对照得分标准判断单体制度健康等级。

②领域制度集合健康度评价模型。

领域制度集合健康度评价模型主要对领域整体制度健康状态进行量化评估，结合领域全部单体制度健康度评价模型评估结果，通过抓取领域分级管理规范度、职责制度化程度、领域体系整体管理情况，评估领域制度整体管理状态，评估模型见式（1－2），评价标准见表1－1。

$$p = \sum_{z=1}^{n} \text{评价维度} \ z \ \text{的得分} \times \text{对应的权重} \qquad (1-2)$$

表1－1　领域制度集合健康度评价模型健康分级

领域制度集合有效性评估状态	很低	较低	中等	较高	很高
分数	小于60	60～70	70～80	80～90	大于90

注：p为领域集合制度评估得分，z为评价维度要素，通过对单体制度健康状态各要素、各评价方面和评价点赋予分值权重，依据所给出的分值权重计算各个维度、评价方面、评价点的得分，加权计算后得到领域制度集合健康评估程度，并对照以上标准判断健康等级。

（3）公司制度管理体系评价模型

公司制度管理体系评价模型主要对公司整体体系健康状态进行量化评估，结合领域制度集合健康度评价模型评估结果，进一步通过抓取内外部管理评估结果等数据，评估制度体系管理健康状态，并针对评分的缺陷情况及时改进优化。公司制度管理体系评价模型打分评价表见表1－2。

表1－2　公司制度管理体系评价模型打分评价表

序号	评价维度	评价方面	评价分值	评价标准	得分
1	领域制度集合有效性	利用领域制度集合健康度评价模型对公司全领域程序制度进行量化打分评估（100%）	10	公司全体领域制度集合进行量化打分均值＞80分	
			8	60分≤公司全体领域制度集合进行量化打分均值≤80分	
			5	公司全体领域制度集合进行量化打分均值＜60分	

续表

序号	评价维度	评价方面	评价分值	评价标准	得分
2	量化模型评估	利用量化模型对公司现有制度数量分布合理性进行量化评估（100%）	10	利用量化模型对现有制度数量分布合理性进行量化评估，实际图形与标准图形吻合度较高	
			8	利用量化模型对现有制度数量分布合理性进行量化评估，实际图形与标准图形吻合度一般	
			5	利用量化模型对现有制度数量分布合理性进行量化评估，实际图形与标准图形吻合度较差	
3	公司体系性管理程度	公司所有制度职责信息化程度（30%）	10	公司整体制度流程表单信息化程度比例=100%	
			8	公司整体制度流程表单信息化程度比例>50%	
			5	公司整体制度流程表单信息化程度比例≤50%	
		公司整体制度体系性宣贯培训（30%）	10	公司能及时组织开展公司级系统性制度程序文件及管理要求的培训学习	
			5	公司未能及时组织开展公司级系统性制度程序文件及管理要求的培训学习	
		管理体系后评估，内外部管理体系检查评估结果（40%）	10	内外部管理体系检查对公司现有管理体系进行评估，评估情况较好	
			8	内外部管理体系检查对公司现有管理体系进行评估，评估情况一般	
			5	内外部管理体系检查对公司现有管理体系进行评估，评估情况较差	

3. 模型平台化，提供综合解决方案

中国核电原有制度管理涉及 BDX（标准导则系统）、ECM 等不同的信息系统，制度的编校审在 BDX 进行，再利用人工打印、盖章、扫描至 ECM 发布，过程耗时且容易出错。现在，中国核电以制度管理平台 XTP 为结构化核心、以 ECM 协同为流程平台、以 ECM 文档为存储平台，将三个系统打通，实现数据输

入输出，充分发挥每一个平台的功能优势。

1）针对解决问题，功能实用化

（1）建立统一的标准要素库

基于标准化的制度文件结构，结构化的管理元素，通过对管理要素（包括但不限于术语库、职责清单、表单清单、风险点、控制点、上游文件）的数据治理，建立统一的、规范的标准要素库。同一条管理术语有且仅有一条定义，制度编制过程中都推荐引用标准库中的定义，解决管理程序用语不规范、不统一的问题。

定义的修改来自法律法规要求或相关经验知识，可通过信息平台搜索到定义及和定义相关的制度，有修改意见可立刻反馈到制度管理部门进行统一修改，标准库一处修改，所有制度中的定义自动同时更新，实现管理要素统一维护和引用，将描述具体业务活动时存在的模糊地带明晰化。

（2）表单的电子化与规范化

表单是流程执行过程中记录、图标、规则等的附属文件，它通过与管理流程、管理岗位建立联系，将管理记录规范化、格式化、标准化，规范原本留存于各业务处室的各项业务活动。在信息系统中建立表单库，并在公司主页设置表单查询入口，可实现对表单的有效管理。对表单进行建模，使其与流程相关联、与制度架构平台相对接，能够实现公司制度体系表单管理的电子化和规范化。

（3）建立统一的上游文件库

在 ECM 信息系统中收集整理了与核电相关的上游文件及实体文件，内容包括法律法规、法规导则、国家标准、行业标准、地方标准、核安全局文件、电网文件、上级单位文件等的上游文件体系，涵盖了公司生产经营的方方面面。当制度发起升版申请时，系统自动给出上游文件的评估；当 ECM 信息系统中收到新的上游文件时，也会将其分发至制度平台，给出相关制度是否升版的评估。

利用标准要素库勾勒出管理制度与其相关领域上下游文件间关联关系全景图，并进行数据化储存，形成上下游文件库。随着上游文件的制定、修订、废止，迅速识别出需对哪些制度的哪些章节做哪些适应性的修订，做到常态化动态调整，保持管理制度的合规性和先进性。

（4）实现职责手册实时导出、查看

在模型化管理的过程中，将部门的职责岗位同制度、流程建立关联，通过管理体系架构平台，实时输出各部门在各项制度中所承担的职责。当公司组织机构发生变动时，通过在组织架构库中合并、删减或者调整处室岗位的职责变动情况，系统会自动匹配管理模型，可实现处室/岗位职责的快速调整。例如，目前中国核电近300项制度中，可导出总经理职责180余条，当某项管理制度中的总经理职责调整后，其余管理制度中的总经理职责立即联动发生变化。

以角色配置流程，以岗位配置角色。组织机构需要变化时，梳理相应管理组织的管理要素，通过分析，快速生成解决方案。若管理要求发生变化，只需将新要求匹配到具体的流程环节，便可迅速落实到岗位；若岗位发生变动，只需修改部门与岗位、岗位与流程的匹配关系，便可动态导出新部门、新岗位的职责，筛选出各级人员所要遵循的管理要求，进行职责梳理和审查。职责的分类和梳理变得轻松易获取，从而实现管理变革和流程优化的落地。

（5）建立流程体系

建立流程区域、流程功能组、管理流程、工作流程的四级流程，流程区域是对企业完整的业务活动范围的描述。采用EPC（事件驱动的增值链图）模式绘制流程图，流程要素含事件、功能、流程、角色、表单、风险点、内控点、流程接口，以管理流程为载体，把所有管理要素建立关联关系，每个管理流程都有入口和出口条件，流程的每个步骤有具体的岗位或者角色，根据步骤可选择输出表单，管理流程可跨制度或跨领域进行接口，解决流程“孤岛”问题。

（6）解决管理要素的“孤岛”问题

搭建一体化制度平台，构建企业管理体系的知识图谱全景图，整合各电厂管理体系，融合各项管理要素，各体系间既可动态关联引用又可动态即时修改，单体系调整会非常便捷地体现到其他体系中。制度平台能实现各管理体系间的差异比对分析，实时对术语冲突、组织机构冲突、岗位职责冲突、流程冲突等进行检查；能根据风险、内控、合规等体系的管理逻辑生成对应的手册、制度；还能实现对同一管理元素（如机构名称、岗位角色）的快速修改以及对外部法规变化的精准响应和处理。制度平台也是管理体系的“字典”，提供制度文件检索、智能化查询和智能问答服务。

（7）多套管理体系融合

中国核电数智一体化体系为所有体系融合、落地提供了新思路。目前，核电管理体系一般涉及两类：一类管理体系业务边界较为明确，遵从特定的体系标准，如质量、环境、职业健康安全、“两化融合”等体系认证类；另一类管理体系业务边界较为宽泛，与整体治理框架配套，可以应用于所有业务、管理活动中，如风险管理、内控、合规。虽然这两类管理体系转化的范围、方法略有不同，但均可以通过制度模型化，通过梳理管理体系要求的核心要素，将其融入制度中，借助制度良好的延展性，将制度文件作为企业所有管理体系最终归一化的体现。

在中国核电制度管理平台中，可以清晰地看到根据国资委要求，建立以风险管理为导向，内部控制规范各项业务活动，合规管理确保企业合法合规经营的体系融合，而所有体系均通过将其管理手段融入制度体系模型中，实现管理措施的落地。

2）挖掘数据价值，服务智能化

（1）管理制度在线编辑、标注、质量检查

在编制制度时，格式/定义自动推荐与规范，可实现在线实时编辑，可编辑的对象包括图片、流程图、复杂表格，系统自动、实时对文件质量进行检查，包括术语冲突、组织机构冲突、岗位职责冲突、流程冲突、记录与正文冲突、上游文件检查、附录的表单与流程中名称的检查等。根据检查结果，可以修改描述或从管理规范标准库选择适用的标准。

（2）查询统计功能多样、友好

管理制度的信息化平台支持多种形式的检索，包括根据用户自然语言的精确、模糊功能的全文检索，针对不同类型管理要素进行检索，以及自定义检查条件进行检索并保存个人查询视图。该平台可对上游文件、制度文本、制度数量、制度清单、制度历史版本、表单、指标、部门/岗位职责、部门制度情况、业务制度模型、管理体系制度模型等进行查询。

（3）审批过程中提醒特定人员关注特定重点事项

在审核制度时，审核人员经常抓不住审核要点，中国核电 XTP 平台在 Office 软件、Web 端针对管理制度文件中的岗位/人员标注、数据对象标注、IT 系统标注、审批人注意事项标注，如针对管理制度中的流程图，标注风险点、控制点及流程涉及的表单，根据标注提示审核人关注相应信息。

（4）智能订阅服务与批量操作功能

职责调整后，制度批量自动升版，组织机构名称的批量修改，岗位职责变

动后自动权责配置，自动发起因外部政策变化的制度升版，制度中流程管理与分析，职责变动提醒，需重点关注审批事项的提醒，智能化订阅服务，对关注度高、讨论多的制度推送阅读，按需求生成职责/岗位/内控手册等，在已建立的管理要素基础上生成管理制度知识图谱，实现管理制度的图谱化展现后，为后续的智能问答提供数据来源，实现智能问答机器人与用户的智能对话。

3）尝试高位进阶，流程信息化

在信息化平台中，用户可在管理制度正文或流程图中对 IT 系统、IT 模块、访问地址等进行标注，通过该标注生成数据对象，实现管理制度向 IT 系统的关联。并且，基于该单项的关联关系，可实现管理制度中的管理元素与 IT 系统中相应的管理要素的智能关联，并完成差异智能分析及推送。

如何确保管理体系按制度规范化运行是风控体系紧密融入业务，取得实效的难点和日后的重要方向。路径一是在制度管理平台中延伸内控流程监控的功能，路径二是在现有工作流程集中的系统［如 ECM 协同、SAP（企业管理系统）］配置或开发流程监控的功能，分析计算管理业务中的数据。目前，中国核电按照路径一，在制度平台中增加流程监控和分析功能，针对管理制度中的流程图，结构化解析后，标注风险点、控制点以及流程涉及的表单，生成新的数据对象，实现管理制度向 IT 系统的智能关联，完成差异智能分析及推送。基于此，内控流程的运转情况、控制点设置情况、每个步骤的运行时间均可以得出评价报告。

建立数智化制度管理机制，可以更好地助力制度管理升级，与企业的数字化转型一体推进。构建科学的制度体系和管理思路，通过先进的制度体系管理方法，更好地落实制度体系管理和优化的功能，借助此种管理模式开展全要素梳理以及管理体系整合，进一步规范和推动制度体系的日常管理工作，并支持后续体系管理相关功能拓展。

1.1.3 成效

数智化制度体系实现了质量管理体系、环境管理体系、职业健康与安全管理体系的融合，精简了管理文件数量，整合了共性资源，避免了多体系管理可能带来的混乱，有效提升了管理效率。通过构建实施“一体多能型”制度体系，中国核电旗下的秦山核电、江苏核电、三门核电、霞浦核电等 9 家成员公司均完成了质量管理体系、环境管理体系、职业健康与安全管理体系“三标一体”认证，提升了企业形象，彰显了社会公信力。

1. 有效提高规范性与合规性

利用制度数智化管理实现对公司上游文件变化、组织架构调整、职责变动等引起的制度体系变动的快速响应。制度发起升版申请的同时，填写上游文件的变化并进行上传维护，同步实施制度升版、上游文件维护。截至2022 年 5 月，从制度中共识别上游文件 1300 余份，精简大量统计查找环节，迅速找到需评估的制度；当部分机构及职责调整时，根据调整决策文件可调整职责模型，同步生成职责手册制度并发起审核流程，实现快速响应。

2. 制度体系的精准优化“瘦身”

通过对已在模型中建立的职责库、流程库、定义库、表单库、上游文件库等进行筛选和对比，去除重复项和近似项，实现制度管理体系的“瘦身”。比如经制度平台分析，存在名称相同但在不同的管理制度中定义不同的情况，此类定义共找出 160 余个，涉及的管理制度 253 份；存在组织机构 76 个，部分机构名称错误，或已经取消；经建模规范，梳理标准定义 69 个，标准机构名称 48 个，实现了标准要素的统一，使管理制度在描述业务时语言准确、精练，有效提升管理制度的质量。

3. 实时获取各类有价值的手册

利用已有的各类管理要素，可导出各类有价值的手册，如内控手册、管理术语手册、上游文件手册、职能手册、岗位手册、授权手册、流程手册等，并可以在后台进行导出内容与导出格式的自定义配置。例如，中国核电在完成内控手册建模后，引用 23 项业务活动涉及的 57 个重要流程，120 个风险点和控制点，均可以随制度的升版进行更新和实时输出，消除了制度升版导致内部控制手册中的流程同管理制度中的流程差异的问题。

4. 管理成本下降，效率大幅提升

原有系统间人工流转的情况得到解决，系统间实现自动对接，从申请升版到制度审批、制度发布、制度归档、文件更新，全程信息化贯通，流程从平均 2

周变为4~5天；使用结构化工具带来的标准模板、规范定义，使制度编制更加便捷，格式规范的自动实施让大家的投入更加有价值；综合类制度的升版周期大幅缩短，如内控手册，因内容多，编制工作量大，常常需要3个月时间，现在可一键导出。

1.2 “系统识变、科学评变、协同应变”的风控体系

近几年，国务院国资委发布《关于加强中央企业内部控制体系建设与监督工作的实施意见》等文件，对中央企业优化和完善风险管理与内部控制体系提出了新要求；证监会秉持“依法、全面、从严”的监管政策，从确立环境、社会责任和公司治理信息披露的基本框架，停复牌制度改革，到重大违法强制退市规则修订，作为上市公司的中国核电需主动适应监管新规；2017年“安全有效发展核电”被写入政府工作报告，国务院批准实施《核安全与放射性污染防治“十三五”规划及2025年远景目标》，要求核能发展部门、核安全监管部门等切实履行保障核安全、环境安全和公众健康的根本宗旨，实施最严格的核安全监管。伴随外部监管要求的不断提高，中国核电利用自身优势构建风控体系，经受住30多年发展历程中的各种重大考验，为企业发展保驾护航，发挥了重要作用。

企业风险管理、内部控制、合规管理等体系之间需协同发挥作用。2012年，中国核电初步建立全面风险管理体系和内部控制体系，并推动重点成员单位开展风险管理和内控体系建设；2017年，中国核电统筹建设风险与内控一体化，形成了多项标准化、常态化的工作机制；2018年，合规体系在中央企业推行，风控体系又加入了合规建设；近年来，随着全球企业数字化智能化转型升级，公司风控体系开始加强数智化提升。

1.2.1 概述

中国核电以卓越绩效目标为引领，以不发生重大风险为底线，设计层面以“四化”为路径，执行层面以“三变”为重点，着力打造“体系协同一体化、服务价值数智化”的风控体系，风控体系框架如图1-3所示。

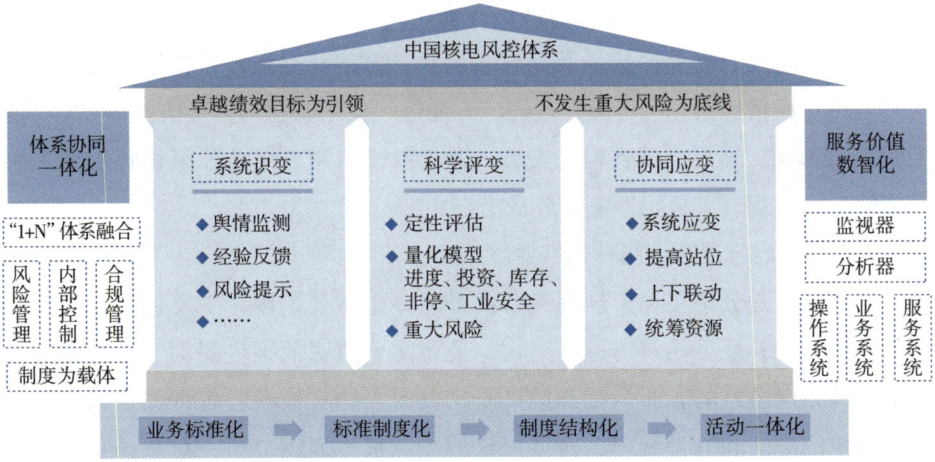

图 1－3　中国核电风控体系框架

1.2.2　做法

如前所述，核电管理体系一般涉及两类。虽然两类管理体系转化的范围、方法略有不同，但均可以通过制度模型化，梳理管理体系要求的核心要素，将其融入制度中，借助制度良好的延展性，使制度文件成为企业所有管理体系最终归一化的体现。因此，风控体系建设同合规管理、制度管理体系的建设一样，在体系设计层面遵循业务标准化、标准制度化、制度结构化和活动一体化路径；在执行层面体现出系统识变、科学评变、协同应变的特点。

1. 及时识别外部变化

面对世界百年未有之大变局、新冠疫情全球大流行、国际贸易和投资大幅缩减等重大经营环境变化，全球能源供应结构正进入以清洁能源为主导的多元化时代，能源转型成为不可逆转的发展趋势。核电行业作为“一荣俱荣、一损俱损”世界性行业，其相关信息、运行情况深受公众关注，防止发生系统性风险尤为重要。

1）每日舆情监测，保持公众信心

公司宣传文化中心安排专人，通过日常情况软件监测、一般舆情专人搜索、重大舆情（重大事件）重点监测等方式，收集敏感信息、相关媒体关注以及核电相关行业动态等内容，进行分类、对比、提炼、组合后，研判公司面临的舆

情形势；根据新闻媒体或门户网站发布和引用的新闻报道数量，网民在论坛、贴吧、微博等发表的评论数量及其发展趋势，短信或微信传播情况以及公众的行动等判定舆情等级，进行分级处理，并通过“舆情日报”“舆情快报”“舆情专报”等形式，通报或报告相关人员，进行舆情监测，帮助公司化解了相关舆情风险，同时提升了公司形象和公众信心。

2）行业经验反馈，提升运行业绩

经验反馈是公司实现管理和经营提升的一个重要手段，主要包括内部经验反馈和外部经验反馈两种方式。对内，公司建立透明的报告制度，创造良好的政策环境，以适当的方式激励和鼓励员工及时、如实地报告各种异常情况，并遵循一定的方法和管理程序，开展事件调查和根本原因分析；对外，通过世界核电运营者协会（WANO）、国际原子能机构（IAEA）、美国核管理委员会（NRC）、核能行业协会核电营运信息网（CINNO）、国家核安全局经验反馈平台、供应商和制造商等渠道，筛选外部经验反馈信息。通过对内外部经验反馈信息的分析，从已发生的事件或者对未产生明显后果的事件共性趋势分析中吸取经验教训，防止相同事件或类似事件重复发生，具体包括快速经验反馈简报报告机制、每月经验反馈例会机制、建立经验反馈信息共享平台等。经验反馈机制极大地促进了机组稳定运行，2021 年公司 22 台机组中的 19 台机组 WANO 综合指数满分，达到世界领先水平。

3）发出风险提示函，合力应对系统风险

面对波谲云诡的国际形势、复杂敏感的周边环境、艰巨繁重的发展任务、传统能源和电力行业的变革，中国核电及成员单位面临的法律、合规、市场、竞争等方面的风险越来越多，更需坚持底线思维，增强忧患意识，提高风险防控能力。中国核电本部根据日常收集的外部风险信息以及各成员单位的内部反馈与报告，发现某项潜在风险时，以正式的风险提示函的形式下发至各成员单位，如事件分析、案例经验等，提示可能的风险因素和影响，以便成员单位提前做好风险应对，构筑立体多维的风险警示机制。

2. 科学评估变化影响

风险评估一般采用定性方法较多。随着数据积累和科学评价的需求，中国核电开始构建重要风险量化模型，主要是通过量化模拟等手段，分析目标受到各项风险作用的可能影响，了解目标实现过程中的可能偏差，进而采取有效的

应对措施，促进目标的达成。根据历年重大风险情况，选取工程建设进度风险、投资风险、库存控制风险、非计划停机停堆风险、工业安全风险等，建立量化风险管理模型，实施相关风险的过程管控。

1）工程进度风险量化模型

模型基本思路为以机组按期商运目标为基准，结合项目进度的关键节点，以 SPV（关键敏感性）设备非预期损坏为关键风险因素，再适当考虑其他风险因素对项目进度关键节点的影响，通过蒙特卡罗模拟方法评估，反映一定置信度下机组商运的进度偏差天数和风险状况。

如表 1－3 所示，工程进度风险量化模型被应用于进度目标风险模拟，适用于机组商运风险的评估和监测，以及机组建设、调试等过程进度风险的量化评估。

$$S = J + \sum_{1}^{n} xi \qquad (1-3)$$

其中：S—— 模拟商运节点所需时间；

J—— 剩余计划商运时间（滚动时间）；

n——非预期损坏 SPV 数量；

x——非预期损坏 SPV 或其他重大风险因素对商运的影响时间（通过三角分布设计对商运影响时间的最大值、最小值和最可能值）。

表 1－3　工程进度风险量化模型

风险水平	很低	较低	中等	较高	很高
拖期时间	小于 10 天	10～20 天	20～30 天	30～40 天	大于 40 天

注：$\Delta S = S - J$，90% 置信度的商运时间拖期，计算 ΔS 值后，比对以上判断标准确定风险等级。

2）工程投资风险量化模型

工程投资风险量化模型主要以 NPV（净资产收益率）为输出结果，利用分析工具，提高可行性研究的准确性和充分性，以有效降低投资决策过程中的风险。NPV 模型中，基准折现率 i 为人工设定参数，可参考行业收益率、公司要求的收益率或借贷资金成本等维度。在办公软件 Excel 中设置好模型后，借助 @ RISK分析工具，自动呈现达到净现值目标可能性的模拟运算结果。

基于 NPV 模拟分析结果，通过综合考虑公司发展战略、现有资源情况等定性因素，再开展投资决策。工程投资风险量化模型如表 1－4 所示。

表1－4 工程投资风险量化模型

已知输入值		
折现率	i	12%
不确定输入值		
投资成本	IC	
第一年收入	R_1	
年固定成本	FC	
年收入增长率	r	
年可变成本占收入百分比	rvc	
折现现金流量计算		
年度	t	
投资成本	IC	
收入	R_t	
固定成本	FC	
可变成本	VC （$r \times rvc$）	
现金流	CF_t	
输出		
净现值	NPV	

3）工业安全风险量化模型

工业安全风险涉及人、环境、设备、管理等多种因素，综合公司既有的现场隐患排查月报、安全隐患趋势分析报告等客观数据信息，采用安全隐患数据与关键风险因素评价相结合的评估方法。

工业安全风险量化模型见表1－5。该模型反映该风险值大小及相应的风险水平，预测当期的风险状况；采用敏感性分析方法深入分析影响工业安全风险的关键风险因素、风险指标，对于风险因素及风险指标突出、变化较大的情形，及时采取应对措施；应用于机组建设过程或其他机组维修过程中对工业安全风险的监测，动态反映风险的可能变化，并在实际应用中持续进行适用性修正。

$$R = x \times y \times 40\% + \sum_{1}^{n} (p_i \times l_i) \times m \times 60\% \qquad (1-4)$$

表 1-5　工业安全风险量化模型

风险水平	很低	较低	中等	较高	很高
风险值	0~1	1~2	2~3	3~4	4~5

注：R 表示 5 号、6 号机组工业安全风险值，计算获得 R 值后，对照以上判断标准确定风险等级。

3. 协同应对重大变局

“十四五”以来，国家再次强调中央企业应切实防范化解重大风险，牢牢守住不发生重大风险的底线。近年来，世界形势越发复杂严峻，公司最容易发生系统风险的领域为涉外相关业务，在重大变局面前，仅靠某一领域、某一单位的风险应对常常力量有限，全面深入思考战略布局，全产业链谋划发展，全过程跟进项目，系统性考虑优势和短板，形成合力，上下协同更为重要。中国核电深入研判国内外形势变化，切实加强风险管理工作与实际业务的融合，公司以风险 TOP10 管理、重大投资项目/事项专项风险评估与审查等机制为抓手，切实将风险识别、评估、应对、监控等工作落实到业务工作中，筑牢风险防火墙。

1）重大风险 TOP 10 管理机制

针对影响公司战略规划目标或年度经营发展任务实现的重要、重大风险，建立 TOP 10 风险管控机制，通过指标预警、动态跟踪、定期汇报、针对薄弱项调配管理资源等方式形成重大风险管理的闭环。其中，指标预警是指每个重大风险均按照年度管控目标，设置红、黄、绿的指标阈值和预警，当指标处于不同值时，风险的颜色状态进行相应调整；动态跟踪是指根据内外部环境变化、公司经营重点和风险管控情况进行定期调整，因此要求各业务领域及时收集风险信息，掌握业务环境变化，准确识别业务风险；定期汇报是指对列入 TOP10 事项清单的任务，量化该事项的具体任务和完成时间节点，定期对 TOP10 事项的进展信息进行汇总和分析，在公司经营月度分析会上进行汇报。

2）重大投资项目/事项的风险评估及程序性审查机制

对达到一定决策层级以上的重大投资项目，要求项目主办单位或部门牵头，在梳理影响项目目标实现的各种内外部因素、分析类似项目历史风险事件的基础上，按照不同类型项目的风险清单和报告模型进行专项评估。风险管理部门对专项风险评估报告及相关支持材料履行审查程序后，出具程序性合规审查意见，审查意见作为上决策会的必备材料，未经程序性合规审查，不能进入决策程序。

3）群策群力，提升中国核电风险应对整体能力

按照“单位间深度合作、集中投入、优化资源、提升资金使用效能和中国核电整体的核心竞争力”的宗旨，中国核电已连续多年开展风险防控的集团化、专业化运作。早在2017年中国核电就提高站位，提前预判相关贸易风险，着手系统应对；针对重要备品备件，做到上下联动，统筹资源，有效化解备件断供和“卡脖子”事件。

4. 体系协同一体化

体系协同一体化虽主要以全面风险管理、内部控制、合规管理、制度管理、标准化等为基础，但遵从“1 + N”原则：“1”是指统筹协调、统一设计，使用同一个管理目标、同一套管理制度、同一个管理活动、同一套业务流程；“N”是指完整的公司治理所涵盖的治理体系、合规体系、内控体系、风险管理体系、质量体系、各利益相关方管理等各类内外部要求；“ + ”是指通过找出各管理体系的内在联系，找到恰当的体系连接点，深度融合，协同运作。

5. 服务价值数智化

在风险管理工作中，中国核电注重从数据的收集、存储、分类着手，构建模型，利用数据挖掘技术获得单凭肉眼难以发现的信息，及时发现问题根源，预测事件走向，既能解决传统风控的滞后性，也能极大地降低和规避风险，提升企业风控水平，降低资金损失的规模和概率。

1）风控体系操作系统

风险管理与内控信息平台是风控工作的基础操作平台。2017年，中国核电按照国资委对风险管理与内控的要求，结合工作基本流程，统筹建设了成员单位和核电总部的风险管理与内部控制信息系统，2019年初，风控平台在核电总部和成员单位部署使用。平台固化了风险管理、内部控制基本工作流程，考虑体系衔接关系，实现了风控工作电子化。

风险管理包含风险识别、风险评估、风险应对、风险监控、风险报告、重大风险管理、重大事项风险评估与审查、风险管理工作记录等功能模块。中国

核电作为上级管理机构，能穿透查阅下属成员单位的风险上报、风险评估、重大风险跟踪、风险报告及相关信息。

2）风控体系的监测器

经营管理指标平台承担风控体系运转的预警功能。2017 年，中国核电建设了在线经营分析平台，梳理人资、财务、物资、投资、市场、工程、运行、安质等领域，实现了 13 个业务主题、17 个业务场景、2279 个业务数据的图形化在线动态展示。其中的风险内控场景主要有风险地图、重大风险、风险信息、内控建设、工作进度 5 个数据模块，初步满足中国核电各级领导、管理层、基础业务人员进行业务监控的需求。

3）风控体系的分析器

确保管理体系按制度规范化运行是风控体系紧密融入业务、取得实效的难点和日后的重要方向。中国核电在制度平台中增加流程监控和分析功能，针对管理制度中的流程图，结构化解析后，标注风险点、控制点以及流程涉及的表单，生成新的数据对象，实现管理制度与 IT 系统的智能关联，完成差异智能分析及推送（参见“一体多能”型制度体系）。

4）特定业务使用场景

投资风险模型。投资项目风险控制贯穿项目决策前、实施中及退出，重大投资项目在决策前需实施风险评估流程，对达到一定决策层级以上的重大投资项目，要求在分析类似项目历史风险事件的基础上，按照不同类型项目的风险清单和报告模型进行专项评估，同时风险管理部门履行审查程序，出具审查意见后才能进入决策。结合投资项目管理平台，将决策前风险评估流程点、风控平台提示信息等嵌入具体环节，实现投资项目全过程风险管控。

作业风险整合模型。对现场作业风险的识别，可将设备管理、风险事件、危险源管理、环境因素管理、工业安全危险点等已有信息作为现场作业风险的基础数据，为风险分析单提供数据支撑。在作业风险整合模型下，把全面风险、内部控制、合规以及安全、职业健康、质量等相关管理体系建设的成果和信息整合到工单系统中，对作业人员给予充分指导，提高其风险识别、评估、措施制定的能力。

1.2.3 成效

1. 资源集约效果初现

首先，通过“系统识变、科学评变、协同应变”的风控体系构建，中国核电全面统筹，实现了信息在本部及各成员单位之间的有效共享，舆情监测与经验反馈等工作效果明显提升；其次，中国核电及28家核电成员单位，使用同样的语言、同样的标准、同样的做法、同样的职能设置，步调一致，共同蓄力创新发展动能。

2. 三道防线有效运作

通过在风险管理系统中进一步明确三道防线的职责，如损失事件上报和风险上报（三道防线共同责任）、制定风险应对措施并进行风险监督检查的自我检查（第一道防线责任）与现场检查（第二道防线责任），填报当前风险状态、风险应对实施情况、重大损失事件发生情况等实际情况，通过监督和检查各业务部门对风险应对措施的执行，同时将重大事项风险评估与审查流程嵌入公司决策主流程中，促进三道防线的有效运作。

此外，中国核电积极总结公司风险管理良好实践，并将其作为风险管理相关标准的输出参考。2021年，中国核电参与国标《风险管理—指南》、国标《风险评估技术》的编制，主导了国标《法律风险管理指南》、国标《投资项目风险评估规范》的编制，提高了公司在风险管理行业领域的影响力。

3. 重大风险有效应对

面对突如其来的新冠疫情，中国核电迎难而上，助力复工复产，打赢了疫情防控阻击战。公司充分挖掘公司内部数据，利用价值和内部专家潜力，提高疫情期间风险研判、风险评估的科学性和准确性，同时跟踪和预警重大风险变化，反映主要风险因素的可能影响，提高重大风险的防范化解能力，促进了风险管理精益化。

全体员工锚定任务目标和风险挑战不放松，高质量、高标准完成各年度目标任务，未发生影响公司正常经营的重大风险事件，实现重大及以上设备事故、重大人因责任质量事故、危险物品丢失被盗事件、火灾事故均为零的目标；所有在运机组安全稳定运行；全力应对并化解了进口限制、备件断供风险；积极推动电量消纳和电价风险解决，电力交易取得新突破；国际化经营以及外事工作进展顺利。

4. 系统平台效能凸显

通过风控信息系统对风险管理与内部控制工作的流程和操作方法进行“固化”“自动化”“标准化”，提高了风险管理与内部控制的工作效率，缩减了工作成本。同时，建立制度管理平台，建立组织构架、制度文件、内控管理体系、风险管理体系等管理元素之间的关联关系，将各个管理元素之间的关联关系进行显性化，从而推进各个管理元素的改善。

数据平台促进了核电机组的运行及监测的精准性，由原人工填报数据维护变为自动抽取与少量人工纠偏相结合，大幅减少系统的运维工作量，提高自动化运维效率；充分利用和挖掘现有信息化业务系统的海量数据，让原本需要大量计算的指标数据，可以一图成像，同时绑定责任主体，实施协同联动；另外，为风险量化评估和风险研判提供了大量数据积累，提高了风险研判的科学性和准确性，为管理者及时跟踪并掌握中国核电整体运营情况和风险防控提供了有力支撑，在提高决策效率的同时促进中国核电经营管理变革。

1.3 “深植文化，创新超越”的“3142”全面对标体系

2013 年 1 月，国务院国资委发布《关于印发〈中央企业做强做优、培育具有国际竞争力的世界一流企业要素指引〉的通知》，明确做强做优、培育具有国际竞争力的世界一流企业是“十二五”乃至更长时期中央企业改革发展的核心目标，同时指出对标是实现核心目标的必要举措和有效阶梯，企业应通过对标找准短板和差距，完善细化要素体系，并以此为指导推动企业经营管理水平整体提升。2016 年 7 月，在全国国有企业改革座谈会上，习近平总书记对国企改革做出指示强调，国有企业是壮大国家综合实力、保障人民共同利益的重要力量，必须理直气壮做强做优做大，不断增强活力、影响力、抗风险能力。2017 年 10 月，党的十九大报告提出，“我国经济已由高速增长阶段转向高质量发展阶段，正处在转变发展方式、优化经济结构、转换增长动力的攻关期”“必须坚持质量第一、效益优先，以供给侧结构性改革为主线，推动经济发展质量变革、

效率变革、动力变革”。

1.3.1 概述

中国核电积极落实国务院国资委改革工作部署，秉承“追求卓越、超越自我”的公司理念，瞄准国际国内优秀企业，扎实开展“对标世界一流”管理提升行动。中国核电对标提升工作历经三个阶段、实践三种做法、推广“对标+”工具，最终形成以核心能力提升为中心的“3142”全面对标体系，并融入中国核电主动优化、持续改善的精细化管理体系环节中，也将成为驱动公司不断发展的一种文化基因。

1.3.2 做法

1. 历经三个阶段，筑牢对标提升发展观

1）第一阶段：借力平台、追求卓越

核安全无国界。自1985年秦山核电站开工建设到2012年中国核电本部实体化运作之前，中国核电各电厂自发通过WANO等国际组织开展全球范围内的对标管理以及全球核电机组性能指标的统计排序、对标交流、专家服务等。

WANO等国际组织的存在为中国核电对标提升提供了天然平台和先发优势。这一阶段，中国核电在对标世界一流核电机组安全建设、运行业绩的实践中不断追求卓越，卓越文化基因生根发芽。

2）第二阶段：追求卓越、超越自我

自2012年中国核电本部实体化运作以来，解放思想、放眼世界，不断扩大对标范围，从各行业的优秀实践中汲取营养，提升自我，在安全运行、VVER/AP1000机组建设运营、财务管理、商务采购、科研管理等诸多领域与对标对象建立了长期稳定的对标交流机制。

中国核电坚持业绩对标“体检”，逐步摸索建立了公司级对标指标体系，每年发布《中国核电总体经营和绩效对标报告》，从综合发展、安全质量、经营管理、在建工程、人才培养、科技研发等方面建立对标指标，全面审视与对标对象的差异。在总结吸收全球核电行业对标对象良好实践经验的基础上，公司开展以制度体系、信息系统、组织机构等为代表的体系标准化工作，为机组可靠

性管理、安全与创新管理的持续精益化奠定了基础。

3）第三阶段：精益管理、系统提升

在国务院国资委对标世界一流框架指引下，2018 年开始中国核电总结生产业绩（WANO 性能指标与机组可靠运行、机组建设以及核电厂址开发和机组核准等）对标经验，并向其他领域复制推广，进入了精益化管理、系统全面提升阶段。

中国核电将对标一流作为引领公司高质量发展的重要手段，在考核体系中将 WANO 综合指数作为高质量发展指标，以能力因子 94% 以上（国内最优）、96% 以上（国外最优）为标准进行运行业绩的评价和激励，实现对标体系精益化、对标管理可视化、对标提升系统化。

2. 实践三种做法，实现对标提升全覆盖

1）文化引领，深植行动

中国核电卓越文化以中国特色社会主义文化为基础，以核工业文化为源泉，以核安全文化为根本，以追求卓越为导向，以子公司文化为特色，以“国际一流”为目标。中国核电 30 多年的改革、发展、创新的历程，处处体现着高度责任心和追求卓越的价值导向，而对标作为重要的手段更是融入企业的发展基因之中。

围绕战略目标导向、卓越绩效导向、全面对标原则、常态对标原则、系统提升原则的 5 个原则，横向与国内优秀同行比、与世界一流标杆企业比，不断“追求卓越”，纵向与自身的过去比，努力“超越自我”；动态调整对标对象、对标指标，常态化了解对标对象业绩状态指标，及时开展对标差距分析和绩效改进；根据环境或管理需求变化持续动态对标，瞄准最佳实践不断改进，努力超越标杆对象。

中国核电本部成立专项领导小组，以对标提升为主线，统筹推进对标提升、本部去机关化整改、公司深化改革、执行力提升等工作，各部门发挥资源和专业优势，密切配合，积极推动实施。公司建立对标管理系列制度，推动公司对标提升长效机制的建立，推动管理体系建设和管理能力的提升。

2）动态联动，管理可视

中国核电建设对标信息管理系统，支持全公司对标活动的开展、公司整体关键对标数据的动态更新、对标成果的展示及经验共享。

在对标计划及项目管理上，中国核电及其成员单位对标领导小组统筹确定下一年度公司对标提升方向、对标工作重点，审批公司本部、本部部门、各专项领域、各成员电厂对标工作计划，通过信息系统有效监控公司所有对标项目计划完成情况，对具体对标项目进展情况进行督促。中国核电将对标提升任务纳入公司综合计划系统，对各项任务进展情况进行月度监督反馈，建设管理“红黄绿”看板，对任务进展情况进行分类监测和预警。

在对标成果可视化展示上，中国核电对标管理信息系统中对公司整体经营对标结果、安全生产等关键领域对标成果进行可视化展示，直观展示与标杆公司绩效指标的差距，同时定期收集指标数据比对信息，对绩效差距超过系统设定阈值的相关指标生成警示，并与公司经营监测平台、安全生产监测平台有效衔接互动，动态展示各机组、各公司对标指标的优劣势情况。

3）三级联动，层层递进

自 2016 年起，中国核电探索搭建满足集团总部、中国核电本部、成员单位三层管理需求的核心对标指标体系：2017 年开始策划研究，2018 年进一步聚焦公司战略发展、八大核心能力建设，形成较为固定的体系。

除生产业绩指标外，中国核电同步开展“安全、技术、经济性领先，标准化/精益化管理能力输出、关键岗位人才储备、供应链管理与战略管理同盟组合、市场营销能力与品牌影响力、成本控制、厂址资源开发与储备、大规模投融资”等八大核心能力对标评估，持续开展核心能力建设。

3. 用好“对标 +”，业务领域争先创优

用好“对标 +”，全面提升公司管理水平。将对标作为一种管理工具，与公司各项管理体系有效对接，与公司各领域管理提升结合、与公司各岗位创先争优结合，通过不断夯实各项管理基础、促进各领域/各岗位管理创新，不断增强核心竞争力，全面提升企业管理水平。

1）对标 + 安全运行

WANO 综合指标方面，多年来中国核电重点开展了与美国爱克斯龙公司（Exelon）、中广核两家核电集团的对标，关注两家集团满分机组数量、综合指数平均分、单项指标先进值、优秀值、中位值占比等方面的历史变化趋势等。通过对标找出差距，分析成因，展开行动，予以提升。机组大修方面，中国核电积极推动“90 – 30 – 00”平均大修天数小于 30 天目标的实现，按月开展与中广

核大修工期对标分析，每年开展与美、俄、法、韩等国机组大修工期的对标分析研究工作。

2）对标 + 财务管理

中国核电于2011 年开始与全球约 140 台机组开展电力成本分析对标，每年定期开展行业对标交流，对国际上核电行业面临的典型财务业务问题进行交流研究及探讨。中国核电与中广核电力在财务领域建立定期对标机制，每年就相关领域典型问题开展对标。

3）对标 + 科研管理

中国核电高度重视科技创新工作，稳步提升核电厂安全性、核电设备、材料和燃料可靠性、核电经济性。2019 年成立核电运行研究（上海）有限公司，对标美国电力研究院（EPRI），搭建中国核电运行支持平台、科技研发平台和国际合作平台，努力打造中国核电技术研发和管理创新的人才高地、技术高地、创新高地。2020 年首次加入 EPRI 核电全会员，对核电维修、无损检测、仪控等18 个模块，开展对标、技术交流和成果转化等相关活动。

4）对标 + 商务采购

中国核电积极与 Exelon、中广核集团、国家电网、三峡集团、大唐集团等电力同行对标交流。通过采购领域对标提升，采购标准化水平进一步提高，建立93 份合同范本、3 类标准化招标文件和评标办法；完成数字供应链项目主要功能建设，初步实现采购和供应链管理向数字化转型；进一步优化采购计划管理模式，提升了采购计划与生产计划、预维计划的供需周期匹配性。

5）对标 + 运营管理

中国核电对标 Exelon、法国电力集团（EDF）核电运营管理体系，借鉴核电企业良好实践，积极推进标准化战略实施，策划涵盖“基本制度、标准组织机构、管理导则、4E 信息化工程、技术标准、品牌文化”6 个方面的标准化建设框架，组建上下联动的一体化标准化组织体系，组织梳理 18 个领域 50 个子领域的标准化业务架构，发布核电公司标准组织机构。

4. 围绕核心能力提升，搭建“3142”全面对标体系

中国核电借鉴战略管理工具——平衡计分卡逻辑脉络和卓越阶段模型（Stage of Excellence，SOEE）理念，搭建了以核心能力提升为中心的“3142”全面对标体系（见图 1－4）：“3”—— 搭建层层递进的财务、业务、职能管理三

维对标指标体系，层层挖掘财务指标差异背后的业务差异、业务差异背后的管理政策差异；“1”——深入开展划分发展阶段、标志性事件标定的公司关键核心能力对标评估，在具体的财务、业务、管理差异之外，进一步探索深层次的关键核心能力差异，为公司长期绩效改进、关键核心能力提升绘制阶段发展路线图；“4”——紧紧抓住公司本部、本部部门、专业领域、成员电厂等四个关键对标主体，分层级、分主体全面开展对标工作；“2”——依托公司专业化对标信息系统、领域专家/专业机构力量，推动业务操作及政策层面的“双闭环”对标工作流程的高效规范运转。

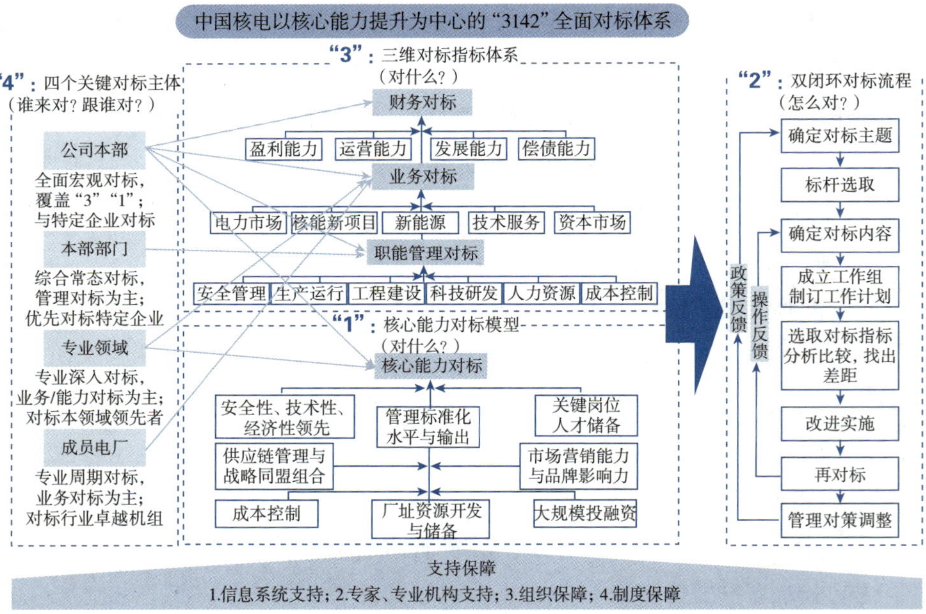

图 1－4 中国核电“3142”全面对标体系

1）搭建“层层递进、深挖本质”的三维对标指标体系

中国核电早期尚未形成完整的对标指标体系，由此带来诸如对标分析不全面、不深入、不透彻，整改措施不到位、不成体系等问题。

在“十三五”初期，中国核电探索搭建了同时满足集团公司—本部—成员单位三层核心管理需求的对标指标体系，又在外部专业咨询机构支持和自身内部广泛深入研讨的基础上，充实为涵盖主要业务领域的 40 余项关键对标指标。此后，中国核电进一步借鉴战略管理工具——平衡计分卡的逻辑框架，对这些关键对标指标进行归集整理，最终搭建形成了包含财务对标、业务对标、管理对标3个维度对标层层递进、深挖本质的对标指标体系，为企业逐层深入对标分析和改进提供了良好的框架指引。

财务对标：体现企业最终经营成果的对标，重点分析公司与标杆企业在盈利能力、运营能力、发展能力、偿债能力等财务表现方面的差距。

业务对标：在财务对标的基础上，进一步分析公司与标杆企业在电力市场、核能新项目、新能源、技术服务、资本市场等五大业务上存在的差异，挖掘公司与标杆企业财务指标差异背后的业务差距。

管理对标：在业务对标的基础上，进一步在安全管理、生产运行、工程建设、科技研发、人力资源、成本控制等主要经营管理职能领域与标杆企业深入对标分析，探索业务差异背后的管理政策差距。

以中国核电旗下三门核电的AP1000三代核电国际对标为例，基于美国核电厂整体生产业绩水平在行业内处于领先地位的事实，三门核电在生产准备阶段就明确与美国核电厂的成熟生产管理体系对标，并通过2个批次的大范围岗位影子培训和15个批次不间断的业务领域对标两个阶段，深入学习美国核电厂先进的生产管理流程，最终建立并完善了三门核电自身的生产管理体系，有效保障AP1000全球首堆示范工程三门核电1号、2号机组的安全稳定运行。1号机组首循环即达到WANO综合指数满分；2号机组首次大修工期28.14天，创造全球核电业首次大修新纪录。

2）开展“阶段划分、事件标定”的核心能力对标评估

中国核电自开展对标工作以来，在财务指标、业务发展、经营管理等方面取得了长足的进步，并在国际宏观环境愈加动荡、行业竞争态势不断演变、主要市场参与者不断更替的背景下，积极寻求超越具体指标差异、深入公司经营管理内核本质、引领企业持续领先发展的因素。

早在“十三五”初期，中国核电便认识到未来企业间的竞争是企业整体实力的比拼，核心能力将是维持企业长期竞争优势的源泉所在。因此中国核电对核能行业外部环境、产业链/产业结构、主要参与者等进行了深入分析，明确了核能行业成功的关键要素，最终确立了中国核电“安全性、技术性、经济性领先，管理标准化输出，关键岗位人才储备，供应链管理与战略管理同盟组合，市场营销能力与品牌影响力，成本控制，厂址资源开发与储备，大规模投融资”等八大核心能力，并围绕企业战略目标持续开展核心能力建设。

为深入地与标杆对象进行核心能力对标，进一步探索双方在管理政策背后的核心能力差异，中国核电在明确自身需重点建设的八大核心能力后，借鉴卓越阶段模型，搭建了可视化的公司核心能力对标评估模板，通过描述各能力从基本阶段、发展阶段、领先阶段到最佳阶段的特征与状态，从而清晰评估自身和标杆企业核心能力所处的阶段，并绘制核心能力改进提升路线图。

3）紧抓“各司其职、协调有序”的四个关键对标主体

在对标工作中，中国核电高度重视18大领域50子领域专家在本领域业务标准、绩效指标和管理流程的规范与开发职责的发挥，除支持其他主体高效开展对标工作外，中国核电也将各领域专家工作组作为对标主体，通过各垂直领域的专业深入对标，推动公司各领域业务标准开发、绩效指标提升。

中国核电同时抓住公司本部、本部部门、专业领域、成员电厂等关键对标主体，对每个主体的主要对标任务、对标要求、对标深度、对标报告模板等进行了规范。

四个主体各司其职，对标范围和对标深度逐步聚焦，协调促进公司整体对标工作有序开展。

①公司本部对标：突出宏观性、全面性，是公司整体业务发展、经营管理层面开展的与特定标杆企业进行的对标活动，以发现公司在重点经营管理领域存在的薄弱环节，为公司整体绩效提升提供方向性建议；原则上每年开展一次全面对标。

②本部部门对标：强调工作综合性、常态性，是各部门定期对本部门主要管理领域与标杆企业管理水平差距的综合判断，为本部门经营管理能力提升和方式改进制定具体措施；优先对标特定标杆企业，对标工作融入日常。

③专业领域对标：突出专业性、深入性，是按照计划开展的某特定领域的专项对标，深度挖掘绩效差距背后的管理理念、组织方式、业务行动等的差异，为本领域核心能力建设、绩效提升提供具体改进行动；向本领域领先者看齐，不限于特定标杆企业。

④成员电厂对标：强调工作专业性、周期性，是各电厂定期对本电厂机组业绩指标与行业卓越差距的详细具体分析，通过实地交流等活动学习借鉴标杆单位良好实践，为电厂/机组生产业绩提升提供具体措施；根据实际情况按月度/季度/年度周期性开展对标工作。

4）规范“操作反馈、政策反馈”的“双闭环”对标工作流程

中国核电规范了具体对标工作流程，区分为“操作反馈”小闭环对标工作流程、“政策反馈”大闭环对标工作流程；前者对具体生产工艺、技术和作业/流程等操作层面的对标工作进行闭环管理，一般不涉及管理政策的优化；后者对最佳管理实践、核心能力等战略性领域对标工作流程进行闭环管理，通常涉及管理政策的优化完善。

“操作反馈”小闭环与“政策反馈”大闭环并非两个割裂的循环。与4个对标主体相对应，若电厂层级对标所产生的“操作反馈”良好实践经中国核电本部部门组织的专业领域的内部对标确定为具有标准化推广意义，则将通过制定标准导则、标准管理程序等手段上升为中国核电层面的“政策反馈”大闭环。同时，电厂层级在落实中国核电总部对标后形成的管理政策时，通过外部对标交流，结合自身实际，形成符合自身特点的具体的执行操作举措。

（1）科学选取对标对象

中国核电对标对象为国内一流企业、国际一流企业，为避免分散力量，进一步聚焦方向，中国核电对对标对象选取的优先次序进行了规定：

公司整体对标，体现为战略性对标，向公司指定的特定卓越同行企业看齐，紧密关注标杆对象战略做法，关注企业布局、生产结构调整、外部供应链重组、核心能力塑造等战略性部署。部门管理对标，优先向公司指定的特定标杆企业对标，关注其管理政策、活动组织方式等。专业领域对标，不限定特定的标杆对象，向行业内直接竞争对手、行业外本领域领先者学习。电厂对标，向全球范围内卓越运行机组、电厂对标，按月度、季度、年度开展常态化对标。

在总体经营绩效对标层面，中国核电选取同行业中业务规模、运行业绩较为突出的Exelon、中广核电力作为对标对象，在业务规模、安全质量、运行绩效、经济绩效等四大领域开展对标。在专项业务领域，中国核电按照国资委、集团公司八大领域对标提升管理要求，以本管理领域先进单位（优先选择Exelon、中广核电力）作为对标提升对象、追赶标杆。

（2）科学设立对标指标

收集整理相关主题、对标对象、相关内容方面已有的资料，在研究相关材料的基础上，进一步开展实地调研和专家研讨，形成对对标对象实际情况的全面深刻认知；选取能够代表该领域业绩表现的对标指标，分析确定与对标对象

在该部分指标上存在的差异及形成原因、过程，为后续对标改进打好基础。

中国核电对标指标设计遵循国务院国资委对标世界一流企业的要求，深入融合中国核电经营理念，从财务绩效、业务规模、管理能力三个层级建立量化对标指标，如图 1 –5 所示。

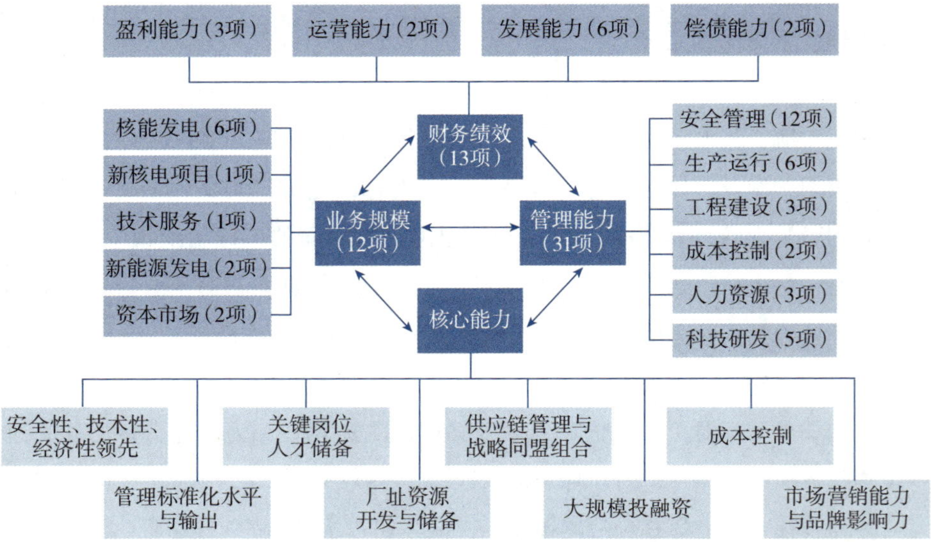

图 1 –5　中国核电对标指标设计

中国核电对标指标充分考虑本单位的经营发展目标和战略方针的重点关注项，与本单位管理实践紧密结合，基本覆盖本单位各业务领域的主要方面和重要方面，综合反映了本单位经营和绩效水平。

相对稳定的指标定义、数量、计算方法，为获得稳定且可信的业绩趋势预测打下了数据结构基础。与此同时，通过定期收集指标的使用反馈意见，不断对指标进行调整与优化，以适应外部环境与本单位发展的要求。

中国核电对标指标的获取采取定性与定量相结合的方式，对公司核心能力对标采取定性评价打分的方式，由中国核电组织专家开展评估，对公司的管理能力、五大业务规模和财务绩效采取量化指标对标，对标数据来源为对标单位公开发布的企业年报，环境、社会及管治报告，国家核安全局年报，以及 WANO 网站发布的最新数据等。

1.3.3 成效

在30多年的发展历程中，中国核电持续推动对标工作与公司各项管理改进、创新发展深度有机融合，为公司核心竞争力持续提升、管理政策持续优化、业务持续拓展、经济效益持续增长、战略落地提供指引，积极践行“追求卓越、挑战自我”的价值观，不断向标杆企业、先进单位看齐，通过外部对标、内部挖潜、优化激励奖惩等措施，3年来，公司生产经营目标任务全面完成且增速优于历史同期；核电运行机组WANO综合指数平均值和满分机组数再创新高；新机组建设取得重大突破；科技创新能力不断提高，数字化转型稳步推进；能源供应保障有力，核能多用途开创新局面。公司总体经营绩效获得全面提升，成功入选国务院国资委管理标杆企业，对标工作实践入选国务院国资委案例库。

1.4 生产经营管理体系“用数字说话”

中国核电以高质量发展为目标，整合原有关键指标数据、同行对标指标、绩效指标和运营监测指标，搭建高质量战略运营指标体系，形成数字化生产经营管理长效统筹机制。以数字化的生产经营管理理念不断加强信息化总体规划与架构设计，加强信息化战略牵引，充分利用和挖掘现有信息化海量基础应用数据，依托中国核电生产经营监测平台逐步实现业务数据自动获取和关联深度分析功能，以满足中国核电及业务部门各级领导、管理层全面了解核电板块整体经营管理、安全生产等状态的需要，更好地辅助领导科学决策。

中国核电以推动核能、非核清洁能源产业高质量发展为目标，以生产经营管理信息化、数字化为途径，通过重新塑造以产业为主线、以领域为支撑的生产经营管理组织架构，在筑牢底层大数据池的基础上，搭建纵横贯通的高效信息流，加强业务领域逐层数据分析，构建数字化、智能化的经营管理驾驶舱，加之优化的制度建设和激励机制，形成了高效的数字化生产经营管理体系，对公司创新发展起到了重要作用。

1.4.1 概述

在业务逻辑设计上，中国核电建立了以数据平台层为基础，通过一体化业务的管理与协同构建了生产经营监测平台，以“集约运行、源端维护、分布应用、优化流程”为核心，杜绝重复录入、信息冗余的情况发生，力求将“自动抽取”+“一次输入，相互钩稽”作为主要方式，将各领域数据汇总、分类处理，转换为管理层所需的分析型数据，通过图表等多种形式，展现数据间隐藏的内在规律，进而展开多维度、多层次关联分析，促进了数字化在安全质量、机组运行、经济指标、市场管理、投资管理等方面的二次、三次或更多层关联应用，实现全面协同。

经营监测平台让公司管理者随时得到可供决策的经营状态信息。公司管理层在企业经营活动中需要的信息不仅是营业收入、利润、经济增加值（EVA）等财务数据，还需要聚焦核心主业关键指标，如计划任务状态、机组运行情况、发电量、功率、动态评价指标、风险管控情况等各种有助于准确了解和判断公司业务状态及经营成果的绩效指标，方便统筹安排、全面布局、提前规划经营活动。

1.4.2 做法

1. 重塑高效的生产经营管理组织模式

自2017年起，中国核电统筹推进经营管理各业务线精益化管理，加强各项业务横向协同和上下联动。根据集团公司“三合一”（战略规划管理、绩效考核管理、经营分析管理）工作的整体部署，结合数字化管理新要求，统筹推进经营管理各业务领域精益化管理，构建了“3655”经营管理组织体系。

为进一步推动中国核电生产经营管理全面落地与实施，研究成立以中国核电董事长为组长，总经理为副组长，中国核电公司领导、各成员公司第一负责人为组员的中国核电经营管理领导小组，组织制定并推动公司经营管理策略、体系建设、重大事宜及难点问题的解决；同时设置经营管理各领域业务组，其核心就是责任管理及落实，把公司、员工的责任细化到具体工作中，实现精益化管理，做到固化责任、岗位到人，加强横向协同与纵向联动，为公司高质量发展提供坚实的组织与人力保障。

2. 构建横纵贯通的数字化信息流

目前，中国核电与国家高质量发展核电产业的要求相比，在技术积累、人才储备、基础资源建设保障等方面仍存在一定差距，特别是面对福岛核事故后国内核电项目审批节奏放缓、上网电价下调、调峰降负荷运行压力大、三代核电造价较高等多维度压力，亟待从智能化的角度进一步加强纵向一体化、横向集成化的经营管控，应对公司运营过程中存在的内外部风险，在生产经营管理领域中重点开展了三项工作：一是建立一套可以实现业务数据自动获取和关联深度分析功能的生产经营监测平台，对关键指标进行有效管理；二是建立一套融合经营监测及对标分析的经营管控模式；三是将相关指标纳入绩效考核体系。

为确保该项工作顺利推进，此项工作被定位为“一把手工程”，从横纵两条线进行部署：纵向上，本部与成员单位贯通，颗粒度小的原始数据以“一次输入，相互钩稽”为原则，最大限度减少成员单位的重复工作量，达到上下贯通，协同推进；横向上，牵头部门与业务部门分工协作，达到多业务领域交叉合作，集约处理数据的可利用性。此项工作充分利用和挖掘现有信息化基础应用海量数据，充分发挥模型中数据的利用率和最大价值，设计实现已有业务系统支撑外的数据采集模块和指标管理模块；打破原有“线下要数据”的管理思维，使原先“定期要数据”的管理行为演变为“变化即更新”的日常行为，提高了数据质量及专业管理效率。

明确数字化生产经营管理的总体工作思路后，为确保数字化生产经营管理体系的建立和有效运作，中国核电成立数字化生产经营提升专项组，由经营计划部牵头，结合本部相关业务部门数字化管理需求，从工作职责、工作流程、管理范围、服务对象、数字化基础等方面进行认真分析及开发，以减少管理接口、减少内部沟通成本、加强业务关联融合为目标，对业务管理进行整合，从系统流程上进行再造。

在新管理要求下，对核电特色的经营分析及监测管理机制进行优化，加大了数字化在安全质量、机组运行、经济指标、市场管理、投资管理等方面的关联应用，更好地实现了纵向与横向的动态跟踪和预警功能，填补监测死角。一方面立足于板块资源整合，以有效原始信息最多填报一次为基础，做到执行力提升；另一方面立足于价值共享共赢，通过数据贯通，运用基础数据和模型实现关键指标预测预警。重点在经营管理、生产管理、投前管理、投资管理、工程管理、科研管理等主要领域深入开展组织工作。以先业务数字化、后数字化业务的思路推进公司数字化转型，逐步把数字化场景引入整个公司生产经营管理活动中，通过数字化实践简化传统业务流程、提升业务效率和精准度，降低运维成本，实现数字化深度融合，促进长期可持续发展。

中国核电生产经营监测平台的关联预测管理更像是公司辅助决策的“智慧大脑”，挖掘公司各业务模块的经营指标数据，通过复杂数据发现关键问题，建立了多项交互的、辅助运营决策的数据模型，如发电量、利润、电价、市场售电、投资等纵向与横向的跟踪和预警，纵向上打造“生产数字化、运营信息化、全寿期协同、全产业互联”的一体化平台，横向上推进经验反馈、趋势预测等能力建设，从数据孤立到数据交互共享，推动了生产经营实时监测与计划执行的良性互动，不仅实现了核电特色数字化管理在生产经营方面应对风险波动的管控，为企业经营进行预警，而且通过灵活的混合平台架构，既支持传统数据分析，也支持大数据分析，从而具备了高效快速的海量数据存储和大数据处理能力，降低企业运维成本。

3. 夯实底层基础，深化数据利用

中国核电针对生产经营管控要求、自身情况、发展需求及已有的海量业务数据，结合行业特征，自主设计研发的生产经营监测平台，以信息化、数字化的技术，将内置的安全生产、大修优化贡献、经营预测、计划执行等业务模型进行图形化展现，通过信息数据资源全面整合和生动展示，实现经营管理数据智能化呈现，为管理者及时跟踪并掌握公司整体运营情况和风险防控提供了有力支撑，在提高决策效率的同时促进经营管理变革。

中国核电力求实现以数据支撑生产经营业务为核心，对生产经营风险进行跟踪和预测，通过阈值设定在数据异常时进行预警，主动识别生产经营管理中可能存在的风险，有效保障公司全部资源和经营行为在控、可控。通过实时共享运行数据，利用大数据计算能力和可视化引擎，让监测内容变得更加全面，后续将规划建设面向生产经营决策、面向行业监管的集成数据中心，推进公司经营管理智能升级。

4. 立足经营管理实践，实现管理提升

1）一体化经营决策的“精算师”

搭建具有核电企业特色的经营管理双控滚动预测模型。“双控”是指控发电量、控利润，从业务角度来说是连接业务与财务两条主线。“双控”滚动预测是中国核电经营管理的核心内容，围绕安全、经营两条主线进行全年工作预测及管控，通过梳理发电量、大修工期、营收、利润、电价、成本、费用等业务的内在逻辑，搭建互联互通的双控滚动预测管理模型；同时嵌入经营风险增减利预测模型，实时有效地将经济利润与核电发电、新能源、技术服务、政策变动等做交互关联。

为适应电力市场化交易改革逐步深入的新形势，中国核电进一步创新经济指标预测管理，紧密结合发展战略目标和经营计划，加强各项业务的数字化深入联动，优化供给、销售预算与生产预算并重。新形势下经济指标预测的核心流程是：首先，充分调研各省电力供需情况，结合各省对核电企业发电计划的安排，预测基本的发电能力；其次，跟踪各省电改进展和电力市场交易机制，通过制定合理的营销策略，把握重点市场，锁定有效供给，争取有利于市场销售的电价；再次，根据机组能力及稳定运行情况，合理优化和安排大修工期，提高整体层面的有效电量供给，力争每年预算的目标都在可持续发展的基础上实现效益最大化；最后，通过深入分析单电成本构成，管控目标成本、标准成本等，寻找降本增效突破点，找出降本空间，争取较为有利的成本管理水平。通过以上各环节的数字化联动，持续开展经济指标滚动预测分析，大力推进业商财融合，创新工作方式，做好财务预算与业务计划协调融合，充分发挥预算目标的引领、激励作用，追求精准预算管理。

同时，为应对电力市场交易产生的量价波动为公司生产经营带来的管理问题，开发电力市场化交易分析工具，结合电力市场的交易品种，实时跟踪并抓取电力市场交易的基础数据，包括各电厂的竞价交易、发电权交易、挂牌交易等电力品种的成交价格、成交量、交易主体等，形成电力交易基础数据库。

在电力交易数据库的基础上，根据内部管理需求，搭建电力市场化交易管理平台，通过数据加工处理，实时掌握公司整体、各区域项目公司、各机组的市场化电量、政策电量、市场化交易电价、降价幅度等信息，形成可视化、层

次化、动态化的电力交易经营分析平台。借助电力交易经营分析平台，可及时、有效地开展电力市场化交易业绩对标、评价、考核激励等工作，同时将其嵌入整体生产经营管理系统，与其他子平台实现数据共享，实现对公司生产经营分析的全局管控。

2）全机组安全运行的“实时看板”

建立运行机组监测渠道，及时、有效地掌握机组运行状态，对各机组实时数据进行采集，通过积分算法计算出机组实时发电量，结合市场电价份额及计算方式，得出精准的利润经济指标，并以图形化方式动态展示，主动推送相关信息给相关人员。

发电为公司最核心的业务，电厂运行业绩水平将在很大程度上决定公司整体经营绩效。发电量监测预测模块不仅可以有效地进行电量损失分析，将损失电量细化至生产经营的具体环节，还可以通过数字化手段实现发电数据实时滚动收集、计算及预测功能，通过电价、缺陷和电网要求等多因素叠加的最佳运行组合数据分析模型，提升多机组运行配置能力，有效提高经营效益。

3）全领域闭环管控的“安全卫士”

为提升安全生产整体预控能力，有效遏制重特大事故，探索建立了一套适用于多堆型核电机组群堆安全生产状态评价的数据模型，用于预测及评价群堆管理模式下核电企业的安全生产状态，同时实现安全信息资源信息化管理，相关预警信息及异常状态及时通知到公司管理层，把安全生产工作的关口前移，辅助公司开展安全生产工作的研究和部署，提升公司安全生产管理水平。

该模型覆盖核安全、工业安全、质量、环境保护、辐射防护、消防及运行生产等领域，重点关注安全生产事故及机组可靠稳定运行。设置核1级事件、安全生产事故、机组非计划停机停堆等11项综合指标，通过统计、分析历史上发生的非计划停机停堆事件，结合全年工程项目建设、机组运行及天气等各类因素，设置指标阈值，建立绿、黄、红三级状态灯，进行月评价及年度趋势分析，预判全年安全生产状态。通过对中国核电重点事项隐患的关注、评估和消除，引导电厂安全可靠运行，避免事件、事故发生。

5. 优化制度建设，加强绩效激励

面对内外部环境发生的变化，中国核电一方面需要顺应电力市场化改革的

时代要求，积极开展电力营销，参与市场竞争；另一方面要积极提质增效，加强成本管控，建立长效的成本管控机制，打造以安全为前提的成本领先竞争优势。中国核电在调整改进经营绩效考核工作的同时，加大精准考核、差异化考核力度，充分满足精准激励、灵活激励的诉求，加强过程管理，开展月度节点考核、月度跟踪和偏差评价；实现长期发展与短期目标、财务与非财务、个人与组织、结果考核与过程管理的综合平衡，将价值创造贯穿经营管理全过程，积极面向市场，参与市场竞争，有效应对多变的生产经营风险波动，在逆境中寻找突破口，在风险中抓住市场机遇，在多变的环境中守住漏点，有效提升了企业竞争力。

1.4.3 成效

中国核电经营监测平台基于微服务架构的“核源”自主研发平台，采用前后台分离开发模式，通过应用 HADOOP、HANA、ETL 工具、Spring Cloud 以及基于开源的可视化展现前端控件 ECharts 等关键技术，解决了平台涉及业务范围广、数据采集来源多、需实时计算和存储的数据量大等难点，研发了基于几何计算与算术计算相结合的业务模型展现算法，并以动态仪表盘图形加以展现。

平台形成多项成果，其中包括省部级荣誉 2 项、软件著作权 3 项。集团科技鉴定委员会认为此项成果是国内第一个集安全生产、经营计划和风险管控领域业务模型与核心指标于一体的核电经营监测平台。经鉴定，该项目所具有的独创性、实用性、技术先进性达到了国际领先水平，具有良好的应用前景和社会经济效益，具备行业推广价值。

1.5 “战略牵引”的绩效管理体系

企业要实现高质量发展，必须倡导积极向上的绩效文化，绩效管理重点不是绩效考核，而是有组织、系统化识别制约企业生产效率的因素，通过绩效管理举措进行破局。

中国核电非常重视绩效管理，随着公司发展，不断完善绩效管理制度，但因成员单位种类多样、业态差异大、单位属性不同，不同程度存在目标制定过于固定化、绩效考核过于程序化、考核内容过于刚性、考核标准没有统一的历史参数等问题，亟待建立数字化组织绩效管理体系，提升经营管理能力。

1.5.1 概述

中国核电不断革新管理理念和思路，以战略牵引构建数字化组织绩效管理体系，强化精准激励和正向激励的促进作用，通过深化管理变革，加快企业动能释放和优势集成，将数字化顶层规划嵌入“战略—计划—经营—绩效—反馈—改进”管理思路，对成员单位进行数字化动态绩效管理，力争用最少的人工成本和时间，实现绩效管理和计划管理的升级运行，让经营管理更具科学性、合理性，以增量带动存量，加速运营体系全方位转型升级，有效保障公司经营全面提质、提效、提速，推动公司高质量快速发展。中国核电组织绩效管理体系如图1－6所示。

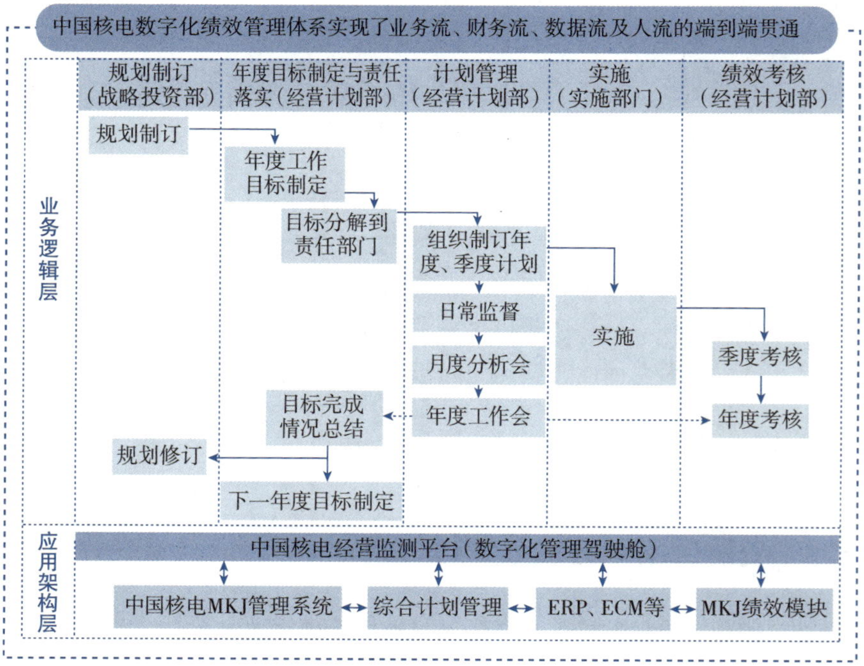

图1－6 中国核电组织绩效管理体系

1.5.2 做法

绩效管理的根本目的是不断促进组织绩效的改进，最终实现企业战略目标。中国核电数字化组织绩效管理体系建设的主要做法如下。

1. 以战略目标引领，强化计划协同

公司强化战略与计划的衔接，通过对战略规划的跟踪、评估，实现规划与计划的动态迭代，让规划目标有支撑，规划任务可落地。

1）战略导向引领，识别重点业务领域，聚焦核心业务

中国核电充分重视战略规划的顶层设计，以公司主要领导为规划工作第一责任人，完善和规范规划全过程管理，建立规划全周期闭环管理体系；明确牵头责任部门，统筹负责规划过程监控、实施反馈等工作，通过系列培训工作，增进全板块干部职工对规划的了解、理解、认同和执行。

中国核电规划包括综合发展规划、专项规划、成员公司规划3类。

综合发展规划依据国家能源安全新战略、国家宏观政策和产业发展规划、集团公司发展纲要以及中国核电发展纲要的制订，全面总结已有发展情况，深入分析外部环境和发展形势，深刻剖析存在的突出问题，坚持问题导向，对标先进，提出新五年的指导思想、发展原则、发展思路、目标任务和保障措施，用于指导中国核电及成员单位实现高质量可持续发展。

专项规划是在综合规划指导下，根据公司产业政策、产业导向等，针对公司重点产业、重点领域编制的专题规划，是综合发展规划的重要支撑。中国核电共有“十四五”配套专项规划15项，符合上市公司业务特性，全方位覆盖公司重点产业和重点领域，涉及核能项目开发、新能源、综合能源服务、技术服务、安全质量、科技发展、信息化、人力资源、财务、供应链、文化建设、党建、国际化、审计以及市值管理等。

成员单位规划是因中国核电成员单位业务类型多样，涉及核能发电、新能源发电、科研院所、在建单位、核能综合利用单位等，需要各成员公司分别制订规划，以全面覆盖本单位业务工作，落实集团公司、中国核电战略任务和措施。

中国核电按阶段将战略规划按长期、短期分解，应用价值模型，以规划目标为输入，以生产能力、资源能力、技术能力、人员能力及条件保障能力等为

基础，把公司战略目标向业务领域分解，强化规划管理体系，并细化分解成考核要素，做好规划目标、任务的细化、分解、承接，确保规划可执行、可考核、真落地；对综合发展规划重点任务进行分解，滚动更新，并纳入成员单位经营业绩考核责任书，进行绩效动态监控。

2）加强顶层设计，动态分析内外部环境，适时调整优化目标

公司充分应用SWOT分析法和PDCA循环流程，结合国家区域发展战略规划、有关省/市发展规划信息、集团公司专项及区域规划、国家“十四五”能源规划及电力规划信息等，按照集团公司总体战略要求，动态结合内外部环境政策变动因素，将规划管理、实施与落地充分衔接，实现了规划滚动调整、下一年度经营计划预算目标确定同步匹配，确保计划目标与规划的一致性，避免时间差异导致的目标偏差。

中国核电作为中核集团主要经济贡献单位，肩负推进核电强国建设和提供高质量清洁能源供给双重责任，规划制订坚持以保障核安全为首责，坚持“发展为第一要务，以人才为第一资源，以创新为第一动力”的原则，将“成长为全球核能安全运行引领者和技术、成本领先的清洁能源公司”作为规划阶段目标。

3）构建全方位年度综合计划体系，提炼考核要素

公司充分考虑发展阶段和业务特点，结合规划目标的战略要求，将规划目标分解细化为年度综合计划任务，并建立绩效考核管理体系，以“经营指标＋高质量指标＋重点任务＋监控指标＋加减分项”的定量考核指标体系对成员单位进行绩效管理。

其中，经营指标体现对各类型单位的基本要求，包括经济增速、效率、质量、规模和发展能力等方面；高质量指标聚焦核心竞争力、产业培育、科技创新及成果转化等重点、难点，同时结合各成员单位业务特点、发展目标和发展阶段差异化予以确定；重点任务依据中国核电规划落地和八大核心能力建设确定，通过“以核为主、五业并举、内外互济、产融双驱”的发展思路设置年度任务，并根据战略导向、战略管控、战略落地需要，动态完善任务库。在考核体系稳定的基础上，动态调整考核指标要素，持续优化改进考核办法，不断调整与战略导向契合度，动态调整考核指标体系使其达到最优。

年度综合计划是公司年度各项工作总的行动纲领，是正向牵引责任部门、

成员单位实现绩效的指引，在计划指标设计的同时须注重责任部门与成员单位的职责定位、权责关系、资源条件、基础能力、组织绩效能力等，设置的指标只有更具挑战性、激励性并可期可达，才能正向激励全体干部员工实现年度目标。

2. 建立系统的绩效考核管理制度

中国核电围绕发展战略，统筹推进六大工程，着力提升八大核心能力，引领产业高质量发展，要确保规划目标落地、年度计划任务目标达成，须建立健全行之有效的绩效考核制度，制度内容框架须覆盖核心重点业务关键点、风险点以及短板项，实现对各业务工作的统一指导和规范。

1）明确职责定位并充分赋能

中国核电以公司发展为出发点，立足于顶层设计，健全组织机构，明确责任分工，加强协同配合，提高自上而下的思想认识，调动本部各业务部门、成员单位的积极性，形成了全员参与、责任落实的绩效管理机制。其中：

（1）公司党委会

公司党委会是绩效考核工作最高决策机构，负责审议中国核电经营绩效管理的年度经营目标、投融资计划、年度预算；负责审批中国核电绩效考核管理办法、成员单位年度考核结果及嘉奖方案。

（2）总经理办公会

总经理办公会是绩效考核工作具体业务工作决策机构，主要负责审议绩效考核管理办法；审定公司除经营目标、投融资计划、年度预算外的其他与经营管理相关的专项方案以及成员单位季度考核结果及嘉奖方案；协调解决在全年经营管控过程中遇到的重大问题。

（3）绩效管理工作组

绩效管理工作组由中国核电经营计划部等相关单位的人员组成，负责提出绩效管理体系和制度建设建议、组织管理培训，研究集团公司、中国核电经营计划，审查下达成员单位经营计划以及季度/年度成员单位嘉奖事项，监督年度综合计划执行情况，协调全年经营管控中出现的具体问题，并提出解决方案及工作建议。

绩效管理工作组同时肩负着指标前瞻研究的职责，组建本部团队会商前瞻性评估指标，加强指标体系论证，基于对公司业务发展趋势的研判，制定前瞻性指标，使评估指标与公司战略发展保持一致。

2）聚焦公司核心业务并突出管理工具价值

中国核电以核电、核能相关产业为核心业务，策划、制定公司年度经营方案时，强调以核心业务为基础，结合业务特色，分类进行统筹考虑，在策划年度经营方案时有以下管理工具。

（1）生产经营指标测算模型

核能发电方面，按照对标世界一流的规划和要求，确定机组平均能力因子，测算下一年度上网电量，参考电网检修安排、节假日负荷调减以及市场交易电量比例预测等外部影响因素测算下一年度核电营收；核能多用途项目方面，建立核能多用途项目的年度营收预测方法并进行项目下一年度营收预测；新能源发电方面，对标国内和国际一流规划和要求，确定发电机组平均能力因子，测算上网电量，参考下一年度气候预测、电网检修安排、节假日负荷调减和市场交易电量比例预测等外部影响因素测算下一年度的非核电营收；建立除发电以外其他盈利项目的营收测算方法并提供预测值。

在上述核心业务管理预测模型的基础上，结合年度投资计划，统筹测算次年净利润等主要财务指标并配套编制重点任务工作计划、预算和激励方案等。

（2）双向预算

公司引入“双向预算”理念，加大本部管控力度。即中国核电本部、成员单位对某一单位分别制定预算目标、绘制预算曲线。由于中国核电本部存在“争取板块整体更高更优绩效”的积极性和成员单位存在“完成考核目标”的谨慎性，中国核电本部、成员单位会就某些事项影响出现不同的预判，导致两者绘制的指标曲线不完全一致。通常情况下，中国核电本部绘制的预测曲线高于成员单位绘制的指标预算曲线。中国核电本部充分发挥部门的积极性，并尊重成员单位的谨慎性，将成员单位年初预算曲线作为本单位基础目标进行监控，将中国核电本部绘制的曲线作为登高目标，激励成员单位挖潜登高，鼓励成员单位季度末滚动调整预算曲线，从而实现两条预算曲线的不断趋合。

（3）双控滚动预测模型

中国核电搭建具有核电企业特色的经营管理双控滚动预测模型，“双控”是指控发电量、控利润，从业务角度来说是连接业务与财务的两条主线，围绕安全、经营两条主线进行全年工作预测及管控，通过梳理发电量、大修工期、营收、利润、电价、成本、费用等业务内在逻辑，搭建互联互通的双控滚动预测管理模型，实时有效地将经济利润与核电发电、新能源、技术服务、政策变动等做交互关联，有效监测与预警潜在风险的发生。

3. 制定考核方案并进行全过程管控

中国核电绩效管理体系坚持以战略规划牵引年度目标，以数字化绩效管理促进目标落实，以激励奖惩兑现业绩贡献；坚持任务导向，突出价值创造，实施差异化考核、分类考核；围绕集团公司、中国核电中长期发展规划战略，强化协同、正向激励和弹性管理 3 项机制，优化考核指标和评价体系。

公司从经济指标、高质量发展指标、重点任务、重点监控指标、加分项、减分项等方面对成员单位进行绩效评价。评价指标的设置遵循科学性和完整性原则，涵盖多个维度，基于定量指标建立全面务实的考评机制。

公司经营发展是一个动态演进的过程，绩效评价指标体系应随公司发展及时修正完善，保持适配性和先进性。中国核电已建立常态化修正机制，按照规定每年对核心指标进行修正、优化和更新，不断完善考评体系。中国核电目标考核激励体系（MKJ）全过程管控体系如图 1－7 所示。

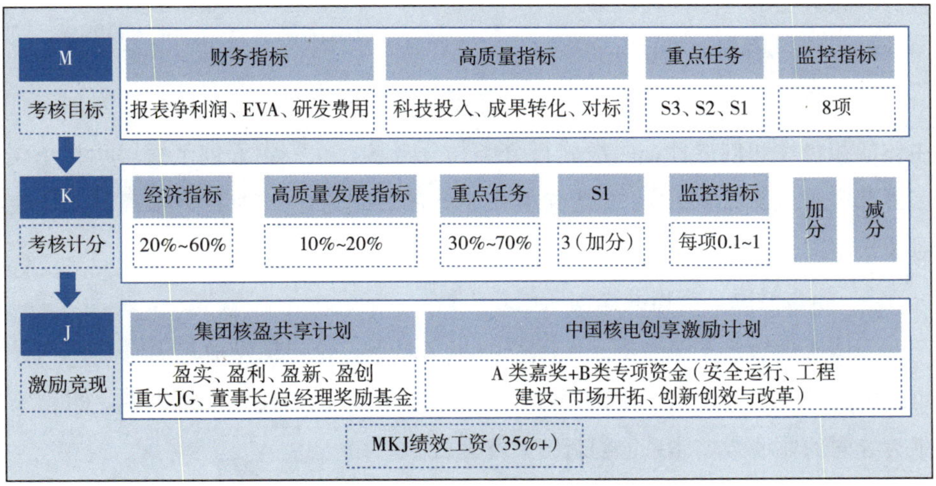

图 1－7　中国核电 MKJ 全过程管控体系

1）分类考核，突出企业特点

公司依据各单位属性及定位不同实行分类考核，对资源配置、发展定位不同的企业施行差异化考核和指标权重差异化配置，做到“一企一策”，根本目的是引导各单位主抓短板，提升核心竞争力。

2）弹性管理，突出管理灵活性

公司重点任务覆盖面广、领域跨度大，多数市场开发任务会受外界客观因素影响，结合多年绩效考核管理经验，在考核体系构建的同时充分考虑弹性管理的应用，主要体现在以下三方面。

（1）难度担当系数

根据当年任务总量进行综合评定，对承担较多集团级重点任务、中国核电共性重点任务的单位，在年初考核预评分时增加难度担当系数，鼓励成员单位勇担重任；合理分配资源，对承担重点任务多的单位额外配置的资源给予必要的绩效支持。

（2）动态管理加分任务（1 星任务，即 S1 任务）

公司在全年经营工作开展时，会有临时性的专项计划、专项任务、重点项目等需要板块单位配合并提供必要的资源支持。为进一步减少行政色彩的强制管理属性，增加成员单位主动要任务、积极寻求与本部通力合作的意愿，通过动态管理 S1 加分任务，减小临时性任务部署安排阻力，降低本部与承接单位在任务承接方面的沟通内耗成本。

（3）考核任务打分的裕度

新项目、市场开拓类重点任务，需要通过考核激发承接单位作为发展责任主体的积极性和创造性，一般施行分类扣分考核，在一定程度上缓解承接单位因外部客观因素而产生的未完成主线业务的压迫感，鼓励其勇攀高峰，攻克难关。

3）精准激励，突出共享创新创效成果

为适应市场化发展需求，破除平均主义思想，公司推动业绩考评体系向注重经济效益、体现价值贡献的考核与分配模式转变，构建以经济效益、价值贡献为导向的业绩考核体系，创新绩效管理机制。

中国核电设立“创享”激励计划，嘉奖价值创造，通过共享创新创效成果激励干部员工实干出实效，促进集团公司年度考核目标以及中国核电中长期发展规划落地。嘉奖共分为两类：A 类嘉奖针对单位，对全年业绩优异的单位进行表彰激励；B 类嘉奖针对团队，对关系中国核电战略发展、做出突出贡献的团队进行激励。

嘉奖实行季度申报及核定，审批通过的嘉奖在次月兑现，评价结果纳入年度考核统筹考虑。四大类 29 个子项嘉奖设置均有明确的衡量标准和奖励标准，奖励要求清晰可见，让成员单位明确努力方向。动态嘉奖管理让“业绩—激励”直接挂钩，直观体现、及时兑现，避免因兑现时间长而影响基层干部员工取得成绩时的获得感、成就感，充分调动成员单位的积极性。

4. 提高数字化动态绩效管理水平

组织绩效管理是一个庞大繁杂的管理体系，不仅需要科学合理的职能配置，还需要强大的信息化手段做基础支撑。

传统绩效管理工作需要大量人工成本、时间成本进行基础数据的汇总、梳理、分析，对不同属性的成员单位进行差异化考核更加耗时耗力，通过数字化工具提升管理效力更显重要。

根据以上需求，中国核电开发了 MKJ 计划管理系统，系统按照绩效考核管理制度，涵盖计划编制、发布、分配、实施、跟踪、调整、反馈以及汇总等功能，以 IT 系统逻辑流程实现了年度计划的上报、审核、批复、月度监控、季度及年度考核、嘉奖申报及审批、S1 任务申报及审批等管理环节的电子化，全面提升数据汇总收集、跟踪管理的效率，有效减少过程执行中的沟通成本，在很大程度上减少了人工工作量，降低了人工出错概率。

MKJ 计划管理系统通过数据多层交互运行，实现成员单位上报、本部业务部门审核以及经营计划部终审交互作业，可以显著压缩成员单位计划汇总上报时间以及本部初、复审工作时间。近 20 家成员单位次年计划条目达数千条，叠加 13 个业务部门交互审查，多维度数据量超万条，MKJ 计划管理系统应用前上报审查周期需要 1 个月以上，系统应用后可压缩至 1 周半以内完成。

利用平台获取信息的同时，可对相关信息进行留痕处理，便于后期追踪，用数据说话、用数据思维，排除传统工作方式信息收集难以留下痕迹或留痕成本过高等问题。

系统可有效支持各单位月度、季度、年度绩效监控及评价结果分析，以单位为维度，直观分析各时段业绩水平、激励额度、考核奖惩分值等综合情况。

1.5.3 成效

中国核电绩效管理体系综合应用生产经营指标测算模型、双向预算、TOP 10风险管控机制、双控滚动预测模型、弹性管理机制（难度担当系数、动态管理 S1 任务、市场开发权责）以及“创享”激励计划等管理工具，推动业绩考评体系向注重经济效益、体现价值贡献的考核与分配模式转变，有效破除了平均主义思想，充分调动了成员单位的积极性，支撑了中国核电在经营效益、管理效率、业务发展、产业协同等方面的高质高效发展。

根据体系思路方法开发的管理信息系统已通过集团国防科学技术成果鉴定，独创性、实用性、技术先进性达到国际领先水平。

（本章编写者：徐涵、葛超、谢婷、刘昭、江星凯）

第2章 群堆设备可靠性管理体系构建与实施

2.1 体系简介

设备可靠性管理旨在通过建立一整套管理体系、方法、流程，提升设备的可靠性水平，降低设备故障或失效概率，减轻设备故障或失效带来的不良后果，进而提升机组安全、稳定、经济运行水平。

传统的核电设备可靠性管理强调通过建立一套规范、标准、有效的流程，实现全范围、全流程、全生命周期管理，从而提升设备可靠性。

中国核电秉持精细化管理理念，结合设备可靠性管理现状，不断摸索改进、总结发展，逐渐形成一套契合中国核电企业管理与发展需要、适应多基地群堆运营的设备可靠性管理体系，在运作实践中取得了卓越成效。

这套体系的核心思想是围绕设备可靠性管理关键环节，从目标、组织、职责、流程、方法、改进等关键管理要素入手，根据实际需要确定并不断细化完善每个要素的管理内容，确保设备可靠性管理工作目标明确、组织完善、责任清晰、流程规范、技术先进，并能在体系的建设和运作过程中不断改进和完善，如图 2 – 1 所示。

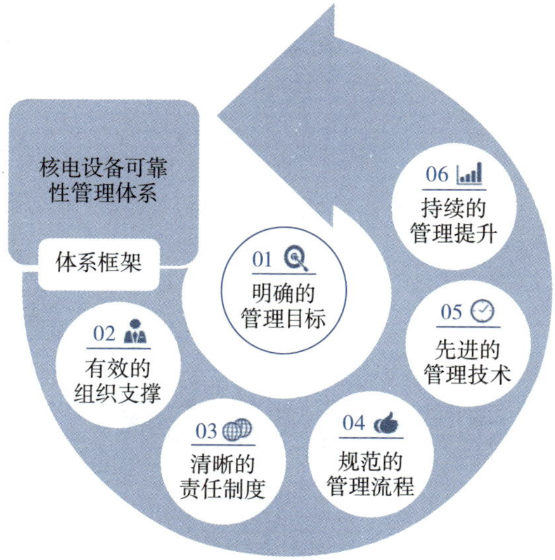

图 2－1 核电设备可靠性管理体系框架

2.2 建设背景

从 2013 年开始，中国核电针对设备可靠性管理领域存在的关键设备缺陷或故障频发、非计划停机停堆率居高不下、设备可靠性管理工作开展不规范、设备可靠性水平不高等问题，一方面积极调研引进国内外先进做法并在中国核电内部进行推广，另一方面充分结合机组运行实践以及自身的多机组、多堆型特点，通过不断总结、实践、改进、检验，初步摸索出一套行之有效、可操作性强的设备可靠性管理体系。

2016 年，围绕这套体系编制的第一套管理导则文件开始在中国核电下属几家运行电厂实施，实现了设备可靠性管理的标准化与规范化。同时，以设备可靠性管理数据库（ERDB）、关键功能小组、预测性维修、电站健康管理（PHM）系统为代表的一批设备可靠性管理新技术、新方法逐渐得到推广，有效提升了设备可靠性管理水平和运行业绩。

2019 年，中国核电利用共享处室设备可靠性处、设备可靠性管理委员会等机构和平台，开始对核电设备可靠性管理体系的内涵、内容进行总结和归纳，形成一套完整的核电设备可靠性管理体系。同时，利用上述机构和平台，推动设备可靠性管理体系在中国核电各下属电厂运作，并在运作过程中不断优化和完善。

2020 年，中国核电成立核电运行研究院，进一步深入开展核电设备可靠性管理体系的建设与推广工作，开展设备可靠性管理系统深度研发、先进在线监测技术（AOM）研发、预测性维修技术研发、设备可靠性管理体系向新电厂推广等工作，这些工作进一步完善了设备可靠性管理体系的内容，丰富了设备可靠性管理体系的内涵。

2022 年，中国核电以开展“精细化管理年”专项工作为契机，以方案要求和思想为指导，在打造核电设备可靠性管理体系的过程中进一步明确坚持目标导向，将“明确的管理目标”纳入体系中，围绕目标开展设备可靠性管理工作；进一步明确坚持价值创造，将一切有利于设备可靠性管理工作、能够创造价值的内容纳入体系中，不断丰富体系内容；进一步明确坚持创新驱动，将先进的管理技术作为设备可靠性管理体系的重点内容，以技术驱动效益，以创新驱动增长。

经过 10 年的不断发展，不仅形成了一套规范、标准、有效的流程与方法，实现全员、全范围、全流程、全生命周期管理，还在这一过程中形成了中国核电对设备可靠性管理的独特理解和认识，并逐渐形成一套契合企业管理与发展需要，适应设备可靠性管理需求，经过实践检验行之有效的管理体系。

2.3 体系特点

中国核电设备可靠性管理体系聚焦质量提升、成本降低、效率提高、安全生产、管理提升、组织发展、人才培养、数字创新，通过一项项行之有效的具体举措实现体系的建设、应用、改进，其主要特点包括以下三个方面。

2.3.1 内涵丰富，体系完整

中国核电借鉴全面质量管理理论中的 PDCA 循环和“人机料法环”五大要素，在国外设备可靠性管理流程的基础上，创造性地将目标、技术、制度、组织等要素融入设备可靠性管理工作中，使这套体系更科学、更全面、更完整。

具体来说，它强调组织支撑和岗位职责的作用，将个人和组织作为体系的建设对象和实施主体，强调以人为本、团队协作，充分发挥个人和团队在体系中的作用，并让体系为个人和团队的成长进步提供支撑。

它强调发挥技术的作用，创造性地将先进的管理技术纳入核电设备可靠性管理体系中，通过引入管理技术，弥补流程、制度本身的不足，让技术为管理服务、为人服务，让这套体系能够持续发展、与时俱进。

它还将持续改进融入体系的每个要素中，强调体系的建设过程就是一个根据需要不断调整目标、变更制度、改变流程、引进技术的过程，最终实现整个体系的不断创新发展。

2.3.2 行之有效，易于推广

中国核电设备可靠性管理体系在确定标准、制度、流程的基础上，通过一系列管理导则、技术导则、设备可靠性管理信息化平台和设备智能监测与诊断技术等内容，帮助设备可靠性管理从业者更好地达到标准、贯彻制度、落实流程，有效避免了标准流于空谈、制度流于形式、流程流于表象的情况发生，使得这套体系具备较强的可操作性，具体体现为：所有的管理方法、制度有相应的管理导则、管理程序加以落实，关键的管理流程、管理要求有相应的平台［如设备可靠性管理系统（ERMs）］和技术（如智能监测与诊断技术、预测性维修技术）促进其落地。

可操作性意味着这套体系能够得到快速复制和推广，并产生价值，同时，通过不断地推广应用，持续对体系进行改进和完善，实现“实践—改进—再实践”的良性循环。

2.3.3 延展性好，富有活力

核电设备可靠性管理体系的六大要素（目标、组织、职责、流程、方法、改进）不是一成不变，而是随着管理水平的提升、面对问题的不同，不断调整体系目标、组织、职责、流程、方法和改进机制，从而不断丰富体系的内容，确保体系生命力。

具体做法是将有利于设备可靠性提升和机组安全稳定经济运行的方式、方法、技术都纳入这套体系的不同要素中，并通过各要素的相互协同、相互支撑来不断扩大体系的内涵与外延，以实现体系的良好延展性。以先进的管理技术为例，中国核电通过引进、自研等形式获得一批又一批先进技术，并向各成员单位进行推广应用，并在此过程中将这些技术以技术报告、管理导则、绩效范例等形式融入管理工作中，成为体系的一部分。

随着中国核电设备可靠性管理工作不断向前推进，越来越多的管理方法、管理技术被纳入体系中，这套体系不会因为僵化落后而被淘汰，反而更加有活力、有生命力，更能适应设备可靠性管理需要，更能发挥体系的效用。

2.4　体系内容

这套体系一共分为6个环节，分别为明确的管理目标、有效的组织支撑、清晰的责任制度、规范的管理流程、先进的管理技术和持续的管理提升。

6个环节的相互关系如图2－1所示，即围绕“目标”，通过“组织”“个人”“管理”“技术”四个方面多管齐下，最后通过“提升”实现闭环，每个环节的具体做法及内容如图2－2所示。

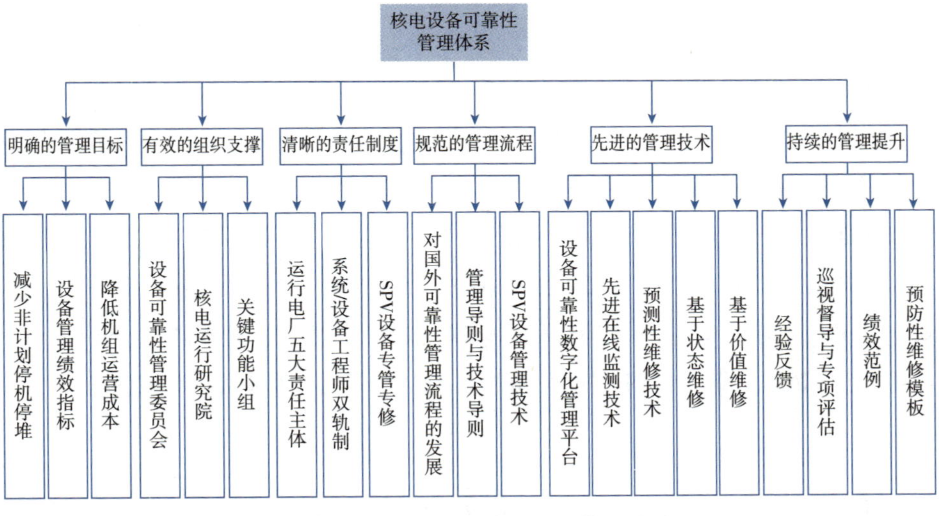

图2－2　核电设备可靠性管理体系内容

2.4.1　明确的管理目标

在核电设备可靠性管理体系中，明确的管理目标使设备可靠性管理工作的目标不再是简单的“可靠性”3个字，而是可以量化、可以分解、可以评价、可以考核的具体目标甚至是指标，从而将设备可靠性管理的目标落实到组织、落实到人，并辅以一定的考核与激励机制来激发人员的责任心、积极性，这对推动设备可靠性管理落地具有积极的作用，也是实现精细化管理的必然要求。

中国核电在推进设备可靠性管理体系的过程中，主要以“减少非计划停机停堆”“设备管理绩效指标”“降低机组运营成本”为管理目标。

1. 减少非计划停机停堆

非计划停机停堆（以下简称“非停”），是指非计划因素导致的运行机组反应堆停堆、汽轮机停机或降功率运行。鉴于非停对核电机组安全、稳定、经济运行的重要影响以及设备因素对非停的贡献，核电企业应明确将减非停作为设备可靠性管理体系建设的核心目标，并围绕这一目标来强化主体责任、加大管控力度、提升管理水平。

由于减非停工作的实施对象（关键敏感设备）、责任主体（设备负责人、维修准备人、维修负责人、计划工程师、隔离准备人）、工作方法（设备可靠性管理、工作风险管控）、预期效果（机组非停次数下降）十分明确，有利于核电企业凝聚共识、集中资源、聚焦矛盾，快速调动人力、物力，针对非停相关设备（SPV 设备），开展设备可靠性提升和非停风险管控等活动，帮助核电企业以最小的成本实现大幅度的运行业绩提升，因此，核电厂容易接受用这一指标来衡量设备可靠性管理工作的开展情况。

根据“中国核电减非停专项规划”，中国核电减非停目标的内容如下：

保障机组安全、稳定、经济运行，减少机组非停，在确保“安全第一”的前提下，努力追求“00”卓越运行目标，即总非停率优于国内外同行水平，少于0.40 次/（机组·年），力争实现 0.30 次/（机组·年），避免人因导致的非停。

2. 设备管理绩效指标

2019 年以前，中国核电参考美国核电行业的做法，使用设备可靠性指标（ERI）来衡量设备可靠性管理水平，2019 年 12 月，中国核电正式采用设备管理绩效（EQP）指标。

EQP 指标的统计基于机组（Unit）层级，主要考虑下列 5 项与设备相关的性能指标，并分别计算这些指标在过去 12 个月（权重为 2/3）和 18 个月（权重为 1/3）的得分值，最后计算加权求和的值即为最终得分（见表 2－1）。

表2-1　设备管理绩效指标

序号	指标名称	权重	备注
1	自动/手动紧急停堆（Manual/Auto SCRAMs）	30%	仅设备相关
2	关键设备失效（Critical Component Failures）	30%	目前中国核电按照CC1设备故障（CM）进行测算
3	安全系统的非计划不可用及失效（Safety System Unplanned Unavailability & Fault Exposure）	20%	同WANO安全系统性能指标
4	在线可靠性损失因子（Online Reliability Loss Factor）	10%	目前中国核电按照ERI指标中强迫损失率进行测算
5	机组受迫停堆（Forced Unit Shutdowns）	10%	计划少于10天内必须停堆，且仅设备相关

EQP指标的优势主要包括以下三个方面：

①EQP指标更关注可量化的结果指标，而不关注那些难以量化的过程指标，体现了指标的结果导向，使得EQP指标更具指导性，更利于指标分解、分工、评价等工作的开展。

②EQP指标从更长时间的维度（12个月、18个月）去评价设备可靠性管理工作，同时还考虑了时间权重因素，这与设备可靠性管理工作的延续性、长期性相匹配。

③更少的指标数量、更客观的指标分值，使EQP指标计算仅基于已有的机组运行数据库，不再依赖管理人员的分析计算。

3. 降低机组运营成本

随着电力行业市场化程度的加深，“竞价上网”“标杆电价”等政策的实施，经济性逐渐成为制约核电行业发展的决定性因素。由于核电机组高昂的建造成本以及日益增长的人力成本，必须也只能通过降低运营成本来提升核电机组的经济性。

具体实施时，中国核电将预维优化、库存控制、大修优化、机组能力因子等影响机组运营成本的关键因素纳入设备可靠性管理体系目标中。

- **预维优化**。2020年，中国核电根据各电厂预维大纲项目存量下达了5%～20%的预维优化指标。
- **库存控制**。中国核电通过MKJ管理体系明确库存控制的指标要求，内容包括机组年度备件采购金额较上一年度增长幅度、单台机组备件库存总额、库龄5年以上备件比例、新增备件两年周转率与计划的偏差等。

- **大修优化**。2020年，中国核电在“大修绩效提升规划”中提出了两个五年目标：在确保安全质量的前提下，2025年年度大修平均工期控制在27天以内，2030年年度大修平均工期控制在24天以内。

- **机组能力因子**。2021年，在大修平均工期的基础上，中国核电提出机组剩余寿期内能力因子达到96%的新期望和新目标。

2.4.2 有效的组织支撑

有效的组织支撑是核电设备可靠性管理体系的组织保障，即通过建立相应的组织、明确各组织的职责，并利用组织强大的动员能力和资源优势来发挥组织对体系的支撑作用，确保体系的顺利推进和有效运作。

中国核电主要通过成立设备可靠性管理委员会（ERC）、成立核电运行研究院、推广运作关键功能小组等为设备可靠性管理体系提供组织支撑。

1. 设备可靠性管理委员会

中国核电成立ERC的目的是系统和规范地组织开展电站设备可靠性管理工作，推动设备可靠性管理工作的标准化建设和持续优化，从而有效提高各成员电厂的设备可靠性管理水平，保障电厂设备可靠性，确保机组安全、稳定、经济运行，保障中国核电战略目标的顺利实现。

ERC主要通过委员会会议、治理非停月度专题会、技术研讨圆桌会以及下设的工作组、专家组来推动各项工作的开展。

1）委员会会议

委员会会议每半年召开一次，听取各电厂汇报过去半年或一年内的设备可靠性管理工作的开展情况、《中国核电设备可靠性管理年度工作计划》的完成情况、专项工作和重点工作的完成情况等内容，并就委员或成员单位提出的重要问题进行讨论并决策。

2）治理非停月度专题会

治理非停月度专题会每月召开一次，议题基本与委员会会议一致，可以理解为委员会的日常运作机制。

3）技术研讨圆桌会

技术研讨圆桌会为非常设会议，通常由委员会会议或月度专题会提议召开并遴选参会人员，议题通常为重点管理和技术问题的研讨。

4）工作组、专家组

工作组、专家组为ERC的下设组织。其中，工作组主要负责针对可靠性体系建设中的某一特定领域，开展管理方法和管理技术的研究、开发、应用和评估等工作；专家组由各设备领域内的技术专家组成，负责设备共性技术问题的研究解决和经验反馈、电厂设备问题处理过程中的技术支持等工作。

目前，中国核电设置的工作组包括SPV设备管理工作组、维修规则（维修有效性评价）工作组、状态维修工作组、技术和设备专项管理工作组；专家组包括汽轮机专家组、泵专家组、阀门专家组、柴油机专家组、核电材料专家组、高压电气专家组、继电保护专家组、DCS专家组、热工测控专家组、反应堆控制保护专家组。

2. 核电运行研究院

在国家创新驱动发展新形势和集团公司建设先进核科技工业体系的战略背景下，中国核电、秦山核电、江苏核电、三门核电、福清核电、海南核电等6家单位于2019年共同发起，在上海浦东成立核电运行研究（上海）有限公司（核电运行研究院），旨在打造中国核电运行支持平台、科技研发平台、国际合作平台，从而提高中国核电集约化、专业化、标准化、精益化水平。

核电运行研究院对标美国电力研究院（EPRI）和美国核电运行研究所（INPO），建立“小核心、大协作”的核心协作机制，有效整合和充分利用运行核电厂、国内外科研机构和高校的优质资源。核电运行研究院通过与WANO上海中心的高效互动，为WANO上海中心提供人才和技术支持，输出中国核电技术和管理标准。

核电运行研究院作为中国核电EPRI事务办公室、ERC办公室、设备国产化办公室单位，同时负责中国核电大修优化研究中心、核电装备智能运维研究中心建设运作。这些职能与定位，使核电运行研究院能够有效发挥对各电厂的组织支撑作用。

3. 关键功能小组

针对关键设备尤其是SPV设备管理领域普遍存在的基础工作不扎实、不系统、不全面的情况，中国核电自2018年开始启动关键功能小组的推广运作。

关键功能小组的运作方式是针对关键设备，组织一个包括系统工程师、机械设备工程师、电气设备工程师、仪控设备工程师、运行人员、维修人员在内的团队（六人小组），围绕设备可靠性管理流程，系统地开展包括设备分级、关键敏感设备识别、预维优化、设备部件清单（BOM）审查、技术文件审查等在内的一系列工作，并针对关键敏感设备开展在线监督方案开发、敏感部件识别、缓解策略分析、缓解策略行动项实施等工作。

通过关键功能小组的运作，一方面夯实了关键设备的可靠性管理基础，深入普及了设备可靠性管理要求、流程和规范，使设备可靠性管理深入人心；另一方面实现了跨专业、跨部门的人员配合，促进人员之间的技术交流与碰撞，培养一批同时具备设备可靠性管理和技术能力的人才，最终实现设备可靠性管理能力和水平、机组安全稳定经济运行水平的提升。

2. 4. 3 清晰的责任制度

构建有效的组织支撑，将设备可靠性管理的主体责任落实到组织后，管理目标落实的颗粒度还需进一步分解，需要进一步通过清晰的责任制度将责任落实到人，以便于通过考评和激励的形式调动人员的积极性。

以人作为责任主体，不仅有利于具体工作的部署与开展，还有利于增强员工的责任意识、担当意识，带给员工更高的荣誉感和成就感，从而凸显“设备管理，以人为本”的理念。

最初，中国核电以设备工程师作为设备可靠性管理的责任主体，但随着设备可靠性管理要求的不断提高、内容的不断丰富，设备工程师作为单一的责任主体，已经无法有效且全面地开展设备可靠性管理工作。于是，中国核电根据管理实践，在设备可靠性管理的工作风险控制、设备系统管理、SPV管理等细分领域，引入新的责任主体，并重新明确各主体的责任，这为设备可靠性管理注入了新的活力，并取得了成效。

1. 运行电厂五大责任主体

为进一步促进设备可靠性管理要求在生产组织过程中的落实，中国核电于2018年发布《核电厂日常工作组织过程非停风险管控组织职责要求》《核电厂五大生产岗位组织职责管理要求》两份管理指令，并下发至各单位。

中国核电将这两份管理指令以独立行文的形式明确高风险作业各个环节（缺陷响应、工作报告准备、计划排程、隔离建立、工前会、维修实施、修后试验）的主体责任，明确生产岗位责任主体（计划负责人、维修准备人、技术负责人、隔离负责人、工作负责人）在非停管控环节中的岗位职责。

五大责任主体的意义在于细分并明确了高风险作业各个环节的责任边界、责任主体及其风险管控要求，使高风险作业的每一步都有人承担主体责任、发挥主导作用，并通过清晰的责任、明确的边界、详细的要求，有效提升高风险作业的工作质量和风险管控水平。

2. 系统/设备工程师双轨制

早期,中国核电的设备管理以设备工程师为主，随着核能行业领域管理与技术交流的不断深入，北美核电运行管理体系中的系统工程师制度逐渐被引入国内，并为中国核电各成员单位所接受。

系统工程师的职责可以通过其角色定位来进行描述，一方面，系统工程师作为“系统主人”，保持对系统运行、维护、技术管理状态和趋势的监督，从而充分掌握系统状态，熟悉系统当前或潜在的问题，并以此为基础对系统可靠性做科学评估；另一方面，系统工程师作为电站内授权的、可靠的“系统专家”，处于系统管理的核心位置，掌握着处理系统技术问题所需的知识和信息，并在系统管理和问题处理过程中发挥主体作用。系统工程师的职责要求其应掌握系统管理所需的信息、知识和技能，这些都需要系统工程师通过坚持学习系统知识、监督系统状态以及持续开展管理工作的过程来实现。

系统工程师制度的优势是实现了系统层面的专人专管，系统工程师作为系统主人和专家，可凭借其掌握的系统管理相关知识和信息，主动识别和解决系统中长期问题，最终以经济的方式持续提升系统可用性和可靠性。

系统/设备工程师双轨制是让系统工程师从系统层面、设备工程师从设备层面分别开展设备可靠性管理工作，确保系统工程师、设备工程师能够发挥专业特长，使设备管理的分工更加合理、职责更加清晰，共同确保机组的安全、稳定、经济运行。

3. SPV 设备专管专修

SPV 设备专管专修是指针对 SPV 设备，明确其设备负责人、维修负责人，

SPV 设备的管理和维修工作，如缓解策略开发、工作质量控制、工单校核、工作负责人等，必须且只能由专人来负责。

通过 SPV 设备专管专修，一方面保障了 SPV 设备的管理水平和工作质量，避免因对设备不熟悉、技能储备不足等造成的 SPV 管理和维修质量问题，尤其是避免工作过程中潜在的非停风险；另一方面可以通过这一过程培养一批能力出众、水平高超、技术过硬的 SPV 设备管理和维修人才，形成人才梯队。

2. 4. 4 规范的管理流程

有了明确的管理目标，建立了有效的组织支撑，形成了清晰的责任制度后，还需要一套规范、有效、科学的管理流程来解决设备可靠性管理中的各项活动谁来做、怎么做的问题。这套管理流程也是相关组织、人员的行为规范。

“无规矩不成方圆”，将职责分工、管理要求、管理方法固化为规范的管理流程并根据实际情况强制或参考使用，从而指导组织和个人按照规范、科学、有效的流程开展工作，是实现设备可靠性管理精细化的必由之路。

1. 对国外可靠性管理流程的发展

中国核电通过引进、消化、吸收国外可靠性管理流程，并通过一系列管理导则与技术导则的开发，完成了其在中国核电的推广，实现了设备可靠性管理流程的标准化、规范化，并通过设备可靠性管理平台（ERDB/ERMs）的建设，实现了设备可靠性管理流程的信息化。

中国核电通过不断总结与积累，并结合中国核电组织机构与职责分工的特点、结合中国核电设备可靠性管理实际需要，对国外可靠性管理流程进行了补充和完善，使其更符合中国核电设备可靠性管理实际需要，使设备可靠性管理的内容更加丰富和全面。

中国核电在国外可靠性管理流程六个模块的基础上，增加了 SPV 管理和备件管理两大模块，并将设备专项、技术专项、瞬态监督、机组热力性能监督和维修规则监督纳入性能监测范畴；将定期试验、在役检查、防腐检查等纳入预防性维修管理范畴；将状态维修、预测性维修、价值维修等纳入可靠性持续改进范畴。

2. 管理导则与技术导则

为明确设备可靠性管理要求和方法，中国核电主导开发了一整套标准化的管理导则和技术导则，供各成员单位在开展实际工作中参考使用。

在实际使用过程中，各成员单位可以根据实际需要，参考导则编制适用于本单位的管理程序。

管理导则和技术导则的推广与使用，在规范设备可靠性管理流程、普及设备可靠性管理方法、推广设备可靠性管理技术等方面发挥着至关重要的作用。

1）管理导则

管理导则主要用于规范管理流程、明确责任主体，实现标准化管理。目前中国核电已开发包括《设备可靠性管理导则》《设备分级管理导则》《关键敏感设备管理导则》《设备基础信息管理导则》《技术监督管理导则》等在内的近40项管理导则（见表2－2）。

中国核电通过管理导则，不但实现了设备可靠性的标准化、规范化管理，还通过管理导则的推广与使用，向各成员单位传达了管理要求和管理期望，有助于整个中国核电统一思想、统一步调。

表2－2　中国核电部分管理导则

编码	管理导则	编码	管理导则
EQ－AC－1. DZ	《设备领域管理导则》	EQ－AC－310. DZ	《预防性维修管理导则》
EQ－AC－100. DZ	《设备可靠性管理导则》	EQ－AC－3101. DZ	《预防性项目数据库管理导则》
EQ－AC－110. DZ	《设备分级管理导则》	EQ－AC－340. DZ	《维修后试验管理导则》
EQ－AC－120. DZ	《关键敏感设备管理导则》	EQ－AC－350. DZ	《设备修前/修后状态管理导则》
EQ－AC－130. DZ	《设备基础信息管理导则》	EQ－AC－410. DZ	《老化管理导则》
EQ－AC－140. DZ	《设备编码管理导则》	EQ－AC－420. DZ	《设备过时管理导则》
EQ－AC－150. DZ	《设备标识管理导则》	EQ－AC－430. DZ	《运行许可证延续管理导则》
EQ－AC－160. DZ	《定值管理导则》	EQ－AC－510. DZ	《在役检查管理导则》
EQ－AC－170. DZ	《核电设备可性管理系统管理导则》	EQ－AC－520. DZ	《运行电站材料管理导则》
EQ－AC－210. DZ	《系统监督与健康评价管理导则》	EQ－AC－530. DZ	《运行电站焊接管理导则》
EQ－AC－211. DZ	《机组热力性能监测管理导则》	EQ－AC－540. DZ	《防腐管理导则》
EQ－AC－220. DZ	《设备性能监测管理导则》	EQ－AC－550. DZ	《管道管理导则》
EQ－AC－230. DZ	《定期试验管理导则》	EQ－AC－610. DZx	《设备专项管理导则》
EQ－AC－240. DZ	《技术监督管理导则》	EQ－AC－700. DZ	《备品备件管理导则》
EQ－AC－250. DZ	《维修有效性评价管理导则》	EQ－AC－710. DZ	《战略备件管理导则》

2）技术导则

技术导则作为管理导则的补充，主要针对设备可靠性管理的技术重点和难点，通过提供可行的管理技术和管理方法，来推动设备可靠性管理工作的具体实施，可以理解为中国核电设备可靠性管理领域的标准和规范。

相较于管理导则，技术导则对具体工作更具指导意义和使用价值。以设备关键度分级为例，技术导则中的《设备分级方法》详细阐述了设备分级的步骤、准则与方法，并提供了典型设备的分级结果建议，引导用户按照划分系统边界、分析系统功能及其关键度、划分功能设备组（FEG）、分析 FEG 关键度、分析设备失效模式及失效影响（FMEA）、设备关键度分级的规范流程开展设备分级工作，确保关键度分级的准确性、科学性。更重要的是，通过规范化的分级过程，使得分级结果及相应文件更具可读性，从而实现技术的传承、人才的培养。

技术导则的开发一般由设备可靠性管理委员会下设的工作组和专家组负责，目前中国核电已开发的技术导则主要包括《设备分级方法》《关键敏感设备缓解策略分析导则》《预防性维修大纲编写规范》《转动设备先进在线监测（AOM）导则》《阀门预测性维修技术应用导则》《数字化仪控设备管理规范》等（见表2－3）。

表2－3　中国核电部分技术导则

编码	技术导则	编码	技术导则
EQ－AC－110.20	《设备分级方法》	EQ－AC－550.20	《核级高风险小支管可靠性管理指南》
EQ－AC－120.20	《关键敏感设备敏感部件识别导则》	EQ－AC－550.21	《常规岛高风险小支管可靠性管理指南》
EQ－AC－120.21	《关键敏感设备缓解策略分析导则》	EQ－AC－550.22	《常规岛高能管道可靠性管理指南》
EQ－AC－210.20	《系统监督与健康评价清单》	EQ－AC－610.20	《数字化仪控设备管理规范》
EQ－AC－250.20	《维修有效性评价体系建立方法》	GL－AM－20003	《仪控老化敏感元件老化机理和检测指南》
EQ－AC－250.21	《维修有效性评价性能指标监测方法》	GL－EQ－20002	《转动设备先进在线监测（AOM）导则》
EQ－AC－310.20	《预防性维修大纲编写规范》	GL－EQ－20006	《阀门预测性维修技术应用导则》
EQ－AC－310.21	《缺陷维修设备（RTM）预防性维修项目评估指南》	TR－EQ－21001	《核电厂应急柴油发电机组在线监测技术方案（PC）》
EQ－AC－540.20	《设备防腐分级管理技术指南》		

3. SPV 设备管理技术

鉴于SPV设备对机组安全、稳定、经济运行的重要性，中国核电始终将SPV管理作为设备可靠性管理的核心和重点工作。事实上，中国核电设备可靠性管理体系的大部分内容都与SPV设备和SPV管理密不可分，如减非停、五大责任主体、关键功能小组等。

中国核电围绕SPV设备，对照设备可靠性管理流程，从管理与技术两个方面，建立了一整套的管理制度和规范，内容覆盖SPV设备清单管理、SPV设备敏感部件识别、SPV设备备件管理、SPV设备缓解策略分析、SPV设备性能监测与评价、SPV设备工作控制、SPV设备管理提升、SPV设备寿期管理等，实现了SPV管理全流程、无死角管理，从而有效杜绝因SPV设备管理失效引发的机组停机停堆、降功率事件，保障机组的安全、稳定、经济运行。

2.4.5 先进的管理技术

先进的管理技术是设备可靠性管理顺应技术发展，保持体系先进性、科学性的重要保障，是实现质量提升、成本降低、效率提高、安全生产、管理提升、人才培养的重要手段，是中国核电契合“精细化管理年”六大聚集、四项着力的重要举措。

近年来，中国核电在设备可靠性管理的信息化、数字化、智能化、现代化等方面投入了大量人力和物力，引进、研发了包括设备可靠性数字化管理平台、先进在线监测、预测性维修、状态维修、价值维修等在内的各种先进管理技术。

1. 设备可靠性数字化管理平台

为进一步加强设备可靠性管理，提高机组安全、稳定、经济运行水平，中国核电自2013年起，先后投资1亿多元，研发、建设一套具备完全自主知识产权的核电设备可靠性管理平台（ERDB），并于2019年完成在五大基地、21台运行机组的部署与应用。

2019年底，中国核电根据信息技术发展的趋势和核电行业创新发展的需要，再次投资9000万元，在ERDB的基础上建设基于工业互联网的设备可靠性管理平台（ERMs）。该平台利用“云、大、物、移、智”等现代信息技术手段，实现核电设备实时监测、趋势分析、故障诊断与健康评价，构建一套核电设备全流程运维辅助系统；同时，围绕关键敏感设备管理、预维大纲优化、状态维修及预测性维修、热力性能监督、寿期管理等核心业务，打造“标准化、集成化、敏捷化、协同化、信息化”的核电设备可靠性“一站式”管理平台，实现设备可靠性的全范围、全流程、全寿期管理（见图2-3）。

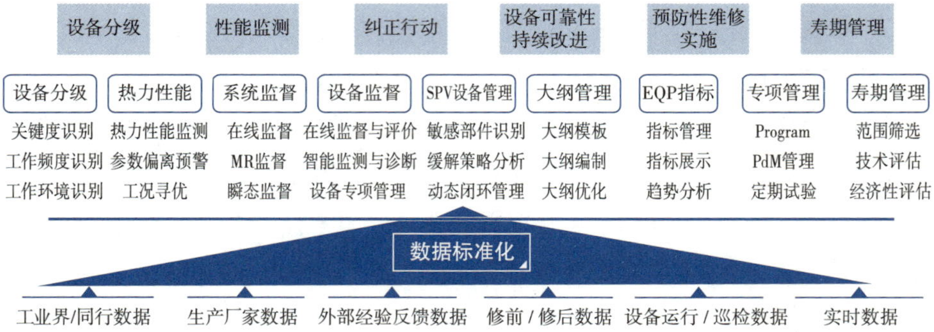

图2-3 ERDB/ERMs建设内容

中国核电通过ERDB/ERMs的建设，进一步夯实了设备可靠性管理体系的基础，实现设备可靠性管理从管理体系到管理流程，再从管理流程到实际操作的落地，并最终形成了设备可靠性管理“一体两翼”（“一体”，指设备可靠性管理；“两翼”，指管理流程、管理方法）的新局面。

不仅如此，中国核电在ERMs开发的过程中，始终坚持自主设计、自主研发，底层的工业互联网平台采用阿里云，时序数据库采用清华大学研发的IotDB数据库，使用的传感器设备、边缘网关等硬件设备均为国产，顶层软件均为自主开发，确保整个平台的完全自主知识产权，为系统的推广应用和持续优化奠定坚实的基础。

2. 先进在线监测技术

在设备尤其是机械设备的长期运行过程中，诸如故障、缺陷或性能劣化等问题的发生往往有一定的先兆性（如转动设备的振动偏高等）。因此，通过对设备运行参数（如振动参数）进行实时在线监测，可以在一定程度上捕捉到设备运行问题的这种先兆，从而提前通过维修、更换等手段消除或缓解问题，从而避免设备问题进一步恶化所带来的经济损失，更可避免因设备问题引发的系统故障、机组停运等严重后果。除此之外，通过对设备运行状态进行在线监测，可以帮助工程师制定更加经济有效、合理可行的维修策略，如调整预防性维修周期、将预防性维修调整为基于状态维修（CBM）等，不但可以提升设备的可靠性和可用性，还能延长设备使用寿命、降低运维成本。

先进在线监测技术在常规的性能监测与健康评价基础上，针对关键设备，以运行数据、信息技术为基础，通过智能传感、边缘计算、数据分析、故障诊断、故障预警、动态阈值、趋势分析等一系列先进技术手段，辅以行业经验、专家知识和机理模型，最终实现系统与设备的故障诊断与智能监测，进而不断提升监测效果，具体流程如图 2－4 所示。

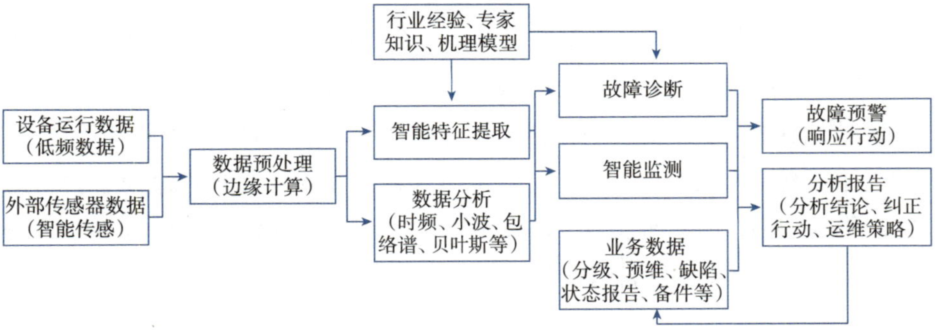

图 2－4　先进在线监测流程示意图

目前，中国核电通过 AOM、PHM 项目的实施，实现了重要转动设备、发电机设备、主要变压器设备、主要换热器设备的智能监测与诊断，并完成了二回路系统数字孪生模型的试点开发，与上海交通大学联合开发了转动设备剩余寿命预测模型。

3. 预测性维修技术

预测性维修（PdM）是指根据设备故障机理，有针对性地引入包含振动测量、红外测量、超声测量、润滑分析、电机诊断、阀门诊断在内的各种检测、诊断技术（通常为离线）作为设备状态监测的补充，并根据对检测、诊断结果的技术分析来确定维修策略的一种技术手段。

预测性维修通过各种检测、诊断技术的引进，丰富了设备状态监测的手段，并通过专业的技术分析对设备故障或缺陷的原因、部位、危险程度等进行识别，能够有效地帮助设备管理人员更好地了解和掌握设备性能和运行状态，从而制定更加科学、合理、经济的设备运维策略。

4. 基于状态维修

基于状态维修（Condition Based Maintenance，CBM）是指通过对特定设备对象采集能够反映设备状态的参数，并通过诊断分析技术来识别设备劣化，进而制定适当的维修策略。与 AOM 和 PdM 不同，CBM 是一种维修策略，而并非具体的维修技术。

在 CBM 的应用过程中，可以根据实际需要确定以何种方式获取设备的状态信息从而避免成本的过度增加。例如，对于重要参数或劣化较快的敏感参数（如反映转动设备磨损程度的振动、温度参数），可以引入 AOM 实现实时在线监测；对于劣化缓慢的参数（如反映接线端子老化的温度参数）或需要线下分析的参数（如油样分析），可以引入 PdM 进行预测性维修。

根据行业统计分析，设备先进、资金密集型产业，如钢铁、电力、电子、轻工、化工等，采用状态维修，初期检测仪器的投入通常只占总设备费用的 1%，最高不超过 5%，而其减少故障停机维修时间及维修的费用，可增加产值 0.5% ~3%，经济效益非常可观。

5. 基于价值维修

实施基于价值维修（Value Based Maintenance，VBM）的前提是一种假设：设备实施预防性维修的频率与该设备发生故障的概率成反比，即可以通过增加预防性维修来减少设备发生故障的概率。基于这一假设，考虑到预防性维修和纠正性维修的成本，可以在预防性维修（PM）和纠正性维修（CM）之间寻找到一个平衡点，使维修成本最低。这一平衡点即可称为价值维修点（如图 2 – 5 红色曲线所示）。当然，这种平衡不应降低电厂自身的安全水平。

同时，实施 VBM 基于两个事实：①过度预维反而可能增加设备缺陷的可能性；②价值维修点只是在理论上存在，实际操作中寻找的是使总维修费用最低的预防性维修频率。

实施 VBM 的过程就是一个寻找总维修费用最小值的过程，如图 2 – 6 所示。总维修费用包括预防性维修成本和纠正性维修成本。当预防性维修的频率确定后，就能计算相应的预防性维修成本，在该预防性维修策略下，可获得该设备的故障率，进而计算该故障率下的纠正性维修成本，两者相加即为总维修费用。

目前，中国核电实施 VBM 的主要策略包括设备分级调整和维修规则管理体

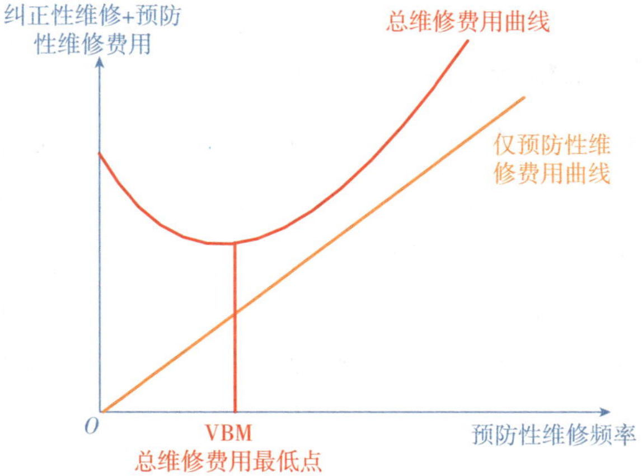

图 2-5　基于价值维修理论的假设

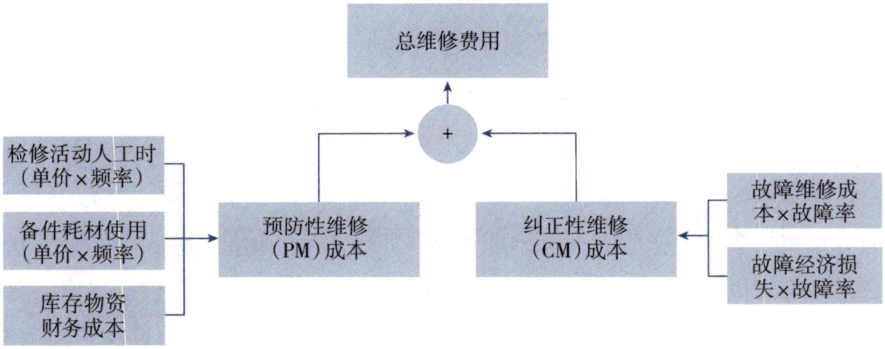

图 2-6　总维修费用计算

系建设。

设备分级调整。通过分级调整减少关键设备数量，将失效概率极低、失效代价极小的设备归为 RTM 设备。由于 RTM 设备的假设曲线左侧几乎为一条横线（如图 2-5 蓝色曲线所示），取消预防性维修不会带来纠正性维修成本的增加，因此可以显著降低总维修费用。

维修规则管理体系建设。中国核电作为国内核电实施维修规则的试点单位，已在三门核电和秦山核电分别建立并实施维修规则管理体系。维修规则通过引入并持续监测系统、设备的可用性指标和可靠性指标，对维修（主要是预防性维修）活动的有效性进行评价，在此过程中，一方面通过维修规则指标监测，对维修策略进行及时调整，从而避免不必要的预维工作（过度预维）；另一方面可以积累设备的故障率数据，为实施价值维修奠定坚实的基础。

2.4.6 持续的管理提升

持续的管理提升是所有管理工具不可或缺的一个环节，它通过发掘管理体系中存在的不足，安排相应的纠正行动，形成标准化的管理流程，实现管理水平与绩效的不断提升。

中国核电通过经验反馈、巡视督导与专项评估、绩效范例、预防性维修模板应用、EPRI 成果转化与推广等多种方式方法，共同实现设备可靠性管理的持续提升。

1. 经验反馈

中国核电在长期的经验反馈工作过程中发现，与设备相关的经验反馈具有指向性明确、可借鉴性强、能有效防止重复发生、潜在经济与安全效益显著等特点，对提升设备可靠性具有重要作用。为此，中国核电将经验反馈纳入设备可靠性管理体系中，作为持续管理提升的一部分。

为持续做好经验反馈工作，中国核电制定并发布包括经验反馈管理标准化导则、中国核电经验反馈管理办法、A/B 类事件管理流程、根本原因分析（RCA）报告、运行经验（OE）指标等在内的一系列管理流程、管理方法，建立了 A/B 类事件总经理汇报、重大事件调查、A/B 类事件行动实施检查、事件根本原因分析质量检查、外报 WANO 事件质量评价、经验反馈业绩指标执行监督等管理制度，有效提升了经验反馈工作的质量和效果，对不断提升设备可靠性管理工作水平起到了重要促进作用，详细情况参见经验反馈相关内容（见图 2－7）。

图 2－7　中国核电设备可靠性管理委员会会议

2. 巡视督导与专项评估

同行评估作为行之有效的科学管理手段，对促进核电工程建设与运行管理水平的全面提升发挥着积极作用。我国核电行业对同行评估方法的应用，主要包括定期接受 IAEA 的运行安全评估（OSART）和 WANO 的同行评估两种形式。在此基础上，由政府主管部门推动，建立了由中国核能行业协会（CNEA）主导的国内核电厂同行评估体系，组织国内同行自主开展核电行业的同行评估活动。

中国核电借鉴同行评估的思路与形式，针对设备可靠性领域，定期组织相关领域专家对各成员单位进行巡视督导和专项评估，找出管理强项和待改进项。管理强项供其他成员单位借鉴共享；对于待改进项，安排纠正行动，并对纠正行动进行跟踪回访，从而实现设备可靠性管理的持续改进和不断提升。

其中，巡视督导一般由中国核电高层亲自带队，针对设备可靠性领域各项工作开展的总体情况，进行全面检查和巡视，并对检查巡视过程中发现的不足制定督导改进项。巡视督导通常每年一轮，覆盖中国核电所有成员单位。对于督导改进项，要求定期在治理非停月度专题会上进行汇报，且有“回头看”的检查要求。

专项评估通常由中国核电组织领域内专家，针对设备分级、预防性维修、关键管理、关键功能小组运作等特定领域或薄弱环节进行评估，通常以标准管理导则为参考，对电厂的实际做法和效果进行检查和评价，形式与巡视督导基本相同。

中国核电的巡视督导和专项评估通常是在总结各成员单位设备过去一段时间可靠性管理工作开展情况、存在问题的基础上进行，同时也可以根据管理现状、实际需要随时组织，因此其相较 IAEA、WANO、CNEA 组织的同行评估而言更具针对性和时效性。同时，由于参与巡视督导和专项评估的专家在相关领域具有丰富的工作经验，对中国核电管理要求、管理现状的理解和认识也更加深刻，其在巡视督导和专项评估过程中更能发现隐蔽性问题，更能提出针对性建议（见图 2 -8）。

图 2-8　中国核电设备可靠性管理专项评估

3. 绩效范例

绩效范例（Performance Improvement Case，PIC），是指可以提高核电运行安全水平、运行可靠性、降低运营成本、提升经济效益并对其他单位有参考作用或在行业内有推广价值的优秀技术、管理实践案例。

绩效范例是中国核电根据提质增效、提升本质安全、促进高质量发展等相关工作要求，借鉴财务领域降本增效、WANO 良好实践和国外核能行业降本增效行动开发的管理工具，强调应用实践的示范性和效益评价量化分析，旨在促进核电行业的良好实践在符合公约、法律、法规、知识产权要求的前提下更好地运用，造福行业。

中国核电委托运行研究院负责绩效范例的征集、评价和推广应用工作，并建立了包括编制要求、奖励机制、审评流程等在内的一整套管理流程，有效地促进了绩效范例的征集工作，同时，通过设备可靠性管理委员会等平台推动绩效范例的推广应用。

绩效范例作为中国核电各成员单位贡献分享绩效改进成功实践的重要形式，作为成果发掘和推广应用的重要载体，对不断提高设备可靠性管理工作水平具有积极意义。

4. 预防性维修模板

预防性维修模板（Preventive Maintenance Template，PMT 文件），是指针对某

一类型设备，按照关键度分级和工作环境（Service Condition）、工作频度（Duty Cycle），分别提供预维工作的项目（包括监督监测、定期任务、故障排查）、周期等建议，从而指导工程师开发系统设备预维大纲的一种文件。

随着设备可靠性管理工作的不断深入，中国核电各电厂预维工作所面临的主要问题已经从预维不足转向过度预维，突出体现为预维周期偏保守。这不仅影响机组的运维成本和经济效益，也在一定程度上影响机组的安全稳定运行。

针对这一情况，中国核电通过对标国际先进的 PMT 技术，一是建立 PMT 管理标准流程，研究并开发适用于中国核电的 PMT，不断提升 PMT 质量，从而更有效地指导工程师开展预维优化工作；二是在 ERMs 系统中将预维优化、预维大纲文件编制流程与 PMT 建立联动，鼓励工程师调用 PMT 开发预维任务，从而提升预维任务的科学性；三是设计开发了预维项目有效性评估模块，通过计算不同预维任务或周期下的设备失效概率，辅助工程师判断预维任务的有效性。

具体实施过程中，中国核电以 EPRI 的 PMT 为参考，并结合各电厂 PMT 开发经验，研究制定中国核电 PMT 编制规范，并发布中国核电 PMT 管理导则，明确预维模板的职责范围、编制流程、编制要求等内容，使预维模板管理工作有据可依。

同时，中国核电组织 ERC 下设备专业组，开发一批典型设备类型的中国核电标准 PMT，标准 PMT 既可以用于预维任务编制，也可供后续编制 PMT 参考使用。接下来，各电厂根据中国核电标准 PMT 的内容、格式、形式、描述等要求，开发电厂层级的 PMT。

将开发好的 PMT 录入 ERMs 预维大纲管理模块中，工程师可以调用 PMT 编制预维项目，并可以在编制预维项目的过程中不断优化 PMT。

目前，中国核电重点推进发电敏感设备 PMT 的应用，不仅可在一定程度上实现发电敏感设备的预维工作频率降低、预维工作内容减少，从而大幅降低预维工作的人工和备件成本。同时，发电敏感设备的预维工作很多都集中在大修期间，PMT 的应用还可以在一定程度上缩短机组大修周期，进而带来可观的经济效益。

开发并应用 PMT，不仅可以有效地总结预维工作成果、传承预维工作经验，还能实现预维管理工作的标准化、规范化，从而全面提升预维工作水平，是实现设备可靠性管理提升的重要手段。

2.5 实施效果

目前,中国核电设备可靠性管理体系已在各成员单位（包括秦山核电、江苏核电、福清核电、三门核电、海南核电）推广实施，并在推广实施的过程中不断总结、完善与优化。

中国核电仍在继续建设完善这套体系，目前已初见成效，它通过“减非停”“降成本”“设备管理绩效指标”等形式，明确了设备可靠性管理的总体要求；通过设备可靠性管理委员会等加强了管理体系的组织支撑；通过运行电厂五大责任主体等明确了设备管理的主体责任；通过一系列管理导则、技术导则的引入细化了管理流程和方法；通过采用设备可靠性管理平台、先进在线监测技术、预测性维修技术，引入了现代化、信息化、科学化的管理手段；通过经验反馈、巡视督导、绩效范例，实现管理水平的持续提升。

通过这一系列举措的实施，中国核电逐渐建立起制度科学、流程完善、技术先进、富有活力的一整套设备可靠性管理体系，并通过这套体系的运作，促进人才培养、管理创新、技术提升，助力中国核电不断取得卓越的运行业绩，也为中国核电的未来发展奠定了坚实的基础。

核电设备可靠性管理体系获“2021 年全国电力行业设备管理创新成果项目特等奖”“中国核工业集团有限公司 2022 年度管理创新成果一等奖”“第五届全国设备管理与技术创新成果二等奖”等奖项。

不仅如此，设备可靠性管理体系的构建与实施也带来了非常可观的经济效益、社会效益与生态效益。

2.5.1 经济效益

设备可靠性管理体系的建设与推广应用是中国核电 2013 年以来最重要的管理与技术成果，在核电厂运行、维修等技术相对成熟且稳定的背景下，为中国核电运行业绩的提升做出了突出贡献。

为测算成果经济效益，中国核电统计了 5 家运行电厂过去 5 年在预维优化、备件库存、非停、重要设备缺陷等与本成果的应用密切相关领域的数据，并按照本成果的应用带来的效益占这些领域总收益的 40% 进行保守估计。

经测算，本成果可以带来的经济效益主要包括以下几个方面。

（1）降低预维人工成本，150 万元/堆年

本成果应用后，每台机组每年减少的预维任务按300 项计算，平均每项任务5 个人日、人工单价 1000 元/人日，则人工成本减少合计为 300 ×5 ×1000 = 150（万元）。

（2）减少备件库存资金成本，25 万元/堆年

本成果应用后，可降低备件库存机组 800 万元/台，按资金成本利率 3.1%计算，则每台机组每年可减少的财务成本为 800 ×3.1% =25（万元）。

（3）减少非计划停机停堆损失，120 万元/堆年

本成果应用后，可减少非停 0.03 次/堆年，单次非停时间按 5 天（120 小时）计算，中国核电平均机组发电功率 95 万千瓦·时、售电单价 0.35 元/千瓦·时，则每台机组可减少发电损失 0.03 ×120 ×950000 ×0.35≈120（万元）。

（4）减少重要设备故障经济损失，40 万元/堆年

本成果应用后，可减少重要设备故障 0.4 次/堆年（不含造成非计划停机停堆的设备故障），单次重要设备故障造成的经济损失，包括维修成本、设备成本等，约为 100 万元，则每台机组减少重要设备故障经济损失为 100 ×0.4 =40（万元）。

综上所述，本成果的应用每年可为每台机组带来的经济效益约为 150 +25 +120 +40 =335（万元），按照 2022 年中国核电在运机组 25 台计算，每年可带来8375 万元的经济效益①。

成本上，截至 2021 年底，中国核电已累计为本成果的实施投入超过 2 亿元，但是，考虑到这些成果的应用周期长，并可以通过向新电厂推广应用进行摊薄，这里不再计入。

2.5.2 社会效益

2018 年以来，通过核电设备可靠性管理体系的推广应用，中国核电机组能力因子提升显著，设备因素非停从 2018 年的 0.6 次/堆年降至 2021 年的 0.15 次/堆年左右，WANO 综合指标节节攀升（详见图 2 –9 ~ 图 2 –12），机组运行

---

① 以上仅为直接经济效益，不考虑因本成果的应用带来的大修成本降低和工期缩短、机组能力因子提升、综合管理成本降低等经济效益。

业绩不断向着世界领先水平迈进，也带来了显著的社会效益。其社会效益主要包括以下三个方面：

- 提升公众对核电行业的认可度和对核电安全性的信心，有利于促进中国核电事业的不断发展；
- 提升中国核电的国际形象与国际性影响力，助力中国核电走出国门，打造“中国核电，国家名片”；
- 促进世界核电行业的健康发展。

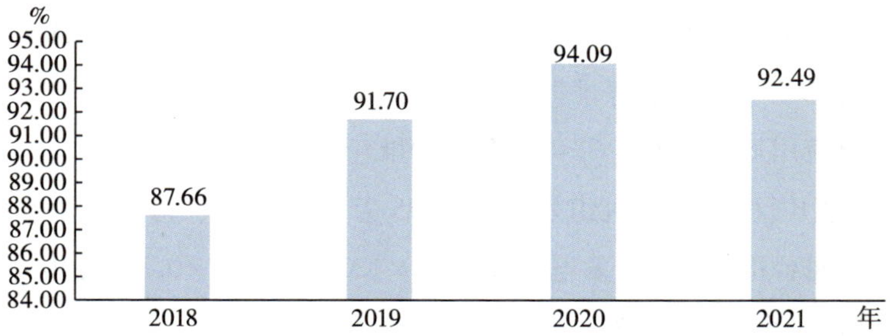

图 2－9　2018—2021 年机组能力因子

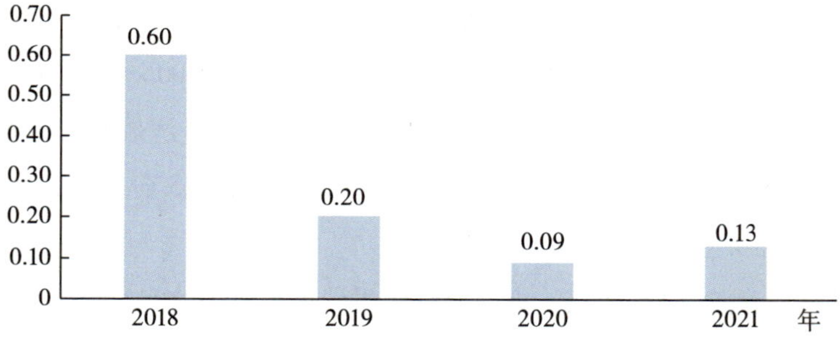

图 2－10　2018—2021 年设备因素非停率

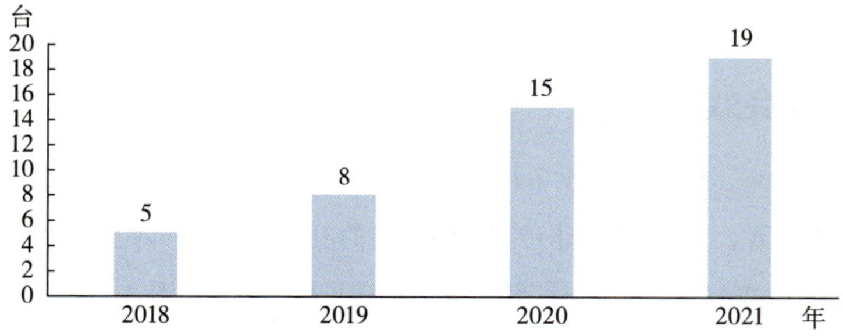

图 2－11　2018—2021 年 WANO 综合指数满分机组数量

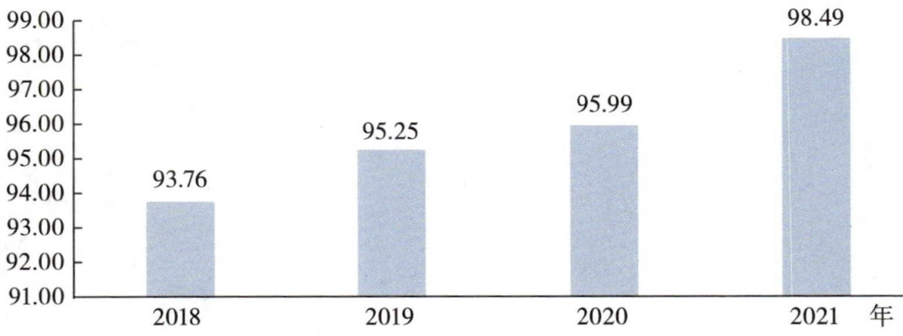

图 2－12　2018—2021 年 WANO 综合指数平均数

2.5.3　生态效益

设备可靠性管理体系的应用，提升了中国核电设备可靠性管理水平，进而减少了设备原因造成的非停，提升了机组能力因子，也带来了显著的生态效益。

按照本成果减少非停 0.03 次/堆年，每次非停平均持续 5 天计算，中国核电 25 台机组每年可多发 8.55 亿度电，相当于减少标准煤燃烧 26 万吨，减少二氧化碳排放 68 万吨、二氧化硫排放 0.22 万吨，相当于植树造林 7 万亩。

（本章编写者：丁利猛、凌世情、张福海、王欣、昌正科、曹双华、陶佳林、朱术超）

3

第 3 章

以核安全文化为引领，打造卓越文化核引擎

3.1 体系简介

核安全是核电发展的生命线，也是国家安全的重要组成部分，核安全责任重于泰山。1986 年，苏联切尔诺贝利核电厂 4 号机组因操纵员在试验过程中违规关闭了反应堆安全系统导致堆芯完全熔毁，并发生爆炸，发展成人类历史上最严重的核事故。IAEA 在总结切尔诺贝利事故经验教训时提出组织内所有人对待核安全的态度和行为是影响核安全的重要因素，并由此提出“安全文化”的概念。IAEA 指出，安全文化是存在于单位和个人中的种种特性和态度的总和，它树立一种超出一切之上的观念，即核电站的安全问题更应因其自身的特殊性，受到足够高的重视。

中国核电以核安全文化为引领，打造卓越文化核引擎。在核安全文化建设的过程中，中国核电以核安全文化水平持续提升为目的，通过发布充分参照外部监管要求以及核行业高标准的核安全文化准则，辅以系统化、特色化的培训与宣贯，明确组织内各级人员在核安全文化推进过程中的行为要求和职责，定期开展核安全文化水平的评价、监测和结果分析，发现核安全文化薄弱环节并提出管理改进措施，持续提升核安全文化水平。

中国核电的核安全文化建设围绕公司总部和核电厂两个层级在核安全文化提升工作中扮演的角色和发挥的作用展开。其中，公司总部需要结合外部的核安全文化政策要求，提出各核电厂的核安全文化共同语言或基本原则。作为成

员单位，组织中的各级领导需要根据核安全文化基本原则的要求，具体落实和细化，一方面要据此同步管理措施或要求，另一方面要开展培训、宣贯并采取各种措施对员工的行为进行规范，落实相关问题。

另外，作为核安全文化建设的重要一环，中国核电定期开展核安全文化评价与监督活动，成员公司也会开展自我评价和监督，这就将中国核电管控与成员公司核安全文化自我提升结合起来。中国核电定期分析核安全文化的评价和监督结果，并将其作为成员公司各级领导提升核安全文化以及改进管理策略的输入，以此达到核安全文化水平的持续提升。

3.2 建设背景

在党和国家几代领导集体的亲切关怀下，中国核工业从无到有，从小到大，从弱到强，建立了较为完善的核科技工业体系，铸就了“两弹一星”惊世伟业，实现了核电建设零的突破和自主建设三代核电技术的重大跨越。中国核工业在总结半个多世纪两次创业的精神面貌、光辉业绩、共同价值和社会责任的基础上，提出了“事业高于一切，责任重于一切，严细融入一切，进取成就一切”的“四个一切”核工业精神，建立了“凡事有章可循、凡事有人负责、凡事有人监督、凡事有据可查”的工作法则，坚持“严、慎、细、实”工作作风，这是核工业传统安全文化的精髓。

依托核电建设运营，中国核电加强了国际交流，核工业的核安全文化逐步引入了国际良好实践。在这个发展阶段，国际上发生了三哩岛核事故、切尔诺贝利核事故、福岛核事故，以此为戒，中国核电须进一步加强核安全文化建设，消化吸收 IAEA 在切尔诺贝利核事故发生后相继颁布的 INSAG－1、INSAG－3、INSAG－4 等系列报告，推广 INSAG－4 中明确的核安全文化定义和要求。在核电建设初期，秦山一期提出“安全是核电厂生命”，启动了中层干部转变观念、提高管理水平、向国外学习的计划。在 IAEA 的支持下，秦山核电先后派出四批中层干部到法国、美国、韩国等国进行核安全文化教育培训，初步建立核安全文化体系。随着大批核电建设投运，中国核电不断实践核安全文化建设，形成了独立的核安全监管体系，建立了与国际接轨的核安全设计、建造、运营标准，坚持纵深防御，逐步形成了“人人是一道安全屏障”的安全氛围，建立了精细分工、安全授权、多层控制的安全管理组织，树立了“安全第一，质量第一”的理念，核安全文化得到发扬和实践。

秦山核电基地、田湾核电基地最早开展核安全文化建设实践，为后续中国核电一体化推进核安全文化建设奠定了坚实的基础。2008 年，中国核电成立伊始，从管理理念和组织构架上对标国际先进组织，在核安全文化建设中，始终秉承核工业精神，将核安全视为事业的生命线、企业的生存线、员工的幸福线，坚持文化引领导向，一体化推进核安全文化建设。

党的十八大以来，以习近平同志为核心的党中央高度重视核安全，确立了“理性、协调、并进”的核安全观。2014 年，在中央国家安全委员会第一次会议上，核安全首次被纳入国家安全体系，国家核安全局、国家能源局和国家国防科技工业局联合发布《核安全文化政策声明》，提出了核安全文化建设八个方面的要求。2015 年，习近平总书记就我国核工业创建 60 周年做出重要指示，强调“坚持安全发展、创新发展，坚持和平利用核能，全面提升核工业的核心竞争力，续写我国核工业新的辉煌篇章”。《中华人民共和国国家安全法》修订实施，确立了核安全的战略定位。2016 年，习近平主席在华盛顿核安全峰会上提出要“强化核安全文化，营造共建共享氛围”，并指出“法治意识、忧患意识、自律意识、协作意识是核安全文化的核心，要贯穿到每位从业人员的思想和行动中，使他们知其责、尽其职”。2018 年，《中华人民共和国核安全法》正式实施，明确要求核设施主管部门以及营运单位积极培育和建设核安全文化。2021 年国务院政府工作报告提出在确保安全的前提下积极有序发展核电。2021 年 5 月 19 日，习近平主席在中俄核能合作项目开工仪式上提出的第一点，就是坚持安全第一，树立全球核能合作典范。习近平主席要求，“要高质量、高标准建设和运行好 4 台机组，打造核安全领域全球标杆。充分发挥互补优势，拓展核领域双边和多边合作的广度和深度，为世界核能事业发展贡献更多力量”。新的发展阶段，对建设和提升核安全文化提出了新的要求。

近年来，在核监管部门的大力推动下，贯彻落实中国核安全观，倡导和推动核安全文化的培育和发展，促进核安全水平的整体提升，保障核能事业安全、健康、可持续发展，已经在行业中形成共识，为核从业单位进一步提升安全管理水平指明了方向。但是，目前对于公司总部层面如何建设核安全文化，如何评价核安全文化等还未有系统的研究和总结。中国核电从提升核安全文化的核心要素着手，构建了核安全文化的提升模型，首创了具有中国特色的卓越核安全文化十大原则，开展了一体化核安全文化推进实践，建立了中国核电特色的核安全文化评价体系。

3.3 体系特点

3.3.1 凝聚中华优秀传统文化精髓

党的十九届六中全会指出，“文化自信是更基础、更广泛、更深厚的自信，是一个国家、一个民族发展中最基本、最深沉、最持久的力量”。中国核电的核安全文化建设实践凝聚了中华优秀传统文化的特色和内涵，在核安全文化建设过程中，坚定文化自信，在文化传递的过程中巧妙地将核安全文化的基本内涵与中华传统文化相结合。中国核电核安全文化的共同语言——《卓越核安全文化十大原则》内容丰富，将中华优秀传统文化的理念如“知行合一”“居安思危”融入核安全文化理念中，传统文化与工作要求相结合，在核安全文化培训、指导与提升活动中联系实际进行发挥，更易于为各级管理人员与职工接受，在组织团队内创造健康的核安全文化。

3.3.2 定性与定量相结合的测评手段

核安全文化评测是核安全文化推进过程中承上启下的重要一环，可以用来检验组织内部核安全文化要求的落地效果。通过识别核安全文化薄弱环节，有针对性地制定和实施改进措施，可使核安全文化水平得到持续的改进和提升。中国核电充分认识到这一点，在国内较早启动了核安全文化评测方法的研究和实践工作。中国核电结合自身特点对评测体系持续进行了创新和改进，建立了一种定性与定量相结合的核安全文化评测方法。

所谓定性，是采用访谈和行为观察两种方式，获得个人对十大原则各属性的“+”（肯定）、“-”（否定）和“0”（中性）的评价；然后将多人、大量的定性判断结果数据进行量化处理，获取各个核安全文化原则及属性的得分情况，从而获得强项、正面观察、一般观察、负面观察和弱项这样的定性和定量相结合的评测结论。

为充分利用核安全文化评估、核安全文化问卷调查的数据，中国核电通过对评估发现问题以及评测数据处理与分析结果的改进，将相关信息再次反馈到核安全文化评测实施中，形成了从评测、数据分析、改进和反馈评测的持续改进机制。

3.3.3 虚实结合的核安全文化建设载体

核安全文化强调内化于心，外化于行。中国核电通过虚实结合的方式，将“虚”的核安全文化水平最终通过“实”的人员行为予以反映。所谓“虚”，就是需要员工深入理解领悟的核安全文化理念、期望和原则，这些内容和要求全部凝聚在“卓越核安全文化十大原则”中；所谓“实”，是中国核电所有人员在日常工作过程中所展现出来的行为、所开展的活动。依据“卓越核安全文化十大原则”的指引，中国核电开发出11种防人因失误工具；创建了具有行业示范意义的防人因失误职工技能竞赛的活动品牌；每日一条安全信息、状态报告、事件时钟、观察指导等特色活动成为中国核电人共同的核安全文化仪式和行为烙印。

3.4 中国核电核安全文化建设的主要内容

3.4.1 首创具有中国特色的核安全文化共同语言

2010年，中国核电通过WANO技术支持活动，组织了核安全文化评估培训研讨班，并邀请到IAEA等单位的核安全文化专家就核安全文化标准开发工作进行研讨与交流。通过对比分析，中国核电于2010年7月正式发布了《卓越核安全文化的八大原则》，首次将卓越核安全文化的原则和理念引入国内。同时，中国核电巧妙地将核安全文化的基本内涵与中华传统文化相结合，创造性地设计了八张宣传图，加深了员工对八大原则的理解。2015年，中国核电结合国家核安全局、国家能源局和国家国防科技工业局联合发布的《核安全文化政策声明》以及中国核电的核安全文化建设实践，发布了具有中国核电文化特色的《卓越核安全文化十大原则》。

2022年，中国核电鉴于国内外的发展趋势，结合自身和行业核安全文化培育和建设的最新实践与要求，对十大原则进行了升版，编制了《中国核电卓越核安全文化十大原则（2022版）》，旨在推动中国核电核安全文化水平的持续提升。

《中国核电卓越核安全文化十大原则（2022 版）》的主要优化点为五个方面：一是落实了中共中央、国务院关于推进安全生产领域改革发展的意见，将《核安全法》、《核安全文化政策声明》、《核安全文化特征》、《中国的核安全》白皮书等关于核安全文化的相关要求融合在修订的核安全文化要素中；二是融合了“知行合一”“居安思危”等中华优秀传统文化的内容，更利于大家理解和掌握；三是强调了做有高度责任心的核从业者的要求，要求所有从业人员坚持系统观念，知其责，尽其职；四是吸收了行业实践经验，增加了“卓越的领导力”等相关要求；五是体现了中国核电核安全文化建设工作的持续践行和创新，在核安全文化的相关要求中，强调从“培育和培养”到“实践与创新”的逐步转变，从而进一步推动了核安全文化理念内化于心、固化于制、外化于行，助推中国核电安全管理业绩全面提升。

《中国核电卓越核安全文化十大原则（2022 版）》共包括 10 个原则 49 个要素 301 条行为示例。

1. 原则 1：核安全人人有责

核安全人人有责，所有从业人员，坚持法治意识，应知其责，尽其职，清楚自己的核安全责任和权限，严格执行规章制度，坚持“两个零容忍”，做有高度责任心的核从业者（见图 3－1）。

图 3－1　《中国核电卓越核安全文化十大原则》之“核安全人人有责”

2. 原则 2：认识核技术的独特性

核安全是国家安全的重要组成部分，每个人都应该清楚核技术的独特性，充分认识三项核安全基本功能的重要性。涉及核安全的活动都会得到特别的关注。认识到核技术的复杂性，核安全基本功能可能以不可预见的方式出现失效。严守设计裕量，严格控制风险，严格控制质量，通过提升设备可靠性、完善程序制度、培育高素质人才，确保核安全（见图3－2）。

图3－2　《中国核电卓越核安全文化十大原则》之“认识核技术的独特性”

3. 原则3：秉持质疑的态度

对当前的各种状态、假设、异常和活动始终保持质疑的态度，避免可能导致的错误和不当行为。每个人都对不利于电厂安全的假设、价值观、状态或行为保持警觉（见图3－3）。

图3－3　《中国核电卓越核安全文化十》大原则之“秉持质疑的态度”

4. 原则4：沟通关注安全

沟通交流时，始终关注安全事项，鼓励通过多种渠道进行有效对话，营造无顾虑报告问题的氛围。通过工作过程中的安全事项和决策依据的沟通交流等来支持核安全（见图3－4）。

图3－4 《中国核电卓越核安全文化十大原则》之“沟通关注安全”

5. 原则5：领导做安全的表率

高层管理者是核安全的首要倡导者，各级领导做安全的表率，在决策和行为中，体现对核安全的承诺，做到知行合一，言必信，行必果（见图3－5）。

图3－5 《中国核电卓越核安全文化十大原则》之“领导做安全的表率”

6. 原则6：决策体现安全第一

支持或者影响核安全的决策是系统的、严格的和全面的。高层领导支持并强化保守决策。领导者遵循决策过程，明确决策责任（见图3－6）。

图3－6　《中国核电卓越核安全文化十大原则》之“决策体现安全第一”

7. 原则7：营造和谐的氛围

营造相互信任的和谐氛围，确保组织内每个人的知识、经验和贡献得到充分的尊重和肯定，重视员工提出的建议和关注事项并提供适宜的工作环境。此外，积极构建与公众、当地利益相关方、政府部门及监督管理部门的良好沟通关系（见图3－7）。

图3－7　《中国核电卓越核安全文化十大原则》之“营造和谐的氛围”

8. 原则8：保持对安全的忧患意识

组织内部各级人员都能充分认识到核安全面临的风险和挑战，理解核安全工作的复杂性、敏感性、影响范围的广泛性，主动作为，充分准备，一丝不苟，时刻保持对安全的敬畏之心和忧患意识（见图3－8）。

图3－8　《中国核电卓越核安全文化十大原则》之“保持对安全的忧患意识”

9. 原则9：识别并解决问题

对潜在影响安全的问题，包括组织问题，及时识别、充分评价，并根据其重要性快速处理和纠正，以强化核安全（见图3－9）。

图3－9　《中国核电卓越核安全文化十大原则》之“识别并解决问题”

10. 原则10：践行学习型组织

营造持续学习的氛围，珍惜、寻求和利用一切学习机会，高度重视行业经验，培养从实践经验中学习与创新的能力，在组织内树立不断学习、持续改进、追求卓越的价值导向，持续利用经验反馈、培训传承、对标提升、持续监测等方式来不断提升业绩（见图3－10）。

图3－10 《中国核电卓越核安全文化十大原则》之“践行学习型组织”

3.4.2 开展一体化核安全文化建设实践

在群堆管理模式下，中国核电要充分发挥核安全文化的引领作用，将核安全文化的理念和要求充分融入每个人的日常思维和行动中，坚持系统思维，通过完善标准、宣传培训、表彰典型、评估评价等措施，全面协同推进核安全文化提升，形成系统合力。通过一体化核安全文化建设工作，系统协同、穿透全员、追求卓越，引领核安全文化发展。

中国核电核安全文化建设的一体化推进模式是指在中国核电的统一领导下，成立核安全文化推进专项组织机构，明确核安全文化推进落地的相关制度政策，结合核安全文化推进中的重点要素，公司总部与成员单位有计划地开展核安全文化推进活动。

1. 组织机构一体化

中国核电核安全文化推进委员会是中国核电一体化推进核安全文化建设的

组织机构。在中国核电核安全文化推进委员会的领导下，成立了核安全文化推进专项工作组，统筹开展核安全文化标准开发、核安全文化评价体系建设、核安全文化宣贯培训等相关工作。中国核电每年度组织召开核安全文化推进专项会议，各单位核安全文化推进主管领导共同参与讨论研究核安全文化建设当前存在的问题，以及后续的重点工作，为一体化的核安全文化推进提供组织保障。

2. 制度一体化

中国核电发布《核安全政策声明》，提出“核安全是事业的生命线、企业的生存线、员工的幸福线”的卓越核安全文化理念。为规范中国核电及各成员单位核安全文化推进工作，编制发布了《核安全文化推进管理导则》，明确了各成员单位推进核安全文化建设的组织机构与职责、核安全文化标准以及培育核安全文化的管理措施，通过宣贯培训、专项评估、问卷调查等工作，一体化推进核安全文化水平提升。

3. 计划一体化

中国核电每年度组织各成员单位制订核安全文化一体化推进计划，并对各单位核安全文化推进计划进行审查，明确核安全文化推进的指导思想、总体原则、实施路径，对计划的执行情况进行监督和管控，确保年度各项核安全文化推进工作的有效开展。

中国核电在制订核安全文化建设规划过程中，坚持做到以下 5 个方面，实现一体化的落地：

- **系统协同。**核安全文化提升涉及中国核电各成员单位，需要坚持系统思维，通过完善标准、宣传培训、表彰典型、评估评价等措施，全面协同推进核安全文化提升，形成系统合力。
- **穿透全员。**核安全文化提升涉及决策层、管理层、执行层，从提升领导力、落实岗位职责、提升人员意识、激发主动担当作为等多维度开展，实现决策层承诺示范、管理层渗透辐射、执行层参与贡献。
- **聚焦问题。**聚焦群厂内外部事件显现出的核安全文化建设问题，针对近年来核安全文化评估和问卷调查中发现的弱项，分类施策、精准发力，把有效提升弱项作为核安全文化推进的重点。
- **结果导向。**建立健全核安全文化评价体系，从结果反推存在的问题，持续强化弱项，推广良好实践；加强对核安全文化建设推进效果的总结和评优，评选一批核安全文化推进标杆电厂、标杆处室、标杆个人，标杆引领，带动各成员单位共同提升。

- **追求卓越。**核安全文化提升坚持追求卓越，对标先进，融合新时代新管理理念和思维方式，持续优化，不断推进核安全文化提升工作，引领核安全文化发展。

4. 宣贯培训一体化

中国核电编制了统一的核安全文化培训教材——《核电厂安全文化》，用于各电厂的基本授权培训。核电厂安全文化已经作为一项基本安全管理要素纳入所有成员公司的培训体系中，通过基本安全授权培训，确保核电厂所有人员均能得到系统的核安全文化培训，了解核安全文化起源与发展，以及核安全文化在核电厂实际工作中的实践活动和管理层对员工行为的期望。

为了保证核安全文化基本理念的传播以及核安全文化评价的实施效果，并将中国核电核安全文化的理念有效传递到各单位，中国核电每年统筹规划，对中国核电及各成员单位骨干人员进行核安全文化集中培训。截至 2021 年底，中国核电已组织开展了 10 期核安全文化培训班，对中国核电及各成员单位近 500 名骨干人员进行了核安全文化理念和评价方法的培训。具备核安全文化评价资质的核电骨干人员，将进一步推动核安全文化向基层员工传播，有利于中国核电员工将核安全文化内化于心。

5. 专项活动一体化

中国核电通过定期对过去几年中国核电核安全文化情况的分析，总结并确定当前年度核安全文化推进的重点工作。2019 年，中国核电识别出部分一线员工（特别是承包商人员）未严格遵守和执行程序是当前核安全文化建设过程中的共性问题，随之开展“认真履职，遵章守规”专项活动，各成员单位针对核电的核安全文化建设主题，结合本单位的实际，开展一系列核安全文化建设活动，将“认真履职，遵章守规”的核安全文化理念落到实处。

3. 4. 3 领导力驱动核安全文化水平持续提升

在培育核安全文化的过程中，领导是重要的驱动力。良好的核安全文化强调领导要以身作则、下现场、强化期望、重视建议等。领导者关注日常生产活动的同时，不断促进自我及领导团队的学习和挑战，通过承诺和表率来启发、激励和协同组织，以实现电厂的安全可靠运行、大修零事故和有效应急响应。根据行业最佳业绩制定并强化卓越标准，不断追求进步，并在业绩下滑的早期进行干预。有效的领导组织对于维持健康的核安全文化和高水平的核安全至关重要。

中国核电为充分发挥领导的带头示范作用，开展了一系列领导力提升活动。为了明确核电领导力提升的特征和相关要求，中国核电参考国内外核行业组织领导力研究的良好实践，结合中国核电的管理实践，组织开发了《中国核电领导力业绩目标与评估准则》。

在领导力培训方面，中国核电及各成员单位举办了具有核电特色的“核职业领导力研讨班”（NPDS），核职业领导力研讨班坚持以“实践、实战、实用、实效”为出发点，聚焦管理人员领导力与管理能力，开阔发现问题的视野，提高分析问题的深度、解决问题的能力。培训课程包括核安全文化与法律法规、高绩效领导力、沟通与表达、人员绩效与激励、观察指导与调查研究、管理心理学、团队建设。通过课程学习、管理研讨、行动实践的教学方式进行领导力培训。核职业领导力研讨班充分运用精细化管理理念，在领导力培训方面进行了一系列创新实践，不断融合转化、探索迭代、沉淀传承，形成了一套特点鲜明、内容完备的培训体系，成为行业特色知名品牌。以福清核电为例，福清核电自2018年以来开展九期核职业领导力研讨班，累计提出公司级行动建议13项，在提升管理人员领导力、为公司发展聚力献策方面发挥了重要作用。2020年NPDS项目成果向中核陕铀、中核兰铀输出，首次实现了向核电板块外的输出，在行业内实现领跑。

在强化期望、下现场等方面，中国核电通过“管理层授课”“管理巡视”等工作传递管理层期望，持续推广“核安全文化新年第一课”系列活动，践行核安全文化传播者责任，将安全管理期望有效传递至各级员工，规范员工行为，发挥文化引领作用，促使核安全文化进一步落地。

在领导力评价方面，中国核电结合近几年问卷调查和内外部评估发现的与领导力相关的主要问题，组织开展覆盖中国核电本部及主要成员公司“领导做安全的表率”问卷调查活动，对中国核电整体领导力水平进行评估和改进。

3.4.4 深化开展核安全文化实践活动

在中国核电一体化推进核安全文化的蓝图下，各成员单位结合自身特色，开展了丰富多样的核安全文化建设实践活动，进一步使核安全文化入脑、入心，进一步规范了人员行为。

1. 搭建“责任心之梯”

2016年，秦山核电提炼出“做一名有高度责任心的核电工作者”的核安全文化价值理念，以简洁明了、便于核电工作者认识和理解的一句话作为电厂核安全文化的价值引领，并形成了一套较为完整的价值理念推进机制，通过宣贯、学习、反思、行动、观察、管理改进来全面开展责任心提升工作；开发了《高度责任心之梯》《责任心矩阵》，深度阐释核电工作者责任心的维度和内涵；各部门组织开展对《高度责任心之梯》及《高度责任心之梯解读》的学习，传达公司对高度责任心的期望和管理要求，依据《高度责任心之梯》的层级和内涵，结合处室职责编制《处室责任心行为规范》，并汇集成册印制发放，其中有责任心优秀事例的文章1068篇；公布并实行《中核运行责任心管理办法》，将责任心作为安全绩效考核的一个方面，对体现高度责体现任心的事迹进行表彰，对因责任心缺失而出现事件进行考核；公布并实行《中核运行基本人员行为规范》，促使核安全文化价值理念固化于全体员工的日常工作中；公布并实行《强化责任心反习惯性违章专项方案》《责任心“十三五”规划》，对公司责任心建设工作进行全面规划。

2. 开展“每日一条安全信息”学习活动

2011年，田湾核电率先开展“每日一条安全信息”学习活动，进而由中国核电将其推广至所有成员单位。在各类会议或培训正式开始前，对安全信息进行宣讲，向全体员工传递管理期望、反馈学习经验、宣传核安全文化，逐步形成安全宣讲的长效机制，使安全沟通理念根植于员工心中，形成“人人关心安全生产、事事追求安全绩效”的良好氛围。

3. 建立核安全文化宣教室

为了消除传统课堂培训说教性过强的弊端，2021年江苏核电设计和建立了核安全文化防人因失误宣教室。宣教室采用创新性的展厅场景体验模式，通过展板介绍、警示视频演示、核事故回放和电站典型人因事件互动演练、签名宣誓等方式，形成了开展核安全文化、防人因失误宣贯教育的又一重要平台。

4. 成立核安全文化推进工作室

2021 年 5 月 25 日，在华南核与辐射安全监督站机关党委和海南核电公司党委的共同指导下，我国核行业首个核安全文化推进专题工作室在海南核电挂牌成立。自成立以来，工作室牢固树立党建引领的旗帜，奠定实践活动的组织基础；完善体系建设，奠定实践活动的理论基础；完成配套设施建设，奠定实践活动的物质基础；完成文化符号设计，奠定实践活动的品牌基础；制订工作室建设规划，奠定实践活动的发展基础。

工作室以“守正创新，狠抓落实，高质量履行新时期核安全文化建设任务”为核心任务，以宣传创新、管理创新、技术创新为工作方向，开展“核安全文化进班组”，并通过推出系列文化产品、组织开展系列活动、推动建立系列管理制度，使核安全文化推进工作接地气、入人心，让“阳春白雪”化作“润物甘霖”。工作室拉紧联结安全监管、营运管理、协作单位业务推进等各环节之间的核安全文化纽带，成为核安全文化建设工作中思想的加油站、知识的充电站、创意的交流站、资源的共享站、人才的会集站、成果的孵化站，成为海南核电核安全文化推进工作的关键阵地。

作为行业首创，工作室的建设和业务推进为同行业核安全文化水平的整体提升提供了经验和参考案例。中广核集团相关单位在吸收借鉴工作室成功经验的基础上，相继在台山核电、阳江核电、防城港核电等单位成立了姊妹机构。

3.4.5 建立行业领先的核安全文化评估体系

如何对虚无缥缈的文化进行评价监测，中国核电通过对比国际组织的核安全文化评估方法，构建了行业领先的中国核电核安全文化评估体系，制定了核安全文化评估技术文件，包括《中国核电核安全文化评估指南》及《中国核电核安全文化评估访谈手册》（见图 3－11）。

中国核电的核安全文化评估方法的特点有以下三个方面：

- **方法论与传统管理评估明显不同。**与传统的管理评估相比，核安全文化

图 3－11　中国核电核安全文化评估体系文件

评估在方法论上有着明显的不同。管理评估重在发现事实，而文化评估重在关注受访者的态度和感受。

- **评估结论定性与定量相结合。**在核安全文化评估过程中，通过问卷调查获取受评电厂的核安全文化属性的定量结果分布。在现场访谈过程中，给出核安全文化属性的定性评价。

- **评估的标准与管理期望充分融合。**通过评估活动，将成员单位在践行十大原则中的不足暴露出来，评估报告中的问题作为成员单位党委会讨论议题，班子成员作为主要牵头人，负责实施改进提升，党委会定期听取进展汇报，成为落实中国核电核安全文化建设期望的一项重要手段。

2011 年 8 月 28 日至 9 月 2 日，中国核电组织对秦山核电厂进行了核安全文化现场评估，这是国内首次开展的核安全文化评估活动，为后续核安全文化评估的发展和推广应用积累了宝贵经验。

为精准、动态、量化分析核安全文化评估结果，中国核电开发了核安全文化评价信息化工具，对核安全文化评测全流程的数据进行收集、处理和分析。其中包括三个方面。

- **核安全文化现场评估系统：**用于核安全文化现场评估相关数据的收集、处理和分析，包括通过人员访谈和行为观察得到的数据，并为现场评估结论的产生提供依据。

- **核安全文化问卷调查系统：**用于核安全文化问卷调查数据的收集、处理和分析，为全面掌握核电厂对十大原则的接受度和执行效果提供依据。

- **核安全文化评测管理模块：**属于核电厂同行评估数据管理平台的子模块，主要用于统一管理现场评估和问卷调查的相关数据以及核安全文化评估

（NSCA）结论，实现核安全文化评测数据的综合处理与分析。

截至 2021 年底，中国核电已成功组织实施了 13 场核安全文化评估，覆盖中国核电所有运行核电厂。自 2016 年起，中国核电每年实施全员核安全文化问卷调查，超过 90% 的员工参与核安全文化问卷调查活动，营造了全员关注核安全文化的氛围。同时，中国核电基于核安全文化问卷调查以及评估结果定期开发分析报告，通过对相关数据的分类、归纳与分析，挖掘中国核电在核安全文化建设方面存在的共性问题，并持续改进。

基于核安全文化评价工作中识别的共性问题，中国核电采取了一系列管理提升行动，如针对专业技术人员反映的职业发展通道问题，构建了“五通道”一体化职位体系，落实了岗位标准化，完善了技术线的发展通道；针对部分管理人员主动推进核安全文化的意识不强的问题，中国核电将管理层开展核安全文化授课作为一项管理要求，部分电厂已将核安全文化推进绩效纳入干部晋升考核要素。核安全文化的评价、问题分析与改进，已成为中国核电持续提升安全管理水平的一项长效机制。

3.5 实施成效

中国核电总部以及各成员单位，在核安全文化提升管理模型的指引下，齐头并进，开展核安全文化建设系统化管理，形成了核安全文化建设的长效机制；通过核安全文化一体化落地实践，从夯实安全责任、提升领导力、强化人员行为规范等方面为各级人员践行核安全文化提供了指导；核安全文化评价体系促进中国核电以及各成员单位补齐核安全文化短板，确保核安全文化水平的持续改进与提升。得益于对核安全文化的发自内心的认同和孜孜不倦的践行，2021 年，中国核电进入 WANO 综合指数满分机组比率达到了世界领先水平。

近年来，中国核电在行业核安全文化领域获得诸多奖项，核安全文化建设成果不断向行业推广应用。2019 年，中国核电在 WANO 双年会上获得“2017—2019 年 WANO 核能卓越奖”，中国核电安全可靠运行，业绩提升、核安全文化建设突出贡献获得世界同行认可。2019 年，中国核电 7 项成果获得国家能源局电力安全文化建设年优秀成果。2021 年，中国核电公布能源标准《核电厂核安全文化建设导则》，集团标准《卓越安全文化基本原则》《核安全文化评估实施指南》。

2022 年，中国核电核安全文化项目入选应急管理部颁发的“第二届企业安全文化最佳实践十大案例”。

中国核电将继续遵循“四个自信”的重要论述和“四个并重”的核安全观，以强大的文化自信与世界同行，共同推动和保障核安全，将中国核电的价值理念传递至每位员工并内化于日常工作行为中，使每一位核电工作者都能够成为中国核电核安全文化的践行者。

中国核电将继续学习中华优秀传统文化，全面贯彻落实新时代中核集团企业文化理念体系建设要求，进一步深入推动核安全文化建设工作，向国际推行中核实践的核安全文化建设标准及规范，实现从并跑到领跑的转变。

（本章编写者：汪洋、林凌、王国华、周光林）

第4章 卓越人因绩效模型构建与实施

4

4.1 体系简介

人因管理是核电厂提高运行绩效的重要抓手，积极有效开展人因管理工作，推动人因事件分析、减少人因失误、提升人因绩效水平是各单位提升安全、可靠运行能力的主要努力方向。

自2010年开始，中国核电依托共性项目管理委员会（以下简称“共管委”）及人因管理工作组，开展以标准化引领的群厂人因绩效提升工作。中国核电以求同存异、坚持高标准为原则，逐步建立起标准化人因管理体系，并通过群厂人因管控机制的运转实施，以高标准不断创新防人因失误管理，以中国核电卓越人因绩效提升模型（见图4－1）、中国核电群厂人因管控模型（见图4－2）引领人因绩效提升，通过交流常态化、要求标准化、形式多样化、管控信息化等举措，不断改进人因绩效提升效果。

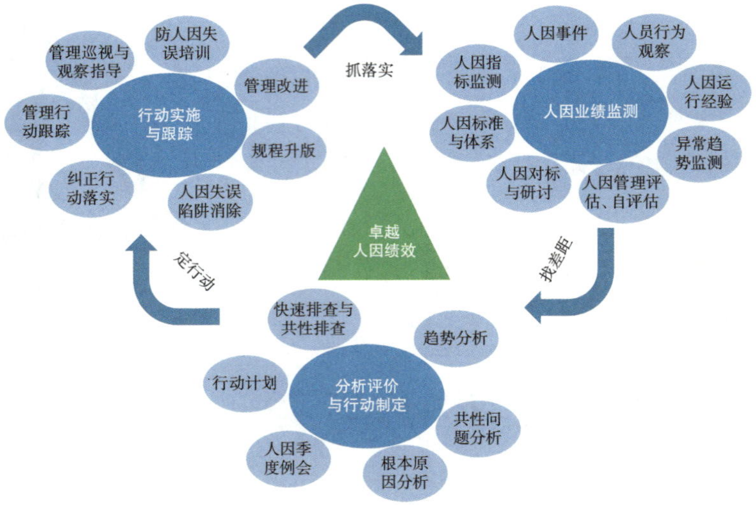

图 4-1　中国核电卓越人因绩效提升模型

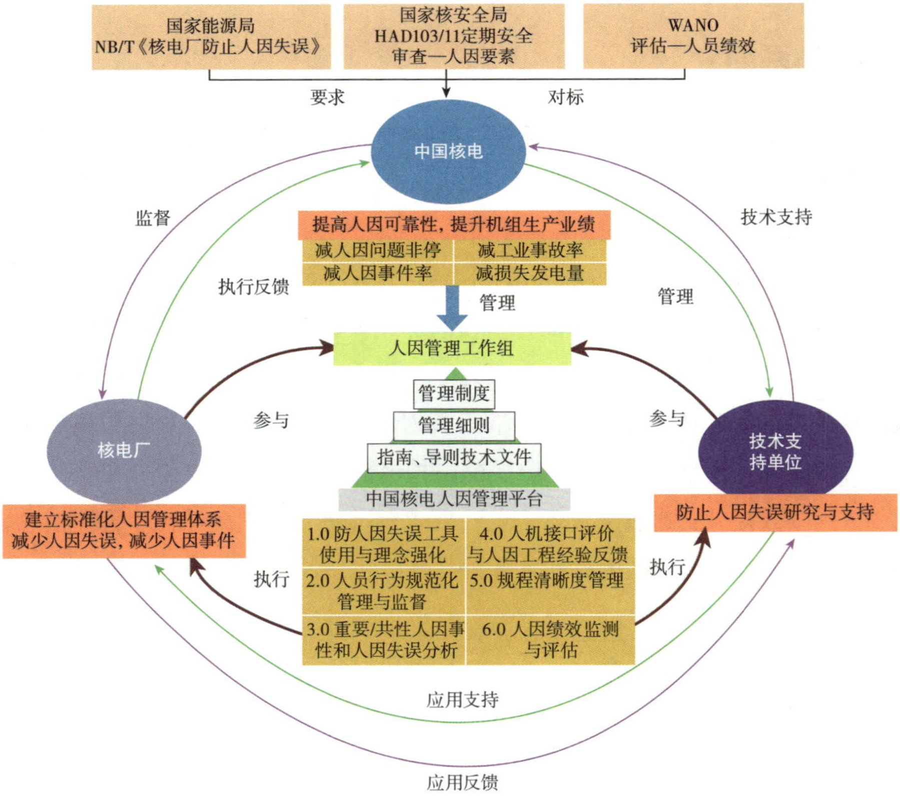

图 4-2　中国核电群厂人因管控模型

4.2 建设背景

美国三哩岛核电事故和苏联切尔诺贝利核电事故后，INPO 和 WANO 相继成立，成为核电界研究改善安全管理的主要机构。安全管理从关注设计发展到强调人的表现，并通过组织的措施来抵消人因失效的后果，并推出人因绩效改进系统，包括人因管理措施、防人因失误工具、事件分析方法等一系列管理工具，指导其成员电站有效开展人因管理。1995—2006 年，美国在运核电站的重大安全事件减少了 87.5%、工业安全事件减少了 85%。

近年来，国内外核电行业的人因管理领域的研究和实践取得了较大进展，各类人因管理工作和活动得到广泛开展，并取得了良好成效。

2009 年，中国核电各核电厂均已根据 WANO 和 INPO 相关组织开发的导则，相继开展了人因管理相关工作和活动，但由于统一的标准和规范，相互之间难以反馈和借鉴，中国核电层面难以采取有效的管理措施系统来提升群厂人因绩效。

为了解决上述问题，从 2017 年开始，在充分研究国际先进业绩改进模型的基础上，通过系统的梳理与分析，结合各核电厂的生产管理实际，中国核电率先提出建立以卓越人因绩效为目标的人因绩效提升模型，并以标准化人因管理体系建设来引领相关工作。

4.3 模型特点

在消化、吸收国外核电厂业绩改进模型的基础上，通过多年人因管理技术研究与应用实践，中国核电提出并建立了中国核电群厂人因管控模型。该模型以群厂人因绩效提升为最终目的，以中国核电人因管理工作组为运作核心，以人因管理体系为依托。

中国核电总部发布人因管理办法及相关管理导则，规范总部、各核电厂、技术支持单位的人因管理职责；建立人因管理监测指标、开展共性问题分析、召开人因管理季度例会、跟踪群厂纠正行动落实情况，组织人因管理领域对标及专项评估等工作，实现对群厂人因管理工作的管控和对该领域的监督。

各核电厂依据中国核电人因管理办法及相关管理导则，依据相关支撑性标准开展人因管理工作，包括防人因失误工具使用与理念强化、人员行为规范化管理与监督、人因事件分析与反馈、人因失误陷阱排查与消除、规程质量提升、人因绩效监测与评估等；执行中国核电总部提出的各项群厂人因管控要求并反馈执行的结果；提出人因管理领域的共性需求，委托技术支持单位开展集约化的技术研究与支持工作。

技术支持单位负责为中国核电总部和各核电厂提供全方位的人因管理技术支持和服务；监测各核电厂人因事件及人员行为偏差数据趋势，分析存在的主要问题，为中国核电总部下一阶段的管控和监督提供决策依据；开展人因管理技术、流程和相关准则的标准化研究；统一收集、分析和反馈有借鉴价值的外部人因管理信息。

中国核电人因管理工作组作为中国核电群厂人因管控工作的依托网络，由安全质量主管领导负责，安全质量部归口，各核电厂及技术支持单位人因管理工程师参与。在其组织下，中国核电总部、各核电厂、技术支持单位分工协作开展人因管理工作。

围绕中国核电卓越人因绩效提升模型，以防人因失误工具、人员行为规范、观察指导、人因失误陷阱排查、人因事件分析反馈等人因管理领域相关业务的标准化工作为基础，通过卓越核安全文化推动卓越人因绩效的差距监测，以扎实的知识和技能提升分析与评价质量，以领导力和监督、精细化管理落实各项改进行动，从而最终实现群厂人因绩效提升目标。

4.3.1 目标明确，措施得当

中国核电围绕“确保核安全”“实现零伤亡”的核心目标，完善及推广应用人员行为规范，强化防人因失误工具的规范使用，完善运行及维修生产规程体系，规范并持续提升观察指导的有效性，推广应用人因管理指标体系，不断提高工作人员防人因失误技能和意识，强化防人因管理，降低人因造成的执照运行事件数量，杜绝违章操作，杜绝人因造成的非停。

4.3.2 体系清晰，指导规范

中国核电建立从总部到电厂的多层次文件体系，规范指导人因管理工作，并将人因绩效管理理念和体系提升为集团公司企业标准和中国核能行业协会团体标准，实现了人因管理体系的标准化、规范化和系统化，达到国际先进水平。

4.3.3 数据共享，打破壁垒

中国核电通过应用信息化技术，研发了中国核电人因管理信息平台，打破各核电厂人因数据信息不能共享的壁垒，抽取、收集各类观察指导数据、典型人因事件、人因管理良好实践、外部经验反馈信息等数据5万余条，实现了中国核电所有核电厂观察指导和人员行为分析系统数据的集中管理，实现了总部管理要求的闭环督办，大幅提高了管理效率。

4.4 体系内容

这套体系一共分为8个环节，分别为标准化人因管控体系、人因培训流程、人员行为管理、防人因失误工具推广与应用、重大人因事件分析和深度反馈、人因失误陷阱消除、指标监测和改进。

8个环节的相互关系如图4-1所示，即围绕“卓越人因绩效”目标，通过“人因业绩监测”“分析评价与行动制定”双管齐下，最后通过“行动实施与跟踪”，实现闭环，每个环节的具体做法及内容具体如下。

4.4.1 群厂人因管控体系的建立与完善

中国核电通过多年的生产运行管理实践，建立了完整人因管理体系，该体系分为政策文件、大纲文件、程序、技术文件四个层次。政策文件明确人因管理所要达到的目标和期望，采用的主要管理、技术手段，开展的主要管理活动，在人因管理活动中遵循的基本原则和要求等；大纲文件对人因管理的要素、方法进行明确，对人因管理的组织机构进行规定；程序对核设施营运单位开展的各项人因管理活动进行管理，明确人因管理流程、各项人因管理活动的管理部门及职责、各项人因管理活动的内容等；技术文件用于支持各项人因管理活动的开展，为人因管理活动的开展提供数据、方法、流程等。

4.4.2 建立完整的培训体系，开展技能竞赛

为提升全员防人因失误意识，中国核电建立完整的人因管理培训体系，编制人因管理培训计划，开发配套的培训教材、教案、教具，组织各单位员工和协作单位人员参加人因管理培训。中国核电组织编制的《核电厂人因管理基础》是国内第一本正式出版的核电人因管理教材，目前，教材、课件和题库已在新员工培训和基本安全授权培训中广泛应用（见图4-3）。

图4-3 中国核电《核电厂人因管理基础》教材

根据国内外同行良好实践，防人因失误培训既包括课堂理论培训，也包括通用实验室、综合实验室、工业安全实验室、辐射防护实验室、防异物实验室等行为训练和培训。中国核电发布《核电厂人因实验室建设指南》，从培训形式、培训内容、课时设置、教案开发、评价方法等角度指导核电厂开展人因实验室建设，秦山核电、田湾核电、福清核电、海南核电、三门核电等核电基地均已建设本厂人因实验室并投入使用，为核电行业防人因失误培训做出了良好示范。

防人因失误技能竞赛从2012年至今已举办5届，并于2020年升级为中核集团“振兴杯”青年职业技能大赛，成为中国核电及协作单位人因管理的盛事，各单位积极动员一线员工广泛参与，为人因管理的高标准推广应用做出了重要

贡献。2020 年中国核电在中国核能行业协会举办的第一届防人因失误竞赛中获得团体、个人一、二、三等奖 15 个，成绩名列前茅。

4.4.3 标准化防人因失误工具的推广与应用

通过不断学习国内外核电厂的经验反馈和防人因失误工作的经验，同时不断实践和改进，中国核电组织开发防人因失误工具，经过各电厂实践与研究，确定 11 个标准化防人因失误工具（见图 4－4），即自检、他检、监护、独立验证、三向交流、遵守/使用规程、工前会、工后会、质疑的态度、不确定时暂停、2 分钟检查，要求各成员单位推广应用，鼓励员工自觉正确使用。成员单位按照管理程序要求，定期组织员工和所管理的承包商人员进行防人因失误工具使用的宣贯，并通过观察指导方式予以强化。

图 4－4　11 个标准化防人因失误工具

通过防人因失误工具手册、技术导则产品的推广（见图 4－5），让每位核电人认识防人因失误工具、正确理解并使用防人因失误工具，对减少人因失误起到积极作用。

图 4－5　防人因失误工具手册、技术导则产品

为了确保防人因失误工具及人员行为规范落地使用，中国核电充分考虑现场工作人员特点，结合大家耳熟能详的《三国演义》及《西游记》中的经典故事情节，开发了独具特色的趣味性防人因失误工具宣传海报（见图 4 - 6 和图 4 - 7），让广大员工及承包商单位人员想看、爱看，提升培训及宣贯效果。同时，以中国核电自有版权的核电宝宝“核核”“美美”为展示形象，开发了“核电宝宝讲人因”系列培训教育视频，在提高培训趣味性的同时，将视频发布到网页及移动端，提升培训效率及可用性（见图 4 - 8）。

图 4 - 6　《三国演义》版防人因失误工具海报

图 4 - 7　《西游记》版防人因失误工具海报

图 4-8 标准化防人因失误工具及人员行为规范教育视频

通过核电厂现场张贴防人因失误工具海报等产品，让每位核电人将防人因失误工具的使用“内化于心，外化于行”，形成使用防人因失误工具的良好安全文化氛围。

4.4.4 人员行为提升和观察指导实施

人员行为规范是防止人因失误的普适性管理办法；防人因失误工具是人员在现场活动的一种特殊行为规范要求；观察指导是人员行为的监督和改进工具，是保证人员行为规范和防人因失误工具落到实处、不断改进的有效手段。为有效规范运行、维修、技术、辐射防护、化学、培训、核安全监督、应急与环境监测、消防与保卫、生产计划、信息文档、采购仓储等 13 个领域人员行为规范工作，中国核电发布了上述领域人员行为规范标准化导则（见图 4-9）。

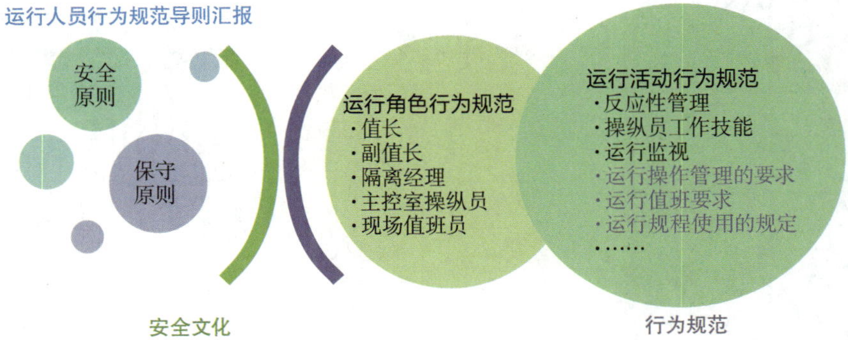

图 4-9 人员行为规范宣贯材料

成员单位优化生产岗位行为规范，明确行为规范授权考核和承诺书签订要求，强化员工遵章守规意识，定期组织员工和相关承包商对人员行为规范进行宣贯，严格落实人员行为规范，使其真正入脑入心。对已发生的典型人因事件，进行有针对性的逐一设防，通过人员行为规范的完善，堵住人因失误漏洞，改进人因绩效，减少人因失误。

观察指导作为践行核安全文化、落实领导下现场要求、传达管理期望的重要手段，在推动防人因失误工具使用、推广人员行为规范方面具有重要意义。

在总结各核电厂人员行为观察指导经验的基础上，中国核电充分调研国内外现状，开展现场人员访谈，开发了《核电厂观察指导手册》，介绍观察指导流程、方法、注意事项，列出防人因失误工具、工业安全、辐射防护等通用人员行为观察指导卡，为后续电厂落地应用提供有力指导。

为加强对人员行为数据的分析应用，中国核电开发了人员行为分析系统（见图 4－10），其主要功能包括：人员行为数据的填报、统计查询、数据报表及任务跟踪；人因绩效指标的监测及共性问题分析、劣化趋势分析；无人因事件时钟复位申请及审批流程、历史复位事件查询与统计；人因管理动态发布及资料共享等。该软件中的人员行为数据与状态报告系统的人因事件数据一起，构成了整体人因绩效提升的数据基础。

通过推广人员行为规范，加强对核电厂人员行为过程偏差分析与监测，对观察指导数据进行系统化的归纳、趋势分析和展示，可找出人员行为存在的劣化趋势，找出组织上的缺陷，予以改进。大修过程中关键敏感设备操作、高风险作业观察指导加强及相关人员行为规范改进，使大修期间人因事件数量明显下降。

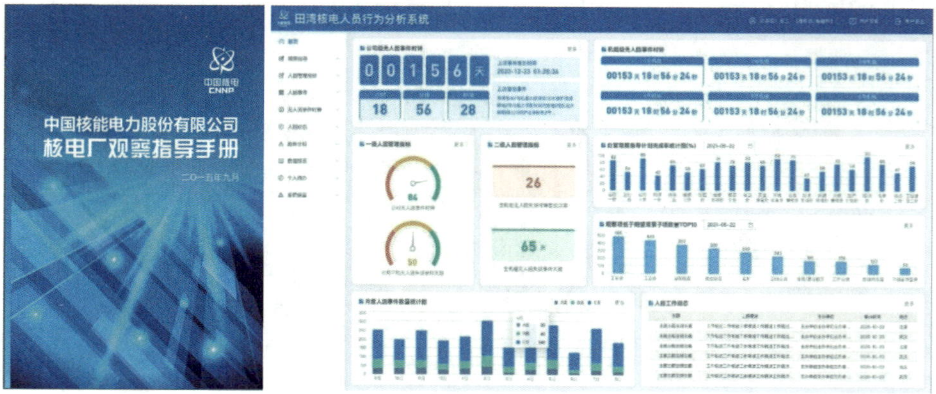

图 4－10　观察指导手册及人员行为分析系统

4.4.5 人因事件分析与反馈

为了识别、分析所属核电厂发生的重大人因事件，避免内外部单位发生的重大事件再次发生，中国核电开展了重要人因事件分析与反馈工作，主要包括重大人因事件警示、人因事件分析与评价、标准化操作防人因失误经验反馈等。

中国核电将重大人因事件纳入中国核电 A 类事件进行管控，由电厂总经理负责向中国核电汇报；通过中国核电 A/B 类事件管理平台，组织对电厂发生的人因事件进行群厂经验反馈，提出快速排查要求并采取相应纠正行动；强化原因分析审查、纠正行动闭环管控、重发事件考核，确保电厂经验反馈有效。

对重大人因事件，以专家组的形式对事件进行全方位调查，并对相关结果进行记录。在调查和分析完成后，开发即时经验反馈材料（JIT），便于人员学习和反馈，相关 JIT 材料可与工作票系统相关联，可用于今后类似工作开展的经验反馈学习材料（见图 4－11）。

图 4－11 人因事件分析与反馈学习材料

- **重大人因事件警示**。《中国核电经验反馈管理办法》明确了中国核电A/B类事件筛选准则，对其中的人因相关事件，中国核电在开展常规根本原因分析的基础上，从个人行为、组织管理、人机接口等三个维度对事件进行二次分析和警示，编制相应经典案例集。
- **人因事件分析与评价**。每年度对上年度发生的中国核电 A、B 级人因类状态报告进行梳理和二级分析，并对相关人因因素信息进行分类编码，提炼板块共性管理行动建议，为后续的人因事件提供分析和反馈。

- **标准化操作防人因失误经验反馈**。以现场具体操作任务为依托，整合与之相关的管理要求、操作规程、技术文件及人因相关运行经验，开发相应防人因失误经验反馈手册。手册不仅是一本人因管理的经验反馈手册，更是相关操作任务的个性化操作指南，对全面了解防人因失误管控要求具有非常好的指导作用。

4.4.6 人因失误陷阱排查，完善生产规程体系

除从人员行为和人因事件两个角度来不断提升人因绩效外，中国核电还从人因事件发生机理出发，形成常态化人因失误陷阱排查机制，要求将人因失误陷阱排查置于与人员行为管理同等甚至更加重要的位置。中国核电将人因失误陷阱的识别、分析与消除融入相应的生产管理流程，如在工前会阶段应讨论工作相关失误先兆、开工前应识别现场人因失误陷阱、完工后应探讨工器具或任务安排等改进措施等。通过加强人因失误陷阱识别和管理工作，做到防患于未然。

中国核电通过深入研究，结合现场工作开展实践，建立了一套包括工作准备、工作许可、工作前检查、工作中检查、工作后研讨等在内的人因失误陷阱排除方法，发布了《核电厂人因失误陷阱管理指南》（以下简称《指南》），并组织各核电厂落地应用，明确各成员单位需结合任务过程和状态报告管理过程对人因失误陷阱进行管理。对于识别出的人因失误陷阱，可采用防人因失误工具进行现场防止；对于不容易防止的情况，尤其是因滞后型失误造成的人因失误陷阱，则应通过状态报告流程进行处理。《指南》介绍了人因失误陷阱的分析和消除的方法，指出了人因失误陷阱数据的应用方向，展示了相关良好实践，各核电厂已按照该指南要求开展人因失误陷阱的查找工作。

在开展人因失误陷阱排查的基础上，中国核电对相关数据进行了分析，通过常规统计分析、词频分析等手段，识别现场存在的人因失误陷阱共性问题，并提出有针对性的改进建议。

规程类人因失误陷阱主要表现在规程呈现不友好（验收标准需要换算、表达语句过长、缺少风险警示、缺少防人因失误工具提示等）、规程内容错误、规程清晰度不足（歧义、一步操作包含多项操作内容、缺少双重命名、表达不明

确等）、规程缺失或不完整四个方面。为持续完善生产规程体系，避免或减少因规程不完善而产生的人因失误事件，中国核电在运行电厂组织开展了“规程类人因失误陷阱”查找活动，通过成立专项组织机构，制订专项工作计划，开展了基于工作流程、工作程序的 SPV 识别、梳理及屏障建立和修补，尤其是针对换料场景、主设备维修程序及规程、运行反应性相关程序及规程进行 SPV 识别。通过开展规程类人因失误陷阱排查工作，累计排查并纠正人因失误陷阱 6.4 万余个，升版生产运行规程 1 万余份。

4.4.7 人因指标监测和改进

为准确反映人因管理状态，预测人员行为上的弱项，及时发现存在的隐患和偏差，从而防止重大人因事件的发生，中国核电建立三级人因指标体系，分结果类和过程类两种指标。一级、二级指标以结果类指标统计已经发生的重大人因事件，用数量及发生频度两个维度去度量，一级指标包括公司无人因失误时钟复位和公司平均无人因失误事件天数，二级指标为成员单位无人因失误时钟复位和成员单位平均无人因失误事件天数；三级指标以过程类指标将人员行为规范性作为指标对象，关注成员单位 6 个防人因失误工具（自检、遵守/使用规程、工前会、三向交流、维修实施、操作监护）的使用情况。每年度对上述指标上一年度的情况进行全面评价。评价包括指标定义、阈值和计算方法的科学性和合理性，必要时修改或增减指标，对指标系统进行配置优化。

对人因绩效进行监测，对人因绩效相关数据进行季度统计和分析，发现相关薄弱环节，查找与卓越绩效之间的差距，开展相应人因管理活动，不断改进人因管理手段。人因绩效行为监测的数据来源于观察指导，是对观察指导数据的系统化的归纳、分析和展示。通过对观察指导数据的结构化录入、统计和分析，及时发现现场人员行为方面存在的不足，提出纠正措施予以改进。此外，对相关观察项的趋势分析能找出人员行为存在的劣化趋势，找到电厂组织或管理上可能存在的缺陷并予以改进。

人因绩效监测的一个重要手段是实现数据的信息化，中国核电各运行核电厂均建立人员行为管理系统，对人员行为数据进行电子化管理，能够实现对观察指导、人因事件等数据的采集、查询、统计和分析，深度挖掘组织深层缺陷，并结合分析结果采取相应的纠正行动，实现闭环增益。

中国核电建立人因管理平台，平台设计了平台人因管理状态管理、良好实践、人因失误陷阱和资料等功能以及其与3A驾驶舱的接口；平台为中国核电本部、核电厂和技术支持单位的人因管理工作提供支持，提升人因管理效率，持续提高核电厂人因绩效水平。

4.4.8 人因管理交流与良好实践改进

人因管理交流是中国核电群厂人因管控模型落地的重要保障。在原有的各层级不定期交流的基础上，中国核电定期组织各核电厂召开防人因失误专题研讨会、技术交流会等研讨活动，推进核电厂人因管理人防、技防综合发展，全面提升核电厂人因管理水平。中国核电以此为依托，通过常态化人因管理良好实践收集与推广工作，将各核电厂在管理改进、技术创新、主题活动、程序优化等方面的先进做法进行收集并编撰成册，推广至其他相关核电厂，促进各核电厂人因管理工作的协调统一发展。

同时，中国核电也在积极推动“引进来”和“走出去”，后续将通过与航空航天、火电、石油化工等领域的交流，不断学习先进经验和做法，促进中国核电及各核电厂人因绩效提升。

4.4.9 鼓励电厂探索实践

1. 三门核电成立人因绩效工作室

三门核电于2021年成立了人因绩效工作室。人因绩效工作室着眼于建设高水准的人因绩效水平，集中优势资源，立足于解决公司在人因绩效管理和技术方面的重点问题，形成具有实效性和专业技术特点的人因绩效管理方式和体系。工作室执行项目负责制，根据项目课题，由项目牵头人组成专项小组，全面拓展三门核电人因绩效管理的深度和广度。

人因绩效工作室成立后，从人因绩效管理提升和优化、标准和规范制定等三方面制定了多项措施，积极推动公司日常和大修人因绩效工作稳步向前。

2. 三门核电建立电站、部门、科室/班组人因绩效事件时钟制度

针对人因绩效事件，三门核电建立了电站、部门、科室/班组三级人因绩效事件时钟制度，对于每一起时钟重置事件，都会对相应级别的实体时钟进行重

置，同时对时钟重置后的响应措施进行固化，包括事件信息的即时经验反馈通报、对主要当事人进行约谈、开展现场警示教育、召开警示教育会、后续的原因分析、处罚、制定考核标准等，通过这些措施确保当事人受教育到位、相关人员警示到位、相关管理不足改进到位，实现人因绩效的闭环管理。

3. 海南核电设置机组颜色区分，避免走错间隔

国内 M310 核电机组为双机组运行模式，两台机组在实体上没有实现完全的分隔，尤其是 NX（核辅助厂房）/LX（电气厂房）共存于一个大厂房内，设备布置和厂房布置处于几乎对称状态，相似度非常高。同时，由于两台机组不能完全分开，机组运行模式采用的也是一个运行值管理两台机组模式，现场岗位还未完全实现人员独立。2013 年 1 月，国内某 M310 机组在大修期间因为人员走错机组间隔，错误隔离设备，引起运行机组停堆。2013 年 5 月，海南核电针对此事件提出“对生产厂房颜色进行区分，减少人因事件”的建议，并立即组织开展可行性分析和调研，并根据现场工程进展，将厂房地面、门、部分重要设备以及操作单、工作许可证加以醒目的颜色区分，提醒人员避免走错间隔。

4. 秦山核电开展良好行为认可活动

员工良好行为得到认可和激励，有利于员工发现和学习良好行为，规范人员行为，从而减少人因失误。良好行为认可有利于员工行为规范的提升，营造“识英雄重英雄”、积极实践良好行为的工作氛围。

秦山核电开发良好行为认可卡，并在生产处室（如运行五处、燃料操作处等）开展良好行为认可卡填写活动，要求每个科、值每个月不少于 4 张，多则不限。在每个月的安全例会上，对收集到的良好行为认可卡进行抽奖。每个月抽取 4 位被表扬人和 1 份填写人的良好行为认可卡，进行通报表扬和物质奖励。

5. 秦山核电开展维修规程专项优化

遵守/使用规程是维修人员在现场使用的最重要的防人因失误工具之一，有缺陷的程序和不遵守程序是重大事故发生的主要原因。通过对维修规程进行优化，使程序提供的信息清晰、简明，并最大限度地减少歧义，避免人因失误。

秦山核电编制并发布《维修规程编写细则》，指导并规范维修规程编写和优化工作；建立维修规程优化专项工作组，制定规程优化方案；对维修规程进行优化，优化内容包括模板、封面、签署页、修订页、适用范围、参考资料、先

决条件、注意事项、人力和物资准备、验收准则、程序步骤、附录、格式、维修规程使用反馈单等，优化要点。清晰、简明的维修规程能减少因程序不完善等人因失误陷阱而产生的人因事件。

6. 福清核电关键敏感设备警示标识应用

福清核电通过在SPV设备和周边区域增加警示标识，提醒SPV设备附近的工作人员规范人员行为，以达到降低SPV设备误动误碰风险的目的。SPV设备警示标识设置是针对核电厂有误动、误碰风险的SPV设备提出的一种管理尝试与实践，其成本投入不大，方案可执行性强，对预防SPV设备上的人因失误风险成效显著。

SPV设备上人因失误可分为误动和误碰两种类型。针对误动风险，要求所有SPV设备均考虑误动风险，增加设备警示标识；针对误碰风险，要求有误碰风险但没有设计预防措施的SPV设备附近增加区域警示线，其中误碰风险较高的SPV设备区域还需悬挂区域告示牌。设备误动、误碰风险策略分析如表4－1所示。

表4－1 设备误动、误碰风险策略分析

风险类型	适用设备范围	风险应对策略
误动风险	适用所有SPV设备	设备警示牌
误碰风险	没有误碰风险的SPV设备	不需要
	已有预防措施的SPV设备	不需要
	中低概率误碰风险的SPV设备	区域警示线
	较高概率误动风险的SPV设备	区域警示线＋告示牌

根据策略分析，设置三级标识管理。

- **设备警示牌**：适用于所有SPV设备。通常采用五边形标牌代替原来的四边形标牌，五边形顶端采用圆弧形顶角。标牌顶部三角形高度为30mm，三角形区域注明“CC停机停堆风险”，红底（RAL3020）白字。原有标牌不具备更换条件时，在标牌附近合适位置粘贴四边形标牌，标牌尺寸为80mm×50mm×1.5mm，标牌内容相同。
- **区域警示线**：适用于中低概率误碰风险的SPV设备。在SPV设备周边区域地面增加警示线，和SPV设备间距为400～800mm，线宽100mm，红底（RAL3020）白字，适当间距印刷“关键敏感区域”字样。管理要求是人员路过关键敏感区域时需绕行避开，有工作需要时谨慎进出。

- **告示牌：** 适用于较高概率误碰风险的 SPV 设备区域。告示牌信息用于临时授权管理，悬挂在区域警示线附近显要位置，尺寸为 500mm × 400mm × 0.8mm，白底黑字。管理要求是除日常例行巡检外，人员进入需要设备工程师或当班值长授权许可，要求设备工程师评估工作内容并提醒注意事项。

7. 江苏核电开发防人因失误培训教具

为完善江苏核电通用防人因失误培训体系，培训处联合维修一处教员，根据维修工作特点，针对三向交流和自检两个防人因失误工具的培训教具设计制作。

公司员工自主设计研发，在教具设计过程中，结合现场工作实际，使培训方式贴合现场工作模式，完成三向交流训练箱和自检训练箱的设计与制作。培训学员的满意度调查结果表明培训效果良好。

4.5 成效

群厂人因绩效提升模型以及标准化人因管理体系自建立及运转以来，在规范现场人员行为、减少人因失误、减少人因事件等方面取得了显著成效，得到了国外专家、各核电厂、集团公司的一致认可和好评。后续将继续依托模型和标准化人因管理体系建设工作，进一步提高中国核电群厂人因管控效果，促进中国核电及各核电厂人因绩效水平及安全质量的提高。

标准化引领的群厂人因绩效提升工作已应用于中国核电、各核电厂及技术支持单位，共开发相关管理文件近百份（含各核电厂），发布指南及导则技术文件 27 份，开发防人因失误工具海报 3 套（已申请著作权）、标准化视频百余条，记录人员行为数据百万条。

本成果自应用于中国核电群厂人因管控以来，中国核电所属核电机组的 WANO 综合指数满分机组数量、平均值大幅增加，机组经济效益进一步提升；群堆执照运行事件数量逐年下降。2021 年，中国核电参与 WANO 指标排名的 22 台机组中，19 台机组获得了满分，满分机组数量和比例全球第一，机组非停及执照运行事件数量也远低于国内外同行，国家能源局通报的 11 起人因执照运行事件中，只有 1 起发生在中国核电。

近年来，中国核电群厂人因绩效提升模型以及标准化人因管理体系在行业领域获得诸多奖项，成果不断向行业推广应用。2016 年，中国核电“核电企业基于人员行为过程观察指导的防御型人因管理”获得“国防科技工业企业管理创新成果二等奖”；中国核电编制的《核电厂人因管理体系》成为集团标准。2017 年，中国核电“核电厂人因实验室系列设备研制与应用”获得“中国核能行业协会科学技术奖三等奖”。2021 年，中国核电编制的《防人因失误管理指南》成为集团标准。2022 年，中国核电编制的《核电厂人因运行事件分析指南》成为中国核能行业协会团体标准。

（本章编写者：林凌、王国华、李红波、周光林）

5

第 5 章

群厂经验反馈管理体系构建与实施

5.1 体系简介

通常意义的经验反馈是指对在本项目或类似项目管理范围内发生的，对影响本项目管理目标实现或顺利实施的事故、事件和活动的记录进行统计分析并采取适宜处理措施的活动。经验反馈活动旨在评价已采取纠正或预防措施的实施效果，可借鉴使用的与本项目管理适宜的改良建议和良好实践，并加以总结利用，以达到防止和避免同类或类似事故、不良事件或低效、无效活动发生；改进组织方法、工艺方案或项目管理手段，以提高工作质量和效率，提高管理水平和效益，实现项目管理预期目标。

核电经验反馈是核电行业提升安全运行业绩的管理工具之一，为保障运行核电厂的核安全水平、运行可靠性发挥了积极的作用。核电经验反馈是完整的偏差识别、筛选分级、原因分析、实施纠正行动的闭环管理流程，根本原因分析、趋势分析是经验反馈的两大重要工具。核电经验反馈的根本目标是防止类似的偏差重复发生。核电经验反馈受到了 IAEA、WANO 等国际权威组织与机构的高度重视，分别发布了一系列经验反馈技术文件，用于指导核电厂开展经验反馈体系建设以及运转。《中华人民共和国核安全法》明确要求核设施应当建立经验反馈体系。

秦山核电厂是中国大陆第一座核电厂，早在 1997 年就建立了核电厂经验反馈体系。随着中国核电事业的发展，核电厂数量逐渐增多，同样的问题在不同的电厂重复发生。主要原因在于，中国核电所属核电厂经验反馈体系相互独立，经验反馈流程和工作缺少统一的标准和规范；群厂经验反馈信息共享机制存在不足，对电厂发生的问题和偏差在群厂间反馈的管控力度不足。

国外大型核电集团均实现了群厂经验反馈管理，运行绩效持续提升。2016年，中国核电开始建立群厂经验反馈体系，开展了群厂经验反馈系列工作，取得了良好的效果。

中国核电群厂经验反馈模型如图5－1所示。

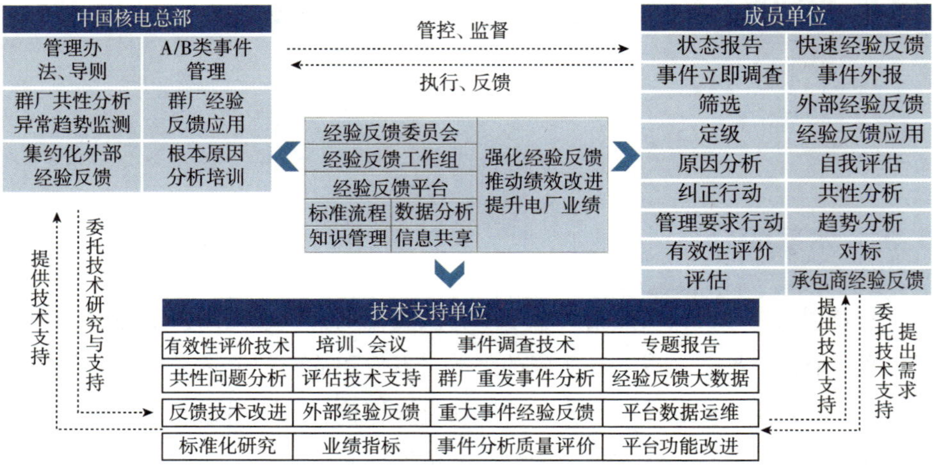

图5－1 中国核电群厂经验反馈模型

中国核电对所属各核电厂开展的各项经验反馈工作及其效果进行管控和监督。管控活动主要包括发布经验反馈制度和相关标准，通过制度和标准来规范中国核电、所属各核电厂和技术支持单位的各项经验反馈工作，实现群厂经验反馈管理的标准化。监督活动主要包括中国核电A/B类事件管理、重大事件调查、中国核电A/B类事件管理要求的落实情况检查、核电厂事件根本原因分析质量评价、外报WANO事件质量评价、经验反馈业绩指标制定评价等工作，通过对重大事件的分析、群厂管理要求的落实以及经验反馈指标的实现，对经验反馈领域的监督。

各核电厂执行中国核电的经验反馈制度、相关标准以及各项监督要求，并反馈执行的结果。各核电厂根据中国核电的要求，完成电厂经验反馈领域全部工作，落实《WANO同行评估业绩准则》经验反馈领域的要求，深入开展内外部经验反馈工作，落实中国核电下达的群厂管理要求，上报针对群厂管理要求所制定的纠正行动的实施情况。

技术支持单位为中国核电和各核电厂提供全方位的经验反馈技术支持。

模型的运作核心是中国核电经验反馈委员会。经验反馈委员会作为中国经验反馈管理工作的议事和决策机构，协调和指导中国核电以及所属各核电厂的经验反馈活动，经验反馈委员会下设工作组负责具体的群厂经验反馈工作。经验反馈工作组以中国核电经验反馈信息平台为依托，实现标准流程、数据分析、经验提炼、信息共享。

在此模型的指导下，中国核电从以前对单个电厂的经验反馈管理变为群厂经验反馈管理，通过分析单个电厂发生的事件，提出群厂层面的管理要求，以避免类似事件在其他成员电厂发生；通过群厂层面的事件趋势分析，及时发现劣化趋势，分析原因，采取纠正行动；通过发布制度、标准，规范各核电厂的经验反馈工作，以促使各核电厂的经验反馈工作标准化、规范化，从而提高核电厂的生产业绩水平和管理水平。

5.2 建设历程

2014 年 10 月，由来自 10 个不同国家和地区的资深专家组成的 WANO 同行评估队对中核集团、中国核电进行了电力公司同行评估（CPR），形成评估报告。评估报告指出中国核电在公司管控、公司监督和监控、公司支持和绩效等方面存在弱项。

中国核电开展基于管控、监督、支持、执行模式的群厂经验反馈管理，促进群厂经验反馈的标准化和规范化，是国际同行通行标准要求，有助于企业追求卓越，向业界最佳水平看齐。

2015 年，中国核电开始群厂经验反馈的先期研究工作，编制了《中国核电经验反馈标准化流程执行程序》《中国核电经验反馈活动指南》，初步规划了中国核电群厂经验反馈体系建设的主要工作。

2016 年，中国核电在中国核电安全委员会中设立了经验反馈委员会，作为群厂经验反馈管理工作的议事和支持机构，委员会下设工作组，并组织召开了第一次委员会会议，群厂经验反馈体系组织架构搭建完成；设计了群厂经验反馈模型，与国内先进同行开展经验反馈对标，经验反馈视频例会机制正式运作，发布了第一份中国核电重要事件报告，群厂经验反馈体系建设进入了快车道。

2017 年，中国核电正式启动了 A 类事件管理，群厂经验反馈的核心流程正式运转，每月对中国核电成员公司 A/B 类事件数量及各领域事件数量进行监测和趋势分析，建立管理零点和事件零点，及时发现异常趋势，提出相应的管理要求，避免了更加重大事件的发生；与工程公司初步建立了经验反馈交流机制，定期向工程公司反馈机组运行、调试过程中发现的设计、采购、安装、调试等问题，以便后续项目的设计改造。群厂经验反馈体系建设更趋完善。

2018 年，中国核电在 A 类事件管理的基础之上，启动了 B 类事件管理，发布了大修经验反馈 JIT 案例库，促进经验反馈的深度利用。

2019 年，中国核电设立群厂经验反馈指标，监督群厂经验反馈体系运转的有效性；发布了首份《热点话题》，将事件经验反馈与中国核电标准化导则结合起来，推进经验的有效应用。

2020 年，中国核电组织根本原因分析培训班，在中国核电内部开展系统性的根本原因分析培训工作。目前，其影响已经扩散到中国核电以外，中核集团其他板块成员公司也派员参加。

十年来，中国核电群厂经验反馈体系从无到有，逐步改进完善，目前已经建立了群厂经验反馈管理组织、管理制度、经验反馈平台，开发了 A/B 类事件管理、共性问题与异常趋势监测、向设计源头反馈三个核心流程，形成了完整的群厂经验反馈体系，为中国核电安全质量及运行业绩提升提供了有力支撑。

5.3 体系特点

中国核电群厂经验反馈体系紧密围绕如何避免类似事件在所属核电厂发生这一核心使命，通过一系列“组合拳”，为核电厂安全稳定运行保驾护航，其主要特点包括以下三个方面。

5.3.1 博采众长高起点

中国核电群厂经验反馈体系建设充分研究了国际上先进管理经验，主动和国内同行对标，坚持理论和实际相结合，实事求是，设计了符合中国核电管理实际的群厂经验反馈模型，将先进的技术与具体的实际结合起来，体系科学、完整、可操作性强。

WANO 在《运行核电厂同行评估业绩目标与准则》（2019 年版）中，明确对电力公司总部的管控、监督、支持和执行等方面职能开展评估。

国外大型核电公司已经建立基于管控（Governance）、监督（Oversight）、支持（Support）、执行（Performance）模式的公司管理模型（以下简称“GOSP 管理模型”），并按照 GOSP 模型开展公司管控。在 GOSP 模型中，管控是指设立标准和良好实践，这些标准和良好实践的范围很广，指导落实管控的管理方法、程序、实践方式的开发；监督是指严密地监视、评估、评价核电站的行为；支持是指在达到一致的基础上，向组织提供辅助资源；执行是指提供实施计划所必需的适当的资源、规划、范围和详细程序，以确保工作结果满足质量要求。管控的主要功能是建立标准，树立期望；监督的主要功能是强化标准，消除差距；支持的主要功能是协调支持，方便实施；执行的主要功能是具体实施，达到期望。

与传统工作模型相比，GOSP 模型是一种矩阵型的管理模型。传统的工作模型是基于科层式行政管理方式，公司管理层、电厂管理层、电厂处室、电厂科室、工作负责人通过行政命令，层层落实。GOSP 模型有两条通道，一条通道是传统的行政管理通道，另一条通道是技术管理通道。行政管理负责决策，决定做什么；技术管理负责技术实施，决定怎么做。

中国核电在充分消化吸收 GOSP 模型管理理念的基础上，结合《核电厂业绩改进导则》（WANO GL 2010 - 01）中提出的核电厂业绩改进模型，参考与国内先进同行对标获得的经验反馈实践，提出了中国核电群厂经验反馈管理模型。

5.3.2 公开、透明、共享

中国核电群厂经验反馈体系运转始终秉承理性、协调、并进的核安全观，贯彻“公开、透明”的核安全理念。各核电厂之间经验反馈信息充分共享，积极与上游设计单位分享信息，与国际国内同行交流，促进核电行业健康发展。各核电厂经验信息互联互通，便于及时吸取其他核电厂经验教训，便于中国核电及时查询和跟踪各核电厂经验反馈信息，扩展和深化对中国核电组织开展的经验反馈成果活动的利用，助力中国核电安全质量管理决策。

中国核电群厂经验反馈平台打破各核电厂经验反馈信息不能共享的壁垒，

首次实现了中国核电所有核电厂经验反馈数据的集中管理，实现了总部管理要求的闭环管理，大幅提高了管理效率。系统抽取、收集了各类经验反馈相关信息超过100万条，其中运行机组状态报告47万余份、在建机组状态报告3673份、各类经验反馈报告400余份、各类WANO/IAEA的外部经验反馈信息3.3万余条、点击访问超过86万人次。各核电厂录用外部经验信息3500余条。

5.3.3 严格、标准、强管控

中国核电群厂经验反馈体系运转的特点是强管控。中国核电投入了大量的管理资源，负责中国核电A类事件、A/B类事件适应性评价的审查以及适应性评价后产生的纠正行动的关闭验证审查。强管控确保了中国核电A/B类事件管理流程运转的质量，对避免类似事件重复发生起到了至关重要的作用。

截至2022年6月，中国核电界定了99起A类事件和171起B类事件，开发了831项快速排查或者共性深排要求，成员单位共开发了7552条行动项，已经关闭了6980项。各电厂完成了3057项管理流程改进（制度/程序/方案编制/运行、维修预案），1806份包括设计变更、现场标识、软件变更在内的实体改进；2110项排查与缺陷纠正，579次培训和学习行动，使其他电厂的经验教训在本电厂得到反馈，有效避免了类似事件重复发生。

5.4 群厂经验反馈体系运转

在中国核电群厂经验反馈体系模型的指引下，中国核电群厂经验反馈体系运转包括六大项，分别为中国核电经验反馈标准化管理制度和经验反馈平台、中国核电A/B类事件管理、共性问题与异常趋势监测、群厂经验反馈应用、集约化外部经验反馈、向设计端反馈。

5.4.1 经验反馈标准化管理制度和经验反馈平台

中国核电制定了《经验反馈与评估管理制度》《经验反馈管理导则》《状态报告管理导则》等一系列标准化管理制度程序和导则，统一了中国核电及所属核电厂经验反馈工作的标准、状态报告流程、分级标准，为中国核电群厂经验反馈体系运转提供了制度保障。

为了对中国核电所属各核电厂发生的各类事件进行数据挖掘和分析、推进知识管理在中国核电经验反馈领域的应用以及共享各核电厂产生的经验反馈信息、外部经验反馈信息，在标准化的基础上，对所属各核电厂的状态报告系统进行共性梳理，完成了中国核电经验反馈信息平台的设计和开发，如图 5－2 所示。

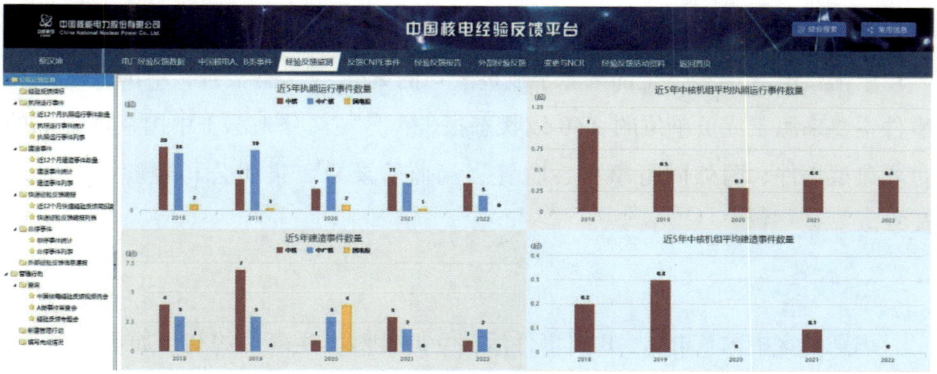

图 5－2　中国核电经验反馈信息平台

该平台主要包括七大功能模块：状态报告模块、经验反馈管理模块、监测模块、定期报告模块、事件与专题模块、外部经验反馈模块以及经验反馈交流与培训模块，其中状态报告模块的数据是基于对各运行和在建核电厂状态报告数据的实时抽取，极大地提高了中国核电经验反馈信息平台数据的及时性。

通过该平台的建立，实现了各核电厂经验信息的实时共享，便于吸取其他核电厂的经验教训；扩展和深化了对中国核电组织开展的经验反馈活动成果的利用；大大提高了中国核电及时查询和跟踪各核电厂经验反馈信息的便利性和及时性，促进了中国核电对各核电厂的管控与监督；同时也提高了各核电厂查询和利用国外经验信息的便利性。

5.4.2　A/B 类事件管理

群厂经验反馈管理体系运转以前，中国核电所属各核电厂均独立开展内外部经验反馈工作，对于本电厂或其他电厂发生的重要事件，各核电厂开展分析和反馈的深度不一致，导致一些重要事件的经验教训未在事发电厂或中国核电所属核电厂得到充分吸取，部分事件依然重复发生。为了提高各核电厂对重要内外部事件的分析与反馈的质量，中国核电建立了A/B类事件管理机制，机制主要包括识别、快速排查、根本原因分析、提出共性管理要求、纠正行动实施与关闭五个阶段。

1. 识别

建立中国核电A/B类事件准则，在收到事发电厂报送的快速经验反馈简报后，由安全质量部、工程管理部等及时识别出符合准则的A/B类事件。

中国核电A类事件全部来源于成员公司的A/B级状态报告，中国核电B类事件主要来源于成员单位的A/B级状态报告，另一部分来源于中国核电外部的重要典型事件、国外同行事件、监管当局监管要求、集团公司经验反馈管理要求。

2. 快速排查

识别确定中国核电A、B类事件后，立即针对发生事件的初步原因和后果，提出快速排查要求。各核电厂在收到快速排查要求后组织排查，并按规定时间反馈排查结果。

3. 根本原因分析

筛选定级为中国核电A/B类事件后，要求事发电厂迅速开展根本原因分析。对于A类事件，要求事发电厂在两周内完成根本原因分析，并由公司总经理带队以专题会的形式向中国核电进行专题汇报。中国核电总经理部领导根据事发电厂事发后采取的保守决策、事件发生的技术原因和管理原因、后续纠正行动计划及经验教训等确定是否通过，如不通过，则继续开展根本原因分析，并在两周内再次组织汇报，直至通过。

4. 提出共性管理要求

在根本原因分析完成并汇报通过后，由驻厂安全总监根据事件根本原因提出共性管理要求，中国核电讨论并批准共性管理要求，发文至各成员单位开展群厂经验反馈。

5. 纠正行动实施与关闭

各成员单位在收到共性管理要求后，制订预防事件重发的纠正行动计划，并按计划实施相应行动。

5.4.3 共性问题与异常趋势监测

中国核电通过每月召开经验反馈领域视频例会的形式，对各核电厂上月重要事件的重发情况进行监测；对重要事件整体数量和不同领域的重要事件开展基于统计过程控制的趋势分析，及时了解是否存在劣化趋势。

WANO 发布的《核电厂运行经验指南》（WANO GL 2003－1）中明确指出事件趋势分析有利于尽早识别异常趋势，使电厂管理层能进行事件调查，以确定原因和产生因素，并确立纠正行动，减少和控制显著的趋势，防止重大事件的发生。尽管中国核电下属各核电厂已经开展了趋势分析工作，但仍缺少统一、规范的判定准则来识别异常趋势。此外，电厂在开展趋势分析时，主要是针对总体的状态报告数量或 A/B 类事件数量趋势来判断异常趋势，这样即使识别出了异常趋势，也不利于进一步原因分析，导致无法采取针对性的措施来消除异常趋势。《CNNC 的 WANO 电力公司同行评估》报告指出："中核集团和中国核电很少针对电站出现的问题或评估结果进行分析，以判定是否存在下滑趋势的共性问题。"

中国核电在充分消化吸收业界良好实践《绩效评估与趋势》的基础上，建立了基于统计过程控制的趋势分析，并且有着明确的、具有可操作性的异常趋势判断准则。中国核电目前已经开展了对工业安全（见图 5－3）、防异物管理（见图 5－4）、走错间隔等类型事件的趋势监测，并且及时、成功地识别出不同的异常趋势，并采取相应的纠正行动，避免类似重大事件的发生。

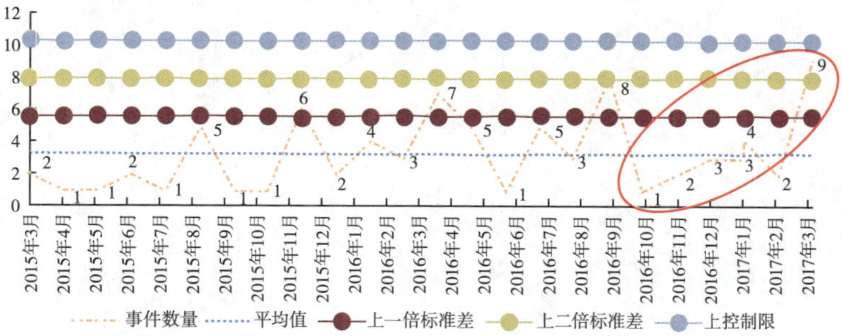

图 5－3 中国核电工业安全相关重要事件数量趋势

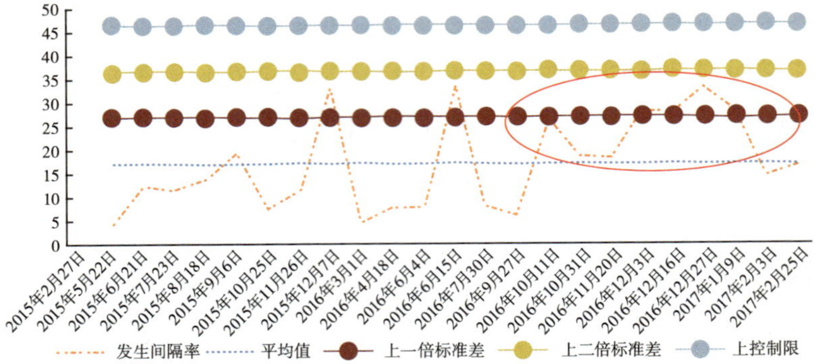

图 5－4　中国核电异物类事件发生间隔率控制图

5.4.4　群厂经验反馈应用

从 2016 年开始，中国核电陆续发布了重要事件群厂经验反馈报告（CNNP SER）、及时经验反馈（CNNP JIT）、安全信息提示、热点话题等一系列经验反馈产品，有力促进了经验反馈信息的广泛应用。

CNNP SER（见图 5－5）是针对中国核电某一核电厂发生的重要事件，进行深入分析，总结经验教训，实施的群厂层面的纠正行动。各核电厂收到 CNNP SER 后，通过适应性评价，落实 CNNP SER 中的群厂纠正行动，在一个月内向中国核电反馈落实情况。CNNP SER 通常是在电厂事件发生后三个月内发布，时效性强。目前，CNNP SER 系列已经开发了 24 份。

图 5－5　CNNP SER

中国核电在开发CNNP SER过程中，充分运用了国外先进的根本原因分析工具，确保在事件分析过程中能真正找到事件发生的根本原因，真正避免该事件在事发电厂以及其他电厂的重复发生。

针对各核电厂频繁发生的现场工作实践类的问题，中国核电公布了首份群厂层面的CNNP JIT，以便为现场工作人员执行此类操作提供工作指导。后续将根据事件的发生情况，公布相应的CNNP JIT，以提高各核电厂现场人员的操作水平。

为了进一步推动中国核电标准化导则的应用，针对中国核电所属核电厂暴露的成品保护、电气作业安全、防异物（尤其是堆腔及乏池的异物）、起重吊装作业、现场操作员、反应性控制、防造假、工业安全高风险八个领域频繁发生事件，编制了热点话题专刊。热点话题专刊将事件的经验教训与中国核电标准化导则的要求紧密结合，聚焦关键的少数，识别管理存在的薄弱环节，促进了经验反馈、中国核电标准化导则的深入应用，避免类似事件重复发生。

5.4.5 集约化外部经验反馈

外部经验反馈是指积极利用国内外同行的经验，通过筛选、适应性分析、纠正行动形成闭环管理，避免国内外同行发生的事件在中国核电所属核电厂发生。《核电厂运行经验指南》（WANO GL 2003－1）明确指出，核电厂应开展外部经验反馈的筛选和分析。

2016年以前，中国核电所属各核电厂均开展了外部经验反馈信息的筛选和分析，但是各核电厂之间存在大量的重复工作并且质量参差不齐。

中国核电从2016年开始开展了集约化的外部经验反馈，包括WANO SOER、WANO SER、WANO JIT、WANO事件报告、WANO技术导则、IAEA IRS事件报告、IAEA技术报告等外部经验反馈信息的统一筛选、翻译和分析。

针对外部重要事件，中国核电编制外部经验反馈报告，并提出相应的管理要求，各核电厂予以分析评价。2017年编制了《计算机病毒导致大量企事业单位网络瘫痪》《法国Flamanville核电站1号机组发电机中性点烧毁导致汽轮机跳闸》《湖北当阳“8·11”重大高压蒸汽管道裂爆事故》《江西丰城发电厂“11·24”冷却塔施工平台坍塌特别重大事故》四份外部经验反馈报告。

WANO重要运行经验报告（SOER）是WANO最重要的经验反馈产品之一。

之前，各电厂独立评价 WANO SOER，评价的深度不统一，评价的结果不共享。通过集约化外部经验反馈，中国核电组织开展 WANO SOER 标准化评价工作，在 WANO SOER 建议的基础上，结合事件的经验教训，进一步细化 WANO SOER 建议的技术条款。各核电厂针对细化后的 WANO SOER 建议技术条款开展自评估。对照之前的 SOER 评价结果，进一步改进提升，深化 WANO SOER 的应用。

对国家能源局、国家核安全局、中核集团发布的各项管理要求，中国核电统一纳入中国核电 A/B 类事件管理，细化上级单位的管理要求，做到精准反馈。同时，审查电厂对中国核电 A/B 类事件的适应性评价和纠正行动关闭，闭环管控，确保经验反馈取得成效。

集约化外部经验反馈，统一了标准，节约了各核电厂各自开展外部经验反馈的资源。各核电厂利用外部经验反馈的情况抽取到中国核电经验反馈平台，各厂互相学习借鉴，促进核电厂有效利用外部经验。

5. 4. 6　向设计端反馈，从源头解决问题

向设计端提供有价值的经验反馈，防患于未然，对提升机组运行阶段的安全性和可靠性尤为重要。中国核电所属核电厂在核电机组的工程建设、安装、调试、运行阶段往往会发生或发现一些值得向工程公司反馈的问题。而这些信息如何向工程公司进行正式的、有效的传递并形成一个反馈的闭环，是一个长期的存在于两家完全独立的公司之间的问题。上下游联动经验反馈体系模型的设计完成，才真正解决了这个问题。

上下游联动经验反馈机制主要包括经验反馈信息筛选、评价、实施、跟踪四个主要步骤，由中国核电、中国核电工程有限公司（以下简称“工程公司”）、中国核电所属成员单位和技术支持单位共同参与完成。

中国核电负责审查经验反馈信息清单，组织经验反馈专项监督检查活动，组织经验反馈季度例会，协调和处理经验反馈交流过程中可能出现的问题。工程公司负责对经验反馈信息清单进行适用性评价，反馈评价结果；落实经验反馈信息清单中达成一致的纠正行动、经验反馈专项监督检查活动以及经验反馈交流会提出的纠正行动；接受经验反馈专项监督检查活动；参加经验反馈交流会。核电厂负责补充经验反馈信息，向工程公司澄清相关问题，参加经验反馈专项监督检查活动，参加相关经验反馈交流会。技术支持单位负责按规定格式

和内容要求筛选、整理向工程公司反馈的事件，分析工程公司评价结果，协助组织经验反馈专项监督检查活动，收集经验反馈交流过程中存在的分歧，协助组织经验反馈交流会。

上下游联动经验反馈体系的设计，突破性地实现了中国核电与工程公司这两家独立的公司在经验反馈领域的上下游联动，使中国核电旗下核电厂在建及运行阶段的经验反馈形成完整闭环。

上下游联动经验反馈机制运转以来，累计反馈486项，如M310 DCS系统缺陷、温度套管、小支管破裂、主给水泵断裂、钢衬里牛腿钢筋质量问题、钢衬里穹顶安装环缝区域母材损伤等，工程公司逐案分析评价，开展了有针对性的行动，避免类似事件在后续机组建设项目发生。

5.5 取得的成效

中国核电群厂经验反馈管理模型、体系和机制的建立，明确了中国核电总部、核电厂在群厂经验反馈中的运作模式，能充分有效地指导群厂经验反馈工作标准化、规范化、统一化地开展，大幅提升群厂经验反馈的有效性和及时性。

中国核电群厂经验反馈体系正式运转以来，所有中国核电所属核电厂均被纳入群厂经验反馈管理体系。该体系对各核电厂的绩效改进、安全质量管理、设备可靠性、机组减非停产生了积极的效果。

5.5.1 形成A/B类事件管理机制，避免类似事件重复发生

通过深入分析发生在单个电厂的事件的原因，吸取其经验教训，在群厂层面经验反馈，有效地避免了类似事件重复发生。不断完善屏障，促进纵深防御水平不断提高，事故或重大事件发生的概率不断降低。

例如，某核电1号机组承包商违规作业，导致一回路压力边界T形温度探测器套管被打磨事件发生后，纳入中国核电A类事件管理，通过排查发现秦二厂3号机、方家山1号机分别有13个和5个温度探测器套管也存在螺纹缺失。中国核电提出共性管理要求，要求各核电厂将一回路压力边界范围内螺纹套管纳入施工质量控制点进行控制。迄今为止，后续核电项目建设再未发生同类问题。

5.5.2 深入挖掘原因，共享经验教训，有的放矢

通过运用根本原因分析工具，独立评价电厂重要事件分析质量，深入挖掘事件发生的原因，吸取经验教训；着重重发事件的识别，研判事件重发的原因，有针对性地提出管理要求，避免无的放矢。

根本原因分析对重要事件发生的根本原因抽丝剥茧，在开展纠正行动时，针对根本原因，可真正避免类似事件重复发生。在进行根本原因分析的同时，关注重发事件识别，以决策树的方式，判断重发事件，识别出电厂在纠正行动管理上存在的不足。

例如，某核电厂发生了一起调试期间火险事件。通过运用根本原因分析工具，识别出事件的失效点，针对失效点与该核电厂对话澄清，深入挖掘到事件的根本原因是动火证系调试单位签发，而未由电厂签发，工作组织过程存在瑕疵。针对此种情况，在群厂层面提出管理要求，要求各核电厂明确系统移交区域的动火证必须由业主签发，即使厂房还未移交也必须如此。各核电厂根据此管理要求，开展纠正行动，有效避免类似事件在本厂重复发生。

又如，某核电厂曾发生过屋顶风机挡板坠落事件。通过重发事件识别工具识别到重复事件之后，针对此事件与该核电厂对话澄清，深入挖掘到事件重发的原因是组织开展纠正行动的期限过长，多个部门对行动失去了跟踪。针对此种情况，在群厂层面提出管理要求，要求各核电厂对纠正行动产生的工单状况进行跟踪，明确了纠正行动的最长期限，有效防止类似事件在群厂范围内重复发生。

5.5.3 群厂事件趋势监测为中国核电安全质量决策提供方向依据

通过趋势分析工具，对重大事件和低级别事件、未遂事件开展监测工作，识别出不利趋势，为决策提供方向和依据。

例如，通过对群厂经验反馈重要事件进行趋势分析，识别出防异物管理方面存在的不利趋势。通过群厂经验反馈机制，组织翻译了国外防异物导则，要求电厂结合中国核电发布的防异物程序和国外防异物导则，开展防异物专项自查活动。中国核电将防异物工作纳入检查活动中闭环管理，有力地促进了电厂

防异物管理绩效的提升。

在中国核电“规模化、标准化、国际化”战略目标的指引下，中国核电群厂经验反馈管理体系实现了从以前对单一电厂离线管理到对群厂经验反馈在线管理的重大转变，强化了“经验反馈”这一管理工具的有效运用，促进了核电群厂安全质量水平、运行业绩不断提升。

《中华人民共和国核安全法》已正式颁布实施，该法明确了核电厂建立核安全经验反馈体系的法律责任，进一步体现了经验反馈对提升核电厂安全质量水平的重要性。在未来工作中，我们将不断结合国内外先进管理理念，持续完善群厂经验反馈管理机制，推动核电事业在我国健康发展。

（本章编写者：林凌、王国华、蔡汉坤、周光林）

6

第 6 章 群堆大修精准优化

6.1 概述

核电厂大修是根据设备性能特性和技术规格书等要求，周期性地进行停堆，以完成正常运行期间无法进行的燃料更换、维修、变更改造、检查和试验等工作的生产活动。大修的目的是保证机组在下一个运行周期安全、稳定、可靠、经济地运行。通常，大修造成的发电损失占机组总发电损失的90%以上，因此，不断提升大修管控水平成为影响发电量的关键因素。中国核电在旗下各电厂完善的大修管理基础上，通过明确目标，自上而下地推动大修优化，加大绩效考核引导，使群堆大修管控水平不断提升：2011 年提出“90 - 30 - 00”目标，依托各电厂大修技术及管理水平的综合积累，不断引导电厂从细处着手提升大修业绩；2021 年提出 96% 机组能力因子的卓越目标，从长远规划、项目安排方面策划大修优化关键内容，电厂大修业绩取得较大成效；2022 年，提出大修优化精细化管理要求，细致策划配套措施，瞄准卓越目标持续推进。

6.2 背景

截至 2021 年 12 月，中国核电各核电厂已完成 158 次大修，涉及 23 台运行机组，各电厂都建立了较为完善的大修管理流程，积累了较为丰富的大修经验，多次创造行业内领先纪录，如秦山一厂115大修工期18.12天，为当时国内最短大修工期，江苏核电多次创造全球VVER机型大修最短工期纪录。但通过与国外先进核电运营商（如美国Exelon）的对标发现，中国核电大修总体绩效与国外同行存在较大差距。各核电厂主要关注大修检修项目，各类大修计划工期设定目标停留在20世纪90年代的核电行业水平：A类大修一般10年安排1次，目标工期65天；B类大修一般10年安排1次，目标工期45天；C类大修一般10年安排4次，目标工期35天。全寿期大修平均工期在41天以上。

中国核电运营机组堆型涵盖CNP300、CNP600、CNP1000、VVER、AP1000和CANDU等7种，面对机组堆型、技术体系差异巨大的多个机组，如何差异化实施精细化大修优化管控是中国核电群堆管控需要解决的重点问题。

6.3 特点

中国核电基于机组厂址分散、技术体系差异大等特点，不断探索，努力打造大修优化体系，创造卓越大修业绩，实现群堆大修有效管控。其主要特点包括以下三个方面。

6.3.1 目标引领

中国核电根据电厂大修的实际情况，分机组、分阶段确定不同类型大修的目标工期，引导电厂制订合理的大修计划，在保证安全质量的前提下，不断追求更优绩效。

6.3.2 绩效导向

中国核电不断完善大修绩效考核指标，从简单的“一刀切”考核，到函数计算的精确赋分，让大修队伍感受到每一分努力都能有所收获，更有动力追求高绩效成果。

6.3.3 集约优化

中国核电成立大修优化专项组，针对各电厂大修过程中遇到的共性问题，集中力量制定解决方案，花一分力气，获多分收益，实现资源集约化；主动分析，寻找大修关键路径工作的改进点，不断优化大修关键路径工作。

6.4 内容

6.4.1 绩效牵引，集约优化

中国核电于2011年提出“90－30－00”目标，通过组织大修评估观察、经验交流活动开展内部对标优化工作；2014年公布《中国核电大修指标手册》和《中国核电M310类型机组大修关键路径导则》；2015年6月成立大修标准化体系建设领导小组和工作组，2017年公布了该工作成果——《核电大修管理指南》和《核电机组维修标准工时定额手册》；2018年成立大修子领域工作组，编制、发布大修子领域管理及技术导则19份。

2019年，中国核电升版《大修绩效管理导则》，结合《中国核电大修指标手册》，从战略导向原则，绩效管理指标和任务可量化原则，坚持责权利统一、建立激励和约束机制相结合的原则，考核结果与过程监控评价相统一的原则四个方面制定考核指标，将以往大修实践经验、最佳纪录和内外部最新技术成果作为考核指标依据，促进大修管理不断改进和优化。

大修绩效奖励按照大修工作量及管控的难度分三种类型，分别对应A、B、C三类大修（工期依次增加）；从大修准备、大修安全质量、大修计划控制、大修专项四个方面考虑，设置不同的加权系数：35%、30%、10%～15%和20%～25%。大修绩效奖励以大修准备完成情况、大修实施的业绩及大修计划控制三方面因素为考核依据，以大修指标和大修重点任务及专项的完成情况为判定标准，确定奖励总额。

大修指标分为大修约束性指标和大修评估性指标两大类共53个指标，大修评估性指标又分为共性指标和个性指标共48个指标。

大修约束性指标：大修绩效考核指标一旦突破，将对大修安全、质量造成重大影响或不可逆损失的指标。对突破约束性指标的事件要严加防范，并进行公司级考核。

大修评估性指标：大修绩效考核指标中除约束性指标外的所有涉及安全、质量、进度相关指标和用于进行大修绩效评价的指标。评估性指标一旦突破，也会对大修安全、质量、进度、成本控制造成较大的影响，应避免突破评估性指标的事件发生。

2020 年 3 月，中国核电发布《关于印发大修绩效提升规划的通知》，围绕卓越绩效奖励办法、大修组织优化、关键路径再研究、预维项目再优化、信息化应用、在役检查再优化、提升大修准备成效等方面提出了提升措施。

2020 年 4 月，中国核电发布《大修卓越绩效嘉奖规定》，从安全质量、大修工期和大修计划三个维度评价单机组大修业绩，从创新和技术支持两个方面评选单项工作获奖单位，鼓励成员单位制定大修绩效卓越目标并积极对标，在保证安全质量的前提下，采取有针对性的合理优化措施；鼓励成员单位争创大修工期优化卓越绩效，按照超越国内核电同行先进绩效（优秀）和国际核电同行先进绩效（卓越）两个层次进行激励；鼓励成员单位之间互帮互助、良性竞争，共同取得卓越绩效。以大修工期偏差考核为例，鼓励精确设定大修工期，弱化大修在计划工期上推迟对结果的影响。考核得分与大修工期偏差的关系如图 6 – 1 所示。

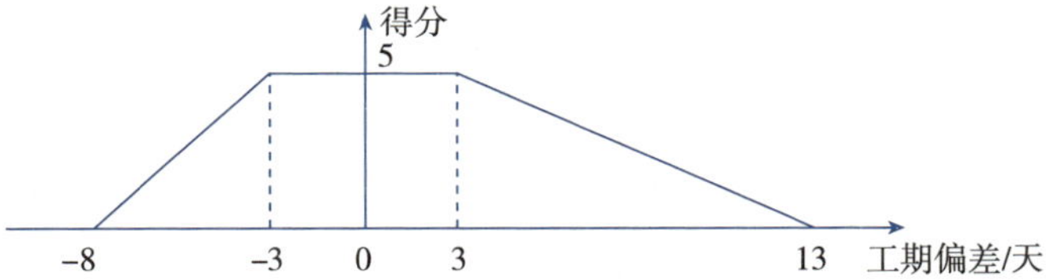

图 6 – 1　大修计划得分示意图

6.4.2　专项组织，有效推进

2021 年 3 月，中国核电提出实现机组平均能力因子 96% 的卓越目标，成立了大修优化专项组织机构，基于大修的 12 个专业方向，全局统筹考虑开展大修优化工作，每个专项组根据工作项目确定适用机组类型，积极推进大修优化成果在适用电厂的落地。

项目组织机构由指挥部、总工程师或副总工程师及顾问、项目经理部或办公室和 12 个专项组组成。

大修优化项目由中国核电安全质量部组织，运行研究院牵头推进，需通过共性科研项目开展专项研究的按中国核电科研管理制度要求进行科研项目策划、立项和实施。

总指挥每季度组织指挥部会议，讨论协调项目目标思路、专项组组建、工作规划或计划、成果总结、应用效果评价等事宜，开展重大事项协调决策。

项目经理及办公室协调推进项目计划有效实施，并对各专项工作开展情况进行评估评价，定期编制与报送相关报告。

专项组原则上每月召开工作会议，按照总体目标及专项部署安排，具体负责专项工作的策划与实施，并定期向办公室报告专项开展情况。各专项组主要工作如下。

（1）专项组 1：大修计划与管理

开展大修主线关键路径工作优化，识别潜在的关键路径工作，提出优化建议，从中梳理其他课题的研究内容。通过对标、交流和同行观察等活动，总结提炼优秀的大修管理经验，并在各电厂推广应用。组织各电厂编写机组寿期内大修规划并定期升版。

（2）专项组 2：运行控制

开展大修规程启停阶段的优化工作，包括关键路径工作的标识、工序的优化等；检修隔离窗口顺序优化、隔离的实施和解除的优化。

（3）专项组 3：维修实施优化

开展大修关键及次关键路径上重点项目的维修活动研究，通过新技术应用、工序优化等手段提高工作效率。

（4）专项组 4：预维优化

开展大修预防性维修项目总体的优化工作，包括检修策略向状态维修的转变、周期延长论证工作等，目标减少大修项目。

（5）专项组 5：安全分析

通过 PSA（概率安全分析）等安全分析方法，论证大修重点项目的日常化的可行性；对大修有重要影响的运行技术规范的条款进行风险分析，提出技术规范修改建议。

（6）专项组 6：试验优化

研究优化大修关键路径上的试验窗口及方法，通过新工艺、新工具等的应用，在满足实验目的的前提下，减少试验对关键路径的影响，通过历史试验数据结果，进行周期延长论证。

（7）专项组 7：役检优化

研究优化大修关键及次关键路径上的役检工作，通过新工艺、新工具等的应用提高工作效率，通过分析论证延长必要的役检项目的周期。

（8）专项组8：汽机优化

研究汽轮机开缸检修、发电机解体、励磁机解体不同组合所需的检修工期，根据核岛检修工期确定汽机检修方案；研究优化盘车冷却汽机方案，优化汽机检修工序，研究新技术在具体检修工作中的应用。

（9）专项组9：堆本体和换料优化

开展新技术在开关反应堆大盖的应用研究，开展装卸料机和转运小车可靠性及运行速度提升研究。

（10）专项组10：燃料和堆芯物理

开展大修关键路径上堆芯物理优化工作，从堆芯燃料角度开展燃料循环由18个月向24个月的论证分析工作。

（11）专项组11：辐射防护

开展大修阶段辐射防护优化研究工作，针对降低环境本底剂量、减少高剂量检修工作的个人剂量等系统化考虑，降低大修集体剂量。

（12）专项组12：大修信息化平台

开展大修历史数据整合分析、应用及相关大数据平台建立工作，为大修准备、大修实施和大修总结提供信息、数据支持工作。

为了确保大修优化项目组织机构的顺利运作，项目部编制了《大修优化工作大纲》，对大修优化项目控制及两大机制做了相应规定（见图6－2）。

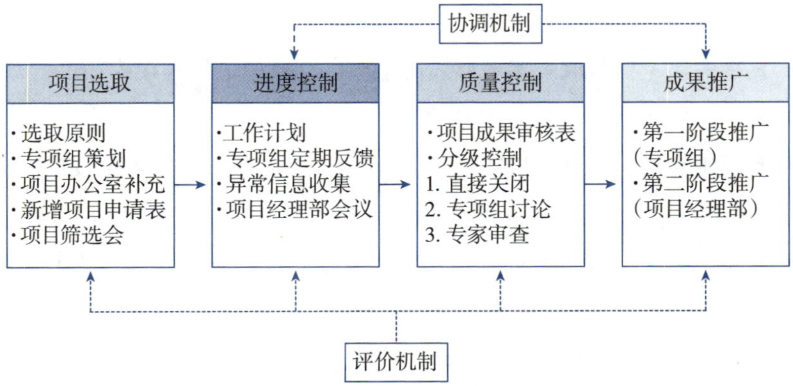

图6－2　大修优化工作控制流程

1. 大修项目控制

1）项目选取

- 项目选取原则：有利于关键路径工期缩短，有利于关键路径、次关键路径工作效率提升，有利于工作质量提升，有利于工作窗口优化，有利于大修项目减少，有利于集体剂量减少。
- 专项组组长负责各自专项组项目的策划及申报，组员总结所在单位的工作中遇到的问题或者创新理念，为项目策划提供素材。
- 项目办公室应组织开展大修历史数据分析，组织内外部对标活动，不断找寻优化提升机会，补充完善大修优化项目。
- 大修优化新增项目通过“大修优化项目新增申请表”确定。

2）进度控制

- 专项组组长根据项目制订实施计划，主要信息包括项目名称、目标、计划开始时间、计划完成时间、负责单位、责任人等信息。
- 专项组根据工作计划要求开展工作，每月定期向项目办公室汇报工作进度及专项组运作自评表。
- 项目经理部根据项目进展定期召开双周/月协调会，跟踪处理延期项目。

3）质量控制

①专项组完成项目后 1 个月内，向项目经理部提交“项目成果审核表”。

②项目办公室审核“项目成果审核表”，根据成果类型和应用要求，采取以下行动。

- **直接关闭：**项目成果实现形式简单、已在适用电厂直接应用的，如程序、规程升版。
- **专项组讨论：**项目成果实现形式相对复杂、有一定技术难度的，项目办公室组织专项组讨论，制定下一步行动。
- **专家审查：**项目成果实现形式复杂，专业技术难度大，如需要国家安全局审批、涉及专利申请等，由项目办公室组织专家审查。

③共性科研项目按相关科研管理制度实施验收。

4）成果推广

- 项目经理部负责组织开展成果的推广与应用。
- 项目办公室负责收集各电厂良好实践、绩效范例，作为项目的补充报项目经理部。

• 专项组负责具体项目成果在电厂的第一阶段推广，在首个机组验证成果后，负责收集成果应用后的反馈信息，针对需要改进的地方，制定修改方案，提高成果的应用效果，并在后续应用机组做相应改进。

• 项目经理部负责项目成果在电厂的第二阶段推广。专项组推动不了的项目，项目经理部通过自身职责能力寻求解决方案，并汇报指挥部。

2. 协调机制

• 项目负责人在工作过程中遇到需要协调的问题，向各自电厂相应专项组成员汇报。

• 专项组成员收到问题反馈后，及时向项目办公室成员反馈。

• 项目办公室在收到反馈意见后三天内向项目经理部汇报相关问题。

• 项目经理部收到信息后先在内部各项目经理的职责能力范围内解决；若不能解决，一周内向指挥部和总工程师、副总工程师及顾问汇报问题。

• 指挥部在收到反馈意见后一周内给出答复意见，总工程师、副总工程师及顾问在此期间给出技术方面的决策支持。

3. 评价机制

项目办公室负责推进各专项组有效运作，定期开展工作有效性评价，根据以下6个指标按月进行评价，每个指标分值计算规则如表6－1所示。

表6－1　工作有效性评价指标

序号	指标描述	分值	说明
1	专项组工作会议每月召开	1分	月例会内容信息
2	专项组工作会议每月报告	1分	每月反馈工作进度
3	工作计划按要求如期完成	1~2分	反馈月度内： 项目延期未完成，0分； 项目延期完成，1分； 进度正常，1分； 项目按时完成，2分
4	工作成果在首个机组应用并取得预期效果	3分/项	每季度反馈，反馈月度加分
5	工作成果在其他电厂推广应用并取得预期效果	3分/电厂	每季度反馈，反馈月度加分
6	新的优化项目策划	1分	需说明目标

专项组月度评价分值结果为6个指标的分值累加，季度评价结果根据每月的平均值，确定评价结果。

绿灯：指标分>5；

黄灯：3≤指标分≤5；

红灯：指标分<3。

6.4.3 精准细致，全面优化

大修优化项目组织机构成立以后，项目组从谋全局、抓关键、控范围、建标准、重科研、推共享六个方面入手，全面细致地开展大修优化工作。

1. 谋全局：开展全寿期大修规划

中国核电对标国际先进核电企业大修业绩，结合旗下核电厂大修实际情况，确定机组平均能力因子96%的奋斗目标，从时间和资源两个维度管控机组大修，实现中国核电机组全寿期大修规划最优化。

之前，核电机组大修规划都是基于自身未来五年或者十年工作开展，主要根据由预防性维修数据库周期性触发时间进行安排。这种规划方式由于规划时间较短，存在以下缺点：一些长周期项目对于大修的影响不能及时体现，重大项目之间的不同组合不能在五年、十年的时间段内完全体现，可能成为关键路径的次要项目组合不能被及时发现。随着资源冲突日益凸显和发电量规划要求的提高，这种规划方式不再适应核电发展。

大修优化项目部组织开展机组全寿期大修规划工作，规划参考大修历史数据，考虑管理经验积累、人员技能提升和工具工艺创新等因素，将重复开展的工作形成标杆作业；列出各机组剩余寿期内所有重点检修项目，考虑影响关键路径的重要变更，基于标准关键路径计划确定大修工期，从而使单机组大修规划更加精准。通过该模式开展大修规划工作，有利于中国核电综合每个机组的全寿期大修规划，核实资源使用配置情况，提前发现资源冲突点，并能通过项目调整、延长运行、燃料装载策略变化等方式调整大修安排，避免资源冲突对大修造成影响。根据以上原则编制完成《中国核电机组全寿期规划报告》，以剩余寿期内平均能力因子96%为目标进行了全面策划。

2. 抓关键：开展大修关键路径再研究

大修关键路径是决定大修工期的决定性因素，也是找到大修优化突破点的关键所在。各电厂每次大修结束后都会编写大修窗口分析报告，详细总结大修过程中各里程碑窗口下关键路径实施情况，记录关键路径提前和延误的原因。大修窗口分析报告对大修计划编制有很大的价值，但以往这些研究都局限于电厂层面或机组层面，缺少群堆层面的信息研究。

大修优化项目办公室通过收集各电厂大修窗口分析报告，分析每一次大修里程碑窗口内关键路径的工作安排，从计划和具体工作两个层面入手（见图6－3）：挖掘各机组大修中的最佳实践，制订相应的标准计划和标准工单，用于指导大修计划编制；梳理大修关键路径主要类型工作，分门别类地开展研究分析工作，制定优化方案。

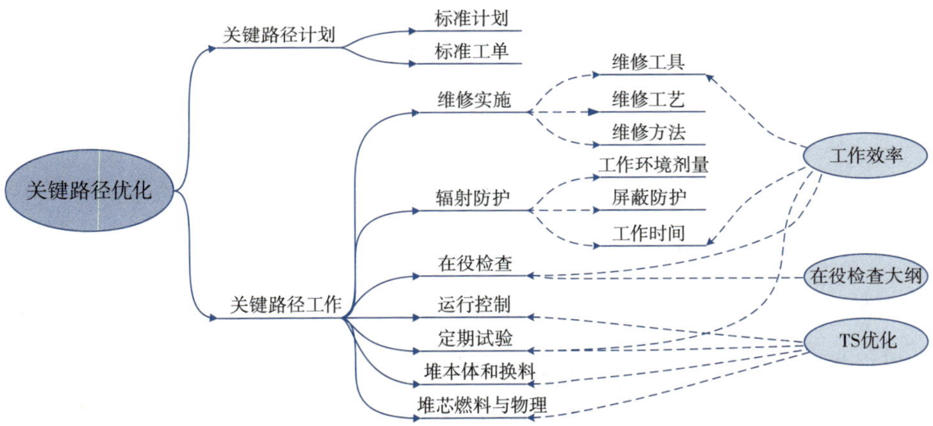

图6－3　大修关键路径研究工作框架

研究大修关键路径工作的逻辑设置，深入分析原关键路径工作的原理及影响范围，把串行工作优化成并行工作，直接缩短大修关键路径工期。

例如，VVP 主蒸汽管道安全阀试验窗口优化，将 VVP 主蒸汽管道安全阀整定压力检查工作窗口提前至一回路硼浓度达到热停堆硼浓度后，与硼化至冷停堆硼浓度工作并行开展（见图6－4），从热停堆硼浓度硼化至冷停堆硼浓度用时一般3小时左右，两项工作并行开展后，从热停堆硼浓度硼化至冷停堆硼浓度就不需要占用关键路径。试验数据证实，因安全阀整定试验本身使一回路温度波动的风险极低，进而使机组状态超出此时安全限值的风险极低。同时，在设备允许的试验温度范围内，通过合理选择试验过程的一回路温度，可进一步降低因试验导致机组状态超出此时要求的安全限值的风险。

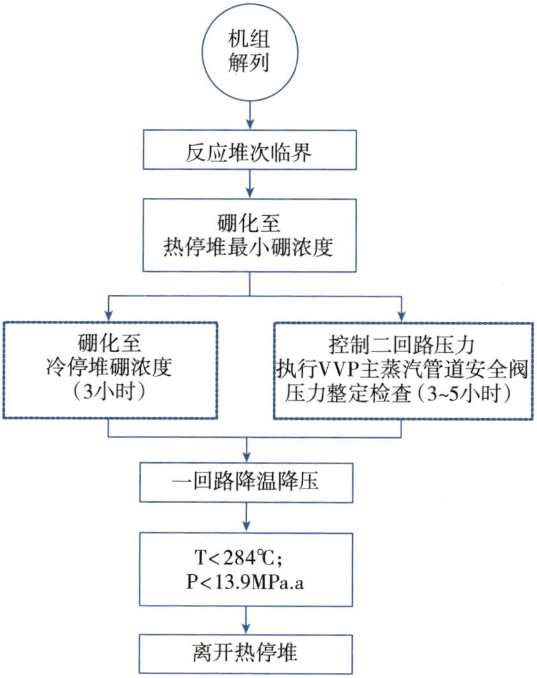

图 6－4 VVP 主蒸汽管道安全阀试验窗口优化

研究大修关键路径工作的工法创新：利用系统原有设备优化操作方法、推动机组状态变化；优化检修隔离边界精确控制工作窗口、分散集中出票的压力；改进设备检修试验工具，提升工作效率。

例如，卸料完成后换料水池排水优化，将原有的用 PTR002PO 将反应堆换料水池从 19.5m 直接排水至 8.55m 分为两个阶段：首先，用 RRA 泵将水位排至 11.3 米；其次，用 PTR002PO 将水位排至 8.55 米。通过此改进方法节约反应堆换料水池排水关键路径 1.1 小时；控制棒脱扣水位优化，把原先要求的换料水池水位由 13.5 米优化至 15.5 米，推动机组由维修冷停堆状态提前进入换料冷停堆状态，提前了主变压器和冷源系统检修窗口时间约 4 小时；反应堆一回路隔离优化，根据一回路排水过程中需要检修设备和实际水位的关系，精准释放检修设备，避免了“大隔离”的消极做法；研发汽轮机检修应急用顶轴油系统装置，大大提升了检修人员检修自主度，减少了不同专业间的接口、拓宽了检修润滑油检修窗口、简化了汽机回装阶段操作工序，能够优化汽轮机检修工期 20 小时以上。

研究大修关键路径上的专项检修工作，从“人、机、料、法、环”各个方面分析阻碍进度的难点问题，并给出相应的改进建议和资源配置要求；针对多专业配合完成的工作，制订专项检修计划，明确工作接口及各专业检修窗口；对于一些难以解决的问题，从中国核电层面建立协调机制，确保专项检修工作计划安排能够满足大修窗口工期的要求。

例如，应急柴油发电机检修是核电厂每次大修都需要实施的工作，根据各电厂同类型柴油发电机的检修数据，制订柴油发电机年度检修标准工作计划，指导各电厂具体检修计划的编制。

3. 控范围：开展维修策略及项目优化研究

机组换料大修时，除更换燃料组件外，还要开展大量预防性维修项目。目前，中国核电机组的预防性维修项目都是基于周期开展的，存在过度维修的情况，导致设备可靠性降低和成本增加。随着科技的发展、设备管理方法的改进，设备检修策略可由周期维修转向状态维修和价值维修。中国核电通过开展设备可靠性管理、开发 MR（维修有效性评价）、运用 PSA 等手段，对设备重要性开展分级工作、对电厂运行设备进行配置管理、对设备检修导致的风险增量进行量化评估，从多个维度对预防性维修开展优化工作，减少不必要的设备检修，控制大修检修范围。

开展设备分级工作，在重点关注 SPV 设备的同时，对运行至失效的设备进行优化分析，有效缩小大修检修范围；通过对标和设备历史检修数据分析，结合运行经验反馈优化设备检修周期；通过 PSA 技术开展设备在线维修研究工作，把可以不在大修期间开展的项目调整至日常开展，缩小大修检修范围。

例如，田湾核电开展 RTM 设备优化，减少 401 大修项目 1460 项。

4. 建标准：挖掘大修历史数据，形成标准计划和工单

截至 2021 年 12 月，中国核电旗下各核电厂已完成百余次大修，积累了丰富的大修经验。这些经验以往都是在电厂内部进行信息传递，有时甚至只在单台机组层面进行信息传递，电厂之间的信息传递几乎没有。将大修经验转化为可参考执行的文件是十分有价值的工作。

针对不同堆型的机组，分别制订大修标准关键路径计划，作为各电厂制订大修计划的对标计划。各电厂也能够在标准关键路径计划上做项目加法，从而为快速准确地确定大修计划提供有效策略。

通过研究各电厂大修历史资料，如大修窗口分析报告等，分析每一次大修

里程碑窗口内关键路径的工作安排，梳理年度大修的标准关键路径工作，包括运行操作和试验、其他专业的检查及试验、重大的专项操作和检修等，提炼甄选优秀业绩记录（包括方法和工期），形成标杆项目，用于内部对标，指导类似工作绩效提升。

同类型机组大修的关键路径在停运和启动阶段有很多重复性工作，找出这些工作，将其作为共性工作管理，编制相应的标准化工单，既当作大修准备阶段的参考文件，也当作机组之间、电厂之间交流对标的工具，能在帮助电厂认识到差距的同时，引导电厂制定应对措施，从而有效提升电厂大修业绩。

目前，二代改进型机组是中国核电拥有数量最多的机型，已具备了集约优化的条件，共性工单标准化就是其中一个重要管理工具，二代加机组的 68 份共性工单已完成编制，包含适用范围、先决条件、边界点、资源、检修数据、历史数据和工序图等方面的内容。

5. 重科研：针对痛点、卡点问题，开展共性科研

通过分析研究电厂大修实施过程中的痛点、卡点问题，结合大修优化专项工作内容，策划共性科研项目，并充分利用运行研究院信息中枢的优势，强化多领域、多专业合作，促进业务痛点、卡点和科研融合，打破各电厂各自为政的局面，形成集约研发、协同优化机制。

M310 机组定期水压试验优化研究，从规范体系层面对 M310 机组试验目标依据进行研究，开启了 M310 机组在役检查体系基础理论性研究领域的大门。法国 RSE－M 标准要求一回路定期水压试验自机组服役后开始，需要每十年进行一次，将主回路压力升至 1.2 倍设计压力，以验证一回路完整性。而 ASME（美国机械工程师协会）规范要求，在正常压力下开展一回路系统泄漏率试验即可，减少 1.2 倍设计压力试验对一回路压力边界设备的损害。运行研究院联合核电同行一起开展课题论证研究，积极和监管单位沟通交流，详细分析两种规范要求的理论依据及技术差异，研究结果获得了监管单位的认可，在 M310 机组在役检查规范体系优化的道路上跨出了关键的一步，此项研究成果有望进入应用阶段，若在机组应用，能够缩短 A 类大修工期 1～3 天。

6. 推共享：对标提优，推进良好实践应用

各电厂在大修实施过程中可能发明新的工艺方法，不断取得优化成绩，大

修优化项目组通过大修观察活动、大修窗口分析研究主动发现提炼，或由电厂方法创造人主动总结申报，形成大修绩效范例或良好实践案例报告，由相关电厂进行再评估，持续推进其在适用电厂的推广应用情况，可将单一电厂创造成果尽快应用生效，产生群堆优化效应。

福清核电 303 大修创造了“机组启动阶段临界后主蒸汽管道暖管”良好实践，机组启动阶段一般在机组临界前和临界后的零功率物理试验完成后安排两次暖管操作，临界操作和零功率物理试验期间，主蒸汽隔离阀处于关闭状态，按以往计划，零功率物理试验完成后才重新打开主蒸汽隔离阀，完全占用关键路径。经过对零功率物理试验步骤的具体分析，把暖管工作安排在零功率物理试验期间温度系数测量完成后开展，与“控制棒价值测量”和“堆芯分布测量”并行开展，可在不影响试验的前提下，节约关键路径约 4.5 小时。

2021 年编制的《中国核电大修良好实践（2019—2020）》，从关键路径优化、新技术应用、预维优化和管理措施优化四个方面选出 25 个良好实践。良好实践推广活动在肯定电厂创新活动的同时，加快了高价值创新工艺在同行之间的推广应用，这一举措对促进中国核电大修业绩的快速提升起到了重要作用。

6.5 效果

近年来，通过集约管控、精准优化，中国核电大修业绩明显提升，在安全质量水平稳健受控的基础上，大修平均工期连创佳绩，变化趋势如图 6－5 所示，2020 年、2021 年两年，大修平均工期分别比前年缩短 6.2 天和 2 天，按现有核

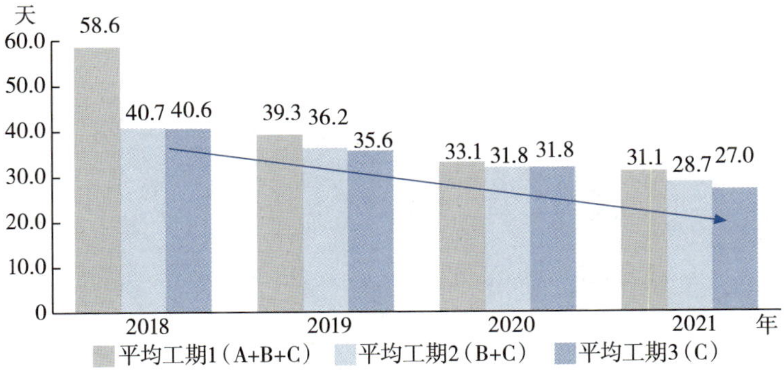

图 6－5　中国核电大修平均工期趋势

电机组装机容量2300万千瓦估算，经济效益分别增长约8.68亿元和2.8亿元。

大修优化组织机构成立之初，各专项组共开展工作122项，目前已完成60项，其中27项工作处于成果应用推广阶段；其间又新策划了12项工作，也在有序的推进中。已完成项目的成果中，13项直接用于优化原有大修计划，12项直接用于升版原有规程，2项已被电厂采纳并向监管当局提出规范修改申请，项目优化取得的成果满足预期要求。

（本章编写者：丁利猛、章春伟、昌正科）

第7章 安全质量监督管理体系建设与实施

7.1 概述

安全是核工业的生命线，中国核电始终坚持总体国家安全观，坚持以高标准管控生产经营全过程，提高从严监管能力，推动核电事业持久安全的健康发展。30多年来，中国核电牢固树立“安全第一、质量第一”意识，坚持以人为本，把不以牺牲生命为代价作为一条不可逾越的红线；持续完善核安全文化体系，深入推进核安全文化建设与安全质量管理工作深入融合，不断提高全员核安全文化水平；强化落实企业安全生产主体责任，实行全员安全生产责任制，明确企业各层级、各部门、各岗位安全生产责任，确保责任落到实处；推进信息化、智能化、大数据等新技术在核电运行安全管理中的应用，加强对设备状态的监控和人员行为的评价，提高安全管理智能化水平；扎实有效开展常态化、机制化的安全评估、检查和改进行动，追求卓越，持续提高安全绩效；坚持开放透明，严格执行核电厂运行报告制度，建立了开放共享的经验反馈体系，在行业内共享良好实践和经验教训，促进全行业安全管理水平共同提升；倡导全体从业人员以高度的主人翁责任感，对工作认真负责，绝不弄虚作假；严格遵守质量规范，确保工作质量，中国核电力图精益求精，持续改进，不放过任何缺陷和瑕疵；追求以高质量、高技术的产品回报国家和社会，为提升国家的综合实力和实现人民美好生活向往做出贡献。

7.2 背景

核能具有清洁、低碳、高效、可靠的四重综合优势，已成为我国打赢“碳达峰、碳中和”这场硬仗、推动能源转型发展的重要力量，是大国能源战略和应对气候变化最现实的选择。安全是核电站运行的前提，核电工作的质量是核安全的基础与根本，大力发展核电首先必须确保安全与质量，没有安全与质量，就不会有核电的发展。党的十八大以来，党中央高度重视安全生产工作，习近平总书记亲自指挥、亲自部署，强调要牢固树立安全发展理念，始终把安全生产放在首要位置，一丝一毫不能放松，要以对人民极端负责的精神抓好安全生产工作，把重大风险隐患当成事故来对待，守土有责，敢于担当，完善体制，严格监管。

2018 年，国家发展改革委、国家能源局发布《关于进一步加强核电运行安全管理的指导意见》，要求“深入学习贯彻习近平新时代中国特色社会主义思想和党的十九大精神，紧紧围绕‘五位一体’总体布局和‘四个全面’战略布局，坚持创新、协调、绿色、开放、共享的发展理念，坚持理性、协调、并进的核安全观，坚持安全第一、预防为主、责任明确、严格管理、纵深防御、独立监管、全面保障的原则，加强核安全文化建设，落实安全生产主体责任，将确保安全的方针落实到核电运行管理各个环节各项工作中，确保核电安全万无一失”。

中国核电以习近平新时代中国特色社会主义思想为指导，深入贯彻习近平总书记关于安全生产重要论述，坚持安全发展，牢固树立“安全是中核集团的企业核心价值观”理念，严格履行安全生产主体责任，持续完善安全生产管理体系，扎实开展安全生产专项整治三年行动，坚持以科技创新为引领，助力安全生产。坚持问题导向、目标导向、结果导向与卓越导向，深化安全生产源头治理，突出风险分级管控与隐患排查治理两个重点，建立危险源与安全环保敏感设备分级管理机制。完善应急救援体系，提高应急处置能力。建立健全核电质量保证体系，贯彻违规操作、弄虚作假两个零容忍监管要求，强化安全生产考核与责任追究，多措并举，为公司高质量发展提供安全保障。

7.3 特点

7.3.1 领导带头，营造健康的安全生产工作氛围

营造人人敬畏安全、共同守护安全的工作氛围，使全体从业人员自觉将安全第一、质量第一的理念内化于心、外化于行。充分发挥领导带头示范作用，公司各级负责人，特别是党政负责人，在工作中率先垂范、带头践行安全第一、质量第一理念。坚持保守决策，以审慎保守的态度处理安全相关问题。授予安全岗位相应的权力，确保安全相关人员、物资、资金等资源投入。建立容错机制，鼓励员工主动报告安全问题，并予以及时回应和合理解决。

7.3.2 人人有责，明确全员安全生产责任

建立健全自我约束、持续改进的内生机制，做到安全生产责任明确、分工有序、人人自觉。完善公司各级组织机构及人员安全生产责任，落实全员安全生产责任制，按照管业务必须管安全、管生产经营必须管安全的要求，强化公司各部门的安全生产职责，明确从主要负责人到基层员工（含承包商、劳务派遣人员）的安全生产责任，清晰界定责任范围和考核标准。通过加强教育培训、强化管理考核和严格奖惩等方式，建立安全生产工作层层负责、人人有责、各负其责的责任体系。建立以安全绩效为引导的考核激励机制，将安全履责情况作为干部选拔、任用的考察内容，将安全行为准则纳入员工入职培训、岗前培训、在岗复训内容，实行安全生产绩效与履职评定、职务晋升、奖励惩处挂钩制度。建立安全生产责任追究制度，明确违章操作等红线行为，对弄虚作假、瞒报谎报等不诚信行为零容忍，实施责任追究制度。

7.3.3 “四个凡事”，严控核电厂工作质量

核电行业设计、制造、建造、运行全流程中涉及的各项工作活动、物项的质量对确保核电安全生产至关重要。“凡事有章可循、凡事有人负责、凡事有人验证、凡事有据可查”，是中国核电质保管理界几十年工作经验的结晶和精髓。中国核电一贯坚持安全和质量并重的产业发展理念，从核电厂的安全来说，它

涉及设计、设备制造、安装、调试以及运行等多个阶段，通过全流程、全方位贯彻落实“四个凡事”质量工作理念，建立健全核电厂质保体系，从程序文件、组织机构与人员、质量验证、记录制度等主要方面持续强化质量工作，杜绝违规操作、弄虚作假，为核电安全生产提供质量保障。

7.3.4 科技支撑，持续提升安全运营能力

坚持以科技创新为引领，持续提升安全运营能力与本质安全水平，开展核电安全生产信息系统国产化工作，以科技创新促进核电厂运行可靠性；开展安全环保敏感设备可靠性提升工作，推动安全环保风险精细化管控；建立低空飞行器防控系统，提升机组安全防御能力；开展生产现场设备设施安全改造，在合理可行的范围最大化本质安全水平。

7.3.5 挂牌督办，聚焦疑难高风险隐患

建立并持续有效运作挂牌督办机制。将群厂共性、典型的影响安全生产的问题纳入中国核电挂牌督办项目，由主管公司领导督办，各成员单位公司领导担任组长，统筹各单位优势资源，保守决策，以保障机组安全为原则，提出技术、管理上的改进措施，同时为后续机组提供经验。近年来，针对紧固件、冷源、BOSS 焊缝等共 28 项问题进行督办，已关闭 17 项。

7.3.6 交叉评估，行稳致远，不留短板

坚持追求卓越、规范有序、合作开放、经验共享、持续改进的同行评估工作方针，采取内部与外部评估相互补充、本部监督与技术支持相互结合的交叉评估工作方式，针对成员电厂关注的一些重点领域或关键领域，组织编制专项评估标准及技术文件，邀请相关领域的专家开展专项交叉评估并提出改进建议，与外部机构组织的综合评估活动形成有效互补，提升各成员电厂的安全运行业绩。中国核电高度重视成员电厂在接受交叉评估后的整改提升工作，聚焦原因分析、纠正行动开发、跟踪和落实等方面的绩效，定期组织开展纠正行动有效性评价工作，并验证评估发现问题的整改效果，确保中国核电各成员电厂行稳致远、不留短板。

7.4 体系内容及创新

7.4.1 常态化学习习近平总书记关于安全生产的重要论述

中国核电始终坚持党领导安全生产工作，切实发挥党委指挥棒作用，组织各单位积极通过党委理论学习中心组、党委会、安全生产委员会会议等开展专题学习研讨活动，引导公司党委委员和领导班子成员全面理解、掌握习近平总书记关于安全生产重要论述的核心要义、精神内涵和实践要求，结合实际工作制定具体措施贯彻落实习近平总书记关于安全生产重要论述，牢固树立安全发展理念。2020 年，中国核电印制《习近平总书记关于安全生产的重要论述摘编》，组织各级领导干部严格落实“党政同责、一岗双责”要求，齐抓共管、率先垂范，积极开展领导干部“讲安全”活动和“安全第一课”活动，结合各自工作经验阐释传达习近平总书记关于安全生产重要指示批示精神，讲解落实安全生产重要论述的思路和措施，通过主题讲座、主题知识竞赛、新旧条例差异性评估、展板宣传等形式多样的活动，努力践行安全核心价值观理念，全面培育核安全文化，持续推动习近平总书记关于安全生产重要论述入脑入心、见行见效，为公司高质量发展保驾护航。

中国核电充分发挥党建引领作用，将党建与安全生产工作进行深度融合，并作为重要宣讲主题，2020 年 12 月 30 日，中国核电党委副书记、总经理马明泽围绕“安全发展、创新发展”的主题向全系统讲授专题党课，凝心聚力，促进中国核电实现进一步安全发展、创新发展、高质量发展。中国核电党委理论学习中心组（扩大）会暨安全生产委员会 2021 年第三次会议上组织观阅了电视专题片《生命重于泰山》，促进全员不断提高政治判断力、政治领悟力、政治执行力，推动安全生产责任进一步落实、本质安全水平持续提升。

7.4.2 建立全员安全生产责任清单规范

中国核电将员工的安全素养视为企业的品牌和核心竞争力。为持续提升员工安全素养，中国核电明确了各个岗位的安全责任，制定了关键领域的人员行为规范，强化了员工尽职履责的要求，并通过这些举措推动员工在工作中坚持高标准，发挥主人翁精神。2018 年，中国核电发布了《核电厂五大生产岗位组织职责管理要求》，明确了核电厂五大生产岗位负责人（计划负责人、技术负责人、维修准备负责人、运行隔离负责人、工作负责人）的职责，促进核电厂生产岗位职责的有效落实。2019 年，中国核电在梳理了中国核电本部及成员单位各岗位工作职责及安全职责的基础上，发布了《核电厂安全生产责任一岗一清单规范》，涵盖在运/在建核电厂 9 个领域、30 个处室、103 个科室，共计 466 个岗位，以强化核电厂全员安全生产责任制，该成果获集团公司高度认可，已转化为集团公司企业标准。以“一岗一清单”为基础，各单位积极开展全员安全生产责任书签订、安全管理责任培训与岗位履责情况监督检查等工作，促进全体岗位员工严格履行安全生产责任，确保实现安全业绩目标。

中国核电建立“全覆盖、无死角”的区域安全责任网格化体系，夯实安全基础。树立总平面管理理念，制定《安全生产总平面责任管理标准》，从征地范围、用地范围、资产范围等方面进行区域划分与安全管理责任划分，发布区域、构筑物安全管理责任清单，共梳理责任分区 4632 个，明确管理责任领导、责任部门、责任支部和负责人，进一步压实区域安全管理责任。中国核电及各成员单位积极利用信息化手段赋能责任落实，建立安全责任分区及危险源辨识与分类管理系统，实施区域、构筑物安全管理责任清单线上备案机制，实现线上信息动态联动和可视化。

中国核电加强安全生产责任履行情况监督检查，督促各单位主要负责人认真履行《中华人民共和国安全生产法》规定的安全生产职责，利用安全质量总监巡查、安全环保大检查等机制，加强对各成员单位全员安全生产责任制建立健全与实施情况的监督检查，及时弥补缺项弱项。

7.4.3 高效运作安全生产委员会

为有效贯彻国家有关法律法规，落实集团公司提出的各项安全工作要求，增强对基层安全管理工作的引领，扎实做好安全生产各项工作，中国核电成立由董事长、党委书记任主任的安全生产委员会，安全生产委员会由业务组、质量保证委员会、经验反馈委员会、安全质量总监组、外部专家组、各成员单位安全生产委员会等机构组成（见图 7－1）。

中国核电安全生产委员会的主要职责包括贯彻执行国家安全生产方针、政

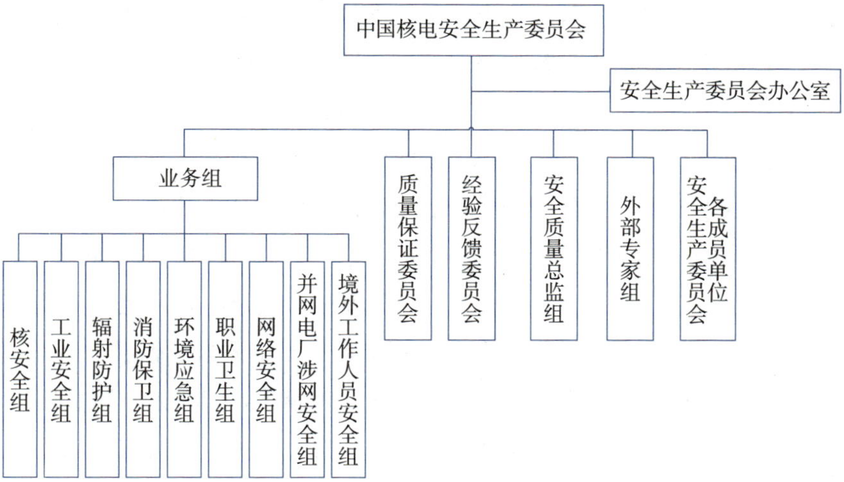

图 7－1　中国核电安全生产委员会组织结构

策、法律、法规、标准，建立与公司生产经营相适应的安全生产管理体系，落实集团公司各项安全生产工作要求；研究部署、指导协调中国核电安全生产工作，审议公司安全环保规划及年度安全生产工作要点；推进公司安全文化建设，确保核电厂的安全问题受到应有的重视，保证公司安全生产投入的有效实施；督促检查公司安全生产责任制的有效落实，及时分析安全生产形势，研究解决中国核电安全生产工作中的重大问题；审查生产安全事故处理意见，批准公司安全生产相关的奖惩意见等。

中国核电及各成员单位安全生产委员会，定期召开委员会议，听取公司安全生产状况报告，指导和协调解决公司安全生产问题，制定后续管理目标和安全改进方向。中国核电充分发挥小总部、大协同的作用，由业务组、质量保证委员会抓好安全质量各领域的重点、难点问题及共性事务；以经验反馈委员会为核心，对内外部事件进行分析，在群厂层面排查、吸取教训，进行经验反馈，有效地避免类似事件重复发生；由安全质量总监组对成员单位履职尽责、落实各项安全生产工作进行监督；通过外部专家组充分听取行业内外的意见建议，持续提升公司整体安全生产绩效。

1. 构建驻厂安全质量总监独立监督机制

2012 年，为进一步加强安全生产管理，建立和完善中国核电一体化安全生产监督管理体系，持续强化安全生产责任制的落实，中国核电开始实施驻厂安全质量总监制度。安全质量总监由中国核电统一任命和管理，代表中国核电对派驻单位的安全生产工作进行监督和管理。同时，中国核电在派驻单位设置安全质量总监办公室（以下简称“安监办”），兼做中国核电驻厂安全质量监督机构。安全质量总监和安监办作为中国核电独立监督体系的主要成员，对所在成员单位落实国家及上级单位安全生产要求情况、安全体系建设、安全生产责任制落实、日常安全质量管理活动等进行全面监督，并直接向中国核电进行汇报。

为促进独立监督体系的有效运转，驻厂安全质量总监每月组织安监办对所在单位的安全运行状况进行监督检查，并编制《安全质量总监独立评价月报》提交中国核电，使其全面掌握成员公司安全生产情况，及时发现重大问题和共性问题，有的放矢，不断促进安全管理水平提升。另外，中国核电创造性地设计了安全质量总监巡查制度，由驻厂安全质量总监带队，依据《安全质量总监巡查准则》，每年轮流交叉对其他单位的安全生产情况进行巡查，巡查范围覆盖组织与管理、核安全、工业安全、环境保护、辐射安全、职业健康、应急响应、消防保卫等领域，有效促进各单位安全管理弱项的发现、良好实践的推广和安全质量管理人员的交流。以2021年为例，中国核电共组织开展了安全质量总监巡查活动6次，巡查内容聚焦习近平总书记关于安全生产重要论述学习计划和宣传方案执行情况及效果、安全生产责任制落实情况、安全生产双重预防机制运行情况等各方面；巡查形式除传统监督检查外，还结合各单位安全生产标准化建设计划，采用安全生产标准化达标预评审等方式，实现量身定制。利用巡查机制，促进被巡察单位安全管理系统性提升，及时整改巡查发现的问题，并推动良好实践相互借鉴与落地，对巡查发现的问题开展共性分析，调动群厂开展排查整改；同时推广被检查单位在安全管理领域的良好实践，加强各单位之间的经验交流和互补，促进中国核电整体安全管理水平提升，得到各成员单位的高度评价。

为对驻厂安全质量总监进行全面的履职考核和评价，中国核电每年组织召开安全质量总监总结会，要求安全质量总监进行年度工作述职，包括安全质量总监及安监办的主要工作、电厂安全质量相关领域管理状况评估、主要负责人画像等内容，对无所作为或不能胜任的驻厂安全质量总监进行调任或处理，确保安全质量总监制度有效发挥独立监督的作用。

2. 构建安全生产委员会业务组横向协作机制

中国核电在总部安全生产委员会下设置安全生产业务同行工作组，作为中国核电安全监督管理工作重要的技术支持组织。同行工作组的专业根据中国核电安全监管业务形式与工作需要设置，各组设置组长/副组长、电厂成员、协调员等工作角色，同行工作组相关人员从各电厂专业监管部门中选拔产生，并由中国核电统一任命。同行工作组主要工作职责包括专业领域管理标准、技术标准开发与推广，共性问题解决开发，领域热线经验反馈、领域工作标准化推进等。经过同行工作组持续运作，中国核电安全生产领域协同攻关、标准化管理等能力显著提升。

中国核电安全生产委员会现设有核安全组、工业安全组、辐射防护组、消防保卫组、环境应急组、职业卫生组、网络安全组、并网电厂涉网安全组、境外工作人员安全组 9 个业务小组。各业务小组在中国核电安全生产委员会的统一领导下独立开展工作，制订工作目标和推进实施计划，每月报告工作进展。在中国核电安质环双月会、业务组年终会上，对工作进展、趋势和关注事项等进行报告。中国核电按年度组织业务组工作业绩评比，评选优秀业务小组并予以奖励。这里以工业安全组、辐射防护组为例，对中国核电安全生产委员会业务组运作情况进行介绍。

工业安全业务组围绕小组工作机制建设、工业安全管理绩效提升、领域共性问题解决方案开发等主题，近年来策划开展了 50 余项专项工作，定期召开核电厂工业安全专业平台交流会议，对小组年度工作开展情况、各单位关心的工业安全议题进行研讨。小组紧密围绕中国核电“实现零伤亡”核心目标，强化中国核电工业安全业务组工作体系有效运作，开展了承包商安全生产自主化管理机制研究、企业负责人安全履职标准清单开发、危险源与高风险作业安全可视化技术应用、五星级厂房管理评估标准开发、建设工程智慧工地建设、危险源与安全环保敏感设备分类分级管理等工业安全管理专项提升工作，着力解决领域共性问题和难点、痛点。组织成员单位研究制定了 30 余份工业安全领域标准文件，提高了领域管理与技术工作的标准化水平。工业安全业务组按月编制发布《中国核电工业安全绩效月报》，持续跟踪领域绩效状况，及时开展工业安全事故事件横向经验反馈，共同提高各成员单位工业安全管理水平，取得了良好的工作效果。

辐射防护组重点围绕辐射防护业务流程标准化、标准流程数字化、数字管控精细化的目标，坚持高标准，通过协同开展各项管理与技术改进研究专项工作，不断提高辐射安全管理水平。近年来，小组组织发布包括核电厂运行辐射防护全要素的管理导则和技术导则60余份；从辐射剂量控制、放射性污染控制和放射性物品控制三个方面建立了核电厂辐射防护绩效量化评价指标体系，使各机组可以在同一尺度上开展辐射防护管理绩效评价，促进辐射防护管理的持续改进；定期发布中国核电辐射防护领域绩效评价月报、年报，科学、客观、量化评价各机组的辐射安全管理状况，及时发现弱项，总结良好实践；协同研究核电厂辐射防护共性技术难点、痛点问题，提升中国核电辐射防护数字化管理水平，大力推动核电厂辐射防护管理信息系统、个人剂量计智能配发系统、高辐射区智能钥匙、辐射剂量降低及ALARA（合理可能尽量低）良好实践等新技术与新方法的研究、应用和优化推广；策划辐射防护大数据中心、辐射场三维可视化系统、辐射防护智能视觉识别技术等科研项目，着力提升中国核电辐射防护信息化、智能化和数字化管理水平，稳步推进辐射安全管理电子化、数字化、智能化、智慧化进程。

7.4.4 健全安全监管组织机构与管理要素体系

为加强安全监管人才队伍与专业化监管组织机构建设，中国核电在核电厂层面建设专业细分型安全监管组织架构（见图7－2），按专业分工设置安全监督部门，配齐配强安全监管技术人员，培养形成核电安全监管人才队伍。

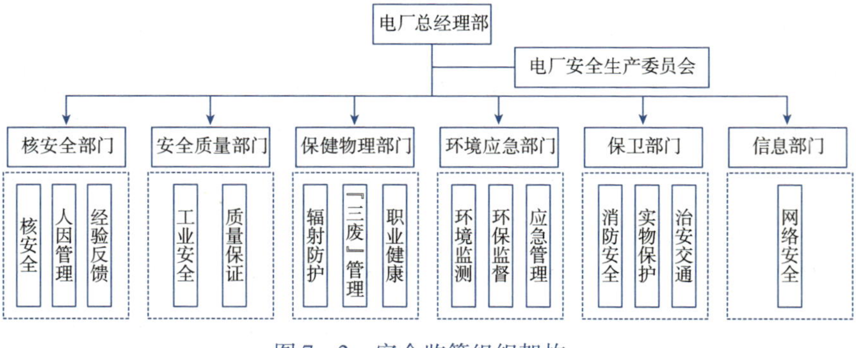

图7－2 安全监管组织架构

围绕核安全、辐射防护、工业安全、质量保证、消防安全、职业健康、环境监测、应急管理等安全监管核心业务领域推进标准化管理，梳理形成核电厂安全管理要素体系，基于管理要素建立制度标准，从制度层面推动核电厂安全生产工作实现集约化、标准化管理。

7.4.5 建立核电厂纵深防御监督机制

中国核电在运营管理过程中，对核电厂的工作实施多层次的监督（见图7－3）：过程中监督、职能监督、独立监督。过程中监督包括工作人员的互检、一线主管的检查、质量控制检验、技术审查。职能监督由工作责任部门管理层及分管领导实施，通过自评估、管理者观察指导、巡视、管理层审查会等方式实施。独立监督工作由公司内的特设机构、安全监督部门、质量保证部门在各自不同的监督目标与范围内实施。

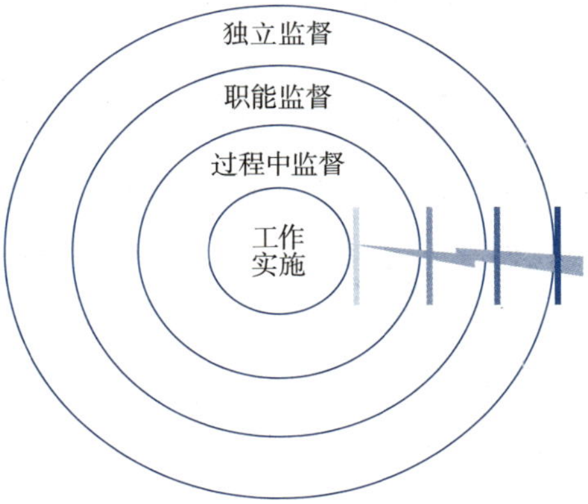

图7－3　多层次的监督构成了对核电厂安全事故的纵深防御

对核电厂工作设立多层次监督的目的在于安排不同角色和多维视角的人员使用多种方法对电厂的安全和工作绩效进行监测，以规避共同模式失效的风险。对核电厂工作的多层次监督在管理上构成了对核电厂安全和工作绩效问题的纵深防御，从而尽可能避免事故的发生。

独立监督人员在独立监督过程中通过巡查、监察、检查、审查等工作形式，评估确认核电厂工作与核电厂安全、质量标准之间的符合性，发现核电厂工作存在的绩效差距。监督人员通过正式的监督报告向高层管理部门和相应的职能部门管理者提供在所监督工作绩效上存在的与行业间差距的独立评价信息。监督人员跟踪评价独立监督后所提出的纠正措施与改进建议的实施效果，从而达到提高核电厂组织有效性、效率和可信度的目的。

与核电厂安全生产和业绩直接相关的独立监督工作包括安全监督和质量监督两个方面。群堆范围内的安全质量总监对所有核电厂实施所有与安全和质量相关的广泛监督。核电厂内的专设委员会和核安全管理部门实施独立核安全监督。核电厂内的质量保证部门负责建立核电厂质量保证大纲（质量管理体系）并实施电厂内的质量保证监督。

独立监督建立于已有的二层职能监督之上，并在内部包含了从上至下的三个层次（公司总部组织的安全质量总监层、核电厂的核安全审查委员会层、核电厂核安全处和质量保证处层）的监督。所有层次的监督在组织管理和监管方面，构成了对核电厂运行工作安全与绩效的纵深防御。独立监督机构保持组织独立性并具有充分的监督权利，并能为核电厂工作提供不同视角，从而有利于发现职能部门人员因习以为常而未能辨识出的薄弱点和绩效缺陷。

7.4.6 推动落实双重预防机制“核电方案”

为确保风险分级管控与隐患排查治理双重预防机制有效落地，实现核电厂危险源与安全环保敏感设备精细化管理，有效提高核电厂安全环保风险管控质量，中国核电通过危险源辨识与风险评价、保护层分析、失效模式及其效应分析等方法，评价论证各层防护措施在预防事故发生和减轻事故后果中的安全功能，研究制定了《核电厂危险源分类标准》《核电厂工业安全与环保敏感 SSCs 分级执行指南》，自 2020 年以来，在秦山核电、江苏核电、福清核电、海南核电、三门核电等基地的 25 台运行核电机组进行了成功应用，指导电厂实现了危险源与安全环保敏感设备清单化管理，建立了安全环保敏感设备的预防性维修管理策略，有效提高了安全环保敏感设备可靠性，从根本上降低了安全环保事故隐患发生率。

1. 全面开展核电厂危险源与安全环保敏感设备辨识和分级

中国核电根据核电厂生产运行特点，基于固有风险评价方法制定了危险源分类分级标准，组织成员单位开展危险源的辨识，明确危险源风险分类与分级。再通过对可能导致危险源失控的构筑物、系统、设备开展安全环保敏感 SSCs 的辨识与分级，并将安全环保敏感 SSCs 纳入设备管理体系进行管理（见图 7－4）。在安全环保敏感 SSCs 辨识过程中，主要考虑工业安全和环保敏感设备的实体缺陷或故障可能导致危险源的包容或屏障措施降级或失效，从而导致危险源失控造成事故危害。

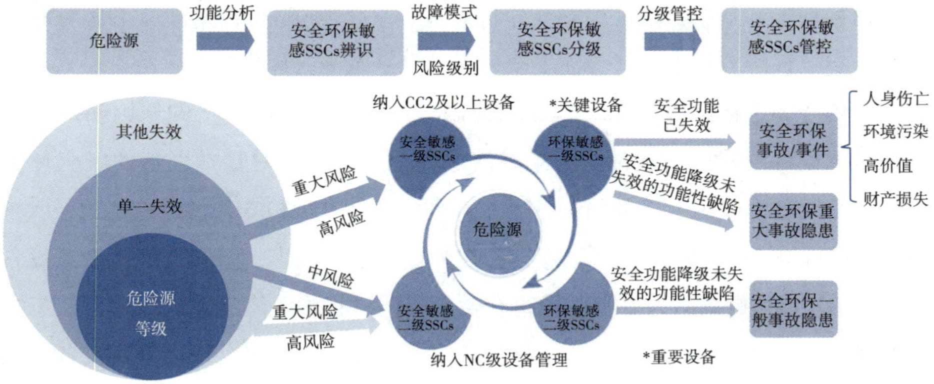

图7-4　安全环保敏感设备分级管控体系示意图

2. 落实危险源与安全环保敏感设备分级管控

根据危险源辨识与分级结果，核电厂按照“谁使用、谁主管、谁负责”的原则落实危险源管控责任，明确危险源管控责任处室、责任支部与责任人。按照危险源风险级别，从高到低，将管控责任与从核电厂党委成员和领导班子成员到生产管理相关处室科室负责人的各级领导建立联系，各级领导人员都要负责监督危险源的安全管控工作。

核电厂安全环保敏感设备分级管控主要通过设备管理、工作管理、安全管理三方面的措施得以落实。

①**设备管理措施方面**，对于具有设备编码的安全环保敏感构筑物、系统、设备，按照对应规则（重大风险相关安全环保敏感一级设备纳入核电厂关键一级设备管理；高风险相关安全环保敏感一级设备纳入核电厂关键二级设备管理；安全环保敏感二级构筑物、系统、设备纳入核电厂重要级设备管理）纳入核电厂设备可靠性分级管理，原有设备可靠性分级中依据核安全与发电能力影响已确定级别高于此规则的保持其原有分级。对于非生产相关的工业安全敏感构筑物、系统、设备（无设备编码），核电厂应根据专业分工指定明确的责任部门负责管理，开展清单管理、检查维护等工作。

②**工作管理措施方面**，通过建立安全环保敏感SSCs数据库，与核电厂主数据系统紧密衔接，在设备主数据系统增加“工业安全/环保敏感设备分类”“工业安全/环保敏感设备级别”字段，并将安全环保敏感分级情况与生产任务工单

进行关联，实现工作申请、工作包自动调用工作对象安全环保敏感分级信息，在工作管理各环节中，如工单安全分析评价、工作票/隔离票办理、工作对象确认时，有效提醒流程参与者关注安全环保信息，减少人因失误。

③**安全管理措施方面**，按照“谁使用、谁主管、谁负责”的原则明确安全环保敏感设备的管理责任部门，组织落实管控工作。针对日常可达的安全环保敏感一级设备，管理责任部门制订巡检计划，定期开展检查并做好检查记录。核电厂隐患排查工作将安全环保敏感设备作为重点排查内容，将安全环保敏感设备上出现的功能性缺陷纳入安全隐患进行治理，同时将相关隐患纳入核电厂状态报告开展经验反馈。核电厂安全环保监督部门对各责任部门安全环保敏感设备辨识与分级管控工作进行独立监督检查，督促各项工作的落实与问题的整改。

7.4.7 执行最严核电质量监督管控

中国核电以推动过程质量管理标准化、质量监督管控精细化为着力点，有效运作质量保证委员会，2022 年，质量业务组制定开发质保监督人员培训课程、编制《施工防造假操作指南》等 18 项年度任务，推进解决共性问题，促进质保人员业务能力提升；制定《安全质量专项保障方案》，筛选历年行业典型施工管理、重大设备管理、弄虚作假处置等案例，向新建项目进行反馈，开展程序体系建设评估支持活动，保障新项目顺利开工、高质量建设。

1. 推广卓越绩效模式

中国核电深入推广卓越绩效模式，引导提升质量管理水平。在江苏核电导入卓越绩效模式的基础上，通过兄弟单位支持、专家专题辅导和观摩学习等形式，积极支持推进福清核电、秦山核电等单位开展导入卓越绩效模式工作，鼓励各单位不断追求卓越，2021 年，福清核电荣获“第十九届全国质量奖”。

2. 持续提升弄虚作假防控能力

2021 年，中国核电组织发布《防控弄虚作假工作手册》，总结国内外典型造假事件教训，分析造假动机，从宣贯培训、记录管控、合同约束、监督检查、诚信建设、考核奖惩等 7 个方面，提出 29 项具体措施，指导各单位开展防造假能力提升。2022 年，中国核电印发《中国核电质量问题警示集》，从四个方面收录了 10 种类型 54 个国内外核电行业典型造假案例，规范质量问题警示教育培训工作，震慑心存侥幸的不良承包商和工作人员。

针对行业造假事件，组织开展震撼教育活动，坚决杜绝违规操作、杜绝弄虚作假，针对预防弄虚作假措施进行专题研讨。2021 年以来，中国核电组织开展焊接、无损检测等特种作业人员的资质管理和过程控制的专项监督，通过联合 5 个运行核电基地及 3 个在建核电对 36 家项目单位开展独立监督评价。监督表明中国核电各项目、各单位的特种作业人员资质管控有效。

3. 推进联合质保监察活动

强化独立验证，推进联合质保监察活动。中国核电建立并运作联合质保监察机制，组织各运行、在建核电厂对核电厂重要合作单位开展联合质保监察活动，既集约资源，减轻了被监察方重复接待监察的压力，又促进了各核电厂的经验共享和能力提升，效果良好。近 3 年共组织开展包括对中核工程、中核咨询、核燃料厂等 4 家单位的联合监察，提出发现问题 32 个、观察意见 24 条。

4. 开展群众性质量活动

积极开展群众性质量活动，提升全员质量意识。中国核电坚持开展质量管理小组活动，以 QC（质量控制）小组活动为抓手，解决生产一线实际问题。2022 年，组织遴选出 15 项 QC 小组优秀成果，涉及核电厂机械、电气、仪控、土建、化学、文档等各业务领域，形成优秀 QC 成果汇编，共同学习提升；秦山核电、江苏核电、福清核电、海南核电、三门核电、霞浦核电等 6 家单位获得“国际质量管理小组大会铂金奖”。

7.4.8　深入开展安全生产标准化建设

安全生产标准化建设是贯彻党中央、国务院决策部署，落实国家法律规定硬性要求的具体举措，中国核电按照集团公司统一部署，扎实推进安全生产标准化建设工作，促进达标单位建立健全安全生产管理体系、提高安全生产意识、增强安全风险管控能力，夯实安全管理基础。

中国核电组织各成员单位针对现阶段安全生产标准化达标建设情况进行了多轮深入摸底，针对单位经营状态、安全许可信息、当前达标情况以及后续达标计划等进行多维度分类统计并登记建档，统筹推进全系统安全生产标准化达标工作。为切实杜绝安全生产标准化“两张皮”现象，将达标建设与年度安全生产任务、日常工作紧密结合起来，实现常态化，中国核电自2021年起创新检查方式，参考标准化考核评级的形式，已完成对霞浦核电、海南核电、漳州能源、辽宁核电的安全质量总监巡查，针对考核评级标准各要素进行了全面深入的检查，并提出对应的改进意见和建议，促进各单位安全生产标准化建设水平的提高。

中国核电建立安全生产标准化建设热线交流机制，总结考核评级工作开展的良好经验，开展常态化对标和持续改进，以安全生产标准化建设为抓手，不断提升现场管理、人员行为、设备设施和作业环境规范化水平，弥补承包商安全管理短板弱项，助力各成员单位、各工程项目顺利通过安全生产标准化一级达标评审。2021年12月7—12日，海南核电项目通过安全生产标准化一级达标评审，至此，秦山核电、江苏核电、福清核电、海南核电、三门核电5家运行核电基地全部通过安全生产标准化一级达标。2022年6月27日—7月1日，江苏核电7号、8号机组项目通过安全生产标准化一级达标评审；2022年8月1—6日，霞浦核电项目通过安全生产标准化一级达标评审；漳州能源1号、2号机组项目和辽宁核电3号、4号机组项目已经完成安全生产标准化自评工作，将于2022年底前完成一级达标评审。

中国核电组织各成员单位积极开展班组安全标准化建设，充分发挥基层班组的创造力和执行力，提高班组人员的安全意识和履职能力，夯实安全工作基础，筑牢安全生产防线。中国核电梳理总结前期各成员单位班组安全建设的开展情况，于2022年印发《班组安全建设提升方案》，从公司领导下基层班组、“党建+安全”活动、落实全员安全生产责任制、推进厂房/区域标准化建设、统筹开展专题培训、发挥安全生产专家/安全工作室的专业作用、推进安全风险管控可视化、工作记录优化、优秀班组长经验共享交流会等九个方面开展工作，系统开展班组安全建设提升工作，不断强化安全意识、规范安全行为、养成安全行为习惯、提升事故防范能力，推动构建自我约束、持续改进的班组安全建设长效机制，进一步提升中国核电安全生产业绩。

7.4.9 强化安全质量奖惩与责任追究

2013年7月18日，习近平总书记在中央政治局第二十八次常委会上强调：“对责任单位和责任人要打到疼处、痛处，让他们真正痛定思痛、痛改前非，有效防止悲剧重演。”

为强化安全生产责任追究，中国核电积极表彰激励先进，加大事故问责力度、推进安全生产诚信体系建设，制定了工业安全、质量红黄线标准，发布了《防控弄虚作假工作手册》和《安全质量环保事故问责追究管理办法》，建立安全生产黑名单机制，通过运行安全生产红黄线与黑名单机制，强化考核激励的引导作用，提升安全生产红线意识、责任意识。

中国核电设置机组综合指标，每月对运行机组开展指标排名，并将安全质量领域指标作为其中的重要指标，对连续多月未发生安全质量事故的机组进行累计加分，营造各单位重视安全质量、提升安全质量的良好氛围。为持续优化安全质量管理体系，强化考核激励及责任的有效落实，中国核电每年组织开展安全质量先进评比，表彰在运行生产、工程建设等领域安全质量工作中业绩突出的先进单位、班组和个人，并通过公司主页、公众号、会议等形式广而告之，表扬先进，形成示范效应，推动全系统坚持安全第一、质量第一，追求卓越的良好环境。

1. 安全质量红黄线

为深化安全发展理念，倡导各岗位人员严格遵守安全生产规章制度意识，构建良好的安全生产秩序，有效防止安全生产事故的发生，中国核电以各成员单位原有的违章处罚条款为基础，制定了工业安全、质量红黄线标准，其中工业安全红线 10 条、黄线 20 条，质量红线 5 条、黄线 10 条。对触犯工业安全、质量红黄线的单位和人员，采取约谈、通报曝光、安全培训、取消评优、经济考核、清退等方式，筑牢核安全风险防线，追求更高水平的本质安全。

2. 安全质量黑名单

为优化采购资源，降低采购风险，保证采购质量，建立与供应商长期的互惠互赢关系，积累供应商绩效评价信息，培训优质供应商，中国核电发布了《供应商管理规定》，明确了对供应商不良行为的管理要求，并建立了安全生产黑名单机制，将弄虚作假供应商及个人在中国核电及各成员单位进行通报，对违反安全红线的安全生产失信人员在成员单位内实施禁入，以强化安全生产诚信意识，构建良好的安全生产秩序。

3. 安全质量环保事故问责

中国核电制定《安全质量环保问责追究管理办法》，设置安全质量约束性指标，将其纳入 MKJ 考核中，明确底线要求，实行安全质量“一票否决”管理。通过约谈、通报批评、警告、记过、降职（降级）、撤职、解除劳动（聘用）合同等方式，对履职不到位的责任人员进行严肃问责和追责。

7. 4. 10 完善应急救援体系

党的十八大以来，党中央高度重视应急管理体系建设。我们要认真组织研究应急救援规律，提高应急处置能力，强化处突力量建设，确保一旦有事，能够拉得出、用得上、控得住，最大限度地减少人员伤亡和财产损失。

日本福岛核事故发生后，国家核安全局发布了《福岛核事故后核电厂改进行动通用技术要求》，根据国家核安全局及有关方面的要求，中国核电积极响应，及时组建福岛核事故后安全改进专项工作组，制订整改专项工作计划；密切落实并跟踪运行和在建核电厂的安全改进项完成情况，并形成了对福岛核事故后世界主要核电国家及组织整改动态定期跟踪机制；开展区域应急物资配备调研工作，成立核电厂核事故应急场内支援队。

同时，中国核电针对运行核电厂提出了 25 个改进项，在建核电厂提出了 14 个改进项，均在防洪防水淹、事故补水、乏燃料水池事故后补水、消氢系统功能进行了改进，对应急控制中心进行了升级改造，编制严重事故管理导则，强化地震及抗震分析，建立与气象和海洋部门的信息交流机制，开发多机组应急行动方案，确保运行和在建核电厂分别从极端自然灾害应对、严重事故缓解、应急响应优化等方面有序开展实体改进、补充分析、专项研究等工作，以提高核电厂核事故应急支援能力。

7. 4. 11 科技创新助力安全生产水平持续提升

中国核电坚持以科技创新为引领，提升安全运营能力：开展核电安全生产信息系统国产化工作，以科技创新促进核电厂运行可靠性；建立低空飞行器防控系统，提升机组安全防御能力；开展生产现场设备设施安全改造，持续稳步提升本质安全水平。

1. 智慧电站安全应用

为大力推进中国核电数字化转型、智能化发展，2020 年，中国核电在《中国核电安全生产专项整治三年行动方案》中，提出推动智慧核电站建设的要求，利用信息化、大数据平台，策划核电站管控、跟踪和监督的信息化建设工作，并在电站运行、维修以及技术支持等各方面建立健全信息化管理手段。具体包括：开展核电安全生产信息系统国产化工作，推进 ASP－1 项目，通过自主化信息系统研发，实现全面提升；完成核电厂无线网络建设工作，以利用无线网络实现重要风险源、关键敏感设备等 24 小时连续监督，为电厂数字化、智能化、智慧化打好基础，旨在以先进信息技术助推核工业高质量发展，以科技手段促进核电厂稳定运行。

2. 低空飞行器防控系统

为落实对核电厂低空小型飞行器防控工作的要求，中国核电在运行核电厂研究并设置了低空小型飞行器入侵防御系统，通过建立低空空域管控一体化平台，实现核电厂周边低空小型飞行器的探测、拒止、显控以及防控系统内部的互联互通，该系统满足多点布控、多站联网模式下的低空小型飞行器的感知、识别、处置、通报需求，对“低、慢、小”飞行器做到及时发现、发现即确认、确认即处置，有效提高核电厂对低空飞行器防御处理的能力。

7.5 成效

7.5.1 创新监管举措，提升安全质量监督效能

中国核电在安全质量监督体系构建方面秉持“管控、监督、支持、实施”理念，充分发挥协同优势，不断推动安全质量领域集约化、标准化、专业化水平提升。有效建立并运作安全质量总监派驻与巡查、安全业务组横向协作、安全专项评估等创新机制，助力核电厂全面精准排患，关注安全质量问题的最终解决，针对巡查检查对象的具体问题，提供整改“药方”，并跟踪落实情况。在发现问题的同时，积极发掘具有推广价值的良好实践，经业务组专家审查通过后进行成果共享。中国核电秉持“协作共享，公开透明”原则，将评估检查结果在成员单位中进行经验共享，促进群厂安全质量绩效提升。目前，中国核电旗下各电厂主动申请参与巡查、业务组运作、专项评估活动的意愿高涨，实现了从“要我安全”到“我要安全”的积极转变。

7.5.2 安全生产筑基，赋能公司高质量发展

中国核电以安全生产专项整治三年行动、生态环境保护专项提升行动、核安全文化提升三年行动及安全生产标准化建设等工作为契机和抓手，狠抓各项安全生产工作落实，全面开展安全生产精细化管理工作，不断提升安全管理水平，中国核电及各成员单位高度重视安全生产工作经验总结及成果转化工作，共获得各类成果奖项500项，包括各层级标准规范、管理创新/技术创新、优秀单位荣誉、专利/软著权等，中国核电首创的危险源与安全环保敏感SSCs分类分级管理方法，成功转化为集团公司企业标准《安全环保风险辨识与分级管理》，向集团全产业链推广；中国核电成员单位编制发布了国际标准《核电厂冰塞冷冻隔离技术导则》与WANO导则《大流行病威胁下核电厂响应指南》，在行业内获得了广泛应用与好评。近年来，中国核电所属在运机组及新能源场站安全生产形势平稳，在建机组安全高质量建设，取得良好的安全生产业绩，赋能公司高质量发展。2019年10月，中国核电在WANO双年会上获得2017—2019年WANO核能卓越奖，中国核电安全可靠运行及在业绩提升、安全文化建设等方面的突出贡献得到肯定。

7.5.3 风险精准管控，助力创造最佳运行业绩

中国核电认真学习贯彻落实习近平总书记关于安全生产工作重要论述，牢固树立“生命至上、安全第一”的观念，深入推进以“安全和运行可靠性管理全面提升工作”为主线的安全生产专项整治三年行动，推动并实现了安全生产责任分区分级、危险源、安全环保敏感SSCs信息化、可视化管理，以及减非停专项、大修绩效提升、设备可靠性、核安全文化建设、防人因等关键领域规划的制定和落实，持续提升核电机组的本质安全水平，从源头治理与过程管控双向发力，确保安全生产风险可知可控，为生产经营活动创造良好的安全生产环境，助力创造最佳运行业绩。

（本章编写者：卢鹏、王国华、苏松、沈哲、李俊杰、任彦燊）

8

第 8 章 科技创新体系建设与实施

8.1 体系简介

科技创新体系是从整体出发把握科技攻关必须关注的核心问题，更有效率地组织、调动不同的创新主体和创新资源，以实现既定的科技创新战略目标。强化科技创新体系化布局和建设，是企业战略科技力量有效发挥作用的重要途径。

中国核电按照国务院国资委和中核集团对标世界一流管理提升行动工作要求，坚持目标导向，持续追求卓越，不断探索科技创新之路，系统性谋划有中国核电特色的科研管理体系，在中核集团和中国核电集约化、精细化管控模式变革中，逐步开展科研项目、人才、成果集约统筹配置优化，持续提升标准化水平，高质量开展科研创新环境及配套机制建设。通过系统谋划顶层设计，制定一系列政策、制度，不断优化、完善科研管理机制，增强创新能力，激发创新活力，形成了以创新为第一动力、“人才、项目、成果”三轮驱动的科技创新体系。

中国核电科技创新体系（见图 8－1）以“目标导向、追求卓越、科技赋能、产业创新”为科创理念，锚定中国核电“十四五”综合发展规划和科技创新三年行动计划战略目标，依托五级人才梯队建设，统筹五种经费来源，全面推进五类科研攻关。在中核集团“小核心、大协作”协同创新格局下，与内外部科研院所、电厂单位、制造厂商联合攻关，在国家、地方、集团三级政策指引下，健全“1＋11”科技领域制度体系，构建科技创新保障七大机制，形成中国核电科技创新高质量发展新局面。

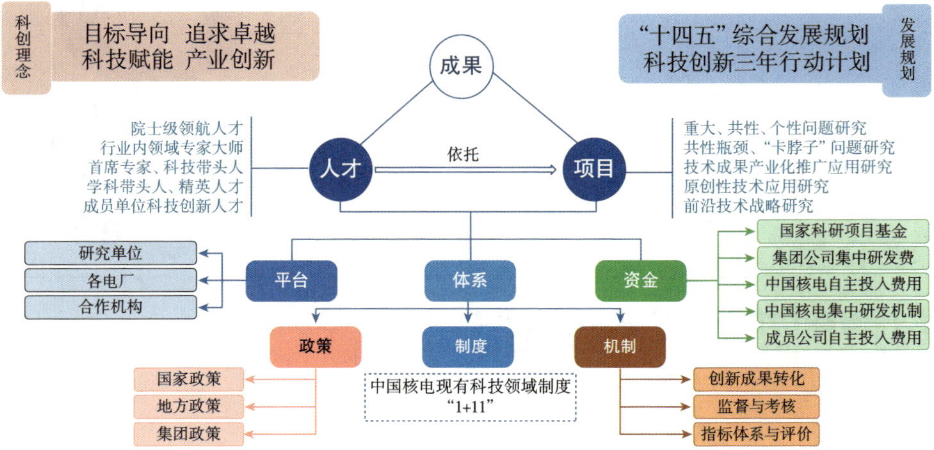

图 8-1 中国核电科技创新体系

8.2 建设背景

中国核电主要业务为国内核电的专业运营管理，在运行核电机组数量增长进入平台期后，生产经营效益增长逐步遇到了“瓶颈”。如何贯彻“三新一高”发展要求，持续提升机组的安全运行业绩成为公司发展的主要问题，需要立足于主责主业，开展与公司实际发展需求相适应的科技创新顶层设计，打造区别于科研院所的科技创新体系。在过去的发展过程中，主要以各成员单位自主科研为主，存在科研项目分散、重复开展，项目与人才培养未有效融合，项目成果策划不科学、不系统等情形，针对这些问题，中国核电提出了“重大科研项目、人才培养、科技成果”“三位一体”的精细化管理思路。

新技术与传统工业融合已成为核能产业发展的重要途径。新一轮科技革命和产业变革正在重塑经济增长的新动能，全球经济竞争的焦点集中体现在“对科技制高点的竞争”上。互联网、物联网、人工智能、云计算、大数据、区块链等正在加快融合和渗透到国民经济和社会发展的各个领域，推动着时代转型、生产关系变革、生产方式再造、经济结构重组。新技术在核电设计、建造、运行维护、制造等领域的应用，将会极大地促进核电的技术进步、管理和安全水平提升。未来核电站朝着数字化、智能化方向发展，以数字化和人工智能为代表的新技术，在进一步提升核电厂运行的安全性和先进性的同时，对核电研发与应用创新提出了更高要求。

在关键设备和零部件生产制造、新技术研发、核级设备生产制造、核电站运维技术与装备、核电专用软件研发、数字化控制系统研发和使用等领域，我国核电产业仍然存在受制于人的技术瓶颈，部分技术面临供应封锁和“卡脖子”风险，部分设备材料存在供应链安全问题，必须打好关键核心技术攻坚战。

中国核电高质量发展亟须科技创新支撑。随着运行与在建机组逐年增多，公司科技创新发展进入新的阶段，需要立足“三新一高”要求，发挥好核电运行研究院、核动力运行研究所、中核能源科技三家专业科研机构，各运行电厂科技创新专职处室及专职科研管理人员作用，逐步加大科研投入，发挥群堆群厂集约化优势，统筹安排重点科研项目，提高创新链整体效能，聚焦科技管理薄弱环节，推进精细化管理，实现“重大科研项目、人才培养、科技成果”“三位一体”系统性提升，达到“出成果、出人才、出效益”目标，为公司持续发展注入崭新活力。

8.3 体系特点

8.3.1 战略导向，集约资源

以国家、集团公司战略需求和公司发展战略为导向，立足“三新一高”，统筹策划、系统思考，着力解决影响制约公司发展全局和长远利益的重大科技问题，加快突破关键核心技术。中国核电建立了集中研发机制，统筹集中研发资金，开展科研工作，建立重要科研项目分类、分级、分层制度，充分利用新型集中研发机制，实施国家科技重大专项，实行项目“揭榜挂帅”，加强项目过程控制和过程评价管理。

8.3.2 统筹协调，目标突出

为实现科技创新驱动发展，中国核电以重大科研项目为出发点，以科技人才培养、科技创新成果为落脚点，统筹协调各单位优势资源，构建了统分有度、目标突出、各方联动的集中研发攻关机制，紧紧围绕科技创新发展规划，落实三大领域科研布局，推进“3582”科技创新发展。通过重大科研项目的统筹策划与协调实施，着力解决影响制约公司发展全局和长远利益的重大科技问题，加快突破关键核心技术。

8.3.3 小核心，大协作

为落实国家创新驱动发展战略，根据中核集团总体部署，公司积极建立“小核心，大协作”的协作机制，构建以运行研究院、核动力运行研究所、中核能源科技等院所为载体的协同创新平台，以解决运行核电厂重大技术问题；各成员单位与高校、科研企业开展合作，成立院士工作站，博士后科研工作站、工作室等，形成稳定的合作伙伴关系。中国核电通过与国内外高校院所、研发机构、国内外同行共建联合研发中心，广泛利用全球技术、人才资源，针对不同堆型、技术特点、产业领域组织策划成立产学研科技联盟、重点实验室、工程技术研究中心等，建立科技创新开放合作机制，突出合作创新、协同创新（见图 8－2、图 8－3）。

图 8－2　中国核电与清华大学合作开发防人因智慧软件

图 8－3　中国核电与中冶建筑研究总院共建核电厂建构筑物检测及寿命管理技术研究中心

8.3.4 创新驱动，服务发展

中国核电把科技服务于企业发展放在首位，大力提高自主创新能力，发挥科技支撑引领作用，加快实现创新驱动发展。突出专业院所技术创新主体作用，强化产学研用紧密结合，促进科技资源开放共享，各类创新主体协同合作，提升公司创新体系整体效能。树立底线思维，增强危机意识，坚持核安全观，满足中国核电战略和电厂需求，以解决影响核电厂安全的关键技术难题为科技攻关方向。统筹发挥中国核电在战略规划、管理协调、标准规范和监督指导等方面的作用与核电厂需求在资源配置中的基础性作用，营造良好环境，激发创新活力。

8.4 体系内容

中国核电在投资、运维和在建等三个领域开展科技攻关，建立多样化的科技创新平台，提升科技创新能力，通过科技成果应用、科技成果转化，同时积极争取国家、地方科研政策的支持，系统思考、统筹策划科研项目，一体谋划“人才队伍、科技创新、重大项目”，实施“分级、分类、分层”管理，加大科技投入；力争培养一批高水平科技人才，产生一批中核集团及中国核电首席专家和科技带头人；形成一批具有重大影响的科技成果，创造科研价值并成为中国核电利润增长点，不断推动科技创新产业的发展，使科技创新助力中国核电实现产业升级，助力公司向能源行业多元化拓展，以实现“服务核电，开拓产业，引领全球”。

8.4.1 以核电科研管理标准化平台构建科技创新体系

通过信息化、数字化赋能，促进中国核电科技创新体系建设，达到更高的精细化管理要求，解决中国核电科研项目分散、存在重复性研发、项目与人才培养脱钩等问题，解决作为生产型企业较科研单位在科技创新管理上底子薄、起步晚、专业度不足的问题。通过顶层设计、统筹规划，以集约科研资源为目标，统一规范科研项目人、财、物的过程管理，打造核电企业科研项目管理标准化流程，实现数据抓取与信息实时共享，全面提升中国核电对科研项目的整体管控与决策水平。

1. 科研项目管理业务标准化和分级原则

中国核电以科研项目管理为主线，将资源集中，业务标准化，根据项目中的科研要素进行充分梳理，借助信息化手段实现流程标准化和数据规范化设计，并进行结构式存储。对于项目采用分级管理模式，确保重点项目得到有效区分，使科技管理工作标准统一、目标明确。

中国核电以企业资源计划（Enterprise Resource Planning，ERP）业务管理为参照依据，从人、财、物三个方面，结合项目管理的时间、成本、质量三个要点，完成科研项目的结构化定义，有效统一科研项目信息，提升科研数据质量，规范科研项目管理要求；同时，借助标签化的思想，从项目等级、项目重要性、项目专业、项目关键字四个方面，为项目分类分级，奠定科研指标建设基础。

2. 管理流程涵盖项目全过程

根据科研项目管理业务规则和生命周期，将各类事项统一划分为 4 个阶段：立项阶段、开发阶段、应用测试阶段、验收阶段；同时具体细化为 5 个主线业务流程和 5 个支线业务流程。

1）科技管理平台主线业务流程

科技管理平台主线业务流程为项目必经的管理流程，包括项目入库审查流程、详细方案及预算申报审查流程、项目变更流程、项目节点管理流程、项目验收流程。主线流程覆盖项目生命周期，实现项目管理全过程的管理，并将过程信息收集到 ERP 数据库中（见图 8－4）。

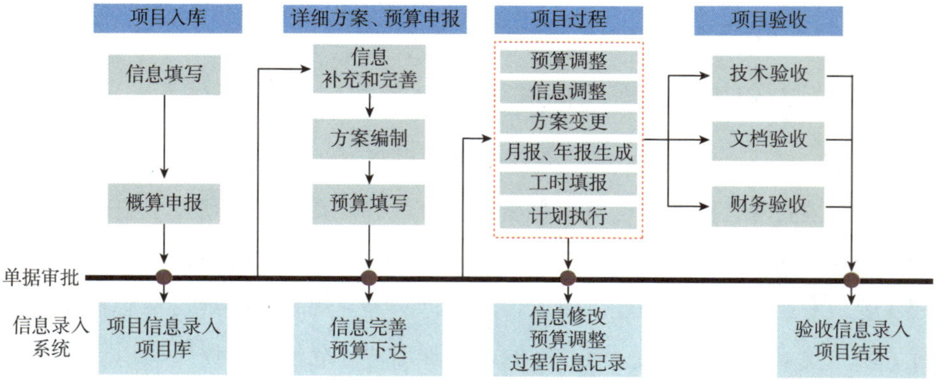

图 8－4 科技管理平台主线业务流程

2）科技管理平台支线业务流程

科技管理平台支线业务流程为项目可能产生的流程，包括共性项目会商流程、年度进展汇报流程、专利申报流程、论文申报流程、标准申报流程等。支线流程为科研专业管理工作的辅助流程，为专业人员提供简便的“一站式”信息填报和统计功能，减少重复性的日常工作（见图8－5）。

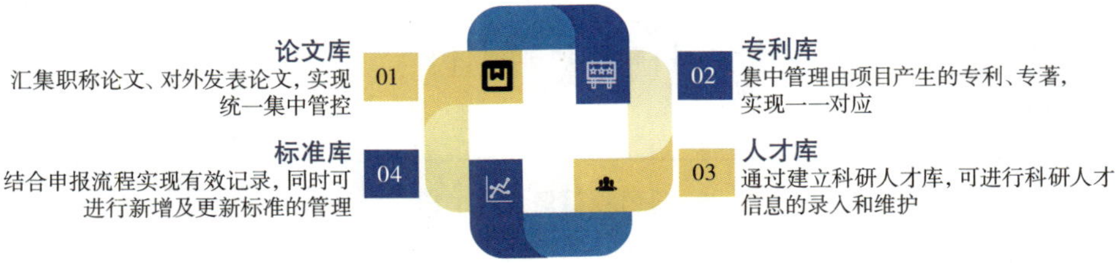

图8－5　科技管理平台支线业务流程

3. 科研项目库立体管理

建立独立两级管理体系和项目申报蓄水池，确保中国核电及成员单位可在统一的项目库下进行项目有序申报，同时实现不同级别项目管理的需求，预设初级、高级审查规则，确保不同层级间的审查不重复。

通过数据抽取工具，将项目库中全部的项目信息抽取到数据仓库中。借助数据仓库提供的计算函数，以及高速计算的特性，通过快速比对重复的字数并筛选出重复率达到65%的项目，向项目管理人员发出重复预警信息，作为参考，实现科研项目的有效核查，避免重复研发。

充分考虑中国核电集中研发项目的存在，结合一家公司牵头、多家公司配合的业务实际，对项目库进行透视功能设计，通过牵头单位填报、参研单位系统数据可视的设置，开启协同管理的新举措，可以有效建立横向交流规则，加强科研管理的信息互通，降低管理人员在信息沟通上的精力消耗。

4. 统一中国核电科研项目概预算结构管理

中国核电以树状形态自动创建预算申请的标准数据结构（见图8－6）为科研项目预算赋值，结合国家、地方及中核集团科研项目财务管理制度要求，制定涵盖各类型科研项目的统一模板，从根本上有效细分和归集各类费用预期情况，提高概算编制的准确性。

概算、预算全面联动，实现可查询和可追溯，沿用统一系统模块，预设标

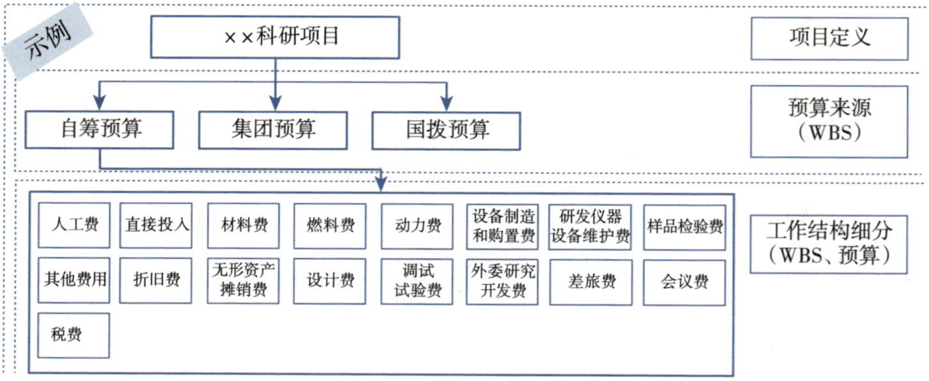

图 8－6 科研项目概预算书树状结构

准工作分解结构（WBS）模板和标准编码规则，架设自动预算创建逻辑，实现概算、预算数据与 ERP 财务接口自动传输，确保预算金额受概算控制，完成项目概算、预算的联动机制，避免超概算、超预算问题的发生。

5. 科研成果及电子文档管理提升

基于科研项目全生命周期管控，以各科研项目唯一代码为基础，搭建逻辑关联各类成果，匹配相应的论文、专利、著作权、标准、科研专家数据，提升管理输出，实现研发成果统一管理，有效提高中国核电科研成果树的管控和资源集成管理水平。

通过电子文档管理技术与系统审批流程集成，贯穿项目全生命周期，在科研项目审批完成的同时，避免文档遗失及笼统打包，由系统自动创建标准文档目录结构，为项目后续管理过程中产生的文件自动归档打下基础，实现常规格式文件的上传、查询、下载、删除等基本操作，确保形成完整科研文档管理包。

6. 科研管理信息集成

结合国家高新技术企业管理需求及科研精细化管理要求，搭建项目人工工时投入日历管理功能，根据每月日历系统筛选，确保项目人工工时填报不重复、不超时，解决税务、科技核查中人工工时核算问题。

面向科研项目负责人和科研项目管理人员搭建科研项目管理中台，实时、准确地提供各类人员科研相关数据，实现科研相关工作入口独立且统一的集中管理功能，极大地简化项目执行层和管理层的操作流程；串联公司关键数据，形成标准管理看板，全局掌握科研项目的进度和资金安排，为战略规划提供依据，打破传统的“人找数据”的工作模式，升级为“数据等人”“数据为人”的服务模式，实现人和业务的“最后一公里”的数字化结合。

8.4.2 以集中研发机制促进核心技术攻关

为实现科技创新驱动发展，中国核电以重大科研项目为出发点，以科技人才培养、科技创新成果为落脚点，统筹协调各单位优势资源，构建了统分有度、目标突出、各方联动的集中研发攻关机制，紧紧围绕科技创新发展规划，落实三大领域科研布局，推进“3582”科技创新发展。坚持全局谋划科技创新体系，落实完善科技成果转化和人才培养政策，形成科技创新、成果转化和人才培养相互促进的良性循环，深度激发科技人员创新活力和工作热情；坚持统筹协作，打破单位壁垒，集中优势资源，提升科技创新能力，规避重复研发；坚持“小核心、大协作”的思路，进一步加强与其他央企单位的科研合作和经验分享，形成了一套组织合理、各方参与的科研协同创新平台，发掘培育更多科技源创新动力。

通过集中研发机制，推进集约化管理，实现集中力量办大事。系统策划中国核电集中研发科研项目，推进集约化管理，减少重复研发、避免资源浪费。参照集团集中研发经费使用模式，按核电厂上年度主营业务收入的1%比例准备集中研发资金，开展科研投入统筹运作。建立重要科研项目分类分级分层制度，实行项目“揭榜挂帅”，加强项目过程控制和过程评价管理。建设数字化科研管理系统，加强科研经费与预算管理，实现网络平台上的科研项目全过程管理。建立集中研发知识产权共享机制，开展知识产权策划研究、知识产权预警和知识产权保护，将知识产权管理纳入科研管理全过程。

1. 广泛征集、筛选、提炼项目指南，实现精准引领

围绕科技创新规划，由各成员单位结合自身科技创新需求和应用需求，提出集中研发项目指南建议，2022 年收到各类研发项目建议近 200 项。为把科技含量高、应用价值大、带动能力强的研发项目从中提取出来，中国核电建立了较为完善的项目梳理审评机制。一是细化完善组织管理模式，建立由中国核电科技与合作部总体组织管理，指南专项工作组总体实施推动，各专设机构具体实施的组织管理模式，各方相互协同、相互协作、各司其职、高效运作；二是细化指南项目审查流程，审查分为两次，第一次为预审查，对指南需求进行初

步筛选，第二次为详细审查，在预审查的基础上，由中国核电科技委评审专家组进行审查，根据审查评审情况，对项目内容进行整合修订，确保发布项目的水平和质量；三是细化完善指南审查标准，具体包括与国家科技创新和建设核电强国战略的符合性，与中核集团、中国核电高质量发展要求的符合性，与中核集团、中国核电利益最大化和协同创新要求的符合性，项目立项必要性和拟解决的问题的合理性、充分性，预期技术水平的先进性、原创性，研发目标设置的合理性，研发任务的完整性、可行性，经费概算与研究任务的匹配性等。

2. 规范项目指南和项目实施方案，实现标准化

项目指南是项目申报的指导性文件，是聚焦集中研发领域、突出科技创新重点的重要抓手，是后续项目申报和实施的重要基础文件。为提升项目指南的编制质量，避免长篇大论，突出重点，言简意赅地说明项目指南的研究领域、类型、必要性、国内外研究现状及发展动态、研究内容和考核指标等关键内容，通过制定规范、完整、细实的项目指南参考样例和编制说明，保证了项目指南整体框架完整、合理，必要性分析充分、指向清晰，研究内容逻辑清晰、关系明确，技术指标可量化、可考核，全面提升了项目指南的编制质量和水准，为后续指南审评等打下扎实基础。

项目实施方案是对项目指南的进一步细化和完善，也是项目实施的重要依据和指导文件，项目实施方案质量直接决定了项目能否达到预期研发目标，能否实现预期效果。通过合理设置实施方案章节，编写标准规范的编制说明，涵盖研究目标、技术路线、技术方案、经济性分析、研究内容、关键技术及解决途径、技术指标、预期成果、研究进度、组织实施方案、知识产权、成果转化、产业化或工程化应用方案及其技术经济分析、项目负责人和项目组织成员名单等内容，覆盖项目实施的全部要素内容，保证了中国核电集中研发项目实施方案的标准化和规范化。

3. “严慎细实”开展项目实施方案和预算经费的审查评估

为确保项目实施方案的必要性、完整性、先进性、紧迫性、经济性，同时提高集中研发经费的利用率，做到科学策划、充分论证，从技术、经费两个方面组织开展项目审查评估；对于项目实施方案，通过组织行业内外资深技术专家团队，以及与特邀专家相结合的形式，从多专业、多角度、多领域对项目实

施方案等申报材料进行审查和评估，覆盖了项目研究内容、目标设置及技术路线、任务分解和进度安排、研发团队及工作基础、预期成果与风险分析等方面内容，确保项目实施方案的合理、规范、完整；对于项目预算经费，邀请多名集团内外资深财务专家，以细化到预算物项的审查深度，开展项目预算经费的审查评估，审查内容包括预算金额测算的合理性、准确性，以及预算设置与任务实施的符合性等内容；坚持预算以项目任务需求为根本原则，保证项目实施阶段任务工作量与经费预算的时序性和匹配性，有效避免由项目经费预算测算不准确、不合理、不细致等情况导致的项目实际执行过程中发生预算调整比例高、经费执行与任务进度时序性较差等现象。

4. 注重项目过程管理，按计划组织实施

在项目审批通过后，即要求项目承担单位制订并形成全周期一体化项目实施计划，在计划设置方面，注重计划层次，明确各方权责，分为一级计划和二级计划，其中一级计划由中国核电进行控制和管理，并根据计划执行情况，对各单位进行考核；二级计划由各项目承担单位进行控制和管理。在计划内容方面，注重覆盖范围，将项目任务、预算经费、质量管控、文档管理、知识产权等工作内容全面纳入计划管理范围，实现一个计划全覆盖的管理模式。另外，严格进行计划版本控制，加强计划的动态管理和接口协调，强化计划内容的严肃性和刚性，保证项目按计划进度实施推进。

5. 从严开展项目过程检查评估

每年针对在研重大科研项目，制订监督、检查和评估专项工作计划。监督、检查、评估主要内容包括项目的组织管理、规章制度建设、任务实施进展、计划执行、经费使用、目标完成、取得的成果及知识产权、文档管理等方面。根据检查评估的情况，督促项目承担单位制订整改计划，并督促落实，通过报告或会议等多种方式，确保问题整改到位。通过过程中的检查评估，及时发现项目实施过程中的存在问题和风险，有效规避可能发生的项目调整、延期甚至取消等情况，全面提升项目实施的质量。

6. 建立两步验收机制，提升项目质量

建立了项目预验收、正式验收两步走的验收工作流程，在项目结题后，由项目承担单位根据项目任务书、实施方案等立项审批材料，结合项目实施过程，

在系统性总结梳理项目验收报告材料后，邀请相关领域的专家进行预验收，中国核电进行见证。对预验收过程中发现的问题，形成整改建议清单，项目承担单位在规定时间内整改完毕并申请正式验收。对完成预验收的项目，制订项目验收工作计划，并按计划组织开展项目验收，并结合预验收的情况，有针对性地邀请行业内外技术专家组成验收评审专家组，采取实地考察、现场测试、功能演示、会议审查、查阅资料等方式，从任务、财务、档案等方面开展项目验收评审。通过预验收和正式验收相结合的形式，保证了项目验收规范要求得到落实，提升了项目验收结论的可信度。

7. 加大科技成果转化与推广力度

为更好地发挥中国核电集约化研发优势，促进科技成果有效应用及转化，提出集约化管控思路，力争实现资源集约化、管理标准化、成本精益化、科研产业化，发挥集约效应，持续推动科技创新发展和产业升级。策划建立统一的科技成果转化平台，打造专业化成果转化队伍，构建中国核电科技创新的“驱动器”与成果转化“加速器”；畅通集中研发成果内部推广应用途径，推动科研产品整合开发及外部市场转化，推进产业链上下游融通创新；开展知识产权系统布局和科研成果集成，构建核电技术图谱及成果树。

8.4.3 以自主化工作体系建设保障供应链自主可控

核电厂存在部分技术和产品长期依赖单一供方、关键核心技术受制于人，产品长期供应存在风险，亟须加快自主化工作，解决供应链安全及运维经济性问题。中国核电坚持“需求、问题、目标”导向，不断优化运作机制，将供应链安全、商务采购、自主化科研、成果应用转化有机结合，核心业务流程规范化、模板化，统筹推进供应链自主可控工作。

中国核电于2020年开展顶层策划，制定了短期、中期、长期规划，形成了“三统三分三精六聚焦”的管理思路，即统一认识、统一标准、统一行动，分级分类分步，精益管理、精准施策、精确考核，聚焦供应链安全、聚焦设备可靠性、聚焦运维经济性、聚焦库存最优化、聚焦科研协同攻关、聚焦科技成果共享。

1. 加强管理体系建设，分级分类分步推进供应链自主化工作

供应链自主化项目根据重要性分为三级：第一级为“卡脖子”项目，按最

高优先级来安排实施，技术成熟度、研发难度不作为是否开展的限制条件；第二级为存在经济合理性的项目；第三级为对国内技术成熟但在役设备性能良好、供应市场竞争充分、供应链自主化经济成本分析没有明显优势的，优先级列为低。

自主化项目根据紧迫程度、经济性、技术成熟度等维度分为短期、中期、长期三个阶段实施，每个阶段按照机械、电气、仪控和其他四个专业制定实施项目清单。短期阶段以落实《全国安全生产专项整治三年行动计划》要求为目标，主要解决机组运维的突出问题；中期阶段以实现“十四五”规划为目标，实施设备改造、设备性能提升、过时替代需求项目；长期阶段以落实集团“创新2030”战略为目标，选择具有全局影响、带动性强的关键共性技术，结合系统设备整体升级改造和更新换代，以及电厂寿期管理计划开展；针对市场空白或技术尚未达到等效替代水平的课题开展科研攻关工作。

2. 供应链安全分析评估，制定应急措施保安全

开展供应链自主化规划定期或专项评估，在备件供应出现风险时、设备到期需更换前对设备供应链自主化进行调研评估，开展以下四方面工作：

- 制定断供应急缓解措施；
- 对无法供应链自主化或代价过高的物项申请增量储备；
- 对已有成熟自主产品的物项申报供应链自主化产品应用科研；
- 对无自主产品或自主产品待改进的物项填报供应链自主化产品开发科研需求。

3. 风险物项供应链自主化机会审查，强化供应链自主化替代应用

风险物项采购前，核电厂和中国核电分别进行供应链自主化机会自查和审查，查询了解风险物项与自主物项替代数据表，了解已有替代应用记录及应用情况，对长期风险物项的合理性进行从严控制，对短期应急性进口核实供应链自主化产品应用或产品开发项目安排，开展定期核实。审查过程中发现有必要组织供应链自主化研发或自主成熟产品应用的反馈意见，由核电厂申报供应链自主化产品应用科研项目或填报供应链自主化产品开发科研需求。

4. 充分利用集中研发机制，促进供应链自主化产品攻关

对于非长期风险物项，暂无自主产品或自主产品成熟度有待改进的，填报

供应链自主化产品开发科研需求。针对供应链自主化产品开发科研需求，开展市场调研及成果查新、在研产品查重工作。

产品开发科研投入原则上采用集中研发机制，各单位通过集中研发科研委托框架合同委托研发任务，由中国核电统筹安排。

为联合培育、维持产业支持能力，供应链自主化产品开发原则上统一规划、联合组织，组织专业研究院、申报单位、外部同行开展供应链自主化产品开发科研，并充分考虑供应链安全产业支持长期能力。一般同类产品按照物项质量和性价比，选择1～3家外部合格供应商或1家中核集团内供应商，形成供应链，长期合作，保安全、降成本。重要品类可选取多条技术路线同步开展产品开发，可协商外部同行并行开展多技术路线同步开发，视开发产品可用性缩小长期供货选用范围。

5. 用绩效手段推动供应链自主化产品应用

鼓励开展充分调研，选用较为成熟的供应链自主化成果，鼓励选用内部各单位供应链自主化产品研发创造的成果，减少重复性产品开发。

供应链自主化科研形成的成果或产品，具备应用条件的纳入集中采购目录、供应链自主化产品应用选型目录。产品应用选型参考供应链自主化产品应用选型目录，属强制应用的应遵照选用，属推荐性应用的应优先选用。

供应链自主化产品应用现场实施完成后，需报告项目完成情况，并填报供应链自主化成果应用绩效范例，按绩效范例管理流程推进成果应用及效果评价；定期开展可靠性统计分析，分析物项的可靠性、稳定性和一致性，指导供应链自主化产品持续改进完善，统计分析及评价信息填入自主化应用替代数据库。

6. 建立多维数据库，助力供应链自主化、精细化管控

建立供应链自主化应用替代数据库，管理物资编码数据与供应链自主化产品数据的参照替代，主要包括风险物资编码、自主化替代物资编码等信息，用以进口备件采购审查。

建立供应链自主化产品应用选型目录，列出供应链自主化设备、部件、耗材清单，标识适用范围，明确强制应用、推荐性应用要求。

根据供应链自主化产品开发情况、应用情况，更新供应链自主化产品、成果数据库，用以跟踪管控供应链自主化项目进展。

7. 加强重点项目监督，确保供应链自主化项目高质量实施

强化供应链自主化工作的组织保障，建立并强化党委领导、纪委监督、总经理部组织的工作机制，以定期听取汇报、现场调研督导、专项监督、联合监督等方式对各单位供应链自主化组织领导和供应链自主化重点项目进行监督，检查各单位贯彻落实国家、中核集团及中国核电关于科技创新、设备与技术供应链自主化的指示精神；检查各单位保障机制、工作协调机制建立和实施情况、重要风险管控情况等；检查各单位重点项目的项目节点完成情况、人员与资金等配套条件到位情况等。

8. 4. 4 以人才发展机制激发科技人员积极性、创造性

创新驱动本质上是人才驱动，中国核电坚持“人才是第一资源”，贯彻落实《中国核工业集团有限公司科技人才发展纲要》，强化科技人才顶层设计，积极探索和创新科技人才体系建设，加强科研队伍建设，建立分级人才库，建立准入退出机制，建设人才梯队，以项目培养锻炼人才，加快青年创新人才培育和成长；选拔中国核电首席专家、科技带头人，积极推选申评集团公司首席专家、科技带头人；以科研院所深化“科改示范行动”探索人才使用和评价机制，优化学术岗位及技术人才晋升发展通道，健全新型科研组织模式，让“揭榜挂帅”激活“人才引擎”澎湃动力，形成与集团、成员单位科技人才通道相融合的产生、使用、评价和退出机制。为科研工作者营造良好的工作氛围和工作环境，让科研领军人才有更大的技术决策权、经费支配权、资源调配权，给予必要的物质和精神激励。

以运行研究院为例，在深入贯彻国企改革三年行动和三项制度改革过程中，建设并实施了以积分绩效分配（Strategy－Item－Point，SIP）为核心的工效联动市场化绩效薪酬体系（以下简称“SIP 绩效薪酬体系”），绩效工资实现量化管理，考核激励分配向科研人员倾斜、向核心骨干人员倾斜，实现科研人员绩效工资直接与业绩挂钩的差异化薪酬，弱化职级限制和保护，允许出现低职级、高积分人员收入远超高职级、低积分人员绩效工资的情况，同职级人员之间按积分不同体现差异化薪酬。

SIP 绩效薪酬体系兑换原则为“任务项目化、项目积分化、积分货币化”。任务项目化是指将科研任务进行项目化管理；项目积分化是指从技术难度、复杂程

度等维度进行项目量化赋分，进行积分制管理；积分货币化是指科研人员绩效奖金的发放，直接按积分数值兑现，充分体现“考核看积分、收入看业绩”。

1. 以工效联动市场化为核心建立绩效薪酬体系

聚焦科研创新成果，建立战略引导、业绩匹配、机制合理、符合科研管理规律的工效联动市场化绩效薪酬体系，使薪酬分配向拔尖人才、做出重大贡献的人才和核心骨干人才倾斜，合理拉开收入差距，最大限度地激发以科研人员为主的各类人才干事创业的热情，激发科研组织活力。

2. 以“任务项目化、项目积分化、积分货币化”量化人员绩效

引入 SIP 积分制管理，按照“任务项目化、项目积分化、积分货币化”的原则，将科研人员的科研活动及科研成果量化为 SIP 积分数值，根据积分数值兑现对应的绩效工资。对重点任务实行项目制管理，从规模、级别、创新性、技术难度、复杂程度等维度进行评价后赋予项目总分值，科研人员根据在项目中承担角色的重要程度分配对应的权重，完成任务后获得 SIP 积分分值，以积分形式量化评价个人业绩，按量化分值兑现绩效工资。

3. 打破传统分配制度，激发组织活力

SIP 绩效薪酬体系实施以来，科研人员的主动性得到激发，科研项目策划申报大幅上升，2021 年下半年，自主研发项目审批立项通过 10 项，2022 年科研项目策划申报 53 项；核心能力建设得到加强，SIP 赋分向自研项目倾斜，激发科研人员主动承担项目自研，计划外委业务比重明显降低，有力促进研发能力提升；SIP 绩效薪酬体系打破了原有的旱涝保收的薪酬分配制度，公司组织活力得到提升。

8.4.5 以标准开发建设践行核科技引领者愿景

核电技术标准化首先是产品及其形成过程标准化，即达成产品技术的成熟稳定；其次是实现上述目标的约束性文件体系构建，即标准体系；最后是实现上述目标的保障体系建设，即质保体系、标准体系维护机制。

核电标准是指由国家标准化机构、核电行业或相关行业标准化机构制定和发布的核电技术规范性文件，包括核电专业标准及相关的或支持性的工业标准。

作为核电专业标准的有机集合，核电标准体系体现了一个国家核电产业的技术能力和水平，在整个产业体系中处于顶层位置。其功能包括指导和规范核电建设营运活动，引导产业技术创新和发展，建立技术壁垒以促成国际竞争优势。对于核电“走出去”而言，核电标准体系本身的成熟性、权威性或国际认同度，以及自主化水平，起到了获得产品认同的“通行证”作用，意义重大。

中国核电充分认识到标准编制和应用对公司在核电领域占据有利竞争优势的重要意义，积极开展核电标准体系建设工作，积极参与集团企业标准、相关协会团体标准、能源行业标准、国家标准及国际标准建设工作，取得了较好成绩。

8.4.6 以知识产权全过程管理体系保护与驱动成果推广

党的十九大报告提出要“倡导创新文化，强化知识产权创造、保护、运用”。中国核电优化知识产权管理运作模式，对科研项目知识产权实行全过程管理，使得知识产权在每个阶段都能与科研项目紧密结合，更好地保护技术创新，确保科研成果及时获得推广；在关键核心技术攻关中初步开展知识产权顶层设计，不断提升知识产权创造、运用、保护和管理能力，知识产权工作取得一定成效。

一是加强中国核电三大科研领域知识产权战略布局，全面提升知识产权创造质量。加强中国核电“投资、机组运维和在建”三大科研领域知识产权战略布局，全面提升知识产权高质量创造，打造知识产权品牌工程。开展四项专利导航工程，实现主产业领域核心关键技术全覆盖。在智慧核电、设备可靠性、机组能力因子提升、小型模块化反应堆领域完成四项专利导航，实现主产业领域核心关键技术全覆盖，注重将专利导航与产业运行决策融合，助力创新能力提高、竞争优势扩大。实施知识产权储备工程，确保科技创新成果自主可控。以精细化管理为抓手，落实科研项目知识产权全过程管理。

二是着力开展高标准知识产权保护，实现知识产权风险精准防控。构建保障战略发展的商标保护体系，全面增强市场核心竞争力。推动建立知识产权审议工作体系，实现知识产权风险精准防控。建立知识产权动态跟踪预警机制，促进知识产权协同保护。充分利用知识产权信息数据平台，用数字化手段提升知识产权保护能力。

三是加快推进高效率知识产权转化运用，提升知识产权经济效益。充分依托中国核电科技成果转化中心，显著提升知识产权运营能力。成员单位做好本单位科技成果转化项目的分级分类管理和动态管理，中国核电加强对成员单位科技成果转化项目的统筹管理，并依托中国核电科技成果转化中心，在中核集团科技成果转化平台进行科技成果登记、项目公示、挂牌交易、竞价、合同登记。利用集团公司“核创空间”科技成果孵化基地，推动一批标杆项目落地。

四是系统部署高水平知识产权管理，构建知识产权新发展格局。顶层设计知识产权工作，加强知识产权制度建设。打造知识产权专业人才队伍，建立高端智力支持。系统开展知识产权宣传培训，提升知识产权意识。优化知识产权考核评价，构建长效激励机制。全面进行专利分级分类管理，提高专利管理质量效率。对有效专利进行分级分类管理，提高专利运营效率，降低专利运营成本。对专利基础信息进行分析，筛选出有效专利，对有效专利进行多视觉分析，从而形成多维度、有层次的专利分类，为专利布局、专利管理和运营提供基础数据，支撑精细化管理。

五是建立完善的知识产权全过程管理体系，将知识产权融入科研管理全过程。在项目立项阶段，通过技术发展现状预判未来发展方向，有效规避当前技术限制，寻找技术突破口，开展专利申请布局。在项目实施阶段，通过与当前技术结合，不断优化技术方案，对可行的技术方案选择最佳的方式进行科学合理的保护。在项目结题阶段，再次分析和研究实施阶段成果，全方位保护实施成果。在科研项目成果转化阶段，最大限度地发挥科研项目知识产权的价值，在充分考虑各自因素后，对相关成果进行转化。

通过创新和持续的管理实践，在产品研发与技术升级、技术合作与转让、市场开发、技术与产品进出口贸易等生产环节中的知识产权管理工作得到进一步规范，降低了企业知识产权管理风险，实现了创造为核心、保护有机制、运用有突破、管理有流程的知识产权总体工作目标。围绕知识产权工作的“尊重知识、鼓励创新、强化管理、有效运行”工作目标，积极探索并持续改进管理模式，建立了全面的知识产权规范化的管理工作流程、方法、制度和文件体系。为了确保知识产权全过程管理工作的完整性，结合自身研发和管理的特点，形成了包括策划布局、研发立项、组织申报、专家评审、动态管控、实施转化、撤销弃权等一系列的管控流程。

知识产权全过程管理流程如图 8－7 所示。

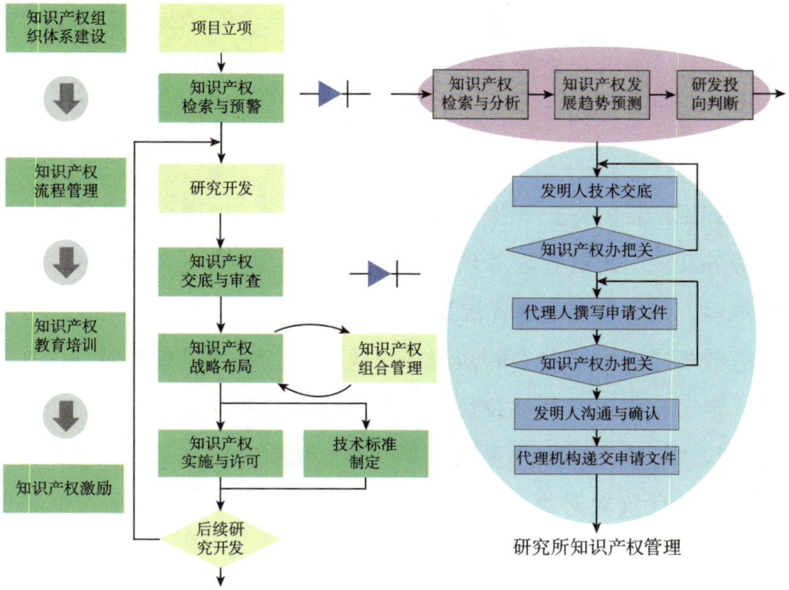

图 8－7　知识产权全过程管理流程

针对研发阶段可能产生的知识产权风险，对科研项目提出了知识产权管理应贯穿项目研究全过程的管理要求，将知识产权管理融入项目立项、实施、结题、验收、成果转化与推广应用全过程，积极发挥知识产权的引导、支撑和服务作用。

在科研项目立项前进行全面的知识产权检索，编制独立的知识产权分析报告，为项目研发目标和技术路线确定提供参考。分析报告内容涵盖项目知识产权战略布局策略、知识产权预警分析、知识产权预期成果等。

在科研项目实施过程中，及时开展最新的知识产权跟踪检索和分析，如有需要，应及时调整知识产权战略布局策略和知识产权申请保护措施。在实施过程中，对具备条件的阶段性成果及时进行申报、予以保护。

项目结题时，按照计划及时开展知识产权事项的申报，严格知识产权计划的执行，项目验收前应对项目知识产权工作的情况进行总结，并提出知识产权转移转化及市场前景的建议。

在相关知识产权应用阶段，通过合同或协议等方式，将知识产权归属与划分、专利实施许可等知识产权管理要求进行延伸，在加强知识产权保护的同时也可有效规避可能的管理风险。

六是建立知识产权风险防范机制，有效保障核电安全出口。知识产权风险是指专利、商标、商业秘密等在研发、生产经营、使用的过程中产生的被非法占有、流失、遭受侵权纠纷等，知识产权风险也一直贯穿于企业经营活动的全过程中。

为加强知识产权的保护和提升风险的防控能力，中国核电在销售和采购合同管理、对外交流、人员管理等环节，明确知识产权相关管理要求，合理规避知识产权风险，建立常态化的日常管理机制。

为了有效规避研发活动中的知识产权风险，广泛开展有针对性的知识产权预警分析，定期收集国内外科技信息动态，针对可能存在的知识产权风险，提出了知识产权风险防范措施及意见，并根据专利预警信息及时调整企业研发方向和销售行为，有效规避市场风险，保障了核电“走出去”国家战略的顺利实施。

8.5 实施效果

近年来，中国核电不断探索适应自身发展的科技创新体系，完成了中国核电科技创新“十四五”顶层设计，形成“3582 科研布局”和“十大科技创新目标”，建立“项目指南模式”，策划落地重大科研项目。同时建立健全科技创新体制机制，形成了“1 +11”的制度体系，构建了科技创新七大机制，依托两个院所（运行研究院、中核武汉），筑牢“小核心，大协作”的协作创新体系，持续开展科技创新工作。建立中国核电“数字化科创管理系统”，实现科创管理数字化转型，统筹全板块科研管理和成果转化，实现制度流程化、流程表单化、表单数字化，通过数字化赋能助推科技创新精益化管理。知识产权授权与受理量逐年上涨，近年来获得了 1 项中国专利优秀奖和 1 项省部级专利金奖，主导发布国际标准 2 项。系统策划和组织推进了标准化工作，充分发挥正向激励的引导作用，按照“策划一批、申请一批、发布一批”策略，近 3 年标准化工作取得突破进展，标准档次大幅提升，连续两年产生 2 项国际标准。中国核电在运电厂、所属院所全部 8 家单位均获得“国家高新技术企业”认定，中国核电本部获得“中关村高新技术企业”认定，为中国核电高质量发展奠定了坚实基础。

通过中国核电科研项目管理平台建立了数据基础，确保一次系统输入，数据可复制、可迭代，有效地释放了各类业务在流转和查询上烦琐、重复的人工投入，极大地便利了各类人员的工作所需，充分解放了人力资源和管理资源。

建立科技创新体系与管理制度。“十三五”期间，中国核电积极策划，充分利用国家与集团公司的政策，结合“两个十五年”发展目标，形成了以创新为第一动力、人才和项目双驱动的科研创新架构；建立了中国核电制度框架。在创新改革方面：推动中核武汉/105所继续深化改革；成立了运行研究院，并推动其实体化运作；成立了科技与国际合作部，各运行电厂设立了科技创新处，鼓励各成员单位积极主动地开展科技创新工作。

初步形成开放协同创新体系。为落实国家创新驱动发展战略，根据中核集团总体部署，中国核电积极建立“小核心，大协作”的核心协作机制，构建运行研究院、核动力运行研究所为载体的协同创新平台，以解决运行电厂重大技术问题；各成员单位与高校、科研企业开展合作，成立院士工作站，博士后科研工作站、工作室等，形成稳定的合作伙伴关系。

有效开展关键核心技术攻关。中国核电“十三五”期间，承担国家部委专项25项，集团公司集中研发项目28项，争取外部资金支持超2亿元；中国核电共性科研项目40余项，自筹项目超300项；系统性开展关键核心技术攻关，全面梳理供应链自主化需求清单97大类1306项，制定短期、中期、长期目标和总体推进计划，组织各成员单位开展核电运维“卡脖子”攻关工作。

知识产权创造保护运用能力快速提升。“十三五”期间中国核电专利申请年均增长率48%，授权专利年均增长率42%。截至2022年6月，累计申请专利总量超6000件，其中发明专利申请近3000件，占比46%。累计授权有效专利超3000件，其中有效发明专利近600件，占比16%。截至2022年6月，累计申请海外专利40余件，其中发明专利申请30余件，占比88%；累计授权有效海外专利20余件，其中发明专利申请10余件，占比77%。海外专利申请国家主要包括俄罗斯、巴基斯坦、英国、美国。截至2022年6月，申请注册商标超200件，其中有效商标160余件，占比76%。以“CNNP”“秦山核电”“田湾核电”“RINPO”“NPRI”“中核核云”为代表的商标品牌价值初步显现。

（本章编写者：罗杨、郑乐、房建成、赵岩、刘列、辛露、王欣、樊申、祝钦）

9

第 9 章 创新引领赋能核电数字化转型

9.1 体系简介

中国核电立足新发展阶段，贯彻新发展理念，构建新发展格局，全面落实习近平总书记提出的能源安全新战略、关于网络强国重要思想和对核工业重要指示批示精神，以推动高质量发展为主题，以新一代信息技术与中国核电各产业深度融合为主线，坚持系统观念，运用系统工程方法，以数字化转型为主要抓手，以业务能力提升和价值效益为导向，以核电及新能源全生命周期、全要素的信息化、数字化、智能化为核心，推进“上云用数赋智”行动，统筹发展和安全，打造数据驱动、集成创新、合作共赢的数字化能力体系，着力提升产业链、供应链“安全、高效、经济、绿色”水平，助力公司成长为具有全球竞争力的世界一流清洁能源服务商。

中国核电构建了数字化的生产经营管理体系，以支撑公司安全运营、产业升级、深化改革、科技攻关、人才强企、治理现代化为目标，坚持全局谋划、创新引领、重点突破、持续见效，优化公司核心资源配置能力和高效协同管理能力，围绕培育新模式新业态、加快产业数字化转型、夯实融合发展基础、激发企业主体活力、构建融合生态体系等发展重点，建设更加完善的经营管理、生产运营和党建文化等业务应用，实现数据在线应用、敏捷响应和快速迭代，全面提升数据共享、业务互动、决策智能水平；强化数据资源管理，推动数据治理，进一步发挥数据生产要素对数字化发展的核心驱动作用；以数据流打通上下游产业链、价值链、技术链和创新链，链接内外部单位，聚合资源、交叉赋能、推动跨界融合创新，培育内外融通的数字化生态；依托公司核心能力和典型数字化场景，打造基于数字新业务、新产品、新服务的企业运营新模式，不断提升产业数字化、网络化、智能化发展水平；依托核工业数据中心，推动新型基础设施建设，逐步向 IOT 化、云端化、中台化、移动化转变，为数字化发展提供高经济性、高可用性、高安全性的技术底座，并以“五坚持、七统一”的发展原则持续推进网络安全与信息化数字化转型工作。

1. 坚持战略导向

以企业数字化、智能化升级转型为主线，进一步加强战略规划和顶层设计，充分发挥信息化驱动引领作用。

2. 坚持业务融合

促进业务与信息化的深度融合，推进信息系统的服务化、平台化、敏捷化，实现端到端流程优化，为企业生产经营管理和产业转型升级注入新动力。

3. 坚持数据驱动

打通信息“孤岛”，统一基础数据标准，实现企业内部业务数据互联互通，促进以数字化为支撑的管理变革。

4. 坚持创新引领

强化 5G、云计算、区块链、人工智能、数字孪生、北斗通信等新一代信息技术赋能作用，形成集中统一的数字技术赋能平台，为业务数字化创新提供高效数据及一体化服务支撑。

5. 坚持安全可控

加强网络安全管理体系建设，落实安全责任，完善技术手段，加强应急响应保障，确保不发生重大网络安全事件。

6. “七统一”

“七统一”包括统一领导、统一规划、统一架构、统一标准、统一管理、统一建设、统一运维。

9.2 建设背景

9.2.1 以数字化创新提升企业应对风险能力，打造国际一流核能企业

近年来，随着外部经营环境的不断变化，中国核电产业结构呈现多元化趋势，由单一的核能发电企业，逐步向核电技术服务、核能新技术、清洁能源以及售电等领域拓展。虽然中国核电在核电安全运营领域形成了比较好的基础积累，但面对激烈的市场竞争和参与电力市场的需要，架构与标准管理能力较弱的现状将导致信息化的建设、管理活动等缺乏约束和指导，因此需要建立本部及成员单位两级架构下的标准规范管控组织体系。多元化生产经营增利方式和管控模式还需进一步优化，需构建完备的整体协同运作机制，以更好应对内外部突发风险。有效利用数字化转变原有流程和模式，制定更加精准的应对策略，将成为打造新的竞争优势的迫切需要。

9.2.2 以数字化创新管理体系维护核电安全，实现安全效益最大化

核电企业安全、稳定运行永远处于首要地位，历史上几次核事故给全球核能事业发展带来深远影响，特别是福岛核事故后，很多国家核能发展政策出现摇摆，国家能源战略选择、安全性标准、经济性效益和社会公众认可等方面难以平衡。如何在确保安全前提下保持核电企业经济性，是保证核电企业在电力行业中的竞争力需要解决的重大课题。

虽然近几年中国核电加强了成本管控和在建机组投资控制，并加大了对新能源的收并购，但效益难以立即大幅度显现。网络安全方面还不具备从监控、预警到应急响应、安全防御的整体防护能力；网络安全由核电厂各负其责，还未形成合力；未形成监督管理体系，还需要从顶层规划层面考虑建设适合中国核电需求的网络安全制度体系。

在确保安全运行的基础上，在经营风险波动的不确定性情况下，从战略、计划、执行、分析、考核等各环节进行有效管控，才能推动核电企业快速适应

复杂多变的市场竞争环境。

9.2.3 以数字化构建多领域智能联动，提高管理效能及科学决策水平

2013 年以来，中国核电通过信息化建设，构建了以 4E 系统［核电厂生产管理系统（EAM）、设备可靠性管理系统（ERMs）、人财物经营管理一体化系统（ERP）、企业内容管理系统（ECM）］为核心的统建信息系统，基本实现核电厂生产管理、经营管理、办公与文档自动化管理等全业务覆盖。但信息系统技术架构难以匹配前端需求的敏捷性要求，信息系统维护成本居高不下，对用户需求的响应速度不够理想，统建系统的总体拥有成本较高，投资回报比难以有效测算衡量，信息系统建设缺少产品化思维，用户使用体验较差，系统集成程度较低，数据传递仍需较多人工处理。

4E 系统实现了业务流程的标准化、规范化、结构化，但未能对业务数据进行有效的整合和关联展示。比如，数据不全、质量和可视化程度不高，用户体验不佳，数据报表形式侧重于数据统计，未能提供互动分析功能，历史数据价值有待进一步挖掘，对标和信息统计困难，各部门数据存在多头上报，数据来源、统计口径不统一，没有形成汇总及分析，与现有业务发展不匹配，各级领导关心的市场开发、工程建设、生产运行、安全质量等管理指标无法及时呈现，领导层管理驾驶舱数据呈现亟待拓展和优化。

中国核电需要以智能化协同管理思路，围绕日常运营管理活动，深入研究不同业务间的相互联系及各自对运营产生影响的客观规律，针对公司综合绩效、发展能力、竞争能力、风险管控等开展综合及专题分析，以更智能化的角度和数据分层的理念，在统一平台上实现生产经营管理的标准化、一体化，构建适合推动业务发展的智能化联动经营模式，着力打造核电信息资源应用平台，结合战略管控、财务管控和操作管控的特点，构建不同场景、不同深度相结合的管理体系，明确责任界面，建立一体化高效管理机制。

9.3 体系特点

中国核电信息化建设以“统一、整合、共享和智能”为指导思想，以“标准化、专业化、集成化、扩展化”为统一建设原则，打造标准、集成共享的信息化平台，作为产业数字化和运营信息化的载体，支持并推动各项业务的高效开展，推动全寿期协同与全产业互联，提升业务分析与管理决策能力，全面支撑中国核电的数字核电战略。

数据架构的发展以“数字化、智能化”为总体目标，以主数据管理为基石，建设“全面统一、全程贯通、四流合一、虚实结合”的大数据治理与应用服务体系，达到“高能驱动、数字治理、精准服务、产业发展”的效果。在主数据管理方面，确定数据管理的对象，明确数据管理的职责，确定数据管理的流程并建立支撑管理平台。通过现状分析阶段，识别项目管理、设备管理与运行管理、采购与仓储管理、人力资源管理和财务管理 5 大业务管理领域共计 18 类主数据、84 类关键业务数据，进行数据实体分析以及数据实体关系分析。

技术架构的目标是建立稳定、可靠、可扩展的公共技术平台，为数字化支撑业务与战略“铺好路”；制定企业统一的技术标准，规范信息系统建设；融入新技术与新趋势，结合自主可控要求，实现先进性与实用性相结合、开放性与安全性相结合。技术架构规划的原则是统一基础设施、构建平台服务、向云化服务化架构转型、适时使用成熟先进技术、统一标准和规范。

9.4 体系内容

中国核电紧紧抓住国家发展核电战略机遇期，主动融入新一轮科技和产业革命，加快数字化、智能化技术在生产经营管理领域的应用，不断以数据驱动、智慧赋能推进中国核电生产经营管理转型升级。统筹战略发展，在统一的价值理念指导下进行一体化运营体系管理，科学构建业态模式，高效配合，逐步改善多头管理、管理真空，建立起真正端到端的流程，逐步实现本部与成员单位的办公自动化、一体化，将“流程、组织、业务”融为一体，进一步加强业务管理中的动态监控（见图 9－1）。

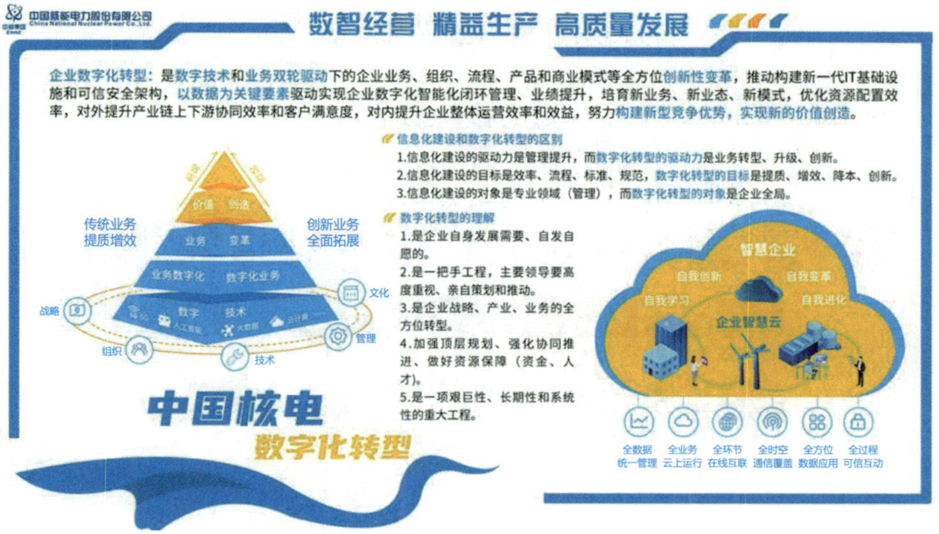

图 9 - 1　中国核电数字化转型架构

9. 4. 1　组织驱动，构建上下协同的数字化管理体系

1. 重塑高效的生产经营管理组织模式，推进治理能力现代化

为进一步促进中国核电生产经营管理数字化，提升信息共享、协同效率，由中国核电经营计划部牵头，组织本部各业务部门及成员单位业务骨干，成立了中国核电数智运营管理提升专项组。专项组以“管理制度化、制度流程化、流程表单化、表单信息化”为原则，全面推进中国核电办公无纸化、移动化、智能化建设；以数据纵向贯通、横向共享、集成协同为理念，全面推进安全生产平台和经营监测平台建设；运用集团公司倡导的系统工程方法，推进管理制度落地并建立管理模型，针对管理模型建立绩效性能指标，通过对绩效性能指标的趋势分析，优化管理模型和改进过程管理质量，通过不断迭代的“向前一小步”，持续提升中国核电治理体系和治理能力现代化水平。中国核电经营管理组织架构如图 9 - 2 所示。

2. 持续完善数据治理体系，开展“两化融合”体系贯标

中国核电围绕大数据工作建立专项组织，统一管理数据分析需求，逐步积累高质量行业特色数据资产；统一协调处理数据分析需求，统一组织跨部门数

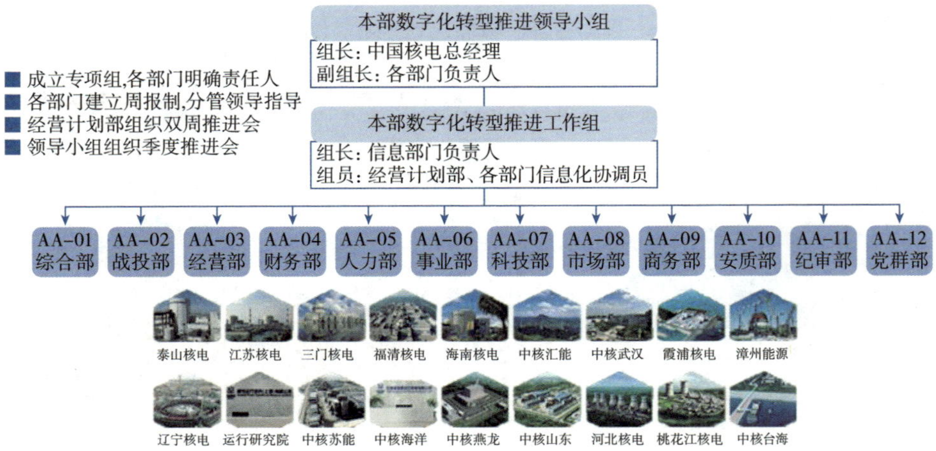

图 9－2　中国核电经营管理组织架构

据分析需求处理；统一引入专业数据分析工具（数据中台）和大数据技术，推进数据分析能力快速提升。同时，建立数据治理及分析管控机制，建立标准化、高质量的数据资产，并持续提升。对原来围绕主数据开展的标准体系进行完善，丰富和扩大数据管理的范围。将参考数据、业务数据纳入数据管理主体内容，针对数据质量、数据安全、数据治理三个重点环节，单独编制相应的程序规范，针对大数据能力的直观体系和管理对象，将数据应用单独列为一个总体规范，并在其之下形成具体的应用规范和技术标准，从制度流程上保障了大数据能力体系的合规和完备性。

中国核电持续建设数据治理体系，解决数据标准与实际业务系统执行脱节的问题，防止出现标准及执行“两张皮”的现象，从而建立起有效的检验和整改手段。采用规范、统一、标准化的数据架构元模型，实现元模型与业务系统数据库/表结构的有效连接，保证实际执行与数据标准之间的动态一致。明确数据生产、管理、消费的责任和义务，保障数据治理方法的有效落地，达到数据治理的长治久安。建立数据内容校核体系，对数据内容建立完善的校核规则。同时在多源数据之间进行融会贯通，保证数据内容的有效、统一。在明确数据治理思路的同时，建立相应的数据治理组织架构体系，明确数据生产者、数据管理者、数据消费者等相关方的责任和义务，确保数据治理落到实地。综合采用技术和人工结合的方式对数据质量进行核查和改善，将大数据能力投入数据质量的提升工作，形成滚动反哺的持续改善过程。

中国核电持续推动“两化融合”管理体系贯标工作，以构建数字时代核心能力为主线，系统实施集技术应用、数据驱动、流程优化、业务重构等于一体的运行体系变革。持续开展“两化融合”管理体系贯标，旗下秦山核电、江苏核电、三门核电、福清核电、海南核电五家运行核电厂均已完成，中核武汉作为科技创新服务型单位，于2021年12月取得《两化融合管理体系AA级评定证书》。

3. 成立中国核电信息中心，统筹集约、精细运行

为进一步整合资源、完善信息化治理结构、强化信息化管理，更好地支撑标准化战略落地、促进数字化转型，中国核电于2017年10月成立信息中心（见图9－3）。信息中心是统筹策划、推进落实中国核电信息化工作的主体，是实施标准化战略重要的推动者和执行者。信息中心由中国核电经营计划部和六家成员单位的信息部门整合而成，经营计划部作为中国核电信息管理领域的职能部门，具体负责信息中心的管理。

图9－3　中国核电信息中心

信息管理中心作为中国核电信息管理机构，下设五个工作组，分别是综合规划组、项目管理组、网络与信息安全组、数据管理组、标准业务组，由本部直接管理，其职责如下：

- 负责信息化战略与规划制定，组织开展信息化政策和前沿技术应用研究；
- 负责信息化管理体系与标准建设；
- 负责审核和下达年度信息化计划（预算）；

• 负责信息化项目群管理，研究制定相关的内部市场定价规则和取费标准，牵头开展软件正版化、信息领域集中采购技术支持工作；

• 牵头开展商网、数据中心建设和运维工作，牵头制定中国核电统一的信息安全管理制度和信息安全策略，组织检查各成员单位信息安全管理规定和要求的执行情况，督促整改落实；

• 牵头开展数据管理工作；

• 负责制定中国核电信息化工作考核办法，开展激励和考核，以及评优和荣誉管理工作。

9.4.2 架构驱动，实施“七统三集”信息化项目集约管理

中国核电坚持统一规划、统一标准、统一设计、统一建设、统一管理、统一平台、统一投资，集中实施、集中部署、集中运维“七统三集”原则，制定了顶层信息化规划，从业务、数据、应用、技术、安全五个方面开展了架构管控，以精细管理发挥集约优势，通过标准化的统建系统向各单位提供信息技术服务。为更好地从中国核电板块层面对各成员单位提出的信息化需求进行梳理和精细化提炼整合，确保拟建的信息化项目符合中国核电“十四五”规划发展目标，确保项目目标匹配中国核电业务价值提升导向，由中国核电信息管理中心和信息分中心专家组成信息化项目审查组，以双月为单位对各单位提出的信息化需求进行审查。中国核电网信架构如图 9－4 所示。

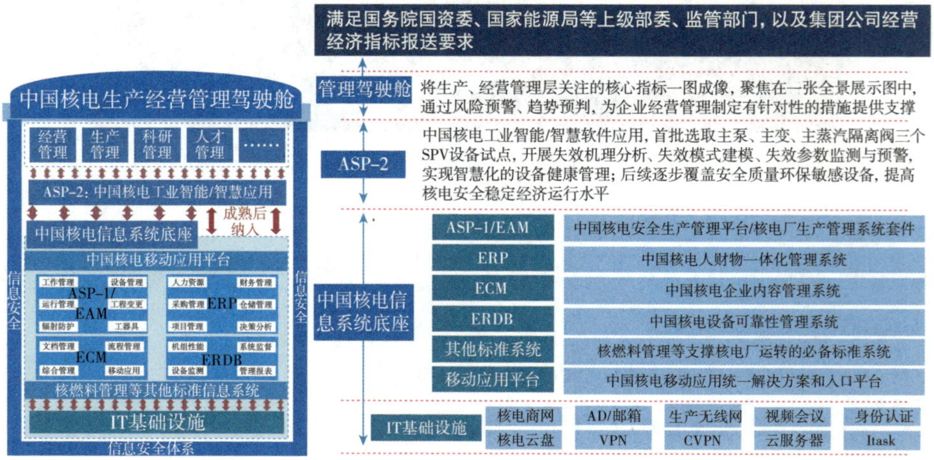

图 9－4 中国核电网信架构概述

1. 信息化项目管理原则

信息化管理遵循“总体规划、分步实施；立足应用、效益优先；协同建设、整体推进；资源共享、保障安全”的指导方针，坚持“七统三集”的工作原则，避免盲目建设、重复建设和分散建设，形成“纵向贯通、横向集成”的统一信息化架构。信息化工作遵循“坚持架构管控、需求驱动，坚持以我为主、借助外力，坚持继承发展、安全实用”的建设原则，遵循“引进成熟技术，掌握关键技术，统一技术标准，构建能力平台，促进综合集成，推动创新发展”的技术方针；坚持“规划引领、计划指导，统建为主、集采优先，资源统筹、集中管控”的总原则，全口径统一管理，项目全部纳入年度信息化计划预算管理；坚持“凡建必审”和集中统一的技术架构管理策略，选用安全、成熟、先进的软件/套件，尽量减少客户化，推行项目经理负责制，严格控制项目范围，重点把控项目进度、成本、质量和风险四个关键点，致力建设“安全、好用、标准”的信息系统。信息系统软件产品坚持“成熟性、适用性”原则，不盲目追求高精尖和技术更新换代，硬件和软件采用市场上广泛使用的成熟产品，降低实施和运维风险。

2. 信息化项目审查原则

遵循业务主导、信息辅助的信息化项目建设模式，以集约化思维精细化实施信息化项目。归纳总结网络安全、数据中心、信息化建设和运维中较为通用的管理要素，共享项目管理过程执行细则及参考要求。重点控制立项、设计、验收三个关键环节，在立项阶段，通过与财务、商务、科技部门建立联动机制，确保信息化项目立项材料必须经过信息部门审查；在设计阶段，信息部门依据信息化项目管理程序审查项目需求和设计文件，提前发现潜在的网络安全、架构管控、数据保密等风险；在验收阶段，信息部门对项目交付质量进行管控，通过信息部门参与的测试验收才能上线试运行。坚持“规划引领、统建为主、集采优先、凡建必审”原则，各成员单位信息化项目须在通过中国核电信息中心审查后才能发起项目实施采购，不得未批先建。对于4E等统建信息化项目的优化改造、深化应用开发，业务蓝图须报中国核电相关业务部门或业务标准化组审定、中国核电业务主管领导批准后，方能开展后续实施工作。

3. 信息化项目运作机制

中国核电从企业全局视角统筹信息化项目管理工作，精细化管理项目策划、审查、实施、后评价全过程，把握该项工作的动态演进走向，设立并明确了重点信息化项目负责人运作机制、运维服务项目的运作机制、项目推广机制、绩效激励机制。通过落实项目建设和系统运维中的主体责任，项目负责人带领项目管理办公室负责项目综合管理和日常事项决策，主要包括项目范围、进度、成本、质量、变更、风险、文档管理等；负责项目实施工作，对项目进行全生命周期过程管理。运维服务经理带领运维团队负责系统运维整体工作，确保项目安全稳定、可靠运行，确保高质量地完成运维服务工作，提高用户满意度。

根据中国核电信息系统推广计划，由推广单位指定项目指挥和项目经理，负责项目实施，投入资源，并按照中国核电要求保质保量完成系统上线。中国核电项目组，代表中国核电对推广单位项目实施全过程进行监督和指导，协助推广单位制订项目实施方案和推广计划，开展技术开发与配置、培训、测试和上线支持等工作。

项目经理和脱产成员（6 个月及以上）的绩效考核由中国核电与所在单位双向考核共同确定。考核优秀的项目负责人和脱产成员，由中国核电结合项目绩效进行激励，并在参加中国核电信息化荣誉评选时优先考虑。对于积极支持和配合项目实施的单位也按照 MKJ 考核办法给予激励。开展信息化项目后评价以正向激励为主，形成了全员参与的良好氛围，大家以建成可靠、优质、好用的信息化系统为目标，积极贡献良好实践经验和优化建议。

9.4.3 安全驱动，构建“云管边端”协同纵深防御体系，确保本质安全

1. 设立中国核电网络安全实验室，加强技术研发、人才培养

《中华人民共和国网络安全法》、国务院《关键信息基础设施安全保护条例》的颁布，标志着我国对关键信息基础设施的网络安全防护提出了新的更高要求，不仅从技术角度做出了约束，还从管理层面定义了运营者所承担的责任和义务，对运营管理人员的法律责任和处罚措施做出了明确的规定。应此要求，中国核电开展了网络安全实验室建设，建立统一的安全运营管理体系，在核电本部的指导下完成网络安全体系制度的编制，规范中国核电网络安全活动。

实验室主要职责是落实中国核电网络安全具体工作要求，开展核电厂网络

安全建设与加固、网络安全基线核查与评估、网络安全应急处置、网络安全常态化运营等工作，并协助中国核电本部开展网络安全的总体规划，为推动中国核电网络安全向体系化、实战化、常态化方向发展提供技术支撑和人力输出。打造中国核电统一的网络安全技术团队，协助各运行电厂完成全网（含关基）的监督管理、威胁发现、监测预警、应急处置、实战对抗、重大安全保障；建设中国核电整网态势感知平台，依托运营团队建立网络安全应急的体系化防御能力；建设中国核电的统一认证管理体系，规范系统访问客体和访问行为，全面提升中国核电抵御外来安全威胁的能力；建设网络安全靶场，提升中国核电网络安全实战化水平，推动网络安全高素质人才培养。

实验室成立以来，组建了技术顾问团队和具体工作组，包括技术研发组、安全运营组、设计规划组、电厂工作组、外部专家组，并与国内顶尖高校（清华大学、武汉大学、西安交通大学、华中科技大学等）、科研机构（国家信息安全技术研究中心、中国电子科技 30 所、国家信息安全测评中心等）开展合作，拥有较为雄厚的网络安全技术研究实力和网络安全建设加固、运行维护、应急处置能力。为进一步加强网络安全实验室的人力资源力量和技术储备，在中核武汉特别设立了网络与工控信息安全技术部，具体承担实验室的日常运营工作。2019 年，实验室参与了国家能源局的网络安全规划编制，开发的 DCS 安全测试平台获得了工业和信息化部试点示范项目表彰。2020 年，实验室参与了国家标准《核电工控系统网络安全管理要求》的编制，获得了“第二届全国工业互联网大赛三等奖”，获得了“工业自动化和控制系统安全服务能力”的首批认证。2019—2022 年连续三年作为技术支持方全程参与中国核电的网络应急演练工作，较好地完成了实验室成立时设定的任务指标。

实验室实行“统一管理、分级负责、责任到人、全面开放”的运行与管理模式，通过外部专家组和内部业务工作组保障实验室正常运作，除实验室正常业务工作外，运作模式还包括运作经费管理、人才培养和学术交流。此外，通过重大科研项目的研究与技术攻关，培养一批在核电厂网络安全领域高水平的技术人才或领军人才，每年向集团和中国核电输出一定数量的专业技术人才。实验室加强学术交流活动，每年开展一次中国核电网络安全技术交流会，每两年召开一次国内学术交流会，加强与国内科研机构的交流与合作，实时掌握国际研究动态。

实验室成立以来，围绕实验室定位开展了基础设施的建设、网络安全技术研究、网络安全规划、网络安全运行维护（网络安全检查及应急处置工作）等工作，组织实施了中国核电的网络安全培训及宣传，完成了中国核电网络安全规划、网络安全技术研究等相关工作，主要成果如下：

- 协助中国核电编制了《中国核电商网网络安全规划》《中国核电网络安全态势感知建设规划》，并通过商网工作组和网络安全工作组的技术审查。

- 参与国家能源局《网络安全 2018—2020 年规划》的编制工作，《网络安全 2021—2025 年规划》的评审工作。

- 参与国家标准《核电厂工控系统网络安全管理要求》（GB/T ××，评审中）编制工作。

- 与田湾核电共同完成核电 DCS 安全测试平台研制工作，并获得工业和信息化部试点示范项目表彰。

- 开展核电无线智能化研究，获得“第二届全国工业互联网大赛三等奖”。

2. 建设中国核电态势感知系统，实现网络安全全天候实时监测

中国核电态势感知系统满足《中华人民共和国网络安全法》《信息安全技术 网络安全等级保护基本要求》《国家网络安全事件应急预案》等国家安全标准的要求，并响应中核集团关于态势感知系统建设的工作安排。由点到面，由浅入深进行全天候、全方位的威胁情报监测和预警，快速发现网络存在的风险点和系统的脆弱性，对薄弱环节进行全面剖析，从而便于提出合理、有效的安全加固方案，构建全面的核电网络安全保障体系。

通过构建网络安全态势感知平台，将安全分析所需的各类数据统一采集起来，实现流量数据、终端日志、网络设备日志、安全设备日志、应用日志等数据的采集。随着“十四五”阶段信息化的发展，其他类数据源采集逐步丰富，利用这些数据对用户网络环境中的各类资产和网络结构进行识别。由于各级单位的网络规模不同，对数据的要求也有差异，为了确保对数据的可持续的存储、分析以及后期进行数据挖掘甚至是进行机器学习等应用，采用大数据架构，来提高性能并解决扩展性问题。

为进一步细化中国核电态势感知平台的整体架构、部署模型和应用场景，完成试点单位资产梳理、核心数据和关键流量采集和分析，以及上下级平台之间各类数据和信息的下达（如情报、预警、工单等）和上报（如风险、告警、

安全事件等），初步建成了中国核电的网络安全态势平台，使管理层及时了解和掌握试点单位的网络安全态势，为后续大规模推广和应用积累经验，并实现与中核集团态势感知平台对接工作，满足中核集团网络安全数据收集和展现等方面的相关要求。实现上下级之间、各系统之间的数据联动、事件联动、信息联动。中心平台可显示所有子系统的基本状态，能够从资产、运营、漏洞、安全事件等维度对全网进行当前网络态势的呈现。同时，核电系统也有着自己的一些特殊性业务需求，需要结合关键应用进行相关场景性的定制与展示，以满足对关键内容、关键流程的监测、分析要求。

9.4.4 流程驱动，打造“4E”统建系统，实现全业务覆盖、全流程贯通

中国核电信息系统建设采取“统一规划、统一标准、统一设计、统一建设、统一管理、统一平台、统一投资，集中实施、集中部署、集中运维”的原则，建设以业务为导向，以信息化规划为蓝图，深度融合业务，建设了以4E系统［核电厂生产管理系统（EAM）、人财物经营管理一体化系统（ERP）、企业内容管理系统（ECM）、设备可靠性管理系统（ERDB）］为核心、移动平台为辅，各专业信息系统作为补充的信息系统体系，实现了核电板块内全业务领域的信息化覆盖，确保生产运行、日常检修、大修工作高效运行，保障各核电机组安全、稳定运行。

1. 打造核电生产管理系统，构建安全生产业务模型

EAM是以核电厂设备信息管理为基础，以核电厂工作管理流程为主线，将核电厂设备管理、工作管理、配置管理、运行管理、辐射防护管理以及安全管理集为一体的信息系统平台，是支撑核电厂运行发电、生产管理、安全管理业务的重要工具，是保障核安全、设备安全和人身安全的重要手段，也是核电厂提升安全水平、管理水平，与国际一流核电企业管理对标的重要工具。

中国核电存在压水堆、VVER、重水堆、AP1000、“华龙一号”等多种堆型，各核电厂的管理程序、业务规范和流程设计具有差异，原有的生产管理业务流程、管理信息系统各不相同，对标管理困难，缺乏集约化、精益化管理。因此，统一各电厂安全生产业务流程，构建统一、标准的EAM是中国核电实现“核电业务标准化”的重要支撑，也是关键一步。

经过多年持续建设和业务变革，截至目前，EAM 在中国核电的秦山核电、福清核电、海南核电共 17 台核电机组推广上线，实现了核电安全生产管理流程的标准化统一，形成了一套适用于多机组、多堆型的群堆安全生产管理流程，建立了中国核电核电厂安全生产业务模型（CNBM），实现了核电厂安全生产业务管理驱动与信息化建设的深度融合。

2. 打造核电人财物一体化管理平台，推动经营管理数字化转型

“十三五”期间，中国核电根据企业的业务成熟度和发展需求，开展了 ERP 二期项目建设，以“授权为目标的智能培训”“共享为核心的智慧财务”“工单—采购计划为线索的数字供应链”三条主线为核心建设内容，在传统 ERP 之上集中研发新一代的“ERP +”数字化应用平台。

在“ERP +”数字化应用平台的建设中，遵从“技术先进、性能可靠、架构可控、灵活拓展”的原则，全新构建了“前、中、后”三台联动架构模型，充分体现“横向新单位推广接入、纵向新业务融合拓展”的“ERP +”管理思路。

会计共享中心是中国核电基于“ERP +”数字化应用平台开展业务创新的典型代表。自 2018 年开始，通过“ERP +”数字化应用平台打造会计共享、智慧财务体系，推动中国核电会计核算集约化、标准化、信息化水平提升，促进业务规范统一，降低运营成本，驱动财务全面转型。会计共享中心负责业务提报与业务处理独立、财务核算数据全流程集成与共享、税企直连、财企直付、会计档案影像电子化、财务标准报表自动出具、财务机器人自动化应用、共享运营大数据监控等 9 大业务功能模块、10 大会计核算业务领域和 112 支业务流程。该项目为中核集团会计核算服务中心提供了良好借鉴，获得了国务院国资委《国资报告》的官方推荐及计算机协会的最佳战略型项目奖项。

“ERP +”数字化应用平台推动了中国核电全板块经营管理集约化、标准化、信息化水平的提升，促进业务规范统一，降低运营成本，驱动经营管理数字化转型；构建中国核电本部管战略管规划、成员单位管经营管效益、专业中心管核算管信息的管理体系。

“ERP +”数字化应用平台为中国核电在管理提升、降本增效和融合创新等方面发挥了重要作用。平台上线以来，仅会计共享一年就处理了 56290 笔业务单据，减少了 70% 的单据重复审批，流程步骤精简 40%，其中员工报销款项到账

时间由原来的 2 个工作日提速到最快 2 小时，银行对账业务从多人负责 4 家单位变为 2 人负责 13 家单位，对账时间从原来的 10 个工作日提速到 5 个工作日以内，采购计划报送周期从近 2 个月的时间缩短至 2 周以内。据统计，在每位会计人员业务单据处理量增加 30% 的情况下，单位时间降低了 20% 。

通过对经营管理业务进行数字化场景转化，实现人财物一体化的数字化管理能力平台，“智能培训”“智慧财务”和“数字供应链”前、中、后三台贯穿业财一体化管理场景，使中国核电的经营管理向数字化、智能化迈出坚实一步。

3. 打造核电企业内容管理平台，实现文档一体化管理

ECM 实现了对不同单位、不同机组、不同类型的内容从产生、捕获、分类、存储、保护、管理、使用到处置的全过程管理，并将企业所产生的数据进行集中统一管理，支撑中国核电业务流程一体化管理体系，同时为其他业务系统提供内容支持，最终支持企业迈向知识管理。

1）实现文档一体化管理，使从文件到档案的过渡无缝衔接

企业内容涉及面广、数据巨大，包括日常办公的行政文件、信函、会议纪要、管理程序、项目设计建造过程中的各种文件、生产运营阶段产生的各类记录报告、技术规程等，为了实现对文件的全生命周期管理，项目组从源头对文件进行严格把关，即每份文件在系统创建之初就有唯一的编码，通过审核等环节后拥有完整的文件属性，文档管理人员对文件进行预归档后，补充完善档案属性，成为档案保存在系统的档案库，使从文件到档案的过渡无缝衔接。从文件的产生、审批、发布，到文件归档成为档案，提供内容利用服务，在整个过程中，存储在 ECM 中的实体文件只有一份，内容状态变化的过程都可以通过 ECM 进行跟踪和控制。

2）通过标准数据接口实现与承包商数据交互

通过发布规范化的企业内容移交接口，整合各业务系统和 ECM 完成电子文件的移交、检查、接收和归档工作，最大限度地做到自动化归档，能进行系统对接的都进行自动化对接，减少人工干预。归档过程中，对电子文件的真实性、完整性、可用性进行鉴定，为承包商数据的有效接收、后期的数据加工工作的开展、内容利用服务的提供奠定坚实基础。

3）提供跨站点全文检索服务

为了方便用户对数据的使用，ECM 提供多种搜索方式，包括快速搜索（全

文检索、二次检索）、多维搜索、高级搜索等方式。其中，多维搜索方式可将文种、管理领域、组织机构、项目阶段等字段进行组合搜索，并将加工内容与对象、内容和项目进行深度关联，便于以项目或对象为视角的使用。在内容管理系统的基础上，建立知识库，建立知识加工和标准模板的生成机制，实现知识管理，支持知识的快速复用、管理的快速复制和人员的快速培训。

在跨站点集成方面，ECM提供了覆盖各成员单位的全文索引，能够方便用户在中国核电全公司范围内检索到需要的内容资源，对分散存储在各个站点的内容建立统一检索平台，为所有用户提供一个全局视图。一次搜索就可以查询到中国核电范围的相关结果，提高了搜索结果的准确性、搜索操作的便利性，且允许相关人员在权限范围内进行调阅、查看。同时可以自动进行目录信息合并和统计计算，使用户可以在各个层次、各个维度进行内容的统计分析。

4）组织机构及用户统一管理

由于中国核电内部应用系统繁多，不同人员使用的信息系统各不相同，为了减少用户记忆各信息系统账号、密码的数量以及各系统管理员人员调整的工作量，ECM系统搭建了统一用户认证模块。统一用户认证模块通过对外提供统一的、标准的查询接口向第三方系统提供查询服务，通过标准接口不仅减少了第三方系统开发及运维的工作量，而且使得用户仅需记住一套密码即可登入所有的应用系统，方便了用户对信息系统的使用。

4. 打造核电设备可靠性管理系统，提升机组安全性和可靠性

为加强设备的可靠性管理，提高机组的安全性和可靠性，提升机组能力因子，减少非计划停堆停机和维修工作量，中国核电自2012年起先后制订了一揽子设备可靠性管理提升计划，其中便包括建立系统性的设备监测与可靠性管理信息化工具与软件平台，完成在秦山、田湾、福清、海南、三门五大核电基地共24台运行机组的共享环境建设，实现了中国核电设备可靠性管理体系下的大部分功能。

构建基于大数据的系统与设备可靠性监测与诊断模型，建立层级化个性大数据分析算法，降低系统漏报率、误报率，保障核电设备健康管理系统的有效性；基于系统、设备状态量身定制的混合建模技术，开发基于大数据的系统和设备状态诊断工具，保障算法的有效性；建设基于多维传感器信息融合的早期异常识别与动态阈值预警系统；建设涵盖异常识别、故障诊断、健康评估和性

能预测的全流程运维辅助系统。

根据中国核电设备可靠性管理实际情况，结合国际先进的设备可靠性管理方法和规范，建立了一套科学的、标准的、系统性的核电设备可靠性管理软件平台，实现了关键、重要设备寿命周期内的基础数据、运行数据、维修历史数据、故障缺陷数据、日常巡检等各类动态数据的有效整合，并进行标准化、规范化、结构化处理，同时结合行业基础数据库资料，实现同类设备可靠性管理数据和经验的横向共享、设备可靠性指标的实时计算、系统/设备的健康评价、设备预防性维修持续优化、设备可靠性参数动态积累和修正等功能。

9.4.5 数据驱动，打造智能监测平台，服务生产经营提质增效

1. 精益生产，策划实施中国核电安全生产平台建设

中国核电围绕“安全生产”主线，以有效推进核电安全生产标准化为着力点，分析安全生产管理现状，总结安全生产提升有效措施，并结合国际核电领域安全生产管理良好实践，构建了具有中国核电特色的数字化安全生产指标体系。指标体系采用算法模型和展现模型将监管和考核要求可视化，在自主研发平台上结合大数据应用工具，为中国核电安全生产领域提供了监管和考核标准统一的管理驾驶舱，即安全生产平台，打通了中国核电本部与核电厂侧安全生产管理通道，保障了涉及安全生产的重要事项在本部和电厂侧的有效衔接和全过程管理，为各级管理者提供了直观的决策依据。

根据国家安全生产监督管理提升的整体要求，通过分析安全生产管理现状，总结出安全生产领域管理提升的有效措施，结合国际核电领域安全生产管理良好实践经验，应用算法模型和展现模型将监管和考核要求指标化，通过信息化手段为安全生产领域提供监管和考核标准统一的安全生产管理监管信息化平台，实现了对中国核电旗下各核电机组的安全质量、运行生产、机组性能、设备可靠性和大修执行等数据信息的及时、有效收集、分析、加权计算和驾驶舱级的图形化展现，为管理层提供了直观的决策依据。同时，对各核电厂安全质量的重点事项、管理行动、任务督办进行统一管理和跟踪，实现了本部对各成员单位安全生产的统一管控。

1）建立机组综合排名指标体系，完善安全生产监管手段

通过对安全质量、运行生产和设备可靠性三大领域核心业务数据的收集和

梳理，形成业务数字化基础，结合奖励先进、激励后进、共同进步的考核机制，分析提炼得出核心业务数据，组合成关键指标，并根据重要度对各领域各指标分配不同的权重，制定出适合中国核电安全生产领域的综合排名指标体系，同时根据中国核电统一管控要求，为各类指标配置了加减分项和整体的计算公式，通过建立一套标准统一的安全生产指标体系及系统并应用数学模型来综合评价各核电厂的安全生产水平，以评比促进发展，从而使核电厂安全生产管理水平进一步提升。

同时为了适应管理提升不断改进的要求，在指标组合、权重分配以及加减分项上实现了动态配置，从而实现了从机组综合排名指标配置（指标元数据、指标收集周期、指标计算公式、指标权重和判断准则配置）、指标权限分配、指标计算到指标展现全套数字化业务的产品化。

2）建立运行机组监测渠道

中国核电的主要业务就是保障旗下各核电厂安全稳定运行。及时、有效地掌握机组运行状态，获取各机组实时数据，掌握第一手材料，及时发现问题，提出解决方案，跟踪问题解决情况是中国核电本部各业务管理部门的主要工作和迫切需求。通过获取核电机组工艺系统状态、经验反馈和行动跟踪等系统中的实时数据，根据不同的业务模型实现对发电量、工况、核安全无事故天数、工业安全无事故天数、A/B 类事件的产生和处理情况、督办事项的执行情况等进行实时跟踪，以图形的方式进行动态展示，实现了原先“定期要数据”的管理行为向“变化即更新”的日常行为转变的管理提升。

3）推进 5G 技术在安全生产管理领域的应用

中国核电及各成员单位上下联动，认真开展安全责任分区分级、危险源分类分级以及安全环保敏感 SSCs 梳理辨识，通过组织各单位开展对标研讨、分类辨识、制度完善，制定了《核电厂危险源分类分级标准》《核电厂工业安全与环保敏感 SSCs 分级执行指南》，发布了分类分级管控清单，着力推进基于 5G、GIS/矢量图和视频技术的信息化、可视化平台建设，实现了重点安全区域、重点安全生产工作的实时监控，进一步提升了各级单位的安全生产意识，为厘清责任、压实责任、落实责任提供了依据。

2. 数智经营，基于风险应对的中国核电经营监测平台建设

中国核电以推动核能发电、非核清洁能源产业高质量发展为目标，以数字

化生产经营管理提高企业应对内外部风险的韧性为途径，通过重新塑造以产业为主线、以领域为支撑的生产经营管理组织架构，在筑牢底层大数据池的基础上，搭建纵横贯通的高效信息流，加强业务领域逐层数据分析，构建了数字化、智能化的经营管理驾驶舱，以及时预判、预警风险的发生。“用管理的思维发现问题，用数据化的思维分析问题，用技术的思维解决问题”，力求可以实现以数据支撑生产经营业务为核心，对生产经营风险进行跟踪和预测。通过阈值设定可在数据异常时进行预警，主动识别生产经营管理中可能存在的风险，实现业务数据自动获取和关联深度分析功能，满足管理层对核电板块整体经营管理、安全生产等状态进行全面了解的需求，更好地辅助领导科学、合理决策，有效保障公司全部资源和经营行为在控、可控。

1）构建纵横贯通的数字化信息流，提升上下协同效率，降低管理成本，提高决策质量

中国核电生产经营监测平台的关联预测管理更像是公司辅助决策的“智慧大脑”，挖掘公司各业务模块经营指标数据，透过复杂数据发现关键问题，建立多项交互的辅助运营决策的数据模型，如发电量、利润、电价、市场售电、投资等，从纵向与横向的跟踪和预警，纵向上打造“生产数字化、运营信息化、全寿期协同、全产业互联”的一体化平台，横向上推进经验反馈、趋势预测等能力建设。从数据孤立到数据交互共享，推动了生产经营实时监测与计划执行的良性互动，实现了核电特色数字化管理在生产经营方面应对风险波动的管控，对企业经营风险进行预警；灵活的混合平台架构既支持传统数据分析也支持大数据分析，具备高效快速的海量数据存储和大数据处理能力，降低了企业运维成本。

2）夯实底层大数据基础，业务端逐层加强数据分析，深化数据利用

中国核电针对生产经营管控要求、自身情况、发展需求及已有的海量业务数据，结合行业特征，自主设计研发了中国核电生产经营监测平台，以信息化、数字化的技术，将内置的安全生产、大修优化贡献、经营预测、计划执行等业务模型进行图形化展现，通过对信息数据资源的全面整合和生动展示，实现了经营管理数据的智能化呈现，为管理者及时掌握整体运营情况、开展风险防控提供了有力支撑，提高了决策效率，促进了经营管理变革。

中国核电生产经营监测平台以“集约运行、源端维护、分布应用、优化流程”为核心，杜绝重复录入、信息冗余的情况发生，力求以“自动抽取”+“一次输入，相互钩稽”为主要方式将各领域数据汇总、分类，转换成管理层所需的分析型数据，通过图表等多种形式，展现数据间隐藏的内在规律，进而展开多维度、多层次关联分析。切实做到业务领域不再聚焦于研究单一垂直领域，进一步加大了数字化在安全质量、机组运行、经济指标、市场管理、投资管理等方面的关联应用，实现全面协同。

经营监测平台让公司管理者随时得到可供决策的判断信息，帮助公司管理者明确在企业经营活动中真正需要的信息是什么，即不仅是营业收入、利润、EVA 等财务数据，还应聚焦在公司核心主业关键指标上，包括全计划跟踪、机组运行情况、发电量、功率、动态评价指标、风险控制等，这些都能让公司领导准确了解和判断公司业务及成果的相应绩效指标，从而统筹安排、全面布局、提前规划公司的生产经营活动。

3）立足企业经营管理实践，搭建业务模型打破现存业务壁垒

随着电力市场化交易改革的逐步深入，面对新形势，中国核电经济指标预测管理需要进一步创新，紧密结合发展战略目标和经营计划，加强各项业务的数字化深入联动，优化供给、销售预算与生产预算。新形势下经济指标预测的核心流程是：首先，充分调研各省电力供需情况，结合各省对核电企业发电计划的安排，预测基本的发电能力；其次，跟踪各省电改进展和电力市场交易机制，通过制定合理的营销策略，把握重点市场，锁定有效供给，争取有利的市场销售电价；再次，根据机组能力及稳定运行情况，合理优化和安排大修工期，提高整体层面的有效电量供给，力争每年预算的目标都在可持续发展的基础上实现效益最大化；最后，通过深入分析单电成本构成，通过目标成本、标准成本管控，挖掘降本增效突破点，找出降本空间，达到较有利的成本管理水平。通过以上各环节的数字化联动，持续开展经济指标滚动预测分析，大力推进业商财融合，创新工作方式，做好财务预算与业务计划协调融合，充分发挥预算目标的引领、激励作用，追求精准预算管理。开发电力市场化交易分析工具，结合电力市场的交易品种，实时跟踪并抓取电力市场交易的基础数据，包括各电厂的竞价交易、发电权交易、挂牌交易等电力品种的成交价格、成交量、交易主体等，形成电力交易基础数据库。

售电管理模块可以有效进行电量损失分析，将损失电量细化至生产经营的

具体环节，通过数字化手段建立发电数据实时滚动收集、计算以及预测功能。针对部分电站的需求，建立依据电价、缺陷和电网要求等多因素叠加的最佳运行组合数据分析模型，提升多机组最佳配置能力，有效提高经营效益。

在建核电项目的建造资金消耗大，技术复杂，建造周期长，成本回收周期长，需要面对较长时间的风险和不确定性，一旦决策失误，就会造成经济损失，这就更需要本部具有前瞻性，能够总结过去、把握现在，更要预测未来、规划战略，对季度、年度乃至全周期的经营指标和数据进行准确预测和把控。投资管理平台展示对中国核电本部来说，可以实现统一的投资业务管理，搭建清晰、明确的两级项目库；对成员单位来说，可以提高工作效率，保障项目信息传递的准确性。以流程为驱动、以数据为抓手、以制度为依据，将管治目标和监管合规要求融入各业务流程中，在流程中采集数据、审批信息，实现科学决策和有效管控，再通过制度、程序来确保流程顺畅运营和数据的时效质量，为管理目标的落地提供有效保障。投资模块业务流程和架构逻辑见图9－5。

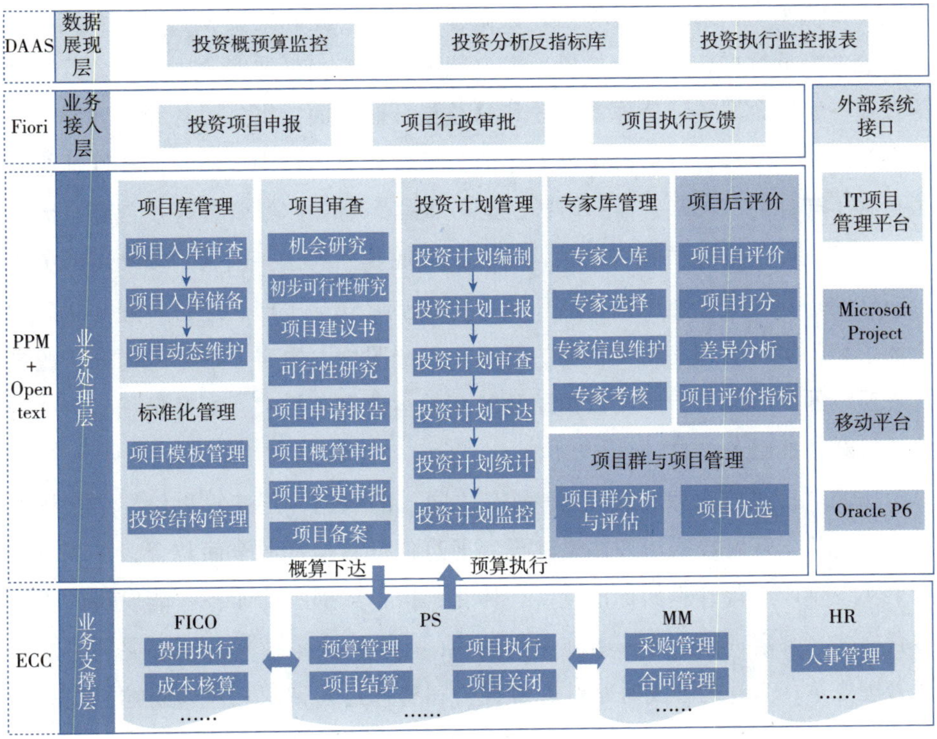

图9－5　投资模块业务流程和架构逻辑

3. 上下协同，打造企业级生产经营管理全景驾驶舱

随着信息技术发展和业务智能化驱动，核电厂信息化已逐渐从建设信息系统向数据资源的挖掘利用转变，从集团公司每年信息化水平评价的五个维度中可以看到，中国核电虽通过统建和自建系统实现了业务流程的标准化、规范化、结构化，但信息资源集中和共享利用能力仍不高，数字化创新与转型能力还有很大提升空间。为进一步将公司管理层关注且能为生产经营管理决策提供支撑的关键指标数据进行集中展示，实现业务数据的自动获取和关联分析，满足管理层对企业自身整体经营管理、安全生产等状态进行全面了解的需求，及时预判、预警风险的发生，中国核电围绕“安全生产”和“经营管理”两条主线，以福清核电为试点，打造了电厂级生产经营管理全景驾驶舱，实现了与中国核电板块驾驶舱的对接。

全景驾驶舱对标工业和信息化部《“十四五”信息化和工业化深入融合发展规划》中数字化驾驶舱的要求，服务“主动优化、持续改善”精细化管理提升，以数字价值驱动，秉承数据贯通和数据分层理念，充分挖掘和利用现有核心信息系统的海量数据，以提升核电厂发电能力为核心，打通安全生产、经营管理等各业务领域数据链，从降本增效和精益提升两方面，将公司各级管理层关注且能为生产、经营管理决策提供支撑的关键指标数据集中展示，创造性地构建了包含生产计划、大修、辐射防护、运行维修、财务、经营、科技创新、数据中心等核电厂各核心领域的全景驾驶舱，实现业务数据多因素、多维度的关联分析，便于管理层对企业在复杂环境下自身整体安全生产、经营管理等状态的全面了解，实现生产及经营管理的可视化和透明化，构建了指标趋势分析改进管理质量的核心能力，形成数据驱动的高效运营管理模式，提升精细运营、智能决策和精准服务能力。

按照“厂级监管—领域监控—科室协同”的数据分层建设思路，结合核电厂运营现状，开展数据治理体系建设，通过信息数据资源全面整合，在统一平台上实现生产经营管理的标准化、一体化，构建数据驱动业务智能发展的生产经营模式，绑定责任主体，实施协同联动，在提高决策效率的同时促进生产经营管理变革，为管理者及时跟踪并掌握公司整体运营情况和风险防控提供有力支撑，全面提升公司业务分析与管理决策能力，支撑公司的整体战略。

围绕集团公司、中国核电数字化转型及精细化管理要求，对标中国核电生

产经营管控平台（经营监测平台和安全生产平台）良好实践，结合核电厂生产、经营管理精细化提升要求，通过对核电厂生产计划、大修、经营、财务、运行维修、科技创新、辐射防护、数据中心等领域的业务梳理，形成相应的业务模型、数据模型和展现模型，实现包含核电厂各核心业务领域在内的全景驾驶舱建设。

以多因素下动态预测核电厂发电能力为目标，实现生产计划、大修管理、经营计划和财务管理业务数据的关联分析，通过对影响发电能力的因素参数化、参数配置化和配置动态化，建立发电能力的精细化动态预测模型，为公司发电营收及经济指标的完成测算提供智能支持。

参考 DCMM（数据管理能力成熟度评估模型），对标电力行业、能源企业等数据管理的先进企业，加强公司数据治理和数据质量管理能力建设，形成具有电厂特色的数据管理体系，在进一步服务电厂生产经营主数据管理的同时，推动电厂数据治理体系精细化提升。

全面对接集团公司、中国核电有关数字化转型、精细化提升、数据治理及数据交易、数据中心建设等举措，结合核电厂业务，实际构建多领域融合的能力预测模型，从结果导向模型向能力预测模型转变，从业务数字化向数字化业务转变，并结合数据可视化技术，实现各预测模型要素的可视化动态调整和自动计算。同时对接核能监管部门的管理要求，实现“纵向到底、横向到边”的数据和应用对接。

充分利用中国核电已有的管理平台和业务系统数据，实现以数据支撑生产经营业务为核心，对生产经营风险进行跟踪和预测，满足管理层全面了解核电厂生产经营等状态的需求，更好地辅助领导科学、合理决策，有效保障公司全部资源和经营行为在控、可控。

9.4.6 产品驱动，自主研发 ASP-1、ASP-2，服务核电安全高质量发展

1. 核电安全生产管理平台（ASP -1）

以核电厂设施设备（SSCs）信息为基础，以工单管理为核心流程，打通生产计划、现场紧急抢修、状态报告业务流程，实现设备管理、运行管理、工作管理、文档管理、配置管理、安全防护、支持服务业务功能。充分利用现代信

息技术，开发功能覆盖全面，与上下游产业链业务接口便捷，为当前云技术、大数据、物联网、移动化、人工智能等先进技术应用创造条件的自主技术平台，解决采用国外生产管理系统造成的运维服务中断、对外服务输出受限、新技术应用无法整合等“卡脖子”问题。ASP－1 定位为“华龙一号”机组的配套商业级软件产品，产品具有管理、数据双内涵，将成为提升“华龙一号”运行业绩、具有市场竞争力的软件产品，支持中国核电现有核电基地群堆运营管理及后续业务发展。

1）研制自主可控的核电安全生产管理平台

通过本次项目的建设，形成以企业级开发和运行平台（核源）为技术基石，以标准核电业务模型为业务基石的 ASP－1 系统，该系统拥有自主知识产权，研发完成后，预计 10 年内不会出现颠覆性系统升级。研制过程中采用完善先进的信息化软件技术，按照网络安全等级保护三级标准进行设计和开发；基于核电安全生产管理标准业务蓝图，对功能进行重新定义和优化，形成符合中国核电管理特色的系统方案及业务管理流程。

2）优化系统用户交互界面和操作流程

ASP－1 系统开发中引入了 UX 用户体验设计技术以及前后台分离实现技术，在提供专业用户体验设计的同时，前端页面和后端程序以低耦合的方式实现，方便前端页面和后端逻辑的压力分配以及未来展现技术的更新；优化了交互界面和操作流程，形成中国核电自有风格的生产管理系统。

3）具备灵活的部署方式

生产管理系统通常采用集中部署的方式，实现简单，稳定性高，访问速度一般能够被本地用户接受；但对企业级的生产管理系统来说，集中部署会使远程访问用户极易遇到网络抖动甚至断网的问题，只能等待网络修复。

4）提高平台的扩展性，延长软件寿命

软件系统在其整个运转过程中会不断遇到新的功能需求或改进要求，如果是单体系统，可能需要对原有的功能和受其影响的所有模块进行重新开发，工作量大、耗费时间长，而且一般是对原有结构的破坏性重构，稳定性也不容易保证。本次开发的自主化生产管理系统在扩展性上已实现功能模块级别的快速装载和卸载，为后续功能升级提供了条件。

5）实现系统高可用，提高运维效率

安全生产管理平台作为中国核电核心信息系统，在软件产品、软硬件环境、架构设计、运行策略上进行了多方论证和审查，实现了99.9%的运维可靠性，每年非计划关闭时间约为8小时。开发运维方式已实现一体化，实现了从分模块的代码提交、单元测试、集成测试、系统测试、测试环境试运行到灰度发布、自动部署，提高了系统运维人员的工作效率，实现了规范的开发流程和运维流程。

6）提高系统用户数量承载能力

原有的生产管理系统用户承载能力，仅支持同时在线用户数量1500～3000，用户并发数量约为300，新研制的系统能够承载的用户数量达到50000，用户并发数量达到5000。

7）实现云计算、物联网、移动化、人工智能相关技术对接

新系统开发基于云化平台，云计算能力强，可部署实现物联网系统、深度学习引擎等，同时通过服务化的方式为移动App实现逻辑和运算支撑。在业务场景上，新系统根据生产业务模型，匹配各类实用场景，以业务为最终目标，以核源为实现路径，完成了生产管理活动在信息化上与云计算、物联网、移动化、人工智能的对接与提升。

2. 核电厂关键与敏感设备智慧管理系统（ASP－2）

为解决安全生产专项整治三年行动方案的突出需求，中国核电针对核电厂功能故障导致机组降功率、停机停堆重大系统瞬态以及可能造成人员安全、环境危害的关键敏感设备，自主开发了核电厂关键敏感设备智慧管理系统（ASP－2），开展了核电厂关键敏感设备故障失效系统化分析的技术方法研究、关键敏感设备智慧管理的数据体系与模型体系研究、关键敏感设备智慧管理系统软件原型研发、三大类关键敏感设备智慧管理应用研发。产品采用自主化技术，通过对关键敏感设备故障失效机理分析、失效模式建模，实现失效参数监测和故障定位智能化，提出4周后的计划停机检修，从而减少机组在高功率工况下自动停机停堆所带来的安全隐患，提升机组的安全性。

项目于2020年12月12日正式启动，2021—2022年针对主泵、主蒸汽隔离阀、主变三大类设备进行首批试点。因不同类型设备的故障机理相差很大，选择转动设备（主泵）、静机设备（主蒸汽隔离阀）、电气设备（主变）三大类设备进行智慧管理应用研究，通过落地应用研发以验证技术导则、数据与模型体系、软件原型，确认项目成果推广性。每类设备在应用研究时都同步考虑对

“华龙一号”机组同类设备的适应性。这些设备将作为“华龙一号”机组的配套智慧工业软件，提升“华龙一号”机组的核心竞争力。

（本章编写者：刘祯、孙海凤、陈宏峰、任增朋、高汉军、谢婷、刘双）

10

第 10 章 现代税务管理体系构建与实施

10.1 体系简介

中国核电在构建核电企业现代税务管理体系过程中遵循合规管理的要求，有效防控涉税风险，以企业和员工经营管理行为为对象，将制度制定、风险识别、审查决策、风险应对、考核评价、管理培训等有组织、有计划地融入税务管理活动中。在实践中逐步形成精确识别风险、精细防控风险、精准落实优惠、精诚共抓实效的“四精”体系，并进行了模式创新、制度创新、工具创新、技术创新、业务创新、机制创新六个方面的创新，优化了企业财务管理体系的结构，完善了企业财务管理体系的功能，增强了企业财务管理体系创造价值的能力。

10.2 建设背景

税务管理是对企业各项生产经营行为涉税情况的事前控制、事中管理以及事后检查，涉及公司设立、投资并购、工程建设、生产运营、合约安排、资产重组等多个环节。构建核电企业现代税务管理体系，有利于控制企业税务风险，防范税收违法行为，保障企业持续健康发展。国务院国资委于 2018 年 11 月印发了《中央企业合规管理指引（试行）》，从企业治理的高度对合规管理提出了明确要求，并将财务税收列为合规管理的重点领域之一。同时构建核电企业现代税务管理体系，有利于企业在市场化条件下实现自身资源优化配置，保障国家宏观经济调控目标落地见效。通过构建核电企业现代税务管理体系，增强了企业风险管理体系的价值创造能力，并为国家提供长期、稳定和增长的税基，最终达到企业发展与国家强盛的协调统一。

10.2.1 顺应改革大势

一是在财税改革进程中始终贯彻法治思维和法治方式，依法治国思想理念深入人心。党的十八届三中全会通过的《中共中央关于全面深化改革若干重大问题的决定》指出，财政是治理国家的基础和重要支柱，科学的财税体制是优化资源配置、维护市场统一、促进社会公平、实现国家长治久安的制度保障。党的十八届四中全会审议通过的《中共中央关于全面推进依法治国若干重大问题的决定》指出要加强市场法律制度建设，编纂《民法典》，制定和完善发展规划、投资管理、土地管理、能源和矿产资源、农业、财政税收、金融等方面的法律法规，促进商品和要素自由流动、公平交易、平等使用。党的十九届五中全会审议通过的《中共中央关于制定国民经济和社会发展第十四个五年规划和二〇三五年远景目标的建议》指出要完善现代税收制度，健全地方税、直接税体系，优化税制结构，适当提高直接税比重，深化税收征管制度改革。截至2021年6月，我国已有13部税收法律，从时间上看，党的十九大后，全国人大通过实施的税收实体法有9部，土地增值税、增值税和消费税等3个税种的法律征求意见稿已经公布。

二是法治央企建设日臻完善。党的十八届三中全会通过的《中共中央关于全面深化改革若干重大问题的决定》提出推动国有企业完善现代企业制度。国有企业属于全民所有，是推进国家现代化、保障人民共同利益的重要力量。国有企业总体上已经同市场经济相融合，必须适应市场化、国际化的新形势，以规范经营决策、资产保值增值、公平参与竞争、提高企业效率、增强企业活力、承担社会责任为重点，进一步深化国有企业改革。《中华人民共和国国民经济和社会发展第十四个五年规划和2035年远景目标纲要》要求围绕服务国家战略，坚持有进有退、有所为有所不为，加快国有经济布局优化、结构调整和战略性重组，增强国有经济竞争力、创新力、控制力、影响力、抗风险能力，做强、做优、做大国有资本和国有企业。该纲要同时指出要实施更大力度的研发费用加计扣除、高新技术企业税收优惠等普惠性政策。健全鼓励国有企业研发的考核制度，设立独立核算、免于增值保值考核、容错纠错的研发准备金制度，确保中央国有工业企业研发支出年增长率明显超过全国平均水平。

三是深化税收征管体制改革不断推进。2021 年中共中央办公厅、国务院办公厅联合印发《关于进一步深化税收征管改革的意见》，全面推进税收征管数字化升级和智能化改造，不断完善税务执法制度和机制，大力推行优质高效智能税费服务，精准实施税务监管，持续深化拓展税收共治格局。税务部门多次强调，要想方设法把名义税率降下来，想方设法把实际征收率提上去，想方设法把偷逃税行为打击掉，决不能让“劣币”驱逐“良币”。在深化税收征管体制改革的大背景下，企业必须做到应纳尽纳、应享尽享。

改革为国有企业在新发展阶段指明了方向和路径，而财政制度的变迁与政治、经济、社会等方面紧密关联。在国有企业改革的新阶段，应顺应改革大势，更加系统地看待国有企业改革与财税改革的协同效应，并结合企业自身实际，因势利导、统筹推进。

10.2.2 促进企业发展

税收的本质是通过对私人财产权的剥夺，为社会提供公共产品筹集资源。因此财税政策的变革反映了国家和企业分配关系的调整，构建核电企业现代税务管理体系即是通过加强微观管理实现国家宏观经济调控目标的一种有效方式。

一是促进中央企业实现高质量发展。2020 年 7 月 30 日召开的中共中央政治局会议指出，当前经济形势仍然复杂严峻，不稳定性、不确定性较大，我们遇到的很多问题是中长期的，必须从持久战的角度加以认识，加快形成以国内大循环为主体、国内国际双循环相互促进的新发展格局。从供给端看，正如习近平总书记于 2018 年 5 月在中国科学院第十九次院士大会、中国工程院第十四次院士大会上强调的，关键核心技术是要不来、买不来、讨不来的。因此，我国应当积极利用目前以大数据、云计算、物联网、人工智能为典型代表的第六次技术革命契机，实现向高附加值产业升级，只有这样才能克服人口减少带来的不利影响，实现人均工资水平增速与经济增长保持同步。从需求端看，促进产业链升级和创新发展，迫切需要启动庞大的国内市场，如果没有足够的应用场景，技术创新将变成无源之水。习近平总书记于 2020 年 9 月在全国抗击新冠肺炎疫情表彰大会上的讲话中谈及“要坚持以供给侧结构性改革为主线，坚持深化改革开放，牢牢把握扩大内需这个战略基点，保护和激发市场主体活力，确保宏观政策落地见效，提高产业链供应链稳定性和竞争力”。在与此同步的税制改革中，国家陆续出台了一系列鼓励科技创新和制造业发展的财税政策，企业通过构建现代税务管理体系，并结合自身情况，可以充分发挥政策的积极效应，更好地促进自身高质量发展。

二是树立企业资本市场良好形象。中国核电是 A 股上市公司，公司“十四五”时期投资规模约是“十三五”时期投资规模的 2 倍，资本市场融资是解决企业发展所需资金的重要途径，而资本市场融资高度关注企业依法合规经营的质量，将依法纳税贯穿于企业管理各环节，是维护资本市场形象的有力保障。

三是适应企业与地方协调发展的需要。核电项目投资大、周期长，并且享受一些特殊的行业性税收优惠政策，因此企业与地方形成良性互动、互促发展至关重要，相关政策的维护、执行对科学处理企业与所在地政府的公共关系提出较高要求，新能源业务拓展更离不开企业与地方协调发展。

综上所述，企业实现高质量发展可为国家提供长期、稳定和增长的税基，并最终达到改革与发展的协调与统一。

10.2.3 遵循法律规范

2012 年 12 月 4 日，在首都各界纪念现行宪法公布施行 30 周年大会上，习近平总书记强调：“依法治国，首先是依宪治国；依法执政，关键是依宪执政。新形势下，我们党要履行好执政兴国的重大职责，必须依据党章从严治党、依据宪法治国理政。”《中华人民共和国宪法》第五十六条指出中华人民共和国公民有依照法律纳税的义务。其隐含的另一个含义也可以解读为公民也有不缴纳没有通过法律设定的税负的权利。改革意味着权利与权力的重新权衡，在重新分配权利与权力的过程中要遵循法治理念和法律规范。因此，必须将依法纳税贯穿构建核电企业现代税务管理体系的全过程，以守法的外在形式，追求内在的公平与效率均衡。

10.3 体系特点

通过构建核电企业现代税务管理体系，逐步形成精确识别风险、精细防控风险、精准落实优惠、精诚共抓实效的“四精”体系。充分发挥税务管理对企业发展的积极促进作用，为推动核电企业可持续和高质量发展提供有力支撑。

10.3.1 精确识别风险

税收风险是指企业的涉税行为因未能正确有效地遵守税收法律法规的规定，而导致企业未来利益的可能损失。一般由两大类原因产生：一是企业在开展业务过程中，因过多地重视商业目的的实现，忽视税法有关规定而产生了税收风险，如应纳税而未纳税、少纳税，从而面临补税、罚款、交滞纳金等风险；二是对有关业务适用的税法规定理解、掌握不准确，错误适用税收政策，多缴或少缴税款，承担了不必要的税收负担。税收风险是企业生产经营过程中不可忽视的风险，加强税收管理已经成为风险控制的重要环节，这也是现代企业税务管理最直接有效的方法。

中国核电通过税务管理“健康体检”、完善内控制度建设、搭建经验交流平台等多种方式，实现精确识别在生产经营、资本运作过程中的涉税风险。

10.3.2 精细防控风险

中国核电通过完善制度建设、参与决策、提高信息化水平、加强人才培养等手段，实现精细防控风险。采取机防和人防相结合的方式，注重从业务前端开展源头治理，在具体策略上与业务需求紧密结合、因势利导、统筹兼顾，不仅给出专业判断，更给出可行解决方案。

10.3.3 精准落实优惠

税收优惠是在普遍纳税的基础上，对部分特定纳税人和征税对象给予税收上的鼓励和照顾，是实施国家财政政策的重要手段。中国核电将税务管理嵌入企业经营决策，参与企业重大事项审查和决策。在实际工作中注重结合业务情况充分享受税收优惠，最大限度实现税收优惠的政策效应，通过参与重大事项决策，预见其可能承担的税收负担并在调研、测算的基础上积极争取优惠政策，同时又防止过度筹划导致的税收优惠滥用风险。

10. 3. 4 精诚共抓实效

现代的企业税务管理不是财务部门一家的事情，要善借力、促合力。一是做好业财融合，通过信息化系统建设打通投资建设、商务采购、生产运行、会计核算等各环节，通过科学构建绩效考核与激励体系，促进局部与整体的协调。二是做好上下级联动，注重发挥成员公司积极性并有效利用其人力资源，最大限度发挥整体优势。三是搭建税企沟通桥梁，税务机关与企业不是零和博弈，要善于擘画核电发展的美好蓝图，讲好核电故事，最大限度争取各级税务机关对核电企业税务管理工作的理解、指导和支持。

10. 4 体系内容

中国核电在构建现代税务管理体系的过程中开展了六个方面的工作，即模式创新、制度创新、工具创新、技术创新、业务创新、机制创新，在解决现存的痛点、难点，实现“四精”目标方面，取得了显著成效。

10. 4. 1 模式创新

2019 年，中国核电成立税务管理专项工作组（以下简称“工作组”），对内建立了一个技能精湛、执行力强的税务管理专业团队，打造了板块税务工作信息沟通及经验共享平台；对外通过聘请常年税务顾问，初步形成内外部双轮驱动的人才支撑体系。

该体系的工作目标是密切跟踪税务政策前沿、系统研究税务合规建设、着重解决涉税难点问题和统筹策划重要税收优惠，进而实现资源统筹集约、加强智慧共享和提高整体水平。

工作组制作完成了《研发费用加计扣除操作手册》《三项设备抵免所得税操作手册》《核能多功能应用企业税收规划报告》和《核电企业适用增值税先征后返优惠政策操作手册》。工作组积极协调江苏核电申报重大技术装备进口税收政策核电项目业主名单，并获得工业和信息化部文件批复。

此外，中国核电积极培养各层次税务管理人才，财务部戴重辉通过选拔进入全国第六批税务领军培养项目，所属各成员公司均设置税务管理岗位并配备专业人员，其中10名人员具有税务师资格。

10.4.2 制度创新

1. 编制《中国核电税务风险评估及筹划报告》

中国核电将加强整体税务筹划和税务管理作为企业风险管理工作的一项重要内容。为使中国核电相关领导、业务人员及公司财务人员准确理解和把握税收政策，合法合规地进行税务筹划，中国核电组织编写了《中国核电税务风险评估及筹划报告》。《报告》在对中国核电及下属5家单位进行现场与非现场调研的基础上，针对公司组织架构、业务模式、关联交易、税收优惠政策享受、税收政策合理运用、税务管理等方面涉及的重点、难点等问题，提出了税收管理的思路，有效防范了税务风险，并降低了企业税负。《报告》根据调研情况，结合中国核电业务实际，对重点税收优惠政策进行了详细分析，有效指导了税务筹划的实务操作。

以适用安全生产专用设备、节能节水专用设备、环境保护专用设备投资额的10%抵免企业所得税政策为例，在调研基础上，中国核电在下属2家核电业主公司开展试点，并总结、提炼工作经验。在专用设备采购、技术鉴定、出入库管理、使用状态记录、会计记录等全链条探索出可行的管理流程，为今后节税潜力的释放打下了良好基础（见图10－1、图10－2）。

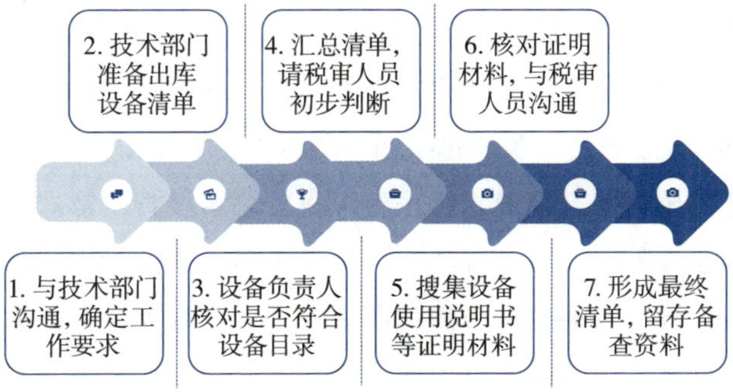

图10－1 专用设备抵免工作流程

工作流程顺序	事后确定设备清单，准备备查资料，工作效率和效果均比较差，应从设备购进时即建立管理流程
实施流程方面	请设备负责人核对是否符合税收规定目录时，同时要求其提供设备使用说明书
备查资料准备	需要准备设备使用说明书备查，或者设备厂商提供书面证明材料

检验报告附页

序号	检验项目	单位	标准值	检测值	单项判定
1	外观	—	表面光滑、无裂纹、色泽均匀，边缘整齐	表面光滑、无裂纹、色泽均匀，边缘整齐	合格
2	热力性能	%	≥95.0	108	合格
3	噪声	dB(A)	≤63	62.8	合格
4	耗电比	kW·h/m³	≤0.035	0.034	合格
5	飘水率	%	0.015	0.001	合格
6	氧指数		≥28	35	合格

设备名称	性能参数	执行标准
机械通风开式冷却塔	循环水量≤1000m³/h的中小型塔：飘水率≤0.001%；耗电比≤0.034kW/(m³/h)；冷却能力≥95.1%	GB/T 18870—2011

图 10－2　专用设备抵免经验总结

2. 完善税务风险内控体系

2017—2021 年，中国核电陆续编制完成了税务管理领域 8 项制度，分别为《税务管理导则》《增值税操作管理导则》《企业所得税操作管理导则》《发票管理导则》《房产税及土地使用税管理导则》《印花税管理导则》《个人所得税管理导则》《非居民税务管理导则》。通过制定制度，明确了相关税务管理细分领域的管理依据、管理职责、管理流程和管理内容，并突破原有制度编制的体例，引入流程图、流程表和风险点，将内控管理融入制度建设，通过预防性控制手段，有效提升税务风险内控管理质量，尤其对于“远新小”单位提高内控水平，效果显著。

以《增值税操作管理导则》为例，规范并明确了企业各部门在执行税务管理工作中的岗位职责，在工作流程中贯穿税种与税目核定、一般纳税人资格认定、增值税销售业务处理、增值税购进业务处理、增值税减免业务处理、增值税应纳税额确认与会计处理、增值税申报与缴纳、增值税档案管理八大环节，在每一环节中明确政策依据、公司业务工作流程、风险点及相应控制措施，并通过编制流程图与流程表进一步强化不同环节间的逻辑关系。

中国核电连续开展税务管理总结报告，通过总结报告的形式，全面收集了成员公司上一年度的涉税数据，通过不同成员公司数据的横向比较和不同年度数据的纵向趋势分析，找到税务管理的薄弱环节。在数据分析的基础上，编制年度税务管理总结报告，通过会议的形式进行横向对标和宣贯最佳实践，通过检查性控制手段，有效提升税务风险内控管理质量。

10.4.3 工具创新

2019—2021年，中国核电编制并不断完善《中国核电税收优惠矩阵》和《中国核电税收风险地图》，在《中国核电税收优惠矩阵》中，纵向列示了13个税种的57项涉企税收优惠政策，横向覆盖了中国核电17家主要二级公司，在数据展示区利用四种颜色标明四种状态：绿色表示已稳定享受，主要关注合规风险；黄色表示有相关业务，满足政策要求，或通过努力可以满足政策要求，主要关注如何享受；蓝色表示没有相关业务，不适用；红色表示有相关业务，不能满足政策条件，但希望可以享受的政策，主要关注如何争取。每年更新各公司享受相关税收优惠的具体金额。

《中国核电税收风险地图》运用风险管理理论，从风险发生的可能性和风险的影响程度两个维度对企业的涉税风险进行扫描，并将风险事项区分为三类区域，即高风险区域、中风险区域和低风险区域，并有针对性地制定风险应对措施。

10.4.4 技术创新

信息系统建设能够有效提高企业的税务管理能力，提升税务基础工作效率和工作可靠性，且在强化中国核电整体税务管控力度、建立税务风险监督预警体系方面有着天然优势。中国核电下属子公司主要从事核力发电或核电相关服务，在业务范围、运作模式方面具有较高的相似性，在中国核电范围内推进税务信息化建设，有效促进了企业的纳税遵从税务管理，降低了涉税风险并提升了价值创造能力。

1. 在企业采购管理系统中应用增值税电子发票

中国核电ERP系统自2015年投运以来功能日益健全，先后上线了供应商交互管理系统、采购合同全生命周期管理和内容模块化管理系统，实现了物料编码标准化管理。开具增值税发票要求通过供应商协同平台，系统自动进行推送，供应商开票完成后，在会计处理阶段挂接采购订单，实现了从提报采购需求、合同立项、合同签订、合同执行的全流程信息化管理。

具体操作为：首先，在采购订单中根据合同内容，事先维护相应的开票税率，在供应商提供货物完成入库验收或提供服务完成服务工作量确认后，由供应商通过协同平台发起开票申请，经采购员确认后，供应商开具发票并进行邮寄。其次，采购员收到发票后，将收到的发票与相应的采购订单进行匹配，在系统中进行发票预制操作，并将纸质发票及预制发票单提交扫描员。扫描员将预制发票单及纸质发票进行扫描，扫描仪在对纸质发票通过 OCR（光学字符识别）提取要素信息的同时将发票与采购订单进行数据关联。最后，会计共享中心审核预制发票信息并对应查看纸质发票扫描文件，审核无误后生成会计凭证，通过 OCR 提取的发票要素同步与局端数据进行真伪比对。月末当月完成记账的发票信息可以经报表查询后导出，用于进项勾选认证。

在国家推行增值税专用电子发票改革后，中国核电已开始升级供应商交互平台，建立企业专属的发票资源池，通过梳理业务规则和对相应的发票数据进行标记，供应商开具发票并发送后，发票信息自动归集入池，入池数据自动与采购订单关联，可进一步提高工作效率，同时打通企业物资编码与发票商品编码的对应关系，将企业采购管理的颗粒度细化到发票中的行项目。

2. 在企业会计管理系统中应用增值税电子发票

中国核电在建立会计共享中心的过程中，同步进行了财务信息系统建设，完成了业务统一与标准化、前端业务发起与审批流程电子化，并依托业务单据二维码识别技术，实现了对原始凭证的批量扫描、自动识别、分组及挂接上传，从而高效完成了电子报账流程、纸质报账单据和电子扫描影像的相互转化及自动匹配。同时，通过 OCR 技术识别增值税纸质票面关键信息并和税务系统对接，实现了增值税发票的自动查重和自动真伪核验。

具体操作为：首先，单据扫描时，发票与其他报销材料一起混扫，自动识别发票以及发票上的发票号码、发票代码、开票日期、不含税金额、校验码，并将发票与其他附件分开，形成不同附件。其次，扫描完毕后系统自动将发票信息传输至税务系统进行验真，并反馈结果；同时，在本单位数据库中进行发票的验重，并将所有的验证信息反馈到报销单据的处理前端，供经办会计进行业务处理，实现进项税抵扣可视化操作。最后，经办会计处理后形成财务凭证税务行项目记账信息、公司增值税发票库，可以根据发票库进行发票信息的管理、进项税抵扣的核查，并形成公司进项税勾选认证清单，为增值税月度申报提供便利的数据基础。通过发票进项管理系统，实现了发票信息、报销单据与财务凭证的电子关联，进一步提高了会计信息的质量，实现了一定程度的发票信息化管理。

10.4.5 业务创新

中国核电深化业商财税融合，上中下三级联动，深化研发项目经费管理体系，从加强预算管理、完善会计核算与会计控制、研发费用加计扣除应扣尽扣、技术开发合同备案免税四个方面，深化科研项目经费管理体系，助力企业科技创新，提高企业发展质量。

加强预算管理：中国核电建立了科研项目的预算管理流程，能够实施较为有效的预算管理工作，预算编制与科研项目立项、批复工作有效衔接，定期开展预算控制和预算分析。在项目立项和批复环节，严把预算的编制质量，注重发挥科研归口管理部门的管控职能，在项目执行阶段，及时通过预算分析反映项目的进展和管理情况，并及时将相关情况反馈给项目负责人，按程序做好预算的调整工作，通过预算管理有效分配、释放资源，保障科研项目实施工作。

完善会计核算与会计控制：中国核电建立了完整、有效的会计控制流程，能够按照会计准则开展核算工作并通过信息系统加强科研经费的项目制核算，加强预算和核算的联动，对核算结果加强复核工作，提高会计信息质量。

研发费用加计扣除应扣尽扣：中国核电注重研发费用加计扣除管理，努力做到应扣尽扣，通过充分享受税收优惠政策，增强科研项目的资金保障能力。中国核电建立了生产与研发共用人员及设备折旧分配方法，有效开展工时统计，对生产经营与研发活动共用人员及设备进行工时记录，将共用人员的相关费用按照实际工时比例等合理方法，在生产经营费用与研发费用之间进行分配。中国核电制定了《科研项目经费管理导则》，通过规范管理，2021 年抵税金额较 2019 年增加 6080 万元，增幅为 67.16%。

技术开发合同备案免税：根据规定，企业提供技术开发及与之相关服务取得的收入可享受增值税免税优惠。中国核电作为进行技术开发的受托方，主要成本为人工成本，可取得的进项税额较少，而提供相关技术开发服务的委托方多为核电企业，可以享受增值税先征后退政策，中国核电通过享受上述政策可以降低整体税负水平并减少资金占用。2020 年中国核电下属两家子公司首次享受技术开发减免增值税税收优惠政策，2021 年备案合同预计达 54 份，优惠金额预计增加至1900万元。

10.4.6 机制创新

中国核电将税务管理纳入公司目标考核激励体系。中国核电在《目标考核激励体系（MKJ）管理和评分办法》中设置专项重点任务，并组织成员公司积极申报专项重点任务。另外结合工作开展情况，结合降本增效，按季度组织MKJ嘉奖申报及核定，按利润贡献比例兑现嘉奖。对重点涉税事项，设置财税政策争取专项奖励。通过将年度税务管理重点任务纳入公司绩效考核目标体系，有效调动了成员公司的积极性，形成了业商财融合、上下级联动的共治管理体系，取得了良好效果。

在取得的成效方面，中国核电2022年组织各级成员公司积极落实稳增长工作要求，将税收支持政策转化为企业发展实效，全年预计享受新出台的各项惠企政策合计34.16亿元。下属一家子公司针对无形资产摊销首次进行加计扣除，资产规模超过1亿元。两家子公司新取得高新技术企业资质并享受低税率优惠。两家核电业主公司首次在所得税汇算清缴应用三项设备抵免优惠政策。

10.5 实施效果

依据结构功能主义理论，特定的管理结构会产生特定的管理功能，管理体系的结构、功能和其创造价值的效果紧密相连、互为促进。通过构建核电企业现代税务管理体系，中国核电优化了企业风险管理体系的结构，完善了企业风险管理体系的功能，增强了企业风险管理体系价值创造能力。

10.5.1 优化核电企业风险管理体系结构

这种结构的优化体现在三个维度。一是从每一个法人主体风险管理体系的架构方面，都不断增强了税务管理结构，通过设置税务管理的专人专岗体系，并结合制度建设和信息化建设优化了税务管理架构。二是在核电企业集团化经营的大背景下，通过增强控股公司层面的结构设计更好地发挥其统筹管理功能，逐步形成上下级、公司间税务管理的网状结构，使得在时间、空间上的资源供给与目标实现间的不均衡逐步向均衡方向发展。三是注重税务管理结构有效向外延伸，主要表现在积极利用中介机构外脑作用为企业自身提高税务管理内控水平和建言献策提供辅助支撑。此外，中国核电积极与各级税务机关建立常态化联系，加强双向信息交流，共同提高税收征管质量。

10.5.2 完善核电企业风险管理体系功能

建立核电企业现代税务管理体系可以完善以下功能：一是保障企业依法纳税的功能。国有企业是中国特色社会主义的重要物质基础和政治基础，是党执政兴国的重要支柱和依靠力量，纳税的最终目的是向社会提供公共物品，因此纳税不仅是国有企业的义务，更是国有企业的权利。二是提高企业经济决策质量的功能。我国实行社会主义市场经济，国家不直接干预微观市场主体的经营决策，而是通过税收政策间接实现国家经济的宏观调控目标，如环境保护、科技创新、产业发展等，中国核电财务部门通过投资项目会商、重大合同审核等手段，将税收政策的调节作用融入企业经济决策过程，提高了经济决策的质量。三是增强和促进核工业整体的发展。核电要放在核工业整体中予以考虑，因为核工业体现出明显的产业纵向一体化特征，而核电承载了产业链绝大部分的最终产品，国家发展和保护核工业体系，就必然要促进核电发展，财税政策支持就是国家促进核电发展的重要手段和工具。构建核电企业现代税务管理体系的一个重要功能就是通过财税政策的前瞻性研究、具体项目的政策争取和已有政策的精准执行，促进核工业实现可持续发展。

10.5.3 创造核电企业风险管理体系价值

通过构建核电企业现代税务管理体系，化解企业涉税风险，有效保障了企业持续健康发展，并提高了企业风险管理的价值创造能力。中国核电连续5年获得上海证券交易所（以下简称“上交所”）信息披露A级，2020年的非公开发行中获得快速审核通道，税务的合规管理提供了坚实保障。最近3年中国核电管理的17家主要二级成员单位获得纳税信用A级的比例稳步提高。

（本章编写者：李忠涛、张泉、戴重辉）

第 11 章 库存管控精细化提升

11.1 体系简介

核电站的运营成本控制是核电站运行经济指标好坏的重要因素。据统计，备件消耗约占核电站年度运营成本的1/3，如何在保障核电站安全、稳定运行的基础上，通过优化备件和库存管理来降低核电站运营成本，已经成为核电站运营者共同关注的课题。因此，核电企业备件库存控制的目标就是在保障机组安全、稳定运行的前提下，最大限度地降低存货成本，以最少的资金保证备件的及时供应，提高企业经济效益。

按照集团公司对存货规模控制的要求和中国核电“十四五”规划中对库存管理目标的要求，中国核电以安全、及时、经济为原则，以“控增量、降存量、优化供应链”为抓手，构建了一套基于“战略备件 + 最低储备定额 + 运维备件”的备件管理体系，着力控制库存规模，优化库存结构，使各电厂库存稳步趋于国际先进水平，有效实现保供应和降库存统筹兼顾，有效实现备件和库存控制精细管理。

11.2 建设背景

11.2.1 电力市场化竞争挑战的需要

党的十八届五中全会提出“创新、协调、绿色、开放、共享”的新发展理念和在2030年实现“碳达峰”的目标，核电企业迎来了发展新契机。同时，随着新一轮电力体制改革的推进，核电企业的上网电价由成本测算电价向标杆电价转变，电力企业的经营环境发生了改变，需要电力企业自身积极进行改革创新。

随着电力市场改革的不断深化，核电参与市场交易电量比例不断提高，核电市场化交易中电价降幅明显，尤其是在经济发展新常态的形势下，为降低实体企业的用能成本，以政府为主导的电力市场交易以发电侧成本竞争为主要趋势，地方发展改革委也陆续发文降低发电企业上网电价，形成上网电量和上网电价“双降”的形势。

11.2.2 兼顾核电企业安全稳定和经济运行的需要

备件采购过多容易造成大量的库存积压，影响企业的经营效益；备件采购不足则存在无法满足机组使用需求，影响机组的安全、稳定运行。为平衡备件库存积压与机组安全稳定运行的矛盾，备品备件管理模式需要从“重点保障机组安全”向“保障机组安全与备件库存积压的平衡”的精细化管理方式转变。

11.2.3 集团公司高质量发展的需求

中核集团公司下发《关于持续开展2017年“两金”压控专项工作的通知》，对“两金”（应收账款、存货）的管控提出明确要求：存货控制在年度预算目标内；非正常存货较年初下降10%以上；存货增幅低于营业收入增幅；材料备件变动率不高于0。中国核电要求商务采购领域要围绕集团公司和中国核电确定的“改革三年行动”、“对标世界一流”、“十四五”规划等重点目标，深入思考如何“立足新发展阶段、贯彻新发展理念、构建新发展格局，推进高质量发展”，抓好重点工作落实，推动采购管理和供应链管理不断提升，进一步增强供应链管理的价值创造能力。

实现从“采购管理”向“供应链管理”的全面转型，构建以中国核电为链长的核电供应链生态圈，不断增强供应链管理的价值创造能力，努力成为采购管理和供应链管理创新的领跑者。

11.3 体系特点

中国核电库存管控在顶层组织保障、业务策划、执行落地、激励和考核等方面采取了多项行之有效的举措，已实现体系的建设、应用和改进，其主要特点包括以下几个方面。

11.3.1 组织健全，体系完善

中国核电库存管控工作成立了以“中国核电总经理 + 各电厂总经理”为领导小组、“中国核电各相关部门 + 各电厂相关部门”为工作小组的组织体系；建立了包括年度库存核查专项、年度库存压降目标实现、备件联采联储制度落地、工厂建库和前置仓寄售制度的突破、非生产相关物资及维修耗材零库存管理、电厂间物资调配流程、战略备件 + 最低储备定额 + 运维备件的库存体系、冗余物资处置制度等业务体系；发布了《中国核电联采联储（调配）管理导则》《中国核能电力股份有限公司库存物资联采联储协议》《物资调配管理》等相关文件作为制度保障，库存管控组织体系健全、业务体系完善。

11.3.2 机制健全，执行力强

以专项工作组为核心重点推进库存压降工作，建立专项保障机制，确保专项任务目标的实现，成立了中国核电库存管控专项工作组、核查专项工作组、备件与库存管理优化专项工作组、备件供应链自主化专项工作组、备件联采联储专项工作组等。

建立定期检查汇报制度。围绕集团公司和中国核电“改革三年行动”“采购与招投标领域专项治理两年行动”等重点目标，深入思考如何“立足新发展阶段、贯彻新发展理念、构建新发展格局，推进高质量发展”，抓好重点工作落实。为把控工作质量，建立了以月度例会、年中会、年终会等会议为抓手的工

作检查管控机制，确保各项任务按期圆满开展。

建立备件共享平台，优化共享机制。梳理八大联采联储工作，建立联采联储清单；发布标准战略备件清单，统筹规划战略备件管理。共享机制的建立一方面提高了电厂间的物资供应能力，保障电站安全生产；另一方面降低了备件采购数量，合理控制库存规模，有效优化和降低库存，提升了经营效益。

与此同时，积极推动与供应商、同行企业的合作，应用现代供应链管理理念，以实现供需信息共享，优化供应链资源配置、提升供应链韧性为目的，构建与重要供应商、同行企业的库存控制协同机制，实现合作共赢。

11.3.3 统一思想，强化激励

围绕“提质增效”“精益管理”和“库存压降”工作，中国核电各成员单位通过整合部门资源，统一全员思想，对库存管理的良好实践经验积极开展宣传，营造“提质增效”和“精益管理”的良好氛围，充分调动全员参与库存管控的积极性和主动性，将库存管控工作纳入《中国核能电力股份有限公司成员公司 MKJ 考核办法》，各成员单位内部也制定了相应的激励政策。

11.4 体系内容

11.4.1 加强顶层规划，坚持目标管理

1. 领导挂帅，全员参与

中国核电领导层高度重视库存控制工作，将其作为“抓落实”年和“精细化管理”年的重点工作。各成员单位由公司总经理挂帅，成立备件与库存管理优化专项工作组、执行组，明确了责任分工，倒排工作计划、按双周分解工作任务，技术部门与商务部门在备件供应保障和库存控制方面同频共振、协同推进。

2. 细化管控目标，实现科学管理

中国核电生产材料备件库存管控专项工作组精细测算各个基地“十四五”期间生产材料库存最大峰值，然后以“十四五”末库存压降指标为中心任务，

推进备件和库存精细化和数字化管理，建立备件与库存管理的定期总结和反馈提升机制，统筹做好安全生产和库存压降工作。部分措施如下：

- 强化备件需求源头管控，组织各基地梳理重复性工单所需必换件、最低储备定额等主要备件需求，加强多维度核库和计划管理；
- 建立各个基地拟处置冗余备件清单、报废材料备件清单，秉承降本增效工作方针，统筹解决冗余处置难题；
- 开展进口备件管理策略研究，确保机组安全、稳定运行的前提下逐步优化进口备件采购、储备、供应链自主化替代等管理工作；
- 发挥同类堆型集约管理优势，制定科学的战略备件储备清单，制定战略备件联储机制。

3. 建立 MKJ 指标考核体系和预警体系

根据集团“两金”管控要求，中国核电制定了“十四五”期间库存控制目标，2025 年平均单机组备件和材料库存值控制目标为老机组不高于 3 亿元/单机组（4500 万美元），新机组不高于 2. 6 亿元/单机组（4000 万美元）。

为切实有效地落实库存控制的要求，降低库存管理成本，合理控制备件库存，持续提升库存优化管理水平，实现降本增效，中国核电制定了库存管理考核评分办法，考核指标包括非正常存货增幅、材料和备件变动率、国产备件压降比例、库龄 5 年及以上材料备件的减少比例、新增备件 2 年周转率与计划的偏差率/大修备件领用率、存货清理压缩工作合规性等指标，共计 6 个，纳入各成员单位 MKJ 考核体系，同时设置了冗余物资消纳奖、联采联储专项激励等奖项，通过强化正向激励、负向考核，建立库存管理的长效机制。

MKJ 库存考核要求（备件和材料库存值）细化到月，设立各单位月度库存限值，每月月底通报当月库存状态：达到最高限值的发出“红色警示”。各运行电厂每月反馈最新库存金额、在库积压物资及报废金额信息、冗余物资处置工作进展，以及实现年度库存控制目标值的具体措施和实施计划的执行情况。

中国核电每季度组织专题会议，识别各个基地指标偏差及其背后的诱因，侧重生产材料备件库存 MKJ 指标过程管控和预警，针对关键问题确定行动项并进行督办，确保库存管控工作有效推进。

11.4.2 深化协同合作，实现互利共赢

1. 推动备件联采联储制度落地

通过备件联采联储采购模式，充分发挥群堆管理优势，分摊备件储备费用，降低运营成本。

1）成立专项工作组，做好统筹规划

拓宽联采联储对象范围，从战略备件扩展到重要运行备件。新建机组备件联采联储从设备工程采购审查阶段开始进行策划，从源头统筹考虑备件需求数量，避免工程备件采购数量过多。

2020 年开始，为更好地组织开展备件联采联储工作，有效优化和降低库存，从同类机型、同行业、同制造厂多维度开展备件联采联储工作，中国核电组织成立了八个联采联储工作组，分别为 M310 机组备件联采联储专项工作组、“华龙一号”机组备件联采联储专项工作组、VVER 机组备件联采联储专项工作组、AP1000 机组备件联采联储专项工作组、中广核战略备件联采联储专项工作组、哈尔滨电气集团联采联储专项工作组、上海电气集团联采联储专项工作组、东方电气集团联采联储专项工作组。

2）厘清权责，建立健全“共享联用”体系

中国核电各联采联储工作组依托备件共享平台，签署了《中国核能电力股份有限公司库存物资共享和联采联储协议》，建立各电厂间联采联储的协调机制，开发跨电厂物料查询报表功能，实现共享备件常态化。建立了“谁储备、谁采购，谁入库、谁摊销，谁销售、谁补库”的联储备件使用办法，明确了储备单位维持共享定额的责任，制定了单位之间备件流转按“正常销售”处理的办法。对于各电厂与制造商间开展的生产备件联采联储，联储各方遵循清单共同确定、出资合理分配、信息实时共享、长期互利共赢、深化战略合作的总体原则。

3）加强集约化管理，定期组织会议，及时巩固联储效果

中国核电组织各专项组定期召开会议，针对已确认具备联采联储条件的备件，按厂家归类，按设备重要性梳理，有计划地由技术人员亲自到设备厂家进行技术确认，确保备件可联储的准确性，每季度对清单动态维护，对清单内物项的立项情况进行核查，确定是否为联储备件，如确认不是联储备件则进行采

购申请的撤回工作。同时，核查清单内物资的消耗情况，确保了备件联储成果得到及时巩固、落实。

4）定期总结，协同推进

中国核电每年编制联采联储总结报告和年度工作计划，定期对联采联储情况进行评估检查，开展经验反馈和良好实践推广，组织供应商、电厂之间的交流沟通，解决难点、痛点和堵点。通过第三方咨询评价、对标调研等途径，在技术上和管理上持续优化创新，不断提升联采联储规模，拓展联采联储应用范围。

2. 工厂建库， 实现零库存

工厂建库模式是指将备件储存在厂家，领用或消耗后与供应商据实进行结算的储备模式，可使供应商锁定预期销售额，让使用方降低采购成本，提高了备件供货及时性。为进一步规范工厂建库工作，指导工厂建库项目的开展，中国核电编制了《建库物资管理》工作指令，对建库合同签订的流程进行了规范。

对于工厂建库项目，建库物资有单独的储存空间，如供应商库房中附有标识的存储区域或者单独的库房。供应商对储存、保养负全部责任，因储存、保养问题导致备件不满足合同要求，由供应商负责免费更换，并承担中国核电的相关损失。供应商派专人负责建库物资的管理，包括备件出入库、日常保养（如有）和维护（如有）等，对于需要保养和维护的备件，供应商需建立维护保养方案，并提交中国核电审核。工厂建库合同规定了完成建库的时间，且合同中应约定验收时发现缺项备件并且没有合理理由时的处罚措施。另外，供应商负责建立台账，实时更新建库物资的数量及状态，台账包含：①工厂建库物资的物料信息，包含合同编号、主物料编号、物料名称、单位、采购数量等；②供应商检查记录，包含检查数量、库存位置、检查时间、检查次数、检查人员、领出时间、补供信息等；③中国核电检查记录，包含检查数量、库存位置、检查时间、检查次数等信息。

在开展工厂建库过程中，中国核电与厂家深入合作，深入了解厂家的供货、质保流程，稳步提升厂家的进度保障和质量控制能力。通过数据共享，实现了中国核电需求数据与制造商最新技术之间有效匹配，形成稳定、实惠和可持续的备件和物资配套供应体系，有助于双方建立长期战略伙伴关系。

3. 非生产相关物资及维修耗材寄售管理

核电厂非生产相关物资及维修耗材编码数量庞大、需求管理分散、采购周期长、过量采购现象时有发生，为此，中国核电引入寄售管理模式。供应商寄售指供应商将货物先存放在核电厂，货物所有权仍归属于供应商，但由核电厂进行实物和库存水平管理，买方按需下单定期结算，降低库存压力、提高资金利用效率，同时能快速响应现场需求。

中国核电从寄售清单确定、寄售协议规划与签订、寄售物资的运输仓储、寄售物资验收领用结算等全过程入手，编制了寄售管理程序，对寄售采购进行了规范，主要措施如下。

1）严控耗材种类

中国核电充分发掘信息系统内物资历史消耗数据价值，通过大量的数据分析、比对、核实，压缩编码数量，实施数据标准化。严控耗材新增编码，提升新增耗材编码的审批级别，新增耗材尽可能使用现有编码，确保采购耗材充分利用。

2）签订寄售框架协议

该流程包括需求计划提报、采购寻源、寄售框架协议签订、立项申请、下达子订单、寄售物资接收入库、寄售物资库存管理等环节。商务部门依据物资需求计划进行采购寻源，寻源后确定寄售物资的供应商，与供应商完成寄售框架协议/框架合同的签订。需求部门完成立项后，系统参照框架协议生成寄售子合同。再根据框架协议子合同/框架合同生成采购订单，用于寄售物资收货。

3）寄售物资领用（配送）与结算

需求部门根据实际需求，对寄售物资进行预留和领用。商务部门依据一定时期内的寄售物资领用情况，出具寄售物资结算清单，并与供应商完成核对，确认无误后供应商提供发票，采购员依据结算清单发起寄售物资结算申请流程，财务人员负责审批，审批后生成发票校验结算凭证，采购员再根据发票凭证发起支付申请流程，流程结束后财务部门进行寄售结算和付款。

4）寄售物资补库

基于寄售物资库存的消耗情况、物料主数据的再订购点、供应商的补货周期等制定寄售物资的补货策略，当寄售物资库存低于物料主数据的再订购点时，触发补库通知，系统通知补货。如果订单数量已全部收货完成，则需要需求人员再次提交立项。

通过非生产相关物资及维修耗材零库存管理，中国核电有效降低了库存。

寄售项目的规划已从通用材料类向安质领域和通用备件类覆盖，并将寄售仓延伸至核电厂外部，特别是“危化品”拟转移至核电厂外部寄售，寄售项目已全面铺开。

在开展寄售采购过程中，中国核电与各个供应商在组织机构、管理流程和信息系统方面都实现了深度融合和高度协同，供应商为中国核电提供了更高效、更精准的服务，助力中国核电全面实现库存压降；中国核电的质量和安全文化在供应商中得到宣贯落实，帮助供应商实现管理制度和文化体系的优化提升。

11.4.3 坚持技术引领，探索管理创新

1. 贯通数字化供应链管理平台，实现供应链全流程可视化管理，通过指标监控，提高风险预警能力

在供应链业务发展过程中，中国核电积累了需求、立项、计划、采购、领用、库存等海量数据。结合中核集团精细化管理的要求，中国核电推动供应链数据及业务标准化、信息化、数字化、智能化转变，提高供应链体系管理水平，建立健全供应链全流程绩效指标体系并分阶段推进指标信息化、可视化工作。

中国核电依托 ERP 系统实现供应链绩效信息化、可视化开发，对中国核电采购规模、采购合同数量、各电厂分解数量等开发展示驾驶舱，同时完成立项及时率、签约率、交货率、领用率等 13 个核心指标、33 个细分指标统计分析，实现供应链关键指标可视化。

供应链绩效指标建设有力促进了各环节业务标准化、规范化。通过对供应链各业务环节细分指标的分类统计分析，识别供应链各环节的进展状态趋势，对临近或已经超过计划签约时间而未签约的项目、应到货而未到货列入风险项进行管理，分析各部门、各科室、各类别签约平均用时，按需求时间交货比例等供应链运行状态。

2. 运用数字化备件管理平台，实现运维备件精准管控

通过数字化备件管理平台，加强 PM 项目等可预知与随机备件管理，提升备件需求与采购过程的沟通效率，实现从需求申报到备件领用全业务链条数据跟踪，完成预维备件“专项专用”、随机备件“消缺优先，预维共享”的精细化管理目标。

1）加强可预知备件计划性管控，实现专买专用、现买现用的精准化管理目标

核电站的维修活动管理是通过生产计划推进的，维修任务确定了具体备件需求的数量，生产计划排程确定了备件需求时间。以计划为中心，做好备件需求、到货计划联动工作是备件的管理核心。在这个过程中，任何环节的变动都需要其他环节跟进变动。由于供应链管理跨多个领域及主管部门，只有运用数字化备件管理平台才能实现运维备件的精准管控。

为了保证充足的采购时间，并通过采购计划统筹考虑，以实现采购成本最优，同时保证备件能够按需到达现场，不会出现因为可预知备件失控影响现场检修工作，国产备件应至少提前12个月提出采购申请，进口备件应提前24个月提出采购申请。针对预防性维修工作，每年订期基于工单制订可预知备件需求计划。通过季度查漏补缺，减少采购频次以提高年度备件采购计划准确性。

工单的变动引起的备件需求计划变动是需求管控的难点。数字化备件管理平台通过采购需求与工单号关联实现了自动核库功能，核库不仅包括在库备件，也包括在途备件。一方面是工单任务调整，如实施窗口、工单任务取消等，计算机系统监测工单状态、工单计划开工时间变动情况，针对在途采购物资，信息系统能够自动调整采购计划，避免提前到货或者到货后无法使用造成的库存积压。另一方面是工单需求错误，计算机系统监测工单需求物资变化，对于增加的物资需求，通过逻辑计算，给出采购数量建议，通知设备工程师及时提出补充备件需求；对于减少的备件需求，信息系统能够自动触发采购计划变更流程，取消在途采购物资。

通过数字化备件系统，实现需求准确、计划合理、前后联动的管理要求，确保可预知备件实现现买现用，现到现用，现场维修活动有序开展，且不产生库存积压，可预知备件管理形成良性循环。

2）以可靠性为核心，建立随机备件“消缺优先，预维共享”的管控机制

核电站的备件种类非常庞大，想要备齐所有备件非但是不经济的而且是不现实的。备件的储备量和机组带故障运行的风险是一对矛盾，在库存储备与机组带故障运行中找到平衡点是亟待解决的问题。必须解决储备哪些备件、储备多少数量能够使得核电厂既不会因为缺少备件而停产、造成损失，也不会因为购买了太多备件而造成库存的积压和资金的浪费，只有这样，才能在保证设备

正常运行的情况下降低整个备件管理的成本。

中国核电根据设备的重要性进行分级管理，制定了不同重要程度的设备的备件储备策略：对于不影响机组安全性能和连续发电能力的设备原则上不考虑储存随机备件；对于影响机组安全性能和连续发电能力的设备（SPV 设备），寿命件是必须储备的，对于非寿命件，根据备件的失效后果、失效机理和失效频率考虑是否储备备件。

预测备件需求的重要参数是故障率或者平均故障间隔时间（MTBF），若设备或部件故障率高，则可靠性差，尤其是 MTBF 小于电厂设计寿命的备件应该加以储备。对于 MTBF 大于核电厂设计寿命的备件情况，中国核电按照设备或部件的故障发生率计算出可能造成的潜在经济损失，并与备件的财务成本进行比较，若潜在经济损失大于备件库存成本的则进行储备。

对于备件的储备定额，中国核电建立了备件储备模型，并利用采购周期、采购成本和库存成本的一个函数来计算补库时机和补库数量。对可能导致 SPV 设备、临时 SPV 设备及 LCO 相关设备的性能丧失或下降的部件，考虑充分的保障，设置最小储备定额，以确保机组的安全、稳定运行。对于一般设备，可以考虑在故障发生后启动采购需求。

通过计算机系统建立管控逻辑，实时监控随机库存的水平，确保库存不足时，能够及时触发定额报警，开展库存补充采购工作；储备数量超出采购需求时，能够及时触发采购计划变更，取消冗余采购。

3. 建立全域备件虚拟库共享信息平台，通过数字供应链平台实现大计划管理、分电厂调拨

为有效解决备件管控信息不通畅，备件无法有效共享的问题，中国核电通过备件虚拟库共享信息平台建设实现了全域虚拟库，实现全电厂库存物资可视化管理，达成备件材料“看得见、借得出、盘得活、算得清”的目标，打造了“集约化共享、数智化驱动、开放性融合”的群堆备件全流程数字化业务生态体系，实现库存精益管控，助推公司备件管控的数字化转型。

备件虚拟信息平台覆盖线上物资寻库查询、线上一键预留、仓库虚拟转库、线下实物配送、线上资产处置审批、采购下达、买卖方收发货和发票预制的交易全流程，实现了备件调拨共享的电子化、信息化、智慧化。中国核电同时建立了可视化报表平台，一键查询已调拨物资数据，全流程监控调拨物资进度，

清晰显示物资当前状态（已预留、已转移、实物已配送、已结算），全流程记录物资出库、入库、开票结算等各项凭证数据，实现实时跟踪，避免出现管理盲区。

备件虚拟信息平台全面促进“业务—商务—财务”的有机融合，利用信息化手段，将财务紧紧融入系统、融入流程、融入业务，全面打破财务与业务领域之间的壁垒，实现了备件调拨共享与财务结算的闭环管理，各基地物资流、资金流和信息流的统一。

11.4.4　规范管理流程，提升标准化水平

1. 建立“战略备件＋最低储备定额＋运维备件”的库存体系

构建“战略备件＋基于设备分级的预维采购计划＋最低储备定额”的备件管理体系是实现中国核电“十四五”规划库存管理目标的基础。按照此管理体系，除战略备件和最低储备定额备件之外，其余均采用“现买现用”的形式，不占库存。优化后的定额管理是最低储备定额管理，只对涉及紧急抢修的备件设置最低储备定额，最低储备定额设置的数量能够支撑紧急抢修即可。同时，为控制紧急抢修频次，增强预测性和计划性，推行紧急抢修自动触发 B 类及以上状态报告机制。非紧急抢修不允许领取定额备件。相关管理措施如下。

1）明确总体思路，规范管理制度

推动建立健全备品备件管理体系（见图 11－1），规范储备定额管理制度，促进备品备件储备结构更加趋于科学化、合理化；优化规范备件立项采购流程，明确职责分工，全面提升备品备件管理水平。通过梳理并优化备品备件管理过程，从战略备件、预防性维修必换件、纠正性维修备件（储备定额备件）三个维度，实现备品备件系统化的全流程管理。

2）备件分类采购立项，实施预算精细化管理

优化规范备件立项采购流程，明确职责分工，全面提升备品备件管理水平。建立分类预算科目，实现采购预算的分类管控，对备件进行分级分类，包含预防性维修备件（日常和大修）、纠正性维修备件、科研技改备件及战略备件，同步实现了备品备件管理系统中分类提报备件采购立项功能。备件采购立项分类的实现，也明确了备品备件在技术方面和管理方面的职责分工，利于群堆化的管理水平提升，实现精细化管理。

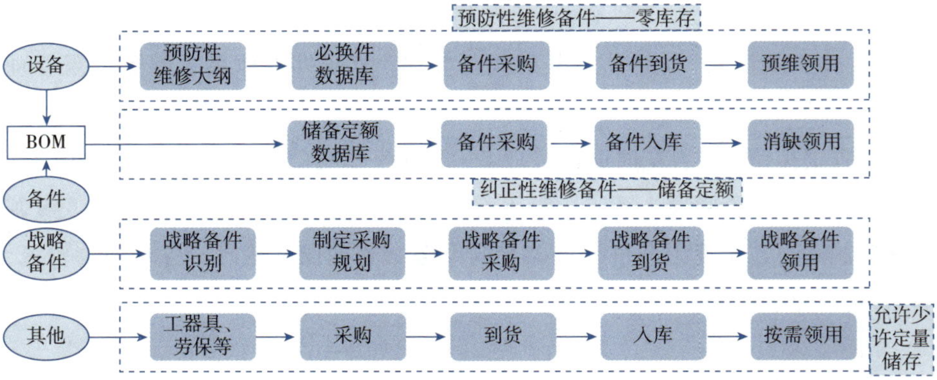

图 11－1 中国核电备品备件管理体系

3）完善基础数据，夯实管理基础

中国核电建设集成统一的物料主数据管理系统，搭建全方位多角度的物资主数据管理体系，组建了专业化的物资主数据管理组织，完成物资编码标准化建设。在标准化转化过程中，从根本上消除重码、错码问题，减少物资重码，有效降低了重复性、过度性采购。

针对国产备件，中国核电按照“最低定额”管理要求开展定额优化，减少安全库存储备数量，短周期自主物项主要采用“零库存”模式实现现买现用。针对进口“卡脖子”备件，中国核电从设备分级、产地、市场成熟度等多个维度梳理，制定了应对策略清单。清单明确了断供后的应对措施，主要包括供应链自主化替代、供应链自主化研发和战略性储备等，其中供应链自主化是最重要、最有效的途径。中国核电高度重视设备/备件供应链自主化工作，为此编制了供应链自主化短期规划、中期规划及长期规划，并成立了多个攻坚小组，相关工作正有条不紊地推进，对库存压降起到越来越重要的作用。

战略备件方面，中国核电从群厂群堆管理的角度出发，明确战略备件定义并制定各类型机组的标准化战略备件清单，系统化整理战略备件的储备需求和管理要求，同时结合公司财务经营情况，制定战略备件采购规划，切实强化战略备件管理，形成精准高效的战略备件管理长效机制，保障机组安全、稳定运行。

2. 完善冗余物资处置制度，合法合规加快处置

中国核电积极清理和整合积压闲置物资，实现冗余库存专项清理，逐年减

少冗余物资存量，减轻库存压力。优先消纳库龄5年以上的物资，持续推进冗余物资的鉴定和处置工作，合理开展库存报废。同时制定了备件调剂策略，最大限度地实现资源互补。经过长期实践，建立了一套有效的“清存量”管理制度体系。

1）成员单位公司内部调剂

中国核电各成员单位公司内部协同发挥运维、设计、合同、工程等领域联动效能，通过生产运行领域技改项目、维修技能实验室设施建设、后续机组扩建工程等途径，优先利用库存冗余物资，减少采购量，建立冗余物资多渠道消纳机制。

2）中国核电各成员单位之间转让

关于冗余物资共享平台核电企业内部转让，首先要根据中国核电冗余物资定义，建立冗余物资数据库。履行公司资产处置内部决议后，可按照中国核电冗余物资共享格式整理上架至冗余物资共享平台，进行核电板块内部展示。

3）冗余物资数据库与采购计划对接

各成员单位现有采购计划与冗余物资库存对接，进行中国核电范围内的“采购—消纳”匹配，成员电站之间相互认购对方的冗余物项，优先考虑已有的冗余物资，减少采购量。

4）冗余物资转让

对于经成员单位技术评估确认可使用的冗余物资，依据中国核电《物资调配管理》制度、已签订的《物资调配（转让）协议》，办理物资调配申请、定价、结算手续。

5）中核供应链平台公开流转

根据中国核电资产处置管理办法规定，原值在一定规模以下的资产交易，可直接在冗余物资共享平台进行销售；原值在一定规模以上的资产交易，与上海产权交易中心“在线交易”系统进行对接，实现进场交易数据实时传输。

中国核电整合各电厂共享调配、冗余处置等业务，从中国核电专业化公司层面建立规范化、标准化的冗余物资鉴定标准和处置流程。

中核供应链提供交易平台，并与国资委指定国资处置平台（如上海联合产权交易中心）及第三方交易平台对接合作，中国核电各成员单位将冗余物资信息推送至平台，自主交易。通过建立冗余库存物资共享平台，充分利用中核集团电子采购平台、电子商城丰富的交易资源，打通物资管理和采购过程中的信息“孤岛”，丰富冗余物资消纳方式，实现涉核和非核领域的消纳，实现冗余物资的价值最大化。

6）冗余物资回购

冗余物资回购包括两种方式：一是与制造商协商，推进冗余物资回购；二是与工程公司协商，工程公司组织评估可用于其他核电新项目的主泵冗余备件，办理物资调配（转让）手续。

11.5 实施效果

库存管控和库存压降是中国核电排名前十位的重点风险管控领域。在“十四五”规划中，中国核电明确了2025年平均单机组库存值要达到行业先进水平。近3年，中国核电通过开展年度库存管控专项、备件与库存管理优化专项等工作不断深化库存管控精细化管理程度，以“控增量、减存量”为目标，组织采购中心参与落实库存优化专项部署，做好在采购中心实体化运作体系下，库存优化管理模式和重点工作的筹划，包括：统筹推动中国核电虚拟库及战略备件共享库的建设，扩大联采联储、工厂建库范围；强化采购需求管控，持续整合各电厂采购需求，依托虚拟库开展跨成员单位的二次核库，以物资调配取代部分新采购需求，实现减少库存新增和消纳已有库存的双重目标；探索第三方（如京东）物流企业集中存储配送（MRO，Maintenance，维护；Repair，维修；Operation，运行。指非生产原料性质的工业用品）、市售通用物资、标准件等品类物资的寄售扩展模式。

目前，中国核电已投入运行的五家下属核电单位（秦山核电、江苏核电、福清核电、海南核电、三门核电）的库存金额与数据呈现老机组库存下降、新机组库存增长受控，总体库存稳步降低的良好趋势，实现了中国核电“十四五”库存压降目标的阶段性要求。据不完全统计，近年来通过系统深入地开展各类库存控制专项工作，已取得经济效益约8亿元。

与此同时，对于工程建造阶段的核电建设项目，将库存控制工作提前筹划、关口前移，建立了核电项目工程建造阶段采购SO备件（生产运行期备件）管控机制。通过高质量地组织开展SO备件采购范围评审和优化、SO备件联采联储和转让、跨电厂冗余物资核库和再利用，大幅减少了 SO 备件采购数量和金额，从源头有力支持库存控制目标的实现。

库存管理专项的开展，在实现库存压降目标的同时，通过备件共享、工厂建库、前置仓储、物资调配等机制加强了对备件采购和储备的精细化管理，提高了核电厂设备可靠性，积极保障了核电厂的安全、稳定运行。

（本章编写者：许晓峰、许皓铭、何致敏、黄磊、郭世才、徐天凤、李晨阳、秦博杰、刁仁昊）

12

第 12 章

集约化经营推进之路

12.1 概述

集约化管理是现代企业集团提高效率与效益的基本取向，是通过对人员、技术和流程的有效整合，实现组织内公共流程的标准化和精简化的一种创新手段，是企业规模化发展到一定阶段，为了实现更高质量发展的必然选择。

中国核电按照深化改革与创新驱动的总体要求，重点推进以集约化为目标的管控模式变革，将全系统范围内共用的职能集中起来，统一配置，向各个成员单位提供标准化、高质量的服务，建立共性领域的专业化服务平台（共享服务中心和机构），通过资源整合和不断优化，在专业领域做精、做大、做强，形成快速反应能力和机制，高效支持各单位的生产经营活动，支撑各单位高质量发展。

中国核电实施集约化经营，主要方式是集中人、财、物、技术、管理等生产要素，进行统一配置，以标准、精简、高效为价值取向，通过不断整合资源、更新迭代，实现高效管理、降本增效。

12.2 背景

12.2.1 外部环境的要求

党的十八大以来，习近平总书记针对国有企业改革发展做出一系列重要指示批示，强调推进国企改革要奔着问题去，以增强企业活力、提高效率为中心，提高国企核心竞争力。近年“去机关化”改革推进，要求企业在加快职能转变上狠下功夫，突出总部价值创造功能；要求在推动授权放权上狠下功夫，不断增强企业内生动力和发展活力。国有企业建设集约化共享中心，提高专业化运作能力，已逐步成为国有企业深化体制机制改革的一项重要举措，成为企业数字化转型的一项重要手段，成为传统行业寻求突破、提升企业精细化管理水平、支撑业务扩张的一项有效的管理变革。

2022 年，集团公司大力实施“精细化”管理，中国核电作为集团公司头部企业，是集团公司核电业务的开发主体和先进科技成果转化的主通道，有责任也有能力进一步创新管理模式，通过业务整合、流程优化和资源配置优化等方式，系统性谋划集中采购、集中研发和资金集中等共享服务工作，打造集团公司集约化管理的示范样板。

通过深入对标优秀企业集约化经营实践，能源企业普遍在总部或二级专业公司层面设立若干共享中心。根据前期调研，三峡集团下设 23 个中心，涵盖人力资源、财务、采购、数字化等大部分职能和业务领域，后续拟放入新成立的共享服务公司。华能集团下设信息、培训、审计等六大中心，5 家产业公司也分别承担技术创新中心等职能。国家电投下设人力资源、财务、审计、数字化等 11 个中心。国家能源集团下设共享服务公司，给系统内各单位提供共享服务。中广核电力下设中广核运营公司，包括大修中心、备件中心、培训中心、运营标准化中心等多个专业化共享平台。台塑集团总管理处下设总经理室和共同服务部门两大机构，充分发挥集中管理及规模优势。美国 Exelon 对运行支持、技术服务也采取集约管理模式，其总服务公司派遣人力资源、财务、采购、法律等领域人员到各核电厂提供支持服务。

除能源企业之外，华为、阿里、腾讯、京东等一线互联网企业近年均积极实施改革调整，建立专业化、标准化的“项目中台”，把企业核心能力组件化，其模式与大国军事改革“军种主建、战区主战”模式不谋而合，核心内涵均为建立高效、标准、灵活的专业化中心，对前台业务形成快速、有效的支持和赋能。

12.2.2 内部环境的需要

进入“双碳”目标下的能源发展新时代，核电作为清洁、低碳的基荷能源，迎来了宝贵的发展机遇期。但如果模式不改，中国核电在发展的道路上将面临难以跨越的困难和问题：一是如何优化未来100台机组群堆管理模式，如何沉淀公司的核心能力，如何输送人才支持新项目；二是如何破解三代、四代机组新项目“增收不增利”的难题，2023—2024年没有新机组投运，利润如何增长；三是如何赋能支持核能多用途、敏捷端等新产业发展；四是如何帮助员工突破职业发展“瓶颈”，在工资总额管理模式下，如何让优秀员工增收；五是如何打破核电公司位置偏远、难觅高端人才的困局，如何提高员工生活质量，解决员工子女教育的难题等。

总体来看，目前公司集约化水平还有较大提升空间，存在如大修、技术、设备、信息化、采购等人才队伍重复化建设，优化成果转化推进缓慢，经验传承和反馈及时性相对较差，各基地专业力量还未形成合力、服务价值亟待大幅集中统一挖掘等问题。

12.3 特点

中国核电集约化经营推进不是一蹴而就的，而是循序渐进，适应不同阶段的内外部环境要求，顺应发展趋势，不断探索、持续推进和优化提升的一个过程。

从时间上看，有远有近。中国核电集约化经营推进之路的探索尝试始于2010年前后，未来的大共享建设近期已积极推进，随着时间的演变，经验不断积累，方向愈加清晰。

从形式上看，有虚有实。中核运行集约化改革和共管委建设相对实，有相应的实体化运作机构和机制等，而八大共享服务中心相对虚，未进行实体化运作，未来的大共享建设已明确按实体化运作进行设计。

从成效上看，有大有小。中核运行集约化改革和共管委建设成效相对更为显著，中核运行集约化改革实现了秦山地区管理一体化，共管委建设有效提升了企业技术和管理水平，而八大共享服务中心在服务成效方面，部分中心因未实体化运作展现出了一定的局限或不足，也因此延伸推进了大共享建设需求，未来成效可期。

12.4 做法

12.4.1 探索推进集约化改革，实现秦山地区管理一体化

1. 中核运行第一阶段集约化改革

根据集团公司“集团化运作、专业化经营”的总体思路，中国核电于2010年在秦山核电基地率先开展了核电运行专业化集约化改革。

秦山核电专业化集约化改革的总体目标是通过成立专业化的运行管理公司——中核核电运行管理有限公司（以下简称“中核运行”），集中秦山资源优势，实现中国核电“资源集约化、技术专业化、运行标准化和管理精益化”目标，并拓宽秦山核电未来发展空间。改革按照第一阶段“平稳过渡”（2012年底前）、第二阶段“资源整合”（2014年底前）、第三阶段“持续提升”（2015年至今）的策略，整体规划，分步实施。

经过一年的策划筹备，中核运行于2010年9月注册成立。2011年11月，中核运行以“联合持照”模式获得秦山核电厂、秦山第二核电厂和秦山第三核电厂运行许可证，负责秦山7台机组的生产运行管理，同时承担方家山核电工程2台机组的生产准备和调试接产任务。

2012年1月1日，中核运行开始实体化运作，核电专业化集约化改革工作稳步推进，中核运行初步形成了统一的生产管理体系、安全管理体系和应急管理体系，并按既定目标实施了组织机构的调整，部分资源实现了集中管理，基本完成了秦山核电专业化集约化改革第一阶段的工作任务。

秦山核电专业化改革第一阶段工作完成后，中核运行形成了当时的组织机构（见图12－1）。

中核运行本部包括8个直属处室、7个专业中心和审计处，其中7个专业中

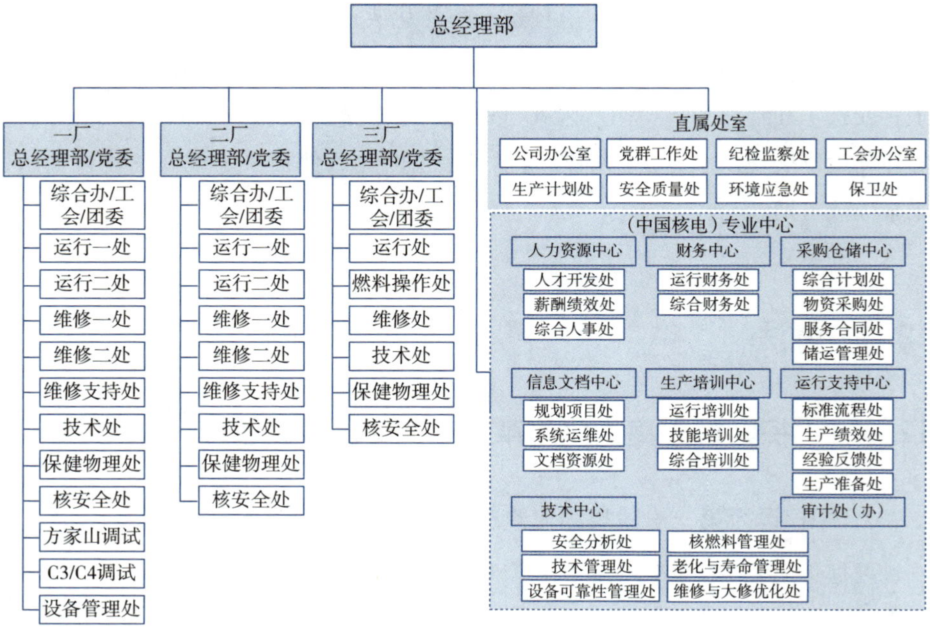

图 12－1　中核运行第一阶段改革组织机构

心下设处室 25 个，处级机构 62 个。2013 年 7 月，中核运行在册职工共 3708 人，其中直属处室 287 人，专业中心及审计处 609 人，一厂 1056 人，二厂 1060 人，三厂 696 人。

这些丰富的人力、技术、经验是秦山核电专业化集约化改革的优势和保证，但在资源集约化、机构标准化的过程中，妥善安排现有管理干部和技术人员是改革调整面临的难题之一。

第一阶段改革调整完成后，部分资源如人力资源、财务、采购仓储、信息文档、培训、审计、环境应急、党群、保卫消防等在中核运行本部实现了集中管理，但其他与生产直接相关的资源如运行、维修、技术、保健物理、核安全等领域仍设置在 3 个分厂；生产运行管理基本延续了原秦山一期、二期、三期的模式，以分厂为主体，拥有相对独立的行政和党群管理体系；人力资源薪酬体系仍执行原秦山一期、二期、三期的标准。

2. 中核运行第二阶段集约化改革

中核运行在改革第一阶段“平稳过渡”期间，以分厂为主体的管理模式，保证了生产管理体系没有受到大的影响。但实体化运作一年后发现，这种管理模式未能彻底整合资源，不利于管理效率提升及实现“集约化、专业化、标准化、精益化”的目标。主要表现在以下四个方面。

一是管理层级多，管理职能重叠，“责、权、利”分割不清。改革初期出于“平稳过渡”的需要，运行、维修、技术、保健物理、核安全等处室成建制保留在分厂。中核运行本部直属处室、专业中心和分厂之间工作界限不清、管理层级多，任务分配、组织协调等方面的矛盾较为突出。

二是管理链条过长，接口过多，运作效率较低。涉及秦山核电集团筹备组、直属处室、专业中心和分厂的部分业务，如预算管理、立项审批、外事管理等，存在管理链条过长、接口和审批环节过多、运作效率低等问题，在中核运行直属处室、专业中心和分厂之间表现得尤为突出。

三是生产直接相关的资源未整合，无法在专业领域做强做优。运行、维修、技术、保健物理、核安全等生产直接相关资源仍分散在3个分厂。例如，维修领域在3个分厂分设为7个相对独立的处室，在中核运行本部没有统一的管理机构；虽然技术领域在中核运行本部设置了技术中心，但主要技术力量仍分散在3个分厂技术处。

四是分厂的工作量不均衡，不利于同工同酬目标的实现。3个分厂各自独立运作，缺乏相互支持，导致3个分厂的工作量不均衡，部分生产人员长期处于大修工作状态，员工意见较大，不利于同工同酬目标的实现。

为了整合中核运行生产资源，构建运行、维修、技术、安全等专业领域的核心能力建设平台，推进生产管理标准化，实现组织机构扁平化，同时提升管理效率和核心竞争力，输出人才、标准、技术和经验，拓展企业发展空间，拓宽员工职业发展通道等，早日实现秦山核电专业化集约化改革目标，中核运行2013年启动了“资源整合”第二阶段的改革。

中核运行第二阶段改革的核心内容是建立“领域管理模式”，即将管理职能按照生产运行、维修、技术、安全质量、企管商务、财务、行政、党群监察审计等划分为八个领域，将处室按专业分别划分到相对应的八个管理领域中。按此思路，2013年8月20日，中核运行《深化改革工作大纲》（以下简称“工作大纲”）正式发布，其中，按照“专业化”“执行、支持及监督职能分离”以及“单点责任”的原则，对八个管理领域的职责边界进行了明确界定，对原有62个处级机构按照八个管理领域进行了初步划分。

之后，根据领域职能调整及组织机构设置“扁平化”的要求，中核运行对原有处级、科级机构进行了梳理。同时，八个管理领域的领导小组及工作小组依据工作大纲，对所属职能流程和业务流程进行了逐一梳理，对相应管理程序进行了影响性分析，并制订了程序修订计划，编制完成各个领域的实施方案。经过工作大纲和各领域实施方案的逐步细化，中核运行第二阶段改革的核心内容——“领域管理模式”的要求具体落实到了每一个流程和管理程序中。

1）职能、机构调整情况

领域及部门职能根据“专业化”“执行、支持及监督职能分离”以及“单点责任”的原则进行界定，组织机构按照“公司—处室—科室”三级进行“扁平化”设置。由此进行的主要调整如下。

- 取消分厂和中心的行政层级，撤销分厂党委、工会和团委，将相应职能合并至中核运行相应机构中；撤销分厂综合办，将其行政职能合并至公司办公室，将综合计划职能调整至经营计划处，将党工团职能分别调整至党群工作处、纪检监察处、工会办公室等处室。

- 将生产计划处的综合计划职能和运行支持中心生产绩效处“共管委”的职能，调整到经营计划处，归口管理中核运行战略规划、中长期计划、综合计划，负责项目立项管理、“计划—预算—考核”（JYK）管理、资产管理以及对外服务等。

- 将小修计划管理职能调整到生产计划处，负责发电计划、日常计划和小修计划的管理，负责组织各类日常生产会议。

- 将技术领域的维修与大修优化职能及维修领域的大修计划管理职能，调整到大修管理处，负责所有运行机组大修期间所有活动的计划、组织、协调与控制，负责大修优化和中长期大修规划。

- 将分厂两个维修支持处的职能以及环境应急处的应急通信管理职能，分别调整到土建服务处和维修支持处，其中土建服务处负责组织实施所有构筑物的土建维修和应急通信工作，维修支持处负责组织实施日常维修、大修所需的各项维修支持工作。

- 将 3 个分厂技术处的核燃料和堆芯管理职能调整到堆芯燃料处，将防腐实施职能统一调整到技术处，将在役检查职能调整到技术管理处。其中，堆芯燃料处负责核燃料管理、核材料管制、换料策略研究及优化、反应堆物理启动及反应性管理；技术处负责设备和备件管理、变更及材料防腐的管理与实施等工作；技术管理处负责科研项目管理、技术文件管理、中长期技术管理、在役检查实施等工作。

- 将3个分厂核安全处的执照管理职能调整到执照管理处，负责运行许可证、操纵人员执照等的申请及管理工作，负责与外部监管机构的统一接口。

- 将3个分厂核安全处的经验反馈职能调整到经验反馈处，负责组织开展经验反馈和人因管理工作，负责组织开展安全文化建设，负责同行评估接口管理。

- 将3个分厂保健物理处工业安全管理职能，采购计划处的供应商资质评价职能，以及三个分厂核安全处的质保监督职能调整到安全质量处，负责开展工业安全、供应商资质评价和质量监督活动，负责归口组织实施各类安全生产活动，负责归口管理放射源相关工作。

- 将运行支持中心标准流程处体系和流程管理职能、公司办公室法律事务职能、审计处风险管理职能、生产绩效处指标管理职能，调整到企业管理处，负责管理体系（含指标体系）的建设与维护，负责全面风险管理的组织工作和法律事务。

- 将3个分厂保健物理处化学分析、化学控制、物理分析等职能，调整到化学处，由其负责化学/放化分析和监督、化学控制和流出物排放管理等。中核运行处级机构由原有的62个调整为58个。

2）“领域管理模式”运作简述

为确保日常生产活动在“领域管理模式”下有序开展，中核运行将所属7台运行机组和2台在建机组划分为四个生产单元，分别为：

- 30万机组生产单元（含C1/C2运行支持、C3/C4项目调试）；
- 方家山100万1号、2号机组调试生产单元；
- 65万1号、2号、3号、4号机组生产单元；
- 70万重水堆1号、2号机组生产单元。

每个生产单元设置运行、维修、技术等分管领导各一名，在运行分管领导的主持下，以生产计划为龙头组织开展日常生产活动。机组运行生产指挥调度体系由值长、运行处长、运行分管领导、生产运行主管领导、总经理组成，日常运行指令由值长下达，中核运行各处室按照职能配合支持。

中核运行总经理是中核运行安全生产第一责任人，通过生产决策领导小组对生产重大事项做出决策，生产决策领导小组以总经理为组长、主管生产运行的副总经理为副组长、其他与生产相关的副总经理为成员，负责重大生产问题的及时决策、协调和组织处理，以提高重大生产问题的决策和处理效率。

生产运行主管领导受总经理委托，总体负责生产运行管理；运行分管领导负责分管生产单元的生产运行管理及各类异常运行情况的处理。

中核运行成立安全生产委员会、技术委员会，负责授权范围内安全问题、技术问题的决策、组织处理和协调，重大事项由生产决策领导小组讨论后进行决策。

通过在中核运行层面建立统一的大修指挥体系，统一计划和组织开展中核运行大修活动。各机组的大修工作按照“项目制”进行管理，按照大修计划协调运行、维修、技术、安全质量、采购等相关领域开展大修工作。大修指挥层由大修总指挥部、大修执行指挥部、大修经理组成。维修主管领导担任大修总指挥，总体负责大修管理；维修分管领导担任大修执行指挥，具体负责大修组织与管理。

中核运行集中管理技术资源，加强设备可靠性管理，统一组织开展30万机组延寿、乏燃料处置、中低放废物处置、（重水堆）压力管更换（25年）、重水堆除氚等重大技术专项。

中核运行统一开展安全质量管理、核安全文化建设工作，整合中核运行行政、党群资源，对促进文化融合、加强企业文化建设将起到积极的推动作用。

3）秦山地区管理一体化持续提升

集团公司明确了“在四家单位产权关系与法律地位保持不变的前提下，实现秦山地区内部集中统一管理”，即“一体化管理”的改革调整原则和方案。2016年上半年，集团公司对秦山核电主要党政领导的职责范围进行了调整，为“一体化管理”工作提供了组织保障。2016年7月，根据上级单位关于“一体化管理”的要求，秦山核电集团筹备组与中核运行联合成立了统一的方案策划团队——秦山核电工作组，全面启动了“一体化管理”准备工作。

通过大量细致的准备和沟通，“一体化管理”方案最终获得上级部门、各股东方、国家核安全局、国家能源局以及秦山核电干部员工的一致认可，业主公司与中核运行（2016—2021年）运委协议正式续签。2017年1月3日，秦山核电正式切换至新的统一管理模式运作，切换后整体运行平稳有序，队伍稳定。

在推进改革期间，中核运行群堆、群厂管理融合的一体化管理进程加快，管理优化再上一个台阶，9 台机组取得了良好的安全、稳定运行纪录，从深化改革开始到 2015 年，9 台机组实现年度发电量 492.6 亿千瓦·时，完成年度发电任务的 104.93%；2016 年，通过“两化融合”能力打造和提升，非计划停机停堆次数由 2015 年的 6 次降为 2 次，实现年度发电量 503.64 亿千瓦·时，创历史新高，完成年度计划任务的 102.76%。由于业绩突出，2015 年、2016 年秦山核电蝉联集团公司“业绩突出贡献奖”。在 WANO 公布的 2019 年综合指数中，9 台机组中有 5 台机组达到满分 100 分，并列世界第一。2021 年 6 月，9 台机组中有 8 台机组 WANO 综合指数达到满分 100，再创优异的运行业绩。

12.4.2 共管委应运而生，有效提升企业技术和管理水平

1. 成立背景

进入新时期，随着中国核电产业的快速发展，中国已成为世界上在建核电规模最大的国家。随着核电机组越来越多，中国核电事业迅速发展，针对核电厂运行和建设集团化管理中的共性问题，需要专业化的技术支持与服务。

集团公司控股的运行机组已达到一定的规模。尽管这些机组的技术类型及特点并不完全一致，但其本质上都是依靠核能动力来发电，在其建设及运行过程中有很多通用、共性的项目及工作。从整体上来看中国核电下属核电单位是一个集群。对行使出资人权利的中国核电来说，如何提高多个下属企业的创新能力和项目管理能力是尤为紧迫的问题。

对于中国核电而言，下属核电公司的产业相关度和相似度高，它们对核电运行和管理共性技术有着共同的需求，需要共性技术为其竞争性技术的开发提供基本手段和技术支持，以便实现新产品、新工艺的持续创新，从而提高集群企业的创新能力，最终提高整个中国核电的创新能力，实现企业的可持续发展，因此必须大力推进中国核电共性技术创新和管理。

然而，一方面，由于共性技术开发存在风险性、外溢性，单独依靠自发的市场力量推进共性技术创新将会受到限制；另一方面，共性技术开发的复杂性、外溢性又使单个核电公司难以承担共性技术开发主体的重任，需要与其他核电公司和科研机构等合作共同开发。这使得中国核电共性项目技术创新主体具有

多元性，包括核电业主单位、核电运行单位、科研机构等。

共管委模式是中国核电实现共性管理职责、推行管理和技术标准化的一种平台和方式，成为核电共性技术和管理创新的重要力量。共管委接受来自中国核电的共性技术研发委托，在一些如设备管理、老化管理、数据管理、信息化等前沿性、具有重大发展意义的技术领域先人一步展开战略性的研究工作，是深入系统地思考中国核电共性技术创新问题，构建中国核电共性技术创新系统的结晶。

2. 使命和职责

2009 年 5 月，集团公司原核电部组织召开了集团公司核电厂共性项目技术支持和服务协议审查会议，成立了集团公司核电厂共性项目管理委员会（以下简称“集团公司共管委”），签署《集团公司共性项目管理委员会章程》及《集团公司核电厂运行和建设集团化管理共性项目的总体技术支持和服务协议》，支持对共性技术进行创新研究，对共性项目实施统一管理，以进一步促进集团资源的优化配置与有效利用，创造管理协同效应，提升技术创新能力，形成对外竞争优势。

2012 年 9 月，集团公司组织机构进行变革，原核电部部分职能调整归属至中国核电。经过委员会批准，集团公司共管委名称变更为中国核电共管委，制定了新的章程、协议，并发布了一系列制度，逐步建立健全了中国核电共管委的管理体系。

中国核电共管委由委员单位和项目管理单位组成。委员单位为中国核电独资或控股的核电厂业主公司，包括运行、在建和经国家核电主管部门批准开展前期准备工作的拟建核电厂。项目管理单位为中核运行。

3. 运作机制

中国核电共管委协调和组织中国核电独资或控股的核电业主公司、共管委项目管理单位、项目研发与实施单位共同做好核电共性项目的管理和实施工作，优化资源使用，提升中国核电核心竞争能力。

中国核电共管委的成立为成员单位提供各种技术创新资源，使下属多家核电公司能够分享成果、减少不必要的投入，提高核电运行和管理的技术水平。这个清晰的定位是中国核电共管委得以成功的关键，因为它能有效地聚合中国核电内的众多企业，使它们形成合力。

1）工作组机制为共管委搭起技术交流的桥梁

为推动中国核电共管委具体业务工作在委员单位及成员单位的开展，共管委办公室根据需要，临时成立不同业务领域的工作组。

工作组人员是由各个核电公司和技术支持公司派相关领域专家组成，保证了工作组的专业化、技术化程度。工作组负责制订本领域的年度计划、组织评审本领域的成果文件，解决本领域的技术难点，交流各核电公司之间共同面临的技术困难和管理疑惑。

工作组机制的建立，为各个核电公司之间搭起了桥梁，凝聚了技术力量，有力地推动了相关业务领域技术的发展。

2）立项管理是共管委技术创新的基础

中国核电共管委各委员单位、中核运行及中国核电本部各部门均可以根据核电厂的共性需求提出中国核电共管委项目立项申请。共性技术项目原则上是中国核电各成员单位（即共管委委员单位）共同需求的项目（见表12－1）。

共性技术项目的立项审查分两个层面：一是中国核电各核电厂选派技术人员参加，根据各单位发展规划及对共性技术项目的需求提出审查意见，保证选题具有共同性、急迫性、创新性；二是中国核电共管委协调员层面的审查，所有项目申请由各个核电厂协调员进行审查，保证项目的经费合理，并和共管委共性发展定位相匹配，在协调员会议审查的意见完成修改后，报共管委委员会批准。

表12－1　2016年中国核电共管委批准实施的项目明细示例

序号	项目名称
1	中国核电党群及宣传文化一体化
2	设备可靠性管理数据库
3	统一老化管理数据库
4	EPRI 技术交流合作
5	AP1000 核电工程标准工程量清单
6	中国核电科技创新管理体系
7	生产准备标准化
8	核电法规标准图情共享
9	安全质量环境监督

续表

序号	项目名称
10	运行生产与集中采购项目
11	核电前期工作管理
12	核电工程项目管理
13	中国核电供应商资格评价准则
14	人力资源管理及培训
15	核电上网电价“十三五”趋势分析
16	ERP 物料主数据管理
17	N1 - EAM 基础环境运维项目
18	N1 - ECM 基础环境运维项目
19	核电厂操纵人员技能提升
20	共性项目管理
21	核安全文化评估标准手册及工具
22	WANO 业务管理与支持
23	经验反馈与人因管理
24	生产管理及培训
25	核电厂评估与监督检查
26	业绩指标分析与信息报告

3）合理分摊费用使共管委价有所值

为了合理地分摊共管委的年度费用，中国核电共管委的年度经费以 WANO 机组容量法为原则进行分摊。

共管委的经费分摊方式体现了“收益多、出资多”的原则，同一个项目，由各家核电公司出资，有效地降低了各个核电公司的成本，而相应的成果在各个核电公司共同享受，使共管委分摊费用价有所值。

4）项目管理和考核确保共管委项目成果达标创优

《共管委项目实施控制管理规定》明确了项目研发与实施过程的控制要求。中核运行根据委员会批准的年度项目计划，组建各共性技术项目工作组，正式启动项目开发工作。项目研发与实施单位根据项目工作计划及工作组会议的有关要求，积极组织充足的人力、物力资源投入项目研发与实施工作中，对项目的进度及工作质量负最终责任。

在制度建设方面，中国核电共管委制定了《中国核电共管委项目立项管理规定》《中国核电共管委项目实施控制管理规定》《中国核电共管委项目验收及成果推广管理规定》《中国核电共管委项目经费管理规定》《中国核电共管委项目变更管理办法》《月度工作报告制度》《工作组管理制度》等，进行项目计划、项目实施、项目控制、项目验收与考核、项目收尾管理。所有管理环节与中国核电质量管理手册及相关管理程序配套进行，有效地加强了项目管理、资金管理和内部控制，保障了中国核电共管委项目各项工作得到有效开展，项目资金得到合理、高效利用。

在项目管理上，为提高项目完成质量，中国核电、中核运行等单位负责与项目承担部门的联系和监督，全面参与项目策划、项目评审，并就项目任务的具体开展进行指导、监督、检查与验收。项目承担部门按要求向中核运行报送月度总结、半年工作总结、年度工作总结，及时汇报工作进展，并按照要求进行内部评审、内部验收，在年底提交成果。

在项目执行过程中，承担单位严格按照中国核电项目管理制度要求，编制本单位的年度科研生产计划及实施方案、项目策划书，组织开展各自所承担的中国核电共管委项目，完成资料调研、分析论证、设计审查、报告撰写等工作，按照项目年度工作计划对项目进度及质量进行检查监督和评价。

各项目承担单位所提交的成果均由专业技术人员完成，满足中国核电编审批程序要求，对于重大问题或疑难问题及时召开专家讨论会形成专家意见，保质保量完成中国核电共管委项目任务。

中国核电共管委通过绩效考评、项目检查、考核、质量考核及评审会制度、工作报告制度等完善的质保程序对项目实行全过程监督管理与验收，保证项目任务的完成及项目成果的提交处于受控状态，为中国核电共管委项目的顺利完成提供机制和制度保障。

5）组织行业专家验收，促进共管委成果有效推广

中国核电共管委明确了共性技术项目的成果验收及项目成果在核电厂的推广应用等有关工作。中国核电共管委办公室协调召开验收会。验收会邀请的专家应对项目所涉及技术领域十分熟悉并具有一定权威性，邀请的中国核电外部单位或系统的专家，对照年初的技术附件进行逐项讨论后，出具验收意见报告，保证项目成果的可靠性和可信性，验收专家还应对项目成果的推广应用和发展前景给出前瞻性意见，供项目负责人更加有效地推广成果。

6）进行项目评优，对优秀项目奖励激励

根据《中国核电共管委项目验收及成果推广管理规定》，中国核电共管委通过对项目的年度验收和考核来确定年度优秀成果，对优秀项目成果进行表彰，对优秀工作组进行奖励。这些措施成为共性技术创新的内在动力，有效地激励了项目组的工作热情，有力地推动了中国核电共管委项目的实施。

7）利用共管委信息管理平台，对成果进行展示和推广

项目完成验收后，中国核电共管委组织专家编制成果清单和产品说明书。一方面，共管委以发文形式向委员单位发布共性技术项目成果开始应用（或试用）的通知，并将电子版上传至中国核电门户网站“共管委工作平台”，供所有委员单位查询使用，项目研发与实施单位同时制订共管委项目成果的推广应用计划，并接受中国核电本部部门的监督和评价；另一方面，共管委组织相关专家到新建电厂进行成果推广，使得标准化的产品能够在新建核电厂得以使用。

中国核电近年来的新拟建核电厂，包括辽宁核电、漳州能源和三明核电，在统编教材使用、管理制度制定、经验反馈、人因管理、同行评估等方面，采纳共管委成果文件120余份，体现了共管委成果文件在新核电厂管理流程、技术标准建设等方面的良好借鉴价值。

中国核电共管委积极推进共性项目的集团化运作和精益管理，充分发挥资源集约化、技术专业化的优势，在提升中国核电核心竞争能力，提升核电厂的安全水平和运行业绩方面发挥了重要作用。

中国核电共管委开发和运维共管委管理信息平台，专门用于共管委项目成果的共享和推广工作。该平台主要用于共管委工作成果信息的公开和发布、项目申请、项目清单、项目公示和评论、项目审批和管理、进展报告、成果文件展示等。

4. 服务成效

中国核电共管委运作后，有效地利用资源，节约成本，体现出规模效益；成果的开发集中了集团公司的创新优势，起点高、实用性强，是集团专业化运作的良好实践。开发的相关成果是中国核工业知识管理的积淀，实现了核电知识和经验的固化，为运行电厂的技术和管理标准化奠定了基础，为新建核电厂的标准化流程建立、管理体系建立提供了有力支持。从各个方面提升了中国核电的标准化和统一化管理。

中国核电共管委有效提升了中国核电下属核电企业的安全水平和运行业绩。核电技术支持单位面向各核电运营公司提供各种科技信息和研发服务，将开发的成果提供给需要的企业，为核电运营公司解决了技术难题，有力促进了中国核电整体 WANO 指标水平的提升。

中国核电共管委工作机制通过共性项目的有效管理为供给方和需求方提供合作和交流的机会，解决各成员单位遇到的实际问题，通过核电运营公司和技术支持单位密切的协同合作，使核电共性技术水平大幅提高，在集团公司内部产生了良性发展的集群效应，带动了集团相关产业链的发展。

12.4.3 八大共享服务中心适时成立，虚拟共享作用明显

为满足中国核电创新高效发展，实现中国核电“十三五”规划，整合资源、强化专业化管理、促进标准化战略落地，推动中国核电“3655”经营管理体系有效运作，2017—2018 年中国核电陆续成立了培训中心、信息中心、采购中心、财务中心、审计中心、宣传文化中心、运行技术中心、法律支持中心等八大中心。这八大虚拟化中心的运作，在推进公司标准化、整合板块资源方面发挥了重要作用，如中国核电信息系统基本实现了统一建设和运维；大宗通用、共性备件和服务的集中采购初见成效等。

1. 培训中心

培训中心是中国核电在培训领域统筹资源、组织实施的平台，负责统筹各成员单位的操纵人员培训、技术培训、技能培训、管理培训及其他与培训相关领域的工作内容，设置培训管理中心及六大培训分中心（见图 12－2）。

①**培训管理中心**。培训管理中心下设综合计划组、生产培训组、经营培训组。其中，综合计划组主要负责综合协调和负责培训中心运营，统筹各分中心培训资源，制订培训领域规划与培训实施计划；生产培训组主要负责与生产相关的技术、技能标准化课程体系的管理、开发与统筹实施；经营培训组主要负责与经营管理相关的标准化课程体系的管理、开发与统筹实施。培训管理中心由中国核电本部直接管理。

②**培训分中心**。中国核电培训中心下设六个培训分中心，分别是秦山核电培训分中心、江苏核电培训分中心、三门核电培训分中心、福清核电培训分中心、海南核电培训分中心和武汉培训分中心。培训分中心由各成员公司管理，

接受培训中心的业务指导。

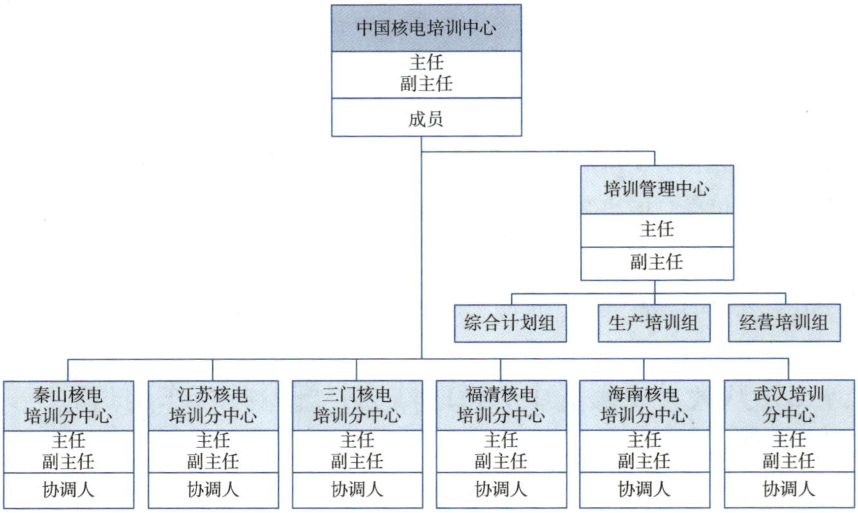

图 12－2　培训中心组织机构

培训管理中心办公及后勤保障依托中国核电本部，业务承接依托中核技术投资有限公司，人员依托各成员公司。

运作后，中国核电培训中心紧密围绕公司核心业务，秉承“事业发展，人才先行；人才发展，培训先行”的理念，重点围绕核电学院建设、培训信息化平台建设、国际化人才培养、管理干部能力提升、推动系统化培训方法（SAT）应用、打造标杆培训项目等开展，服务成效显著。

2. 信息中心

信息中心是统筹策划、推进落实中国核电信息化工作的主体，是实施标准化战略重要的推动者和执行者。信息中心由中国核电经营计划部和 6 家成员公司的信息部门整合而成，由中国核电经营计划部具体负责信息中心的管理。中心由“信息管理中心＋信息分中心”构成（见图 12－3）。

①**信息管理中心**。信息管理中心作为中国核电信息管理机构，下设五个工作组，分别是综合规划组、项目管理组、网络与信息安全组、数据管理组、标准业务组。信息管理中心由中国核电本部直接管理。

②**信息分中心**。中国核电信息中心下设六个信息分中心，分别是秦山核电信息分中心、武汉信息分中心、江苏核电信息分中心、福清核电信息分中心、三门核电信息分中心和海南核电信息分中心。

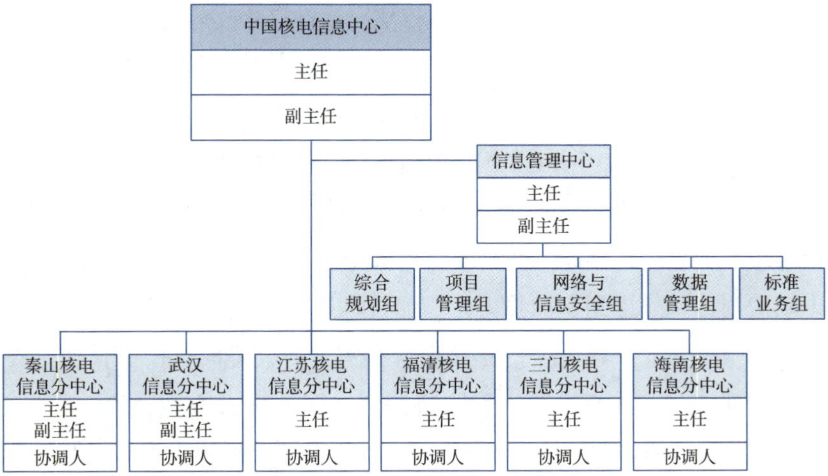

图 12－3 信息中心组织机构

信息中心主要职责包括以下几方面。

- **信息化规划与政策研究。**负责研究制定中国核电信息化战略与信息化规划，按年度对规划目标和任务进行分解，并结合集团公司年度信息化工作要点，提出中国核电年度重点信息化工作计划；负责信息化业务外部市场开拓；组织开展信息化政策研究、前沿技术应用研究和外部对标工作。
- **体系与标准建设。**负责建立健全中国核电信息化管理体系，涵盖企业架构、项目管理、技术研发、信息资源、信息安全、信息系统运维服务、数据治理等专题领域；组织开展信息化标准建设，负责与中国核电标准化工作组的业务对接。
- **计划管理。**负责统筹中国核电年度信息化计划（预算）管理，报信息化委员会审查，按照中国核电 JYK 一体化管理要求进行审批。将批准后的年度信息化计划（预算）下达到各责任单位，跟踪计划的执行和反馈情况。
- **项目管理。**负责组织开展信息化项目需求管理、项目立项审批，组织资源实施信息化项目建设和系统运维，对重点项目开展执行监控、项目验收和项目后评价；负责建立标准的统建信息化项目管理方式，包括取费模式、知识产权及资产归属模式、受托运维取费标准等；组织开展软件正版化、信息领域集中采购的技术支持工作。
- **网络与信息安全管理。**负责中国核电商业应用网、数据中心的建设和管理；负责研究制定中国核电统一的信息安全管理制度和信息安全策略，检查各成员单位信息安全管理规定和要求的执行情况，督促整改落实。

- **数据管理**。负责制定主数据管理办法，归口管理数据标准和规范，配合业务部门管理业务主数据，推动数据资源开发和应用。

- **激励与考核**。负责制定中国核电信息化工作考核办法，根据办法对各成员单位信息化工作进行评价；组织开展中国核电信息化评优及内外部荣誉管理工作。

信息中心成立后，积极围绕集团公司和中国核电“十三五”发展规划和信息化专项规划，统筹谋划、加强力量、加快推进信息化工程和数字化办公提升专项工作，组织完成了核电生产管理系统容灾、办公协同、投资管理、资金管理、预算管理、会计共享推广、采购协同、合同管理、外事管理、荣誉管理、仓储配送一体化（秦山试点）、培训管理、科研管理等模块或信息系统的开发和上线，攻坚克难，实现核工业数据中心（集团）开工目标，创新开展核电安全生产管理平台、大核源、基于工业互联网的设备可靠性管理系统、工业智慧软件等科研项目，推进网络安全态势感知平台建设和国资委能源工业互联网接入工作，研究形成人工智能在中国核电的应用及路线图设计，策划推动核电生产无线网络、智慧工地等项目，统筹资源保障网络、数据中心（秦山、福清）和主要信息系统安全、稳定运行，进一步推动纵向到底、横向到边的流程端到端和数据全过程集成贯通，提升物料等基础数据质量、提高系统操作体验，三门核电和福清核电顺利通过“两化融合”体系贯标（五大核电基地均取证），参加网络安全攻防演习，推动落实网络安全防护措施，全年未发生被上级单位通报的网络安全事件，坚决守住网络安全底线，全面完成规划重点任务。

3. 采购中心

采购中心是中国核电采购管理的业务平台和集中采购平台，整合 5 家成员公司采购资源而成，由中国核电商务采购部具体管理。中心由“采购管理中心 + 采购分中心”构成（见图 12 – 4）。

①**采购管理中心**。采购管理中心下设四个工作组，分别是综合管理组、采购计划管理组、集中采购组、物料主数据管理组，由中国核电本部直接管理。

②**采购分中心**。采购中心下设五个采购分中心，分别是秦山核电采购分中心、江苏核电采购分中心、三门核电采购分中心、福清核电采购分中心和海南核电采购分中心。采购分中心由各成员公司管理，采购分中心接受采购管理中心的业务指导。

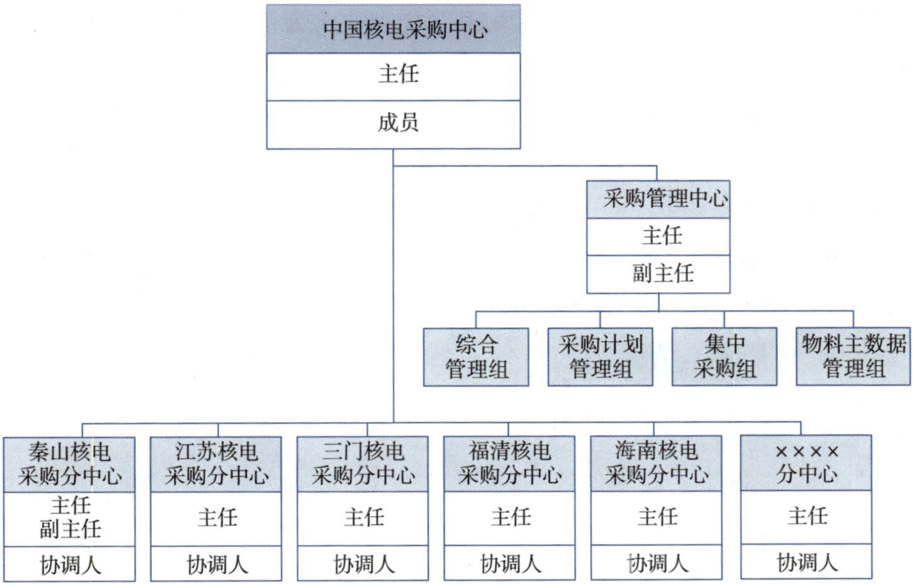

图 12－4　采购中心组织机构

采购中心主要职责包括以下几方面。

- 负责中国核电供应链全流程管理实施规划，采购管理体系建设和持续完善。
- 负责中国核电采购计划的规划统筹以及集中采购计划的管理。
- 负责组织集中采购及联采联储工作。
- 负责采购业务流程标准化体系建设，采购绩效管理标准化体系建设与完善。
- 负责物料主数据管理、采购信息化规划和实施、库存控制管理、供应商管理、物资共享管理和经验反馈等基础工作。

采购中心运作后在二级集采工作中发挥了重要作用，利用集中采购的规模效应，节约了各参与单位的成本支出；通过集中采购实现了中国核电全系统内价格模式、合同模式、技术标准、管理标准的统一，促进了采购管理提升；为各参与单位节约了大量的管理成本，也有效地降低了招投标采购过程中出现的廉政风险；对集团产业链上内部单位开展集采工作实现了集团产业链协同效益。

4. 财务中心

财务中心是中国核电财务管理的业务平台和会计共享服务平台，由中国核电财务资产部具体管理。中心由“财务管理中心 + 会计共享中心”构成（见图 12－5）。

①**财务管理中心**。财务管理中心设在中国核电本部，由中国核电财务资产部直接管理，具体负责板块层面的重大专项财务管理工作。财务管理中心下设三个工作组，分别是成本组、预算组、综合组。

②**会计共享中心**。会计共享中心设在秦山核电，依托秦山核电运作，具体负责提供会计共享服务。

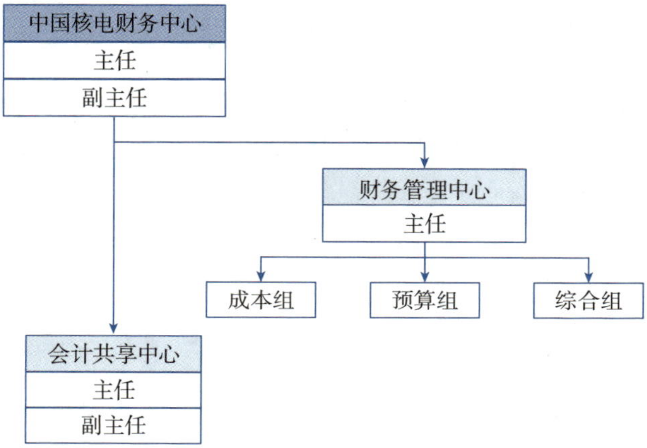

图 12－5　财务中心组织机构

财务中心主要职责包括以下几方面。

- 负责制定财务中心发展规划和中长期业务规划。
- 负责制订财务中心年度工作计划，并对财务管理中心和会计共享中心进行考核。
- 负责板块财务管理能力建设，提升财务队伍专业能力。
- 为中国核电本部、成员单位提供高质、高效的会计业务共享服务，初期提供代理记账服务。

财务中心运作后，以“合规、效益、价值”为核心，推动财务管理理念变革、组织变革、机制变革和手段变革，更好地统筹发展和防范风险，更加注重质量和效率，通过中心运作，充分利用上市融资平台成功发行可转债支持福清、田湾等核电项目建设；积极争取优惠利率资金，使核电在建、投产项目贷款实现不高于基准利率下浮 10% 以上的利率水平，低于同业融资成本；做好各项减税降费政策的落地，做到优惠政策应享尽享，用足用好减税降费政策；加强成本管控，牢固树立“过紧日子”思想，建立以工单为管理单元的成本管理体系，持续开展降本增效专项行动。

会计共享中心以“规范、精益、集约、稳健、高效、智慧”为目标，持续强化财务对战略、业务的支持，探索了一条具有核电特色的财务数字化转型道路。一是2021年底，203家单位，207个账套，板块内一个标准、一套制度、一个流程、一个系统、一个结果，以标准促管控。二是2021年完成服务请求总量120850笔，上线累计完成210094笔，同比增长84.56%。三是2021年会计共享服务台：全年共呼入电话8822通，有效解决工单7312份，员工满意率99%。四是遵照《服务水平协议》持续提升满意度，按季开展业务分析，2021年共享单位总体满意率98%。五是业绩管理方面，数智化监控大屏，可实现整体概览、服务水平分析、流程审批时长监控、业务预警分析。六是质量管理方面，体系化开展会计信息质量管理，以提升会计信息质量为核心目标。2019年同步开展质量体系建设，发布质量管理制度，2021年，开展资金结算、内部程序、总账业务等专项稽核工作，提出建立人机协同质检设想。七是强化服务方面，制定发布共享业务标准规范，设立601会计共享客服台，借助“新媒体”手段在集团内首创会计共享业务宣传形式，制作发布一系列新颖、便捷、实用的“会计共享小课堂”短视频，获得员工广泛好评。八是制度建设方面，内部编制并发布14项管理程序、标准，外部以向各共享单位提供专业、高效的会计服务为导向，在提供日常服务时遵循对方单位的制度要求。九是数智转型方面，主要包括电子档案、合并报表平台、数字员工、流程优化、数字商旅、银财企直连、智能预警、数据中心等领域工作的开展。截至2021年底，中国核电会计共享中心业务覆盖资产规模达3200亿元，服务员工超过1万人。共享平台上线以来，已累计处理单据8万余份，流程步骤精简40%，单笔业务处理时间缩短20%，重复审批减少70%，会计共享集约化、规模化、标准化效果初步显现。

5. 审计中心

为落实国家与集团公司关于加强内部审计工作的要求，建立更加高效、集约的审计监督体系，创新审计管理机制，设立了中国核电审计中心。根据业务需要以及审计独立性的要求，审计中心直接向中国核电董事会报告工作，由中国核电董事长直接领导，业务上接受中国核电纪检审计部指导。在中国核电本部设审计中心管理办公室，主要负责中心计划考核、组织协调、人员调度、制度标准、质量审核、信息系统、队伍建设等工作。根据业务需要，中心设置若干专项工作组，负责专项工作研究，执行具体审计任务（见图 12 -6）。

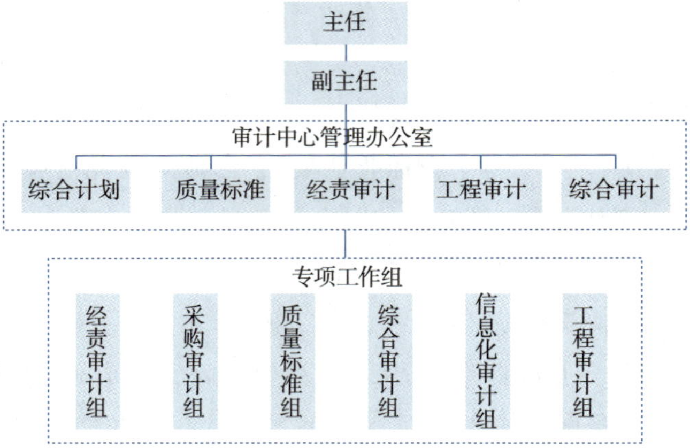

图 12 -6　审计中心组织机构

审计中心主要职责包括以下几方面。

- 编制中长期审计发展目标，统筹板块年度审计计划及审计资源配置；
- 负责制定板块审计制度、标准、程序，负责审计质量管理；
- 负责中国核电安排的各项审计任务的实施；
- 负责跟踪、监督审计整改及审计成果应用；
- 负责核电板块审计信息化建设；
- 负责板块审计队伍建设，组织后续教育及培训工作。

审计中心从 2018 年开始有效运营，促进了审计任务高效开展，中心运作模式得到同行认可，《中国核电推行“大集约”审计中心模式初见成效》在《中国审计报》内审专刊头条刊发，2020 年获评集团公司 2017—2019 年内部审计先进集体。

6. 宣传文化中心

宣传文化中心是中国核电宣传文化工作的业务归口平台和资源整合平台，归口管理中国核电本部及各成员公司的新闻宣传、企业文化、公众沟通、舆情管理、品牌责任及影像视频，整合内外部人员、渠道和广告服务资源，由中国核电投资者关系部指导运作。宣传文化中心在北京设立中心办公室，在各成员公司设立分中心（见图 12 -7）。

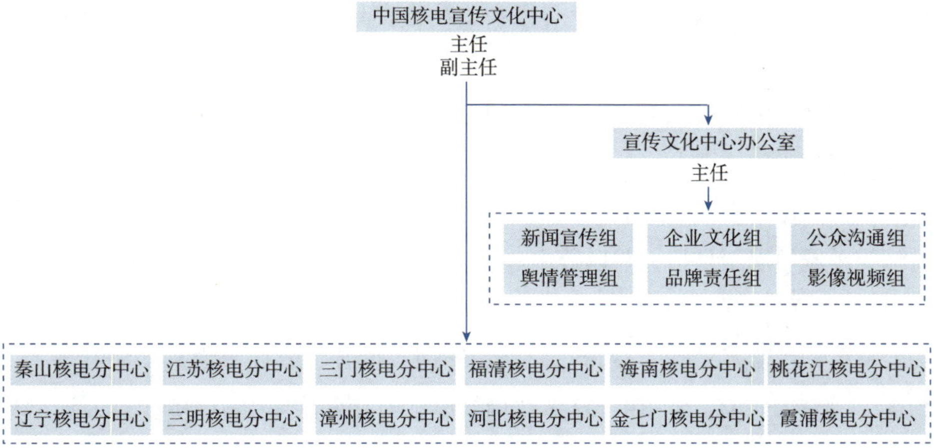

图 12－7　宣传文化中心组织机构

①**中心办公室**。中心办公室下设六个工作组，分别是新闻宣传组、企业文化组、公众沟通组、舆情管理组、品牌责任组、影像视频组。中心办公室由中国核电本部直接管理。

②**分中心**。根据各成员公司实体运作情况，设置秦山核电、江苏核电、三门核电、福清核电、海南核电、桃花江核电、辽宁核电、三明核电、漳州核电、河北核电、金七门核电和霞浦核电等 12 个分中心。

宣传文化中心主要职责包括以下几方面。

- 负责中国核电新闻宣传、企业文化、公众沟通、舆情管理、品牌责任及影像视频工作的规划，负责宣传文化一体化的年度行动计划的实施与管理，负责体系建设、队伍建设和渠道建设。
- 负责中国核电品牌宣传、企业文化、公众沟通等工作的标准化建设及应用推广。
- 负责中国核电新闻宣传、媒体接待、信息发布、内外网及微信、微博等平台建设。
- 负责中国核电的企业文化建设，负责理念、行为、视觉等标准的建立与落地。
- 负责中国核电公众沟通的统筹管理，负责科普宣传、信息公开、公众参与等标准化推广。
- 负责中国核电舆情信息的监控、研判、报告与处置。

- 负责中国核电品牌建设与维护、社会责任管理、社会责任报告编制与发布。
- 负责中国核电影像视频素材的搜集、整理、应用、归档，负责本部的摄录像管理。

宣传文化中心正式成立后，更加系统化地推进企业文化、品牌建设、社会责任等领域的规划目标，并以分中心、专项组的组织模式开始了公司形象塑造和品牌打造的变革和创新。开发了卓越文化徽章的实体产品，用于在文化活动场合佩戴；运营了微信、微博、内网、外网、抖音、微视等内外部宣传平台；拍摄了《魅力核电、美丽中国》《中国核电、国家名片》《601985 代言人》《核电安全是第一》《中国核电：为美好赋能》《光核少年》《核力出奇迹》等多部企业形象宣传片，并多次获奖；持续编印 4 本《中国核电企业文化故事》，保存了企业集体文化记忆；结合公司科普传播的需要原创的“核电宝宝”“华龙宝宝”“暖核宝宝”等吉祥物和“四个一切”核潜艇保温杯文创品、“双 C”萌宠卡通形象，受到国内外同行的广泛欢迎；协同推进“企业文化引领、社会责任担当、品牌价值提升”三大项目，每年持续开展卓越文化节和员工满意度、企业文化调查评估，打造了“党建优秀、管理一流”品牌。

7. 运行技术中心

为了进一步贯彻落实国家创新驱动发展战略，有效集约中国核电科研资源，开展高水平的科研开发，解决共性技术问题，提升核电机组运行的本质安全水平，运行技术中心开展筹备中国核电运行研究有限公司的第一阶段工作。中心由“办公室 + 管理组 + 分中心”构成，是中国核电统一的科研平台（见图 12 – 8）。

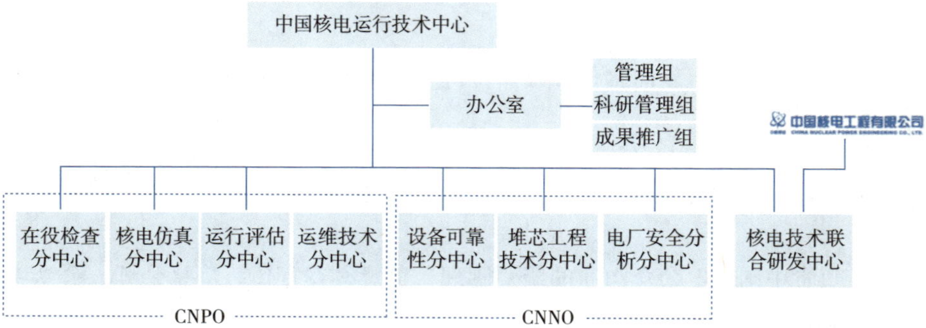

图 12 – 8 运行技术中心组织机构

运行技术中心主要职责包括以下几方面：

- 负责科研体系与制度建设；
- 负责科研政策研究与规划；
- 组织共性技术管理；
- 负责科研计划与项目管理，组织开展集中研发项目与自主研发项目；
- 负责科技成果管理，组织科研成果的应用与推广；
- 负责对外科研合作，负责 CNNP－CNPE 核电技术联合研发中心的管理。

运行技术中心运作后，一是整合优质资源，搭建了科研创新平台，坚持以中国核电中长期发展战略和需求为导向，围绕核电厂安全运行、降本增效和绩效提升，按照“小核心，大协作”机制，整合运行核电厂、国内外科研机构和高校优质资源，开展科研攻关工作，开展科研项目对接和调研交流活动，扩大“朋友圈”和影响力。二是集中优势资源，稳步推进重点科研项目，承接国家部委、集团公司纵向项目，同时承接中国核电共性科研项目，其中 2021 年通过理事会决策新启动 25 个科研项目。三是开展共性技术、共性管理研究，助力中国核电安全高效发展，主要包括积极策划大修优化项目，发布专项技术报告，持续为会员电厂创造价值，探索开发绩效范例机制，分享优秀绩效提升成功实践手段，编制发布安质环敏感设备管理标准、导则，形成智慧核电软课题成果《中国核电智慧电厂建设方案》；推进对美国电力研究院成果的消化吸收，积极开展相应知识产权管理工作；积极做好总部支持工作。四是开展成果转化和对外服务工作，利用运行研究院的专利、专有技术优势积极开拓内外部市场，开展了对外服务能力梳理和推介。

8. 法律支持中心

中国核电法律支持中心依托于中国核电本部和各成员公司法务机构和法务人员，在中国核电总法律顾问的指挥领导下开展工作，由中国核电法务办公室负责业务指导和监督工作（见图 12－9）。

法律支持中心下设综合组、专项组两个工作机构。

①综合组是中心的常设机构，承担中心的日常工作和综合性事务，协调、监督专项组具体开展各项工作。

②专项组是中心的临时性机构。中心根据工作需要，成立制度建设专项组、投融资支持专项组、法律问题研究专项组、法律纠纷专项组、涉外事务专项组

等临时性机构，全程跟进专项任务，完成专项工作。

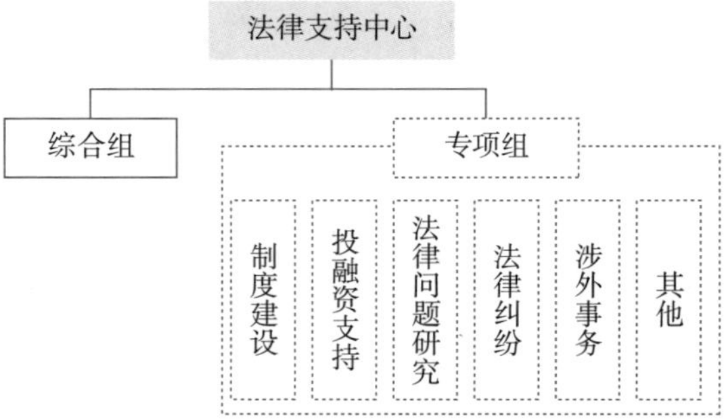

图 12－9 法律支持中心组织机构

法律支持中心主要职责包括以下几方面。

- 建立适用于全板块的法治建设工作流程和法律风险防控体系；制定中长期法治建设规划、普法工作规划；制定适用于全板块的法律事务管理制度和标准文本；其他共性法律事务。
- 组织开展重大法律问题的研究总结；承接集团公司下达的立法支持、课题研究等专项任务。
- 为投资、融资、并购、涉外项目、重大法律纠纷等专项任务提供专项法律支持。
- 建立人员交流机制，培养、锻炼法务人员，为法务人员提供参与法律事务的平台；建立法务人员培养培训机制，开展法务人员培养培训工作；建立资源共享机制，开展案例研讨、经验反馈、法律风险提示、法律学习解读等能力提升活动；为新设成员公司等法务资源稀缺单位提供临时支持。

“十四五”期间，中国核电法律支持中心积极对标国际一流核能企业，努力从组织领导、体系建设、法业融合、创新机制、厚植文化五个方面聚势赋能，充分发挥法治工作“规范治理、风险防控、价值创造”的作用，助力中国核电依法治理再上新台阶，公司连续 5 年获得上交所信息披露 A 级评价、连续 6 年获得“金圆桌最佳董事会”等上市公司治理奖项，中国核电先后荣获国资委“2011—2015 年中央企业法制工作先进单位”称号和中宣部、司法部、全国普法办“2016—2020 年全国普法工作先进单位”称号，2021 年入选国资委“国有企业公司治理示范企业”名单，同年，公司获评应急管理部、司法部、全国总工会联合开展的“第三届全国应急管理普法知识竞赛”优秀组织奖。

12.4.4 酝酿推进大共享建设，落实集约化改革战略部署

“双碳”目标下，清洁能源事业正迎来高质量发展的全新机遇。预计2022—2025年，中国将进一步加快扩大装机规模，保持每年6～8台，甚至10台核电机组的核准开工节奏，2025年核电运行装机容量达7000万千瓦左右。到2035年，我国核电在总发电量中的占比将达到10%，较2022年的发电占比将实现翻番。中国核电未来必将要运营数十台核电机组、开拓数千万千瓦的可再生能源装机市场，核能多用途的前景十分广阔，中国核电将全力以赴加快脚步向世界一流清洁能源服务商的目标迈进。在快速发展的同时，中国核电必须推动先进管理模式的变革以适应市场变化，准确识变、科学应变、主动求变，深化改革创新，以集约化改革优化管理模式、降低管理成本、开拓人才培养新天地。当下中国核电因势而谋、应势而动、顺势而为，主动担当，正在加快集约化组织变革，加快推进集团公司、公司党委关于集约化改革的战略部署，利用2022—2023年的窗口期，筑牢根基、保障安全，做好“增量改革”。

中国核电制定了集约化管理的总体目标，一是“精质量”，落实集团公司精细化管理要求，提升经营管理质量。面对群堆管理模式要求，培育公司核心竞争力。二是“保安全”，通过专业领域集约化、标准化，提升核心专业能力，实现技术管理人才对新项目的输出和支撑，确保核电机组安全。三是“升效率”，响应国企改革三年行动，提升全员劳动生产效率。共性领域避免重复建设，有效降低核电产业生产管理成本，形成专业支持能力，对核能多用途、敏捷端等新产业赋能。四是“增效益”，通过市场规模的扩大和劳动效率的提升，实现公司效益、股东收益和优秀员工收入共同增长。五是“谋幸福”，通过在省会城市设立公司机构，让员工能在大城市安家落户，增加对高端人才的吸引力，提高员工生活质量和子女教育水平，增强员工的幸福感。

2021年10月，中国核电成立了集约化运作领导小组、办公室和中心筹备专项组，组织集中办公，负责顶层设计、总体布局、统筹协调、指导把关，组织外部对标和内部调研，编制中国核电集约化管理中心设计方案，开展集约化管理培训和宣讲，对公司未来3年集约化管理进行顶层设计和总体谋划。

在积极安全有序发展核电的大背景下，在做好现有机组安全高效运行的同时，中国核电拟统筹利用运行电厂的先发优势，建立共性领域的专业化服务平

台，通过资源整合和不断优化，在专业领域做精、做大、做强，形成快速反应能力和机制，高效支持各单位的生产经营活动，支撑各单位高质量发展，最终达到“只要战场呼叫，炮火即刻覆盖”的效果。

现阶段考虑设立采购中心、数字化创新中心、大修中心、设备管理中心、技术支持中心、培训中心等实体化运作中心，积累经验，提供示范，后续根据需要再增设新中心，逐步把可以标准化、统一运作的业务全部集中，打造整体核心竞争力。

- 拟建立采购中心，全面承担运行机组、在建机组与新建项目、其他业态单位的商务采购业务，包括采购需求和计划统筹、采购技术管理、采购质量管理、采购实施和合同管理、供应商管理、物流管理和库存控制等，逐步建成中国核电采购与供应链管理和服务平台。
- 拟建立数字化创新中心，作为中国核电网信的“管建运”一体化组织，负责管理并承担网信工作规划、建设、运营、维护等职能。
- 拟建立大修中心，作为中国核电标准化大修管控平台和集约化大修服务商，落实中国核电的标准化、规模化、专业化战略。
- 拟建立设备管理中心，定位为中国核电标准化设备管理平台和集约化设备管理服务商。
- 拟建立技术支持中心，定位为中国核电标准化技术支持服务平台和集约化技术支持服务商。
- 拟建立培训中心，履行培训业务的管控、监督、支持和实施管理职能，推进培训领域业务标准化和集约化，同时发挥集中培训优势，开展共性培训项目实施，降本增效，提升培训价值。

12.5 集约化经营推进效果

中国核电通过分阶段逐步深入推进集约化管理，让电厂生产单元聚焦于群堆安全高效运营，保障了安全生产业绩稳步提升；通过集约化管理优化，整合了内部资源，实现了标准化基础上的对标优化，实现了专业性工作逐步集约运作，提高了中国核电全板块的效率和效益，提高了全员劳动生产率；通过集约化管理优化，为新项目输送有经验的管理和技术人才，为新项目提供规范化、标准化的成型产品，保障了核电新项目高起点建设。

中国核电近5年的成本费用率整体处于下降趋势（见图12-10）。

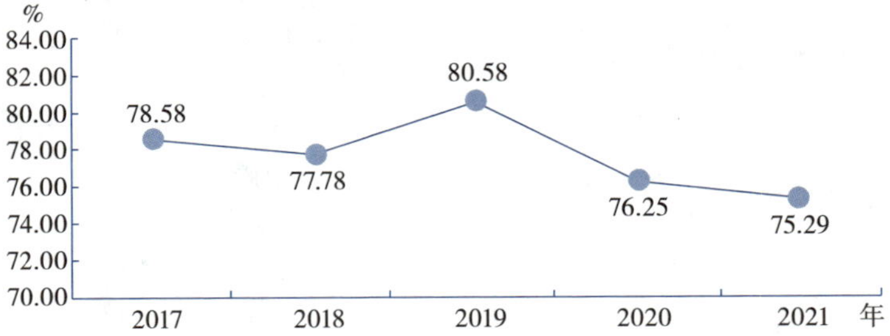

图12-10　2017—2021年成本费用率

中国核电近5年全员劳动生产率和总资产周转率均实现了稳步提升（见图12-11、图12-12）。

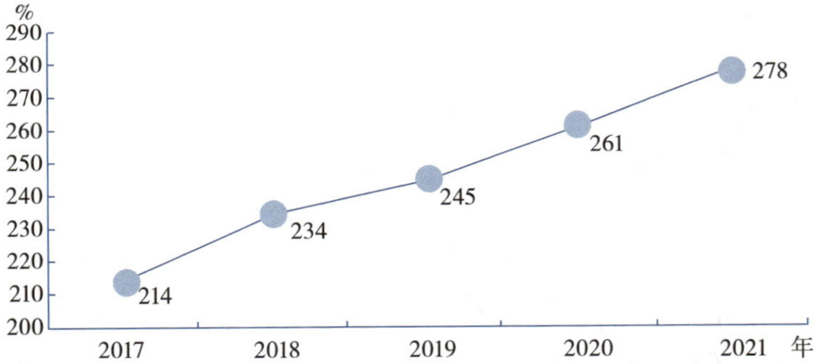

图12-11　2017—2021年全员劳动生产率

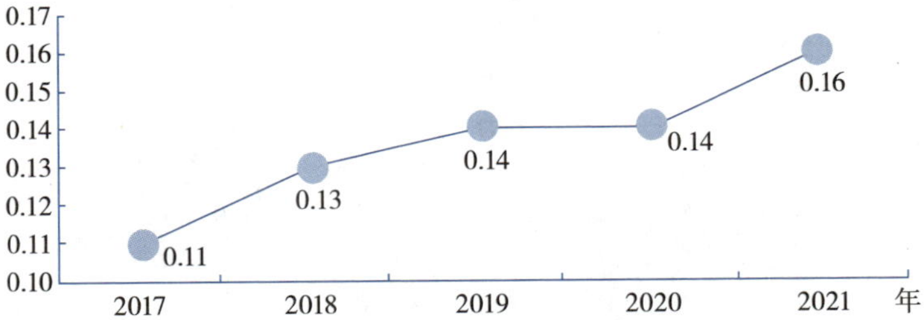

图12-12　2017—2021年总资产周转率

通过集约化经营，进一步清除中国核电规模化发展的管理机制障碍，不断催化企业发展新活力，全面提升公司核心竞争力，为中国核电深化改革工作继续走深走实提供支撑。

（本章编写者：杨彬、屈凡玉、昌正科、徐涵、江星凯）

13

第 13 章

高质量党建体系的创新实践

13.1 体系简介

近年来，中国核电把握新时代国有企业党建工作的规律和特点，找准党建工作的创新思路和实现方法，提出了“1 + N”高质量党建体系（见图 13 - 1）。该体系既符合新时代党的建设总要求，也符合围绕中心、服务大局的要求。以

图 13 - 1 “1 + N”高质量党建体系框架

党内法规、党中央和上级党组织的要求组成的党建质量管理体系为运行主体即“1”，辅以不断探索衍生的价值实现路径与方法组成的子体系即“N”，使高质量党建引领高质量发展成为自觉意识和行动。

13.2 建设背景

坚持党的领导，加强党的建设，是国有企业的根和魂。中国核电作为中核集团控股的以核电为主业的清洁能源投资、运营国有上市公司，高度重视党的建设和企业文化建设工作，始终将加强党的建设和提升企业文化工作成效视为公司的核心竞争力和基业长青的根本保障并围绕其进行顶层设计，持续推进、久久为功。

从公司企业文化发展脉络来看，从1985年秦山核电站开工到2008年中国核电正式成立，中国核电在开拓创新的实践中不断追求卓越，企业文化经历“艰苦创业、勇担国任”的文化积淀期，形成深厚的文化底蕴；从2008—2015年6月，中国核电逐步构建企业文化发展所需的组织、制度、物质基础，以“追求卓越，挑战自我”为价值观，引领公司从高起点起步，经历“追求卓越，挑战自我”的文化成长期，成功实现公司上市；以2015年6月公司上市为标志，公司发展和企业文化建设迈向新起点，中国核电秉承继承与发展的原则，在传承卓越基因的同时，引领中国核电本部和各成员公司文化发展，全面深化企业文化融合和建设，进入“追求卓越、超越自我”的文化引领期；两核重组后，中国核电大力弘扬“强核报国、创新奉献”的新时代核工业精神，树牢“我是中核人、我是中国核电人”的职业身份认同，深植“责任、安全、创新、协同”的企业核心价值观，进入了“追求卓越、争做第一”的创新发展期。

13.3 体系特点

党建质量体系以党委“把方向、管大局、促落实”作用发挥为中心，以党支部和党员干部作用的发挥为关键，以相对完备的制度程序为基础，以大纲、制度、程序、操作平台等为载体，注重一体化设计，确保高质量党建体系责任落实。

13.3.1 在顶层设计上坚持有效衔接

坚持“遵照上级要求、尊重基层实际、固化成功经验”的原则，以《中国共产党章程》、党内法规、上级党组织有关制度等党建工作相关要求为依据准则，将上级各项要求以标准的形式予以呈现。

13.3.2 在体系设计上坚持系统观念

着眼于解决各级党组织党的建设“做什么”“谁来做”“怎么做”的问题，制定印发《中国核电高质量党建体系导则》，以系统观念把标准化的理念嵌入党建工作中，明确要求“党建工作制度系统化、党建工作程序规范化、党建工作方法高效化、党建考核机制精细化”。

13.3.3 在基层落实上坚持实操标准

按照内容完备、描述准确的标准，编印《党支部工作标准化手册》《党建及党风廉政建设工作手册》，将各层级党建责任进行清单化管理，确保各级党组织和全体党员干部“干有目标、行有准则、做有规范、评价有依据”。

13.4 体系内容

13.4.1 狠抓党建融合体系建设，拓宽价值实现路径

习近平总书记于2016年10月在全国国有企业党的建设工作会议上指出，“把提高企业效益、增强企业竞争力、实现国有企业保值增值作为国有企业党组织工作的出发点和落脚点，以企业改革发展成果检验党组织的工作和战斗力”。国有企业要全面提升党建融入中心的质量和效能，切实将党建与中心工作深度融合，使二者有机统一、相辅相成、互为促进，以发展实绩检验党建工作成效。

1. 打造党建工作特色品牌

党建品牌建设是中国核电党建工作融入业务的重要载体和抓手，各级党组织紧密结合企业生产经营开展党组织活动，打造融合型、创新型、标杆型基层

党建品牌，做到关键岗位有党员领着、关键环节有党员把着、关键时刻有党员顶着，实现“一企业一品牌，一支部一品牌”。从 2020 年开始，中国核电就围绕生产经营 100 项重点任务，指导 18 个成员单位创建特色党建品牌活动 1377 个，其中党员突击队、示范岗等 224 个，党员安全责任区 928 个，专项攻坚队伍 185 支。

2. 深入开展重大工程党建联建

坚持“围绕中心抓党建、抓好党建促发展”，各级党组织充分发挥党建工作在推动改革转型、创新发展中的“助推器”作用，将党建力量“嵌入”重大项目。中国核电在我国自主三代核电技术“华龙一号”全球首堆工程——福清核电 5 号机组建设上启动党建联建，成立重大工程项目联合委员会，坚持“融入工程抓党建，抓好党建促工程”的思路，以项目推进为出发点、支部建设为切入点、党员先锋为落脚点、关爱员工为着力点，实现与工程建设的目标同频共振，将党建工作做实做细，形成了经验可复制、实际可操作、可借鉴推广的党建品牌。

3. 以“党建优秀、管理一流”为目标探索“党建 +”模式

党委按照“大党建、强体系、重质量、聚人心、创价值”的总体思路，以“党建优秀、管理一流”主题创建活动为抓手，全面开展“党建 +”行动。聚焦重大工程建设、科技攻关、安全环保、市场开发等领域，进一步提升安全生产水平、经营管理水平。2020 年起，中国核电深入开展“号、手、岗、队”创建，落实职工合理化建议行动项超过 200 项；组织召开“减非停”专题组织生活会 158 次，开展减库存支部联学联做活动 110 余次。

13.4.2 加强党建创新体系落地，激发一线党建工作潜能

党的十九大报告强调，“创新是引领发展的第一动力”。党建工作要适应新时代的要求，就要不断创新，改进工作，提高水平。公司党委提出将创新融入党建工作各个领域、各个环节，引导各级党组织推进学习形式创新、组织管理创新、活动方式创新、工作思路创新，不断激发基层党建工作活力。

1. 搭建党建课题研究机制

中国核电自成立之初便加入中国核工业政研会，同时探索成立党建中心，

聚焦影响发展的热点、难点问题开展党建课题研究，发挥政研工作思想库、智囊团的作用，推动党的理论优势转化为能力优势，近年来，共有64项成果获得中央企业政研会、核工业政研会优秀成果奖。

2. 建立党建创新管理机制

以“党建创新项目化”为抓手，制定项目策划、申报、过程实践、总结及评审流程。各单位党委每年年初从“解决痛点难点、提升工作效率、增强工作效能、丰富工作抓手”几个方面策划至少一项党建创新项目，经过全年的实践、总结、评审，形成创新成果。属于理论创新的政研论文进行申报评奖，属于实践创新的项目印发各单位，并形成长效机制，在全系统推广。

13.4.3 创新运用党建评估体系，丰富对标提升共同进步渠道

中国核电创新运用党建工作责任制考核、同行评估、专项评估、群众评价、巡视巡察、经验反馈等一体化考核评估办法，用考核传导压力、激发动力、落实责任。以发现问题、挖掘亮点为目标，有重点、全范围地对落实上级部署成效、党委创新工作成效、党建基础工作成效进行评估，完成党建工作的闭环管理，实现党建工作从标准到卓越的不断提升。连续4年，中国核电在集团公司党建工作考核中被评为优秀。

1. 对照标准，开展党建工作考核

通过每年组织对成员单位党委、各党支部开展党建工作责任制考核和党支部评星定级，考核结果与支部书记评先选优、班子成员经营业绩考核相结合，发挥“指挥棒”作用，确保党建各项工作按标准开展、各项责任按制度落实。

2. 对标卓越，开展党建工作同行评估

中国核电借鉴同行评估方法，分析全系统党建工作全领域176项“卓越指标”，印发党建同行评估实施细则，从组织形式、评估内容、成果运用等多方面明确了评估工作开展方式，对福清核电、霞浦核电、中核海洋、中核武汉等4家单位开展了党建同行评估，推动党建工作水平从优秀到卓越不断提升。

3. 精准施策，开展党建专项评估

在全面评估的基础上，针对党建专项工作领域或内容，有针对性地开展党

建专项工作评估，如主题教育专项检查督导、重大工程党建联建专项评估、党支部标准化建设专项评估、企业文化专项评估等。

4. 群众检验，开展满意度测评

每年组织各单位干部职工代表，采取网上测评的形式，对党建工作、意识形态、企业文化及相关工作的落地情况进行综合评价，形成测评报告并提交党委会审议，提出重点解决方案，将群众满意作为检验党建工作成效的一项重要标准。

13.4.4　建立党建经验反馈体系，系统提升党建工作质量

通过借鉴核电厂安全管理的经验反馈办法，搭建系统内经验反馈平台，各成员单位轮流编制经验反馈材料，实现经验反馈实时纠偏、缺陷问题及时预防、良好实践动态分享、经验亮点定期总结，系统性提升全系统党建工作质量。

1. 构建一体化运作的组织机构

中国核电依托虚拟化运作的党建宣传文化中心，建立本部主导、成员单位联动、各级党组织和党员参与的经验反馈组织体系，实时反馈经验，及时纠偏和信息共享。

2. 建立规范化经验反馈流程

参照安全领域经验反馈流程，制定经验反馈制度，明确各级党组织的职责，确定信息处理流程、建立分析方法、规范反馈信息的利用方式。

3. 精准分析，做好经验反馈信息处理

根据信息的不同类型进行判断，从经验反馈、良好实践两个方面进行分类。对经验反馈的负向偏差及时纠偏并作为预防提示，防止发生共性问题；对良好实践进行定期交流共享。

4. 强化成果运用，预防与借鉴并举

建立党建经验反馈信息库，将各类实践转化成为党建工作重要的实践经验来源。定期编制专刊，对上级最新要求和近期重点事项进行提醒，对问题进行预防提醒，对良好实践进行分享交流。截至 2022 年 8 月，已编制 11 期党建经验

反馈专刊。每年年底对经验反馈问题进行系统分析，找出共性问题，并将其纳入下一年度党建工作计划中，有针对性地采取措施。

13.4.5 做强宣传思想文化体系，持续凝聚人心和提升影响力

中国核电以文化促管理，以文化促创新，以塑造有担当、有活力的企业为己任，不断推进企业文化建设，始终坚持核安全优先，大力弘扬“强核报国、创新奉献”的新时代核工业精神，坚守“责任、安全、创新、协同”的企业价值观，以“追求卓越，超越自我”奋斗方向为引领，兼收并蓄地吸收我国核工业60多年的文化积淀，依托控股股东中核集团全产业链优势，将创新创造的活力融入公司改革发展的脉络中，持续推进体制机制创新，不断拓展国际视野、丰富文化内涵、拓宽建设领域、创新手段方法、构建工作格局，树立中国核电的文化自信，为企业健康发展提供强有力的文化支撑，树立良好的品牌形象，营造积极正面的舆论氛围。

1. 提炼总结卓越文化体系

中国核电2012年、2016年先后发布了两个版次的企业文化理念手册，逐步建立起包括以“追求卓越，超越自我”为核心的企业文化理念、卓越文化融合路径、卓越文化树模型、卓越文化徽章、卓越核安全文化十大原则等在内的卓越文化理念体系。2019年1月，中核集团公司党组在两核重组后发布了新版企业文化理念。中国核电于3月25日正式发布了修订后的卓越文化体系理念及释义，全面承接了集团公司的核心理念，明确了“责任、安全、创新、协同”的企业核心价值观，并将具有中国核电特色的文化理念通过“奋斗目标”集中予以表达，主要包括：“奉献安全高效能源、创造清洁低碳生活”“争做最具魅力的国际一流核能企业”“追求卓越、超越自我”“规模化、标准化、国际化”“创造企业价值、创造股东利润、创造员工幸福、创造社会财富”等。2022年又对文化理念进行了与时俱进的更新，增加了“我是中核人、我是中国核电人”的职业身份认同的文化表述，为公司集约化、高质量发展注入思想文化活力。

2. 形成系列文化制度、产品、宣传等共享平台

中国核电编制了《企业文化管理》《宣传与舆情管理》《品牌建设管理》《社会责任管理》等管理制度，使公司的企业文化建设工作有章可循；编制《中

国核电卓越核安全文化十大原则》《中国核电员工行为规范》《中国核电卓越文化体系培训教材》《品牌管理手册》，公开发行了《重新定义安全》《核电文化标准化评估准则》。持续编制公司企业文化专项规划，其中“十四五”规划升级为“企业文化引领、社会责任担当、品牌价值提升”三大项目，在早年宣传文化中心基础上2022年试点成立党建宣传文化中心，对成员公司企业文化建设工作起到了较好的指导和规范作用；开发了卓越文化徽章的实体产品，用于在文化活动场合佩戴；公司有效运营了微信、微博、内网、外网、抖音、微视等内外部宣传平台，其中微信粉丝超过9万，近3年微信阅读量每年超过120万人次，曾获能源行业百强微信号荣誉；微博2021年浏览量超1422万次；连续6年开展了全系统的员工思想动态和企业文化调查，在集团内处于领先水平；拍摄《魅力核电、美丽中国》《中国核电、国家名片》《601985代言人》《核电安全是第一》《中国核电：为美好赋能》《光核少年》《核力出奇迹》等企业形象宣传片，并多次获奖；持续编印4本《中国核电企业文化故事》，保存了企业集体文化记忆；与中国企业联合会、中国电力企业联合会、中国企业文化研究会、中国企业文化协会、中国核学会、可持续发展经济导刊杂志社、人民网、中国传媒大学、集团公司新闻中心等专业组织或媒体建立了良好合作关系，每年定期向外推选宣传文化、科普工作先进集体、先进个人、优秀成果；先后结合公司科普传播的需要，原创设计的“核电宝宝”“华龙宝宝”“暖核宝宝”等吉祥物和“四个一切”核潜艇保温杯文创品、“双C”萌宠卡通形象，受到了国内外同行的广泛欢迎。

3. 探索形成品牌文化及社会责任“三位一体”的推进模式

中国核电不断丰富社会责任内涵，将可持续发展理念融入日常经营管理，实现提高经济绩效与履行社会、环境责任的和谐统一、平衡发展，努力成为自觉履行社会责任、树立良好公众形象、倡导可持续发展的表率。探索形成品牌文化及社会责任“三位一体”的推进模式，构建“四力”模型，助力公司“做最具魅力的国际一流核能企业”。自2012年以来，中国核电持续发布了10份社会责任报告和4份环境、治理、社会责任报告。系统披露了过去每一年积极践行经济、社会与环境综合协调发展的亮点实践与成效，展现了坚持高质量发展所取得成就的品牌形象。截至2021年底，所有核电厂通过ISO 14001环境管理体系认证。2021年，节能减排总投入6600多万元，工业用水量同比减少约5%。

2021 年，商运发电量 1826.37 亿千瓦·时，相当于减少燃烧标准煤 5524.77 万吨，减少排放二氧化碳 14474.90 万吨，减少二氧化硫排放 46.96 万吨，减少氮氧化物排放 40.88 万吨，相当于植树造林 49.90 万公顷。截至 2021 年底，国企改革三年行动总任务完成率超 90%。2021 年，入选国资委国有重点企业管理标杆创建行动标杆企业，研发投入占营业收入的比例达 2.60%，荣获各类科学技术成果奖共 79 项，荣获"中关村高新技术企业"称号。充分发挥专业和资源优势，带动地方发展，巩固拓展脱贫攻坚成果并将其与乡村振兴有效衔接，以实际行动回馈社会。2021 年，投入结对资金超 6 亿元，缴纳税款 79.13 亿元，全年志愿服务累计时长 59995.4 小时。

4. 分类指导成员公司企业文化建设

中国核电搭建了企业文化师、新闻发言人、舆情引导员、科普讲解员、企业文化评估员、核安全文化评估员、通信员等培训平台，近期组织企业文化骨干力量培训超过 500 人次，通过企业文化评估、核安全文化评估、文化内训师、科普讲解员大赛、卓越文化节等主题活动，提升了企业文化骨干队伍的素质，其中企业文化评估方法开发实践成果荣获"中国电力创新奖二等奖""全国企业文化优秀成果特等奖"等奖项；重点指导中核运行公司紧扣"实、新、小"三字诀，开展了"四两拨千斤"的"微文化"工作探索与实践，相关成果获得中宣部表彰，并荣获"全国企业文化建设最佳实践企业"称号；指导秦山核电、江苏核电挖掘新时代企业文化建设工作的良好实践，其中江苏核电 2017 年获"全国文明单位"称号，秦山核电 2020 年获"全国文明单位"称号，并分获"全国企业文化优秀成果二等奖""全国企业文化优秀成果一等奖"等奖项；挖掘三门核电安全文化建设优秀案例，指导其成功申报"全国电力行业企业文化建设示范单位"，相关成果获"全国企业文化优秀成果二等奖"。在中国核电指导下，福清核电、辽宁核电、海南核电等也分别荣获"全国电力行业企业文化建设优秀成果奖"。

5. 持续打造中国核电文化传播品牌

连续 6 年以卓越文化节为活动载体，举办主题微电影大赛、"魅力核电，微信微秀"、微话剧大赛、关键词即兴演讲比赛、企业故事大赛、601985 代言人等活动，持续获得受众关注。自 2013 年，连续举办 10 届全国中学生核电科普知识竞赛和夏令营活动，参与人数累计超过 350 万人，获“中国科协科普好活动奖”，获生态环境部部长点赞并被誉为“名副其实的也是唯一的全国核电科普品牌和平台”，得到了国家原子能机构、国家能源局、中国科协等部门的一致肯定，中国华能、国家电投、中广核、上海应急办等相关电厂、单位也积极参与了此项活动。持续 4 年举办集团定点扶贫县的师生夏令营活动、大学生英才夏令营活动。还持续 6 年开展校企合作交流活动，搭建了企业、学校、学生三方共赢平台，与至少 4 所大学达成了联合培养协议，2018 年荣登了福布斯最佳雇主榜。持续 2 年举办八大产品宣传发布会，提升了八大产品和中国核电技术支持的 325 团的知名度，并初步建立了地热产业联盟、技术服务走出去联盟；依托推动 WANO 上海中心落地，公司在 WANO 等国际组织的话语权有了提升，共有 2 位公司高管荣获“WANO 核能卓越奖”；2019 年、2022 年公司在京沪线、冬奥线高铁进行了核电号冠名传播。2020 年 9 月发布了《凝聚核力“电”亮美好生活》的扶贫白皮书。2021 年公司原创的“双碳”科普视频《核力碳达峰、助力碳中和》荣获“中国科协年度科普十大视频提名奖”。

13.5　实施效果

通过高质量党建体系和卓越文化体系的创新实践，中国核电在增强公司核心竞争力，实现安全发展、创新发展方面取得显著成效，在资本市场表现亮眼，在人才队伍建设和典型选树方面取得了长足进步，在公司品牌形象提升等方面取得了较好的成绩。

13.5.1　安全业绩保持良好，核电运营水平稳居世界先进行列

中国核电控股的秦山核电站是中国大陆第一座核电站，已安全发电超过 30 年，并获延续 20 年；2021 年底，全球符合条件的参评 WANO 综合指数排序的核电机组共 393 台，其中满分机组共 77 台；中国核电共 22 台机组参评，19 台机组满分，机组平均值为 99. 51，满分机组数、比例数和平均值都位列世界第一。公司所属的核电机组投运以来累计发电量超过 1. 35 万亿千瓦 · 时，核能发电不排放二氧化碳，相当于等效减少燃烧标准煤 4. 08 亿吨，减少排放二氧化碳 10. 70 亿吨，生态效应相当于植树造林 368. 85 万公顷，可覆盖 2 个北京市。

13.5.2 收入、利润及价值保持稳健增长

中国核电营业收入从2015年的262.02亿元增至2021年的623.67亿元；归母净利润从2015年的37.81亿元增至2021年的80.38亿元；资产总额从2600亿元增长到4096亿元。2021年1月30日，中国核电成功投运我国自主三代核电“华龙一号”全球首堆示范工程——福清核电5号机组，这也是全球唯一不拖期建成的首堆工程，投运后安全指标保持良好。截至目前，中国核电控股在运核电机组数为25台，装机容量为2371万千瓦；控股在建核电机组7台，装机容量762.7万千瓦；控股风电、光伏装机容量超过887万千瓦。每天发电量超过5亿千瓦·时，2022年发电量目标为1960亿千瓦·时。已实现连续6年以现金方式分红，分红比例持续攀升，分红累计金额已达109亿元。根据2021年度分红方案，2022年中国核电计划按每10股派送普通股现金股利1.5元（含税），合计拟派发现金红利28.27亿元，现金分红金额较2020年提升了24.59%。2021年公司投入结对资金超过6亿元，缴纳税款79.13亿元。

13.5.3 党建融入中心工作成效显著

中国核电连续4年开展“党建优秀、管理一流”主题创建活动，组织安全专题组织生活会、减库存联学联做等8项与业务深度融合的“党建+”创建活动，将党建工作有机融入中心工作。在“华龙一号”全球首堆示范工程、示范快堆项目、中俄核能合作示范项目上，探索开展党建联建，将党建力量“嵌入”重大项目，确保一大批工程项目圆满落地，相关经验得到中组部等上级部委的高度认可，相关成果入选中共中央党校出版社出版的“献礼建党百年”基层党建与民生发展优秀案例集《旗帜》。

13.5.4 基层党组织战斗力显著增强

中国核电落实“四同步、四对接”，配齐配强基层党支部，按期完成党支部换届选举，实现“应建尽建”“应换尽换”。以党组织书记述职评议、党建责任制考核、基层党支部“评星定级”为重要抓手，编制发布《基层党建工作标准化操作票》，有效提升基层党支部标准化水平，霞浦核电运行处党总支等党支部被评为集团公司标准化建设示范党支部。深入推动党员突击队、党员责任区和

党员示范岗创建，形成了以“红色字节”“核能开发尖刀铁军”为代表的一批特色支部品牌。

13. 5. 5　先进人物和模范人物不断涌现

中国核电在2018年开展寻找601985代言人和八大产品代言人主题活动，评选了22位正式代言人、98位入围代言人，其中包括何少华（2014年第十二届中华技能大奖获得者）、主泵维修能手昝映辉等为标杆人物的安全文化和技能英雄团队。2020年，“奋进中核人”评选中，中国核电所属成员公司一共有1个人及2个团队位列榜单；2021年“第二届601985代言人暨最美中国核电人”推选中，共产生了19位分别在践行责任、安全、创新、协同的价值观维度上表现突出的模范；在近年的财经类媒体以及社会媒体评选中，中国核电党委书记、总经理、总会计师、董事会秘书等也先后近10次荣获《董事会》《大公报》杂志等颁发的上市公司领域的重要奖项。

13. 5. 6　品牌文化建设取得长足进步

中国核电坚持党建引领，协同推进“企业文化引领、社会责任担当、品牌价值提升”三大项目，每年持续开展卓越文化节和员工满意度、企业文化调查评估，打造了“党建优秀、管理一流”品牌。中国核电作为获奖主体，先后荣获全国电力行业企业文化建设示范单位、全国企业文化优秀成果特等奖、改革开放四十周年企业文化建设标杆企业、“互联网+时代”管理文化创新标杆单位、“金蜜蜂”社会责任报告领袖型企业奖、《财富》杂志500强企业、“最受投资者尊重的上市公司”、中国企业及上市公司信用500强、“十四五”中国证券金紫荆奖“最具投资价值上市公司”、改革开放40年中国企业文化四十典范组织等数十项奖项。

面向未来，站在高质量发展的新起点上，中国核电深入贯彻习近平新时代中国特色社会主义思想，坚持党建引领，坚定文化自信，强化文化自觉，“举旗帜、聚民心、育新人、兴文化、展形象”，进一步加强文化建设和管理，以高质量党建为抓手，大力弘扬“两弹一星”精神及“四个一切”核工业精神，不断“追求卓越、超越自我”，以安全为本，以创新为要，以责任为魂，以人才为先，协同实施“卓越文化引领、社会责任担当、品牌价值提升”专项工程，致力于为企业创造价值、为股东创造利润、为员工创造幸福、为社会创造财富，善用核能力量、赋能美好生活，擦亮“中国核电、国家名片”，引领实现“做最具魅力的国际一流核能企业”的愿景，真正从优秀迈向卓越。

（本章编写者：许佳、王伊迪、罗路红、杨星宇、陈诚）

核电的开发建设和运行是一个庞大复杂的系统工程，是体现高科技水平的、多种专业技术高度集成的工程，因此亟须精准管理。本书立足精细化管理理念，从理论和实践双重视角系统梳理了中国核电30多年发展历程和取得的成就经验，是一部国际经验和本土实践相结合的开山之作。相信本书能为同行业精细化管理提供有益参考，也期待核能综合利用迎来新的更大发展机遇。

—— 中国工程院院士、中国核能行业协会专家委员会主任 叶奇蓁

中国优秀企业的故事，是中国故事的重要组成部分，把它们的故事讲好、传播好，把它们的管理精髓和创新办法推广好，是贯彻落实中央提出的加快建设一批世界一流企业的有效途径，更是我们坚定“四个自信”的具体体现。本书系统梳理了中国核电30多年发展历程中精细化管理的成就和经验，既有理论视野又有实践举措，兼具指导性与实操性、科学性与规范性，值得更多企业学习借鉴推广。

—— 中国企业联合会、中国企业家协会常务副会长兼理事长 朱宏任

中国经济正由高速增长转向高质量发展，企业如何提升组织的健康度、产品的竞争力和经营的整体效益？我给出的答案是“三精管理”。中国核电这套书中提倡的“主动优化、持续改善”主题，及“全员、全领域、全过程、全要素”“四全思想”，与“三精管理”可谓不谋而合。双方在各自的行业精耕深耘，却都力求达到“致广大而尽精微”的境界。愿在打造世界一流企业的道路上，涌现出越来越多优秀的本土企业管理理论和实践。

——中国上市公司协会会长、中国企业改革与发展研究会会长 宋志平

“两弹一星”精神和“四个一切”核工业精神是推动我国核工业从无到有、从小变大、从弱变强的强大精神力量，其中蕴藏的“大力协同”“严细融入一切”的工作方法论，更是成为中国核工业人的思维方式和行为习惯，在核事业传承、发展和创新的每一个阶段都有生动的体现。中国核电是核工业行业中安全发展、创新发展的坚定执行者，本书的出版，集中展现了中国核电积极践行新时代核工业精神，在系统化运用精细化管理方面取得的新的成就。

—— 中国核能行业协会副理事长 陈 桦

中国核电30多年来深耕精细化运营管理，取得了优异的安全经营绩效并积累了丰富的管理经验。本书立足核能行业、面向前沿，系统全面地展示了中国核电在运行领域开展精细化管理的理念思路和创新实践。本书规模宏大、体系完备，既有理论深度又有实践广度，更有现实鲜活度，既可为同行业精细化管理提供有益发展经验和借鉴，也可为新时代持续深入推进国有企业管理体系和管理能力现代化贡献中国核电智慧。

—— 中国核能行业协会副秘书长 杨 波

持续改善 追求卓越

中国核电精细化运行管理之道（上）

CONTINUOUSLY IMPROVING
PURSUING EXCELLENCE

上架建议 管理类

ISBN 978-7-5136-7213-9

9 787513 672139 >

定价：238.00元（上下）

中核集团
CNNC
中国核电
CNNP

持续改善 追求卓越

中国核电精细化运行管理之道（下）

CONTINUOUSLY IMPROVING
PURSUING EXCELLENCE

中国核能电力股份有限公司◎编著

中国经济出版社
CHINA ECONOMIC PUBLISHING HOUSE
·北京·

目录(下)
CONTENTS

下篇　精细化电厂运营

持续改善 追求卓越

下 篇

精细化电厂运营

14

第 14 章

成员公司综合管理

14.1 综述

中国核电作为我国核电行业标准化运营的践行者，始终秉持“强核强国，造福人类”的企业使命，围绕“规模化、标准化、国际化”战略，坚持对标世界一流，持续完善体制机制建设，全面推行“一章三制四规则”① 的治理体系，按照“三重一大”决策办法，优化完善决策事项清单，厘清各决策主体权责界面，为各决策主体科学履职奠定坚实基础，并以“精细化管理、集约化管控”为重要抓手，以数字化转型开展业务流程信息化建设，驱动企业精细化管理，持续提升公司治理能力，促进企业高质量可持续发展。

在经营计划管理方面，中国核电各电厂对中长期发展规划目标与重点任务按年度进行分解，并通过实施有效、上下联动的“目标—考核—激励”一体化绩效考核评价体系，以计划落实规划、以预算保障计划、以考核督促计划；构建并保持以核安全为前提的低成本竞争优势，精细化开展成本管控和提质增效，不断提高电厂经济效益和市场竞争力。

---

① 一章三制四规则：一章，指公司章程；三制，指“三重一大”决策制度实施办法、董事会授权管理办法、总经理授权管理办法；四规则，指股东会议事规则、董事会议事规则、党委会议事规则、总经理办公会议事规则。

在体制机制方面，中国核电各电厂在实践过程中不断强化顶层设计，进一步优化完善公司治理体系，建设一体化、标准化的运营管理体系并有效运作；强化“让供应链创造价值”理念，积极推动“采购管理”向“供应链管理”转型；不断深入探索大数据、人工智能、移动化应用等新技术，支撑和促进电厂业务流程标准化，并用数字、数据为电厂决策经营提供辅助。

“十四五”起步期间，三门核电以精细化管理推进“四最一优”实现企业高质量发展，入选国务院国资委改革三年行动典型案例；三门核电“运营核电成本管理体系创新性设计与实施”荣获“集团公司管理创新成果一等奖”；海南核电“领域负责制助力构建一体化融合精益管理体系”荣获“中核集团2021年卓越执行主题文化实践优秀案例二等奖”；秦山核电物资主数据治理专项获评“DAMA中国2021年数据治理最佳实践”。

站在“十四五”发展新起点，中国核电各电厂立足“三新一高”发展要求，聚焦公司综合管理各环节，将精细化管理理念贯彻落实到经营计划管理、成本管控、绩效管理、制度体系建设、流程管理、信息管理、供应链管理等各方面，不断强化企业风险的识别和管控，不断提升公司科学、民主、依法决策水平，持续提升电厂内部治理能力，以精细化赋能企业可持续发展。

14.2 经营计划管理

14.2.1 综述

作为公司发展战略的近期目标和实施方案，综合计划将公司战略目标和年度工作目标层层分解，最终形成公司各级管理人员和电厂每一位员工的具体工作任务，实现资源优化配置以及对公司各领域发展的过程控制和绩效管理。实施综合计划管理有利于规范和加强公司工程建设、安全生产和经营管理各领域工作，把公司各环节要点工作纳入公司年度目标管理，完善公司系统内部控制，提高管理水平，促进公司良性发展。

中国核电各电厂建立“计划落实规划、预算保障计划、考核督促计划”的综合计划一体化管理体系，按照分层分级管理原则，确保聚焦中心工作、重点任务全覆盖、各项计划责任到人。各电厂在综合计划管理实践中秉持“恰到好处的精细”的工作理念，不断创新工作方法，其中：秦山核电从部门主业、专项、管理提升、党建人文及配合工作等五个维度规范各处室年度计划架构，不断提升管理效率；江苏核电以“一三五”目标路线图、“十四五”发展规划及三年行动计划为导向，突出公司年度综合计划的短期战略作用；福清核电基于五级“金字塔”管控模式，在年度计划刚性管理的基础上引入月度滚动计划，提升了计划管理的科学性；海南核电建立了任务“星级”分类机制，有力保障重点任务落实；三门核电建立了标准化的综合计划 WBS，并以年度为周期迭代循环，提升管理水平。

作为示例，本节介绍了三门核电精简高效、循环迭代的综合计划管理体系构建与实施案例。

14.2.2 经营计划管理案例：精简高效、循环迭代的综合计划管理体系构建与实施

[标　题]

抓住关键少数，围绕目标考核激励体系实施上下联动的计划管理

[案例概述]

三门核电综合计划管理坚持围绕公司战略规划，全面覆盖公司各领域工作，并以年度为周期迭代循环，按照“主动优化、持续改善”的精细化理念，不断优化综合计划管理机制和流程，实现了计划管理标准化、流程化、信息化，同时聚焦中心工作，创新了指标量化、分层分级、计划和预算一体化等特色管理方法，对助力公司经营业绩提升和工作目标安全高效达成发挥了重要作用。

[案例详述]

三门核电综合计划管理始终坚持 SMART① 和 PDCA 管理原则，组织制订具体工作计划和目标，通过迭代循环持续加强计划的精细化管理，不断优化综合计划管理机制和流程，助力公司年度工作目标安全高效完成，对公司战略规划和 MKJ 目标落地发挥重要作用。

1. 优化顶层设计，确保目标和计划逐级分解

综合计划编制是整个计划管理的关键基础性工作，公司发布《综合计划管

---

① SMART：Specific（明确），Measurable（可测量），Attainable（可达到），Realistic（现实合理），Time Bound（有时限）。

理》程序以规范执行，同时在每年计划编制启动时，发布计划和预算一体化工作方案，召开启动会部署计划编制重点安排。综合计划结合公司“十四五”发展规划、规划实施计划、内外部环境分析以及管理期望，采取自上而下的方式开展编制，明确年度核心目标与任务。同时，以公司年度目标为总体框架，梳理每个领域的核心目标和工作思路，按照项目管理原则对工作进行分解并建立WBS，确保任务目标分解不遗漏。在此基础上，各部门主动思考，积极承接，结合部门职责制订公司级综合计划（包含关键绩效指标和年度重点任务），并进一步分解形成部门级综合计划，做到目标和任务的有效承接。计划层级自上而下分为：①公司中长期战略规划，包括公司“十四五”规划、其他专项规划；②公司年度目标，包括4-5-6目标[①]、公司级综合计划WBS；③公司综合计划，包括公司级综合计划、部门级综合计划。

2. 加强计划有效性审查，提高计划编制质量

为有效提升综合计划全面覆盖和准确指引的作用，综合计划编制和审查通过“二上二下”分三阶段完成，以实现上下层的充分沟通，达到目标统一，行为意志同向。生产领域强化KPI考核，工程领域以项目进度计划为依据，综合管理领域兼顾经营指标和服务中心工作；同时要求每项计划符合SMART原则，有具体、可衡量的完成标准，具备可考核性，避免在目标描述中出现“争取”“尽量”“继续进行”等简单或不可测量的语句。在综合计划编制过程中，分领域牵头部门对各部门分解计划提出要求并进行专业审查，确保本领域工作目标及行动措施落实。计划管理部门汇总整理综合计划初稿，提交公司管理层审查，由总经理主持召开分领域对接会，对计划编制质量进行总体审查，确保综合计划全面承接公司年度总体目标。

3. 计划和预算一体化管理，实现资源合理分配

每年发布计划和预算一体化工作方案，加强计划和预算的联动管理，计划和预算同时启动、同时部署、同步审查和调整。建立事项化预算理念，各部门先梳理明年工作任务再匹配相应的预算，每一项预算都有对应的任务。预算审核时根据任务的轻重缓急，平衡预算分配和任务安排，为重要工作优先保障资源。开发“采购预算一体化套表”，方便采购需求计划和预算的填报与审查，业

① 4-5-6目标，是指三门核电每年结合公司管理思路制定的年度总体目标，包括四大核心目标、五大聚焦、六个领域管理提升。

务部门“只填一张表”即可完成采购需求计划、预算的填写，财务部门、商务部门分别完成审查后形成预算、采购计划，计划部门直接将采购计划关联到综合计划。计划执行阶段，建立计划与预算联动管理机制，在月度计划确认取消时，绩效考核办公室及时通过邮件反馈给预算管理办公室，预算管理办公室及时通知相关部门并进行申请调整，保证每月公司利润值测算的准确性。

4. 严控计划执行，确保公司目标任务落地

综合计划正式发布生效后，严格开展计划执行跟踪和监督工作，落实“定目标、追过程、拿结果”工作要求，确保计划任务高质量完成。公司设置综合计划管理员专职岗位，同时建立覆盖各部门的兼职计划管理员网络，负责公司各部门计划的跟踪检查和调整申请等工作，督促责任人通过计划管理平台及时更新计划执行情况，按照规范填写完成依据并关闭任务，完成依据填写应客观、准确和详细。通过每月检查完成情况，开展绩效考核，召开月度例会分析，公司可以准确掌握各领域计划执行情况，对目标风险及时提出应对预案和措施。针对检查出来的受重大边界变化及外部不可抗力因素影响需要调整的计划，如受项目审批时间变化、机组重大故障影响的计划，通过综合计划动态调整机制及时完成调整，确保计划的有效性。

5. 强化指标管理，以量化数据反映绩效

三门核电综合计划中指标类占比20%以上，主要包括生产关键绩效指标（KPI）以及主要经营指标等。加强指标的数据分析有助于精准诊断问题，为此，机组商运以来就持续收集整理生产经营核心关键指标数据，持续完善生产经营指标测算模型。通过每月发布公司生产经营成果，每月定期编制《综合月度进展报告》，每月结合机组生产、售电市场和预算执行情况，开展经济运行评价，为公司生产经营目标与计划的跟踪和调整提供数据支撑。开发三门核电经营监测看板，可以自动抽取统计报表数据、自动运算，直观展示生产经营关键指标的执行情况，为公司决策层、经营层和执行层提供多维度的数据分析。

6. 以绩效考核和对标总结，促计划落实和管理提升

建立完善绩效考核管理体系，坚持“问题导向、目标导向、结果导向”原则，对于综合计划实施刚性考核，按月度和年度开展计划考核；同时，加强考核结果与部门和个人绩效得分的关联度，引导各部门每位员工重视综合计划，按时保质完成任务。综合计划总结反馈是考评结果改进及编制次年计划的重要

环节，计划管理部门每年底认真梳理存在的问题，并针对存在的问题尽快提出措施：横向与公司历年执行情况进行比较，找出执行偏差的原因并提出改进措施；纵向与同行业运行标杆电厂进行对标，找出差距并提出改进措施；此外，通过引入业务部门对计划管理提合理化建议，进一步集思广益形成改进措施。

7. 建立计划管理平台，实现计划全生命周期闭环管理

为解决计划管理过程中出现的各类问题，提高计划管理水平，三门核电以高标准、严要求建立了一套符合自身发展的计划管控体系，并自主建设了计划管理平台，全面保障各项管理要求落地。计划管理平台全面覆盖计划管理各个环节，实现了从任务下达、计划编制、进度跟踪到计划调整、计划关闭、结果审计的全流程贯通：每项任务责任到人、计划到天，分级分类授权；计划开始前通过邮件通知提醒，到期前每日跟踪提醒，执行日志追踪；每一条计划任务均根据需要有各自的衡量标准和完成验证材料；另外还有计划任务增补、延期、调整、取消申诉等一系列审批流程，以及计划到期、滞后、完成率的显示和报表分析统计等。

[点　评]

三门核电综合计划管理是落实集团 MKJ 管理的重要举措，通过综合计划有效承接战略规划和年度经营目标，统筹各领域专项任务，有效发挥了“指挥棒”作用，有助于推动公司高质量发展，促进公司业绩和核心竞争力持续提升。

14.3 成本管理

14.3.1 综述

在国家电力市场改革深入推进的新形势下，核电企业面临电量消纳和平均电价下降、效益空间收窄的局面，如何在复杂的外部环境下进一步提升核电的经济性，成为中国核电及各电厂可持续、高质量发展的关键。面对新形势，中国核电及各电厂在强化安全生产、积极开展电力营销工作的同时，通过深化成本管理工作，逐步建立成本领先优势，进一步提升市场竞争力，提高经济效益。

为推进成本管控核心能力建设，中国核电各电厂以合规、价值、效益为导向，守正创新，构建业商财融合、战略集约化的新型经营管控体系，持续完善“一优二库三标四化五全”的成本管理体系，全面推进精细化管理，赋能公司高质量发展，实现企业价值创造和提升。

作为示例，本节介绍了三门核电基于 VBM 理念①的企业工单成本管理体系建设精细化管理及海南核电“五环行动”锚定度电成本降低两个案例。

14.3.2 成本管理案例 1：基于 VBM 理念的企业工单成本管理体系建设

[标　　题]

创新驱动业财融合

[案例概述]

激烈的外部竞争，必然促使企业积极面对市场、开拓营销渠道，同时不断强化内部成本管控核心能力。搭建一套融合核电设备安全可靠性管理及价值管理理念的生产工单成本管理体系，是三门核电在成本管理领域的一次勇敢尝试，也是业商财深度融合的创新应用。

三门核电基于 VBM 理念下的核电企业工单成本管理体系建设，突破传统成本管理模式，将成本控制细化至“生产工单作业”层次，梳理作业价值链，弱化并消除非增值作业，为企业成本管控、价值创造提供动力。案例入选工业和信息化部管理会计案例集。

工单成本管理体系的搭建，完善了核电生产成本管理架构，填补了核电企业生产成本基于作业的成本管理方法空白。它不仅有助于业务计划和预算的编制，还能推动成本管理的精细化，实现标准成本、目标成本管理，促进各项业务的集约化、标准化、信息化，进一步支持管理决策。

[案例详述]

引入 VBM 理念的工单成本管理框架是一种将战略、流程和作业与价值最大化目标融于一体的价值创造和增长的管理模式，蕴含着“战略—目标—流程—作业”的管理逻辑，其中作业是基石，是核心。通过对工单作业的精益化管理，更准确

① VBM：Value - Based Management，价值管理。

地识别和管理作业，力求精简作业流程，减少无效作业，完成价值管理。

1. 明确思路，确立工单成本管理体系搭建原则

在确定企业以价值最大化为标的战略后，关键的一步就是寻找价值驱动因素，它实际上是将价值最大化这个整体目标分解为对企业价值至关重要的、具体的小目标。对于建立工单成本管理体系而言，电站的信息化管理水平、信息系统与信息系统间的穿透程序、电站的业务管理精细化程度等诸多因素都会对其运作的成功与否产生影响。基于上述因素考虑，工单成本管理体系的建立应遵从以下三个原则：一是成本效益原则，在追求数据精确性的同时，必须兼顾相应的成本效益；二是业商财一体化原则，应充分调动员工的积极性，加强业商财一体化的作业成本管理理念，真正将每个人的职责落到实处，保证体系的通畅运行；三是及时性原则，在企业的日常生产经营过程中，需及时将实际产生的成本数据和预算、目标进行比较分析，并加以调整或完善。

2. 总体设计，搭建工单成本管理信息体系架构

1）研究体系搭建思路

根据工单成本管理理念及基本原则，对公司工单成本管理所涉及的成本项目大致定位，再按照作业中的业务分类将之分配至相应对象中，即作业成本法中的资源、作业、成本动因、成本对象四个要点的确定（见图 14－1）。

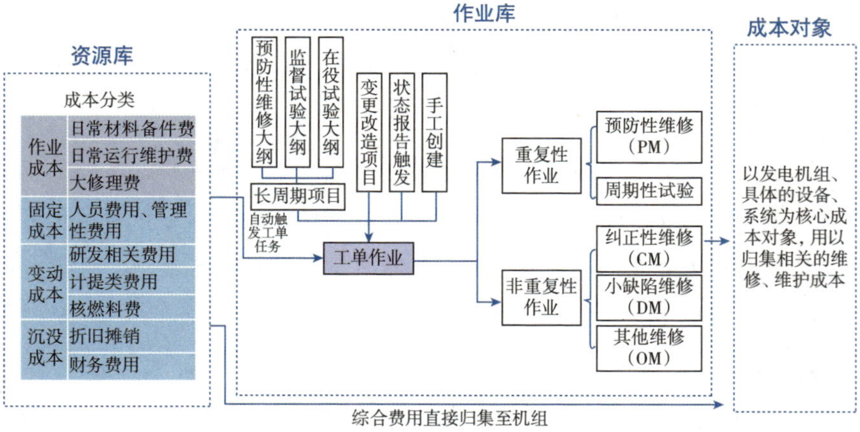

图 14－1 作业成本法理念运用

（1）资源库的确定：在核电站中，资源动因可以分为两种：一种是将资源直接分摊到成本对象的动因，如折旧费、财务费用、管理人员费等；另外一种是通过工单作业分摊到成本对象的动因，如备件材料费用、维修人工成本等。

根据核电成本分类，可以构建从成本导则项目到工单成本资源库之间的映射关系，为成本数据分摊到工单及成本对象奠定基础。

(2) 作业库的确定：作业库的确定是实施工单成本管理的重要载体。根据所有工单项目，建设符合行业标准的核电企业工单成本作业库。在实际管理分析中，根据公司实际管理目标，重点选取大修工单以及日常预维工单作为作业对象范围。工单作业的划分也可以实现公司内部、各个电站之间的工单标准比较，为在整个核电板块范围内实现工单作业成本管理奠定基础。

(3) 成本动因的确定：成本动因是解释发生成本作用的特性计量指标，它分为资源动因和作业动因两种，资源库所归集的价值按照资源动因分摊至作业库，作业动因则进一步将作业成本库所归集的成本分配到各成本对象中。考虑数据收集成本效益原则，工单成本管理主要分析人工成本、备件消耗。

(4) 成本对象的确定：以发电机组、具体的设备、系统为核心成本对象，归集相关的维修、维护成本。通过长期的数据积累，可为公司后续战略承包商的建立、定额备件的配置提供数据支持。

2) 搭建工单成本管理模型

在业务层面的工单管理系统基础上，通过整合备件、外委采购管理信息，构建和不断完善从工单触发开始，到集合同履行、成本归集及数据反馈于一体的信息化数字统计展示平台，实现工单成本可视化的管理目标。同时，逐步实现外委合同、仓储管理与工单信息等的关联，并实现维修工单与采购合同一一对应，明确工单外委所需的人工工时及成本，明确维修工单所需的备品备件数量和金额，将成本核算及管理深入工单层面，最终实现“业务需求—预算编制—合同采购执行—结算”的闭环管理，并且推动合同管理、库存定额管理等的规范化（见图14－2）。

工单成本管理模型的建立实现了核电企业生产作业价值链的串联，不但便于工作计划和年度预算的编制，还能对企业的业务、管理流程进行梳理。利用价值链分析，减少不增值作业，提高资源利用效率，实现价值链整体最优化。

同时，通过价值链的精细化分解，可以明确各业务的管理目标并提出行动计划。在这一环节，作业动因、作业标准和目标绩效被转换成企业日常的管理决策和行动。所以，业务单元的目标需要着重思考两方面内容：一是以作业分析结论为基础选择具体业务的价值优化战略，防范业务单元战略与总体管理目

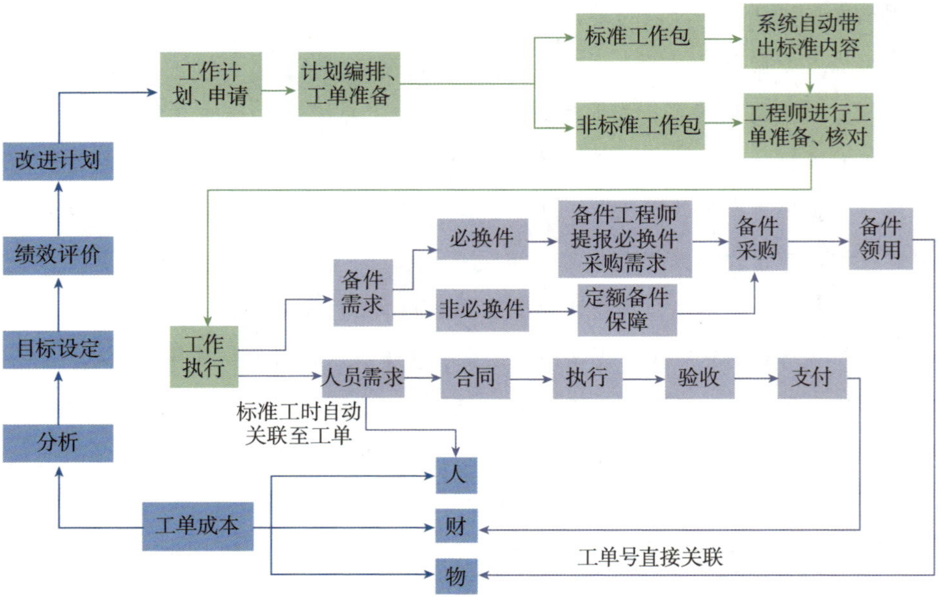

图 14－2 工单成本管理模型

标相背离；二是确定绩效指标，将业务单元优化结果与绩效指标相关联，促进业务目标管理的有效性。

3. 创新升级，实现工单成本数字化系统开发

中国核电各电厂主要以依托 SAP ERP 技术平台搭建的 N1－ERP（中国核电人、财、物一体化管理信息系统平台）开展经营管理工作，ERP 系统及各类大数据分析平台的广泛应用与实施，为企业资源费用的归集、数据的传递及后续的数据整合分析提供了可靠支撑。同时，三门核电已具有较为成熟的工单管理系统（SPMS，三门核电项目管理信息系统），并有较为完善、标准的工单管理体系，业务与系统相互配合，衔接紧密，因此能有效地根据成本动因划分各级作业，归集各种资源费用。

工单成本管理平台是工单数据集成化的平台，通过匹配标准的业务、成本基础数据库，如标准工作包、标准工时、外委合同价格信息库等数据，实现了实际工单成本统计、系统设备维度成本占比分析、实际工时与标准工时对比等，并且根据维修过程的实时推进成本数据的实时更新。

工单成本可视化平台是三门核电首个生产成本数据管理信息平台。相比传统管理工具，该平台在数据统计效率、信息完整性等方面有大幅提升，可以较

为全面地展示各类工单的成本分布、工时耗用等情况。

4. 决策支持，以工单精细管理促进管理提升

核电企业中工单作业总量巨大，因此不能够对这些作业逐一判断其增值性和效率性的高低，而应针对性分析一些对于企业发展而言比较关键的作业。核电企业设备的安全可靠性管理中，一般通过设备分级将电站的主要资源集中在关键重要设备上，强化对关键重要设备的管理。因此，成本优化应据此做出相应的分级管理，在保障机组安全可靠稳定运行的大前提下，根据设备分级体现成本重点管控领域，并对其进行资源动因、作业动因等分析。

（1）资源动因价值分析。通过资源动因价值分析可以判断工单作业的合理性。结合资源动因价值分析，可以通过细致的分析来确定作业效率的高低，对每项作业都可以设置如下问题：①作业人数是否可以减少？②作业时间是否可以缩短？③是否可以使用更经济但能保证机组安全生产的原材料？④是否可以使用更简单且能保证质量的工艺方法？⑤是否可以提高机组设备使用效率？通过比较本企业与同行业或其他企业类似的作业，或本企业历史最高水平，回答这些问题，进一步判断该作业消耗资源的水平和作业效率的高低。

（2）作业动因价值分析。通过作业动因价值分析评估工单作业的有效性。实现作业动因价值分析的关键在于发掘成本驱动原因，通过产出确认和测算作业消耗，进而发现哪些作业是多余的，哪些作业是必要的，最终决定如何减少作业的耗费，从而整体降低作业成本。结合作业动因价值分析，可以通过对每项作业开展细致的分析来确定其是否增值。

（3）综合分析。在对前两个角度进行分析研究后，还应做好作业的综合分析，即对每个作业之间的联系进行研究分析，这有助于评价整条作业链的效益。这样不仅要对作业链上的各个作业加以研究，还要对各个作业之间的关联关系进行分析。有时尽管作业链上的每个作业都是增值高效的，但可能由于各作业之间的联系不够紧密而降低了整个作业链的时效。理想的作业链应该是各个作业之间环环相扣，作业之间的等待、延误时间也最短。

通过工单成本管理体系的运用，三门核电在业务标准建立、完善过程中提前匹配成本价值因素，为业务标准的合理化及成本迭代优化提供了一定的数据支撑。以工单管理为突破口，可逐步建立大修和日常预防性维修外委业务的标准化管理体系，包括合同会签、验收流程的标准化等，达到业务、商务、财务进一步融合的目的。

[点 评]

工单成本管理项目是在三门核电精细化管理中的一项具体提升举措，是公司在传统成本管控基础上积极寻求的“新对策”，是业商财深度融合的一次良好实践。运用信息化的手段，打通业务数据和财务数据，逐渐形成公司的数据资产，为公司的技术决策和管理决策提供数据支持，有助于公司成本精细化管理水平的整体提升，也为公司生产具有竞争优势的产品、打造高效的管理流程注入了新的动力。

14.3.3 成本管理案例 2：“五环行动”锚定度电成本降低

[标 题]

“五环行动”引领挖潜增效

[案例概述]

海南核电找准自身精细化管理短板和薄弱点，首次提出以提升盈利能力、打造成本竞争力、提高全员劳动生产率为内核的“五环行动”管理指南。“五环行动”以公司盈利能力更高、经营能力更强、高质量发展更快、全员协同更团结的管理旗帜，引领各领域深入开展增收入、降成本、强质量、提效益等生产经营安排，旨在实现“经济增加值 >0、股东分红 >0、其他业务收入增长 >0、厂用电下降 >0、度电成本下降 >0”中长期经营绩效目标，持续助力企业价值创造与提升。

“五环行动”以目标管理为导向，以价值实现为驱动，统筹资源配置，系统融合了机组运行管理、对外市场开拓、预算成本管控、项目管理优化等专项管理提升行动，不断提升管理水平，树立公司盈利能力更高、经营能力更强、高质量发展更快、全员协同更团结的管理旗帜。

[案例详述]

在全国“3060”碳达峰碳中和目标及海南自贸港、海南清洁能源岛建设的大背景下，核电发展迎来新机遇。同时，受一期工程造价高和海南特殊地理区位影响，海南核电度电成本显著高于同行电厂，近年虽有盈利但累计仍亏损。此外，在重点项目建设管理成本未及时补偿、盈利能力风险加剧的背景下，如何进一步高质量助力中核集团在琼战略落地、把握“三新一高”立足点、推进

"以核为主、一主多元、协同发展"战略布局、保障海南核电"十四五"规划目标落地、实现公司可持续高质量发展，成为亟待全体海核人开发的共同课题。

以目标管理为导向，以价值实现为驱动，统筹资源有效配置的"五环行动"管理理念应运而生。"五环行动"设置符合多方相关利益者的经营绩效指标，提纲挈领地从增收入、降成本、提效益、强质量等方面引导生产经营安排，助力公司实现高质量可持续发展。

1. 制定关键绩效指标，追求企业价值最大化

绩效指标来自组织战略的分解。海南核电围绕"以核为主、一主多元、协同发展"战略，以追求企业价值最大化为中心，遵循"二八"管理原则，提炼出五个极具代表性、个性化，切合海南核电实际的KPI。具体做法如下。

（1）构建切实的业绩评价指标。海南核电不再局限于"报表净利润"的单一经营绩效考核指标，而是基于企业价值创造和可持续发展需要，构建了以"经济增加值、股东分红、其他业务收入增长，厂用电、度电成本下降"为顶层设计的关键经营绩效衡量指标，并设置了2022年经济增加值由负转正、2023年力争实现首次股东分红、度电成本逐年下降等阶段目标，为公司提升盈利能力、提高成本竞争力的行动效果提供具体可量化的分析评价管理工具。

（2）统一利益相关者诉求。经济增加值指标考虑了所有资本的成本，实现了企业利益、经营者利益和员工利益的统一，激励经营者和所有员工为企业创造更大价值。"经济增加值>0"，表明经营者在为企业创造价值。股东分红尤其是以当年利润派发现金时，须满足公司当年有净利润且已弥补之前年度亏损、已提取10%法定盈余公积金和5%～10%任意盈余公积金之后仍有可供分配的利润。"股东分红>0"，表明具备稳定的现金流、可持续的盈利能力。

（3）兼顾短期目标和未来预期。"五环行动"指标体系统筹了海南核电发展战略、"十四五"发展规划和当前生产经营安排，兼顾了指标动态平衡，既体现"经济增加值>0、股东分红>0"的阶段性短期目标，也反映了"其他业务收入增长>0、厂用电下降>0、度电成本下降>0"的未来发展预期。

2. 强化成本文化建设，培育全员主人翁意识

文化先行，精神凝聚。海南核电坚持成本文化引领，通过建制度、重宣传、强培训、树榜样、学先进等手段，加快全员成本意识培育，牢固树立全员、全过程、全要素、全周期成本管理观念，充分调动公司上下发挥主人翁精神，主

动作为、敢于作为。具体做法如下。

（1）长效建设成本管理TOP10机制。结合公司年度重点工作计划和精细化管理年要求，选定年度TOP10成本管理工作，明确工作目标、行动项、衡量标准、责任部门、完成时间等管控要素，建立以总经理为组长的成本管理组织机构，以及“按月跟踪、按季分析、按年总结”的成本管理反馈机制，扎实推进工作落实。

（2）全方位拓宽成本宣传渠道。以公司主页成本专栏和企业公众号为窗口，定期推送成本理念及进展成效；建立季度专题汇报机制，披露当期成本预算管理亮点、短板和改进项；精心筛选年度优秀降本增效实践，汇编成册并于公司内部推广；在预算沟通、立项审查等日常业务交流中，强调成本管控意识，共同探讨成本管理思路及手段。

（3）因时制宜开展成本专题培训。围绕年度成本管控重点和难点，有针对性地面向重要处室、关键业务人员开展成本专题培训，推进业务优化和管理能力提升。海南核电财务处立足“五环行动”，在公司范围内开展了以“持续降低度电成本，提升公司盈利能力”为主题的成本培训，旨在解读度电成本指标内涵、现状及管控思路。

（4）树典型与学标杆相结合。一方面，开展预算成本先进集体和个人评选与表彰，激励各处室和全体职工比学赶超、创优争先，推进公司成本管理和降本增效工作进入新局面。另一方面，比照年度成本管控标杆值，深入开展同行优秀电厂成本业务领域对标，找差距、知不足、明方向，突出重点地制定成本管理改进项。

3. 开展预算精细管理，统筹资源合理配置

凡事预则立，不预则废。海南核电突出预算目标引领、资源配置作用，将“主动优化、持续改善”的精细化管理理念贯穿于预算目标制定与分解、预算编报、预算执行与控制、预算分析、预算调整和预算考核全过程，统筹改善经济效益，助力实现战略目标。具体做法如下。

（1）与时俱进完善预算制度建设。结合公司“十四五”发展规划和年度经营管理目标，持续修订年度全面预算管理手册、年度预算考核办法，引导业务改进和管理提升。基于当前双机组全年基本保持满功率运行但盈利水平不高的现状，预算办2022年首次将收入预算作为加分项纳入预算考核范围，鼓励各处

室开拓对外服务，助力其他业务收入持续增长，改善公司经营效益。

（2）夯实预算信息基础，建立预算分析数据库。持续细化预算信息颗粒度，从粗放式的以机组、处室、项目为末级的预算编码体系，向精细化的以大修编号、合同甚至业务责任人为末级的预算编码体系转变，改善预算承诺占用，落实预算主体责任。以大修成本为试点，梳理1号、2号机组所涉大修外委合同信息及历次（共9次）大修结算价格，为大修专项预算优化及成本分析提供可靠数据支持。

（3）预算外管控刚柔并济，强化预算执行控制。坚持预算目标刚性，在遵循年中预算调整前不得使用预算准备金原则的同时，对于预算外事项坚持一事一议并在月度预算报告中列示；对于预算内事项允许按照日常预算调整规范在处室内部、处室之间进行合理调剂。预算执行坚持“按月通报、按季考核”，每季度第二个月末允许调整分月预算，及时纠偏，便于决策者及时调整生产经营安排。

4. 夯实收入业务基础，保收和增收齐头并进

摆脱经营困境，开源是关键之一。海南核电重拳夯实收入管理，聚焦发电主业，积极开拓对外服务，争取落实优惠政策，保收增收、应收尽收，切实提升收入质量，打造核电品牌影响力。具体做法如下。

（1）强化收入组织和制度保障。确定收入业务归口管理处室——经营计划处，统筹年度收入总体目标，规范收入预算管理，强化业务日常管理。为鼓励各业务处室拓宽收入渠道、积极作为，制定年度收入激励管理办法，根据不同收入类别，设置相应考核激励方案，结合收入预算执行情况予以兑现。

（2）推进机组功率提升和厂用电优化。在确保1号、2号机组全年安全可靠运行的前提下，开展机组功率提升和设备可靠性提升专项工作，争取突破发电能力“天花板”，尽可能实现电量满发、多发。摸排全厂用电情况并进行分析，寻找浪费源，明确技改提升项，分区域（生产及非生产）开展厂用电优化，争取实现厂用电不高于上一年。

（3）加强核心能力建设，提升对外服务质量。各领域积极推进核心能力建设和资质认证，对外输出项目建设管理、仪表检定、剂量检测、设备检修、操纵员培训等核电服务产品，加大对外服务品牌影响。全面核实可租赁资产实物状态，提高资产出租率，盘活阶段性闲置资产，增加租赁收入。全面梳理并优

化对外供电、供水情况，及时回收代垫外部单位相关款项，杜绝“跑冒滴漏”现象。

（4）做好优惠政策研究与落实。跟踪研究国家、海南自贸港税费政策，持续做好增值税返还和三代个人所得税手续费返还申请及回款跟踪，落实进口设备关税、增值税减免。持续跟踪电力行业两个细则条款的修订，优化两个细则考核管理，控制两个细则考核支出过快增长。梳理科研项目经费来源，积极争取外部、上级、同行科研经费及补助补偿。

5. 推进专题降本增效，提升成本竞争力

降低度电成本，等于提升度电效益。海南核电围绕度电成本降低目标，重点加强可控成本管控，通过合同管理、价格优化、外委优化减少等方式，开展降本增效专项行动，降低各项成本支出，助力年度利润挖潜登高。具体做法如下。

（1）降低业务外委成本。加强外委项目入口审查，严控新增外委项目，持续优化标准服务外委清单，清单外未办理新增外委审批的项目原则上不准立项。通过公司重点工作任务、成本管理专项方案以及专项考核激励，推进重点领域核心能力建设及外委转自主工作，降低外委成本超300万元。加强外委合同执行和反馈管理，严控暂列金使用，强化用工需求、人员资质、人员出勤、服务质量等情况审查，减少实际支出。

（2）严控管理性费用开支。牢固树立“过紧日子”思想，坚持一切成本皆可控，强调“人人可为、时时可为、处处可为”，倡议全员参与节约五项费用行动，鼓励远程视频会议、无纸化办公、控制接待人数、节约用水用电等日常减费实践，持续精简开支。同时，加快3号、4号机组项目建设管理委托协议谈判及正式签订，合理归集、分摊二期项目建设管理成本。

（3）精细化节约财务费用。持续强化应收和预付账款管理，通过增值税退税，从历史上的按季度申请改为按月申请、加大上月电费跟踪催收力度、择机贴现汇票等业务改进，缩短回款周期，提高资金使用效率。加强资金用款计划管理，大额用款采用集中支付，确保全年日均存款余额≤1000万元。争取低利率（3%或更低）贷款，利用寸头资金提前归还贷款，降低财务费用。

（4）优化研发费用支出。加强科研支出制度保障，规范科研项目经费预算管理、会计核算、税务管理、使用和验收管理，保障科研项目顺利实施。梳理年度科研项目需求清单，推进科研领域“揭榜挂帅”，强化项目资本化、费用化属性审核，按照必要性、经济性排序，合理规划、统筹安排，较好完成年度科研投入指标。加强科研成果管理，推进科技成果转化及运用，提高科研投入产出比，全年实现科研成果转化不少于8项。

[点　评]

海南核电“五环行动”充分体现集团“精细化管理年”主题，找准公司精细化管理短板和薄弱点，发动全员突破自我，奋力改变现状，树立更高、更强、更快、更团结的管理旗帜，有效促进业商财融合，对集团公司战略在琼落地、为中国核电“十四五”规划目标实现起到积极作用。

14.4 绩效管理

14.4.1 综述

绩效管理是战略管理实施与监控的重要构成要素，它的根本目的是实现企业高质量发展。中国核电在“十四五”综合发展规划中提出了“成长为具有全球竞争力的世界一流清洁能源服务商”的战略目标，引领各子公司高质量发展。中国核电各电厂结合自身实际建立了“目标—考核—激励”管理体系，并不断创新和大胆尝试。

三门核电在探索高质量发展，追求卓越绩效的具体路径和方法的过程中，结合企业自身实际，逐步形成了以“四最一优”卓越目标管理和生产业绩指标改进管理为代表的卓越绩效管理模式。经过近三年的持续推进，“四最一优”已从理念走向实践，在保证安全和质量的前提下，从人、财、物三要素着手，精准推进世界一流人才培养、自主核心能力建设、备件库存管理创新、“三本账”成本管控、国际先进电厂对标大修优化等专项行动，以精细化管理助推公司经营业绩持续提升。在生产业绩管理方面，三门核电设置了能够全面覆盖电厂生产管理绩效的分级指标体系，并创新性地开发闭环管控的业绩评估综合矩阵，确保业绩偏差精准识别和提升，先后消除多项重要业绩差距，实现生产业绩全面提升。

作为示例，本节介绍了三门核电以卓越绩效为导向的“四最一优”管理案例。

14.4.2 绩效管理案例：以卓越绩效为导向的“四最一优”管理

[标　　题]

致广大而尽精微

[案例概述]

三门核电立足“三新一高”，通过自我评估、国内外先进同行调研对标，提出以“最少的组织机构人数、最少的生产外委项目、最少的库存、最低的运行成本、最优的大修工期”为核心的“四最一优”管理改革期望，发布了《“四最一优”总体实施方案》和相应的5份子专题规划方案，明确高标准目标和实施路径。经过近三年的持续推进，“四最一优”已从理念走向实践，在保证安全和质量的前提下，推动公司高质量发展局面不断向好。

三门核电“四最一优”管理入选2022年国资委国企改革三年行动典型案例，获得“2021年度中国核工业政研会优秀课题研究成果二等奖”，获得“2022年中国核电管理创新成果一等奖”。

[案例详述]

三门核电立足“三新一高”要求，于2019年5月提出了以“最少的组织机构人数、最少的生产外委项目、最少的库存、最低的运行成本、最优的大修工期”为主要内容的“四最一优”管理期望，坚持解放思想、对标国际，坚持系统谋划、狠抓落实，以精细化管理助推“四最一优”管理期望的落地落实。通过近三年的实施，“四最一优”已取得初步成效，公司发展基础不断夯实，经营业绩持续提升，为公司实现成为业界创新“领头羊”和业绩排头兵的目标，开创健康、可持续、高质量发展的新局面提供了有力保证。

1. 瞄准“世界一流人才培养”目标，推进“最少的组织机构人数”战略落地

立足新发展阶段、贯彻新发展理念、构建新发展格局、推动高质量发展，必须把人才资源开发放在最优先位置。加强人才队伍建设是履行强核强国使命

的重要保障。三门核电全面贯彻落实国资委“对标世界一流管理提升行动”，对标国际一流电厂先进生产管理模式，瞄准“世界一流人才培养”目标，以中国核电标准组织机构设置为基础，在确保1号、2号机组安全稳定运行和后续项目前期准备工作顺利推进的前提下，积极主动推进“最少组织机构人数”战略落地，不断提升员工技术技能水平，激发人才创新创造活力，提高全员劳动生产率。

三门核电紧紧围绕“重点增强生产领域配置，大幅压降外委承包商项目及数量，优化人力资源结构”的战略定位，积极探索生产单元管理模式，发布《三门核电最少组织机构人数六机组远景规划方案》，力争经过5～10年打造出高技能、高绩效、高效率的优秀团队，实现机组运行“成本最低、业绩最好、效益最优”。严把人员进口关，严格按照中国核电统一标准开展人员招聘工作，在优先盘活内部人力资源存量基础上，重点引进急需岗位人员和核心技术人才，每年招聘人数持续保持低位。提高政治站位，加大对中核集团内单位的人员输出力度，特别是对承担重大项目的单位重点输出，助力中核集团公司重点任务目标实现。积极探索通岗培养模式，在维修领域先行先试，打造“一专多能”复合型人才，促进现场问题及时、高效解决，进一步提升人力资源效能。

同时，三门核电自2020年起实施“最少组织机构人数”薪酬激励机制，以部门编制和实际人员配置为基础，统筹考虑项目外委情况，核定各处室人员配置标准线，对于实际在岗人数低于配置标准的予以正向激励，建立长效约束激励机制，推进“减员增效”由被动管理向主动管理转变，实现了降低人工成本与提升员工能力双赢目标。

两年来，员工总数已明显低于中国核电批复职数，员工规划数量较中国核电六机组标准编制下降8.3%，其中综合管理部门人数下降比例达到31%，为公司全员劳动生产率水平持续提高奠定了坚实基础。

2. 加强自主能力培养，解码“最少的生产外委项目”

三门核电于2020年发布《三门核电最少的生产外委项目行动规划方案》，提出了未来五年外委项目管理的总目标，明确了生产外委项目管理提升的规划蓝图，确定了“一张蓝图，两张清单，五大路径”工作思路，即生产外委项目管理提升的“一张蓝图”、《标准外委项目清单》和《自主化能力培养和实施清单》的“两张清单”、外委业务提质增效实现的“五大路径”。

通过发布“两张清单”，严把外委项目准入关口，清单外的项目新增须经过严格审批，具备自主实施条件的项目则退出标准外委项目清单。“五大路径”实现外委业务的提质增效，一是加强自主化能力培养，提升核心能力。依托人才工作室、科研项目管理等创新载体，发挥技能人才的示范引领作用，重点攻克和培育“卡脖子”、“黑匣子”、厂家专业支持等外委项目，已实现核级仪表响应时间测试、爆破阀检修、启动物理试验、日常局部泄漏率试验等项目的自主实施，从源头上缩小外委项目范围。二是加大核电现代化投入，创新赋能未来。通过开展基于大数据技术的核电设备健康管理系统、基于人工智能技术的回路健康验证系统的研究，从根本上减小机组运维工作量和检修人力投入；通过开展管理流程智能化研发，如自助电子式个人剂量器/更衣柜分发系统、工器具智能分发系统、远程辐射监测系统建设等，有效提升工作效率，减少外委项目人数。三是开展外委项目资源的精细化管理，提升管理水平。结合历史合同执行过程中的经验积累以及对标同行、对标国际，挖掘提升空间，以提效提质为导向优化人员配置。四是推动同类项目优化整合，降低采购管理成本。对同类项目进行整合，形成规模优势，在充分考虑合同周期、承包商资质、管理效率等情况的基础上，向大承包商管理模式转变，降低重复采购的管理成本。五是优化外委项目管理全流程，推动供应链标准化。通过采购技术规格书标准化，完善采购需求信息，减少采购过程中技术规格书的修改、澄清和反复沟通，提高采购效率；通过供应商绩效考核标准化，优化采购资源，保证采购质量，建立了与承包商长期的互惠共赢关系；通过开展供应商分类分级管理标准化，建立了战略承包商和重要承包商长效动态管理机制。

两年来，外委项目数量减少15%，14个持续性外委项目实现自主实施，常驻外委人数减少9%，人力支持性外委项目年度成本降低13%。

3. 坚持以目标、问题、结果为导向，实现“最少的库存”良性循环

三门核电以“严控库存规模、优化库存结构”为出发点，以“控增量、清存量、优化供应链”为导向开展生产备件库存管理模式创新，着力加强备件管理体系和管理能力建设，推进库存整体结构优化，落实“最少的库存”管理目标。

充分运用系统化思维对核电厂库存管理的需求进行评估，在确保机组安全稳定运行且保障现场维修活动的前提下，压降库存成本，确立库存管理目标，

加快备件周转，提升供应链整体绩效；坚持以目标、问题、结果为导向，进一步完善战略备件清单，结合公司生产经营需要统筹分阶段进行储备；建立进口“卡脖子”备件清单，统筹资源集中力量分阶段推进国产化科研任务，切实解决核电自主运营“卡脖子”问题；按照最低储备定额管控常规备件，保障常规备件的储备率，定额备件消耗后及时补库；上线数字化备件平台，实现从备件需求提报至采购到货入库及领用的全流程可追溯精细化管理；采集3万多项在库备件影像信息，架起系统数据与现场实物之间的桥梁；推动框架协议签订，缩短供货周期，将框架协议覆盖率提升至50%；与同行电厂形成信息共享、联合采购、资源互补的体系，降低电厂高价值库存备件、战略备件的储备成本；首创“工厂建库”合同模式，将备件储存在厂家，以缓解库存压力。伴随着一系列措施的有效落实，在供应链流程上下游共同努力下，三门核电实现整体大于部分之和，提升了供应链整体绩效，促进库存结构进入良性循环。

两年来，三门核电已累计完成近2万项高库龄积压物资的技术评估和鉴定，为实现库存压降目标扫清障碍。2021年，通过清存量，累计节约公司近40%的大修备件采购成本，有效降低库存近3000万元。在2020年、2021年连续两年实现中国核电库存考核优秀值，实现了“最少的库存”阶段性目标。

4. 抓好“三本账”管控，实现“最低的运行成本”

三门核电强化成本领域精细化管理，加强顶层设计和系统谋划，抓好关键领域，逐级分解落实，夯实运行成本的基础管理，巧算“三本账”，管理中出“真效益”。算好“体系账”，根植成本精益理念；算实“技能账”，厚植成本管控能力；算精“效益账”，精益管理促降本。

通过凝聚成本文化理念共识，逐步形成了一套基于核电成本领先战略的成本管理体系，提炼出成本管理“系统—目标—业务”理论框架。系统规划聚焦远中近期成本管理战略，目标规划聚焦可控成本压降，业务规划聚焦各专业领域和专项工作，形成了独具特色的现代企业成本管理体系和理念。坚持贯彻全员、全范围、全流程的成本管理理念，以理念为基础、以制度做保障、以组织为抓手、以激励为引导，深入开展降本增效活动，利用合理化建议、案例征集等活动，挖掘和推广深藏于日常工作中的“草根经验”“金点子”“小建议”，进一步发掘员工智慧潜能，集全员之力降本增效。

建立业商财融合长效机制，财务人员主动“走出去”、深入业务一线，与主要成本管理部门走访对接，与业务处室共同寻找成本管控的切入点、着力点和落脚点。定期召开公司级业商财专题会议，选择有代表性的领域及业务流程进行“麻雀解剖”并做好经验总结，形成“业务思财务、财务懂业务”的良性循环。

深入贯彻中核集团公司过“紧日子”要求，严格落实中国核电成本管理工作部署，全面分析电站运营成本结构，识别成本管理的重点领域和薄弱环节，分阶段、分领域开展专项优化。遵循“目标、对标、标准，规范化、精细化、数字化”的“三标三化”成本管理方法，找准“差”的地方、找出“高”的原因、找到“降”的办法、落实“改”的措施。制定并实施年度成本管理TOP10专项工作，引导各部门分工协作、深度融合，共同推进成本优化。通过“多挖潜”稳指标，通过“练内功”提效能，实现“最低运行成本”阶段性管理目标。

5. 聚焦关键工作协同，争创“最优的大修工期”

换料大修是核电厂生产运行的重要环节，涉及“人、机、料、法、环、测、时”各个方面，需要在短时间内完成近5000项工作，安全和质量管控难度大，交叉作业风险高，是一项复杂的系统工程。大修工期作为机组利用率最直接的变量，直接影响核电企业的经济效益、市场竞争力和能源保供效率，在保证安全、质量的前提下合理优化大修工期、提高机组利用率是核电企业的共识。

三门核电根据AP1000机组历次大修经验反馈，制定并持续升版了《最优大修工期行动规划方案》，在保障大修工作安全和质量的基础上，树立科学、高标准的大修工期目标，形成大修工期优化的总体方略和行动纲领，为大修工期优化实施提供了根本遵循和明确方向。坚持以系统思维持续优化大修项目，科学制定设备检修策略，全面识别影响大修关键路径及需要特殊工况的检修项目，综合考虑生产经营目标、电网迎峰度夏/度冬、换料策略、大修资源等因素，统筹规划重大检修项目，制定以96%能力因子为目标的全寿期大修规划，实现大修目标、大修项目与大修类型的高度匹配。

把问题“想在前面”，精细化开展大修工作准备。对标先进，建立完善的大修准备管理体系，设置58座大修准备里程碑。针对作业难度大、风险高、接口复杂的工作，成立大修重大专项组，并建立大修专项审查机制，对每个专项的准备情况开展全方位审查，确保准备工作万无一失。聚焦关键工作协同，持续优化大修组织管理。成立大修业绩改进组，由公司领导挂帅，成员涵盖大修各领域业务骨干，推进各项大修优化改进行动及内外部经验反馈的落实。借鉴国际先进的大修管理模式，推行大修控制中心运作模式。组建大修控制中心24小时不间断运作，全面负责大修工作控制、风险控制和进度控制，科学调配大修资源。紧盯行业先进技术应用，积极开展技术创新，成功实践应用一系列新技术、新方法，包括大管径冰塞、化学除氢、机器人检修技术等，开发诸多拥有自主知识产权的专用工器具，攻克了反应堆本体、循泵、爆破阀等关键设备检修的“卡脖子”技术难题，提高了检修效率和质量。

截至2022年6月底，三门核电已顺利完成3次大修。其中101大修工期46.66天，创同期国内压水堆核电机组最优首修工期纪录，并荣获“中国核电卓越大修绩效奖”；201大修工期28.14天，创全球压水堆核电机组最优首修工期纪录，荣获“中国核电卓越大修绩效奖”；102大修工期20.51天，创中国核电2021年最优大修工期纪录。

[点　评]

三门核电提出并实施“四最一优”，涵盖了核电生产运行和经营管理的广泛重点和难点，是中核集团精细化管理的典型案例，是追求卓越的具体体现，在各个方面均取得实实在在的成效，阶段性成果明显，不仅实现了企业自身经营业绩稳步增长、市场竞争力显著提升，还在行业内树立了标杆，为核电行业生产经营贡献了“三门智慧”和“三门方案”。

14.5 制度体系管理

14.5.1 综述

健全完善的制度体系是核电厂安全生产运行的重要基础保障，中国核电各电厂深化落实国务院国资委、国家核安全局和集团公司制度体系建设、风险管理、内部控制工作要求，使用系统化思维统筹考虑风险管理、内部控制和制度体系之间的工作相关性，通过集成创新、数字赋能，提升公司防范化解重大风险的能力和水平，推进公司管理体系和管理能力现代化建设。

秦山核电、江苏核电、福清核电、海南核电、三门核电以助力公司高质量发展为目标、以服务中心业务为核心、以数字化转型为契机，建立健全制度、内控、风险、合规一体化管理机制，通过深化大数据和模型系统应用，基于安全生产、经营管理、内控制度等现有信息系统功能，提取关键业务流程和关键控制点，围绕业务场景推进制度风控合规管理数字化转型，协同推进制度风控合规工作效能。

作为示例，本节介绍了江苏核电基于结构化思维的“一系统多元素”制度管理案例。

14.5.2 制度体系管理案例：基于结构化思维的“一系统多元素”制度管理

[标　　题]

文件结构化 + 元素标准化 = 制度精细化

[案例概述]

在国家高质量发展新格局的大环境下，强调合规管理、注重风险控制、推进规范高效，成为中国核电提升企业治理水平的重要内核。传统管理体系文件“以独立的受控文件为载体”，仅依靠人工确认和梳理，很难有效地控制众多管理体系文件中各项管理要素的一致性和自洽性，对内外部环境变化的响应也较为迟钝、缓慢，不利于公司当前各项业务的快节奏推进。

江苏核电通过对管理体系文件内容的深度解析，借助结构化数据挖掘等信息技术构建结构化整合型管理体系，在人工智能和语义分析等层面高效梳理和匹配各项管理体系文件中各项管理要素，对相应管理要素进行深度分析并开展高阶应用，深入推进公司业务流程的风险管控、绩效提升和业绩改进，为公司经营治理、工程生产和市场开发等各项业务的有序推进提供有力的保障。

[案例详述]

江苏核电以改进制度体系规范化、标准化、精细化水平为目标，通过深度分析1300余份制度文件结构，基于要素思维建立制度文件数据模型，打造制度文件数字化管理的基础；通过信息化手段将传统制度文件进行兼容性导入解析和标准化格式输出，自动完成结构化数据库的建立；通过深度挖掘制度文件数据的利用方向和利用价值，对数据进行分类，构建多个标准化的元素数据基准库，推动制度文件标准化和应用分析；通过建立制度元素符合性与自洽性的动态校验机制，自动识别制度文件的不一致之处，提高制度编制质量和制度元素的数据质量；通过从制度元素层面对制度文件的有效性进行分层分级控制，建立制度文件批量处理流程，实现制度文件的高效敏捷管理；通过对流程元素库的输出，将其固化在对应的制度文件和相应业务的信息化平台中，实现流程管理标准化，从而实现制度文件管理要素治理分析的数字化智能化，进而推动制度文件管理体系的数字化转型。

1. 基于要素思维建立制度文件数据模型

江苏核电通过对1300余份制度文件结构深入解析，将制度文件分解为结构要素、特征要素和编辑要素三个维度的数据信息，建立制度文件数据模型（见图14－3），打造制度文件数字化管理的基础。

在结构要素方面，可以将任何一个整体看作由若干结构模块组成，文件中的结构模块称之为“结构要素”。在一份具体的文件中，封面、目录、正文、附录等要素就是其具体的结构要素。

在特征要素方面，每一个结构要素中都包含若干特征单元，称“特征要素”。在具体的文件中，表格、图片、文本等是特征要素。

在编辑要素方面，在文件编辑过程中，对文本的编辑操作统称为“编辑要素”，包括文本字体字号、段前段后间距等。

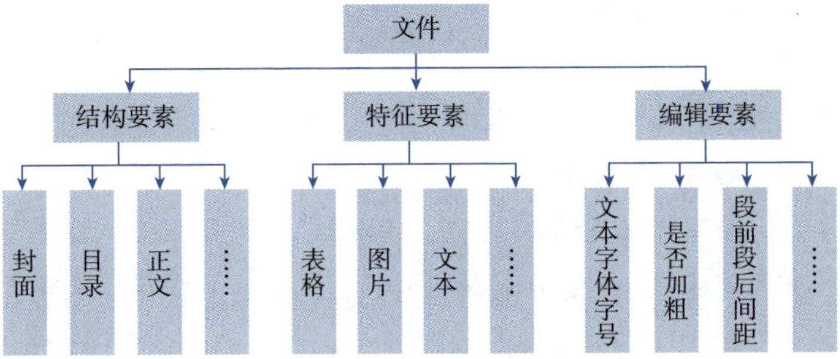

图14－3　制度文件数据模型

2. 基于结构化实现制度文件管理数字化转型

江苏核电在制度文件数据模型的基础上，开发管理制度结构化信息平台，将传统制度文件进行兼容性导入解析和标准化格式输出，自动完成结构化数据库的建立。

传统制度文件的结构要素和编辑要素体现了制度文件的规范性。江苏核电利用管理制度结构化信息平台，对结构要素和编辑要素等文件形式进行调整，通过配置文件模板格式的方式，直接对制度文件的结构化数据库进行灵活的操作，按照不同需求输出不同文件结构和编辑格式要求的制度文件，实现对文件模板格式敏捷高效的批量处理，大幅提高制度文件管理标准化、精益化水平。同时，考虑到用户的使用习惯并兼容主流处理软件的各项功能，制度文件的编制等初始形态，以及发布使用阶段的运行形态，仍保留原有的独立受控文件的形式，即保留Word文件线下编辑、传阅的功能，仅在提交企业内容管理系统进行校核审批时，将Word文件上传至结构化信息平台，完成在线解析、标准格式输出和线上审批发布。

传统制度文件的特征要素是最具核心价值的部分。江苏核电最大限度利用原有制度文件等成熟资源，通过信息化手段深度挖掘制度文件管理体系运行过程中各项管理要素的逻辑关系和信息流，将导入管理制度结构化平台的制度文件全部内容解析为最小单元，其中文本部分解析到段落，表格部分解析到最小单元格，图片及流程图等部分解析到单独文件，进而按照管理要求将结构化数据库内容分类转化为制度文件的制度元素，实现制度文件内容在制度元素层面的高质量管控。

3. 基于“多元素”数据治理规则形成制度元素基准文件

江苏核电利用管理制度结构化信息平台，在传统制度文件进行结构化数据解析的初始化阶段，批量抓取制度元素并按照预定规则分类，形成制度元素基准数据库，包括术语元素库、参考/依据文件元素库、职责主体元素库、表单元素库、流程元素库、风险点内控点元素库、指标元素库等多元素基准库。对系统初步形成的数据库分析评估，找出各元素之间存在的共性规则，制定统一的元素编制要求，使元素编制形式规范化、标准化。

通过优化元素变更流程，由编制人员提交元素变更申请，管理人员修改基准库，从源头控制元素的准确性，持续迭代、动态更新，有序提升数据质量，使管理要求精准细密。江苏核电总计梳理确认术语3000多条，参考/依据文件4000多份，职责清单1.8万多项，职责主体、表单、流程等各1000多项，纠正异常数据6948项，有力推动了体系管理人员对这些制度元素的标准化管理和应用分析。

4. 面向制度元素符合性与自洽性的动态校验机制

制度体系的系统性、整体性、协同性内在统一，能够有效提升制度体系的整体质量。在制度文件编校审批、定期审查以及使用过程中，依据制度元素基准文件，对审批中和已生效制度文件进行智能化动态监测和校验，自动识别与基准文件有差异的异常制度元素，对相关信息进行显性化标识和推送，可及时提醒制度文件的编制人员、审查人员和使用人员，提高制度编制质量和制度元素的数据质量。

同时，通过“修订模式”增加管理程序前后版本修订内容的突出显示，相关信息通过管理程序结构化系统平台，自动推送到企业内容管理系统管理程序编制、校核、审核、批准、分发、归档等管理控制流程中，及时提醒和推动制度文件符合性与完整性的修订完善。

5. 面向“分层分级”控制原则的批量处理高效管理机制

制度体系具有开放性和动态性的特征，要根据客观实际的变化能动地调整制度内容，快速响应内外部管理要求的变化。江苏核电从制度元素层面对制度文件有效性进行分层分级控制，并区分相应制度变更的审批权限，建立面向制度元素变更的制度文件批量处理管理流程。

对于仅涉及文件名称、处室组织机构名称等文字性修改的制度元素变更，在结构化数据库的统一管理下，可直接梳理出与拟变更制度元素关联的多份制度文件，并通过启动批量处理流程对相关制度文件进行统一修订完善，简化审批流程，实现制度文件的高效敏捷管理。

6. 面向流程治理的流程标准化、规范化管理

在“两化融合”管理要求的推动下，江苏核电将流程设计的输出结果，固化在对应的制度文件和相应业务的信息化平台中，实现流程管理标准化。江苏核电在制度文件中明确对业务流程各项管理要素的阐述，具体将流程图、流程目标、主责部门、参与岗位/部门、不相容职责、风险点控制点、风险控制表、流程绩效指标定义表等流程元素按照统一格式和要求，落实到制度文件的“流程/规定”部分，并主动与内部控制管理的相应要求对接，通过管理程序结构化系统，将上述制度元素内容解析到结构化数据库进行动态维护和一体化管理，并实时同步到《公司内控手册》的“控制活动”部分，实现内部控制管理体系与制度文件管理体系的同步动态维护和一体化管理。

江苏核电在强调“有效执行制度文件”等管理要求的同时，建立了信息系统流程审核和验证的标准以及规范流程运行过程，包括审核信息系统中的审批

流程、审批权限、表单等内容与制度文件要求的符合性，以确保信息系统流程与管理制度流程的一致性，管理程序结构化系统生成的标准化流程元素基准库为信息系统流程的审核和验证提供了数据保障，推动了江苏核电业务流程的持续完善和优化工作。

[点 评]

江苏核电建立基于结构化思维的“一系统多元素”制度精细化管理模式，是在央企强调依法合规管理、注重风险控制、推进规范高效、积极推进市场化改革等新形势下探索出来的。它构建了标准化的术语库，建立了制度元素符合性与自洽性的动态校验机制，实现了从元素层面对制度文件有效性进行分层分级控制，推动了制度文件管理体系的数字化转型，形成了一整套规范化、标准化、可视化的制度体系文件，为提升企业治理效能、提升企业运营业绩、促进田湾核电基地生产运行与工程建设高质量协同发展提供了体系保障。

14.6 流程管理

14.6.1 综述

为深入贯彻落实国资委、集团公司的相关工作要求，中国核电及各电厂围绕“强内控、防风险、促合规”的管控目标，使用系统思维统筹梳理各管理要素和业务流程之间的关联关系，分别建立流程区域、流程功能组、管理流程、工作流程的四级流程，采用 EPC 模式绘制流程图，以管理流程为载体，将所有管理要素建立关联关系。每个管理流程都有入口和出口条件，流程的每个步骤都有具体的岗位或者角色，根据步骤可选择输出表单，管理流程可跨制度或跨领域进行接口，用以消除管理要素和业务流程中的“孤岛”，实现业务流程的闭环管理，促进公司管理体系和管理能力现代化建设。

本节以江苏核电基于 SREE 质量法则①发展的多流程管理模式为例，介绍核

① SREE：Safety（安全），Reliability（可靠），Efficiency（高效），Environmental Protection（环保）。

电厂在流程管理方面的精细化管理案例。

14.6.2　流程管理案例：基于 SREE 质量法则的多流程管理模式

[标　　题]

当“链式反应”遇到“质量法则”的力场

[案例概述]

江苏核电在国内首创 SREE 质量法则，将其作为指引公司各方面工作开展的“指挥棒”，运用系统思维，以顶层设计为框架实现系统谋划，以理念建设为先导实现文化引领，以标准化工单为抓手实现模型构建，以“负接口”衔接及“零缺陷”交付为标志实现精益推进，以监视测量为管控实现闭环反馈，以“两化融合”为平台实现数智转型，以改进创新为活力实现持续提升，建立了既符合大型发电企业发展要求，又具有核电行业特色的基于 SREE 质量法则的多流程管理模式。

江苏核电“基于 SREE 质量法则的多流程管理模式”，有效运用卓越绩效、精益管理、“两化融合”、系统思维、互联网思维等先进管理理念和方法，通过首创 SREE 质量法则的力场，从理念层面统一了全员的质量意识、规范了全员的质量行为，通过标准化工单的精细化管理，从管理工具层面有效解决多流程管理“链式反应”中的堵点、痛点和难点，打出精细化管理组合拳。

[案例详述]

江苏核电立足内外部环境，面向高质量发展、可持续发展、创新型发展，在原有的管理基础之上，依据国内首创的 SREE 质量法则，围绕多流程管理中流程壁垒、流程衔接、流程交付等亟须解决的问题，努力实现理念创新、流程创新、职责创新、产品创新等方面的突破，打造出“基于 SREE 质量法则的多流程管理模式”。

该模式响应新要求新趋势，解决旧顽疾老问题，统领硬的制度和软的文化，兼顾保守决策和精进创新，注重整体绩效的全面均衡发展，打通了从理念到模型、从文化到流程、从监测到管控、从平台支撑到持续改进的全链条全路径，从根本上解决了多流程管理中的壁垒问题，并通过结合运营实践不断完善，不断挖掘质量管理提升的着力点，保证了质量目标的实现，提高了质量水平，实现了公司整体绩效的持续提升。

1. 用系统思维部署先手棋局

江苏核电领导层高度重视公司质量管理顶层设计和整体谋划，运用系统思维进行全局谋划，积极履行质量安全责任，主动参与江苏核电质量战略制定，摒弃头痛医头型俗手棋，布局本手妙手先手棋，确保公司质量方针和目标的顺利实现。

江苏核电通过设立首席质量官，构建起从法人到首席质量官，再到质量归口部门，最后到各岗位员工的四级质量管理职能机构，以“谁主管、谁负责”的原则，按照“统一指导、落实责任、分级管理、分类指导、全员参与”的质量安全责任体系，“纵向到底、横向到边”，层层分解压实质量安全责任。

公司成立了公司中长期发展规划工作组织机构，设领导小组、秘书组及6个专项组来组织和推动公司的战略制定。在综合评估“十四五”战略部署和绩效的基础上，公司进一步收集内外部关键信息，制定了江苏核电新时代发展战略。公司领导小组深度参与，在充分收集资料的基础上，明确江苏核电所处电力行业的盈利能力和江苏核电在行业内的相对竞争地位，制定了江苏核电质量战略。

2. 用升维思考实现降维打击

执行的问题要从流程设计层面去分析，流程的问题则需要上升到组织的理念文化维度去思考，通过更高维度的管理措施去解决低维度的管理问题。

江苏核电将多年来质量领域的理念、文化、制度等方面的积累和沉淀，凝练打造为SREE质量法则（见图14－4），并作为企业经营中质量战略和质量文化的载体，引领各项质量管理活动顺利开展。江苏核电将SREE质量法则定位为“约束和指引公司全员质量行为的总体认知”，并作为公司运营的重要目标和质量工作基础，以及公司每个人和每个过程都不可逾越的红线，同时对其核心要素“安全、可靠、高效、环保”提出了明确的要求。

（1）安全：核安全是核电企业的生命线，强调集高科技核心技术、高性能装备、高水平管理、高素质文化于一体的固有安全性。

（2）可靠：高度可靠是核电企业的发展基础和前提，强调系统化思维，以严谨先进的设计可靠性、科学有效的设备可靠性、专业化人员的可靠性、基于有效质量保证体系的过程可靠性为核心，持续提升核电厂高质量发展的置信度，为相关方提供核电厂高度可靠的信心。

(3) 高效：高效是国有企业高质量发展的政治责任，强调核电企业推动信息化与工业化融合，持续优化基线流程管理，推进“负接口”管理，持续提升多流程耦合协同，推行管理创新与科技创新，持续改进业务流程绩效，广泛开展全方位全过程精益敏捷的高效管理实践。

(4) 环保：环境保护是核电企业可持续发展的社会责任，强调核电企业以清洁能源的本质属性推动经济结构绿色转型，以绿色发展理念响应国家碳达峰、碳中和目标愿景，打造环保减排的卓越企业。

图 14－4　SREE 质量法则

江苏核电 SREE 质量法则由公司高层管理者提出，是公司 20 余年经营管理实践的经验总结，是公司历任领导集体智慧的结晶，是指引公司各方面工作开展的“指挥棒”，并随着江苏核电事业的发展和竞争环境的变化不断创新、与时俱进，进而成为指引公司各方面工作开展的“指挥棒”和高质量发展的行动指南。

3. 用标准工单激活“链式反应”

江苏核电在质量管理体系、卓越绩效模式、QC 小组、精益生产等质量管理工具应用的基础上，通过对公司业务流程运行状态的系统性梳理，识别出流程管理中贯穿单流程到多流程活动全过程的关键因子——标准化工单，并进一步建立了以标准化工单为抓手的多流程管理机制，构建了基于 SREE 质量法则的多流程管理的模型。

江苏核电基于 SREE 质量法则的多流程管理模型，以标准化工单（可视为中子）作为直接输入，并通过标准化工单触发相关的子工单（类比为裂变出若干次级中子），引发了一系列管理活动。这些管理活动的流程之间通过标准化工单和“负接口”管理互相影响、互相关联，在SREE质量法则的力场约束和引领下，产生积极作用，推动实现共同的工作目标，可称多流程管理的“链式反应”。

江苏核电依据SREE质量法则，对公司业务流程运行状态的系统性梳理和深度分析，以流程管理中单流程到多流程活动为主线，营造以耦合思维为文化氛围的流程运行环境，进而构建了“标准化工单激活流程，多个流程进行联动协同，参与流程的人员通过良性互动产生耦合效应，最终确保质量目标的实现”的基于SREE质量法则的多流程管理模式。

江苏核电进一步借鉴核电厂核心基础设施——反应堆的结构及其运行原理，将基于SREE质量法则的多流程管理模式有形化（见图14-5）。

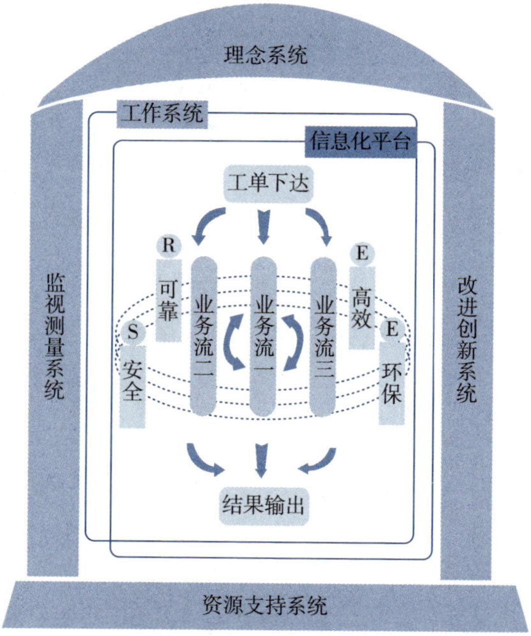

图14-5 基于SREE质量法则的多流程管理模型

（1）以理念系统作为反应堆的穹顶，寓意“文化引领、顶层设计”；

（2）以资源支持系统作为反应堆的基岩（底部），寓意“强基固本，确保资源到位”；

（3）以监视测量系统、改进创新系统作为反应堆的安全壳，寓意整个多流程管理系统处于受控状态，确保实现安全、可靠、高效、环保的发展格局；

（4）以融合的工作系统和信息化平台作为反应堆的核心部位，寓意信息化平台作为多流程协同管理的重要载体，为本模式的正常开展提供了技术保障；

（5）以工单下达作为激发多流程“链式反应”的中子轰击，寓意多流程管理系统的启动；

（6）以业务流的耦合效应作为核燃料棒，在收到工单的指令后，形成“链式反应”，多流程管理产生多维耦合效应；

（7）以SREE质量法则作为反应堆的控制棒，对多流程管理活动进行调控，进而实现对整个系统的质量水平和质量管理绩效的有效控制。

该模型进一步强化了在SREE质量法则的力场约束下多流程之间的耦合关系，将可能无序的运动纳入可以控制的多流程管理，显著提升了组织质量管理绩效。

4. 用精益工具推进精细管理

江苏核电运用过程方法理念，以接口管理为接入点，对公司各流程之间的逻辑关系进行确认，对识别多流程接口、开展“负接口”衔接、保证接口之间零缺陷交付等关键控制点进行管控，并通过确定管理准则、高效利用资源、减少跨职能壁垒及对流程运行实施必要的监控等措施，促进流程效率的提升，用注重实效的精益工具推进切实有效的精细化管理，有效地实现公司的经营、管理、发展目标。

1）接口识别

公司依托质量管理体系的运行，通过对产品实现过程进行识别、策划，对大修关键路径中存在接口的作业进行梳理，并对重要的接口工作以及里程碑节点等进行有针对性的关注。经过多年探索，工单经历了从任务型、单线条到引领型、多维度、标准化的转变，不仅明确了流程中有关部门、有关人员的工作目标，规定了与工单项目有关的时间要求、成本要求、质量要求，还起到了提前提醒作业班组做好工作准备的作用，并落实了具体的跟踪监督人员。

标准化工单作为“链式反应”里的“中子”，激活了与该项工作有关的管理职能、技术职能、工程职能、生产职能，调动了各项资源的配置。更为重要的是，工单不仅清晰地识别了各项工作接口及有关要求，还提供了有关岗位、有关人员实现积极参与、主动协同互动的路线图，促进了不同流程参与者的事先沟通，有利于将问题解决在发生之前，提高了各流程的可靠性及总体流程的效率、效益。

2）接口衔接

在具体的流程运作中，公司积极推进大修关键路径“负接口”管理。“负接口”管理理念直接将提升核电站运行业绩的抓手精准定位于核电站大修活动的接口管理，以消除大修活动中各接口之间人力与工时浪费、消除大修过程中各种不增值环节为目的。该理念深入大修指挥层、监督层和执行层，在核电站内部以及参与大修工作的协作单位中影响广泛。

公司在开展“负接口”管理时，以量化的方式明确了主要管理要求，为接口衔接提供了清晰的指导。同时，基于公司SREE质量法则，上下游流程的参与者主动进行业务联系，共同审视流程中发现的问题，积极协商解决方案，将“协同”的理念进一步扩展到“耦合”的层面上，在“链式反应”从有序到协同扩展到耦合的主线上得以实现。

3）接口质量评估

“基于SREE质量法则的多流程管理”模式在实施过程中，不仅强调良好的氛围，也开展了严格的质量评估以确保目标实现。

如在大修过程中，QA监督从落实提前准备以消除不必要的干扰和影响环节，及时准确做好信息传递以协调整合上下游工作顺畅交接，严格按程序规定开展工作过程和控制活动以确保各大修任务的优质完成等方面跟踪和监督大修关键路径的接口管理和协调工作。在关注和梳理管理流程的过程中，注意使上下游工序的衔接过程进一步优化，并及时关注和推广现场作业班组的良好做法，做好经验反馈。在做好接口监督跟踪的同时，进一步对上下游班组各自作业的质量进行监督，使工作班组能够做到严格按程序规定工序开展工作，及时做好记录，监督和支持及时到位，保证工作的高效进行。

在每次大修结束后，QA人员将各大修里程碑节点的转阶段接口跟踪报告以及异常情况的调查分析报告结集成册，并进行汇总分析，为优化关键路径计划安排、改善设备异常情况、加强作业过程规范性管理以及升版完善程序文件等活动提供信息。

[点　评]

江苏核电基于SREE质量法则的多流程管理模式，响应新要求新趋势，解决旧顽疾老问题，统领硬的制度和软的文化，兼顾保守决策和精进创新，注重整体绩效的全面均衡发展，打通了从理念到模型、从文化到流程、从监测到管控、从平台支撑到持续改进的全链条全路径，从根本上解决了多流程管理中的壁垒问题，并结合运营实践不断完善，不断挖掘质量管理提升的着力点，保证了质量目标的实现，提高了质量水平，实现公司整体绩效的持续提升。

核工业往往被认为是神秘的，但基于SREE质量法则的多流程管理模式所阐释的质量管理理念、开展工作用到的手段以及所依托的管理方法并非核工业所独有，而是具有普遍的实用性，尤其适宜已经实现流程管理的传统大型企业借鉴，助力此类企业形成具有自己行业特色的应用方法，从而恒久处于核心竞争优势地位，经营绩效不断提高。

14.7　信息管理

14.7.1　综述

中国核电作为国内核电行业的领军企业，始终走在核工业创新发展的最前沿，信息化、数字化建设贯穿于公司建设的各个阶段，统筹规划，统筹建设，建成以EAM、ERP、ECM为代表的综合性信息系统，实现核电厂生产管理、经营管理、办公与文档自动化管理等全业务覆盖。

同时，中国核电各电厂积极深入探索大数据、人工智能、移动化应用等新技术，通过纯粹的电子化提升工作效率，实现了信息化助力业务流程标准化，数字化辅助决策经营管理。秦山核电充分发挥基地优势，高起点统领板块统建信息化建设，以规模化推进标准化、集约化建设；三门核电敢为人先，以三代核电后发优势为契机，在设备健康监测边缘计算、大数据分析，现场工作执行移动化应用，业务管理全流程贯通等领域工作卓有成效，积极以新技术探索精细化场景；江苏核电强化统筹规划，实现业务系统的高度整合，以高集成性信息资源来提高公司决策效率和自动化管理水平；海南核电以“数字化的精细化”为核心理念，自主研发以“海核 e 通行”和合同信息管理为代表的系统平台，实现疫情防控精准检测和合同全过程跟踪；福清核电大力推进以数据可视化展示为代表的数据治理应用，以实时、精准的驾驶舱直观展示业务状态，辅助决策经营管理。

作为示例，本节介绍了三门核电面向核电运行维修活动的全流程贯通数字化转型和移动化应用案例。

14.7.2 信息管理案例：面向核电运行维修活动的全流程贯通数字化转型和移动化应用

[标　　题]

打通断路，“高速路”上跑起来

[案例概述]

三门核电聚焦生产一线，以控制区无线网络（Wi-Fi）为信道媒介，以新一代信息技术为抓手，在国内核电领域首创将生产隔离、运行活动、维修工单等生产业务活动全纳入，实现执行过程表单结构化、规程电子化、执行移动化，贯通核电运行维修活动业务数字化全流程，以核电现场活动数字化利用提升促进业务转型。该案例成果自应用推广以来，已全面覆盖三门核电 1 号、2 号机组日常工作，同时在大修工作中开展先试先用，提质增效效果显著。

三门核电以控制区无线网络这条“高速路”为可靠依托，通过成熟信息技术实现运行维修活动的全数字化流程贯通，以结构化规范提升工作标准化，以移动化提升过程效率，以电子化取代低效重复环节，着眼全流程细节优化，实现数字化助力生产活动的提质增效。

[案例详述]

三门核电基于 AP1000 独有的控制区无线网络信道媒介，以新一代信息技术为抓手，实现生产隔离、运行活动、维修工单等生产业务工作识别、工作审批、工作准备、工作计划、工作执行、工作归档六大阶段40 余个步骤的全流程贯通。打通全盘数据流、信息流、文件流、审批流，集成了核电生产运行活动所需的生产全要素，实现全链路贯通、全要素开放共享，让工作指令畅通无感“飞行”。推进执行中的表单结构化、规程电子化、执行移动化，工作执行完成后 3

秒高质量一键归档，全面优化文档等重复人工环节，推动实现核电生产数字化转型升级。

同时，以临时操作票为例探索结构化规程的转换、使用技术，极大地便利了工作的远程协同执行、离线执行、实时交互、透明监护、数据采集。通过规范执行过程中哪些不能填、哪些必须审、哪些必须有前置条件，提升运行维修活动的合规性，于细节处提升工作执行的安全性。

1. 聚焦生产一线，推进信息化全流程贯通

（1）生产隔离全流程贯通。生产隔离是根据工作需要，将某设备置于某状态，并用挂牌、上锁的方式禁止对其进行任何操作。全流程涵盖隔离申请、隔离审批、隔离计划执行、解除隔离等共计25个流程节点，跨越SPMS（三门核电项目管理信息系统）、DCTM系统（文档管理系统）、飞令系统（规程工单电子化平台），所需基础数据、指令、文件分别来自SPMS和DCTM。本案例中，可将组好的隔离工作包经隔离经理、操纵员、值长在PC端和PAD端双通道同步审批下发到值班员就地手持的PAD中，开展隔离和解隔离等工作的协同，并实现执行记录向服务器的实时回传。

（2）运行活动执行全流程贯通。运行活动的开展主要以规程执行为工作单元，一个工作任务可能包含多份规程、临时运行操作票和工作指令单等，整体可分为规程准备、工作执行、记录归档三大阶段（见图14－6）。

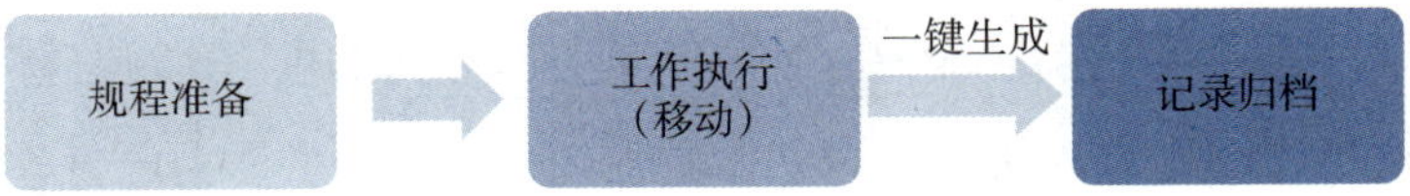

图14－6　运行活动全链路贯通流程

工作任务准备重点在于规程审查，根据实际工作需要添加使用的规程，对规程中的指令进行适应性调整，如不适用、备注、警告、添加、删除等操作；审查过后的规程必须经过校核审批。本案例中，工作任务执行可在PAD端实时设置调整工作组成员、召开工前会、执行规程和工作指令。可对指令进行不适用、正在执行、执行完毕、跳过、添加执行备注、签名等操作。规程执行完成后，系统依据文档管理要求，自动将执行记录整理组合，补充档案相关信息，并自动归档到DCTM系统，以往需要专职文档人员开展海量整理和检查的工作，在这里直接成为历史。

（3）生产工单流程贯通。生产工单用于规范和控制电厂生产运行阶段系统、

构筑物和设备上的各项工作，整体流程包含工作识别、工作申请、工作准备及审批、工作计划、工作执行、工作存档等6个主要环节。在本案例中，工作包准备人获取SPMS中“已分配”的电子工作包，生成电子工作包任务，然后与工作负责人进行交底并审核工作包内容。工作负责人领取工单后确认是否有开工锁定，有则需要隔离经理进行现场确认。工作负责人进行签入（有隔离的电子工作包任务）、设备对象的确认、召开工前会（可多次召开）、开始执行电子工作包、填写工作执行记录。工作执行过程中可进行QC签点、中止等操作。工作包执行完成后，工作负责人召开工后会，并完成工单签出，将流程锁于每个工作细节过程中，执行完成后一键自动整理记录归档。以往现场工作执行背着一包纸走，现在拿个PAD干就行。

2. 推动数据互联，打通全盘要素实现数据共享

以业务为驱动，打通工作场景全盘生产要素。三门核电SPMS提供生产隔离、生产工单所需的字段信息、相关文件、参考附件，提供设备基础信息、人员角色授权信息等。DCTM系统提供所有最新有效版规程，并接受一切执行记录的自动电子归档。文档保护提供执行过程中加密文件的保护执行，执行记录的加密归档。EDP提供流程引擎，实现流程高速驱动。ITASK提供全局统一单点登录。CNNP域和SMNPC域分别提供核电员工与承包商员工的员工信息。飞令系统通过防火墙打通与控制大区EF03网络的认证互联，服务器与PAD App之间实现在线实时交互，并支持一定程度的离线执行，协同操作。本项目打通了涉及工作的全盘数据流、文件流、信息流、审批流，集成了核电生产运行现场活动所需的生产全要素（见图14－7），实现了链路全贯通，资源全开放，数据互联、移动共享，实现了工作指令在现场的畅通无感“飞行”。

3. 科学合理选型，以结构化、移动化落地业务需求

当前国内外相关应用企业在规程结构化等技术上基本采用自描述文件（HTML、XML）或采用关系型数据库结构化数据，本案例结合了描述文件、关系型数据库以及分布式文件数据库等多类型数据库存储的结构化转换技术，充分吸收了不同类型数据库技术的优点，并规避了使用单一存储技术造成的不便于编辑维护、不便于数据统计分析等弊端，能够更好地适应复杂度高的结构化应用场景，具备更佳的适配性、更高的转换效率。

（1）表单结构化是数字化实现的基础。本案例中以XML和关系数据库相结

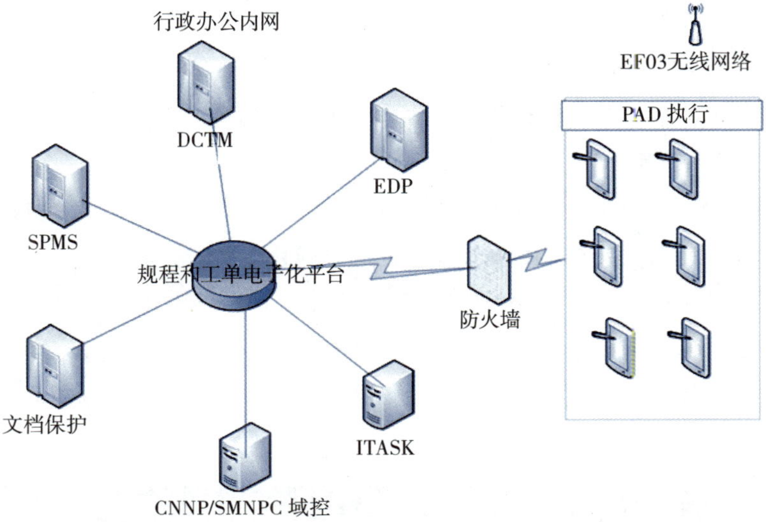

图 14－7　全盘生产要素共享示意图

合的技术实现了工作业务流程表单的结构化，实现了业务数据的可实时、动态获取和更新，为业务的可快速执行奠定了技术基础，实现了全业务流程中 PC 端和 PAD 端的实时交互。本案例先后实现生产隔离、运行活动、生产工单等各类表单 60 多个（见图 14－8）。

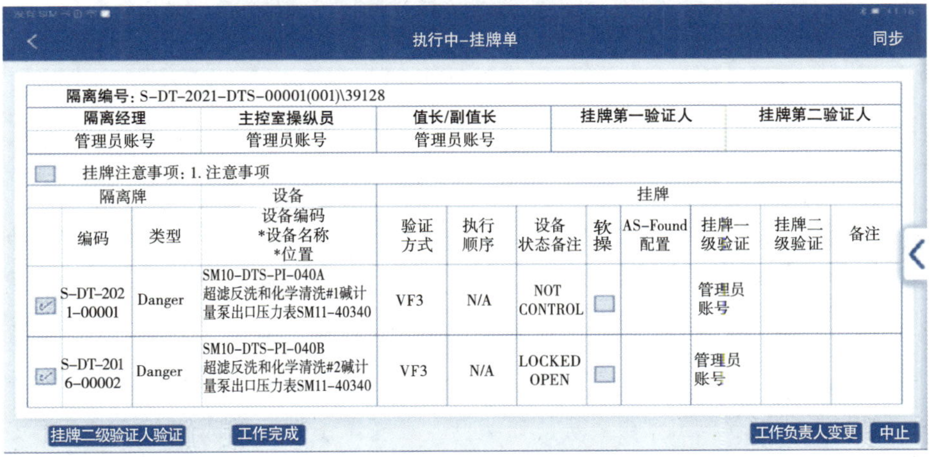
执行中-挂牌单　同步

隔离编号：S-DT-2021-DTS-00001(001)\39128

隔离经理	主控室操纵员	值长/副值长	挂牌第一验证人	挂牌第二验证人
管理员账号	管理员账号	管理员账号		

挂牌注意事项：1. 注意事项

	隔离牌		设备	挂牌							
	编码	类型	设备编码 *设备名称 *位置	验证方式	执行顺序	设备状态备注	软操	AS-Found配置	挂牌一级验证	挂牌二级验证	备注
	S-DT-2021-00001	Danger	SM10-DTS-PI-040A 超滤反洗和化学清洗#1碱计量泵出口压力表SM11-40340	VF3	N/A	NOT CONTROL			管理员账号		
	S-DT-2016-00002	Danger	SM10-DTS-PI-040B 超滤反洗和化学清洗#2碱计量泵出口压力表SM11-40340	VF3	N/A	LOCKED OPEN			管理员账号		

挂牌二级验证人验证　工作完成　工作负责人变更　中止

图 14－8　电子隔离挂牌单在 PAD 端样例

（2）规程电子化是高效落地业务的选择。规程文件是运行活动和生产工单执行的主要载体。规程电子化是指以 PDF 的形式在 PC 端和 PAD 端实现双向交互，本案例中用以模拟纸质文件上的标记过程，在 PDF 中可添加高亮、删除线、打字机、注释框、文本框、画图（矩形、圆形、线条、箭头、多边形、云朵形）等，以满足工作执行过程中的记录和后续归档使用。

在复杂规程文件还不能全面结构的情况下，规程电子化是一个有所妥协但应用效果较好的选择。

（3）执行移动化是畅通流程的核心。本案例中运行和维修活动在现场执行过程中的移动化，是实现工作过程全流程贯通的关键，是打通以往从工作计划到最终记录归档之间的"信息化断路"的核心。

三门核电充分利用生产控制区无线网络（EF03）为信道媒介，开发上线了飞令系统（见图14－9），实现的功能包括：隔离任务管理、电子工作包任务管理、电子工作包任务归档、工作任务执行、工作任务归档。

图14－9　PAD端移动App首页

生产隔离任务工作负责人手持PAD，执行挂牌、摘牌、临时摘牌、重新挂牌、隔离变更等操作，并进行一级验证人签字、二级验证人验证签字。其间，可以中止隔离，重新开始执行，工作负责人变更，退回隔离，工作指令不适用申请，执行过程中可以查看注意事项，补充相关文件，与主控室操作员进行软操协同操作，与其他工作组成员协同执行。当隔离任务下载到PAD端以后，支持离线执行，待网络恢复后回传至服务器等。

运行活动中规程移动执行如下：工作负责人在PAD端查看工作任务详情并领取，设置工作组，开展工前会并填报工前会记录，必要时录音确认完成。执行人员对规程文件已执行步骤进行标注、N/A标记（N/A不适用、N/A不执行等）、画删除线（打钩、打叉、打圈、打斜线等）、签名、编写信息等操作。对修改处签字并由值长协同审批。

规程执行完成之后自动进入归档流程，经工作负责人检查记录无误后，系统自动将生成的工作任务记录和规程执行记录，按照文档规范要求实现组卷，并提交至文档管理系统指定目录下。

在生产工单方面，准备好的工作包自动下载到PAD端，准备工程师和工作负责人当面交底，审核已创建的电子工作包任务，并联合签字确认。如有开工锁，则需隔离经理现场确认。工作负责人和工作组成员再带着PAD到现场执行维修工作，包括标注规程文件、执行工单表单等。工单完成后，自动生成归档任务，对电子工作包记录进行验证。验证通过后，系统自动将执行文件提交到文档管理系统执行归档，省去了纸质执行文件的打印和扫描环节。

执行过程中，可以同步工作负责人，可以实时把规程更新到最新有效版本，可以查询关联工作的前后逻辑关系，如执行隔离时，查看关联工单，关联隔离，关联工作任务，甚至一键自动生成临时运行操作票；支持周期性项目由模板创建隔离和临时运行操作票，由标准工作包生成工单。这些给现场工作执行带来极大的灵活性和便利性。

同时，项目整体在系统健壮性、容错性方面做了技术强化，确保记录正确不丢失，确保所有记录都成功上传到服务器。在用户响应性能方面较为突出。

（4）规程结构化是落实全面数字化的趋势。本案例中以临时运行操作票结构化编制、升版、执行、归档作为技术可行性试验后，完成了50余份规程的结构化转换、存储、执行和归档。

规程结构化转换包括规程基本内容提取（文字、图片、表格等）、规程特殊内容提取（填写区域、警示段落等）、规程元数据提取（规程名称、编码等）、通用操作条目提取（如“5.1.1 汽轮机停机”）。提取后的内容根据不同的分类分别存储到关系数据库，实时数据库，XML描述文件，多媒体文件如图片、音视频等。

结构化规程执行时支持执行记录填报数字化，执行步骤圈杠（模拟纸质）记录，可对步骤进行文字、多媒体备注。支持单选、复选、日期选择、手写签字、表格填报、公式计算，对协同共享远程等多种执行方式支持得更顺畅。

规程的结构化是表单结构化基础上的又一个技术跃进，它是后续实现运行维修活动全面数字化的最后一道壁垒，在此基础上可引申的工作全流程数据采集，在不久的将来，将为电厂现场工作的事前审查、事中监督、事后跟踪提供全方位的数据基础，也是该项目潜藏的更大价值。

[点　评]

三门核电面向核电运行维修活动的全流程贯通数字化转型和移动化应用项目的建成，是三门核电人敢于创新、勇于探索、稳于落实的再次验证，让信息化真正跨入了生产“最后一公里”。在规范工作流程、提升流转效率的同时，在以文档为代表的工作节点中释放工作量，提升记录质量，切实提质增效，同时也将为后续提升监督工作质量、促进标准工时合理化等提供更有效的支持，是一次成功的精细化实践。

14.8　供应链管理

14.8.1　综述

核电供应链管理将上下游企业整合为一个利益共同体，为电站建设和运行提供可靠的服务和物资资源保障，助力企业实现降本增效、科技创新、设备国产化、质量提升等目标，是企业的核心竞争力之一。

中国核电各电厂立足“三新一高”发展要求，贯彻落实中国核电集约化管理，紧扣“廉洁规范、流程高效、保障有力、提质增效”主题，强化“让供应链创造价值”理念，积极推动“采购管理”向“供应链管理”转型，强化标准化、信息化基础建设工作，提升供应链生态圈建设能力，增强采购保障能力、价值创新能力，有力支撑了中国核电高质量发展。

各电厂通过管理创新，做深做实供应链精细化管理工作。福清核电引入防人因失误工具，开发《商务采购领域防人因失误工具应用指南》，有效提升全流程采购质量；江苏核电、三门核电、海南核电强化计划管控，建立采购绩效管理体系，实现采购计划与现场需求有效匹配；三门核电积极开展联采联储、工厂建库和物资寄售等采购模式创新，建立了以“保生产、控增量、清存量、腾空间、优化供应链”为主线的库存管控机制。

本节介绍了秦山核电在精准严细的理念指导下，运用现代管理理论和数智化技术，进行供应链管理体系数智化转型的实践。

14.8.2 供应链管理案例：供应链管理体系数智化转型

[标　　题]

精细化管理驱动供应链数智化转型

[案例概述]

秦山核电以ERP系统为基础，对公司供应链全流程进行优化，通过规范化、精细化、个性化，定制了行业内首个符合公司发展目标的供应链全流程优化方案，同时将数智化运用到供应链管理流程中，推动了供应链全流程的标准化建设，提升了全流程的工作效率，提升了采购风险防控能力，降低了采购成本，为核电机组的安全、稳定、高效运行提供了及时、准确、可靠的物资保障。

秦山核电开展的标准维修耗材“寄售”管理项目荣获“2022年浙江省电力行业管理创新优秀成果三等奖”，无人值守及厂区配送数字化管理专项荣获“中国核电2021年管理创新二等奖”，物资主数据治理专项获评“DAMA中国2021年数据治理最佳实践”。①

[案例详述]

秦山核电作为国内核电机组数量最多、堆型最丰富的核电基地，在供应链环节需通过规范化、精细化驱动数智化转型，构建一个质量可靠、效率高效、服务优质的数智化供应链体系，为电厂的安全运行提供保障，并通过供应链运营绩效驾驶舱为公司领导采购决策提供数据依据和基础。

1. 构建规范化标准，提升物资主数据治理质量

以规范化为基础，以质量提升为主线，通过制定秦山核电统一的物资主数据管理标准、建设集成统一的主数据管理系统、搭建全方位多角度的物资主数据管理体系、组建专业化的物资主数据管理组织，建立“四位一体”的物资主数据规范治理体系，进而强化数据清洗工作，并结合数据应用的不断深化，充分发挥物资主数据在公司供应链业务中的价值，为公司数智化供应链管理提升

① DAMA，国际数据管理协会。

奠定坚实的数据基础。

2. 以问题为着力点，建立采购价格库机制

为解决历史采购价格及移动平均价参考度低、采购价格逻辑烦琐、立项价格准确度低、立项变更补充金额频繁、缺少采购价格合理性分析工具及没有系统功能支持等问题，以解决实际问题为出发点，从供应链最前端的采购计划开始，通过现状分析、需求收集、逻辑确定、平台开发、外部数据接口、ERP 功能改造等逐一细化分析，建立秦山核电采购价格库，细化采购价格取值逻辑模型，明确采购价格库建立规则，确定标准数据清单和采购价格来源，开发系统平台统一管理，为全面预算管理、立项申请与审批、采购寻源、采购成本控制、采购价格合理性判断等业务提供精细化的采购价格数据支持。改变以往物资立项金额不细、不准的情况，同时为降本增效及采购价格合理化提供应用服务，提升采购大数据应用与采购精细化管理的能力和水平。

3. 创新精细化理念，推进核电标准耗材“寄售”

秦山核电标准耗材，涉及维修领域和商务采购领域共 8 个处室，物资数据繁杂，信息量巨大，原始数据近9 万条，在国内同行中，核电标准耗材的管理尚无成功的管理经验供参考学习。秦山核电以精细化管理为切入口，通过创新和探索，将标准维修耗材以“寄售”的方式进行管理，由秦山核电提供 1 个“寄售仓”和4 个“无人仓”，采用先领用、后结算的“寄售”模式，由合同中标方负责免费运营。中标方在秦山核电仓库合理储备库存，同时使用秦山核电的仓储系统和中标方的系统进行日常维护与出入库管理，这样既能满足秦山核电仓储系统运营，又能通过中标方的系统实行智能化运营。后续通过对软件系统改进及管理优化，中标方与秦山核电的配送团队合理衔接，可提供“寄售”物资的配送服务。

4. 通过数字化转型，提升采购工作效率

数字化转型的关键是业务模式转型，要以新型能力为牵引，以数据为驱动，建立基于数据新驱动要素的组织管理模式，智慧合同管理作为智慧电厂生态体系的一个重要部分，通过数字化转型进一步优化合同处理方式，提升合同处理效率，降低合同处理风险，提升秦山核电合同管控能力。商务采购全流程数字化，实现采购流程贯通和数据共享，通过采购流程运营指标和采购绩效指标实时大数据分析，及时发现采购全流程工作的痛点和难点，强化合规风控，促进

商务采购工作提质增效。建设商务采购数字化系统，总结分析历史数据，建立标准外委清单数据库、技术规格书范本数据库、技术评分细则数据库、合同法务审查历史数据库、历史实务合同信息数据库、历史合同价格信息数据库、采购质量管理信息库、绩效指标信息库，实现采购工作管理从信息化向智慧化转变。梳理合同法审（合规风控管理）要素，搭建公司合同法审（合规风控管理）数据库，优化合同法审业务流程，推进并实施合同法审（合规风控管理）数字化。构建供应链智能协同平台和网上供应商服务大厅，进一步加强与供应商的协同能力，提高沟通效率，降低沟通成本。此外，优化供应商准入评审流程，精简供应商复评工作流程，由供评人员直接发起申请，将原流程14个环节缩减为9个环节，同时优化评审职责，由供评人员负责领域评价环节中的商务评审工作，减少采购员工作量，特别日常评审中80%为复评，优化复评工作能极大提高供应商评审效率。

5. 依托数智化建设，提升仓储服务精细化水平

通过移动、智能技术提高仓储内部工作效率，将SAP前沿的移动技术细化覆盖到仓储管理各项业务中，包括货物接收、物资检验、物资上架、仓位移动、货物盘点、物资下架、配送移库、配送出库等业务，通过“一站式”的移动操作模式，减少原来对电脑和系统客户端的依赖，实现移动化仓储管理，减小传统终端操作来回交互的时间损耗，提高工作的效率和准确性，从而进一步提升物资供应和保障能力。同时，实现仓储部门由被动实施的出库作业转变为有计划性的物资配送，从而实现仓储配送一体化管理的目标，资源整合，节约重复时间，大大提高效率。物资仓储配送业务提高跨部门协调作业的效率及仓储部门的业务执行效率，通过配送功能提高需求部门的认可度，提升仓储部门工作职能，降低需求部门的领料成本，在提高生产效率的同时，提升用户体验；仓储部门通过配送服务将部门职能向供应业务延伸，提高了仓储部门在公司的战略地位。利用物联网、人工智能、射频识别、智能门禁、视频监控等技术构建无人值守仓库，满足7×24小时的领料需要，提高领料的便捷性和效率，降低人力成本；通过使用“智能门禁、智能作业、智能拣选、智能出库和智能监控”技术实现业务效益提升、仓储管理转型（见图14－10）。

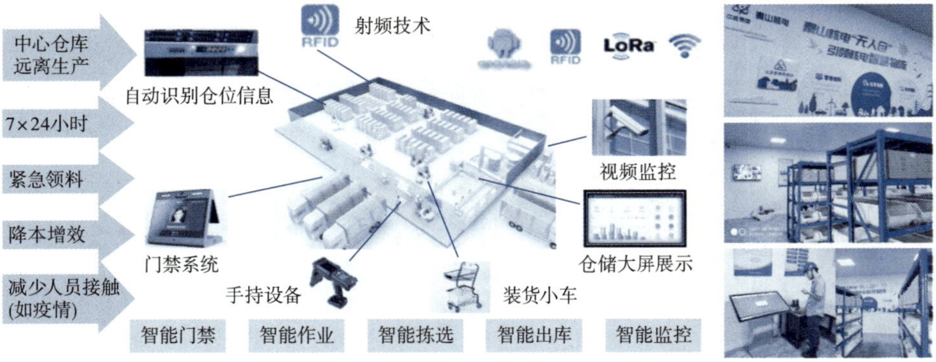

图 14－10 智能仓储管理

[点　评]

秦山核电供应链是中国核电首个实现数智化转型的核电运行电厂的供应链，展现了秦山核电人敢于创新、敢于挑战的精神。其将精细化与数智化的管理理念有效贯通，丰富了中国核电精细化管理体系，也为其他电厂供应链转型和创新提供了宝贵经验，起到了很好的示范作用。

（本章编写者：14.1 节，周林盛；14.2 节，江飞舟、邹玮、周辉、王小龙；14.3 节，江飞舟、石慧雯、武吉庆、刘燕、曹一丹、季彪、肖健维、陈晨、李莉；14.4 节，江飞舟、邹玮、吴昕、王小龙、郭超；14.5 节，周林盛、王雷、卓秀娟、兰天、张鹏；14.6 节，周林盛、王雷、卓秀娟、张鹏、王宾宾、兰天；14.7 节，黄文超、瞿向阳、陈春华、向燕飞；14.8 节，何致敏、于江浩、周杰）

15

第 15 章

生产管理

15.1 综述

核电厂生产管理是计划、组织、协调、控制电厂生产活动的综合管理活动，应通过合理组织生产过程，有效利用生产资源，经济合理地进行生产活动，达到核电机组安全、稳定、可靠、高效运行的生产目标。中国核电通过建立安全生产长效机制、高效运行保障机制，统筹发展核安全，系统谋划管理提升、文化建设和责任落实等各项措施，保障电厂本质安全，提高安全生产业绩。

中国核电各电厂生产管理坚持安全第一、保守决策、持续改进的原则，采用 GOSP 模型明确职责，不断开发完善并严格遵守程序规程，利用科学的管理方式和有效的管理措施，遏制安全生产事故的发生，提升安全生产防范和管控能力，将“主动优化、持续改进”精细化管理理念贯彻落实到生产流程管理、生产指标管理、生产风险管理、机组出力提升管理、人员绩效管理、协作单位管理和生产准备管理等方面，不断提高机组生产管理水平。

生产流程管理，打通壁垒，建立高效的标准化流程，提升电厂运转效率；生产指标管理，立足自身实践，对标国际先进，强化趋势监测；生产风险管理，引进风险监测技术、方法，打造全领域、全流程的风险管控体系；机组出力提升管理，立足自主创新，精准定向研发；人员绩效管理，引入评估和竞争机制，实现公平公正、多劳多得，发掘员工潜能，提高工作效率；协作单位管理，找准关键问题、强化体系建设，提高业务水平及服务质量；生产准备管理，建立生产体系，培养生产队伍，完善文件质量，筑牢生产根基。

截至2021年12月，中国核电有23台机组（需要投入运行一年）参与WANO指标评分，其中19台机组WANO综合指数达到满分，满分机组数和比例双双位居世界第一。

秦山核电N1-EAM（中国核电电厂生产信息系统）软件的开发应用，获得“国防科技工业企业管理创新成果二等奖”。

江苏核电通过建设基于工单全过程管控的核电运行风险体系，获得“中核集团管理创新二等奖”“国防科技工业企业管理创新二等奖”等奖项。

三门核电通过建设基于概率安全分析的核电厂风险管控体系，获得“国防科技工业企业管理创新三等奖”。

15.2 生产流程管理

15.2.1 综述

核电厂生产流程管理，即工作控制，是指对所有在生产构筑物、系统和设备上开展的维修、维护、变更、试验等工作的申请、准备、计划、执行、复役和文件存档环节进行管理，使得各项工作规范有序地开展，其目的是保障电厂核安全、工业安全、辐射安全等的管理水平，同时合理平衡工作量，优化电站资源使用以提升电厂运转效率和降低生产成本。

中国核电各电厂致力于打造标准化的生产管理流程，对流程中各环节规定明确的角色、职责、资质及管理要求，使所有生产人员知悉在工作控制过程中的职责并切实履行，加强工作控制过程中的风险管理。为提高各电厂的生产流程效率，推进生产标准化建设，中国核电积极探索，由秦山核电牵头引进国外EAM信息平台并进行适用性开发完善，成功应用于中国核电所有电厂，为持续提升在运及在建机组安全水平、管理效率和运行业绩提供了信息化平台基础。

下面详细介绍了秦山核电多堆型标准化生产管理体系建立与应用案例。

15.2.2 生产流程管理案例：多堆型标准化生产管理体系建立与应用

[标　　题]

流程标准化，管理精益化

[案例概述]

秦山核电按照中国核电统一规划，引进 EAM 信息平台，借鉴先进核电厂矩阵式管理理念，通过消化、吸收及适用性改造，完成了 N1－EAM 软件的开发应用，建立了涵盖核电厂全部业务流程、适应多堆型群堆管理和标准化复制推广的生产管理标准方法，经过了日常运行以及大修燃料循环的实际应用和检验，获得“国防科技工业企业管理创新成果二等奖”。

[案例详述]

秦山核电在专业化改革推进过程中确立了“一体两翼”发展战略，即“主体”为核电运行一流业绩，“一翼”为核电市场化服务，另“一翼”为核电业务标准化。2012 年前，秦山核电 9 台机组由不同的公司运营管理，因堆型、经验和理念的不同，各电厂制定的生产业务标准和流程细节存在较大差异，统一各电厂的生产业务流程、实现核电业务标准化是专业化改革成功的关键。

为此，秦山核电以核电业务标准化为目标，建立标准化业务工作运作和决策机制，以 N1－EAM 专项工作为推手，以 N1－EAM 软件为载体，统筹协调业务需求的落地，建成适用于国内核电企业的标准化生产管理体系，并成功运用到秦山核电 9 台机组的安全生产管理中。

1. 建立以领域管理模式为主轴的决策机制

N1－EAM 的首要目标是完成秦山地区 4 个生产单元 9 台机组的应用上线，通过标准化与再优化建立适用于国内核电企业的生产管理标准流程及体系平台。为确保 N1－EAM 标准化推进与再优化的顺利开展，在借鉴国外核电领域管理模式（CFAM－SFAM）的基础上，秦山核电制定了以领域管理模式为主轴的 N1－EAM 管理协调组织机构及运作机制，通过机制的运作，有效完成了各电厂流程差异的分析和决策，形成了公司管理标准。标准化流程的制定、完善过程继承了原有软件基线流程优势，吸收了不同处室、不同专业技术人员多年沉淀下来的本土核电管理实践经验，更适合国内核电厂组织机构框架下的生产管理活动。

领域管理模式的建立和运转，经历了分析、策划、试点、全面推广几个阶段，为标准化管理体系的形成和推广建立了清晰的责任清单、有效的决策机制，使标准流程的形成、工作责任的落地、过程有效性的监督有了依据。领域管理机构主要由领导小组、总体工作组、领域工作组、标准业务组组成。

2. 组建以业务人员为主导的专项组织机构

2012年初版N1－EAM在方家山上线，基本照搬国外核电生产流程，与组织体系不匹配，操作界面不友好，专业术语翻译不符合业界习惯，因此，开展业务流程优化与软件本土化改造，使系统为秦山核电的标准化与精益化管理服务是迫切需要解决的问题，为此秦山核电采取了以下措施。

1）组建公司级项目推广组织机构

公司信息化管理平台推进与应用由总经理主抓，经过公司领导层的酝酿与讨论，建立了N1－EAM推广项目组织机构（见图15－1），明确了业务部门是信息化推进工作的主力军。

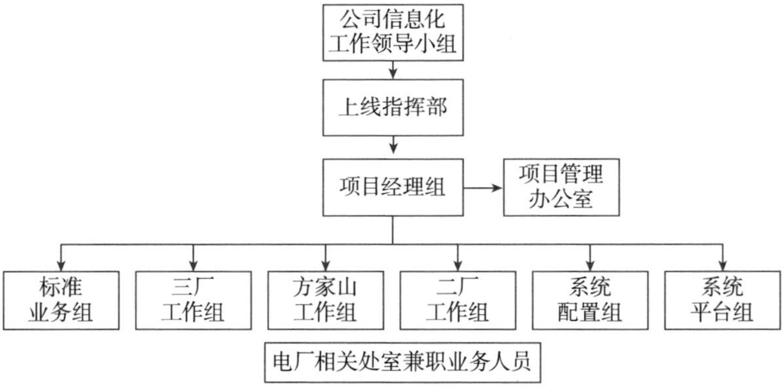

图15－1 N1－EAM推广项目组织机构

2）N1－EAM专项组作为虚拟处室机构管理

为保障秦山核电生产管理标准化的建立与有效推动，秦山核电将N1－EAM专项组设置为公司虚拟处室，使之满足实体业务处室所具备的最小日常生产机能。包括在N1－ECM（中国核电企业内容管理平台）与N1－ERP（中国核电人、财、物一体化管理信息系统）建立虚拟编码以满足相关业务功能的实现。项目组所有业务人员可以不用依托原处室就进行项目文档管理、会议审批发布、办公用品管理等独立的业务操作和流程审批，为项目内部业务的高效运转提供了切实的保障。

3）建立与标准业务组人员配套的独立绩效考核机制

标准业务组人员需完成秦山核电4个生产单元9台机组的生产管理标准化流程优化配置，设置独立的绩效考核机制是保障队伍稳定、激发员工进取的必要管理要素。

标准业务组绩效考核机制包括员工请假管理、月度奖金独立考核发放管理、年终总经理嘉奖发放独立申报管理、员工年度绩效考核独立管理。这部分绩效考核项目从标准业务组人员原处室“剥离”出来。考核机制创新是标准化生产管理信息体系得以推广的基础。

3. 推进业务人员与信息人员的合作机制

标准化生产管理流程的落地需要以一套标准化的生产管理软件为载体，生产信息系统的建设和推广不能脱离业务实际情况，需要有精通流程的业务人员深度参与，以保证软件开发出来的实际功能、界面和布局等与当初业务部门提出的需求相符，避免软件功能的重复开发和资源浪费。

1）业务人员与信息人员定位

标准业务组人员分别来自运行、计划、维修、技术、安全质量、辐射防护和文档等领域，是各领域业务骨干。标准业务组的主要工作是在消化吸收EAM软件功能的基础上深挖EAM软件设计理念，熟练掌握软件数据架构和功能架构，通过软件流程设计和软件配置修改，建立并维护一整套的标准化生产业务流程。除此之外，标准业务组全程参与秦山核电生产业务流程优化改进，在秉持安全、稳定、高效的前提下严管需求。同时，信息人员改变了以往既要管业务又要管开发的做法，不再直接面对业务方面的工作，而是将更多的时间投入到软件开发和软件性能优化上来，进一步保障软件运行的稳定性和可靠性。

2）功能开发及结果控制

领域管理模式在运作过程中，会产生一些需要修改软件功能的决策项，N1－EAM软件功能开发的具体控制流程见图15－2。

N1－EAM推广第一阶段在秦一厂实施，完成状态报告统一入口、文档审批、电子许可终端、电厂信息系统和在线数据导入等优化开发项209个；第二阶段在秦山核电其他电厂实施，完成工单准备集成页面、机组文件系统、工器具模块和电厂信息系统等优化开发项494个。

4. 开拓许可证电子化及工作票许可与控制的信息流程

在N1－EAM推广过程中，业务人员发现软件中没有工作许可证（工作票）

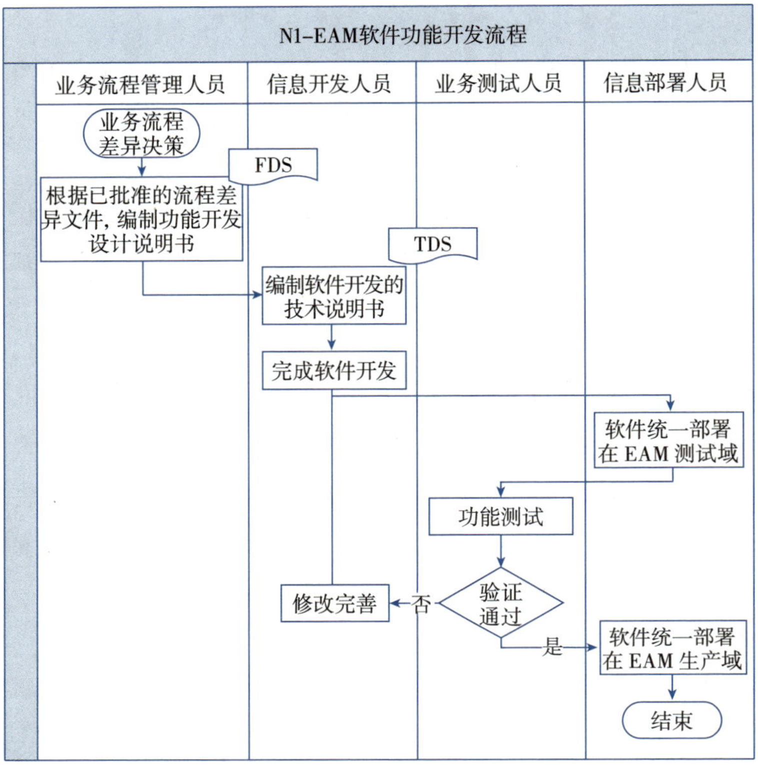

图 15－2 N1－EAM 软件功能开发流程

的概念，这与《电业安全工作规程 第 1 部分：热力和机械》（GB 26164.1—2011）的要求不符，需要针对 N1－EAM 软件进行适应性开发，增加工作许可证模块，以实现工作票的开完工控制。

1）电子化工单开完工系统开发

• 概念的提出：首次提出工作许可证电子化和工作票开完工控制的电子化的业务构想。

• 业务模型建立：充分分析业务功能具体需求以及业务模型中各要素及逻辑关系，建立了电子化开完工的业务模型。该业务模型主要包括工单开工、临时签出、重新签入和工单完工四大模块。

• 系统测试：测试阶段首先是 IT 人员对测试环境的部署和配置，其次交付给业务人员进行单一功能测试和多场景、多模块的联合测试。

• 成品交付：测试完成之后进行软件上线部署，交付给电厂用户使用。

2）电子化工单开完工系统应用

自主研制的核电厂电子化工单开完工终端（Automatic Work - order - task Terminal，AWT），实现了核电厂工作许可证电子化以及工作票许可与控制的全流程电子化，免除了维修人员去隔离办取票开工的环节。

3）AWT的多项自主创新

- 在国内首次研制了核电厂电子化工作票开完工系统，实现了核电厂工作票许可与控制的全流程电子化；
- 首次在国内核电领域自主设计了工作票开完工逻辑模型，建立了严密、严谨的开工与完工逻辑，保证了工作票电子化开工与完工的安全；
- 首次在国内核电厂研制了核电厂工作过程管理安全控制模型，通过该模型的“临时签出”“重新签入”控制，实现了工作过程中预期和非预期事件的安全控制；
- 自主研发设计核电厂工单电子终端的配套软件与硬件，实现了工作票控制驱动与业务流程的无缝结合。

5. 创建标准组织机构及项目决策的管理流程

项目运作流程的标准化是项目推广成功的关键因素之一。为此，结合推广实践，N1 - EAM专项工作组总结归纳并形成了决策管理、会议管理、变更管理、计划管理、文件管理和问题管理等标准化项目运作流程。项目标准组织机构及项目决策管理流程。

1）标准化的项目会议管理

标准化的项目会议管理是为了保证项目推广过程中遇到的问题能及时得到反馈和解决，以确保项目按计划推进。项目会议分为早会、周会、专项组例会、月度例会、专项协调会和总经理汇报会。

2）标准化的项目计划管理

在N1 - EAM推广过程中，以项目计划为“龙头”，统筹项目各方资源，确保后续推广电厂按期完成系统切换上线。

首先由秦山核电领导层确定N1 - EAM专项工作的年度目标，N1 - EAM专项工作组组织标准业务组、电厂工作组、系统平台组及相关责任处室，共同讨论确定年度推广整体计划，即推广1级计划，并经上线指挥部组长审核，总经理批准，最终发布。

N1 – EAM 专项工作组在年度推广整体计划的基础上，与项目推广相关的责任处室点对点对整体计划进行细化，明确责任，最终形成可以执行的推广 2 级网络计划，保证 1 级计划的有效落地。

3）标准化的项目文档管理

在 N1 – EAM 软件推广过程中，建立了由业务蓝图文件、功能设计说明书、系统配置文件、数据准备方案、测试脚本、用户手册、培训教材等组成的标准化项目文件，这些项目文件的建立是固化管理流程、优化软件配置管理、复制推广项目模板、实施最终用户培训的基础与依据，使得项目标准有章可循。

核电标准化生产管理体系的建立与运用有效地减少了职能部门之间的接口、降低了电厂的生产管理成本、提升了员工的工作效率，为秦山核电做强主体、服务市场和实现“做最具魅力的国际一流核能企业”提供有力支撑。

[点　评]

EAM 是中国核电统一规划引进的生产管理业务标准化信息平台，通过秦山核电的“消化吸收”与本土化改造，已经被打造成涵盖核电生产全部业务流程，具备群堆管理规范和标准化复制推广的大型软件应用平台。秦山核电 N1 – EAM 软件的成功应用推动了中国核电所有机组的生产管理统一、生产管理标准化工作。

15.3 生产指标管理

15.3.1 综述

核电厂生产运行指标是衡量其运行期间的核安全、可靠性、机组效率以及人身安全等方面绩效水平的定量描述，制定这些指标的目的主要是监测与评定核电厂生产管理、运行状况与发展趋势，并为营运单位改进核电厂总体性能提供依据以及同行参考信息。

中国核电各电厂以机组安全、稳定、高效运行为核心，通过建立完善的生产运行指标管理体系，以指标管理为抓手，提升生产工作质量和效率，建立和强化利于公司长远发展的生产业绩优势，推动安全和运行可靠性的全面提升。

由于中国核电有运行机组涉及多个堆型，为了统一管理和评价各个电厂的生产绩效水平，其建立了标准化安全生产管理综合指标体系，同时为加强与世界同行的对标，还引入WANO指标体系。为进一步提高各电厂生产业绩，各电厂根据自身堆型的差异以及生产管理上的特点，补充了符合电厂自身情况的生产运行指标。

下面详细介绍了江苏核电1—6号机组生产运行指标体系构建与应用案例。

15.3.2 生产指标管理案例：生产运行指标体系构建与应用

[标　　题]

精细化创标助力打造机组运行全球标杆

[案例概述]

江苏核电构建基于精细化管理方法的生产运行指标与评价体系，围绕生产运行全流程画像，打通管理屏障，系统整合、科学评价，引导生产过程管理创新优化，持续推动全员、全领域的高质量精细化管理，驱动企业数智化升级，数字赋能，“云”端破题，科学高效地识别分析生产管理过程中的短板，辅助预测，提高生产管理效能，在此基础上开发了中核集团首个生产运行指标体系与评价企业标准。

[案例详述]

江苏核电深入贯彻落实习近平主席于2021年5月19日在中俄核能合作项目开工仪式上的重要讲话精神，落实中核集团、中国核电部署，以打造核安全领域全球标杆为目标，对标行业一流标准和世界一流管理，坚持问题导向、目标导向和结果导向，统筹考虑机组安全质量、生产运行、成本效益等重要方面和关键领域，建立一套基于精细化管理方法的可衡量、可指导、可检验的先进指标体系，为生产运行管理绩效评价、生产过程控制、过程检查和评价提供科学标准，引导生产过程管理创新优化。

1. 强化顶层设计，聚焦上层战略制定目标路径

1）对接上层战略，确立企业高质量发展实施路径

江苏核电全面贯彻落实习近平新时代中国特色社会主义思想，按照中核集团“高质量、高标准建设和运行好江苏核电7号、8号机组以及已经建成投产的江苏核电站1—4号机组”要求和中国核电的决策部署，落实新定位、新要求、

新期待，建立了江苏核电站1—6号机组生产运行指标与评价体系。

2）明确发展目标方向，制定整体战略目标

立足“三新一高”的发展要求，打造核安全领域全球标杆，江苏核电制定了“两步走”战略。

第一步，实现江苏核电“十四五”战略规划指标。目标是2023年5台在运机组WANO综合指数排名并列第一，2024年首次实现6台机组WANO综合指数排名并列第一，2025年开始保持6台机组WANO综合指数排名并列第一。

第二步，对标全球商运压水堆机组，WANO各单项性能指标做到同类型机组前三。目标是2025年田湾1—4号机组WANO各单项性能指标排名均要进入同类型前三，5号、6号机组WANO各单项性能指标排名均进入同类型所有机组前1/4；2029年田湾1—6号机组WANO各单项性能指标排名均要进入同类型前三，成为全球核电运行机组标杆。

3）开展体系设计，确立生产运行指标体系架构

通过对标全球在运的同类型压水堆先进机组，借鉴WANO业绩指标和中国核电安全生产综合指标，江苏核电结合实际状况，统筹考虑机组安全、质量、成本和效益等重要方面，在关键领域开展指标设计。

生产运行指标体系分为一级指标和二级指标，一级指标是衡量标杆机组是否达到卓越的标准；二级指标是围绕实现一级指标而分解细化的过程控制指标，用于过程跟踪、检查和评价。生产运行指标体系按类型分为约束性指标、结果型指标和过程型指标，共103个指标。

2. 建立保障机制，构建群专结合的矩阵式组织

1）加强组织领导，实现统筹规划

江苏核电成立打造标杆生产运行指标委员会，为实现打造核安全领域全球标杆目标提供有力的组织保障。打破原有行政领域管理壁垒，全面落实工作责任制，高效协同，加强跨领域和部门间的横向联系，形成职能和项目复合的矩阵式组织，确保各项工作顺利实施。

2）搭建管理框架，建立规章制度体系

编制了以《江苏核电站1—6号机组生产运行指标体系与评价》《江苏核电站1—6号机组打造核安全领域全球标杆实施方案》《1—6号机组生产运行指标体系管理办法》为主体的制度体系，确立了季度专项会议，半年检查和评价等

制度。通过检查和评价，及时查找差距和问题，落实改进措施和方向。

3）构建评价激励机制，提升管理效能

基于精细化管理方法，江苏核电为各项具体工作确立工作路径和考核标准，并设置具体的阶段性成果目标，使之与激励机制相结合，将指标和各阶段重点任务完成的评价结果纳入江苏核电处室年度/月度绩效考核的加分项和扣分项指标，通过绩效考核促达标。同时，对于创立标杆的机组，申请专项嘉奖进行激励，实现以点带面、标杆驱动的良好局面。

3. 对标世界一流，锚定生产指标体系关键结果

1）坚持责任考核，确保约束性指标不突破

约束性指标包括核安全、工业安全、生产运行、质量、环境、保卫、消防、辐射防护、信息安全、职业卫生、保密、交通、培训、经验反馈、节能减排、廉洁从业等16个指标。约束性指标是生产运行指标体系中的“硬指标”，是生产管理控制和考核的重点，采用一票否决制，不允许突破。

2）坚持结果导向，推动结果型指标追求卓越

结果型指标是生产运行指标体系的关键输出结果，共11个指标，取自WANO业绩指标。在结果型指标卓越标准目标值设定上，WANO性能指标综合指数为100分。单项WANO业绩指标参考世界压水堆机组同类型前三名（含并列）且均优于WANO综合指数满分对应的单项指标值。11个指标中有9个为世界最优值，2个为同类型机组前三名值，锚定行业一流标准和世界一流管理，充分体现了“追求卓越，勇争第一”的田湾精神，切实打造核安全领域全球标杆。

4. 精抓过程环节，强化生产指标体系一体化管控

1）围绕生产运行全流程画像，强化过程型指标一体化管控

围绕生产运行全流程画像，强化过程管控，按照安全质量、运行生产、设备管理、成本管理、综合管理五大维度，共设置76个过程型指标。过程型指标是约束性指标和结果型指标的细化分解，用于过程控制、过程检查和评价，其过程评价结果也是最终评价的指标。

2）多领域协同，全维度分解过程指标数据

过程指标覆盖安全质量、运行生产、设备管理、成本管理和综合管理5个领域，每个领域分解到不同的维度。

● 安全质量指标设置28个指标，分为核安全、工业安全、辐射防护、治安保卫、环境应急、消防安全、交通安全、质量管理、经验反馈、通用等10个子维度。

● 运行生产指标设置24个指标，分为发电生产、稳定运行、运维管理、培训管理等4个子维度。

● 设备管理指标设置5个指标，卓越标准都为0，对机组关键重要设备和安全重要系统的设备状态实现有效监控。

● 成本管理指标设置12个指标，分为经营、采购、成本、库存等4个子维度。

● 综合管理指标设置7个指标，分为党建引领、廉洁从业、科技创新等3个子维度。

5. 精准施策发力，解决生产运行管理痛点难题

以管理目标为向导，制定目标与可衡量目标的关键结果，持续完善指标，通过数据驱动，实现生产运行管理体系化。梳理和固化各维度业务流程，实现管理过程标准化、体系化，打破“信息孤岛”，实现数据驱动业务、数据驱动管理，真正释放数据价值。

6. 依托数字平台，支撑指标管理评价统筹决策

1）打造指标全景“驾驶舱”

数字赋能，“云”端破题。借助数字化手段，提升生产运行指标管理工作效能，依托生产运行指标管理“驾驶舱”，嵌入安全管理、人因管理、发电管理、WANO指标管理、对标管理、偏差分析与预测等模块，集成“生产运行管理数字孪生地图”，打造“一图全面可知”的现代化企业生产运营的全场景数据视图，助力企业运用数字化技术赋能迭代升级。

2）实现指标分析评价和辅助决策

生产运行指标管理平台的数据分析能力使企业能随时监控、预测生产管理的效率和效益，确保生产管理的各项数据量化、集成和共享，实现智慧协同，真正做到从生产管理走向生产运营。指标偏差分析与预测平台对接各种指标数据库，进行加工处理、分析挖掘和可视化展现，实时掌控生产管理各维度的运转情况，随时监控异常指标以及异常的整改情况，并进行趋势劣化预测，实现态势提前感知和预警。

7. 建立评价机制，助力生产指标体系持续优化

1）持续改善，建立生产运行指标评价机制

为保障生产运行管理的持续改善，监视活动状况及最终绩效，根据生产运行指标整体架构，分层开展生产运行指标评价，实现对关键业务的不同层级把控。

约束性指标是指标评价和考核的重点，一旦突破，则一票否决。

WANO 性能指标综合指数和 10 项 WANO 单项指标分别设置不同的权重，按百分制归一方式折算为结果型指标年度分数。

过程型指标中的安全质量指标、运行生产指标、设备管理指标每月评价 1 次，成本管理指标和综合管理指标每年评价 1 次，分别设置不同权重，按百分制归一方式折算，结果为过程型指标年度分数。

结果型指标评价完成后，对生产运行指标体系进行最终评价。最终评价总分为 100 分，其中结果型指标年度得分权重为 50%，过程型指标年度得分权重为 50%。评分在 98 分及以上标志机组生产运行管理水平达到标杆水平。

2）依托平台，实现生产运行管理精准考核

生产运行指标管理平台根据预置的计算逻辑和分析模型，抽取或获取指标反馈信息，汇总评价结果，实现指标运算和归集。指标异常和趋势弱化的警示实时更新，并可穿透分析定位异常原因。针对异常指标可制订改善计划，并实时跟踪计划执行情况直至完成并且关闭，真正意义上实现闭环管理。通过与绩效考核机制建立双向反馈机制，将绩效成绩与指标体系数据挂钩，实现生产运行管理精准考核，确保指标体系的有效运行与持续改善。

[点　评]

江苏核电锚定机组运行全球标杆目标，强化“立标、对标、达标、创标”意识，建立系统性、科学性、先进性的量化生产运行指标与评价体系，“定目标、追过程、拿结果”，持续推动全员、全领域的高质量精细化管理。精准施策，数字赋能，持续优化，追求卓越，确保各项安全生产指标在 WANO 排名中都处于世界前列，为世界核电机组运行提供可参考、可复制的田湾样板和田湾方案。

15.4 生产风险管理

15.4.1 综述

核电生产风险管控的目的是有效降低核电机组维修、试验、运行操作、变更等工作引起的机组意外停机、停堆、降负荷等瞬态风险，降低核安全风险、工业安全风险、辐射安全风险、消防风险、环境风险等，同时有效控制系统设备停役导致的机组安全裕度降低。

中国核电各电厂生产风险控制致力打造全领域、全流程的精细化风险管控。核电现场维修、试验、运行操作、变更等工作是以工单作为开展现场生产工作的依据，故核电站对工单风险的管控，即工作控制，就是对生产风险的管控。目前中国核电各电厂均建立标准工单体系，实现系统化的风险分析与识别方法，打造以工单为核心的全过程、全领域的风险管理体系，在日常生产活动中实现对机组安全的可知、可控，提升了电厂的精益化管理水平。

由于核电厂配置组合的复杂性和多样性，针对多重设备失效的风险管控的现有技术规范并不完善，国际实践表明，对多重设备失效进行控制的有效方法是核电厂的配置风险管理，中国核电推动核电厂配置风险管理，强化了电厂风险识别和风险管控能力。

本节详细介绍了江苏核电基于工单全过程、全领域的生产风险管控体系和三门核电基于概率安全分析的核电厂风险管控体系两个案例。

15.4.2 生产风险管理案例 1：基于工单全过程、全领域的生产风险管控体系

[标　题]

构建核电风险管理新格局

[案例概述]

江苏核电结合运营实践，以“安全、可靠、高效、环保”为目标，构建风险管理新思路；以工单作为研究载体，风险管控精细深入生产维修的每一个基础要素环节。完善工单管理对象的分类分级，优化工单准备实施的基线流程，

将风险识别管控贯穿工单准备、实施和总结反馈的全部环节，确保了工作的准备者对同一项工作的风险理解保持一致性，实现了全过程、全领域的风险管控。

江苏核电基于工单全过程管控的核电运行风险体系构建与实践项目分别获得“中核集团管理创新二等奖”“国防科技工业企业管理创新二等奖”等奖项。

[案例详述]

江苏核电一期工程经过10多个运行周期的工作实践及经验积累，生产运行管理工作已取得长足进步，但在发展过程中也存在不少问题：一是设备分级不全面，准确度不高，分级系统化和规范化不够，不能满足新形势下核电行业对安全、环保的精益化管理要求；二是人员技术经验差异会使工作过程中风险识别、分析和管控的结果与实际情况存在差异，甚至可能忽视某些风险因素；三是工作准备效率和质量较低，针对重复性工作，耗费大量人力、物力重复编制工单，进行风险分析和措施编制，造成资源浪费；四是工单各个管控环节没有一个整体的集成系统来统筹，工单主线工作无法通过完整、连贯的数字化流程落地。

针对上述问题，我们要从细节处着手，做到以点带面，以细节带动宏观，以工单体系为对象，以多维度风险管控手段为载体，积极探索完善优化风险管理体系，通过信息系统集成数据与业务，推动安全运行和可靠性管理持续提升。

1. 以核心目标为牵引，构建风险管理新思路

江苏核电立足内外环境，结合运营实践，以“安全、可靠、高效、环保”为目标，构建风险管理新思路：对现有的风险分析方法进行改进与创新，充分发挥量化技术分析优势，总结、提炼田湾机组商运10多年来的经验，通过外部学习交流与对标，以工单风险分析过程中存在的问题为导向，通过建立标准工单体系，实现系统化的风险分析与识别方法，通过安全环保敏感SSCs和运行风险相关数据库补充完善风险分析数据库，最终实现以工单为核心的，包括隔离停役、现场作业、复役三个环节的全过程、全领域的风险管理。

2. 以工单对象为目标，完善风险管控数据库

在不考虑人因这个最活跃因素的前提下，核电企业中，能够承载“安全、可靠、高效、环保”四大目标的对象就是企业现场的SSCs。以SSCs为管理对象，建立完善SSCs分级管控体系作为工单体系输入，进一步确保机组安全可靠运行，落实安全环保责任。

1）建立 SSCs 管理责任清单

SSCs 管理责任清单是企业工单管理的主要对象，而区域责任划分清单则是工单管理的抓手。必须清晰定义核电企业管理边界，除了传统的电站现场外，还应该包含淡水取水泵站、生活区等电站现场外部区域，确保不留管理死角。同时，明确电厂管理边界内的厂址平面管理责任处室，以此为基础审核发布管理边界内 SSCs 和相关区域的管理责任清单，确保群堆模式下工单管理范围和管理责任划分更加全面、科学、准确，以满足核电企业生产管理工作的需要。要实现分区分类安全监管，就需要对工单管理的对象开展不同维度的 SSCs 分类识别和管理方法的研究，建立分级管控体系，坚持系统整治、精准施策，针对识别出来的关键敏感 SSCs 进行针对性、精细化管理。

2）完善 SSCs 设备分级

利用系统化的方法完善优化设备分级：为保障设备不重复、不疏漏，重新定义了所有系统机电仪边界；从系统设计功能的细化分析入手，识别关键重要设计功能，重新组织识别了关键重要 SSCs。

强化对关键重要设备的管理，采取更有针对性的管理方案和措施：针对关键重要 SSCs 实行以预防性维修为主的管理，以设计和制造说明书为基础，同时参考行业标准、运行经验形成优化预防性维修文件；对关键重要设备的失效模式分析研究，细分设备组成部件，识别失效机理，改进预防性维修文件和设备监督方案；建立关键重要 SSCs 失效部件、失效参数构成的可靠性数据库，通过信息化手段进行分析数据及文件的结构化保存，为后续的标准化工作奠定基础。

3. 以风险数据为基础，强化全领域风险管控

1）运行风险管控

现有的风险识别模式主要根据人员经验进行分析和类比，根据运行风险判据选择风险级别。对风险分析方法进行优化，通过对关键重要设备的失效模式的梳理，建立风险数据库，创建工单时根据维修工作内容导致的失效模式自动完成运行风险分析过程，以此达到运行风险分析的标准化和高质量化。

利用 SRCM（设备可靠性分析）分级结果确定运行风险分析对象，根据维修内容选择设备失效模式，运行风险数据库自动识别出失效模式对应的运行风险，提示工作准备人办理相应的运行风险分析许可证，从而完成工单运行风险分析

过程；对SRCM分级的过程数据进行二次开发，基于设备失效模式、设备失效影响、系统失效影响、机组运行影响建立运行风险数据库，从而使运行风险识别标准化。

根据设备失效模式以及对应的失效影响、行动方案，建立运行风险基础数据库。在分析维修项目运行风险时，准备工程师只需要根据维修工作内容在预置的失效模式库中选择可能导致的设备失效模式，系统根据失效模式自动调用运行风险基础数据库中对应的运行风险（失效影响和行动方案），从而完成运行风险分析过程。

2）外部风险管理

研究确定工业安全、环保、实体保卫、辐射防护与职业健康敏感设备分级原则，从而识别出系统、设备失效可能导致电厂人员（包括相关方）发生人身伤亡事故或财产损失后果的SSCs，并将其按分级标准进行分级，建立风险数据库，并编制程序对各级别分类的管控要求进行明确。

- 工业安全敏感Ⅰ级/Ⅱ级；
- 环保敏感Ⅰ类/Ⅱ类；
- 实物保护敏感Ⅰ类/Ⅱ类；
- 辐射敏感Ⅰ类/Ⅱ类；
- 职业健康敏感Ⅰ类/Ⅱ类。

以上风险数据通过KKS（电厂标识系统）编码关联到主数据中，在工单准备过程中通过KKS码直接调用展示各类风险数据库中的风险分级信息，实现准备过程风险识别的标准化。

3）敏感工作区域设置

现场梳理电站SPV设备周围检修时可能影响到该SPV设备功能的设备，每台SPV设备对应一组周围设备清单，从而建立敏感工作区域设备数据库。在准备工单时，系统根据设备名称自动判断检修设备是否位于敏感工作区域，同时提示“该区域敏感设备”，有效识别检修工作中易误碰的关键或敏感部件，提醒工作负责人，从而避免因误碰而发生的运行风险。

4）关键重要设备管理

识别出敏感设备后，通过标识牌管理、工单风险提示、提高缺陷响应速度、加强巡检、加强厂房和区域管理强化环保敏感设备的管理。所有安全环保敏感

SSCs 应该像关键重要 SSCs 一样建立预防性维修管理体系，提高其可靠性，同时引入本质安全水平的管理指标，对其健康度进行评估。

通过对管理对象及所在区域建立分级管理制度，使核电企业的主要资源集中在关键重要 SSCs 和安全环保敏感 SSCs 上，强化对它们的管理，进一步压实和细化机组安全可靠运行与安全环保责任，持续提升 SSCs 的可靠性和本质安全水平。

4. 以工单流程为主线，实施全流程风险管控

1）完善工单风险管控环节

电站现场维修工单由执行现场维修工作所需的各种必要的工作文件组成，工单管理对象是电站的 SSCs，维修工单的准备实施流程是电站最主要的工作管理基线流程。现阶段工单准备过程中的风险由行政许可证流程环节进行识别管控。优化后将运行风险识别贯穿工单准备及许可证实施阶段，实现全面运行风险管控（见图 15－3）。

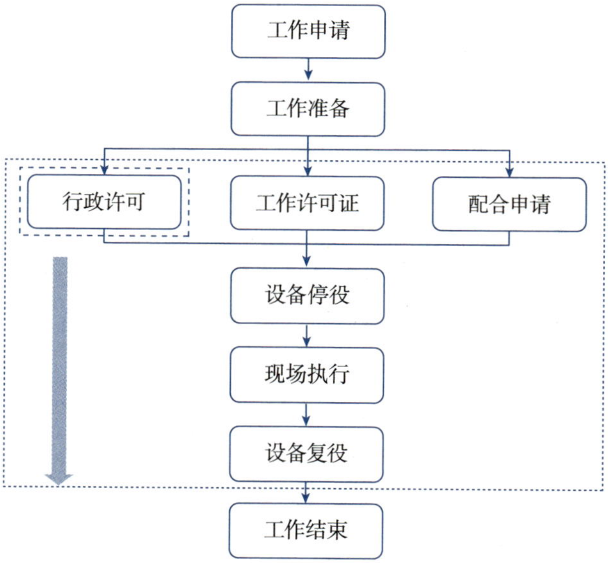

图 15－3　工单基线流程

在工单中新增加“停复役运行操作风险分析”内容，由运行工程师在审查工单时从机组安全和系统风险的角度对工单停复役运行操作进行风险识别，从而实现工单隔离停役（运行）、作业过程（作业单位）、解除隔离复役操作（运行）的全过程运行风险管控。

2）固化重复性工单风险分析结果

通过运行风险分析标准模板，创建工单时可以将该工单运行风险分析的结果固化到标准模板中，下次碰到相同内容的维修工单（如同类型的预防性维修工单）时，只需要调用标准模板即可完成运行风险分析过程，并能够自动触发相对应的运行风险审批流程。

5. 以信息集成为抓手，推动工单数智化风险管控

1）信息系统集成

通过信息系统进行集成，对工单标准化体系进行落地，实现工单数字化管控。在江苏核电生产维修系统中，以工单的准备和实施流程作为业务主线，通过外接数据库、优化现有流程的方式将创新成果融入实际工作。以设备编码为纽带，提前预置设备检修工作中存在的运行安全、工业安全、环保敏感等各类分级信息和对应的风险应对措施数据库。将工单体系涉及的所有信息均集成至信息系统中，全面推动工单体系落地。

信息系统集成包括以下几个方面：

- 标准工单各类信息数据库；
- 集成工单安全分析标准化；
- 集成运行风险；
- 集成作业安全风险；
- 集成环保风险分析；
- 集成停复役运行操作风险分析；
- 集成敏感工作区域风险识别；
- 集成高价值设备工单风险提示；
- 优化标准工单创建与引用功能。

2）工单数智化风险一体化看板

以工单为基础，在生产日计划中，以一体化看板的方式对运行风险、工业安全风险、辐射风险及消防风险这4个维度的风险进行统筹展示，并在此基础上增加运行事件风险维度以及其他风险管理要求，管理者、计划使用者可以通过计划风险看板对机组的各类风险项目进行总体掌控，实时感知机组风险态势，实现计划项目安全一体化管理。

[点　评]

江苏核电践行"三新一高"，树立精细化管理标杆，打造风险管理新格局：聚焦问题导向，从细节着手，以工单体系为对象，以多维度风险管控手段为载体，积极探索完善优化风险管理体系，实现了理念和流程的双重新突破；通过信息系统集成数据与业务，结合高质精细发展的需求，借助新一代信息技术，实现工单数智化风险管控，全面推动企业数字化转型。

15.4.3　生产风险管理案例2：基于概率安全分析的核电厂风险管控体系

[标　题]

精细管控核风险，严守机组核安全

[案例概述]

安全是核工业的生命线，是核工业生存和发展的根基。三门核电以"精细管控机组核风险，保障机组核安全"为指导思想，在国内首次提出并完成大修风险管理工具开发，在风险监测器开发完成后，建立健全配置风险管理体系，并在国内率先将其成功融入电厂生产流程，强化了电厂风险识别和风险管控能力。目前，该体系已成功帮助电厂识别了多处日常、大修计划中的潜在风险，显著提升了机组核安全性，为电厂效益的提升奠定了良好的基础。

三门核电基于概率安全分析的核电厂风险管控体系获得业内一致好评，获得"国防科技工业企业管理创新三等奖"。

[案例详述]

自20世纪70年代起，世界各国逐渐将PSA应用于核电站的运行管理和安全监管中，为了满足法规要求，美国绝大多数核电厂建立了基于概率安全分析的核电厂风险管控体系。中国于20世纪90年代开始探索和研究，监管部门近些年也在不断引导核电厂强化其风险管控水平，如发布《核电厂配置风险管理的技术政策（试行）》等文件，要求核电厂开展配置风险评价。建立基于概率安全分析的核电厂风险管控体系顺应了核电厂风险管控的发展趋势。

根据2021年统计数据，三门核电1号、2号机组在功率运行期间平均每天执行60项工单，大修期间平均每天执行150项工单。电厂人员一般根据技术规格书安排、开展相关工作，但技术规格书对于核风险的管控仅限于单一安全系统或设备的不可用，不能对多重失效或非安全相关的系统或设备失效进行有效管理。三门核电于2017年着手准备风险评价工具的开发，以及基于概率安全分析的核电厂风险管控体系的建立，于2020年初完成并在国内率先成功将其融于电厂生产运行流程中，可对多重系统或设备失效进行有效管理，实现了精细管控生产运行活动中的核风险。

1. 开发工具，奠定基础

工欲善其事，必先利其器。风险监测工具是开展风险评价的主要工具，为奠定风险评价基础，三门核电开发了风险监测器和大修风险管理工具，以强化电厂核风险管控手段。具体如下。

1）开发定量风险监测系统，对电厂整体核风险进行监测

定量风险监测系统可基于评价时间段内的机组状态和各设备的不可用情况，在功率工况和大修期间为电厂工作人员提供电厂整体核风险情况，其评价结果为CDF（堆芯损坏频率）和早期LERF（大量放射性释放频率）。电厂以概率论为理论基础，从维持堆芯完整性和防止放射性释放的角度出发，使用事件树、故障树分析等手段，建立一个能反映电厂设计和运行特征的整体模型，并根据电厂实际运行情况赋予每个设备失效模式合适的失效概率，以定量评价电厂风险。为了让电厂人员经过一个简单培训后便能运用该系统，电厂在模型开发基础上开发配套的定量风险评价软件。

定量风险监测系统及其底层逻辑开发技术已相对成熟，三门核电在行业基础上，从贴近机组实际风险情况角度出发，对底层逻辑模型进行了创新，包括细化仪控信号建模、完善风险评价的输入、细化停堆工况的电厂运行状态等。此外，三门核电首创三代核电定量风险阈值设定方法，以更好指导机组的安全运行，目前已就此申报一项发明专利（已受理）。

2）开发定性风险监测系统，对关键安全功能进行监测

定性风险监测系统主要用于电厂大修期间的风险管控，可基于评价时间段内的机组状态和各设备的不可用情况对机组大修期间的各关键安全功能的降级情况进行评价，如水装量、反应性、堆芯冷却等。三门核电以纵深防御为理论基础，从维持关键安全功能的角度出发，使用停堆安全功能分析树、故障树分

析等手段，建立一个将电厂配置和关键安全功能关联起来的整体模型，以对电厂大修期间的配置变化进行风险评价。

对不同的风险水平编制风险管理导则，指导使用人员在系统或设备发生计划或非计划不可用时，采取措施重建纵深防御或保护可用的设备。为简化大修工况风险评价操作，三门核电在逻辑模型开发的基础上，进一步开发配套的定性风险评价软件，是全国首家提出并完成定性风险监测系统开发的单位，该软件目前拥有1项发明专利（已受理）。

3）对接电厂生产工单系统，简化计划风险评价

定量风险评价系统和定性风险评价系统的开发平台在国内电厂中有着较为广泛的应用，但在不可用设备输入方面存在不足之处。三门核电对问题症结进行分析后，开发工单处理软件，即在风险监测系统和电厂生产工单系统之间建立接口，并通过一套信息获取逻辑使风险监测系统能自动从电厂生产工单系统中获取评价所需的不可用设备信息。

三门核电是首家提出并完成开发工单处理软件的单位，并已就此申请1项发明专利（已受理），软件上线后简化了多设备不可用时的风险评价，极大减轻了电厂人员的操作负担，评价效率提升7~8倍，得到了电厂人员的极大认可。同时，在开发过程中，也对电厂工单系统进行了适当改进，强化了电厂原生产工单管控流程，进一步实现了工作管控的精细化。

4）对接电厂实时数据系统，实现实时风险评价

机组运行模式和系统运行备用状态是配置风险评价的重要输入，该信息的自动获取是实现实时配置风险评价的关键。三门核电经过不断实践和探索，通过对接电厂实时数据系统，自主开发一套读取判断逻辑，实现了风险监测系统对机组运行模式和系统运行备用状态的自动判断功能，同时集成已开发的工单处理软件可自动获取电厂不可用设备的功能，最终实现了风险监测系统对电厂实时风险分析计算功能，分析计算结果包括定性结果和定量结果。经使用历史数据对该功能进行反复测试，目前风险监测系统的实时监测功能能较好实现实时风险分析，满足电厂人员使用需求。

2. 流程覆盖，建立体系

1）基于电厂现行流程明确部门职责

以流程为基础，对电厂相关领域的管理流程进行梳理，在业务流程清晰明

确的基础上明确相关部门的主要职责。同时，以部门角色为核心，不同的部门承担的职责也不同：计划部门的主要职责为合理安排维修活动计划，尽可能避免维修计划安排不当而引起电厂风险增高；运行部门的主要职责是管控电厂的实时风险，并在电厂非计划引起风险增高时，及时采取风险管控措施以降低电厂风险；技术支持部门的主要职责是开发风险评价工具并做好后续的支持、培训、风险解答等工作。最后，以目标为导向，形成职责分工明确的管控流程，实现电厂风险的有效管控。

2）在功率工况风险管控流程中增加核风险控制点

功率工况下，工作准备过程通常被分解到工作实施前24周，并在各重要节点设置里程碑，如工作范围冻结（T－5）、开发计划进度（T－4/T－3）、工作计划冻结（T－2）等。为强化功率工况核风险管控，三门核电遵循上述原则，对功率工况风险管控流程和各部门职责进行梳理，要求计划人员分别对T－2计划和三日滚动计划进行定量风险评价，并在电厂状态发生变化时，要求运行人员及时进行定量风险评价。相较于原先的流程，新增核风险控制点。三门核电是国内率先将基于概率安全评价的风险管控成功融入电厂生产流程的单位。

此外，电厂人员会根据定量风险评价结果判断电厂功率工况下的核风险水平，并对功率工况的核风险进行分级管控。

3）在大修风险管控流程中增加核风险控制点

三门核电严格管控大修工作，提前22周开始为大修工作做准备，并在大修前对整体大修工作进行风险评价，大修期间每日滚动跟踪需实施的大修工作。为强化电厂大修核风险管控，三门核电在国内率先同时使用定性风险监测工具和定量风险监测工具管控大修期间的机组核风险水平，要求计划人员和PSA人员在大修前对整体大修计划进行定性和定量风险评价。要求运行人员在每个交接班后对当班值期间需开展的维修活动进行定性风险评价，若触发紧急工单，则需对定量评价紧急工单开工期间的电厂配置风险。相较于原先的流程，新增核风险控制点如图15－4所示。

此外，电厂人员会根据定性和定量风险评价结果中风险较高者判断电厂停堆工况下的核风险水平，并对停堆工况的核风险进行分级管控。

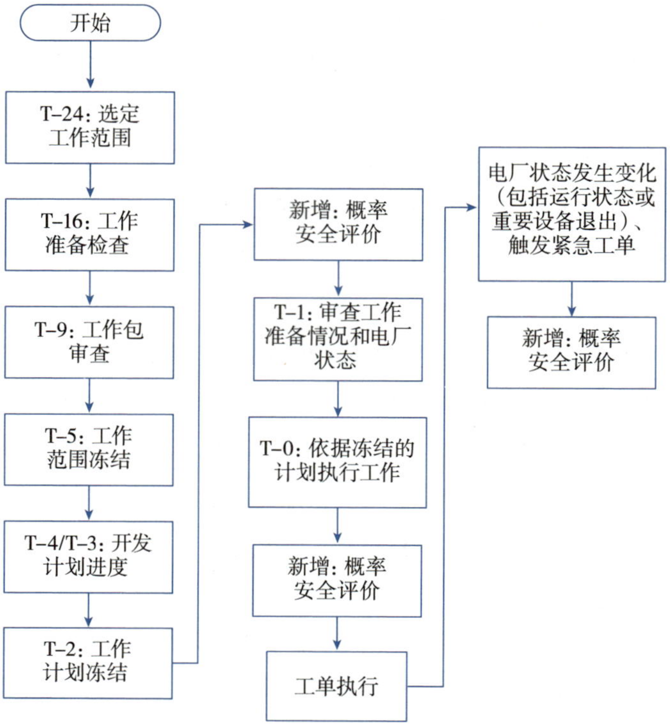

图 15－4　功率工况维修活动风险管控流程优化

3. 监督优化，保障运作

1）以软件和制度共促体系顺利运作

为确保运行人员在设备非计划失效或紧急工单触发时及时开展配置风险评价，在电厂生产工单管理电子流程中嵌入配置风险评价提醒功能，同时以电子记录代替纸质报告，并建立其与现有电子审批流程的联系，进一步确保配置风险评价的及时执行。

三门核电通过软件优化，确保了电厂人员及时开展配置风险评价，通过激励和考核相结合的手段，充分调动了电厂人员的积极性。这些措施共同确保了基于概率安全分析的核电厂风险管控体系的顺利运作，相关工作得以落实，机组风险得以有效控制。

2）跟踪风险管控措施确保及时关注风险项

为及时跟踪和监督风险管控措施落实情况，在功率工况配置风险管理程序和停堆工况配置风险管理程序中明确：若签发版的风险报告中存在黄色及以上风险区域，则计划人员/运行人员需在报告签发后24小时内将所采取的风险管理措施告知PSA技术人员，由PSA技术人员根据反馈信息填写风险管理措施记录表，由计划人员/运行人员审定后存档。

该要求赋予了PSA技术人员对风险管控措施落实情况进行监督的职责，也是对上述公司指标的有效落实，实现了电厂风险的闭环管控。

3）建立经验反馈渠道以持续完善核风险管控体系

为不断提升机组核安全，电厂需不断强化风险监测系统功能，以及不断完善基于概率安全分析的核电厂风险管控体系，故在电厂实践中，PSA技术人员注重风险监测系统和管理体系优化意见的收集与记录，也给电厂其他人员提供了意见反馈渠道。如101大修后，计划人员认为大修计划变化频繁，需要将大修期间的维修活动风险评价周期从1周1次变为1天1次，PSA人员在与其充分沟通的基础上评估其可行性，最终对风险管控体系进行了优化。

[点　评]

基于概率安全分析的核电厂风险管控体系能帮助电厂人员加强对多重设备不可用的核风险管控，对保障核安全具有重要意义。三门核电以“精细管控机组核风险，保障机组核安全”为指导思想，在国内率先将其成功融入电厂生产流程，为机组的核安全增添了一道坚实的防线。同时，三门核电作为国内首家开展该实践的单位，已取得良好成效，受到国内同行认可，在国内起到良好的示范作用。

15.5　机组出力提升管理

15.5.1　综述

核电厂是将核能转换为热能，用以产生供汽轮机用的蒸汽，汽轮机再带动发电机产生电能的电厂。核电机组出力提升管理目的就是在确保核电机组安全稳定运行的前提下，利用技术、管理、监测等手段最大限度地将核能转化为电能，以提高企业的核心竞争力，提升电厂经济效益。

中国核电各电厂聚焦“集约、增效、精准、创新”的精细化管理目标，以降低经营成本、提高公司利润为核心，坚持问题导向，广泛应用新思路、新方法、新技术，组建一流科研团队，大力开展自主科研，着力解决机组调停等运行方式造成的出力下降问题，研究在保证安全前提下逐步释放功率裕度的体系方法。

本节详细介绍了福清核电机组出力提升的研究与应用案例。

15.5.2 机组出力提升管理案例：机组出力提升的研究与应用

[标　　题]

全过程精细管理，安全高效提升出力

[案例概述]

福清核电机组出力提升项目响应国家“双碳”目标下核电“度电必争，多发满发”的要求，采用精细化自主科研攻关模式，从项目的准备阶段、研究阶段到最后的实施阶段全过程精细把控，在保证机组安全稳定运行的前提下，大幅提升了机组出力。项目从2020年11月开始实施，截至2022年2月已为电厂增加发电量约1.17亿千瓦·时，为电厂增加经济效益约4241万元，同时相关技术已成功在“华龙一号”上开展试点应用，成效显著，在2021年度集团公司成果鉴定会上，成果鉴定专家组一致认为项目成果具有独创性、实用性、技术先进性，达到了国际先进水平。

[案例详述]

核电是一种清洁高效的能源，积极有序发展核电是实现国家“双碳”目标的重要途径。而核电新机组建设周期较长，在保障现有核电机组安全稳定运行的前提下，提升出力是践行国家“双碳”目标下核电机组多发满发要求的必然选择。采用全方位精细化管理方式，立足自主创新，制定中长期规划，建立出力提升计划框架；有序规范数据管理；针对出力提升精准定向研发；建立有效研发机制，形成人才组织网络，高效使用人才资源；精细化项目管理实施，建立长周期监控管理制度，多项监测手段齐发。

1. 专业人才管理精细化

机组出力提升项目涉及专业部门众多，在攻关过程中信息沟通不畅会导致项目研究内容重复、进展缓慢、人力资源浪费等情况。为了使专项组沟通顺畅，高效使用人才资源，实施了如下管理措施。

• 构建科学的组织管理体系架构，结合机组实际存在的问题，将专项组分为5个攻关小组，分别为机组最大功率提升攻关小组、主调阀开度改造提升攻关小组、蒸发器性能诊断提升攻关小组、机组工况寻优攻关小组和二回路热效率提升攻关小组。

• 建立专项组内部专家台账，各攻关小组设立项目攻关协调员，收集和整理组内研究过程中遇到的难以通过点对点沟通解决的问题，并在定期组织的专项组会议上通报，由专项组统一分析，指派相应攻关小组牵头处理，充分发挥专项组的协调动员能力。

• 针对各领域高精尖、新兴技术和项目成员关注度高的问题，组织内外部专家开展专题培训交流活动，拓宽项目成员的专业视野，提升项目组成员的专业技术能力。

2. 基础数据管理精细化

机组出力数据量庞大，为实现数据精准管理，以问题为导向优化数据采集准则，精简数据采集数量。剔除冗余测点，优化数据采集结构，使原来数百个数据简化为几十个，部分重要参数采用多个测点测量的方式，保证重要数据的精确性。

为减轻技术人员日常数据收集和分析的工作量，提高数据采集效率，降低人因失误风险，项目组结合机组上游设计文件及相关热力学计算公式（热阻、端差、出力修正等），自主创建了机组出力分析电子数据库，将计算公式嵌入数据采集管理过程，利用计算机自动采集、运算并记录相关参数，大幅提高了工作的准确性和效率。

合理实施机组出力数据库存档，搭设基于时间或机组工况的数据单元模块，科学管理机组出力性能参数，规范数据分类、记录格式和内容，实现快速定位查找数据，方便查询对比。目前已收录福清核电1—4号机组自商运后上万条参数数据。

3. 机组出力诊断精细化

机组出力下降的原因众多，部分影响出力的因素之间还会发生耦合，使用传统分析诊断方法难以准确定位原因。为了准确找到机组出力下降的原因，福清核电采用传统分析方法与数据建模等智能化分析相结合的方式分析诊断机组性能（见图15－5）。

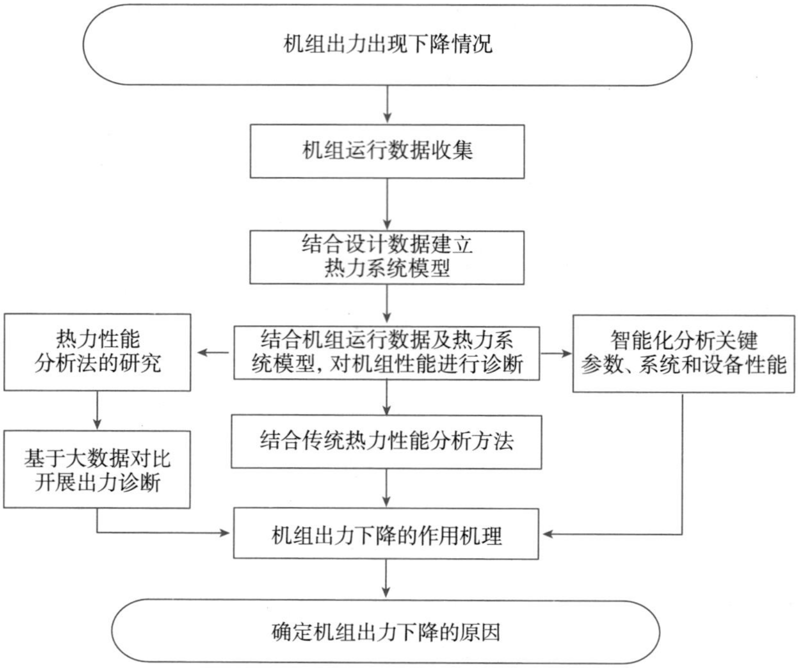

图 15－5　机组性能诊断流程

新的出力分析诊断管理模式将传统热力学分析法和智能化数据分析相结合，从机组出力下降的表征出发，逐步分析至机组出力下降的作用机理，与传统管理模式相比，对机组出力下降的原因分析更加到位、精准。

机组出力提升涉及系统性能、设备性能、仪控逻辑等诸多方面的分析论证。为了更全面地评估机组出力提升带来的影响，采用头脑风暴的方式，列出机组出力提升需要分析论证项目的思维导图。根据机组出力提升精细化分解思维导图，将机组出力提升项目进行精细化分解，并形成一套特有的出力提升分析开发管理流程（见图 15－6）。

通过开展机组出力提升精细化分析论证，将机组出力提升所需分析的相关项目分解，形成一套精细化出力提升开发管理流程，大幅提高了项目整体的研究速度。经统计，福清核电机组出力提升项目仅开展 1 年即成功取得了相应的出力提升技术成果，包括相关核心技术文件 33 份，关键核心专利技术 5 项。

4. 出力提升实施精细化

安全是核工业的生命线，机组出力提升项目在实施过程中需要着重关注机组安全，确保机组在安全稳定运行的前提下实施出力提升操作。为了实现此目

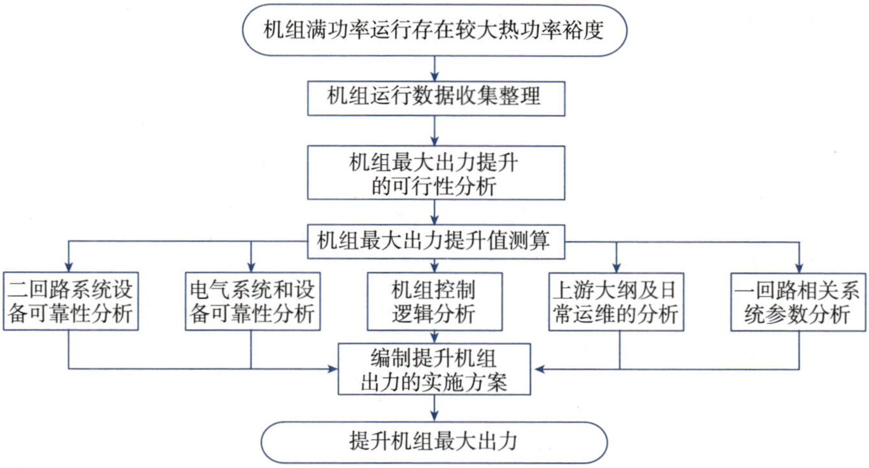

图 15－6　出力提升分析开发管理流程

标，在出力提升的实施过程中采取了全过程精细化管理模式措施（见图15－7）。

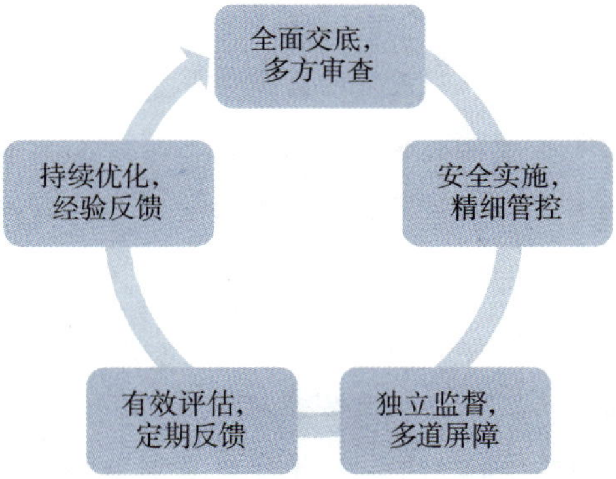

图 15－7　全过程精细化管理模式措施

出力提升项目实施前组织专项组交底会、外部专家评审会、技术委员小组会、安全委员会、技术委员大会等，层层把关、级级审核，在相应的会议上充分听取专家意见，并采用专题挑战模式，接受各领域专家的质疑和问询，逐项落实专家的各项要求和意见，最大限度地保障项目的研究结论和实施方案无懈可击，贯彻核电机组安全第一的理念。

编制详细的机组出力提升实施方案，多部门严格确认机组出力提升的先决条件是否满足。实施过程分阶段管控，精细化实施、监督每阶段出力提升操作，最大限度地避免引入机组瞬态，充分体现核电机组安全第一的理念。

出力提升工作实施后，专项组内不同部门独立开展机组性能参数监测，独立分析机组运行状态，形成多道独立安全屏障，任何部门发现异常趋势立即采取行动，必要时机组降功率以保障运行安全。

在每天的出力提升管理过程中，采用每日评估汇报制度，专项组各部门分别分析和评估机组性能后，由专项组汇总并形成统一结论，用以指导次日出力提升实施工作。每阶段机组出力提升结束后，由专项组组织编制阶段评价报告，用以指导下一阶段机组出力提升工作的开展。

最后，机组出力提升在福清核电1—6号机组上分批次展开应用，将实施过程中遇到的问题形成经验反馈，分享至后续机组，形成有效的经验反馈闭环。

5. 出力提升监督精细化

机组出力提升涉及功率控制模式的变化和部分设备控制逻辑的变更，出力提升后机组在新功率状态下运行。为保证机组及设备在新的状态下可靠运行，项目组结合机组运行状态制定长期精细化监督和管控措施，保障机组长期运行安全。

对违反执照文件风险、仪控逻辑导致误动风险、二回路关键设备可靠性风险、二回路汽水系统可靠性风险和机组瞬态风险等方面进行逐一排查确认，梳理系统和设备可能产生的失效风险，结合首批福清出力提升试点应用情况，制定常态化运行监督要求，开展常态化机组性能监督。

在机组出力提升后制定长期运行可靠性风险应对措施。根据不同的失效原理及设备分级，分领域制定个性化管控措施，例如，针对主调阀进油管、回油管和安全油管开展预测性维修管控，利用振动监测分析主调阀相关部件可靠性情况，根据历史数据和实时数据监测制定PM项优化策略。针对优化小支管管理体系，按系统重要度分级巡检，建立缺陷总台账并根据缺陷重要度和缺陷处理窗口分类治理。

定期评估监督管理有效性，持续优化监督项目，不断完善机组出力提升后的监督管控要求。根据机组出力提升后长期监测的实际情况，持续改进长周期监督要求，制定精益监督方案，最终形成完善的监督体系。

福清核电通过实施机组出力提升精细化管理，自主科研创新形成3项技术，成功试点应用于福清核电1—4号机组。通过在福清核电分阶段、分机组的试点应用，机组出力得到有效提升，机组运行状态保持稳定，取得了良好的实践效果。机组出力能力直接影响电厂经济效益，福清核电出力提升科研专项坚持以问题为导向，立足自主创新，实现提升机组出力的目标，为公司创造了可观的经济效益。

截至 2022 年 2 月，福清核电 1 号机组已提升出力 5283 万千瓦·时，创造经济效益 1901.88 万元；2 号机组已提升出力 1293 万千瓦·时，创造经济效益 465.48 万元；3 号机组已恢复出力 2008 万千瓦·时，创造经济效益 722.88 万元；4 号机组已提升出力 3197 万千瓦·时，创造经济效益 1150.92 万元；项目总计创造收益约 4241.16 万元。专项组切实落实小成本大回报的管理核心，提升了电厂竞争力。

[点　评]

福清核电机组出力提升科研团队坚持问题导向，立足自主创新，成功开发核电厂机组出力提升体系方法，并已在机组上成功试点应用。该产品对于中国核电同类机型包括华龙机组具有推广应用价值，对非同类机型具有技术创新借鉴价值，推荐各核电企业应用。

15.6 协作单位管理

15.6.1 综述

协作单位已成为核电厂设备检修、工程建设和技术服务等活动中不可或缺的组成部分，对机组的安全稳定运行发挥重要作用，良好的协作单位管理可以有效保证服务质量，降低采购成本，强化合同履约成效，大幅减少人因失误事件。因此，如何提升协作单位管理能力，提高协作单位业务水平、安全意识和服务质量是应该重点关注和思考的问题。

中国核电已建立较为完善的协作单位管理体系，涵盖协作单位管理全流程，包括协作单位准入与退出管理、资格评价管理、协作单位的选择方式、绩效评价管理、不良行为管理等方面。为进一步加强协作单位管理能力，中国核电充分总结协作单位的良好管理实践与不足，并在此基础上深化协作单位管理规范程度，按照精细化管理思路，找准关键问题、薄弱环节，依托管理信息化建设，有序部署安排，分阶段完善协作单位管理体系建设，每阶段完成一个环节，以便实施运转、完善，并牵动相关环节进行适应性调整，最终整合全部环节，全面加强协作单位精细化管理。

本节详细介绍了福清核电“三化一体”协作单位管理体系建设案例。

15.6.2 协作单位管理案例：“三化一体”协作单位管理体系建设

[标　　题]

“三化一体”协作单位管理体系建设助力管理效能提升

[案例概述]

作为福清核电实现“两化融合”和“互联网+”管理升级的重要举措，以信息化为载体的“三化一体”协作单位管理模式，与传统的分散式管理模式相比，解决了管理部门间各自为政、协作单位绩效评价标准不一致、协作单位需求和信息难以整体获取等问题，有效提升了协作单位管理效率。

[案例详述]

福清核电共有协作单位近200家4000余人，为福清核电提供运行、维修、技术、保卫等服务。由于协作单位人员数量众多，工作类型复杂，文化程度差异大，管理难度高，现场协作单位管理的实际情况与管理期望有所偏差。为了解决协作单位达到一定规模引起的管理成本与风险持续增高的难题，福清核电开拓思路，积极响应国家信息化和工业化融合的号召，按照精细化的管理思路，将协作单位管理的规范性和创新性有机结合起来，建立“协作单位需求管理一体化、协作单位绩效评价一体化、协作单位信息管理一体化”“三化一体”的核电厂协作单位管理体系，实现协作单位管理全面覆盖、资源合理配置、管理服务高效、信息数据基础坚实四大目标。

1. 制定管理大纲，指引管理方向

福清核电过去的协作单位管理方式主要是各个协作单位需求部门各自为政决定协作单位需求，制定协作单位管理办法，决定协作单位的奖惩，现已不能满足集约高效、标准有序、可持续发展的管理需要。为此，福清核电制定协作单位管理大纲，实现全厂协作单位的统一管理。

《大纲》界定了三大协作单位管理责任：协作单位执行责任管理职责、协作单位综合监督管理职责、协作单位安全监督管理职责。明确了公司近20个处室的协作单位管理责任内容，制定了协作单位管理RACI责任分配表（R——执行，A——归口，C——咨询，I——知情）。《大纲》明确了需通过信息化手段实现协作单位管理的工作计划、执行状态、工作监督、工作考核、星级绩效评价、人力资源管理、信息归集、辅助决策的线上执行功能。《大纲》明确了需通过协作单位绩效动态控制管理的要求，开展协作单位的标准化“星级绩效”评价工作，即利用“★★★★★（五星）、★★★★（四星）、★★★（三星）、★★（二星）、★（一星）”指标顺序，从高到低衡量协作单位工作绩效的管理办法，将形成的工作绩效报告结果作为管理优化的依据。

2. 建立绩效体系，促进管理创新

经调研，行业内外的协作单位绩效评价流程多采取单一的加扣分方法或者层次分析法（AHP），这易产生“多干多错、少干少错”的问题，并且完全凭借专家判断的指标量化权重，不能满足协作单位管理要求不断优化调整的要求。协作单位各个需求部门为了管理各自的协作单位，通常根据自身的理解，制定量化的公司要求绩效指标，造成各个部门绩效指标量化标准不一、重复、错误、冗余的问题，不利于进行协作单位的合同服务确认及协作单位间的绩效结果对比。协作单位管理部门为了便于管理，绩效指标内容不够具体，量化分值范围过大，也容易引起协作单位的合同结算纠纷。

福清核电建立了“自评绩效”“服务执行绩效评价”“合同执行绩效评价”三个层面的“1+1+1”星级绩效评价体系流程（见图15-8）。

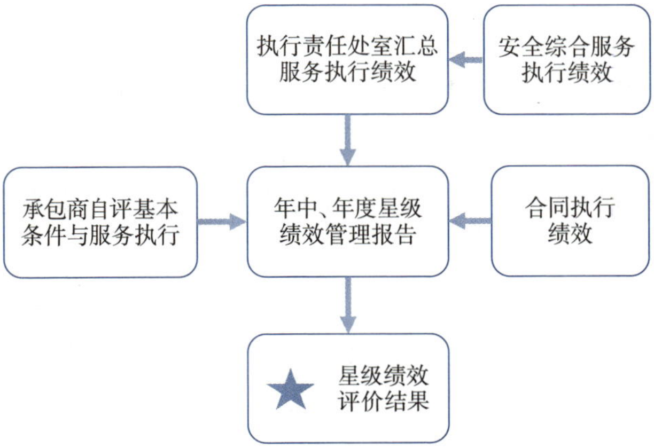

图15-8 “1+1+1”星级绩效评价体系流程

“服务执行绩效”的目的是对协作单位的执行偏差进行奖惩，形成管理互

动。因为协作单位并不一定会完全按照“自评绩效”的要求和结果履行整个合同周期，可能存在超过核电厂的管理期望，也可能存在期望偏差，具体体现在执行上就是量化后的加分与扣分。福清核电改变了原有的单一需求部门进行协作单位加分、扣分的现状，联动公司多个监督管理部门参与加分、扣分的服务执行绩效评价。为了解决不同指标的量化分值不一的问题，统一绩效评价标准，福清核电提出了“风险量化”模型，根据偏离管理要求带来的风险大小设置“服务执行绩效”加分、扣分指标，具体量化准则见式（15－1）：

$$加分、扣分量化分值=发生概率\times产生后果\times管理使用因子 \quad (15-1)$$

这样的量化方法，使得管理指标之间可以进行横纵比较，并使得加扣分分值趋于合理化。

“合同执行绩效评价”的目的是对“自评绩效”“服务执行绩效”的结果进行独立的定性复核，从而发现管理中滥用协作单位管理加扣分权力的现象，并予以纠正。福清核电运用专家判断方法开展“合同执行绩效评价”工作，由商务采购经理牵头组织相关绩效评价工作。“合同执行绩效评价”按照“合同价格”“合同履约”“合同收尾”“合同反馈”四个层面划分并设定分值量级。只有在80%以上参与评价的专家意见一致的情况下，才可以得出有效评价结果，如意见不一致，则由采购经理补充协作单位绩效信息，再由专家进行背对背评价。

“1＋1＋1”星级绩效评价体系，解决了大协作单位与小协作单位在任务量和任务风险上不同，导致评价标准不一致的问题；解决了协作单位参与绩效评价的意愿不足的问题；解决了协作单位评价缺少监督验证的问题。这样科学有效的绩效评价流程和方法综合得出的协作单位星级评价结果，使得核电厂业主与协作单位之间可以充分地建立互信关系，并利用评价结果改善与协作单位间的合作关系。

3. 创新管理模式，提升管控能力

福清核电在协作单位需求管理中，如何才能避免需求部门提出一个、审议一个、采购一个的模式，耗费过多管理资源去进行是否外委承包的管理决策及采购管理？如何才能避免同类协作单位的数量冗余造成成本浪费和管理难度加大？如何才可以让绩效评价结果有效地影响协作单位需求？如何保障企业的核心业务能力不会因为长期外委承包而丧失行业竞争力？这些问题的解决，需要通过标准化协作单位需求，建立协作单位需求数据库，以便于集中决策和需求优化。

福清核电通过对近300份不同类型协作单位采购合同的历史数据梳理，创新运用RBS（Resource Breakdown Structure，资源分解结构）及RBS词典的管理方法，建立了“标准化周期性外委项目清单”，进行集约化的协作单位需求管理，在此基础上开展服务外委项目审批及优化调整，有利于公司决策层根据中长期战略目标进行整体统筹；有利于采购管理部门优化采购策略，节约采购成本。

4. 利用信息手段，形成闭环控制

福清核电厂运营机组维持近200份协作单位合同，合同约定人数4000余人，年度人员变动率约为20%。如何保障合同项目信息与协作单位人员信息的管理完整、高效？如何使得协作单位绩效加分、扣分与协作单位人员信息直接关联，从而形成可视化的大数据人员“绩效树”，及时进行干预管理，降低协作单位人员素质导致核电厂机组安全偏差的风险？如何高效地组织协作单位开展“1+1+1”星级绩效评价，使得绩效管理形成闭环控制？如何维护好标准的绩效指标体系，以便各个执行责任部门与监督部门行使绩效考核责任？如何通过信息化工具，精简不必要的管理会议，提高多部门协同决策的效率？

针对这些需求，福清核电开展协作单位管理系统的部署实施工作。构建以项目信息、人员信息、绩效信息、问题整改等4个大项13个子项为内容的“三化一体”协作单位管理系统。一是优化信息整合，各处室、科室将协作单位人员及项目基础资料电子文件通过标准格式提交到协作单位管理系统，实现协作单位的项目、人员、绩效等各项工作信息全覆盖。二是优化流程，运用“云表格”技术，使得各部门相关采购、执行、监督业务实现线上录入、更新、审批、搜索、处理。三是实现业务融合，将协作单位项目、人员与绩效业务数据进行整合，将绩效信息与人员信息关联，形成协作单位人员“绩效信息树”，直观展示协作单位绩效薄弱环节。

从业务流程实操处夯实基础，建立工作标准，增强支撑组织长远发展的生命力。公司层面修订了10余份协作单位管理办法，建立了“三化一体”协作单位管理制度体系，建立了6个操作流程，开发了含8个功能模块的信息化系统，编制了2万多字的指导与操作手册，建立了分层分类分级的通用绩效指标库，涵盖安全、质量、综合3个一级指标，60个二级指标及若干三级指标。通过深度访谈、调研与宣讲，帮助各协作单位理顺业务流程，梳理形成21个处室的协

作单位管理业务框架，形成600余项立足于协作单位执行力提升的指标。

福清核电根据核心业务匹配战略目标，完成了5年自主能力培养规划，确保核心能力支撑企业战略发展，协作单位规模数量近3年下降了12%，机组连续多年实现“零非停”。

[点　评]

“三化一体”协作单位管理成果实施以来，以信息化系统为基础，对协作单位个人开展绩效评价，有效地改变了协作单位绩效单纯关联扣款的单一方式，通过信息化系统设定的整改流程，督促协作单位不断优化绩效，变被动要求管理为主动创新管理，有效提升了协作单位管理水平。

15.7 生产准备管理

15.7.1 综述

生产准备的目标是培养生产队伍、建立生产管理体系，为机组安全、可靠、经济运行打下基础，主要内容包括组织机构建立、人员准备、管理文件与技术文件准备、物资准备、工程参与和接产试运行。

高质量的生产准备工作是生产运行期间取得优异运维业绩的前提和保证，中国核电新建电厂生产准备聚焦“双零目标”（首循环零非停事件、零人因导致的运行事件），以设计优化和经验反馈为基础，融合生产准备与工程建设，运用管理精细化、生产智能化和担当最大化等管理理念，系统构建生产准备管控体系，聚焦人员技能、文件质量、设备可靠性和关键管理流程，提升生产接产能力，提升工程质量和生产准备水平。

生产准备与工程建设融合的生产接产能力提升管理体系的构建与实施，可以传承生产准备经验和管理水平，提升中国核电生产准备核心能力，在批量化建设背景下高质量地完成生产准备工作。

本节介绍了漳州能源人员技能提升管理体系建设和生产准备技术文件管理体系建设两个案例。

15.7.2 生产准备管理案例1：人员技能提升管理体系建设

[标　　题]

国以才立，业以才兴

[案例概述]

漳州能源按计划完成人员招聘、培训和授权工作，及时配备运行、维修、技术支持等生产部门的技术和管理岗位，按照“培训—考核—授权—上岗”的原则，注重关键技术岗位与管理人员的培养和选拔，同时合理考虑不同学历的人员配备比例，形成生产队伍的合理梯队。在此基础上，漳州能源结合公司实际情况和独特的优势，做好生产准备的顶层设计，把好方向，立好规矩，把有限资源用在刀刃上，采用工程参与、全员培训、人才引进、建设知识工程等方式促进人员快速成长。

[案例详述]

核电人才培养是核电发展的基础和前提。漳州能源结合自身实际和独特优势，从以下方面开展生产队伍准备和建设工作。

1. 契合工程进度，配置生产准备骨干人才

从前期准备到投入商业运行之前，生产准备工作应不断深入和细化，不断增加人力资源投入，提升人员技能，确保最终满足接产需求。生产人员配置需适应工程建设期间的总包合同谈判、设计审查、重要设备招投标、设备安装参与要求，根据公司后续机组发展规划，逐步配置，确保队伍精简高效，形成合理的人才梯队及学历层次搭配，同时充分考虑管理人员及技术人员未来的职业发展规划。

应有计划分批引进适当数量的、专业合理的有核电经验的人员参加生产准备、工程参与及移交接产活动，同时补充新人员。

截至2021年底，漳州能源生产准备期间各专业骨干人员到岗情况如图15－9所示，有力保证了生产准备和工程建设融合开展。

2. 建设运行知识工程，促进人员快速成长

核电站最重要的资源是人才，尤其是合格的运行人才。一个合格且成熟的核电厂运行人员需要进行海量的知识学习和经验积累，如何实现知识的有效传承及人员的快速成长，一直是核电运行领域永恒的课题。

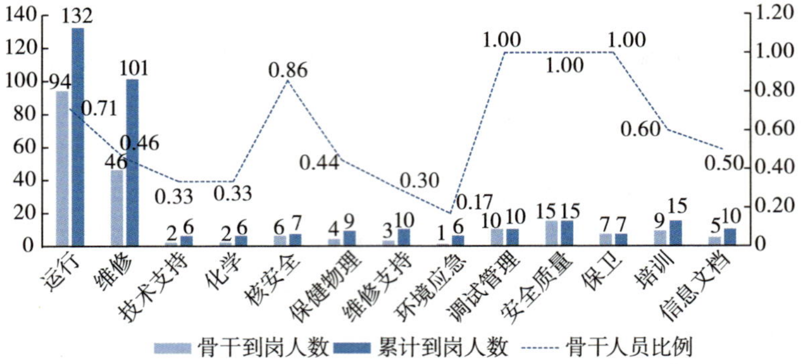

图 15-9 生产准备各专业人员到岗情况（2021 年 12 月 31 日）

漳州能源运行处构建的知识库和知识工程系统改变了传统师傅带徒弟的知识传承模式，通过把运行领域知识总结下来、传承下去，让年轻员工站在巨人肩膀上更方便地吸收知识，实现快速成长，以适应艰巨工作任务的要求。通过收集相近堆型的海量运行业务知识，进行有效辨识与分类，结合漳州能源运行文件体系进行系统梳理，划分具体模块，构建文件化的运行知识库；将各类运行工作拆分细化成具体的运行活动，依托庞大体量的运行知识库，关联具体运行活动所需的资料，将知识显性化。

在运行工作体系化、标准化的基础上，构建总体知识模块、系统知识模块、培训教材模块、经验模块、调试启动及大修知识模块，将这些成果用于运行人员培养、运行文件准备、系统接产和启动工作中，为实现“双零目标”和机组可靠运行打下良好基础。

3. 以工程参与提升工程质量和人员技能

漳州能源与福清核电深度合作，深度参与“华龙一号”示范工程，选派生产领域技术人员参与福清核电工作实战，锻炼各岗位人员的技能，为参与调试、试运行打下基础。自 2019 年 9 月起，累计参与福清核电 5 号、6 号机组调试启动工作达到 690 人/月，共计召开 100 余次现场参与管理晚会，共编制并分享了 400 余份福清核电 5 号、6 号机组调试启动期间的重大经验反馈。比同行多一次实战，一定程度上能解决同行首堆维修人员技能不足的痛点。

漳州能源在项目的设计、设备参与、安装和调试介入方面，吸收福清核电 5 号、6 号机组的良好实践和经验反馈，夯实设计质量、设备制造质量、安装质量和调试质量，在提升工程质量的同时，有效促进了生产人员的快速成长。

在中国核电的领导下，漳州能源牵头推动华龙运行设计优化，共形成第一批次158个优化项目，其中118项在漳州能源1号、2号机组实施，135项在海南核电3号、4号机组实施，146项在漳州能源3号、4号机组实施。158项的长期实施，解决了长期以来优化设想无法在设计源头落地的问题。漳州能源把同行电厂商运后的1400余项技术改造项反馈到漳州能源“华龙一号”的初步设计中，设计院采纳178项改进项；前期审查设计设备文件5224份，提出设计审查意见1880条；安排生产人员参与福清核电5号、6号机组调试工作，收集调试经验反馈、维修不可达等1770余项，吸收446项。这些将节省大量的商运后改造费，同时提高商运后机组的可靠性和安全性。

4. 构建全员培训体系，努力打造同行标杆

漳州能源在行业内首次实行全员培训、再培训，建立并实行培训、考核、授权、上岗制度；对法规和标准规定必须持照的工种实施取照培训、换照培训、考核与授权。

落实“培训、考核、授权、上岗”的培训管理政策，建立了以授权培训制、岗位及课程等效制、公共与在岗培训并行制、逐级培训制、岗位技术授权和单项技术授权结合制等5项原则为基础的业务流程，明确各岗位/岗级应接受培训项目，促进培训业务的体系化、规范化开展。培训处组织公司各处室岗位培训大纲编制工作，发布了覆盖公司全领域的岗位培训大纲，成为中国核电较早建成覆盖全员的岗位培训大纲体系的电厂。在中国核能行业协会同行评估（AFI）回访中，培训领域对应同行评估回访结论为A（进展满意），得到专家高度认可。

[点　评]

生产准备的顶层设计是关键，应把好方向，立好规矩，把有限资源用在刀刃上。漳州能源通过聚焦人员技能提升、注重关键岗位的招聘和引进、参与福清核电工作实战，锻炼各岗位人员技能；生产准备人员参与项目的总包合同谈判、设计审查、设备采购和制造、工程土建安装调试，在源头上吸收福清核电5号、6号机组的良好实践和经验反馈，可有效减少运行后改造投入。

15.7.3 生产准备管理案例 2：生产准备技术文件管理体系建设

[标　　题]

培育“主动优化、持续改善”的文化

[案例概述]

为提升调试和生产文件质量，漳州能源充分利用经验反馈，开展技术文件体系建设，完成技术文件管理程序体系策划、规程模板编写和规程范本的编制，形成华龙融合文件体系的编写标准准则，以确保后续规程质量；研发漳州华龙生产准备智慧支持平台，用于技术文件准备、人员培训、设备管理和移交接产等领域，使人员系统性学习知识、快速获取和积累经验并有效提高调试生产文件编制质量。

[案例详述]

当前核电厂生产准备领域没有统一的实施标准和过程管控标准，导致生产技术文件质量参差不齐等问题突出。漳州能源与参考电厂和 M310 机组相比，有数十项“三新”设备，在参考电厂基础上，做消化、吸收、总结，再适应性修改，必须熟悉其流程，掌握其关键步骤。漳州能源还面临新员工多、能力层次水平不齐和文化理念不同等困难。漳州能源充分利用经验反馈，开展技术文件体系建设，研发漳州华龙生产准备智慧支持平台，使人员能系统性学习知识、快速获取和积累经验并有效提高调试生产文件编制质量。

1. 多措并举提升运行维修技术程序质量

运行和维修规程是生产运行工作的核心技术文件，规程编制的低质量会直接导致运行事件，甚至导致非计划停机停堆。针对技术规程常见的可执行性较差、规程内容不完善、存在人因失误陷阱、关键敏感重要设备未得到关注等问题，漳州能源在维修和运行上均成立技术规程编制专项组，通过专项组运作来提升技术规程质量。

维修主要从四个方面进行提升：一是不断优化维修规程模板要素，减少非必要信息，增加必要、关键信息，提高维修规程可执行性；二是充分利用安装、调试窗口进行规程现场推演，完善维修规程内容；三是识别规程中易出现人因失误的步骤并标识防人因失误工具信息，降低规程执行过程中出现人因失误事件的概率；四是对通用规程进行拆分，针对 SPV 设备单独编制规程，提高 SPV

设备执行维修工作的关注度，加强 SPV 设备维修工作管控。

运行主要从三个方面进行提升：一是进行技术不同点分析及在运行规程中落实经验反馈分析成果，采用“上游文件 + 参考电厂 + 设计/技术不同点”策略编制运行规程；二是建立调试试验覆盖运行 QSR 定期试验机制，确保运行定期试验规程生效及安全设备可用，提升定期试验规程质量；三是根据调试工作计划，插入运行规程验证计划，确保调试期间运行文件生效，确保在规程生效同时提升运行人员对系统、设备的掌握，减少知识型失误。

2. 提前推动设计院优化运行技术规格书

运行技术规格书是核电厂生产运行的“圣经”，技术规格书的合理性将对机组运行、大修方式产生深远的影响。漳州能源 1 号、2 号机组运行技术规格书基于美系技术规格书设计，存在限值条件过于严格、条款电厂实际执行困难等问题。

漳州能源运行部门从美系技术规格书源头、三门核电与福清核电应用经验、法系到美系转换中文件体系融合等多个角度开展技术规格书优化工作，对技术规格书条款逐条进行分析研究，通过从限值条件优化、机组启停优化、运行操作提升优化三个方面着手，让运行技术规格书更合理指导机组运行，降低人因失误率和机组后撤概率。漳州能源 1 号、2 号机组运行技术规格书优化共提出 243 条优化意见，设计院已采纳 59 条，为同行树立了优化标杆，提升了机组安全性和运行经济性。

3. 契合工程建安进展优化定期试验周期

同行运行阶段的定期试验管理一般在装料前 4 个月启动，以此作为该机组定期试验管理起点，使大部分定期试验缺少“出生管理或见证”。漳州能源将全厂定期试验管理与工程进展相契合，在设计文件审查阶段即开始定期试验专项管控，并开展定期试验技术要求审查工作，定期试验技术要求是用于指导执行技术规格书、其他技术要求中监督要求的细则，也是编制 QSR 定期试验监督大纲的重要依据，同时是确保装料前定期试验及运行期间定期试验规范有序执行、满足机组状态转换及执照文件要求、避免定期试验超期导致运行事件的重要基础。

结合漳州能源与参考电厂的技术不同点及重要设计优化，通过审查小组对 58 个系统定期试验技术要求的细致审查，共提出 835 项审查意见，经设计院初步核实接受度达90%。高质量的定期试验技术要求将为机组运行期间定期试验的合法、合规执行奠定坚实基础。

4. 研发漳州华龙生产准备智慧支持平台

在漳州“华龙一号”生产准备期间实施知识工程，依托信息技术，把知识作为一种智力资产来管理和利用，在使用中提升其价值，以此促进“华龙一号”生产准备技术创新与管理创新，推动企业可持续发展，漳州华龙生产准备智慧支持平台（ZHISP）就是实现这一系列活动的有机载体。

ZHISP是漳州能源使用知识工程方法，基于“华龙一号”生产准备主要业务流程，完全自主开发的具有漳州品牌特色的生产准备一体化综合管理平台和知识管理平台。以“创造‘华龙一号’批量化建设机组新优势，打造具有全球竞争力的华龙工程建设和运营管理新高地”为研发指导思想，可推广应用于批量化“华龙一号”生产准备的技术文件准备、人员培训、设备管理和移交接产等领域，可帮助新建“华龙一号”电厂生产准备人员系统性学习知识、快速获取和积累经验并有效提高调试生产文件编制质量。

当前漳州华龙生产准备智慧支持平台中的技术不同点模块已挖掘出1013条不同点数据；停机停堆数据库模块通过编码和分解停机停堆及瞬态经验反馈3000余项，利用相似性矩阵判断对漳州能源的价值，收集整理300余条非停事件经验。

[点　评]

为提升调试和生产技术文件质量，漳州能源充分利用经验反馈，尤其是福清核电5号、6号机组的经验反馈，在设计源头上解决质量位等“痛点”问题；吸取参考电站的经验教训，编写高质量、可操作性强的生产文件；与公司归口管理部门、设计方、制造厂家提前沟通协调，及时掌握关注工程接口的进展，主动分析评估，有效提升了文件准备质量。

[本章编写者：15.1节，王文茜、朱立新、马晓翔；15.2节，王文茜、吕正科；15.3节，刘炜、杜元；15.4节，王文茜、郝龙、王珍琪；15.5节，高原（20117792）、李振、陈星玥；15.6节，陈其、夏学传、徐琴和；15.7节，蒋维、王福平]

16

第 16 章 维修管理

16.1 综述

维修工作，是指通过管理和技术手段使系统/设备保持良好的运行状态，确保核电厂的安全水平和可靠性满足设计要求，保证人员和电厂设施满足工业安全和辐射防护要求，并在此基础上降低维修成本的综合活动。作为保障电站安全可靠运行的关键环节，维修领域通过践行精细化管理理念，以点带面激活维修组织活力，持续建立高标准的业绩目标，使维修组织能协调一致并高效实施维修活动。

中国核电各电厂将精细化理念贯彻到维修工作各个方面。以维修管理转型、维修安全、维修能力建设、维修成本管控、维修模式与理念以及工器具管理方面为切入点，持续提高维修精细化管理水平。

维修管理转型的核心是利用信息化手段，实现面向核电运行维修活动的全流程贯通数字化和移动化的智慧维修转型。维修安全和质量是维修工作的重中之重，通过将定量、分阶段管控等方式融入数字化手段，使维修工作全流程更加安全可靠。为摆脱受制于人的局面，中国核电加快了“卡脖子”领域的维修能力建设，从“对缺陷的零容忍”到“对部分设备缺陷可适当容忍”的“基于价值的维修”，广泛开展基于工单维度的作业成本分析与管理的探索和实践，将成本因素整合到设备可靠性过程中，实现维修模式和理念的转变，将维修成本管控落到实处。借助智慧维修的理念，维修工器具管理从传统的人工管理转变为以电子化流程为基础、智能化管理的工器具管理体系，大幅提升了维修工器具管理效率。

秦山核电 i－WeiXiu“一站式”数字化智慧维修管理平台成果获得“中核集团管理创新一等奖”。

16.2 维修管理转型

16.2.1 综述

通过数字化转型的方式主动优化，打通维修相关业务系统信息壁垒，是顺应当前数字化发展趋势，提升日常维修工作效率、管理水平和绩效的重要创新，是核电维修管理下沉到维修基层班组、面向每一位维修人员的精细化管理的具体体现。

作为示例，本节介绍了秦山核电 i－WeiXiu 系统——核电维修全要素“一站式”数字化管理平台案例。秦山核电面向维修用户，创建了“一站式”、全要素的综合性数字化管理平台，实现了群堆模式下核电维修全要素精细化管理的落地。

16.2.2 维修管理转型案例：i－WeiXiu 系统

[标　　题]

让工作没有距离，让管理触手可及

[案例概述]

i－WeiXiu 系统，是核电维修全要素“一站式”数字化管理平台，体现了集团公司“主动优化、持续改善”的管理理念，也是中国核电“着力集约经营、着力提质增效、着力精准施策、着力数字创新”精细化管理要求的实践典范。该系统以数字化手段助力管理转型，面向维修用户，建立了标准的维修业务模型、数据模型、绩效模型，打通了维修相关业务系统信息壁垒，实现了群堆模式下核电维修全要素精细管理的落地，实现了“业务为人，数据说话”的服务型管理理念。

i－WeiXiu 系统先后获得“中核集团管理创新一等奖”“中国电力设备管理技术成果一等奖（三星）”“中国核电 2022 年度精细化案例一等奖”“中国核电

网络安全信息化先进成果”“中国核能行业协会核电数字化技术与应用大会二等奖”“WANO（世界核电运营者协会）同行评估强项”等多项奖项。

[案例详述]

i－WeiXiu 系统在追求核电维修高效管理的数字化转型和维修活动场景创新方面、精细化管理方面，做出了积极的探索和实践，利用数字化技术为维修提质增效，不断从基层角度定制场景开发，逐步推进维修基层治理的实践创新，从需求上下功夫，让数据跑起来、让服务精细化，形成从“核电大脑”到“基层细胞”的智能化基层治理体系，为维修基层治理插上数智翅膀。

1. 基于以用户为中心的服务理念

秦山核电积极落实中核集团公司“精细化管理年”的要求，调研需求和功能均坚持以用户为中心，细化到维修各个岗位（员工、班长、安全员、维工、管理领导等）的需求，将人找数据转为数据找人、数据等人、数据为人的服务型理念，落实系统的策划开发。功能上坚持以服务用户、基层减负为导向，以追求核电维修高效管理的数字化转型和维修活动场景创新为目标，通过建立标准化维修数据模型、业务模型、绩效模型和“一站式”集中管理系统平台，结合基层维修班组大屏数字终端，实现核电维修管理全要素的数字化转型落地。

2. 创建维修管理标准化模型，实现数据贯通

基于数字化管理、用数字驱动维修的理念，针对日常维修业务的流程特点和管理要求进行梳理提炼、归类，创建一套核电日常维修数字化管理在安全质量管理、维修工单管理、维修人员管理等方面的标准数据模型，在维修高风险管控、班组早会、生产例会等方面的标准业务模型，在机组生产指标、维修处室、专业科室、班组人员等方面的标准绩效模型，在数据自动识别用户身份方面的个性化推送模型，打造核电维修全面的、集中式的数字化管理模型。

根据上述标准模型的需要，电厂内外所有与维修业务、行为、数据相关的信息化系统（生产管理信息系统、工业安全管理系统、质保管理系统、生产文件管理系统、绩效指标等）要做到数据上的融会贯通并优化萃取，以可视化的方式实现维修数据和信息的集中化、智能化的数字化管理。通过接入触摸式数字大屏等实体设备，实现大屏开班组早会、大屏看维修数据、大屏做培训支持等维修班组全业务的数字化管理模式，实现人和业务的“最后一公里”的数字化结合。

秦山核电 i－WeiXiu 系统的架构、数据模型如图 16－1 所示，旨在构建维修

管理“一站式”、全要素的集中化、数字化平台。

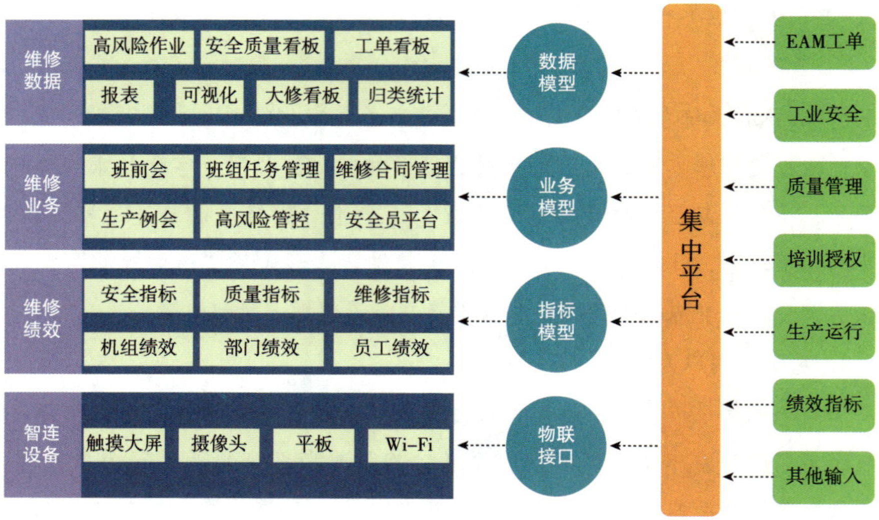

图 16-1　i-WeiXiu 系统架构、数据模型

3. i-WeiXiu 维修管理系统精细化应用场景落地

1）数字化班组早会，实现每日工作的精细化分工

所有生产维修班组，每天的工作通过班组早会开始。通过学习经验反馈、回顾昨日工作、交代今日任务和风险评估、明日工作梳理等，来完成当天生产工作、班组各项事务工作的分配和提醒。

常规的班组早会，每天需要花费班长 40 分钟以上的时间，从不同的系统或软件中下载并打印安全学习材料、昨日工作及今日工单、工作风险、班组管理行动等，加之维修班组任务繁杂，管理模式因人而异，常规早会难以全面、有效聚焦当天的维修活动风险交底。i-WeiXiu 系统结合触摸式管理终端大屏，将传统的只能“听”的早会，转为可触摸、可看到的 10 分钟高效早会（见图 16-2）。在自动获取数据的前提下，以班组为对象进行班组管辖的全业务、全数据的智能推送，并以“一学、二回、三交、四确认”的标准化结构流来引导早会议程，极大提升了班组早会的效率和效果，班长不再需要每天人工梳理各项事务信息，是维修一线每日班前会的一次场景化变革。目前，秦山核电 121 个维修基层班组已全面实践高效全面的数字早会。

2）维修业务管理可视化，实现班组业务精细化管理

维修班组管理任务全要素可视化，以及班组成员的工作量可视可控，让工

图16－2　数字早会任务分工界面

作分工公平合理。各班组专属推送页面，个性化显示本班组数据，所有班组事务能够自动归类和推送提醒，构成了维修班组数字化管理的全要素“一站式”平台（见图16－3）。维修工单的流转处理是维修核心业务之一，i－WeiXiu系统将工单相关信息按照规则自动集成与处理，按照维修计划工程师（班组、专工、协工等）角色职责进行定点推送，实现全面、高效、实时的工单管控，有力促进了维修工单高效流转。如等备件工单所需的备件成功入库后，i－WeiXiu系统会自动筛查识别备件预留成功信息，并第一时间推送和提示工单排程，不再需要人工查询到货入库情况。

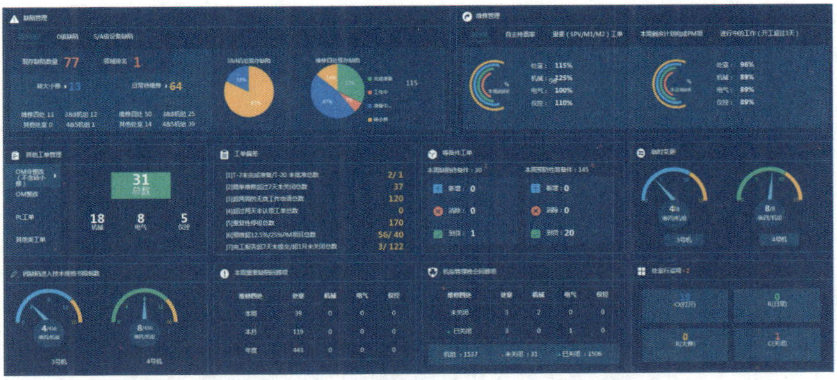

图16－3　维修生产业务数据集中梳理

电厂现场的紧急抢修作业、高风险作业、生产周报等通过手机实时推送给相应用户，突破空间和时间限制，让维修的响应和管控更快速、更全面。各级管理人员能够第一时间收到电站的紧急抢修信息，为其分析判断和安排、管控提供了必要的准确信息。

3）交互式班组安全会，实现安全学习减负增效

维修班组每周需要组织安全学习会。传统的班组安全学习模式多为安全员打印出纸质学习材料，向班组全员宣读，与会人员听完后展开讨论，总结出学习要点和后续提升行动等，记录员全程记录会议内容。通过宣读纸质学习材料的信息传递效果有限，学员印象不深，记录员负担较重，缺课人员缺少闭环管理。

针对基层班组这一实际痛点，i－WeiXiu 系统实现大屏安全学习和线上自动记录，解决传统安全学习模式弊端。系统中上传安全学习材料，集中到“待学习”版块中，班组根据需要选择学习，实现学习材料共享，促进班组安全自主化管理。安全员在大屏终端上展示 PPT 材料或视频，学员围在大屏前交流和互动，极大丰富了信息传递方式。会议材料自动转化成学习记录，记录员敲击键盘，轻松记录学员发言，不再需要费时费力手写誊抄。人员清点功能自动识别缺课人员，为缺课人员自动创建待学习行动项，实现闭环管理。全员完成学习任务后，电子记录随即生成并存档，支持快速查询，数字化的改变成效立现。

4）数字化维修绩效，实现维修各部门绩效的标准化、精细化

通过标准的安全、质量、生产、管理这四大绩效维度，53 项精细化的具体指标，实现维修领域各部门的月度绩效自动计算、排名、展示，以红绿灯的形式实现定性判定，以具体分数的形式实现定量评价，实现维修各部门绩效的指标标准化，绩效可视化、精细化。部门负责人可以清晰地进行横向比较，发现不足，主动提升（见图 16－4）。

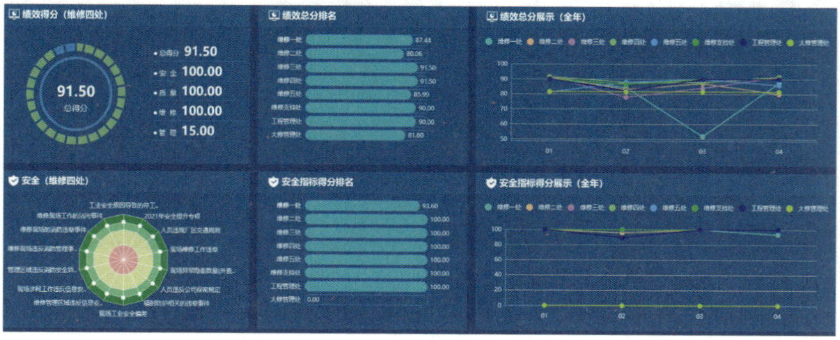

图 16－4　维修各部门绩效界面

5）数字化高风险工作模块，实现高风险项目精准管控

根据核电厂维修作业的性质特点以及长期的高风险管控经验，对于有较大危险性、固有风险或潜在风险高的作业，由维修工程师在核电厂生产管理系统中同步办理相应的高风险作业许可证，并根据风险级别安排监督监管。

i－WeiXiu系统开发了一套自动获取高风险维修作业项目信息、发布高风险作业清单、分配和通知安全监督人的数字化功能模型，通过打通与核电厂生产管理信息系统数据通道，自动提取并以用户为对象，形成针对性的高风险维修作业项目清单。维修班组安全员在i－WeiXiu系统中一键筛选该专业正在进行中的及计划次日开工的高风险项目，自动向高风险维修作业项目的监督人、责任科长/处长发送邮件，通知其现场监督，同时同步发送手机短信。为便于高风险维修作业项目信息的展示和查询，系统以矩阵列表展示维修班组当天高风险作业项目分类和数量，以折线图形式展示维修班组一段时期的高风险作业项目数量变化趋势，可视可分析。

i－WeiXiu系统实现了高风险维修作业项目信息自动获取，高风险作业清单一键点对点发布，高风险维修作业安全监督人集中分配和自动通知，高风险维修作业项目总结反馈闭环管理，显著降低了各级安全员人工成本，极大提升了核电厂高风险维修的现场作业管理水平。

6）“微认可”正向激励的维修积分，实现人员绩效精细化管理

针对传统激励方式下反馈周期过长、激励效果不佳等核心痛点，系统创建了以“认可激励”为核心的全新模式，达成以“认可”为导向的正向激励管理目标。维修人员在系统中留下维修活动的记录，如准备工单、担任工作负责人、落实班组早会行动、编制规程、发起立项、编制状态报告等工作的记录，即可自动产生积分。积分分为个人积分、班组积分、处室积分等。积分还实行排名，让个人、班组和处室均可以量化比较。维修积分与维修工作账单结合，为充分展示维修人员工作绩效提供了数字化解决方案。系统还支持积分兑换奖励，实现即时认可，营造人人有分、人人挣分、工作就有积分、积分就是福利的创新管理模式，激发员工的工作积极性。

[点　评]

秦山核电维修人员自行研发的 i－WeiXiu 系统，以秦山核电 30 余年 9 台机组群堆维修经验为基础，秉承数字化理念，以维修全业务全要素为对象，以维修每个层级的人员为用户，建立了维修工作规范化管理模型、标准化业务流程、绩效模型化算法，通过“一站式”的数字化、信息化、可视化平台，不错过每一个维修细节，不忘记每一位维修人的贡献，让数字说话，让工作没有距离，让管理触手可及，成功打造了核电维修管理数字化转型示范案例，丰富了中国核电精细化管理的内涵。

16.3　维修安全

16.3.1　综述

核电厂在开展设备检修、检查、试验和实施变更改造等工作时存在很多工业安全高风险作业，如高处作业、重大起重吊装作业、有限空间作业、潜水作业等。工业安全高风险作业存在诸多安全风险，可能会导致物体打击、机械伤害、起重伤害、触电、淹溺、高处坠落、灼烫、中毒和窒息等伤害事件。同时，由于电站普遍引入承包商参与维修工作，承包商人员的安全技能水平、安全意识以及安全管理水平参差不齐，部分工作辐射剂量高、作业空间狭窄、检修环境恶劣等，这些都给核电站的维修安全管理带来较大难度。

为确保维修工作安全开展，各电厂均要严守安全红线，将安全放在电站运营的首位。

作为示例，本节介绍了三门核电基于定量风险分级矩阵的作业活动过程管控体系案例。

16.3.2　维修安全案例：作业活动风险定量分级管控策略

[标　题]

精细在于量化，定量统一标准

[案例概述]

三门核电以作业过程风险管控为着力点，逐步建立一套基于定量风险分级矩阵的作业活动过程管控体系。该体系通过建立定量风险分级矩阵，有效融合作业活动安全技术手段，通过全方位过程管控体现安全管理的有效性，通过各层级管控落实安全责任，实现作业活动“零事故、零伤亡”的安全目标，贯彻落实“安全是技术、安全是管理、安全是责任、安全是文化”的管理理念与思路。本案例获得“浙江省电力行业管理创新成果一等奖”。

[案例详述]

1. 建立作业活动定量风险分级矩阵

三门核电一期工程两台机组经过3年多的生产运行日常检修实践及4次换料大修工作，作业工作包已基本固化，工作风险等级已基本确定。结合内外部事故/事件经验反馈及法规标准等新形势下的新要求，穷举所有作业活动内容，归纳总结形成“定量”的风险分级矩阵，作业人员通过查表法就可直观判断作业风险等级，以最大限度地消除作业人员风险识别不到位的隐忧，减少作业潜在人身伤害，部分矩阵内容见表16－1。

表16－1　酸碱作业类型定量风险分级矩阵

酸碱作业风险等级判定原则
（1）酸碱管道闭口作业 如果仅为酸碱管道的闭口作业或酸碱管道旁边的作业活动，因风险相对可控，可作为低风险，人员穿戴必要的PPE防护即可（如酸碱间内的脚手架搭设、墙面涂刷等，渗漏酸碱管道法兰的紧固，酸碱阀门的运行操作）
（2）酸碱管道开口作业 ①酸碱系统，如在5%以上浓度的相关设备管道上拆卸作业，属于中风险，严格按照危险化学品浓度穿戴对应的防护PPE； ②酸碱系统，在5%以上浓度的相关设备管道上回装过程（如拆卸的部件已冲洗/擦拭，系统开口处已擦拭且无残液），属于低风险； ③三氯化铁具有腐蚀性，在10%以上浓度相关设备管道上拆卸作业，属于中风险； ④盐酸、联氨、氨水、氯化铁、亚硫酸氢钠管道作业，因刺激性气味较大，需根据管道拆装过程的气体挥发情况选择佩戴防护用具，炎夏季节优先考虑防毒全面罩； ⑤酸碱在5%以下浓度可不用特殊穿戴防酸碱胶靴，联氨和氨水在5%以下浓度可不穿戴织物类防酸碱工作服； ⑥其余酸碱、盐及有机物溶液，因浓度低或本身危害小，可以做简单防护（手＋眼面部）； ⑦涉及铅蓄电池的相关补充电解液的工作，如加硫酸属于中风险，加水属于低风险，其余定期测量电解液浓度工作属于低风险

续表

酸碱作业风险等级矩阵（供查阅使用）					
酸碱介质	浓度	所在系统	拆卸风险等级	管道拆卸防护措施	管道回装防护措施
联氨（举例）	51.2%	CFS	中风险	织物类防酸碱工作服、过滤式防毒全面罩/防护面屏（根据实际选择）、防酸碱手套、耐酸碱胶靴	织物类防酸碱工作服、过滤式防毒全面罩/防护面屏（根据实际选择）、防酸碱手套、耐酸碱胶靴
	32%	CFS/CVS	中风险	织物类防酸碱工作服、过滤式防毒全面罩/防护面屏（根据实际选择）、防酸碱手套、耐酸碱胶靴	织物类防酸碱工作服、过滤式防毒全面罩/防护面屏（根据实际选择）、防酸碱手套、耐酸碱胶靴
	2% ~ 4%	CFS	低风险	过滤式防毒全面罩/防护面屏（根据实际选择）/防护眼镜、防酸碱手套/乳胶手套	过滤式防毒全面罩/防护面屏（根据实际选择）/防护眼镜、防酸碱手套/乳胶手套

以“更换CFS系统一处阀门的法兰垫片”作业活动举例，工单准备人通过查询系统图得知其内介质为32%浓度的联氨溶液，直接对照酸碱作业类型定量风险分级矩阵查表即可得知其法兰垫片拆卸过程需作为中风险进行管控，通过矩阵清晰明了地知道该作业步骤所需要穿戴的PPE或所采取的防护措施，无须人为地、主观地进行风险等级判定及预控措施制定。

2. 制定完善风险预控措施，形成完备的预控措施数据库

三门核电基于已经形成的覆盖厂区全域作业活动的定量风险分级矩阵，进一步梳理法律法规标准及公司程序制度要求，列举了30个作业类型，涵盖102小项的作业风险、633项具体控制措施要求，形成了完备的风险预控措施数据库，方便工单准备人快速、准确地选择风险控制措施，进而实现现场作业安全风险措施的标准化。

3. 基于定量风险分级矩阵，健全作业活动过程管控体系

作业准备阶段的质量直接影响作业实施过程中的安全性，为提升安全风险管控成效，三门核电明确了公司领导层、部门管理层（处室级+科室级）、各处室/班组兼职安全员、安全监督处室安全专工、工作准备人、计划工程师等七层维度的安全风险管理职责，并通过现场实勘、作业危害分析（JHA）审批、计划

会议审查、周末风险挑战会等手段全面介入作业活动风险管控流程，形成了作业活动准备阶段人员职责管控矩阵。覆盖作业准备过程，各层级各司其职，多层把关，实现安全风险管控目标（见表16－2）。

表16－2　作业活动准备阶段人员职责管控矩阵

人员角色	风险等级		
	低风险	中风险	高风险
工作准备人	1. 工单系统确认风险等级； 2. 根据作业风险选择预控措施	1. 工单系统确认风险等级； 2. 编制作业危害分析，划分作业步骤，选择预控措施	1. 工单系统确认风险等级； 2. 组织相关的专业人员、处室内安全员、工作负责人、作业危害分析审查人、工业安全专工进行讨论； 3. 首次高风险作业组织现场实勘； 4. 编制作业危害分析，划分作业步骤，选择预控措施
班组兼职安全员	1. 协助确认风险等级； 2. 协助制定预控措施	1. 协助确认风险等级； 2. 协助编制作业危害分析	1. 协助确认风险等级； 2. 参加高风险讨论会； 3. 协助编制作业危害分析
科室科级人员	T周期会议审查工作包准备质量	1. 审查作业危害分析； 2. 指定作业活动安全管控人	1. 审查作业危害分析； 2. 参加高风险讨论会； 3. 指定作业活动安全管控人
处室处级领导	T周期会议、周末风险挑战会审查工作包准备质量	批准作业危害分析	批准作业危害分析
工业安全专工	T－1、T－2周期会议、周末风险挑战会审查作业风险等级及预控措施	T－1、T－2周期会议、周末风险挑战会审查作业风险等级及作业危害分析	1. 参加高风险讨论会； 2. 审批作业危害分析，设置安全停工待检点
计划工程师	1. 检查确认计划执行的工作安全不受其他作业影响，同时也不影响其他作业安全； 2. 组织召开带班领导风险审查会		
公司带班领导	周末风险挑战会审查工作包准备质量		

作业过程中，明确工作负责人、工作组成员、安全管控人、工业安全专工等四层维度的作业过程安全风险管控职责，通过流程介入确保作业活动按部就班地有序实施。同时，通过公司带班领导、生产一线带班领导和安全监督网络的日常全区域巡查手段，以区域全覆盖的形式，进一步确保作业过程安全管控，切实达到作业过程“安全第一”的要求（见表16－3）。

表 16－3　作业活动实施阶段人员职责管控矩阵

人员角色	风险等级		
	低风险	中风险	高风险
工作负责人	1. 作业前现场查勘及风险确认； 2. 组织召开工前会，明确作业组成员工作分工，开展安全技术交底	1. 作业前现场查勘及风险确认； 2. 组织召开工前会，明确作业组成员工作分工，开展安全技术交底； 3. JHA 步骤执行签字确认	1. 作业前现场查勘及风险确认； 2. 组织召开工前会，明确作业组成员工作分工，开展安全技术交底； 3. JHA 步骤执行签字确认； 4. 指定组内安全监护人
工作组成员	1. 熟知自身工作分工、风险及控制措施； 2. 参加工前会和安全技术交底	1. 熟知自身工作分工、风险及控制措施； 2. 参加工前会和安全技术交底； 3. 根据工作分工实施监护及 JHA 执行监督确认	1. 熟知自身工作分工、风险及控制措施； 2. 参加工前会和安全技术交底； 3. 根据工作分工实施监护及 JHA 执行监督确认
安全管控人	针对作业活动实施巡查	1. 参加工前会； 2. 中风险步骤每天一次现场监督； 3. 在“工单任务信息”上签字留记录	1. 参加工前会； 2. 高风险步骤每天一次现场监督； 3. 在“工单任务信息”上签字留记录； 4. 高风险 JHA 中 SH 签点
工业安全专工	针对作业活动实施巡查	中风险作业开工当日现场监督，后续纳入巡查范围	1. 参加工前会； 2. 高风险步骤每天一次现场监督； 3. 高风险 JHA 中 SH 签点
生产一线部门领导	四部门领导全职带班，每日深入现场开展安全巡视，重点关注中高风险作业管控措施落实、工作人员作业规范性		
安全监督网络	1. 建立安全监督 3 人小组和承包商“1＋N”日常巡检机制，实施安全监督 3 人小组（党支部支委 1 人＋安全专工“师”“徒”各 1 人）每日现场巡查、承包商“1＋N”（承包商项目领导 1 名＋工区部门领导各 1 名以及专职安全管理人员）安全巡检机制，现场区域网格化巡查作业活动； 2. 专职安全管理人员每日实施现场安全巡检，作业风险识别实地查勘，部门/科室/班组兼职安全员每天开展现场安全检查和作业过程人员行为观察指导		
公司带班领导	周末/节假日期间，每日由公司带班领导带队，带领各级值班领导及工作人员深入现场、深入一线开展安全巡查，覆盖各作业活动区域		

4. 立足效率提升，实现作业活动过程管控体系落地

建立作业活动过程管控体系是管理上朝精细化、系统化不断探索实践的成果，但该体系的运作实施从客观上增加了流程接口，依靠传统管理策略必然会一定程度上降低整个组织的工作效率，增加组织内的各节点负担。为此，三门核电结合自身实践，立足效率提升，通过运用技术手段和流程优化管理，为各层级创造便利条件，以有效推行作业活动过程管控体系的落地实施。

1）建立工作准备的电子管理流程，以技术手段实现工作包风险管控措施的便捷准备

建立工作准备的电子管理流程，通过线上实现工作包风险管控措施的便捷准备。如在工单准备界面风险等级判定环节，将定量风险分级矩阵“编译”为“低、高风险识别清单”，工作负责人仅判断该作业类型下的工作是否满足对应的风险识别清单，系统即可直接判断其作业风险等级，从而根据不同的作业风险等级引导出对应的工作准备流程及界面。通过上述工单电子流程的建立及优化，针对绝大多数作业活动，工作准备人在20秒内即可完成该工作的风险等级判定流程。

以“在高温环境内的一般作业活动”为例，风险判断对应流程如图16－5所示。

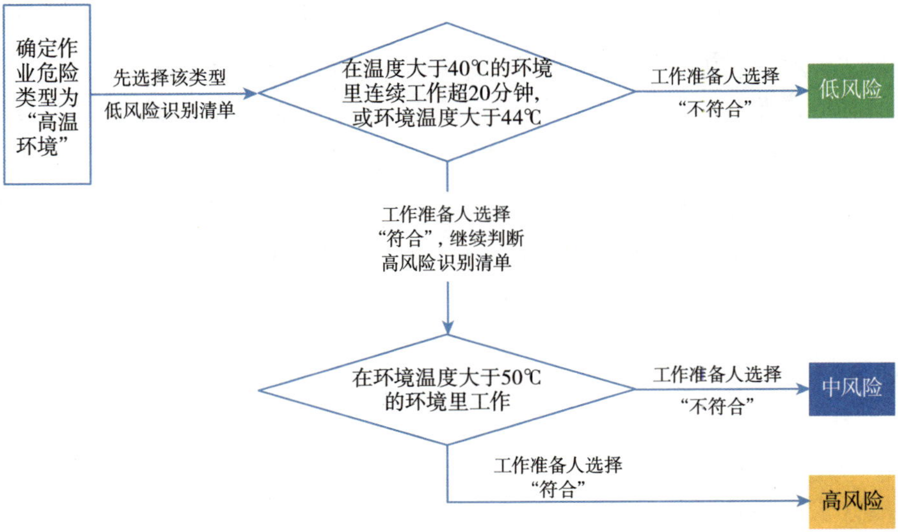

图16－5　高温风险判断流程

同时，建立了作业危害分析电子流程，并不断地实践与优化，逐步实现了作业活动预控措施准备的便捷性和系统化。通过上述作业危害分析电子流程的便捷功能，工单准备人一般在2分钟内即可完成一项中、高风险作业的JHA编制，电子流程等技术手段大大提升了工作包准备效率。

2）作业步骤精细化拆分，优化组织管理资源投入

首先，通过作业危害分析，对作业步骤进行精细化拆分，从而逐一确定其风险等级，根据不同风险等级投入不同的组织管理资源，使作业活动风险得以真正聚焦，管控方式做到层层递进。

其次，针对作业活动的不同等级，人员管控矩阵中的同一角色由不同级别的人员担任。以“安全管控人”为例，中风险作业活动的安全管控人由实施作业单位/处室/科室/班组的兼职安全员担任即可，高风险作业活动则必须由经验更加丰富、技能更加精湛、组织更加有力的处级领导/科级人员/班组长担任，对于由承包商承包的作业活动，安全管控人除由业主人员担任外，还需承包商项目部指定对等人员共同担任。

3）集中组织管理资源定期审查工作包，提升组织决策效率

三门核电建立了T计划管理机制，在T－2（作业活动实施的前两周）、T－1（作业活动实施的前一周）工单审查会上同步重点审查风险等级划分的正确性、预控措施的完备性、交叉作业控制措施的有效性等方面，计划工程师及其处级领导、工业安全专工和各班组计划员、各主要作业处室处级领导共同参与审查把关，从而集中组织管理资源，提升组织决策效率。

同时，为确保各项作业“算无遗策”，三门核电在周末组织召开风险挑战会，对下周即将执行的工单进行风险挑战，公司带班领导、计划工程师及带班处级领导、各主要作业处室带班处级领导、安全监督部门带班处级领导及工业安全值班专工组成的“终审团”对作业准备质量进行最终审查认可，从而确保作业准备的有效性、风险识别的充分性、安全措施的完备性。

[点　评]

通过近几年的持续探索与实践，三门核电在生产领域建立了一套基于穷举法和全数据归纳的定量分级管控策略，形成了一套标准明确、量化清晰的判定准则，制定了标准化、系统化、规范化的工作流程，体现了精细化管理中的“定量化、标准化、统一化”思路，实施措施具体、操作性强，并被验证是行之有效的，对持续提升公司现场作业活动安全管控水平、强化公司本质安全整体水平有较高的实用价值。

16.4 维修能力建设

16.4.1 综述

目前，虽然核电的设计、建造、安装和运行技术已日臻成熟，但部分关键设备的核心维修技术却受制于设备制造厂家，高精尖的维修能力发展相对薄弱。中国核电各成员单位积极开展核心维修能力建设，积极开展设备国产化，尤其在“卡脖子”领域加大攻关力度，做到维修工作“知其所以然”，使核电维修技术真正掌握在自己手中，摆脱依赖外部单位、受制于人的局面。在技术垄断和信息不对等中寻求技术突破，点燃核电维修技术的自主创新引擎，开发出大量维修工艺和专用工具，创下了国内核电厂检修领域的多个“首次”。

作为示例，本节介绍了秦山核电核级数字化控制系统自主修改验证和确认案例，构建了仪控系统软件的全寿期管理体系，摆脱了设备制造厂家的技术垄断。

16.4.2 维修能力建设案例：核级数字化控制系统自主修改验证和确认

[标　题]

技术攻关，打破垄断

[案例概述]

秦山核电践行“安全发展、创新发展”要求，从机组运维的痛点难点出发，开发基于核电厂核级 DCS（全数字化仪控系统）软件自主修改验证和确认管理流程，在中国核电首次自主实施了方家山两台机组核级 DCS 软件的修改，成功消除了机组的两项非停隐患，破解了核级 DCS 中的“卡脖子”难题，实现了关键技术的自主可控。构建了仪控系统软件的全寿期管理体系，实现了关键技术的精细化管控，摆脱了进口供货商的垄断，节约项目直接成本 650 万元，每年间接经济效益大于 1000 万元。该创新做法于 2020 年被 WANO 评为良好实践，并在全球核电业界进行推荐和推广。

[案例详述]

秦山核电负责的方家山核电厂两台百万机组采用了 DCS，作为机组“神经中枢”和核电工程中的关键技术，对于保证机组安全、可靠、稳定运行发挥着重要作用。它由核级 DCS 和非核级 DCS 共同构成，控制着核电厂上百个系统、近万台设备运行和各类工况。其中核级 DCS 的主要作用是完成事故工况下反应堆安全停堆和专设设施的控制，确保核电厂的安全运行，由于其技术复杂、要求苛刻，中国在运核电机组核级 DCS 基本由国外供货商提供；非核级 DCS 负责机组正常运行控制调节，是核电厂高效经济运行的重要保障。

方家山核电厂核级 DCS 采用美国 Invensys 公司的 Tricon 平台（V10），这也是该平台首次应用在核电厂上。两台机组商业运行后，核级 DCS 软件暴露了部分设计缺陷。根据中国核电经验的反馈，方家山核电厂实施反应堆保护系统部分信号质量位阈值修改和反应堆保护系统外部输出 T3 试验程序优化两项核级 DCS 软件修改，以消除两项非停隐患。核级 DCS 是核电站安全的保证，但核级 DCS 软件核心管理体系和技术长期为国外 DCS 供货商所掌握和垄断。由于中美贸易摩擦和美国“810 禁令”及原厂商取证问题，无合格厂商能在方家山核电厂服务。方家山核电厂两台机组核级 DCS 的安全隐患无法及时解决，机组的安全生产业绩提升受到极大的制约。建立自主化的核级 DCS 软件全生命周期管控体系迫在眉睫。

1. 精心谋划，对标国际先进

项目组充分评估了自身实际技术能力与国际标准体系的差距和“卡脖子”点，确定了项目研发的重点，明确了项目开发的难点。

核级 DCS 软件包括系统软件和应用软件。核级 DCS 中系统软件和应用软件均集成在 DCS 控制器中，系统软件是支持计算机及应用软件集成化运行的基础平台及软件。

目前，核级DCS应用软件开发采用瀑布模型，即分阶段确认与实现。

软件质量是软件产品的灵魂。软件质量是指与软件产品满足明确或隐含需求的能力有关的特性，由于软件产品是逻辑体，不具有实体的可见性，因而其质量更加难以把握。如何提高软件的质量已经不是一个纯粹的技术问题，而是一个工程问题。

在软件需求的提出、设计、开发、测试、上线、运行等阶段需要进行大量的质量控制、测试、文档等工作，企业要应对软件的全生命周期过程管控工作的全新挑战，为了集中化管理和更有效管控，必须对软件的全生命周期质量进行控制。

一般来说，是否需要进行DCS软件修改取决于对系统的影响。核级DCS修改软件的过程等同于开发软件的过程，要提出需求，进行验证与确认。需要给出足够的证据表明软件修改后可满足新的软件需求规格书，并没有因此而产生其他错误。

核级系统只有在发生以下情况时才能提出修改需求：一是修改以达到功能需求；二是软件环境变化需要修改；三是硬件变化需要修改；四是运行期间发现错误和异常。对于核级DCS软件，当提出软件修改需求时，需要同时对修改进行评价并做出是否修改的决定。软件修改请求需要作为软件修改文档的一部分存档。软件修改请求的评价需要独立进行，保证修改的请求是清晰的，将错误或者异常进行修改后，能改正错误、消除异常。同时，应对修改的技术可行性进行判断，并对修改对其他部分的影响，尤其是对安全功能的影响，进行评价。修改后的所有阶段需要重新进行验证和确认（Verification and Validation，V&V），所有文件要进行升版。

2. 精心研究，实现关键技术突破

项目组精心研究，实现了关键技术的突破：基于核级DCS软件开发全流程的特点和国际国内V&V标准体系，开发形成了核电厂核级DCS软件自主修改与V&V标准流程。

为了更好地推动基于核电厂核级DCS全生命周期管控体系的实现和落地，项目组自主开发了核级DCS最小化验证平台。根据现场核级DCS架构，完成最小化验证平台架构设计，确保验证平台模拟功能的完整性。

核级 DCS 设备最小化验证平台是一套离线测试装置，具备离线测试功能，能够实现核级 DCS 软件质量全生命周期管控。

3. 精准执行，实现提质增效

为确保核电厂核级 DCS 软件自主化修改 V&V 标准管理流程首次实施顺利进行，秦山核电充分考虑了项目实施中存在的风险和 V&V 中要求的独立性问题。

项目前期设计需求阶段联合中国核动力研究设计院和中国核电工程有限公司作为核级 DCS 软件的设计方，确保修改需求的独立验证，以确保后续活动朝着正确的方向进行。

项目前期实施部分以秦山核电首批次高技能创新工作室——田露创新工作室为依托，充分发挥工作室在 DCS 方面的技术优势和人才储备，进行了大量前期准备和调研论证工作。项目于 2019 年 3 月自主完成核级 DCS 软件修改所需要的总体需求说明、软件需求说明书和设计描述等 19 份文件的编制和发布工作，完成 1 号机组核级 DCS 软件组态软件首次自主修改。

根据 V&V 活动独立性的要求，核级 DCS 首次自主化修改的 V&V 流程选用独立的第三方机构进行。中国核动力研究设计院作为独立第三方测试机构，为核级 DCS 软件修改全流程进行 V&V。针对核级 DCS 中涉及一项修改是基于原有软件设计中的一种小概率事件的情况，通过引入概率评价法，将原有小概率事件的发生概率进行复现和改进后 V&V，定量评价核级 DCS 软件修改效果。

项目实施中引入了沙盘推演，针对其中风险较大的项目进行沙盘模拟推演。通过访谈沟通、文件调阅、追踪评价、情景模拟及压力测试等方法，总结归纳基础事实，测试管理团队的管理知识、经验和解决问题的能力，分析预测项目阶段性的发展趋势，从而达到事前管理、风险管控的目标。

2019 年 4 月，1 号机组核级 DCS 软件下装和 V&V 测试工作完成；6 月，2 号机组修改和测试完成。方家山两台机组核级 DCS 自主完成两项修改和 V&V 测试投用后，系统运行稳定，及时向国家核安全局上交了项目实施评价报告。

该项目是中国核电范围内首次自主实施的核级 DCS 软件修改，直接消除了方家山两台百万机组的两项非停隐患，提升了机组的本质安全度。通过核级仪控系统软件全生命周期管控体系的构建，实现了核级 DCS 软件自主修改验证和确认，项目直接节约成本 650 万元，每年的间接经济效益超过 1000 万元，突破了核级 DCS 软件 V&V 这一关键技术问题，实现了关键技术的自主可控。

[点 评]

秦山核电仪控软件全寿期管理实现了关键技术的自主可控，开发核级 DCS 软件自主修改验证和确认管理流程并自主实施，破解了“卡脖子”难题，展示了秦山核电卓越的技术能力，项目过程中精心谋划、精细研究、精准执行，展现了精细化管理的高水平。

16.5 维修成本管控

16.5.1 综述

在核电机组运营期成本中，维修成本占可控成本比例较大，因此维修成本管控是运营成本管理改善的关键。作业成本分析使用先进的数字化工具以及业商财深度融合的管理理念，将维修工单耗费的人工、物料、管理性投入等全部资源精细核算至每个工单，可以精准地回答“钱去哪儿了？时间去哪儿了？”，定量地展示不同等级设备、不同电厂同一设备、同一电厂同一设备的历次检修成本，可为电站维修决策、采购决策及资源协调提供合理建议。

中国核电各电厂秉持“数字赋能、业财融合促效益提升”的理念，结合自身实际，在维修成本管理领域开展了基于工单维度的作业成本分析与管理的探索和实践，助力核电行业精准发力，开展成本精细化预测、管控和评价，以及世界一流财务体系建设。

作为示例，本节介绍了江苏核电基于作业成本模型的重复性维修成本管理案例，通过海量的底层业商财各环节数据，建立核电维修成本的多维分析体系，提升业务剖析诊断的效率和能力。

16.5.2 维修成本管控案例：基于作业成本模型的重复性维修成本管理

[标 题]

以精益模型严控成本，促精品工程管理提升

[案例概述]

江苏核电通过作业成本模型与核电维修业务的有效结合，将维修成本人、财、物三大成本要素精细核算至每个维修作业（工单）；借助业务流程、指标分析、模型搭建、取数逻辑设定、差异分析、多场景应用开发等主要步骤举措，将成本管理要求贯穿整个维修过程，在国内核电领域开创性地实现了集数据看板展示与流程穿透于一体的成本精细化管理架构，为实现核电板块成本精细化管理水平整体提升奠定基础。该项目获得“2021 年度国防科技工业企业管理创新成果三等奖”，入选“2021 年工业和信息化部全国优秀管理会计案例”。

[案例详述]

重复性维修源于设备故障报修，为防止设备发生突发性故障，提高设备可靠性，设备维护强调重复性，这种维护是主动的、有计划的且可以预见的。为适应高质量发展要求，近年来，江苏核电启动了重复性维修体系及流程的优化和重塑工作，为了实现价值管理与生产准备的高度协同，将重复性维修作为作业成本管理实施的对象，依据业务驱动、全程控制、实时反馈的管理原则，在原有生产流程管理基础上持续发力精益成本管理，以效益为驱动、安全为导向，制订基于大数据平台的作业成本管理顶层规划，借助先进的数字化工具与管理理念，全面提升以重复性维修为突破口的成本精细化管理水平，打造具有成本竞争优势的、高效的管理流程，为企业实现全面、精准、敏捷的维修成本管控提供发展目标及实施方法。

1. 搭建作业成本模型，高效协同推进成本管控

1）将作业成本模型应用于核电维修领域

作业成本法（Activity Based Costing，ABC），是以作业为核心，将企业的资源合理地分摊到成本对象中的核算方法，作业成本模型由资源、作业、成本对象及成本动因 4 个基本要素组成。将作业成本模型应用于以重复性维修工单为核心的标准工单体系，将维修工单相关的人工工时、物料消耗、人工成本三大成本要素进行标准化赋值。建立基于 ABC 理论的作业成本模型，形成重复性维修标准成本库，构建基于业务事件驱动的信息化流程，使信息技术与业务活动融为一体，最大限度地挖掘数据背后的业务价值，及时、准确、全面地掌握维修状况，为业务改善、管理提升提供可靠的数据支持，为提升企业整体维修效率及效益提供有力保障。通过推进作业成本平台建设，促进成本管理的转型升

级，实现业财深度融合，全面提升企业经营管理水平及盈利能力，塑造企业核心竞争力。

2）建立业务牵头的项目组织架构，高效协同推进成本管控

在财务部门主责下，传统成本管理工作职责权限的局限性限制了成本管控向纵深开展的弊端，成立由业务部门（生产计划处）牵头，涵盖生产运行、维修管理、设备管理、商务采购等多部门、多领域的专项组；项目组织构建三层管理模式，由总经理亲自挂帅担任领导组组长，指导协调工作组和专业组开展工作；工作组全面负责作业成本工作的策划及推进，深化源头治理、系统治理和综合治理，形成“一体推动、一体落实、一步接着一步走”的有效工作机制，专业组负责项目方案总体的落地执行及目标达成。

以大数据平台为抓手，创新性地综合运用标准成本、流程优化、差异分析等多种管控方法，明确责任主体，寻找降本空间，制定并完善改进机制、实施方案及发展方向；通过例会制度，建立月度收集进展、定期集中汇报的制度，以动态检查和过程监督的手段，督促在工作开展的过程中对暴露的风险和问题进行收集汇总；推动以问题为导向的闭环管理，持续跟踪、监控实施方案的贯彻落实；通过例会与定期交流，各部门相互借鉴，协同配合，共同打造学习型组织。

3）实现作业成本模型搭建，多维数据助力资源配置优化

按照“三库两分摊”的模型设定目标，在对重复性维修作业成本管理所涉及成本科目进行清晰定位的基础上，完成核电通用模型搭建的4个主要环节（见图16－6）。

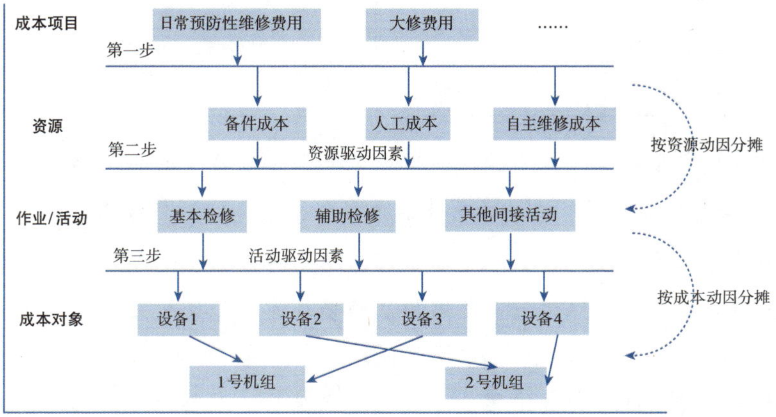

图16－6　作业成本模型搭建环节

一是建立资源库，实现从传统会计科目到资源库科目的映射，为成本数据分摊至作业及成本对象建立基础。二是设计作业库模型。通过核电企业重复性维修大纲中设定的维修项目确定，建立层次清晰、符合行业标准的核电企业重复性维修作业成本库。三是设计成本对象模型。确定以设备及机组为核心的成本计算对象，用以归集设备相关的维修、维护成本，以及机组相关的所有成本。四是成本动因模型设计。成本动因划分为资源动因和作业动因（见表16－4），资源库所归集的价值按照资源动因分摊至作业库，作业动因则进一步将作业成本库所归集的成本分摊到各成本对象中。

表16－4　作业成本动因

序号	基本作业描述	动因名称	成本对象	序号	基本作业描述	动因名称	成本对象
1	日常巡检	标准工时	设备系统	14	全部检验	标准工时	设备系统
2	部分检验	标准工时	设备系统	15	燃油油务监督	标准工时	设备系统
3	定期试验	标准工时	设备系统	16	水压试验	标准工时	设备系统
4	定期校验	标准工时	设备系统	17	外部腐蚀检查	标准工时	设备系统
5	系统月度试验	标准工时	设备系统	18	外部检查	标准工时	设备系统
6	更换	标准工时	设备系统	19	校验	标准工时	设备系统
7	红外检测	标准工时	设备系统	20	压力整定	标准工时	设备系统
8	检查维护	标准工时	设备系统	21	油务监督	标准工时	设备系统
9	检查维修	标准工时	设备系统	22	在役检查	标准工时	设备系统
10	解体大修	标准工时	设备系统	23	正性维修	标准工时	设备系统
11	金属监督	标准工时	设备系统	24	中子温度测量通道和环路电缆状态检查	标准工时	设备系统
12	局部放电检测	标准工时	设备系统	25	紫外检测	标准工时	设备系统
13	局部解体	标准工时	设备系统				

基于底层维修工单成本数据，搭建实际和预测维度的机组绩效指标、各维修类型/专业成本分析、各轮次大修成本分析、承包商分析等多维分析场景，并实现数据层层下钻至工单的功能，能够快速地分析展示不同等级设备、不同电厂同一设备、同一电厂同一设备的历次检修成本，不同机组类型的维修成本等自主化、定制化的数据分析（见图16－7）。

从大数据角度对各类维修业务进行画像剖析，洞察业务逻辑，诊断业务问题，为设备全寿期价值管理、设备可靠性分析、国产或进口备件采购、预防性

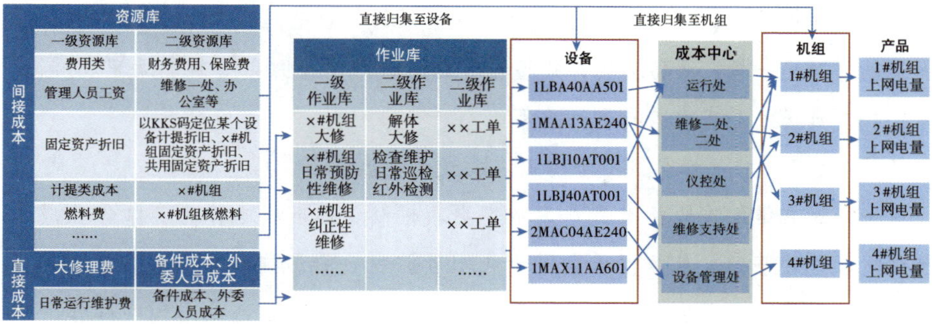

图16－7　作业成本实施基本架构

维修策略优化、外委管理标准化、基于价值理念的维修等一系列业务需求提供更优化的资源配置方案。

2. 构建数据提升长效机制，增强成本管理内生动力

1）构建数据提升长效机制，夯实成本数据分析基础

根据作业成本模型设计的数据抓取逻辑，对维修作业及信息系统关键数据进行分析，围绕三大成本要素：人工工时、人工价格、备件材料费，逐一进行数据获取路径的设定和验证。同时，为避免“信息孤岛”问题，降低线下维护的差错率及延时性，将作业成本业务与现有的预算、立项、合同管理等业务进行融合和对接，形成业务及信息系统的集成模型，以业务痛点为抓手，打通系统接口，实现各系统在建立作业成本管理维度方面的有效协同和数据共享，建立财务部门与生产部门定期评估、管理改进的常态化机制，向流程要数据、以数据促提升，通过互融互通的管理架构为后续数据应用价值的提升奠定基础。

2）开发管理平台，以场景化、可视化手段发挥成本管控“指挥棒”作用

作业成本管理平台是过程数据集成化的平台，在实现物流、资金流、信息流、责任流“四流合一”的同时，具备未来三年重复性维修计划成本预测、报表查询、实际成本统计、差异分析等功能，可根据维修过程的实时推进进行成本数据的更新。

通过对平台数据的全面调研诊断，基于管理平台集成不同系统的关键数据，创新性地实现对作业进行多维度、多层级的横向、纵向对比分析。在建立标准成本定额数据库、形成成本标准指引基础上，通过定位差异实现各作业实际成本和标准成本间的适时对比，及时暴露成本异常情况，以问题为导向快速找出异常成本数据产生的原因及环节，从影响数据质量的3个维度——规范性、准

确性、及时性出发，分别列举出影响成本结果的问题数据，对数据问题进行原因追溯、对比分析、评估影响，并整理形成问题清单在例会上向上级完成反馈，促使相关责任人对成本差异进行改善。

3）以“技术＋管理”结合模式，赋能产业转型升级

一是建立维修作业标准成本库定期更新机制。标准成本作为实施作业成本精细化管理的基础，其数据质量对于成本管控成效的影响举足轻重。经过一段时间的试运行，各项优化改善措施的成效会得到体现，无论是出现实际作业成本低于标准成本的情况，还是出现实际作业成本高于标准成本的情况，都需要建立标准作业成本数据库定期更新机制，一般发布周期不超过一年，由财务部门根据平台现阶段实际成本数据与标准成本的差异率确定是否需要更新。

二是推行岗位责任制。明确作业责任处室、责任人为作业成本管控的第一责任人，定期汇总成本异常情况，组织计划、维修、运行、采购、信息等相关部门制定专项整改措施，所有整改措施均需落实至具体责任人，由各相关部门组织进行纠偏措施的执行，执行结果反馈至专项组；财务处牵头组织对各项异常情况进行跟踪，确定其是否进行整改闭环，如出现遗漏将视情况对相关责任人进行考核。通过强化各个岗位的成本责任来提升员工的成本责任意识，使成本管理真正成为全员参与的管理工作，从而整体提高公司成本管理水平。

三是注重人才育成。精细化管理强调“以人为本”，人才队伍的建设及全员参与的工作氛围是实现常态化运营的基础保障，在专项组的统一协调下，围绕成本管理的方法及思路，开展相互经验共享，不断更新分析案例，对工作成果进行总结，打造学习型组织；面向大数据系统等IT运维知识开展培训，全面培养一批懂业务、知财务、具有先进管理理念的复合型人才，鼓励员工自主发现问题、自主解决问题，充分激发员工的潜能，形成持续改善的良性氛围，推动企业与员工共同成长。

3. 应用作业成本法，实现经营管理效益提升

1）促进管理方式变革，提升经营管理水平

通过开展基于重复性维修工单的作业成本管理，一是提升了企业整体协同效率，进一步提升了精细化管理水平，提升了业务前端驱动影响判断力，强化了生产、合同、财务各系统的紧密衔接和高效运行，为预算、采购计划、立项、合同签订、验收等各环节联动管控与协调方面提供了有力的信息支撑，实现了价值链条中不同环节效益的优化匹配，推动降本增效。二是通过对维修数据进行整合及

传输，充分发挥信息化给企业带来的便利，实现全程控制、全员参与的管理模式，促进了业商财的有机结合和深度融合。三是提升了财务分析水平，一方面提升战略分析水平，在系统中能够支持按照各种维度查询成本数据，企业可以根据当前的预测成本，为长远战略目标的制定提供数据基础；另一方面提升标杆分析水平，辅助实现公司内部对标分析、板块内对标分析以及最佳标杆分析。

2）经济效益显著提升，持续优化盈利能力

一是采购精准促效益提升，鉴于采购需求的精准定位，依托备品备件管理体系的有效运作，2020 年江苏核电1—4 号机组备件采购金额下降 5200 万元，2021 年江苏核电 1—4 号机组备件采购金额下降了 37500 万元，较上年同期下降约 45.5%。二是规范领料促效益提升，通过建立重复性维修项目工单与领料的强关联，确保重复性维修项目按计划实施及领料，减少计划误差，江苏核电在 2021 年 4 次机组大修中，大修备件领用率由最初的 66.11% 上升至 97.84%，大修备件管理整体水平明显提高，存货周转速度加快。

[点　评]

基于作业成本模型的维修成本精细化管理，体现了江苏核电"刀刃向内"、挖潜增效、推动企业高质量发展的决心和魄力，其创新的工作理念和工具方法，对加强核电企业成本控制、改善经营战略、提高竞争力等方面都有重要的指导意义，为提升核电企业国际竞争力、实现"走出去"战略打好基础。同时，该案例的顺利实施对作业成本法的推广应用起到了良好的示范作用，作业成本法的应用必将推动企业精细化管理水平的整体提升。

16.6　维修模式与理念

16.6.1　综述

电站必须建立科学严谨的维修策略开发流程。根据行业标准，电厂维修基本类型为预防性维修和纠正性维修，其中预防性维修包含基于时间的定期维修和基于状态的预测性维修。相较于传统不计成本的保守维修策略，基于价值的维修是对传统维修策略的挑战，是应对核电行业日趋严峻的运营环境的有力措施。实施基于价值的维修策略与保障核电机组的安全可靠并不矛盾，反而会促使专业人员将资源和精力聚焦于重要关键设备的可靠性，持续提升核电厂的安全性和可靠性，持续提高核电厂的运行效率，持续提效核电行业的价值和经济性。

作为示例，本节介绍了福清核电基于价值的维修理念的案例。

16.6.2 维修模式与理念案例：基于价值的维修理念在核电企业中的应用

[标　　题]

精益生产，价值维修

[案例概述]

福清核电在借鉴国外良好实践的基础上，结合电厂实际情况，选取部分系统设备开展基于价值的维修策略的可行性试点研究，总结制定出一套基于价值的维修策略方法，并在1—4号机组全面推广应用。通过优化机组缺陷指标及预维项目、开展区域化工作维护管理和设置缺陷督办制度等精细化管理手段，综合考虑缺陷恶化情况、处理代价和收益等因素，确保电厂制订出合理最优的缺陷处理计划，持续提升机组安全性、可靠性和经济性。

[案例详述]

在核电机组频繁参与电网调峰调停等背景下，核电公司运营成本降低和利润增长的目标日益紧迫，福清核电积极探索降本增效的管控措施，选取部分系统设备开展基于价值的维修策略的可行性试点研究，通过开展为期6个月的试点工作不断总结和优化，最后制定出一套基于价值的维修策略方法，并在1—4号机组全面推广应用。

1. 制定基于价值维修的缺陷的判定方法

通过主动研究国外核电行业的良好实践，结合电厂实际情况，从安全、环保、技术规范、设备等级、WANO/ASP/EQP指标等多方面考虑，针对缺陷制定了基于价值维修的判定评价流程。

（1）对于缺陷工单，按照基于价值维修的判定评价流程进行，该评价流程主要侧重于在产生缺陷工单后，评价该缺陷对机组当前安全性、经济性以及是否满足法规等方面的影响，若缺陷评价结果对这些方面产生直接负面影响，则立即采取措施消除缺陷，否则纳入基于价值维修的范畴。

（2）对于已经通过判定评价流程、暂时纳入基于价值维修策略的工单，缺陷督办人组织相关专业人员从多维度对各缺陷进行评分，并排入一个最优的窗口时间。在该缺陷被处理之前，工单责任专业须制定缓解措施，并定期对缺陷实际情况进行跟踪和评估，如发现缺陷有扩大恶化趋势，则要重新进入判定评价流程进行评估和制定措施。

2. 制定基于价值的维修策略

1）缺陷指标优化

福清核电通过分析缺陷指标的利弊，取消缺陷总数的考核指标，改为对关键重要S/A级设备缺陷数量的指标统计，并针对工单类型制定了精细管理要求，理念开始从“对缺陷的零容忍”向“对部分设备缺陷可适当容忍”转变，使设备和维修人员有更多的精力投入对关键重要设备的缺陷处理及可靠性的关注，有效避免不加以区分的消缺，减少不必要的系统停运、设备不可用、重复隔离和过度维修等问题。在机组运维成本显著压降的同时，降低系统设备因消缺导致的频繁不可用给机组安全可靠运行带来的风险和挑战。

2）预防性维修项目优化

根据中国核电预防性维修项目优化专项工作要求，结合电厂实际情况，通过对PM项目的精准统计分析，发现对非关键部件的预防性维修过于保守，对此类设备制定了大量的预防性维修项目，而该类设备的故障对电厂的安全和可靠性的影响较小。为此，福清核电制定了以下几个方面的举措：①根据设备分级原则，结合系统化的分析方法，即故障模式对系统运行的影响，重新审定已有的设备分级，同时重新定义PM项目的内容和周期；②对设备等级为C级的设备，除了故障后对环保和安全造成影响的，删除其他预防性维修项目，通过RTM进行管理；③将满足工作项合并原则的多个预防性维修项目合并成一个，使多个需求同一窗口、同一边界的工作以固定周期触发，减少系统设备重复停役和重复隔离。

3）区域化维护管理

福清核电前期系统设备防腐和构筑物土建维护类工作，按照“发现问题—提出工作申请—准备工包—现场实施—完工总结”的流程进行管控，耗费大量管理成本。为此，福清核电创新区域化维护管理模式，由防腐、土建专业建立日常定期巡检机制，对日常发现的大量分散的工作申请集中管理，将原本需要多次分散处理的工作，整合到一次集中维护行动中，采用通票集中处理的方式，有效降低了管理成本。

4）结合PM预维或FEG设备功能组

针对经过评价流程以及各专业充分评估的、不需要立即处理的小缺陷工单和其他类工作，主要结合设备预防性维修项目、FEG设备功能组等方式，通过把同一隔离窗口或一起停役的工作打包执行，降低了文件包准备量，减少了系统设备重复隔离不可用时间，从而优化了生产管理成本。

3. 制定基于价值维修的实施细则

为确保基于价值的维修理念安全应用推广，福清核电组织相关生产部门进行了几轮讨论，制定了多项精细化实施细则。

（1）每日计划会对过去24小时新增的WR进行审查，重点审查WR作业类型是否合适、是否有需要立即处理的紧急重要缺陷；经过计划会审查和班组工作准备人或一机一人评估确认的缺陷维修、其他维修缺陷工单，根据缺陷等级分别由生产计划处处长、设备缺陷计划科科长、周计划经理负责跟踪督办，即每一项缺陷工单均有一名计划督办人。缺陷督办人负责对缺陷工单进行跟踪，包括分析该缺陷对机组当前的影响和风险、了解缺陷工单准备的进展和制约情况、给出缺陷处理的建议窗口等；缺陷督办人在充分分析和结合判定评价流程后，给出一个是否纳入价值维修和处理窗口时间的建议，并做好标准备注。标准备注由四部分内容组成，如：XXX－Y－PM－2020.11.20，其中XXX表示缺陷督办人，Y表示价值维修，PM表示价值维修策略，2020.11.20表示建议开工时间。

（2）原则上不需立即安排在T－2周计划执行的、不影响T－2周计划冻结稳定率的缺陷工单，均可考虑纳入价值维修范畴。每周计划科室内部组织一次对机组当前所有缺陷的讨论会，确定是否纳入价值维修以及最优处理窗口时间，定期将缺陷清单发送协工和运工审查确认，如工单责任专业或运工有质疑，则由计划工程师组织进一步讨论确定。

（3）针对纳入价值维修的缺陷，缺陷设备运行管辖部门和工单执行部门需制定缺陷跟踪制度，由工单执行部门组织定期评价缺陷恶化情况，更新在工单留言中，并在每次累积缺陷会上反馈评价情况。

（4）缺陷设备运行管辖部门或一机一人发现缺陷恶化时，要立即反馈运工、协工和计划，由计划工程师重新按照判定评价流程进行评价，并组织讨论确定处理的最优窗口时间。累积缺陷会上，运工评估机组当前积压缺陷工作叠加风险较高，需要尽快推动处理的，计划工程师应安排尽早处理。

4. 基于价值维修理念的实施效果

1）加大缺陷管控力度，保证工作窗口安排的合理性

在缺陷排程方面，制定了一套较成熟的、基于价值的维修策略和方法，将价值维修管理与长周期计划相结合，充分利用预维、FEG窗口等手段，综合考虑缺陷恶化情况、处理成本风险等代价和收益的因素，制订最优的合理缺陷处理计划，有力保证了缺陷窗口安排的合理性。在缺陷管控方面，通过设置缺陷督办负责人（处长、科长和员工）、建立缺陷定期评估跟踪制度等一系列有效措施，加大电厂各部门对机组现存缺陷的管控力度，确保生产运行维修等部门对缺陷的当前影响、处理进展和恶化趋势了如指掌。

2）形成电厂特色的、基于价值的维修理念和文化

自实施基于价值的维修策略以来，电厂文化理念已初步实现从“不惜一切代价实现可靠性”“对缺陷零容忍”转变为“对部分设备缺陷可适当容忍”的“基于价值的维修”，将成本考虑因素整合到设备可靠性过程中，以经济高效的方式确保安全性和可靠性。初步形成共识：电厂安全性和可靠性的提高要通过使用具有成本效益的维修策略来实现，而非不计成本的维修。

3）积累工单大数据，为研究设备维护人员配置优化提供支撑

统计分析3号、4号机组设备维护成本，根据签订的5年合同（含7次大修），以及对近一年实施的所有类型维修工单数据进行统计（含紧急票和业主持票），计算得到日常设备维护费用、人员配置要求、平均每月每日实施工单数量等信息。统计得出，日常期间平均每项工单处理价值约0.29万元。通过持续地实施价值维修策略，可得到长期的工单大数据，为后续研究设备维护人员配置优化提供参考。

4）合理利用电厂资源，减少关键设备缺陷数量

2021年，1—4号机组累积有1250项缺陷工单以价值维修策略处理，未出现缺陷因纳入价值维修策略管控后恶化而影响机组安全可靠运行的相关事件。

按照每项工单处理平均需维修2人耗时16小时计算，预期年度节约优化4万人工时。在优化生产管理成本的同时，促使运行、设备和维修等专业人员将更多的精力投入到关键重要设备的可靠性提升上，2021年关键设备缺陷数量同比2020年减少了30%，大大提升了设备可靠性。

[点　评]

福清核电实施基于价值的维修理念，是对传统的维修策略的优化，是应对核电行业日趋严峻的运营环境的有力措施。推广价值维修理念需要从企业文化上做出转变，辅以多种工作控制精细管理手段确保维修活动在合适、最优窗口执行，以达到电厂各项资源的最优利用。这一模式目前虽然取得了一定的工作成果，但中国核电行业应用基于价值的维修理念仍处于初级阶段，需继续根据应用情况积累数据和经验，不断优化调整。

16.7 工器具管理

16.7.1 综述

传统的工器具管理主要通过工器具管理员及纸质记录的方式进行管控，这种人工管理方式工作量大、错误率高，同时工器具丢失、损坏、借用超期、难以溯源等问题时有发生。为克服难点、提升管理水平，各电厂以信息化、智能化手段为核心载体，积极探索工器具精细化管理改进优化。三门核电基于电站无线系统平台，通过二维码系统实现工器具信息可视化，有效提高维修库房管理人员的工作效率，提升维修库房工器具借用便利性，并通过自助借用手段提升无线终端等专用设备的流转效率和使用率，降低工器具的采购成本。福清核电通过市面主流的RFID（射频识别）技术，实现工器具信息与芯片的绑定，进而实现工器具管理柜对工具在非规则摆放下的信息读取、数据分析、数量清点等功能，将传统的人工管理工器具方式升级为使用综合管理平台与智能存储柜相结合的智能工器具存储管理模式。

作为示例，本节介绍了三门核电数智化工器具管理体系建设案例。

16.7.2 工器具管理案例：数智化工器具管理体系建设

[标 题]

自助共享提升管理，智慧分析统计降低成本

[案例概述]

工器具借用效率低、借用排队等待时间长等问题是制约工作人员提升现场工作效率的重要因素，而工器具流转效率低也客观上增加了工器具采购成本。三门核电为提升工器具管理水平，创新性地将流程电子化以及自助分发理念应用于工器具管理领域，建成以电子化流程为基础、以智能化管理为手段、以自助借用为特色的多层次工器具智能管理体系，实现无线系统支持下的智慧维修库房，大幅提高工器具借用效率、流转效率及使用率，大大降低工器具的采购成本和库房管理成本。

[案例详述]

三门核电维修处库房工器具种类繁多，借用流程及日常管理均为人工方式，工作量大且容易出错。同时，纸质借用单据不能满足工器具的追溯、统计等管理要求，工器具借用后可能长时间闲置在办公室，降低了工器具的周转率，增加了工器具的采购成本，也存在计量器具检定超期以及遗失在现场的工器具无法追溯借用人信息等弊端。

工器具智能管理体系通过实施电子化借用流程减少纸质单据使用、提高工作人员工具借还效率、减小库房管理人员工作负荷，通过在工器具上张贴二维码，实现工器具信息可视化，同时通过办公电脑及移动应用程序（App）可实时就地读取工器具设备属性、借用信息、年检情况等，达到智能化管理的目的。另外在维修处库房设置常用工器具自助借用柜以及无线终端自助分发柜，可缩短人员借用工器具或无线终端的等待时间，提高工器具的使用率，对整体提升维修库房工器具借用便利性具有重大作用，同时通过数据统计分析可为工器具采购提供参考依据等。

1. 工器具借用电子化的开发

三门核电摒弃纸质版借用流程，现场全面实施电子化借用流程。2021 年 10 月，三门核电信息管理系统经过多次优化和升级实现工器具线上预约借用服务。线上预约将原始工具借用面对面交流模式改为整个公司内系统数据的人机交互模式。库房管理员根据预约单工器具信息、需求时间提前准备工器具，打包完毕后信息管理系统通知借用人取货，大大缩短借用人排队等待时间。此外，工器具预约单和生产工单相关联，在工器具借用源头精确记录每一件工器具使用情况、需求时间等数据，既便于后续工器具使用溯源，也提高了工器具周转率。

为辅助电子化借用流程的使用，三门核电制定预约原则、编制预约操作手册和操作视频，引导工器具借用人员快速上手电子预约功能。同时，制作工器具图册，帮助借用人员将工器具外观、名称与工器具编码信息对应，增加预约功能的可操作性和准确性。

2. 工器具智能管理系统的开发

工器具智能分发系统硬件主要由自助借用柜、自助借用操作台、智能分发平台服务器/控制器、固定式/手持式扫描终端、相应的安全防护设备和应用端设备构成，以接口整合形成一个软硬件综合管理平台（见图 16-8）。

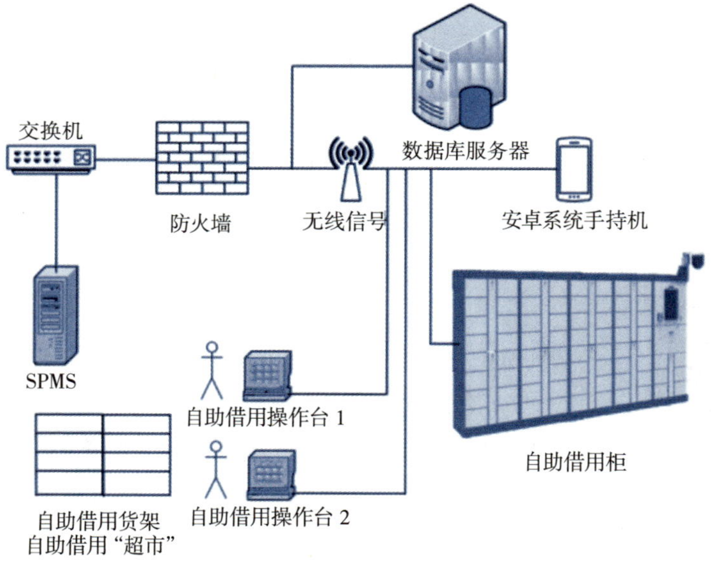

图 16-8 系统硬件架构

1）工器具自助借用柜

工器具自助借用柜内部采用读卡器及生物识别技术，能够快速、准确地进行物资盘点。相比于传统的物资柜，其能够对工器具存、取流程进行智能精细化管理。

2）工器具自助借用“超市”

工器具自助借用“超市”设置电子门禁，用户自助取用货架上的工器具，然后在自助终端办理借用，若未正常办理借用手续就将工器具带出，安全门禁会报警提示，并将报警信息发送到后台，同时设置监控系统的追溯功能。

系统支持多人同时在自助库房取用工具器，借用终端支持一次性识别多个工器具，采用RFID，速度快且准确，大大提高了借用效率。系统流程简单，界面设计简洁、操作简单、应用场景广。

用户可以在工器具自助间通过RFID/二维码进行工器具的扫码借用、归还。在库房前台，管理员也可以登录系统使用二维码进行预约工器具的打包或归还工作。

RFID芯片采用热熔胶粘贴，保证使用3年以上不脱落，确保了工器具在防异物区域等特殊区域使用时芯片的可靠性。

3）移动应用程序（App）模块

移动应用程序（App）模块采用安卓定制开发，提升设备兼容性，用户可以通过下载对应安装包进行程序安装，连接至电站无线系统后便能进行数据通信、用户登录等详细操作。

4）系统功能应用

系统支持工器具的预约借用及自助归还等相关功能；系统支持信息查询功能，包含工器具信息查询、货架信息查询、个人借用信息查询等；系统设计相关配置修改、统计分析等功能，可作为工器具是否需要增加采购、库存量是否合理的参考，并督促工具借用人尽快归还借用工器具等。

3. 多功能无线终端自助配发系统的开发

多功能无线终端自助配发系统由硬件系统和软件系统两部分组成，硬件系统主要由存储柜、系统服务器、网管终端、接口主机、不间断电源、人机交互显示屏及中间网络组成；软件系统包括客户端软件、管理平台软件。

1）集中化管理

单个自助配发柜大约可以存储100台无线终端设备，可以实现终端的集中化、本地化管理。柜体移动性、扩展性强，在供电和网络正常的情况下可以整体搬迁或扩容，便于现场使用。

2）智能识别与控制

系统集成了多种途径的人员和物品的识别手段，平台软件可以通过人脸设备、RFID、条码（含二维码）识别、指纹识别、人机交互触控屏等识别终端，实现人员身份、终端的读取和识别。

3）自动充电与状态监测

每个柜位配置独立的智能充电管理模块，可支持有线或无线充电。支持充电状态指示，支持自动断电功能。

4）自动配发/自助归还

根据事先配置的号码规则和分配原则自动配发无线终端设备，可以实现自动的电话号码下发和回收，实现"号码随人"的便利功能。无线终端定义多种标签，对可用状态进行标注，标为"故障""未授权""禁用""空位""已发放"的柜位不进行发放操作，仅发放标为"未发放"的柜位。

无线终端上都贴有RFID，直接刷此标签，进入归还终端流程，待仓位门打开后，将终端设备放入，识别后即可关闭仓门，即可完成归还流程。

5）系统异常处理

低电量监测：配发柜内无线终端的电量处于监测状态，低于阈值的终端不参与发放。

高温监视：柜位装配有温度监测探头，当监测到温度超过安全阈值，自动断开输出电源，停止终端设备的充电。

超时未还：支持超时未还提醒和告警，对超过时间未归还的终端设备，会自动定期地向此电话发送超时短信，网管界面会出现红色超时未还告警，提示管理员。

设备失电：在整套设备失电的情况下，可以通过应急钥匙手工进行无线终端设备的发放；系统上电正常运行后，通过网管界面进行已经分配的终端设备的人工分发和归还操作。

4. 基于数智化的工器具管理体系的实施效果

实施工器具借用电子化流程及预约借用后，日常高峰期工器具借用情况与优化前进行对比，平均排队等待时间大幅降低（见图16-9），说明工器具智能管理体系可以大大提高工器具借用效率。

工器具智能管理体系尤其是自助借用库房、自助借用柜正式投入运行以后，

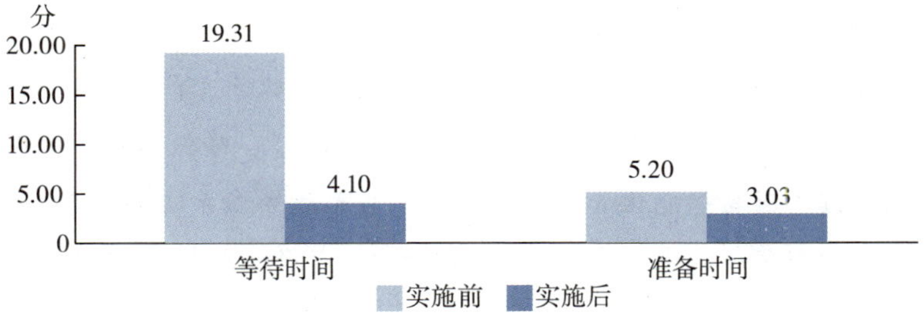

图 16－9　实施前后等待时间与准备时间分析

有效降低工器具前台的借用压力，增强工器具借用灵活性、方法多样性及使用周转率，减少库房人员加班及处理异常的耗时，使管理时间成本、人力成本大大降低。

借助多功能无线终端自助配发系统，在成本控制方面，统计对比大修期间的无线终端使用量，分析得出节约终端的采购量约50%，节省终端采购成本约60万元。同时，根据现场日常工单数量调研，自助配发系统的投用可节省终端的采购量500台，按照10年内所有手持机及分发柜损坏重新采购一次计算，使用分发柜可节约费用300万元。系统获得授权发明专利和实用新型专利各一项。

三门核电自助借用库房、自助借用柜及多功能无线终端配发系统在国内同行业是首次正式应用，是建设智慧型电厂、精减人力成本、细化管理压力的示范性项目，具有重要的实践意义及应用前景。

自助借用库房、自助借用柜依托于RFID、二维码等新式识别技术，实现了工器具的无人管理、快速借用、一键统计等功能，树立了工器具精细化管理典范，具有很高的推广价值。

多功能无线终端配发系统借鉴了目前流行的智能分发技术，采用共享的概念，做到完全自主借用/归还，创新性地融入了号码锁定功能，通过识别白名单中的人员信息，能够做到在借用无线终端时写入其固定的号码，归还时删除号码，满足借用人的个性化需求。

工器具智能管理体系强调使用技术和数据代替人、服务人，先行先试，效果和体验俱佳，具有较高的行业推广价值。

[点　评]

基于创新与自助理念开发的工器具智能管理体系，能够节约工作准备时间，提高工器具流转效率，减少工具库存数量，降低库房管理成本，同时为后续工器具智能化管理奠定基础，与无线等多系统的融合加速推动电厂迈向智慧化，为公司精细化管理助力，符合三门核电“四最一优”的管理期望。

（本章编写者：16.1 节，陈超君；16.2 节，徐辛酉；16.3 节，陈道晰；16.4 节，赵俊；16.5 节，孙静、郭贞荣、滕飞、王霄；16.6 节，湛锦、朱立新；16.7 节，陈春华、李继贤、陈宇童、周志鹏）

17

第 17 章

大修管理

17.1 综述

截至 2022 年 7 月，中国核电旗下运营的核电机组共计 25 台，五大核电基地堆型技术路线多，遵循的标准规范存在不少差异，但中国核电人攻坚克难、开拓创新，确保机组安全稳定运行，同时不断提升大修管理水平，顺利完成计划的大修任务。

核电厂的机组在每一个燃料循环末期均须更换部分核燃料以维持下一个燃料循环的运行，在换料期间机组大部分系统设备停运，日常运行期间无法执行的维修活动会被集中安排在此窗口实施，即核电厂的“换料大修”。换料大修的组织和管理也被称为“核电厂的大修管理”。核电厂换料大修具有工期紧、任务重、交叉作业多、接口复杂等特点，其工期的长短直接影响机组运行的安全性和经济性。按照全面质量管理“人机料法环测”的要素理论，完成核电厂大修工作需要进行人员、文件、程序、工器具、备品备件、场地等准备，大修管理工作不仅有大修准备，还包括大修实施、总结和改进等过程，覆盖群堆大修、大修质量、大修进度、大修成本、大修优化等管理领域。中国核电各电厂虽然堆型、标准不同，但是建立了统一的大修管理模式，依托大修组织机构开展大修管理工作。

多年来，中国核电人总结历次大修经验，秉承“严细融入一切”的核工业精神，将精细化理念贯彻到大修管理工作中，主动优化、持续改善，构建出持续改进的大修管理体系，大修管理水平和大修业绩不断提升。

截至2022年7月，各基地顺利地完成167次机组大修，创造了世界压水堆机组首次大修工期纪录，不断刷新VVER机组年度大修工期纪录。

17.2 大修群堆管理

17.2.1 综述

随着中国核电商运核电机组数量的日益增多，多机组同步开展大修准备、大修实施和大修总结已成为常态，导致换料大修管理工作更加复杂，这对核电厂安全管理、资源配置、成本管控等提出了更高的要求和挑战。针对大修的重复性特性，总结大修管理中“可复制、可推广”的大修经验，利用规模优势、堆型优势和组织优势，依托大修信息系统建设，开展数字化大修研发与实践，构建运作高效、可推广的大修标准化管理体系，使大修资源整合与利用进一步向精细化、标准化迈进，逐步实现集约化经营和专业化运作。

作为示例，本节介绍了秦山核电多机组大修标准化体系建设和海南核电大修关键路径信息化平台搭建与应用两个案例。

17.2.2 大修群堆管理案例1：多机组大修标准化体系建设

[标　　题]

精耕细作谋发展，标准建设增实效

[案例概述]

秦山核电负责秦山基地9台核电机组的运营管理，涉及多种堆型、多种技术路线，大修周期从14个月到24个月不等，平均每年实施6次大修。秦山核电通过管理创新开展大修标准化体系建设，主要从集约化、专业化、标准化、精细化等四个方面探索大修标准化管理和运作。整个过程大致分为三个阶段：确定适应多机组的大修标准化管理思路；建立以“安全、规范、优质、高效”为核心的大修标准化体系；实践大修标准化运作，继续将大修工作向精细化管控延伸。通过精细化管控，不断完善多机组的大修管理模式，有效地提升了大修业绩和核心能力。

秦山核电多机组大修标准化体系建设项目曾获得“第五届全国电力行业设备管理创新成果特等奖”。

[案例详述]

秦山核电结合核电外部竞争格局和内部发展需求，客观分析面临的挑战和机遇，坚定专业化改革的信念，科学制定战略规划目标，以打造核心竞争力为中心、以改革和创新为驱动力，在原组织架构的基础上，针对秦山基地多机组、多类型的特点进行了大修业务整合优化。通过创新和探索，导入共性管理，逐步形成了大修标准化管理和运作，主要体现在以下两方面。

1. 开拓创新，“四化”推动管理提升

集约化：资源整合，优化配置，充分发挥一体化管理的优势和作用。通过大修业务板块的归集整合，使其更加高效集中，有利于资源的调配和集约化管理，通过协调和优化，提高了资源高效使用率。

专业化：建立新的大修工作理念，深化专业化管理。建立“统筹兼顾、协调统一、循环推进、持续优化”的大修工作理念，贯穿大修全过程管理，推行大修专业化运作，实施多机组、多项目、多层次的统筹和协调，确立专业化管理规范和标准。

标准化：强化大修管控，持续提升大修业绩。对大修各环节进行梳理和细节划分，确定标准环节并建立标准参照物，用于指导和支持大修管控，同时积极倡导开展技术创新活动，通过不断的实践优化，有效地提升了大修业绩。

精细化：实施拓展延伸，促进多角度、多业务板块的管理联动。将大修管理拓展延伸，确定规划，明确目标和责任，实现量化的绩效考核，促进大修各环节精细化管理联动。

2. 探索实践，标准化推进业绩提升

大修标准化的探索和实践之路分三步走。

1）确定适应多机组的大修标准化管理思路

通过资源整合将不同生产单元的大修业务板块整合到一起，建立统一部门负责公司多机组大修工作，使其更加高效集中，有利于资源的调配和集约化管理，通过协调和优化，提高了资源高效使用率。

在多机组运行管理模式下，大修工作日益常态化，由此提出了推行多机

组大修项目制管理、标准化运作的管理思路，通过对多机组大修管理模式进行梳理和分析，识别出大修标准化体系的标准要素，建立统一的管理程序架构（见图17－1）。

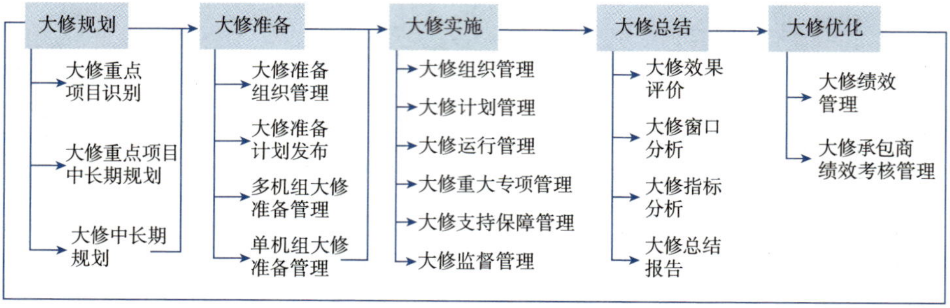

图17－1 大修标准化管理架构

2）建立以“安全、规范、优质、高效”为核心的大修标准化体系

采用多项目管理和单项目管理相结合的形式，加强大修工作的协调与控制，贯穿大修全过程管理，推行大修专业化运作，实施多机组、多项目、多层次的统筹和协调，实现总体规划、宏观控制、标准运作、分项实施。

大修组织管理在实践摸索中从行政管理型逐步向技术管理型转化，形成大修总指挥部，大修执行指挥部，大修项目部，大修控制、执行、监督、支持保障、主要承包商、重大专项等职能板块的管理架构，组建了技术性强、组织流畅、行政管理和项目管理相结合的矩阵式大修标准组织机构。

针对多机组大修进行全周期的管理，摸索形成了循环运作机制，同时管理和协调多机组各项大修工作，解决了不同大修之间的差异所导致的资源浪费和管理成本增加等，使综合执行效果达到最优，为实现公司的战略目标提供了保障，从而提高了企业的核心竞争能力。

秦山核电进一步将大修重要工作内容进行标准化的梳理和确定：大修规划标准化设置、大修预防性数据库整合完善、大修标准准备计划制订、大修标准实施计划制订、大修标准工时确定。

3）实践大修标准化运作，继续将大修工作向精细化管控延伸

（1）探索和构建大修数字化管控平台。

大修数字化管控平台的建设目标是以工单的全生命周期为主线，以工单全要素为对象，探索和构建以数据推动大修各项工作的管控平台。目前，秦山核电已经逐渐形成了一套以用户与场景为中心的标准化开发构架，基于大修规划、大修准备、大修

实施、大修总结四大核心板块，完成了多个管控功能的上线应用，还将陆续推出其他数字管理模块。

(2) 建立卓越大修计划管理“标尺”。

通过对标国内同类型机组大修最佳窗口工期，结合秦山机组、技术规范特点及大修实际情况，分析并安排具有挑战性的大修卓越工期，作为“标尺”在秦山各次大修计划编制中实践应用，推动开展全寿期大修优化，合理安排各机组、各类型大修目标工期，以大修项目与大修类型、目标工期相匹配为核心，实施项目组合优化；对于非标项目，建立固化大修评估审批流程，与中长期规划全面对接，优化窗口安排，将其影响降至最小。

(3) 完善大修指标和绩效管理制度。

统一大修性能指标及评价准则，完善大修综合性能指标，以安全、质量、进度、成本控制为前提建立大修绩效考核制度，用于评价各部门及主要承包商在大修中的表现与业绩。

自2014年以来，秦山核电通过大修标准化建设，在大修集约化、专业化、标准化、精细化方面进行探索和运作，共计完成了52次大修，在资源配置、过程优化、技术改进、人员培养和经验传承等方面取得了很好的效果，多次创造大修优秀业绩和标杆纪录，为各机组的安全稳定运行和实现WANO满分提供了有力保障。当前，秦山核电秉承“责任、安全、创新、协同”的企业核心价值观，通过不断地完善和优化大修标准化建设，上下同欲、凝心聚力地干好每一次大修工作，继续在探索中前进。

[点　评]

秦山核电通过大修标准化体系建设，统一调配各种资源，逐级管控，逐层推进，将大修各项工作落到实处，安全、质量、进度和成本控制良好，为屡创优秀大修业绩提供了保障。通过大修标准化实践，为大修管理与运作提供了有力支持，提升了企业核心能力，为多机组大修标准化建设之路摸索出一套行之有效的良好实践和管理经验。

17.2.3 大修群堆管理案例2：大修关键路径信息化平台搭建与应用

[标　　题]

信息全方位展示，大修精细化管理

[案例概述]

在以往大修期间，大修进度、工单完工情况、大修关键路径偏差等信息无法实时跟进，数据罗列形式繁杂、价值密度低，越来越不能满足大修精细化管理要求。自2021年3月204大修开始，海南核电首次启用了大修关键路径信息化展示平台，全面展现大修进展与每个阶段信息，对大修工作进行了可视化跟踪，为大修精细化管理提供信息化手段，全国核电首例实现关键路径实时跟踪，已作为中国核电良好实践进行推广。

在大修关键路径信息化平台的助力下，海南核电2021年的两次大修皆取得了较好的业绩，接连创下海南核电大修最优工期，两次大修分别获得“中国核电业绩嘉奖”。

[案例详述]

海南核电1号、2号机组商运以来，已形成一套大修集中办公的组织机制，大修期间各责任处处长、项目经理、各专业/单位协调人、经理组成员及办证人员统一入驻以大修指挥中心为主的大修集中办公场所。

1. “生根”：大修信息化需求的背景和痛点

大修指挥中心集中办公，一定程度上为大修工作提供了帮助，但通过历次大修实践，仍然存在一些痛点问题无法解决。在大修指挥中心层面，大修进度、工单完工情况、大修关键路径偏差等信息无法实时跟进，数据罗列形式繁杂、价值密度低，已经不能满足大修精细化管理要求；在专项问题决策层面，会议邮件通知、会议纪要、行动项分发与跟踪落实中，存在效率低以及信息传递不全等弊端；在专业人员工作层面，部分工作以手工统计的方式开展，纸质表单存在审批人员多、签字周期长、存放和查找困难等问题。因此，通过信息化手段，统一集中、实时更新大修相关数据，以便高效决策会议、精准传递信息。减轻工作负担、提升工作效率，是大修精细化管理的必然要求。

2. “发芽”：大修信息化平台的调研和开发

海南核电大修关键路径信息化平台，旨在通过数字化技术实现大修关键路径进度实时展示、高风险工单展示以及大修水位图实时更新，使数据变得直观、简洁、价值高；将一些传统的纸质工作流程标准化、电子化，提升各专业工作人员的工作效率，紧抓精细化管理，优化大修工期。

2021 年 2 月初，大修关键路径信息化平台需求分析策划完成，总体需求包括大修信息记录、大修信息展示、大修信息统计以及大修信息提醒等四大功能。

大修信息记录功能包括记录各关键路径的实际开完工时间、每一关键路径的工期偏差、各关键路径工作之间的接口偏差以及产生偏差的原因等；详细记录大修期间的可控时间和不可控时间，方便大修总结时形成经验反馈和良好实践等学习材料，用于后续大修持续优化改进。

大修信息展示功能是本系统的主要设定功能，用在大修指挥中心大屏幕上实时滚动的数据展示，其展示内容包括当前日期时间、关键路径总偏差时间（大修工期实际偏差）、大修倒计时或进行时、关键路径超期数量等，还包含各个区域（核岛、常规岛、其他）的工单完成情况统计，以及大修当前关键路径工作、下一关键路径工作和已完成关键路径工作的滚动显示等。大修信息展示功能还要求大修主线水位图的数据从系统中实时抓取，形成较为真实的水位图展示。

大修信息统计功能要求该平台可定时统计大修实施期间，未按时出票、未及时取票、未及时还票的数量以及工作票延期的次数和原因等；在记录关键路径偏差和接口偏差等数据后，能第一时间导出，方便管理人员查阅并从中分析偏差产生的原因，以便掌握现场工作人员的思想动态，随时做出工作方向的调整等。

大修信息提醒功能是大修“负接口”管理的重要环节，系统以邮件、短信或微信群发等形式，将当前正在进行的大修关键路径、预计时间长度以及下一关键路径工作内容等信息通知相关人员，提醒工作负责人提前准备，随时待命，做到工作上的“负接口”管理。

3. “开花”：大修信息化平台的优化和应用

2021 年 3 月 29 日零时，海南核电 204 大修工作如期开展，海南核电大修关键路径信息化平台首次启用，伴随着大修的第一个关键路径——机组打闸停机，大修指挥中心的大屏幕上，开始显示当前关键路径工作和下一关键路径工作等信息；同时，所有大修相关人员都收到一封邮件，邮件详细说明了当前开展的关键路径作业名称、执行部门、计划工期、工作负责人和联系电话，还给出下一关键路径的相关信息，请工作负责人提前做好准备。为了保证大修工期不受接口偏差影响，大修计划配置了夜班值班人员，根据关键路径工作的开展情况，第一时间向下一关键路径工作负责人发出通知，确保工作负责人及时收到信息。

凭借大修关键路径信息化平台的四大功能，海南核电204大修取得了历史性的突破，缩短到25.55天，创下了海南核电自机组商运以来的最好大修业绩。

在204大修的基础上，105大修关键路径信息化平台的四大功能分别进行了优化，如关键路径填报界面得到简化，将接口偏差与工期偏差区别开，接口偏差是指前后两个关键路径之间的衔接时间，工期偏差是指同一关键路径工作的计划工期与实际工期的偏差，两个偏差的和作为大修关键路径显示的总偏差，是大修最终工期的综合体现。

大修关键路径信息化平台优化升级后，切实起到了积极作用，大修指挥部人员每天关注最多的就是屏幕上的数据，一旦当前关键路径工作超期，将在屏幕上进行重点提示；各部门专业人员不得不挖掘潜力，通过优化工作步序和合理安排人员等举措，保证自己负责的关键路径工作不拖后腿；而关键路径总偏差显示工期是落后还是超前，大修指挥中心工作人员对此一目了然，必要时组织大修团队讨论对策，及时调整工作部署；大修相关人员对大修当前进度一目了然，各专业都能提前开展准备工作，真正做到大修“负接口”管理、大修精细化管理。

4. “结果”：大修信息化平台助力大修取得新成效

海南核电2021年度两次大修皆取得了较好的业绩，计划工期分别提前4.45天和4.57天，增发电量1.353亿千瓦·时，获得“中国核电业绩嘉奖”，大修信息化平台在其中发挥了重要作用。

[点　评]

大修关键路径信息化平台的开发和应用提升了海南核电大修精细化管理水平，为圆满完成一年双大修任务创造了条件。

17.3 大修质量管理

17.3.1 综述

为保证核电大修的高质量，中国核电下属各核电企业充分发扬“四个一切”核工业精神，将严细融入大修，勇于创新，精益求精，始终致力于“质量创造价值、质量创造品牌”。为此，各核电企业建立了大修质量指标体系，并围绕大修策划、实施、检查、总结等全流程活动开展了全面质量管理，以质量保安全，以质量提绩效。

作为示例，本节介绍了3个案例：江苏核电以智慧化作为大修高质量管控的方向，以数字化监督卡成功驱动大修质保监督迈向标准化；秦山核电以“早预演”作为大修高质量管控的抓手，首次实现大修预演管理在国内核电机组的应用；三门核电以“一双三”作为大修高质量管控策略，通过“一主动、双驱动、三联动”大修质量管控体系的构建和实施，使大修质量更上一层楼。从大修质保监督标准化，到大修提前预演，再到大修质量多面管控，一系列的大修质量管理创新、务实举措，都聚焦于贴近现场、关注细节、追求卓越。

17.3.2 大修质量管理案例1：大修质量标准监督卡的开发与应用

[标　　题]

大修质量监督的标准化蜕变

[案例概述]

2021年3月，工作组调查分析了江苏核电、秦山核电、福清核电等核电企业标准监督卡的现状，策划了以信息化为基础，适用于核电企业大修现场的数字化标准监督卡系统，实现标准监督卡同步程序更新、自动生成监督报告、自动进行大数据分析等功能。2022年6月，监督卡系统完成测试和发版，在601大修和403大修期间进行了试用和优化。大修标准监督卡系统具有标准化、信息化、自动化、人性化的特点，与现场需求契合，是精细化管理先进质量工具的应用，开创了大修标准监督卡在现场使用的新里程。

2022年7月，大修标准监督卡系统获评“第二届核工业行业质量管理一类论文”。

[案例详述]

近些年来，各核电企业先后编制了各自的质量保证监督卡，并取得了一定成效，使本单位管理水平得到了较大提升。但是，工作组调查、分析各核电企业质量保证监督卡后发现存在三个共性问题：一是这些标准监督卡不能及时与管理程序同步更新；二是现场监督使用不方便，特别是在大修这种特殊时间段；三是监督要求、方式、事实未实现结构化，不利于形成领域、部门、监督要素等多维度的分析评价，影响监督大数据的深度分析利用。

基于以上事实和需求，江苏核电以大修质量保证监督为对象，开启了集数字化标准监督卡系统开发、移动应用以及深度分析等内容于一体的核电企业质量保证智慧监督全面提升模式。

1. 多维度标准化监督体系构建

大修质量标准监督卡系统主要是基于数字化监督卡开发以及移动应用，实现质量保证监督体系重构，要求纵向到底，横向到边，不交错，无漏项。监督细则要求结构化，能同步程序更新，为现场监督活动提供适时指引，监督事实记录便捷，自动生成监督记录，监督大数据自动多维度分析，主要包括以下四部分。

(1) 大监督体系重构。重构后的监督体系以监督领域、监督对象（活动）、监督要素、监督细则为出发点，做到体系完整、层次分明；体系层次能适用核电企业所有领域、活动，相应概念能应用于质量保证监督之外的领域，如核安全监督、技术监督、消防监督、保卫监督、辐射防护监督、内控监督等。

(2) 标准监督卡同步更新。通过与“管理程序内容结构化系统”的数据调用，自动实现标准监督卡中监督细则的自动更新，使得标准监督卡与最新的管理程序始终保持一致，提升监督卡的实时可用性。

(3) 标准监督卡移动应用。通过数字化监督卡的开发，监督人员能随时使用监督卡对大修现场的监督工作进行指引。

(4) 监督体系具有智慧性。标准监督卡实现大修标准监督卡同步程序自动更新、监督记录自动生成、监督大数据自动分析等功能，质量保证监督体系充分体现智慧性。

大修质量标准监督卡形成的相应系统技术要求如下。

- 监督体系多维度设计：依托程序结构化，设计监督卡结构与监督细则，开发移动应用与PC端数据交换及人机对接，深度分析监督大数据与应用。
- 监督卡数字化：监督卡设计应满足简单、便于应用并贴近现场活动、同步程序更新、后期维护简单、对“新人”具有友好的使用交互、“增减分合”等需求。
- 移动应用开发：能兼容现有管理支持平台，实现移动端应用与PC端数据交换，监督数据尽可能实现结构化，非结构化数据实现语音文字互转，能够同步图片、视频等记录功能，在飞行模式下系统能有效运行。
- 数据互联分析：数字化监督卡是质量保证智慧监督体系的载体，设计上要求移动端与现有管理支持平台中的质量保证管理流程良好对接，实现监督卡、监督报告、发现问题单和观察意见单数据互联互通；监督卡数据同步后在PC端自动生成监督记录、发现事实等；实现全流程编、审、批的线上管理；实现对质量保证监督数据的自动分析和报告，具有查询、导出导入等数据应用功能；PC端后台可以根据现场质量保证监督需求对监督卡灵活组合，可新建质保监督卡，可对监督项目、要求进行查询、修改、补充、新建等。

2. 深层次模块化监督卡层级设计

适用于各领域的大监督顶层设计。核电企业的监督应覆盖质量管理、安全管理、行政后勤、党政群团等领域，也包含技术监督，即核电企业大监督模式，使监督满足“横向到边”的要求。

以监督领域、监督对象（活动）、监督要素、监督要求为出发点，重构质保监督体系，通过对大修现场生产活动相关管理程序完成梳理并加以归类概括，形成“质保监督领域—监督对象（活动）—监督要素—监督项目—监督要求”层级化、模块化的监督体系。

3. 敏捷型、智能型监督卡系统应用

为确保监督卡满足各种现场需要，监督卡以现场基本活动单元为对象进行设计，对于复杂的现场活动，可以通过多份监督卡组合使用，这种方式能同时满足随机监督和专项监督的需要。这种以现场基本活动单元为对象的监督卡设计，通过对程序要求结构化应用来实现。监督对象（活动）细化生成监督卡过程如图17－2所示。

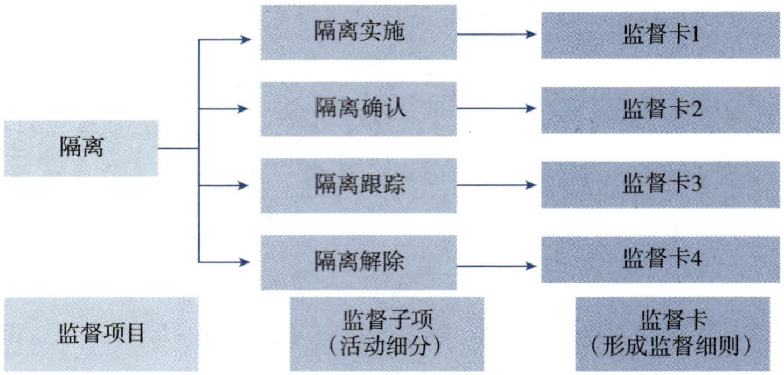

图 17－2 监督对象（活动）细化生成监督卡过程

按照以上监督体系总体设计、监督卡设计以及监督大数据分析等功能设计，江苏核电于2021年12月完成了系统功能开发，并梳理出大修期间需要执行的主要管理程序100份，通过系统自动生成了标准监督卡，在213大修期间投入运行。该系统包括程序结构化、监督卡自动生成、制订监督计划、移动应用助力现场监督、自动生成监督记录/报告、自动进行统计分析。

多次大修的实际应用，验证了监督卡系统的可用性，实现了大修质保监督的标准化、精细化，达到了大修质量监督覆盖面提升、监督内容有效性提升和大修质保监督工作效率提升的预期目标。

[点　评]

大修质量标准监督卡秉承中核集团精细化管理要求，按照“管理流程化、流程表单化、表单信息化”的质量信息化大方向，将管理程序、现场监督有机结合，建立了可操作、可更新、灵活方便、分门别类的监督卡系统，并运用到精细化监督实践中，体现了“严守程序零差错、关注细节求卓越”的质量理念，确保了“凡活动有监督，凡监督有质卡”的大修质保监督需求，可作为精细化管理的良好实践及先进质量文化的标杆进行推广。

17.3.3 大修质量管理案例2：首次实现大修预演管理在国内核电机组的应用

[标　　题]

精准准备，核电大修预演数字化实现与应用

[案例概述]

通过隔离挂牌设备状态冲突、隔离挂牌设备标牌类型冲突、隔离边界设备与工作对象设备冲突检查，将人防实现的大修期间的隔离安全、工作安全、人员及设备安全，全面改为软件技防，全面实现大修所有工作任务的软件程序化提前模拟演练。通过对大修准备过程的数字化分析，提前识别过程中的冲突，有效提升大修准备过程的精细化管理能力，优化大修排程计划；将运行隔离纳入大修的整体工作计划排程，精细化管理大修的各项作业，提升运行隔离与现场维修工作的管理能力。

[案例详述]

秦山核电生产管理主要依托 N1 - EAM 系统，计划管控依托 P6 软件。N1 - EAM软件系统中 AS 模块用于工作管理，eSOMS 模块用于隔离管理，P6 软件用于大修项目计划管理。三者之间的数据传输需要软件接口支撑，经过软件架构与业务流程消化、吸收，最终实现了 AS - P6 - eSOMS 三者数据关系互联互通，支持并实现了大修预演的隔离冲突检查功能。将大修期间的隔离挂牌设备状态冲突、隔离挂牌设备标牌类型冲突、隔离边界设备与工作对象设备冲突，由后端的大修隔离经理、大修计划工程师人为识别、临时调整，改为提前预演识别冲突，实现了大修期间冲突由人防转向技防，并全面实现大修工作的提前预演。

1. 软件功能流程设置

1）AS - P6 - eSOMS 接口开发及数据传输监控

经过软件架构与业务流程消化、吸收，项目组完成了 AS 至 P6 的软件接口开发，实现了将工单任务的信息传递到 P6、P6 的排程信息传输到 AS 的数据实时传输功能。开发了 eSOMS 至 P6 的自动定期传输数据或手动传输数据接口，实现了将隔离挂牌/摘牌信息传输到 P6、将 P6 的隔离挂牌/摘牌排程信息传输到 eSOMS 侧功能。另外，同步开发的 N1 - EAM 应用监控系统，实现了 AS - eSOMS - P6 三方接口的实时监控，监控系统具备异常显示、历史事件记录、短信/邮件通知等功能。

2）数据传输结构展示

AS－P6－eSOMS三方之间的数据传输结构说明见图17－3。AS将工单任务信息发送到eSOMS和P6（路径①）；eSOMS负责创建用于保护工作的隔离，并传递隔离实施和解除信息至P6（路径②）；P6负责工单任务和隔离的计划排程，并将排程信息发送给AS和eSOMS（路径③）；eSOMS传递隔离信息给AS（路径④）。

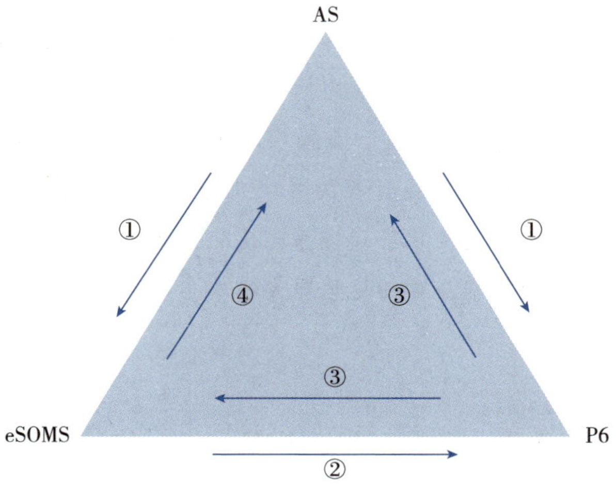

图17－3　AS－P6－eSOMS数据传输结构

大修预演的冲突检查结果会显示在eSOMS侧的三张报表中：隔离挂牌设备状态冲突报表、隔离挂牌设备标牌类型冲突报表、隔离边界设备与工作对象设备冲突报表。

大修预演业务流程设置主要解决大修前模拟的作用、大修前模拟的准备、大修前模拟的执行三个问题。

（1）大修前模拟的作用：检查当前及未来的隔离挂牌设备状态冲突、隔离挂牌设备标牌类型冲突、隔离边界设备与工作对象设备冲突。

（2）大修前模拟的准备：要求AS、P6、eSOMS三方数据达到要求条件，进行数据信息冻结。在数据状态上，须具备工单任务准备完成、隔离准备完成、计划排程冻结三个条件，才可以开始大修预演的冲突检查。

（3）大修前模拟的执行：分别执行eSOMS的三张报表，根据不同的冲突检查表内容，通过不断修正大修工单任务计划排程窗口、大修隔离实施/解除窗口以及调整大修隔离边界等措施，确保大修隔离安措的安全性与大修计划的高效性合理匹配、大修各项维修工作及交叉作业顺利进行。

2. 大修业务流程演练

首先，大修计划人员通过P6软件将工单和隔离挂牌任务、隔离摘牌任务进行排程；其次，运行人员根据计划对隔离进行预演，进行设备状态和标牌类型冲突检测，再将冲突问题反馈给计划人员；最后，由计划人员进行调整，整个预演闭环控制是保证大修隔离、维修工作顺利的前提。

大修前模拟演练是一项持续性的工作，首次模拟演练应安排在大修开始前一个月完成。实际上，在大修正式开始前，模拟演练可随时开展，以便对新增的工单任务进行冲突检测。

3. 大修预演应用分析及管理改进

秦山核电秦一厂117大修通过AS－P6－eSOMS三方接口平台，首次实现了国内核电机组大修预演的冲突检查功能。在保障隔离安全、优化大修排程、减少大修时间等方面提供了科学的规划与支持，并得到宝贵的应用数据与经验反馈，为后续软件业务架构优化和接口功能完善提供了宝贵的实践经验。

2016年10月12日开始秦一厂大修预演工作，参与人员有大修计划工程师、大修隔离经理、N1－EAM专项组业务人员、项目组IT人员。初次预演结果如下：隔离挂牌设备状态冲突2项，隔离挂牌设备标牌类型冲突0项，隔离挂牌设备与工作对象设备冲突171项。

此次大修预演的冲突检查在秦一厂117大修的应用达到了之前预定的目标：根据大修计划的排程信息，隔离挂摘牌操作不会产生设备状态冲突和标牌类型冲突的现象，隔离挂牌设备与工作对象设备冲突调整到可控范围；各软件接口功能、接口监控正常，性能良好。

在大修预演第一次结束后，进行了若干次的计划窗口调整和隔离安措修订，最终结果使隔离挂牌设备状态无冲突、隔离挂牌设备标牌类型无冲突。但是隔离边界设备与工作对象设备冲突（在某一时段内，同一设备既是隔离边界又是工作对象）数量减少有限，通过管理手段合理排程隔离边界设备工单任务的开完工计划，确保人员、隔离、设备、工作安全，保证了整个大修工作效率。为了确保大修预演工作的落地、改进大修工作管理，编制了大修预演管理流程；通过管理流程的改进，确保了隔离边界设备进行维修工作的风险得到充分分析，使得隔离边界设备开展维修工作更加合理、合法化，从而保障了大修工作进度。

在大修实施期间持续性运行大修预演的冲突检查，可及时发现抢修工作中的设备状态冲突，有效保障现场设备安全和工作安全，提高工作效率，如秦一厂117大修实际工期为29.36天，比原目标工期提前了3天。

[点　评]

大修预演功能实现了从人防向技防的转变，通过对大修准备过程的数字化演练，提前识别准备中的错误与冲突，以技防手段杜绝大修准备和实施过程中可能存在的人为错误，也可以优化重复性工作。同时，通过持续的改善，可以不断优化大修计划；建立隔离与工单的数字化、自动化逻辑关联，实现对隔离信息及工单信息的联合排程，隔离的实施与解除也被纳入大修作业的总体计划排程。大修预演管理是电厂精细化管理的良好实践与应用，值得推广。

17.3.4　大修质量管理案例3：“一主动、双驱动、三联动”大修质量管控体系的构建和实施

[标　题]

一生二，二生三，三生高质量

[案例概述]

三门核电创新质量管控模式，以“全面主动”为核心，细化“绩效”和“监督”目标与抓手，聚焦“准备与实施”“管理与实体”“业主与承包商”各项举措的有效执行，通过精细策划、精细执行、精细总结、精细提升助力大修质量精细化管理和绩效提升。

三门核电大修质量管控体系的构建和实施项目获得“2022年度中核集团管理创新成果二等奖”。

[案例详述]

高质量的大修质量管控是保障电站安全稳定运行的前提和基础，当前国内核电厂大修质量管控依托于日常质量管控体系，难以高效精准地解决时间紧、任务重、交叉多、人员广等多个问题。为提升大修期间质量管控水平和效益，围绕“质量创造价值、质量成就品牌”的质量方针，三门核电建立并实施了

“一主动、双驱动、三联动”大修质量管控体系（见图17－4）。

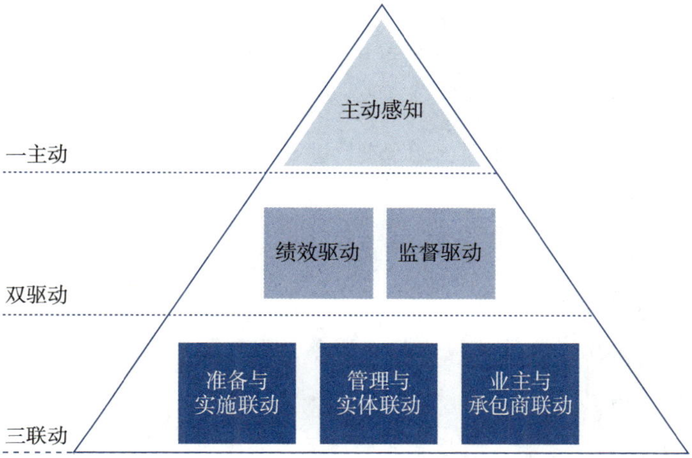

图17－4　“一主动、双驱动、三联动”大修质量管控体系

1. 一主动：主动感知，奠定管控基础促意识提升

从公司质量管理现状和实际需求出发，基于“主动感知”总体思路，以“主动发现、主动纠正、主动验证、主动总结、主动提升”为落脚点制订大修质量工作计划，通过质量启动会、精准培训、预大修监督、质量保证和质量控制联合检查、问题即时分析、大修星级评定等活动对“主动感知”实现了精准落地和精准执行。

为了保障大修质量管控体系的顺利实施，以大修质量保证监督组为基础，构建了涵盖大修经理层、归口管理部门领导层、承包商管理层、归口管理部门推进者、承包商质量员的大修质量管控组织机构，并由大修总指挥、安全质量分管领导提供工作指导和支持。为确保大修质量工作计划的精准落地，采用“1＋N”的方式，由各大修承包商制订细化方案，形成有效承接和支撑，并通过大修质量周会、即时交流等方式进行跟踪和督促落实，确保大修质量管控体系兼顾现场作业和监督管理，涵盖准备阶段和实施阶段、管理问题和实体问题、业主层面和供方层面，构建和实施完整、闭环、高效的大修质量管控体系。

2. 驱动一：绩效驱动，以绩效评定促过程质量提升

质量是干出来的，抛离现场作业活动的质量管控是没有意义的。作为大修现场作业的主体之一，承包商质量管控水平将直接影响大修质量管控业绩，是质量管控提升工作的重点。

1）量化动态评定，建立大修承包商绩效评价体系

以“动态、均衡、自主”为原则，建立了一套量化评价承包商大修质量绩效的体系，通过绩效评价促使承包商质量管理提升自主性和规范性，培育“质量创造价值”的质量文化。同时，以系统理念将与质量息息相关的安全、管理和进度一并纳入评价体系，实现了对承包商大修工作质量和大修工作绩效的“画像”。

2）实践引导改善，固化大修承包商绩效评价标准

通过2021年度两次大修的实践，结合参评承包商的执行反馈，对评定体系合理性、全面性进行了进一步完善，对各承包商均未扣分的项目进行整合，对不同体量承包商评价阈值适当均衡调整，固化形成涵盖安全、质量、进度、管理四个领域的17项否决性指标和45项评定性指标。

3）改善反哺执行，敏捷指向大修承包商绩效症结

大修承包商星级评定工作在执行过程中，始终将星级评定与现场工作紧密关联。对于出现的扣分事例和典型问题，及时通过管理晚会、质量周会进行分析和宣贯，避免因问题累计的“量变”而引发“质变”，影响公司大修综合性能指标；持续鼓励现场的规范作业和良好实践，鼓励对大修质量有明显增益的建议、措施和做法，给予快速、有效的反馈，营造大修质量管控的正向氛围。

3. 驱动二：监督驱动，以多样监督推动全面覆盖促责任提升

质量也是监管出来的，缺少高质量的监督同样会对质量管控产生直接影响。采用日常的质保监督监察方式，难以满足大修质量管控需求，难以高效实现监督的作用和贡献。以责任提升为切入点，实施相辅相成、多种形式的监督，有效提升了现场作业的合规、标准化水平。

1）关注重点，开展高风险项目质量监督

大修质量管控资源应优先保障重要工作的高质量实施。为了评估工作任务的重要性，建立“质量高风险活动评估表”，并从安全重要性、复杂性、风险性、成熟度、经验反馈等方面筛选质量高风险活动进行监督，制订专项监督方案确保监督工作有效开展。

2）提前介入，开展预大修阶段质量保证监督

大修是一种特殊的工作状态，短期内大量工单连续、交叉作业，参与大修的人员能力和经验参差不齐，这些对于质量管控都是重大挑战。为了使作业人员和监督人员提前适应大修节奏，及早发现和暴露质量问题，建立预大修质量

监督机制。

3）专人轮岗，开展大修分区域监督

大修期间采用分区域监督的方式，将有大修作业的现场按照区域进行划分，安排专人负责区域内开展的各项工单质量监督活动，可提高监督效率，保证监督人员更全面地掌握所负责区域的人员状态、工作进展、问题整改情况。

4）质量保证、质量控制有机结合，开展联合作业

大修监督过程中，质量保证更加关注管理方面的问题，质量控制人员更加关注技术方面的问题，其目的都是保障现场工作质量。出现不良趋势或者普遍性问题时，质量保证和质量控制人员的相互配合对不良趋势的遏制和普遍性问题的快速解决有明显效果。

4. 联动一：准备与实施联动，紧前尽早调整管控节奏促效率提升

对于大修，准备工作的质量在很大程度上决定实施工作的质量。因此在大修质量管控体系中，仅关注实施阶段的质量远远不够，要实现准备和实施的联动。

1）以案促改，编制发放大修典型质量问题手册

收集历次大小修中实际发生的典型案例和多发质量问题，编制《大修典型质量问题汇编》，在大修准备阶段，将这些案例向参与大修的作业人员进行宣贯，促使其思想状态和行为发生改变。

2）文件先行，组织大修工作包准备情况监督审查

在大修开始前对大修工作包准备情况的审查，为大修实施的文件质量提供支撑。监督的范围包括大修工作包的工作指令、质量计划、备品备件、风险分析、维修规程等准备情况，通过检查工单任务、访谈准备工程师等方式，对各不同专业的大修工作包准备情况进行检查。

3）有的放矢，组织实施主要人员的精准培训

人员培训是大修准备环节的重要部分，人员技能和对程序的熟悉将直接影响实施阶段的工作质量。在原有的培训授权内容基础上，从培训范围、培训内容、考核方式、闭环反馈四个方面组织实施精准培训。

5. 联动二：管理与实体联动，以聚焦问题实现系统整改促能力提升

影响大修质量绩效的既有管理问题也有实体问题，因此必须实现管理与实体的联动，强化系统性整改的意识，以更加深入、彻底地发现和解决问题。

1）以现场问题为点，深挖管理原因

现场出现的实体问题，往往是突破了一系列管理屏障导致的，通过对实体问题的回溯更容易挖掘出潜在的管理问题。三门核电大修质量管控体系建立了不同层级的实体问题处理流程，并在此基础上与质保监督流程相关联。

2）以管理问题为线，规范现场作业

对管理类问题的统计和分析，能够有效指引现场易发错误改进方向，对提升现场的质量管控状态的贡献和帮助非常明显。基于此，建立了一套更贴近大修的管理问题要素分类方法，通过对大修发现的各类管理问题的趋势分析，及时反馈现场作业的薄弱环节并采取相应的管控措施。

3）有机协作、双管齐下，实现系统整改

以“信息共享、互为监督、联合监管”为基础，实现质量监督的有机协作。信息共享方面，质量保证和质量控制人员互相派员参加相关会议，及时共享问题及趋势，共同探讨改进方向和措施；互为监督方面，质量保证和质量控制在相互配合之外为对方的工作质量提供独立监督，避免出现“灯下黑”的情况；联合监管方面，发挥质量保证和质量控制的专业特长并实现互补，形成合力。

6. 联动三：业主与承包商联动，互学共管打破组织壁垒

质量管控提升既是业主的努力方向，更是承包商的努力方向。

1）建立质量反差机制，促进承包商主动提升

实现业主与承包商联动的关键是提升承包商对质量管控的关注度和主动性。三门核电在大修质量管控中设置了质量反差机制，倒逼承包商加强自主质量管控。

2）建立集中培训机制，促进承包商技能提升

在大修开始前，对业主、承包商的质量管控人员共同进行培训，共同研讨问题，内容包括主要程序要求、大修典型问题、现场监督要点、跟踪验证方式等四大主题，统一认识、统一方式、统一尺度，整体提升质量管控人员的知识技能水平。

3）建立质量会议机制，促进承包商意识提升

召开相关处室处级领导、承包商项目经理、各质量管控人员共同参与的质量保证和质量控制启动会议和周会，明确传达大修管理期望要求，培育大修质量管理氛围。

4）建立双向考核机制，促进承包商行为提升

建立面向所有人员的双向考核机制，采取点赞卡、质量违章考核、合理化建议、“红黑榜”等双向考核措施机制，激发行为提升动力。

[点　评]

三门核电以“一主动、双驱动、三联动”为指引，建立并运行了具有三门特色的大修质量管控体系，实现了大修质量问题数量和严重程度的双下降，大修质量管控绩效获得高度认可，为运行电厂质量管理和大修质量管控贡献了“三门智慧”。

17.4 大修进度管理

17.4.1 综述

在机组换料大修实施阶段，核电厂以大修计划为依据，以既定的大修目标为准绳，贯彻“以安全为底线、以质量为根本、以计划为龙头”原则；按照精细化思路，对大修进度涉及方面进行系统分析，通过全面实施精细化管理，建立完善大修标准化体系，着力发挥大修进度累积的合力效应，推进基础管理的改进、优化和提升，实现精细化管理与大修工作同频共振，做到恰到好处的精细化。同时，在以核岛检修为关键路径的基础上，构建叠加常规岛关键路径管控的双关键路径管理模式，并依托“互联网+”理念打造智慧维修智能管控平台，通过计划管理网络化、关键点责任人制度等一系列规范化、标准化大修管理流程，通过部门之间、专业班组之间的密切配合、交流沟通和协调，减少或杜绝活动交接过程所消耗的时间，宁可向前一步有“交集”，也不后退半步有“空当”，践行“负接口”理念，确保关键路径工作无缝衔接。最终，通过完善的计划和对工期的有效控制，使得整个大修进度变得有序和受控，从而实现大修的工期指标。

作为示例，本节介绍了江苏核电的关键路径“负接口”管理和常规岛关键路径管控两个精细化案例。

17.4.2 大修进度管理案例1：关键路径“负接口”管理在换料大修中的实践

[标　　题]

“负接口”助力大修关键路径管控

[案例概述]

为提升精细化管理水平，江苏核电结合企业自身实际情况，以追求卓越的管理理念，从机组大修管理入手，努力创造精细化实践范例，以大修关键路径“负接口”管理为突破口，将精细化管理的理念在大修管理领域具体化、有形化，从团队建设、流程优化、全过程控制等方面，推进大修管理水平的全面提升。

该项管理实践获得“中国核工业集团公司管理创新成果三等奖”。

[案例详述]

大修关键路径，是指总时差为零的大修工序连接组成序列，该序列具有最长的总工期并决定了整个大修的最短完成时间。大修关键路径“负接口”管理的理念，从实施上、管理上为如何开展大修关键路径接口工作提供了工作思路，具体是指在大修实施阶段，做好关键路径各阶段上下游工作的有效搭接，在明确大修关键路径各项工作任务的基础上，调动并优化一切可利用资源，在不同专业、不同班组、不同处室之间出现关键路径责任转移时，做到提前通知、提前准备；在上游关键路径工作结束、下游关键路径具备开工条件时，及时开工，保证“人等工作”，杜绝“工作等人”；通过倡导践行和谐进取的团队意识，保证信息及时准确地沟通和传递，做到工作过程规范有效，以卓越的团队实施卓越的过程、以卓越的过程保障卓越的结果，保障大修活动优质高效完成，实现大修工期的最优化，以创新和有效管理创造效益。

1. 制定实施方案，建立管理体系

在“负接口”管理理念形成初期，江苏核电将大修关键路径的有效管控作为大修领域的重点工作，梳理大修领域主要管理程序要求，并在此基础上充分解读电站管理层的理念内涵，编制生效《大修关键路径负接口释义及措施》以及《大修关键路径负接口管理记录》。在经实践检验及经验总结后，编制生效《核电厂机组大修关键路径负接口管理实施规范》。

关键路径"负接口"理念要求提前搭接、关口前移：上游工作负责人工作结束前3小时通知下游工作负责人，下游工作负责人提前2小时到达工作现场，下游工作班组成员提前1小时到达工作现场。

理念的推进推广，需采取一系列具体措施予以支撑。按照策划，大修关键路径"负接口"管理理念的提出及其释义发布初期，大修指挥层、监督层等通过大修协调会、质量保证动员会和工作例会、现场监督等不同场合、不同渠道进行宣贯、介绍和提醒，传达大修指挥层的管理要求，深入解析"负接口"管理理念的实质内涵。同时，将大修关键路径"负接口"管理工作与班组绩效考核关联，促进班组更好地开展大修关键路径"负接口"工作。

江苏核电安全质量监督部门大修质量保证监督人员，在推进大修关键路径"负接口"管理的过程中，结合自身业务特点开展独立的监督与跟踪。大修前，质量保证监督层对大修关键路径中存在接口的作业进行梳理，并对重要的接口工作及里程碑节点等提前落实具体的跟踪监督人员；大修期间，质量保证监督层从提前通知以消除衔接等待、从提前准备以确保到场即实施等维度跟踪与监督大修关键路径的接口管理和协调工作。此外，在做好接口监督跟踪的同时，对上下游班组作业质量进行监督，使工作班组能够做到严格按程序规定开展工作，及时做好记录，保证关键路径工作质量。通过正确引导和有效监督作业过程的文件适用、规范执行和记录齐全等全方位的有效落实，达到全过程质量管控。

在开展独立监督的同时，质量保证监督层提高服务意识，深入现场对工作班组结合实际案例进行"负接口"管理讲解；制作"大修关键路径负接口管理记录"专用表格，设计特殊字体提醒作业人员规范正确填写并配备详细的填写说明。

2. 信息及时反馈，做好持续改进

大修实施阶段，在每个关键路径里程碑工作完成后，大修QA监督层及时编制和发布阶段接口跟踪报告，对该阶段接口工作进行总结和评价，指出本阶段"负接口"工作实施良好实践、分析存在不足并提出改进的意见和建议；对于现场作业良好做法和经验教训，通过协调会、表扬信等多种形式予以表彰和经验反馈，确保信息及时传递至作业现场。当大修关键路径工作实施和"负接口"环节出现异常时，大修质量保证监督层及时开展异常事件独立调查分析，通过查阅各方资料和对当事有关人员进行访谈，查明问题发生的原因，督促实施整改。通过开展一系列活动，寻求从管理上优化大修关键路径管理和实施工作，从而促进大修工作的不断优化完善。

通过多年换料大修的具体实践，“负接口”管理的理念已深入人心，强化了大修关键路径管控，提高了现场管理水平，为大修工期逐年缩短打下了坚实的基础。2013—2022 年，1 号、2 号机组年度大修工期由 33.39 天缩短到 21.09 天。

[点　评]

“负接口”管理将精细化管理的理念具体化、有形化，为核电站大修管理提供了一个综合平台，有力地推动了核电站大修参加单位的业务技能水平和管理水平的提升，有力保障了大修关键路径工作有序开展，以及大修工期持续优化，切实保障了大修绩效的连年提升。

17.4.3 大修进度管理案例 2：以安全运营为目标的常规岛大修关键路径管控优化

[标　题]

以精细化融入大修进度管控

[案例概述]

江苏核电构建以安全运营为目标的大修常规岛关键路径管理体系，通过对公司大修实施过程全流程进行系统识别和科学设计，结合核电成熟的管理制度架构，建立常规岛大修管理标准流程，依托“互联网 +”，打造高效的智能维修系统，形成检修发展的合力。

江苏核电的大修关键路径管控成果于 2019 年 10 月获得“江苏省电力行业企业管理现代化创新成果一等奖”。

[案例详述]

为确保核电站大修工作的安全高效，江苏核电高度重视影响整个大修工期的关键路径工作，一直采用以反应堆为中心的核岛检修关键路径管理方式，取得了丰硕的管理成果。随着大修核岛工期不断优化，以汽轮发电机组为中心的常规岛检修工期压力逐年增大；常规岛管理模式相对粗放，关键检修采用节点控制逻辑，未形成以时间为基础的全流程控制，且未纳入关键路径以实现“负接口”管控，容易导致因常规岛工作影响整个大修工期的后果。依托“互联网+”打造智慧维修平台，构建高效的大修常规岛关键路径管理体系具有重要意义。

1. 积极探索，寻求新的管理体系

1）建立常规岛大修关键路径组织机构

为规范常规岛大修关键路径管理，成立常规岛大修管理组织机构，采取扁平化管理手段，减少大修指挥层级，通过分区域管理，引入竞争机制。创新设置常规岛经理，在大修计划工程师组和常规岛工作协调组两个机构辅助下直接对汽轮机、发电机、循环水泵以及主变等检修专项组进行大修指导和管理，改变了以往信息向下逐级传达、逐级弱化，向上逐级汇报、逐级失真的管理乱象。

2）建立常规岛大修关键路径管理制度

全面推进大修管理标准化，制定大修常规岛关键路径管理规定，通过制度实现工作分类、流程分级和责任分人的目标（见表17－1）。

表17－1　常规岛检修工作分类和职责

作业条件	管理规定
常规岛检修工作分类	常规岛检修项目管理工作； 常规岛检修计划管理工作； 常规岛检修安全监督工作； 常规岛检修质量控制工作； 常规岛检修实施工作等
常规岛检修管理工作职责	常规岛厂房工作组织及技术决策管理； 常规岛厂房工作进度管理； 常规岛厂房工作接口管理； 常规岛厂房场地及吊车管理； 常规岛厂房安全与质量管理等

3）建立常规岛大修关键路径管理流程

为解决常规岛检修工作各专业间不协调、项目计划安排不周、组织不严等问题，建立常规岛关键路径管理制度，其管理方法主要包含项目计划编排、绘制工序网络图、找出关键路径、合理安排人力/物资资源、控制计划实施等，使检修人员和管理人员能够有重点、有目标地进行作业与管理。

建立关键路径网络图，明确作业主次关系。常规岛检修项目多、接口杂，在众多项目中确定工期最长项目作为常规岛大修的主工程，其他为辅工程。以1号机组第十一次大修为例，汽轮机检修工期最长，成为常规岛检修主工程，检修关键路径就以汽轮机检修计划为基础编排、整合，在汽轮机检修计划下，插入发电机、海工、凝汽器等检修计划，利用计划管理软件对各检修工序添加相应逻辑关系，生成关键路径网络图。关键路径网络图确定后，其他不在关键路径上的工作，但可能影响关键路径工作的，定为次关键路径；对于次关键路径的管理，如海工、发电机等工作，采用倒班工作制，明确上、下班时间，规范化管理，保证次关键路径工作不影响关键路径工作，进而保证整个大修进度。

优先安排资源，配合服务“负接口”。通过关键路径网络图，找出关键路径工序，对于各关键路径的工序，优先安排各类资源，如行车、脚手架、保温等，采取各种措施，充分挖掘潜力，尽量缩短关键工序时间。如对于汽轮机关键路径上的检修配合工作，制订支持服务计划，根据关键检修工作提前安排脚手架搭设、保温、切割、焊接等工作的时间和人员，减少检修工作的等待时间，确保工作的连续性。

建立可视化指导图，确保工作有序开展。为保证常规岛检修工作按计划开展，编制大修常规岛检修指导书，以明确项目检修工作中的重点，阐述可能存在的问题或风险，制定相关处理预案。

2. 场景引领数智转型，创新释放数据价值

通过信息化和工业化融合，江苏核电先后开发了维修申请智能分发、大修项目计划管理系统、维修支持管理系统、工作票自主打印系统、高清视频系统等信息系统，构建常规岛大修关键工作互联协同环境，为常规岛大修关键路径管控体系的建立奠定了信息化基础。

1）借助大数据和知识图谱，实现维修申请自动分发

维修工作申请是维修工作开始的初始条件，以往维修工作申请需“公司—处室—专业”三级计划人员手动分发，计划人员依靠专业知识识别工作所属专业并逐级分发，流程存在分发时间长、分发错误率高等问题。通过研究维修申请历史数据并统计分析，利用大数据知识图谱，找出维修申请中的设备名称、缺陷类别、专业类别、设备位置等的关联关系，建立维修申请自动分发规则，打造智能维修申请分发系统，实现维修申请的自动、快速、准确分发。

2）开发大修项目计划管理系统，实现大修全过程的智能管控

大修工作以大修计划为核心，以往大修计划管理主要依靠邮件、电话和现场沟通，大修生产相关信息系统间无法实现实时关联。通过开发大修项目计划

管理系统，实现项目触发、项目变更、项目计划编制、项目进展反馈、项目延期、项目结束等全过程跟踪，并与生产维修系统、运行许可申请系统实时关联，提高大修计划管理效率。

3）打造工作票自助打印平台，提高取还票效率

大修期间工作票数量庞大，工作负责人到中央控制室取还票需要排队等候，隔离经理需人工打印和发放工作票，效率低下；通过开发维修自助服务系统，梳理工作许可证领取/归还流程，针对风险较低的维修工作许可证采用工作负责人自助取还票方式，减少工作负责人到中央控制室排队取还票等待时间，减少隔离经理打印工作票及发放工作票所需时间，提高工作效率。

4）建立高清视频监控系统，实现核心区域实时监控

建立常规岛大修关键路径全过程监控系统，在常规岛汽轮机厂房设置东、南、西、北8个高清可旋转伸缩式摄像头，对常规岛汽轮机、发电机、励磁机等关键设备检修作业、高风险检修工作实施24小时监控，确保重点关注检修作业安全措施有效落实、检修工序无缝衔接，进而提高常规岛大修检修工作效率。

5）开发配合工作管理平台，实现辅助工作有效关联

通用服务主要包括脚手架、保温、抽排水、役检打磨、气瓶搬运等作业。通过开发服务类作业电子化平台，在生产维修系统线引入二维码管理，通过安全监督信息管理平台扫描二维码，服务人员在生产维修系统中接收服务申请单，跟踪作业状态。同时，将高风险作业数据反馈到安全监督平台，扫除安全监督盲区，实现对高风险作业的及时安全监督。

2017年，大修常规岛关键路径管控体系首次在1号机组110大修期间应用，常规岛大修工期得到有效控制，常规岛工作不再成为影响大修工期的重大因素，为110大修工期刷新VVER机组年度大修工期世界纪录创造了条件。

[点　评]

江苏核电常规岛大修管理优化引入扁平化管理手段，减少大修指挥层级，应用计划管理网络化、现场管理“负接口”、关键点责任人制度等规范化、标准化流程，大幅减少检修工序中的复杂接口关系，使常规岛大修计划管控水平得到根本提升，为缩短大修工期奠定了坚实的基础。

17.5 大修成本管理

17.5.1 综述

大修成本是核电运行机组生产成本的最大组成部分，已成为需攻克的“堡垒”，是建立运行成本竞争优势的“必争之地”。

近年来，中国核电始终致力于在确保核安全的情况下不断推进大修成本管理精细化。通过打造大修成本全过程管控体系、大修工单成本数字化管理体系、大修成本分析体系框架等多元化基础体系，大修成本管理工作逐步从财务指标驱动向业务精益驱动的方向转变，事前决策能力与业务指导能力趋向多维度发散。基于大修成本管理能力逐步提升，成本管控体系逐步完善，大修成本精益空间得以不断挖掘，降本增效工作成果显著，目前单次大修节约的直接成本已达到千万元级别，产业核心竞争力得到持续提升，企业发展硬实力进一步增强。

作为示例，本节介绍了三门核电的案例，三门核电面向大修项目及作业的核电大修成本管理实践展示了如何应用精细化的方法提升大修成本管控水平。

17.5.2 大修成本管理案例：面向大修项目及作业的核电大修成本管理实践

[标　题]

工单级成本定位，告诉你钱花哪儿了

[案例概述]

维修业务的财务分析是成本精细化管理面临的瓶颈问题。运维成本和工单作业之间缺少明确的对应关系，无法明确回答“钱去哪儿了”“时间去哪儿了”的问题，难以准确定位成本管理薄弱环节，导致成本决策支撑力欠缺。本案例通过业财密切联动及跨部门高效协作，实现大修预算目标精准确定、精细跟踪及有效管控，搭建大修项目/工单作业成本精细分析数据模型，将成本统计精细到单个维修工单，建立价值导向、问题导向的大修成本多维分析框架，形成工单成本数智化管理体系，精准定位剖析非高价值作业，突出事前决策支持以及预测能力，为核电经济性维修、预维策略优化、采购决策、工时定额优化、库存优化等方面提供强有力的决策支撑，持续挖掘大修成本精益空间。

[案例详述]

1. 建立跨部门协作机制，制定成本专项激励方案

明确大修总指挥既要管大修业务也要管大修预算。预算不仅是大修活动的资源保障，也是公司成本管控的重要手段，实现业财密切联动。三门核电在中国核电成员单位中率先发布大修专项预算管理制度，制度涵盖大修成本管理工作的全过程：预算编制、升版、冻结下达、调整、执行控制分析、绩效总结与考核。基于公司已有的年度预算管理框架，在大修专项成本管理中，建立了一套贯通各部门、各层级的跨部门协作机制——“领导层定目标，管理层抓落实，计划管理（业务策划）、技术管理（支撑驱动）、成本管理（监督实施）、经营管理（落实激励）全面协同推进”。

三门核电在大修前发布《大修成本专项激励方案》，围绕大修成本总目标、预算管控精准度、暂定价合同成本管控结果、成本管理提升等进行激励。为实现精准激励，各激励目标的提出主要针对大修业务端的成本挖潜空间：技术支撑降本，自主化能力培养和实施，供应链采购等。激励方案明确兑现条件及标准，激励对象定位为具体的项目负责人，鼓励各部门以及各大修项目负责人针对激励目标主动采取管控措施。通过强化大修预算目标的成本管控而不只是强化资源保障，对大修成本项目及成本管理开展精准激励，使成本精益理念深入大修一线人员心中。上述举措得到了业务部门的积极响应，各级参与者从大修业务开发、大修准备至大修业务开展的全过程均能关注成本管理重点，主动作为，合理控制外委规模及成本，201 大修及 102 大修成本专项激励兑现超过 92 项。

2. 开展大修成本精细分析，完善大修成本分析体系框架

搭建工单成本分析数据模型以及大修备件领料成本预算评估模型，将大修外委成本、备件领料成本分解至工单任务颗粒度，实现系统、设备、预维项目等业务维度的大修工单成本数字化、精细化管理，构建价值导向、问题导向的大修成本分析体系框架，挖掘大修成本精益空间。传统的成本分析以资源消耗情况为中心，主要从预算目标完成率、预算偏差率、同行对标等方面进行分析，无法对真正决定成本水平的上游作业活动的合理性和价值进行分析，其成本决策支持的力度有限。故三门核电开展了基于工单、面向大修项目及作业的大修成本精细分析。

大修项目/作业维度的成本分析数据模型，是实现工单成本数字化管理的核心工具和抓手。大修成本管理团队基于作业务成本法理念，运用商业智能数据可视化分析软件，将生产系统工单作业数据、领料成本数据以及外委成本确认数据、采购以及仓储数据、大修预算管理线下管理台账等多维异源数据进行清洗并建模，搭建了基于工单作业维度的大修成本BI分析数据模型。

基于此搭建大修备件领料成本预测评估模型，提高大修备件预算的精准度。三门核电大修领料成本约占总成本的42%且呈现上升趋势。即使大修工作范围已完成冻结，备件领料成本随工单领料提报、取消、调整、新采购备件入库等仍不断波动，只有工单全部关闭时才能最终固化。如何确定大修领料成本的预算目标，是大修预算精准管理的一大难题。三门核电通过下述方式实现大修备件预算的精准测算：①业务部门落实管理要求，按期在T－6前完成工作包准备及领料单挂接；②积极跟踪大修项目变动，及时评估新增领料需求；③及时跟踪新采购备件价格，评估移动平均价的波动水平；④建立备件成本预测模型，实现备件成本的高效精准预测。通过对大修备件领料成本的精细化管理，大修备件预算的偏差率由201大修的24%降至102大修的0.5%。

通过三次大修的成本总结，三门核电持续完善大修成本分析体系框架，精细挖掘大修成本的提升空间，探索并提出价值维修的建议。其中，分析框架由成本绩效分析、外委专项分析、备件采购领用专项分析、大修工单成本分析四部分组成，工单成本数据度量指标涵盖供应链管理、外委业务管理、标准工时管理、预维项目管理、预算管理等业商财全领域，超过100项指标，计算逻辑提供多维的业务见解和洞察。基于上述框架，成本管理团队定期开展五大专项成本管理活动，包括标准预算管理、0版预算发布、大修预算冻结、专项调整评估、大修成本总结，全过程跟踪监测大修成本形成过程。大修开始前，按照月、周频次进行成本预测；大修开始后，与大修同步逐日开展备件成本预测；大修结束后30日内形成总结快报。单次大修至少开展40余次成本预测和评估。

备件采购领用专项分析包括：量化分析大修完成后冗余库存产生情况，从工单需求源头寻找管理改进空间；分析保障异常项目，优化供应链采购效率；量化进口备件依赖程度，聚焦使用频率高、采购价值高、价格涨幅高的单一来源进口备件，提出成本维度国产化建议清单。

以工单作业专项分析为例，发现非关键设备高价值工单资源投入，为预维优化提供参考意见；横向对比周期性项目成本变动情况，识别异常原因，提供标准化工作包管理优化建议；发掘高价值预维项目，持续跟踪大修成本变化，重点保障此类项目的技术创新及提效资源投入。

3. 利用成本分析成果，提升大修成本绩效

自2019年起，三次大修成本总结按照上述思路和模型开展总结分析。大修成本总结旨在确认大修成本的管控绩效，并通过大修成本的数据统计及分析，重点研究影响大修成本绩效的关键因素，明确后续大修成本管理的重点，探索大修成本指标的标准化方法，持续追求卓越的大修成本管理绩效。大修成本对象分解至工单维度后，三门核电的大修成本总结对不同系统的成本、关键敏感设备及非关键敏感设备的成本投入、不同工单类型的成本投入、核岛及常规岛的成本投入等进行了量化的对比分析，通过对历次大修成本总结的挖掘，提出了备件采购以及外委项目相关有价值的业务改进建议并获得管理层认可。

通过大修成本管理精细化管理实践，三门核电大修成本绩效指标及管理水平得到了持续提升，已实施完成的三次大修均实现成本管控目标，且显著优于中国核电成员单位平均水平。

三门核电三次大修中，与成本直接或间接相关的业务指标（大修冻结后项目增减率、大修期间备件紧急采购数量等）均达到中国核电三星标准。大修备件采购领用率指标持续提升，大修备件库存积压得到及时遏制：101大修备件采购领用率仅为65%，但201大修备件采购领用率达到92%，较101大修提升27个百分点，并达到中国核电成熟电厂先进水平。

根据工单成本分析数据，大修成本管理团队提出了减少预防性维修项目尤其是常规岛预防性维修策略优化建议。201大修最终冻结的周期性项目总数从101大修的4110项减少到3747项，减少9%；预防性维修项目从101大修的2872项减少到2585项，减少10%。其中，仅汽轮机开缸周期由4个燃料循环调整为6个燃料循环一项优化，减少通用外委成本产生的直接成本效益达70万元。三门核电根据101大修实践及时升版发布《AP1000维修标准工时定额》，用于后续大修成本结算。重大关键检修项目标准工时定额水平持续优化，对劳动效率提升的效果显著，如高压缸、循泵检修等重大项目工时水平方面，201大修同比101大修优化了13%~18%。

三次大修各业务部门共完成成本精益项目247项，单次大修直接经济效益

（不含大修工期优化等间接效益）均超过1000万元，累计效益达5676万元。以102大修外委优化为例，通过提升技能水平，培养自主化检修水平项目5项，实现外委及设备采购成本精益100万元以上；业务人员深挖成本压降空间，主动作为，通过优化检修内容或步骤、减少外委范围或取消外委项目等约80项方式，产生直接经济效益500万元以上。

[点　评]

面向大修项目及作业的核电大修成本管理实践的创新理念和工具方法，可提升核电厂大修成本核算的广度及深度，挖掘成本控制重点，提升电厂在大修成本分析、控制、预测等方面的管理水平。如何在保障大修安全、质量、进度的前提下，取得大修成本的领先优势，提升市场竞争力，本案例贡献了可借鉴和推广的经验与方法。

17.6 大修优化管理

17.6.1 综述

大修绩效提升涉及管理和技术等多方面的因素，中国核电及成员单位高度重视大修优化的每一个环节，对大修各个阶段的工作进行研究，分析制约大修绩效提升的主要影响因素，梳理出需要进一步开展优化研究的项目并推动研发活动的开展，挖掘大修绩效提升潜力，形成以优化大修工期为主要目标的精细化管理机制。

通过大修精细化管理，研究并落地实施大修优化措施，实现精细化管理与大修工作同频共振，提升了大修安全质量进度管控，缩短了大修工期，提升了机组经济效益。

下面介绍秦山核电在大修精细化管理活动中的精彩案例：机组大修运行工作精细化管控。

17.6.2 大修优化管理案例:机组大修运行工作精细化管控

[标　　题]

“精”准控制,“细”化运行

[案例概述]

中国核电各M310机组针对机组日常运行业绩已接近卓越值,进一步提升机组能力因子出现瓶颈,发挥M310机组数量大、运行堆年长、大修运行操作主线相似的优势,通过“大修运行操作工单化管理”和“大修低低水位期间运行工作精细化管理”两阶段的精细化举措,明确目标,内部深挖,分层分类,精准施策,通过大修运行工作的主动精细化管理,缩短了M310机组的大修工期,提高了机组的能力因子和经济收益。

[案例详述]

为打破能力因子提升至96%的瓶颈,中国核电M310机组通过对大修运行工作全流程的精细化管理方式,内部挖掘能力因子提升潜力。

1. 精准施策,促运行操作工单化

中国核电M310机组以标准C类大修关键路径清单为蓝本,由各电厂大修运行经验丰富的专家组,对大修运行关键路径进行梳理,形成统一的运行关键路径项目,每个关键路径项目细分成标准的工单子项。将每个主线操作模块化,像一只只麻雀一样进行精细的解剖,进行每一张“工单”的风险分析和应对措施,保证运行操作的风险管控到位。在保证安全质量的前提下,对梳理出的每个主线工单在各维度进行工期提升空间剖析,制定各种适应性的提升方式,缩短每一张“工单”的工期。采用对标其他机组优秀做法、修改技术规程、精细隔离设置、调整执行窗口、推动科技创新、优化上游文件、提出变更改造等方式,对运行主线工作逐个进行精细化的剖析,同时对60万机组和百万机组的差异性子项制定适应性的优化策略。通过精准施策,每一项大修主线运行操作都变成一张完美的“工单”,以达到减少运行主线操作时间,进而缩短大修工期的最终目标。

运行部门的主动优化将关键路径工作退出关键路径,间接带动其他专业处室优化新进入关键路径的工作;同时,“工单化”的思路,使运行人员由“要我优化”向“我要优化”的观念转变,将精细化理念通过实际举措传达给每位电厂运行人员。

1）大修主线运行操作精细化管理

通过对大修主线运行操作进行历史工时和数据分析，寻找主线操作时间提升的关键点，采用编制运行操作标准培训教材、准备标准工前会PPT材料、合理优化串并行关系、部分操作内容前移出关键路径、量化设置规程中的数据判断依据、工作接口衔接和配合工作前移至规程的合适部分等精细化方式，达到提升运行主线操作的风险管控和执行效率，缩短操作工时。秦二厂215大修运行操作优化成果示例见表17－2。

表17－2　秦二厂215大修运行操作优化成果示例

项目名称	项目内容	项目收益
运行操作优化（秦二厂215大修）	停机后硼化到冷停堆硼浓度方式优化	缩短2.20小时
	一回路升降温速率调整为28℃/小时	缩短1.85小时
	稳压器开人孔液位从+2米下降至－4.5米	缩短1小时
	安注冷热段管线充水排气前移至低低水位充水阶段执行	缩短3小时
	一回路排气操作优化	缩短5.45小时
	稳压器建汽腔方式优化	缩短1.08小时
	卸料排水至低低水位优化	缩短9小时

2）大修主线运行规程精细化管理

通过对M310核电机组大修主线规程的全梳理，在保证定期试验监督要求和定期试验导则得到遵守的前提下，采用优化试验执行窗口、将试验退出关键路径、优化试验方法、将多窗口执行的定期试验进行拆分、将试验部分移出关键路径、优化热停堆期间多本定期试验串并行逻辑关系等方式，对大修主线运行规程进行精细化管理，提高运行定期试验执行效率，缩短主线用时。

2. 梳理优化，缩短低低水位运行操作工期

大修低低水位是大修的核心阶段，日常无法检修的设备及核岛的检修工作都会在此期间展开，同时低低水位期间的检修质量高低及系统在线投运的质量，是机组顺利启动及下个循环安全稳定运行的决定性因素。有别于机组上下行的单一模式，低低水位期间工作多、安措数量多、检修工作之间逻辑性强、人员工作负荷高、人员协调难度大、主线次主线多、风险管控难度大，易出现安全、质量、人因等方面事件。

通过梳理优化M310机组进入、离开低低水位及倒列三大关键节点的工作逻辑顺序及标准操作时间，编制统一标准的各节点逻辑控制图，指导低低水位运行操

作工作，达到高效化、标准化和逻辑化的效果，缩短低低水位运行操作工期。

对几千张标准检修工单的隔离要求逐一梳理细化，提升隔离要求的精准性；根据厂房标高、检修工作是否需要开口等差异，精细化拆分设置隔离，“瘦身”低低水位检修工作，解决以往臃肿的工单挂接模式，将部分工单前移至低低水位前，提升低低水位检修工作效率及质量，降低人力需求量；将传统M310机组以工单出隔离的低低水位出票方式精细化为隔离主导工单的新模式，使低低水位工单出票效率大大提升；以梳理出的进入、离开低低水位及倒列逻辑顺序精确设置工单开完工时间，达到降低延期率，提升系统复役的准确性和及时性。

通过大修低低水位期间运行工作的精细化管理方式，从存在的难点痛点入手，优化运行的管控方式，针对性地解决问题，为维修工作创造高质量的安措和更合理的窗口，提升进入、倒列、离开低低水位的关键节点在线效率和质量，在保证安全质量的前提下，从运行工作方面提升低低水位的工期进度。低低水位工单的精细化管理思路，也为数字化大修构建了基础性的框架。

1）低低水位运行关键节点操作的精细化管理

对进入、离开低低水位及倒列等几个运行主线节点操作，根据技术规范要求、系统退出及投运的串并行顺序，优化整体启停及倒列逻辑，设置每项操作的标准工时，编制统一逻辑图，指导M310机组低低水位运行关键操作标准化、高效化，同时为低低水位检修工作的工期设置和出还票时间搭建了合理的逻辑框架。

2）低低水位倒列精细化管控

M310机组冷源和厂内电源是冗余设计，为保证乏燃料水池的冷却，大修期间必须保证一列可用，另外一列才能进行检修，所以中间会存在倒列的过程。倒列前需完成检修后冷源和厂内电源的在线、充水、排气、再鉴定及核安全相关的定期试验。只有这些操作全部合格后，才能进行倒列工作和另外一列的检修。而检修前又涉及系统的疏水、隔离等过程，所以倒列属于低低水位的关键节点，一般也属于大修低低水位的关键路径。

通过对冷源检修按标高进行隔离及疏水的拆分，可将部分检修工作前移，缩短检修工期；通过倒列全过程的精细化梳理，提升冷源和厂内电源从检修结束到恢复功能可用的逻辑性、时效性及安全性；通过对厂内电源检修后品质、功能再鉴定及定期试验执行逻辑关系的优化和新方法的引入，节省了厂内电源恢复时间，进而缩短了大修主线工期。

3）低低水位主要检修工作隔离设置的精细化管控

M310机组大修低低水位检修工作是大修的核心，是保证机组启动和下一循环安全稳定运行的决定性因素。在检修工时已相对固定、检修方法创新难度大、检修成本提高、检修项目众多的背景下，如何通过运行工作的精细化管理来辅助检修工作的开展，提升低低水位检修工作的安全、质量，创造最优的检修条件和最短的低低水位工期，是M310核电机组低低水位运行工作的精细化目标和方向。通过梳理低低水位的检修工作特性、检修隔离要求、检修工期设置、检修人力需求等历次大修数据，通过优化隔离设置、改变隔离执行方式、工单管理精准化等举措，提高整个低低水位检修工作的逻辑性、合理性和高效性，降低检修人力成本。

3. 精细化举措，助力大修业绩提升

通过本案例所述的大修运行操作精细化举措，明确目标，内部深挖，分层分类，精准施策，有效缩短了M310核电机组的大修工期，为实现“运行机组全寿期能力因子达96%”的卓越目标开创了新领域。M310核电机组大修运行工作精细化管控工作实施后，2021年秦二厂309大修41.34天，创造国内M310机组十年大修最短工期；2022年秦二厂2号机组215大修25.02天，创下国内M310机组B类大修的最短工期，方家山106大修25.41天，比目标工期29.04天提前3.63天，创下方家山两台机组大修最短工期。

[点　评]

本案例介绍的精细化大修运行管理优化良好实践已通过机组大修实践验证，取得了非常好的效果，该成果适用于M310机组和华龙机组，同时低低水位运行精细化管控的良好实践同样适用于所有核电机组大修运行工作管控。本精细化管理经验，投入成本为零，且立行可用，无须长时间准备，助力大修团队创造最优大修工期，可显著提升核电机组的能力因子，带来直接经济效益，具备向行业推广的价值。

［本章编写者：17.1节，张向京；17.2节，俞学成、肖政渝、温杰；17.3节，许绍明、金燕锋、李超（20069085）；17.4节，郑小国、张鹏（20032063）、李小辉；17.5节，胡昱、苏向南；17.6节，刘强（20032052）、韩健］

18

第 18 章 设备管理

18.1 综述

设备的可靠性和可用率是核电厂长期安全、稳定、经济运行的重要保障。设备管理分为设备技术管理和设备使用维护管理。设备技术管理包括设备基础信息管理，设备分级管理，备品备件管理，设备性能监测，设备专项管理，预防性维修管理，在役检查和金属监督，设备防腐、老化和寿期管理，重大设备问题，经验反馈等。设备使用维护管理包括缺陷管理、定期试验、质量控制、质量缺陷管理、维修后试验、变更改造、材料替代等。核电厂设备管理还涉及电厂技术、运行、维修、配置、采购与仓储、资产管理、财务等多个领域和部门。

中国核电以设备可靠性为中心开展设备管理工作，对设备进行分级，并对关键设备进行重点管理。通过建立系统设备性能准则，开展在役检查和试验、设备性能监督，掌握系统设备的实际状态和性能趋势，识别设备的薄弱环节，及时采取纠正措施，避免设备失效。通过建立动态的预防性维修大纲，合理安排设备的预防性维修和状态维修，持续优化维修策略和预防性维修大纲，提高和保持设备可靠性，合理平衡设备的可靠性和可用性。对现场设备故障模式及失效机理进行技术分析，采取措施避免缺陷重复发生。通过设备可靠性管理，确保系统、设备始终处于设计功能范围内运行。

近年来，中国核电践行精细化管理理念，紧抓设备管理主要矛盾，聚焦关键设备，在减少机组非停、备件管理和优化库存管控、技术改造管理、关键设备核心技术自主化等方面开展了大量卓有成效的工作，多次获得“亚洲质量大奖”“国防科技工业企业管理创新成果奖”“中核集团科技进步奖/管理创新成果奖”“设备管理/电力行业协会管理创新成果特等奖”“EPRI 成果转化奖”等奖项。

18.2 关键设备管理

18.2.1 综述

践行设备管理优化，抓住设备管理主要矛盾——建立健全 SPV 设备管理要求。SPV 设备，指单个设备故障即可导致电厂停堆、停机、降功率、功率大幅度波动的设备。中国核电各电厂通过设备分级识别 SPV 设备，从管理和技术两个方面，针对 SPV 设备建立了管理制度和技术规范，覆盖设备标识管理、敏感部件识别、缓解策略分析、备件管理、性能监测与评价、管理提升、寿期管理等，实现 SPV 设备全流程、无死角的精细化管理，体现了 SPV 设备管理的“可见性、优先性、严格性”。

作为示例，本节介绍了秦山核电 SPV 设备管理创新实践、秦山核电 DCS 设备脱敏技术创新、福清核电主泵机械密封延寿及可靠性提升 3 个案例，反映了中国核电在 SPV 设备管理方法、SPV 脱敏、备件可靠性方面开展的精细管理工作成效。

18.2.2 关键设备管理案例 1：秦山核电 SPV 设备管理创新实践

[标　　题]

聚焦核心，做精做细

[案例概述]

资源合理分配，聚焦 SPV 设备，是设备管理的重中之重。以 SPV 设备监督、故障诊断、预防性维修、新技术应用为手段，重点开展 SPV 设备管理，从采购、计划、运行、维修、技术等方面进行严格、全面把控，凸显 SPV 设备的优先性、重要性。秦山核电以精细化理念为指导，对 SPV 设备相关文件、实体设备、备件、软件等进行标识，做到 SPV 设备可识、可见。通过关键功能小组高效运作，短时间有效地完成 SPV 设备全方位的分析和诊断工作，识别出关键点、风险点、薄弱点，针对性地制定措施和行动，提升 SPV 设备管理水平，实现 SPV 设备的可知可控。

相关成果获得“2019 年设备管理协会管理创新成果特等奖”“2021 年中国核电管理创新一等奖”“2021 年亚洲质量大奖三等奖”等奖项。

[案例详述]

秦山核电在学习吸收国外先进理念的同时，结合自身实际，对 SPV 设备管理方法进行不断的完善与创新，主要涉及 SPV 设备管理职责落实、SPV 设备标识、SPV 设备敏感部件识别、SPV 设备缓解策略分析、SPV 设备监督等方面，体现了 SPV 设备管理精细化管控思想，主要做法如下。

1. 明确 SPV 设备识别要求

发生单一设备故障，将导致机组停机停堆或功率波动在 10% 及以上后果的设备判定为 SPV 设备。秦山核电对各核电机组 SPV 设备进行了全面识别，单机组 SPV 设备数量为 700 多台，约占设备总量的 1%。

2. 落实 SPV 设备管理责任

秦山核电对所辖机组 SPV 设备进行了管理组织模式的创新，对每台 SPV 设备指定专门的设备管理工程师及维修工程师，实现专人管专人修。每个 SPV 设备的设备工程师设置 A、B 角，原则上 A、B 角各 1 人/专业。SPV 设备的设备工程师要求要有 5 年及以上本专业工作经验。每个 SPV 设备的维修负责人设置 A、B 角，原则上 A、B 角各 1 人/专业，特殊情况，最多可以设置 3 个 B 角。此项工作有效落实了设备主人责任制管理要求，强化了技术人员参与设备管理的责任心。

3. 明确 SPV 设备标识要求

秦山核电设置了 SPV 设备的现场实体标识（见图 18－1），体现 SPV 设备的“可见性”，以提高工作人员警觉性，防止误动误碰等导致设备非预期动作。

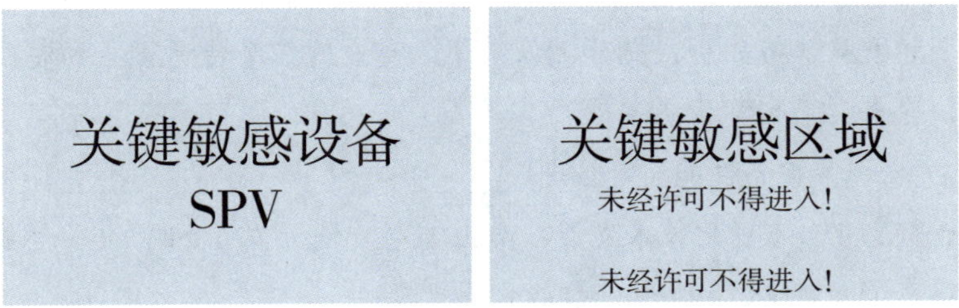

图 18－1　SPV 设备现场标识

4. 开展SPV设备敏感部件识别和缓解策略分析

所有确定为SPV的设备，须在设备数据库中通过设备分级字段进行标识，以便在工作管理、物资采购管理、大修文件包准备等工作中识别出相关工作是否与SPV设备相关，从而确保SPV设备在相应环节中得到更严格的控制。

识别出SPV设备后，通过对SPV设备及其电气、仪表控制回路的故障模式及影响分析，查找导致该SPV设备故障的部件及部件的故障模式并确定导致该设备故障的敏感部件。识别敏感部件后，针对敏感部件进行缓解策略分析，由于涉及运行、维修和技术等多个专业，秦山核电首创性提出了基于跨职能合作的关键功能小组管理模式。将机械设备工程师、电气设备工程师、仪控设备工程师、系统工程师、维修工程师、运行工程师共六人组成以SPV设备为中心的关键功能小组，使他们发挥各自专业所长，互相合作，打破专业间横向壁垒，针对同一类或者大型SPV设备开展缓解策略分析工作。

采用关键功能小组管理模式后，来自不同部门的小组成员在组内可以自由沟通，避免了传统复杂、低效的矩阵式沟通方式，从而能够有效提升不同职能工程师之间的信息传递和工作协调效率。传统矩阵式管理信息沟通与关键功能小组模式信息传递的差异如图18－2所示。

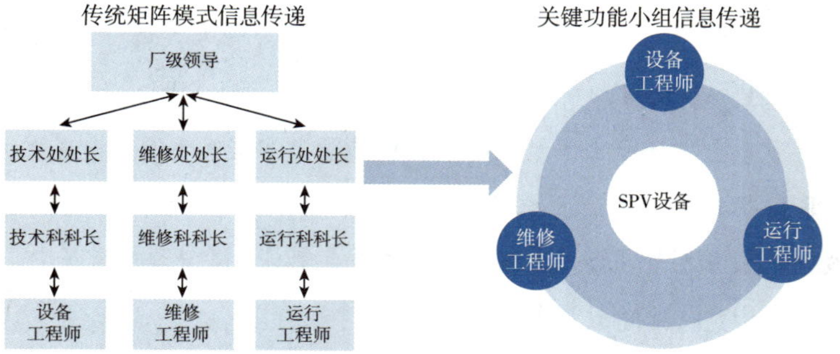

图18－2 传统矩阵式信息传递向关键功能小组信息传递模式转变

为了不遗漏每个细节，秦山核电创建了详细的分析表格用于SPV设备敏感部件识别和缓解策略分析，提升工作效率。高效的信息传递模式和精细化的工作模板快速夯实了SPV设备基础。

5. 实现SPV设备性能监督管理

结合信息化、智能化技术发展，秦山核电首创开发了SPV设备智能化管理平台，实现了大数据、数字化、智能化的有机融合。

秦山核电在中国核电可靠性管理平台上对SPV设备性能参数监督、预防性维修项目优化、备件梳理优化、设备修前/修后数据记录、失效模式与影响分析（FMEA）、维修监督等各环节全部实现数字化管理，通过对SPV设备的智能故障预警和趋势判断，促进了设备状态劣化时实现故障提前干预的有效性。

6. 落实SPV设备业务管理要求

为强化“关键敏感设备故障零容忍”的理念，提高SPV设备管理的可见性、优先性、严格性，针对SPV设备，应加强工作组织过程中的风险管控，以降低SPV设备的失效风险。SPV设备的业务管理要求涉及技术、运行、维修、工作控制、采购与仓储等领域。

在技术管理方面，要求建立健全的维修策略，确保设备的关键文件完整、及时更新和容易获得；在可靠性相关的日常工作中，对SPV设备进行巡检和性能评价，变更项目应进行严格审查，尽可能避免产生新的SPV设备。

在运行管理方面，要求在生产早会上通报有运行风险的SPV设备检修或试验工作；在SPV设备操作时，应进行充分的风险分析、事故预想，谨慎操作，做好风险管控，对SPV设备的任何异常，应在值班日志中记录并做好交接。

在维修管理方面，要求建立维修负责人制度，使用专用维修规程，做好维修准备工作，在维修实施时，严格把控维修质量并做好工作反馈工作。

在工作控制方面，确保SPV设备在工作管理系统中能够识别，对SPV设备的缺陷维修和预防性维修工作进行优先安排，对SPV设备的工作进行风险控制。

在采购与仓储管理方面，要求SPV备件采购时，采购部门必须向供货商清晰告知SPV的管理和质量要求。对SPV备件的质量进行严格的验收检查，严格制定和执行SPV备件的贮存条件、保存期限及保养计划要求。

此外，应在预算、人力资源、设计变更、工作安排等方面优先考虑SPV设备，以消除和降低SPV设备失效风险。

SPV设备优化管理已成为公司设备管理的重要抓手，在减非停、经济性、安全生产、人才培养等方面发挥了重要作用，主要效果如下。

1）减少了机组非停，确保了公司发电任务的完成

通过SPV设备管理优化工作，为公司减非停专项工作做出了重要贡献。近三年，SPV设备缺陷呈下降趋势，机组非停次数显著减少，发电量也屡创新高，提升运行业绩。

2）高效利用资源，促进企业战略目标落地

通过对 SPV 设备的规范化、科学化、系统化的管理，实现了电厂资源的高效统筹利用与合理分配。通过对 SPV 设备管理的偏差分析，执行相应的管理措施，客观上保证了企业的经济安全运行，提升了生产经营业绩，促使秦山核电战略目标实现。

3）锻炼了设备管理人才队伍，提升了队伍技能

通过 SPV 设备管理缓解策略分析实施，生产领域人员逐步融入设备管理工作，提升了各专业人员设备管理意识。SPV 设备管理基础工作的完善，有效促进了参与人员的技能提升。

4）规范了公司的设备管理工作，促进了标准化运作

通过 SPV 设备管理优化工作，打破了原有各家电厂固有的关键敏感设备管理习惯，建立了统一的管理要求、管理流程，有效规范了公司各生产处室的管理工作，提高了公司设备管理效率，实现了生产领域资源的高度整合，在公司内部建立了良好的横向技术交流与共享平台，达到了公司统一思想、统一目标和统一行动的目的。

[点　评]

秦山核电在学习吸收国外先进理念的同时，结合自身实际，敢为人先，明确了 SPV 设备管理具体要求；同时，创造性提出了“以关键敏感设备为中心”的跨职能合作的关键功能小组管理模式，实现 SPV 设备的精细化管理，全面提升 SPV 设备管理水平，提高了设备可靠性，客观上保证了机组的安全经济运行，提升了生产经营业绩，为中国核电开展设备管理标准化工作创造了先行实践范例。

18.2.3　关键设备管理案例 2：秦山核电 DCS 设备脱敏技术创新

[标　题]

始于精细，臻于至善

[案例概述]

秦山核电百万机组的 DCS 涉及 170 余个机柜，2000 余个部件，2 万余个输

入/输出信号。针对与机组出力直接相关的非安全级 DCS 单一敏感部件进行假想故障分析，综合考虑部件和信号的重要程度，重新分配了关键重要信号在 DCS 机柜中的分配和配置，最终实现全厂非安全级 DCS 单一敏感部件脱敏，有效提升了 DCS 可靠性，成为国内核电行业设备管理和可靠性提升工作的成功典范。

该项目获得“2018 年中核集团管理创新成果三等奖”“2018 年中国国防科技工业企业管理创新成果三等奖”“2019 年中国设备管理创新成果一等奖”“2022 年核能行业协会核电工程建设首批高推广价值五新成果”等奖项。

[案例详述]

1. DCS 部件脱敏背景

核电仪控系统的核心是 DCS（分布式控制系统，又称分散式控制系统），DCS 完成主要仪控系统的数据采集和处理、过程控制、信息显示及操作等功能，与紧急操作装置和后备盘一起，保证机组维持在安全状态。

秦山核电方家山电厂两台百万千瓦级核电机组商运后，发现其非安全级 DCS 中包含敏感部件，存在非停风险，进一步研究发现业内同类数字化核电厂可能存在类似情况。

2. DCS 敏感部件的识别

在核电厂 DCS 设计应用阶段，由于缺少相关标准或规范的强制性要求，生产厂家根据逻辑图设计实现系统控制功能，对单一部件故障的影响分析和评估不够充分，在非安全级 DCS 中存在单一部件故障直接造成机组瞬态或停运的运行隐患，涉及汽轮发电机、主给水、定子冷却水、润滑油、循环水等重要工艺系统。

提升非安全级 DCS 系统级可靠性的首要工作是建立一套完善的评估准则，为非安全级 DCS 敏感部件的识别提供依据。

非安全级 DCS 中执行控制功能的核心设备采用冗余设计，单个部件发生故障不会造成严重后果，不属于敏感部件；信号模块是否属于敏感部件由其应用方式决定，用于参与停机保护、重要设备控制的模块，如果信号分配不合理，就会成为敏感部件。基于这一原则，秦山核电结合非安全级 DCS 历史缺陷、相关运行事件的经验反馈，经过深入研究和论证，制定了《核电厂非安全级 DCS 敏感部件识别准则》，并以此作为依据对全厂 DCS 子部件进行全面排查，对每台机组 2 万多个信号和部件逐一进行识别，从中识别出敏感部件 37 项。根据功能的不同，又将非安全级DCS敏感部件分为输入型敏感部件和输出型敏感部件两大类。

3. DCS敏感部件的脱敏

对于整个DCS，型号、规格完全相同的同类部件，由于设计功能不同、相关设备重要程度不同，可能分别属于敏感部件与非敏感部件。为指导部件脱敏工作，秦山核电编写了《核电厂非安全级DCS功能分组原则》，对重要设备信号通道合理分配，实现功能分组，对敏感部件选用同型号部件，将其关键仪控信号重新进行功能分组，更新信号地址、重新端接，使重新分配后的DCS部件不满足《核电厂非安全级DCS敏感部件识别准则》，确保每个信号所在的DCS部件故障不会导致机组停机/停堆/降功率/功率大幅度波动。同时，通过统筹设计信号分布，拆分后的原信号通道又可以用于其他信号，实现DCS模块及通道的充分利用。这种方案现场改动范围较小，基本无须新增设备，提高可靠性的成本和技术难度均较低，具备低投入、高回报的特点。

2017—2020年，秦山核电实施“方家山非安全级DCS卡件脱敏”项目，开展敏感部件消除工作，对每台机组识别出的37项敏感部件，按照功能分组法将原属于单个敏感部件上的相关重要信号进行重新分配，消除了影响机组稳定运行的隐患，实现DCS部件全面脱敏目标，提升了DCS系统级可靠性。以下是两个类型的实例。

1）输入型敏感部件的脱敏实例

以方家山核电厂定子冷却水流量为例，三个定子冷却水流量低信号均分布于同一输入模块中，该模块故障时将导致三取二停机逻辑达成进而导致机组停机。因此，将该模块识别为输入型敏感部件。通过对该组信号重新进行功能分组，将三个信号分布于三块输入模块中，实现敏感部件脱敏。

2）输出型敏感部件的脱敏实例

以方家山核电厂密封油系统油泵为例，机组设计了三台密封油泵，分别为主油泵、交流应急泵、直流应急泵。在原设计中，控制三台泵启停的指令均通过同一输出模块进行输出。一旦该模块故障将导致所有密封油泵失去控制，因此将该模块识别为输出型敏感部件。通过对该组信号重新进行功能分组，三台密封油泵的启停指令分别分布于三块模块中，实现了输出型敏感部件脱敏。

4. DCS敏感部件脱敏的效益

《核电厂非安全级DCS敏感部件识别准则》和《核电厂非安全级DCS功能

分组原则》为非安全级 DCS 可靠性提升工作提供了依据和参照标准。应用这些标准对方家山机组非安全级 DCS 设备进行了部件级的分析、排查，每台机组识别出 37 项 DCS 敏感部件，通过永久变更，以最小成本、最小工作量，对这些敏感部件进行了脱敏改造，变更后试验表明，这些部件任一故障不会再导致瞬态，使非安全级 DCS 系统的可靠性大幅提升。

[点　评]

本案例充分利用了数字化仪控系统的优势，着眼于提高机组重要工艺系统可用性，通过合理可行的配置方案，以极低投入成本，最大限度地提升了非安全级 DCS 抵御单一部件故障的能力，大大提高了 DCS 系统级可靠性。秦山核电策划编制的《核电厂非安全级 DCS 敏感部件识别准则》和《核电厂非安全级 DCS 功能分组原则》可作为后续机组 DCS 方案配置的基本要求，在行业内推广。

18.2.4　关键设备管理案例 3：福清核电主泵机械密封延寿及可靠性提升

[标　题]

首创标准，可靠复用

[案例概述]

核反应堆主冷却剂泵机械密封一直是被国外高度垄断的“卡脖子”技术。为尽快掌握相关维修技术，福清核电采用理论分析、试验验证及工程应用相结合的研究路线；在国内外，首次针对动压型核主泵机械密封功能特性与可靠性评估开展关键技术研究，采用系统科学的研究方法，首创主泵机械密封可靠性评估技术标准，实现同行推广；打破了运营电厂动压型主泵机械密封“每修必换”的现状，大幅延长密封环运行寿期，缓解了备件紧缺状况，减少了放射性固体废物产生量。该成果填补了国内动压型机械密封复用的空白，对探索动压机械密封机理、优化密封环复用策略具有重要意义。

该项目 2020 年获得“中核集团科技进步三等奖”，2022 年获得“中核集团科技进步二等奖”，2021 年被纳入中国核电八大技术服务产品“核电 +”平台。

[案例详述]

为尽快掌握核电站主泵密封相关核心技术，福清核电依托机组集群化优势，在某动压式主泵密封不停机检修中，在役主泵密封服役性能提升、退役主泵密封检测评估后再利用（延寿）等技术方面开展技术攻关。

1. 主泵机械密封延寿及可靠性提升背景

主泵机械密封因其特殊性、重要性，在实际应用过程中主要面临如下痛点：

- 造价高。主泵密封造价近五年来逐年以5%的速率递增，易受到国际局势的影响，当前已达到1300万元/套。
- 预防性维护频繁、电厂机械密封备件库存量大。基于主泵机械密封作为一回路压力边界的极端重要性，当前电厂的预防性策略为每次大修更换一套主泵密封。
- 维护产生大量的高放废物难以处理。随着电厂运行年限增加，更换下的旧主泵密封日益增多（一台百万千瓦级核电机组全寿期内按传统频度更换报废的密封主部件采购费用约2.7亿元），不仅运营成本高，还带来了放射性废物处置难题。
- 技术和备件的“卡脖子”风险。多年来主泵密封备件严重依赖进口，若进口备件断供将严重影响核电机组的安全可靠运行。

2. 主泵机械密封延寿及可靠性提升目标

本案例通过对动压型主泵机械密封复用关键技术的科研探索，实现密封寿命的精细化管理，达到降本增效、节能减排的目标：

- 探究典型特征对于机械密封运行性能的影响，形成动压型机械密封复用标准，填补国内动压密封复用研究、实践的空白。
- 形成完备的动压型机械密封复用标准文件体系。
- 构建一套完备的机械密封复用软硬件条件。
- 培养一批具备主泵机械密封复用鉴定、常见异常评判、修复能力的维修人才。
- 形成机械密封全寿期健康评价体系。

3. 主泵机械密封延寿及可靠性提升方法

经过长期研究和工程实践，通过理论分析与试验验证相结合的方法：

- 国内首创开发出7种不停机检修实现主泵密封服役性能提升的技术方案。

- 国际首创开发出针对动压式主泵机械密封环延寿的检验检测装置、评价技术指标和实施方法、评估体系和技术标准，完成首次成功验证，并已推广应用6套次，打破了运营电厂动压型主泵机械密封“每修必换”的现状，大幅提升密封环运行寿期，提高主泵机械密封的价值利用率。

4. 主泵机械密封延寿及可靠性提升创新点

国内首次依据流体动压型密封端面真实槽型建立主泵机械密封数值模型，深入研究密封流场、温度场、密封热弹流润滑规律。以高精度微观检测为基础的密封结构逆向设计，“解码”了端面槽型结构；以真实尺寸为基础进行数值计算和仿真分析，探明了密封物理机制。

福清核电采用理论分析、试验验证及工程应用相结合的研究路线，国际首创建立主泵机械密封可靠性评估技术标准。建立服役后的放射性密封环面的参数状态监测跟踪数据库；基于密封环运行服役的典型缺陷特征，采用数值仿真和试验分析的方法探索动压式核主泵密封环鉴定复用核心技术标准。

从软硬件、文件质保体系、人员培养等方面建立完善机械密封复用实施条件，确保实施过程安全可控，形成“企业标准—执行标准—执行技术规程”三级文件体系；完善密封复用软硬件配置，采购圆度仪等高精度测量仪器进一步规范密封复用工作的现场执行；建立主泵机械密封复用鉴定检查无尘间，场地面积约40平方米，集主泵机械密封去污清洁、关键参数状态检查、存储、组装等于一体，并将复用关键步骤、参数等上墙说明，全范围规范密封环的复用鉴定工作，培养形成一支稳定的人才队伍。

引入装备故障自愈理论，开发出了7种主泵密封泄漏故障自愈技术，完善了主泵密封故障处置体系。首次将装备故障自愈理论引入核电行业，开发和应用7种不隔离检修就消除主泵密封泄漏量高的新技术；自主钻研完全掌握核主泵密封检修技术，打破长期依赖外方人员的局面，形成对外技术服务产品。

5. 主泵机械密封延寿及可靠性提升项目效益

本案例可降低备件成本，减少高放废物产量。2018年以来共实现6套次（18级）主泵机械密封复用鉴定并在商运机组上应用，直接节省备件采购费用3800多万元，减少放射性固体废物4.8立方米。

机械密封是主泵国产化的最后一个技术攻关项目，世界上仅有为数不多的几个厂家掌握了该项技术。流体动压型机械密封于20世纪90年代引入国内，推动动压密封的复用，将有助于国内密封研发厂家攻克动压型机械密封技术难关，打破国外技术垄断，提升国家关键敏感设备的自主配套能力。

[点　评]

该项目系国内首次尝试针对国外技术垄断动压型机械密封建立健康评价体系，大幅提升主泵机械密封环运行时间，将机械密封的价值利用率从39%提高至98%，具有很高的推广价值。

18.3　机组减非停管理

18.3.1　综述

核电机组系统复杂、设备繁多，设备在运转过程中发生故障是难以完全避免的，一些关键敏感设备故障、人员操作失误会增大机组非计划停机停堆风险。核电机组的非停对核电机组安全稳定运行、核电厂运行业绩、电网稳定性都有较大影响，也一直是全世界核电厂高度关注的课题，零非停是全球核电厂共同追求的目标。

核电减非停工作主要从机组非停风险识别和管控、提升关键敏感设备可靠性、提升电厂本质安全、经验反馈等方面开展，目的是减少设备故障、避免人因失误，从而减少或杜绝机组非停事件的发生。

作为示例，本节介绍了秦山核电机组减非停管理创新实践案例，通过减非停专项工作的开展，机组非停事件数量和机组非停率显著下降，机组负荷因子处于国际领先水平。

18.3.2　机组减非停管理案例：秦山核电机组减非停管理创新实践

[标　题]

全面卓越，精益求精

[案例概述]

秦山核电在30多年运行经验的基础上，学习吸收国内、外先进的管理思路与方法，不断总结与提升，形成了一套核电机组特有的减非停管理方法。秦山核电减非停工作聚焦设备和人因，从做好机组非停风险识别和管控、抓好关键敏感设备管理和提升设备可靠性、消除设备隐患提升电厂本质安全、加强内外部非停经验反馈等方面入手，将各项措施做精做细做实，从而降低潜在非停风险，尽可能将设备故障、人因失误导致的非停降至最低，保障机组健康稳定运行。

秦山核电开展机组减非停专项工作以来，机组非停次数显著减少，非停率降低至0.11次/（机组·年），优于国际均值［0.33次/（机组·年）］。

2021年度秦山核电机组减非停管理创新实践获得“全国电力行业设备管理创新成果一等奖”。

[案例详述]

秦山核电是中国大陆核电的发源地，有中国大陆最早商运的核电机组，至今已运行30余年。随着核电机组运行年限的增加和人员的更新替代，设备老化、人因失误等问题时有发生，导致机组非停，给电厂管理、运行业绩带来了挑战。秦山核电紧密围绕安全运行主线要求，做好生产活动非停风险管控，优化设备管理方法、夯实技术基础、聚焦关键问题，不断提升电站本质安全；强化人因管理、推进经验反馈，推行核电机组减非停管理创新实践工作，减少非停，提升机组安全可靠稳定运行能力。

1. 做好非停风险识别管控

1）持续做好生产过程风险识别

核电厂运行期间，设备运转、设备操作和运行、试验、人员行为都有可能带来非停风险，可以说非停风险隐藏在生产活动过程中的各个环节。识别出非停风险，并加以管控是机组安全可靠稳定运行的核心。

在工作准备阶段，在工单风险分析单中内置100多条标准风险类别，用于工作准备人员识别工作中的风险点、制定针对性的应对措施；持续优化预防性维修的模板工单，不断完善风险分析和应对措施；持续开展人因失误陷阱查找工作，不断优化运行、维修和试验规程，将防人因失误工具落实到程序的关键步骤中，在规程中标注历史上的非停事件，提醒工作人员关注，消除人因失误陷阱，提升工作文件质量。近年来，秦山核电升版完善各类工作文件6000多份。通过工单和工作文件的优化完善，再通过强化规程执行，在很大程度上减少人因失误。

生产活动中的风险识别包括日常运行期间风险识别和机组大小修期间风险识别两个部分。在日常运行期间的风险识别方面，生产计划部门通过召开生产组织计划会平台方式，组织运行、维修及相关部门共同做好工作风险识别工作。通过探索并推广运行风险挑战会，针对高风险类工作，会前收集相关信息，会上讨论和挑战，有效控制风险。在机组大小修期间的风险识别方面，大修计划部门通过大修前临时SPV设备识别等方式，提前对大修期间关键工作路径高风险类工作做好风险识别工作。

2）持续做好生产过程风险控制

生产过程中风险控制主要包括运行操作风险控制和维修操作风险控制两个环节。

在运行操作风险控制方面，运行部门采取缜密措施，持续做好各项运行工作的风险管控，主要包括：

- 加强防人因工具使用，将防人因失误工具细化落实在操作程序防人因失误操作关键步骤中；
- 严格运行人员操作规范，通过《主控室工作管控》《高风险工作控制管理》等管理指令，规范高风险活动场所、工作环节行为；
- 组织运行工程师、运行技术工程师参与日常工作风险分析会，强化风险控制；
- 对高风险运行操作清单进行梳理，升版机组日常操作高风险清单28份、大修操作高风险清单76份，编制完成各类高风险操作应急预案19项；
- 加强机组大小修启停期间运行操作的高风险管控。

在维修操作风险控制方面，对于重要操作和高风险作业，维修部门通过观察指导、提前识别高风险作业管控清单并设定风险监督人、执行责任人、管理责任人等，通过监督旁站来确保现场风险可控，持续做好维修操作风险控制。

2. 抓好关键敏感设备管理

1）关键敏感设备管理精细化

关键敏感设备是设备管理工作的核心。为夯实和完善设备管理基础，秦山核电对所有关键敏感设备及其部件从功能关键度、部件失效模式及其影响进行分析，识别出关键部件和失效模式。针对这些关键部件和失效模式，审查已有的工作文件、工作流程是否存在薄弱环节，并加以改正，从而提高关键敏感设备精细化管理水平，确保这些关键敏感设备得到足够的重视和认识，在技术管理、维修、运行操作等方面做到万无一失，从而尽量减少机组因为这些设备的缺陷而导致的非停。

2）开展关键敏感设备性能监督和评价

秦山核电创新开发了设备智能化管理平台，实现了大数据、数字化、智能化的管理，将设备性能参数监督、预防性维修项目信息、备件信息、设备修前/修后数据记录、故障模式与实效影响分析、维修监督、环节策略分析等各环节全部实现数字化管理，通过对设备的智能故障预警和趋势判断，促进了设备状态劣化时实现故障提前干预的有效性。目前，秦山核电 9 台机组已实现全部可监督关键敏感设备的设备性能监督，并定期开展健康评价，每年完成 1000 多份系统监督报告、5500 多次设备监督评价。

3）关键敏感设备维修和缺陷管理

严格控制大修关键敏感设备维修质量，确保关键重要维修质量控制。关注关键敏感设备的缺陷，分析原因，制定改进措施，做好经验反馈；针对非预期缺陷，签发状态报告进行原因分析，根据分析结果落实改进行动，避免缺陷重复发生。

持续对以往缺陷数量最大的系统设备进行分析，制定改进措施，减少缺陷数量。完成汽水分离再热系统、凝结水系统等 23 个缺陷较多系统的分析及纠正改进，缺陷数量显著减少。

4）关键敏感设备管理自我评估

为提升设备管理效率，有效建立设备管理闭环控制。针对关键敏感设备管理过程中的各个环节，包括预防性维修大纲、风险控制、维修规程、备件管理、性能监测等方面，秦山核电组织开展了各生产单元管理自评估活动，经过自评估活动，得出强项、待改进项，开展纠正行动，并根据评估结果有针对性地制定提升措施。

3. 提升核电机组本质安全水平

电厂在长期的运行过程中会遇到各种比较重要的缺陷和技术问题，这些重要缺陷和技术问题如果得不到解决将会给电厂安全稳定运行带来不利影响。电厂建立十大缺陷/十大技术问题制度，对排序在前的重要缺陷和技术问题，集中投入人力和资源，作为高优先级事项进行管理。通过解决“方家山主泵三级密封前压力低缺陷问题”等一大批重要缺陷和重大技术问题，很大程度上消除了机组安全运行的隐患，减少了机组非停的概率。

此外，电厂通过实施重大变更和技术改造等工作，更新陈旧设备、淘汰落后技术，消除影响机组安全稳定运行的隐患、技术难点，提高核电厂的本质安全，让核电厂更加健康，降低了非停的风险。如“秦二厂四台机组 DCS 网络可靠性提升”特大技改工作，从 DCS 网络安全性、DCS 故障诊断预警全面性、降低 DCS 核心部件故障率等方面，切实提升 DCS 本质安全水平，提高系统的容错能力，消除目前存在的 DCS 问题，有效减小机组瞬态及非停的可能性。

4. 加强非停经验反馈利用

加强内外部非停经验反馈，防止同类型非停在本厂重复发生。通过开展内外部非停事件经验反馈活动，以及经验反馈活动有效性审查，确保经验反馈工作有效、高效落实，避免重复性事件发生。

经验反馈部门收集外部非停事件，将相关信息通过状态报告系统分配至相关领域或处室，组织人员分析经验反馈价值。

定期开展国内同行电厂停堆停机事件的经验反馈有效性审查活动，确保以前已经分析过事件的行动都能有效落实，对于未落实或无效的行动重新进行审查和分析，从而确保外部事件的经验得到有效利用。

秦山核电采取“走出去、请进来”的方式，加强和周边常规火电厂的经验交流，借鉴常规火电厂好的做法。2021 年，秦山核电举办与嘉兴火电厂二回路 DCS 系统故障处理经验交流会，高质量地完成电厂 DCS 可靠性及故障分析处理相关研讨工作。

5. 减非停成效收益显著

在“一体两翼”发展战略目标的引领下，秦山核电大力推进机组减非停管理工作，取得了显著效果。

首先，机组非停次数显著减少，确保了发电任务的完成，提高了经济效益。从 2018 年 7 次非停，下降到 2020—2021 年各 1 次非停，机组非停率降至 0. 11 次/（机组·年），为秦山核电机组商运以来非停次数最低值，远低于国际 0. 33 次/（机组·年）的均值。据测算，2014—2019 年，因发生非停导致的年均损失超 14722 万元。2020—2021 年，较历年平均损失大幅缩小，提升经济效益产值约 7800 万元。

其次，秦山核设备管理工作水平稳步提升，SPV 设备的缺陷数量逐年降低，2018 年缺陷数量为 309 项，2019 年减少至 264 项，2020 年减少至 183 项，2021 年为 206 项，总体上维持在较低的水平；EQP 指标稳步提升，多台机组得分名列前茅。

[点　评]

秦山核电开展的减非停管理创新实践，聚焦核心问题，抓住主要矛盾，主动优化、持续改善。从影响电站安全运行风险因素的实际出发，按照工作性质、风险来源等，将机组非停管控相关工作分为四大类，并开展针对性的深入分析，查找薄弱环节，制定针对性措施，提升风险管控水平，完善体制机制。其聚焦风险点、把控关键点的精细化工作方式，丰富了中国核电精细化管理思想，为国内核电同行提供了“秦山经验”，起到了良好的示范作用。

18.4　设备可靠性管理

18.4.1　综述

设备可靠性管理，包括设备分级、设备性能监督、预防性维修、设备寿期管理、纠正行动和设备可靠性持续改进六大部分。设备分级旨在根据设备的重要程度来配置管理资源，是设备可靠性管理的基础。设备性能监督和预防性维修可使设备的可用性和性能处于最优状态，为机组稳定运行提供保障。设备寿期管理则是与电厂经营策略相结合，考虑设备因老化或产品淘汰等进行变更改造的经济性。纠正行动和设备可靠性持续改进，是将设备分级、设备性能监督、预防性维修、设备寿期管理在电厂应用实施过程中发现的问题进行处理和不断优化，以达到可靠性管理可持续改进的目的。

作为示例，本节介绍了中国核电各电厂在设备可靠性管理流程实施中，秉承精细化管理理念，“主动优化、持续改善”，不断提升电厂设备可靠性管理水平的几个经典案例。“性能监督”方面，秦山核电进行了基于大数据应用的设备智能化监督实践，国内首创并实施了维修有效性评价体系；“预防性维修”方面，三门核电基于设备可靠性管理开展了预测性维修技术应用体系建设；“纠正行动”方面，福清核电创新实施了设备故障处理运维信息（病历）全过程精细化管控。

18. 4. 2　设备可靠性管理案例 1：秦山核电基于大数据应用的设备智能化监督

[标　　题]

创新大数据应用，科技创新赋能设备监督管理

[案例概述]

秦山核电基于大数据应用的设备智能监督工作，悉心开展设备监督的精细化管理，创新性地将大数据技术应用于设备的智能化监督中。在常规的设备性能监督管理基础上，利用大数据分析技术，通过设备历史数据进行建模，给出不同工况下设备的动态阈值，实现设备的智能化实时监督，通过预警或报警提醒工程师确认设备是否处于早期劣化阶段，从而采取措施来防止设备非预期故障，进一步提升核电厂设备监督管理的准确性和前瞻性。

该项目获得“中国设备管理协会 2019 年度设备管理创新成果二等奖”。

[案例详述]

核电关键重要转机设备性能的有效监督，对电厂安全稳定运行十分重要。随着信息化、智能化技术的不断发展，秦山核电利用这些技术，将设备管理的标准和方法逐步从定性分析转变为定量分析，以数据驱动设备管理业务，提高设备管理工作的精细化，以达到降低电厂维修成本并提高设备可靠性的目的。经过两年多的探索和实践，秦山核电将大数据技术融合到设备监督的精细化管理中，实现了设备的智能化监督。

1. 设备智能化监督的实现方法

通过测点选择、设备机理故障分析、历史数据筛选、模型训练，完成设备的动态阈值及故障诊断模型的建立，实现设备智能化监督。

1）数据采集

通过从实时监测系统的测点收集设备参数，支撑大数据应用分析所需数据。收集设备的历史缺陷信息和历史监督报告，以设备正常工况的数据为基础，提炼出业务模型，之后通过模型训练转化为监督模型。

2）数据预处理

通过数据处理方法进行测点参数的相关性分析，实现测点参数相关性和权重的确立，剔除完全无相关性的参数。

首先，利用正常数据拟合的业务模型来获取各个设备参数置信区间。其次，利用业务模型对各类故障数据进行数值过滤，并将故障数据转化为偏差数据。最后，对偏差数据进行加载时间窗平滑处理。

3）模块训练

实现业务模型预警效果检测，对故障信息进行筛选；保留可通过参数变化进行预警判断的信息；提取历史参数，进行模型的模拟检测；根据检测结果来优化调整模型的算法。

采用基于数据驱动的机器学习和数据挖掘算法进行建模，一旦实际监测数据符合模型报警值，系统自动会做出设备故障报警。

4）迭代优化模型

根据模型实际运行过程中产生误报和漏报的缺陷信息，执行优化调整模型计算的动态阈值范围；根据模型实际运行过程中的预警效果，调整建模参数的范围、数量、权重实现简化模型的效果。

2. 设备智能化监督的实施效果

设备智能化实时监督包括建立模型和运行模型两个过程：建立模型过程的步骤为先获取训练数据，对训练数据进行数据预处理工作，再采用非参数学习算法选取记忆矩阵，训练残差产生器，获取各参数残差阈值；运行模型的步骤为先获取实时数据，对实时数据进行数据预处理工作，再计算实时数据各参数残差，分析残差以判断设备状态是否正常，并进一步定位故障原因。通过大数据分析方法挖掘海量的设备历史运行数据，通过故障模型的建立实施更精准的故障跟踪和预测，使设备监督更加高效、更加智能。

以某核电厂的循环水泵的智能化监督应用为例，该核电厂结合环境、工况等，利用中国核电 **ERMs** 对循环水泵历史正常数据进行分析，确定不同工况及环境下设备的动态阈值模型，结合历史故障或异常数据的变化趋势，预测故障可能发生的时间，形成预测趋势曲线，设备故障报警或异常警示。设备智能化监督及经处理后设备状态恢复的示意图如图 18－3 所示。

设备监督智能化，使海量的数据相互关联，并通过分析手段来预测故障的

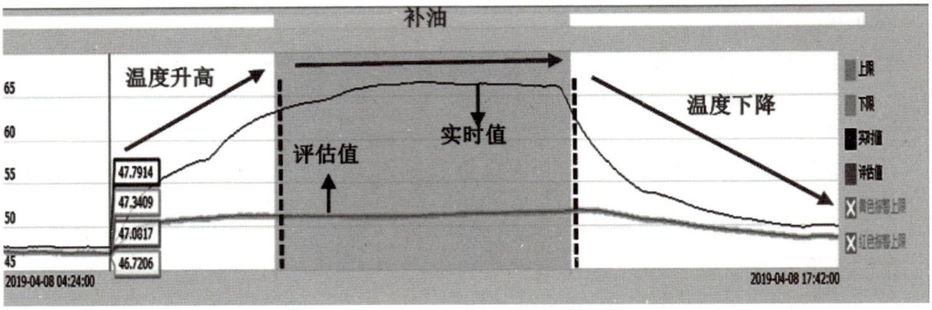

图 18－3 某核电厂循环水泵轴承温度实时监督

发生，使电厂工程师能够精准地确认设备状态并进行设备故障诊断。实现分类模型横向与纵向的增量学习，新故障类型数据能及时添加到故障知识库里，扩展了分类模型的诊断范围，同时又对旧故障类型进行再次训练，加强了分类模型对旧故障类型的记忆，防止了分类模型识别性能的退化。

在实时故障诊断过程中，可对原有的故障知识库的老分类模型进行更新换代，利用近期的故障数据对识别准确率低下的分类模型进行重新更正，在后续的诊断当中，就可以准确识别类似故障状态。

在设备监督层面进行设备的早期故障预测，真正实现防患于未然，智能探索关键小磨损与大故障之间的关联关系，排除故障隐患，避免重大灾难，由此彻底降低事后维护的高代价和定期维护的高成本，实现库存优化，降低运营成本。

3. 设备智能化监督的价值

通过引用大数据技术，建立精细化的设备性能智能化监督，有巨大的推广和应用价值，具体体现在以下四方面。

- 提高效率：完成 30 个测点左右设备大约需要 5 小时的时间进行模型构建；运行诊断方面当前能够实现分钟级别的设备实时异常数据诊断监测功能。这比同类设备检测方法具备更高效率。

- 降低成本：在人员配置方面，应用需要配备 1 名熟悉设备的专业人员进行设备监督智能模型的创建，以及需要有 1 名运检人员在运行诊断出现检测结果时进行分析确认。比同类设备监督方法操作使用人员更少。

- 事前维修：以预知性检修为目标，就技术手段、可靠性管理模式进行探索和研究，以提前制定应对预案，在适当的时间执行预防性维护，防止生产突发性中断。现场人员可以准确决定哪台设备需要维修、哪台设备可以继续使用，在设备巡视和检修前就可以知道要做什么，从而大幅度减少和缩短无计划性停机检修时间，并优化备品备件库存管理。

- 机组维护效果评估：验证大修后是否达到预期，通过设备运行数据和评估曲线偏差情况，就能够清晰看到大修前的问题是否完全解决。

[点　评]

秦山核电在常规的设备性能监督基础上，运用大数据分析技术，通过利用设备历史数据进行建模，自动给出不同工况下设备的动态阈值，实现设备的智能化实时监督和管理，取得了较好的应用效果。

18.4.3　设备可靠性管理案例2：秦山核电维修有效性评价体系建立和实施

[标　题]

“应修必修、修必修好”的精细化实践

[案例概述]

维修有效性评价（又称维修规则，MR）是改进核电厂构筑物、系统和设备（SSCs）维修活动有效性的规则体系。该体系针对安全相关的SSCs建立了一套完整的、量化的性能指标，通过对性能指标的消耗情况进行统计和分析，对维修活动的有效性进行持续跟踪和评价。对于突破性能指标的SSCs，制定纠正行动，设立观察期持续跟踪观察，确保纠正行动有效实施。通过定期综合评估，对电厂整体性能指标消耗情况进行分析，对电厂整体的维修策略提出优化，最终达到可靠性与可用性的动态平衡。

维修有效性评价体系开发和实施在国内没有先例可循。经过3年的研发，秦山核电建立了维修有效性评价体系，并于2021年5月获国家核安全局批准正式实施，成为国内首家获批实施维修有效性评价的电厂。

维修有效性评价体系建立的方法、实施的流程以及试点实施，是以精细化的方式落实“应修必修、修必修好”的理念，为秦山核电设备可靠性管理持续改进提供了又一个有力支撑，在核电厂推广开发和实施维修有效性评价方面起到了示范作用。

本项目获得“中核核电运行管理有限公司科学技术奖”和“2022年第五届全国设备管理与技术创新成果一等奖”。

[案例详述]

目前国内核电厂缺乏对维修结果的定量分析，缺少从系统功能的角度整体考虑维修的有效性。近年来，国际上主要核电国家一直在不断地改进维修技术，建立并完善维修有效性的评价及监管体系。为加强国内核电厂维修活动的风险评价及管理，国家核安全局发布了《改进核电厂维修有效性的技术政策（试行）》，用于指导核电营运单位对维修有效性以及维修活动的风险进行监测和管理。

秦山核电是国内第一家需要申请运行许可证延续的核电机组。借鉴国际同行在这方面的经验——以实施维修有效性评价的方式向核准部门承诺可以通过有效的维修和监督确保核电厂的能动SSCs满足其设计的功能，特别是安全功能。于是，秦山核电开始试点实施维修有效性评价项目，目标是制定方法、准则、流程，建立信息平台，实施维修有效性评价并积累经验，指导国内核电机组维修有效性评价体系的建立，并结合核电出口业务积极向国际推广。

维修有效性评价体系是针对安全相关的SSCs建立一套完整的、量化的性能指标，作为维修有效性监督的标准。

作为国内运行核电厂首家维修有效性评价试点单位，秦山核电通过研读技术政策、借鉴国际良好实践经验等方式开展了以下工作。

1. 基于风险重要度，设定安全相关设备性能指标

首先需要对电厂所有SSCs进行甄别，筛选出纳入MR管理的SSCs并设立性能指标。这些性能指标确定了所监测SSCs因维修导致的不可用率以及因维修可预防的故障导致的可靠性损失的限值。通过一定周期内性能指标的累积消耗情况来评估SSCs的维修策略是否满足电厂安全及生产需求，也弥补了核电厂技术规格书只控制安全相关设备单次退出在线的时间，不控制累积退出时间的不足之处，提高了安全相关设备的可用性。通过性能指标消耗预警，也能促进生产计划部门合理安排安全相关SSCs的维修计划，避免同一设备的维修工作被安排在不同窗口的情况发生，减少不必要的、重复性的设备离线。

1）确定维修有效性评价管理范围

秦山核电针对维修有效性评价范围的确定开发了管理程序和技术导则，之

后对秦山核电1号机组288个系统和构筑物进行了全面的分析和筛选，记录了电厂所有系统的筛选结果和判断依据。

2）确定维修有效性评价范围内SSCs的风险重要度

研究确定，主要以概率安全分析工具来确定各个功能的风险重要程度，并辅以专家判断来给出最终结论。按前述原则完成了秦山核电维修有效性评价范围内所有SSCs安全重要度的判定，形成了详细的分析报告。

3）设定SSCs的性能指标

研究确定了维修有效性评价性能指标设定的一般原则、分类设定性能指标方法，确定了采用二项分布和泊松分布方法设置可靠性指标、采用PSA模型的不可用度或收集过去3~5年历史数据计算可用性指标，以及在性能指标设定后评价对电厂的风险影响等原则、方法和流程，并据此开发了维修有效性评价范围内各系统维修有效性评价系统分析报告，以及针对非电厂级性能指标的各系统均有详细的计算数据和指标制定分析计算过程文件。

2. 以专家组为依托，开展维修有效性评价与改进

对于监督过程中发现的突破性能指标的SSCs，在维修有效性评价专家组的指导下，监督工程师从维修的角度对其开展专项分析，开发纠正行动，建立专门的监督目标，设立一定周期的观察期，进行特殊观察。监督目标是一个量化的值，比如可用时间、失效次数，也可以是设备状态参数（温度、压力、流量、振动值等）。特殊观察的目的是通过量化的目标来检验针对上述SSCs提出的维修策略的改进措施是否真正有效。

通过每个循环一次的定期综合评价，对安全相关SSCs的性能指标的消耗情况进行分析，对维修策略的必要性和充分性进行综合考量，并提出优化建议，在不降低设备可靠性的前提下，增加设备在线时间。

1）对照性能指标，开展安全相关SSCs的性能监测

秦山核电研究开发了维修有效性评价管理程序和维修有效性评价性能指标监测方法文件，对维修有效性指标的监测要求和方法给出了技术指导与说明，对SSCs的不同失效类型、可用性和可靠性数据收集和判断、不满足性能指标时采取的纠正行动和监测目标调整原则等进行了规定。

依托ERMs开发了维修有效性评价性能监测模块，确保研究制定的维修有效性评价管理流程能够对制定的性能指标进行较为合理的监测，性能指标监测结

果的记录也有合适的流程体系。

2）优化维修策略，提高安全相关设备的维修有效性

通过性能指标的实时监测，监督工程师持续跟踪性能指标的消耗情况，对于性能指标消耗超过定值的SSCs，监督工程师提出状态报告进行专项分析，提出纠正措施。上述措施录入ERMs，并设立监督周期和目标，进行特殊监督。

在每个燃料循环结束后，还对本循环内的所有SSCs的性能指标消耗情况进行统计和分析并形成报告，对电厂维修有效性提出改进建议，以优化安全相关SSCs的可靠性与可用率。

3. 以风险监测为指引，实时开展维修活动风险管控

风险管理的目的是对维修活动造成的风险临时增量和集合增量加以控制，使电厂基准风险维持在一个极小的范围内。它依靠把风险评估的结果应用于维修的计划和日程安排，使风险增量受到限制，并且当临时风险增量超过某一阈值时，采取若干超出常规工作控制的额外行动。秦山核电以PSA模型为基础，通过风险监测器进行风险增量的定量计算，根据计算结果划分不同的风险控制区，对不同的风险控制区制定相应的风险管控措施，确保维修活动引起的风险可衡量、可管控。

1）确定风险评价的范围

风险评价活动应包含核电厂整个运行的始终，针对不同工况的风险评价对象应有针对性。将核电厂风险分析分成功率运行和停堆两个区段，每个区段评估的范围有所不同。

2）建立风险管理矩阵

风险监测器是PSA方法在核电厂的一项重要应用。通过将维修活动引入风险监测器并进行计算，可以获得电厂维修活动引起的实时风险增量（堆芯损伤概率增量和大量早期释放概率增量），可根据风险增量的大小设定相应的管理阈值并建立风险管理矩阵，从而达到风险管控的目的。

3）制定风险管理措施

为控制维修活动的风险而采取的适当行动要专门针对活动的特点、所涉风险及控制风险实际可用的手段，包括正常工作控制及风险管理行动。

4. 维修有效性评价的实施效果

通过试运行和一个燃料循环的正式运行，秦山核电已经完成了维修有效性

评价体系的建设和实际应用，同时积累了一定的性能指标数据，通过对这些数据进行分析，提出了维修策略优化建议。

1）建立了一套完整的维修有效性评价体系

制定了《秦山核电厂维修有效性评价实施大纲》《维修有效性评价管理》《维修有效性评价体系建立方法》等文件，规定了秦山核电实施维修有效性评价的组织与职责，制定了技术标准。

为保证维修有效性评价工作的顺利实施，成立了由运行、维修、技术、计划和 PSA 等多部门专家组成的电厂维修有效性评价专家组，专门负责核电厂维修有效性评价体系的运作和日常管理，并由核安全部门独立监督维修有效性评价的实施过程，保障维修有效性评价体系的有效运作。

2）提升了安全相关设备的可靠性与可用率

（1）通过实时优化，提高设备可靠性。

在 2021 年正式实施监督的 1 年中，利用维修有效性评价，对性能指标进行实时分析，主要包含电站级指标/可靠性指标/重复发生的维修可预防的功能失效（RMPFF）事件的原因分析以及可用性指标消耗情况分析。

该监督周期内，电站级指标因发生发电机碳刷事件而超过限值，一回路海水系统因海水过滤器异音缺陷重复隔离而产生 RMPFF 事件。针对上述事件进行分析，分别对发电机主变压器系统和一回路海水系统制定了 22 条纠正行动。这些纠正行动涉及维修规程、备件策略、修后试验、预防性维策略等方面的改进。在为期 12 个月的特殊监督过程中，通过设立针对性的监督目标并持续跟踪纠正行动的实施情况，最终验证了纠正行动的有效性。这种做法实现了维修有效性评价的闭环控制，推动了电厂安全相关设备维修策略的持续优化，提高了安全相关设备的可靠性。

通过两年的维修有效性评价实施，电厂安全相关 SSCs 可靠性有一定程度的提升。WANO 综合指数由 2018 年的 85 提高到 2021 年的 95.15。三个安全相关系统（高压安注、辅助给水、应急交流电源）可用率逐年提高，在 2021 年度实现了 100% 可用。

（2）通过定期评估，优化安全相关 SSCs 可靠性与可用性。

根据维修有效性评价实施的要求，对电厂第 21 个燃料循环的维修有效性评价实施情况进行综合评价，提出多项维修优化建议。评估发现，应急柴油发电机系统的大修项目被拆分成仪控系统大修（用时 235 小时）和机械/电气预维

（用时 176 小时）两部分，高位柴油机预维工作与其至6千伏安全段馈线开关预维工作被安排在不同的窗口进行。维修有效性评价专家组提出优化建议，将项目进行合并，同时实施，在增加了系统可用性的同时提高了电厂安全备用电源的可靠性。

[点　评]

秦山核电1号机组维修有效性评价体系的建立和实施工作是落实国家核安全局改进核电厂维修有效性技术政策的试点项目。又快又好地完成项目，展示了秦山核电敢为人先的开拓精神。其以创新的科研方法，将“应修必修、修必修好”的理念落到实处，为核电行业提升维修有效性和设备可靠性贡献了宝贵经验，起到了很好的试点、示范作用。

18.4.4 设备可靠性管理案例3：三门核电基于设备可靠性管理的预测性维修技术应用体系建设

[标　题]

正确检测，准确对策，精确预测

[案例概述]

预测性维修技术广泛应用于诊断设备故障，提前预测设备性能劣化趋势，是设备可靠性管理体系中的重要一环。三门核电通过基于设备可靠性管理的预测性维修技术应用研究与实践，使用系统化思维，细化各环节接口，排除效率洼地，以精细化管理建立了完整高效的预测性维修技术应用与管理体系。应用成果通过国防科学技术成果鉴定，认为三门核电创建了国内核电行业首套预测性维修技术应用体系，及时诊断多起重要设备性能降级，有效提升了电站设备可靠性，显著降低了设备运维成本，总体技术达到了国内先进水平。三门核电开发的预测性维修标准化管理流程、信息化管理平台、集成化技术应用和全方面技能培训课程，具备较高的可移植性，可以为预测性维修技术在核电行业内的推广应用提供借鉴。

这一项目荣获“2019年度中国核工业集团管理创新奖优秀奖”和“2020年EPRI成果转化奖”。

[案例详述]

三门核电为实现电站安全经济可靠运行的目标，以可靠性为中心的设备管理理念为基础，通过分析预测性维修工作定位，挖掘预测性维修技术应用价值，设立统筹管理预测性维修工作的组织机构，建立了涵盖程序体系、技术配置、信息平台、技能培训等方面的预测性维修管理及应用体系，有效提升了电站设备可靠性，显著降低了设备维修成本。

1. 分析预测性维修工作定位，明确工作目标

三门核电在中国核电设备可靠性管理导则框架下，对标国际一流电站，建立了一套适合本电厂的设备可靠性管理方法和流程。在以设备可靠性为中心的维修管理流程中，预测性维修是性能监测的主要组成部分，其以预测设备性能的发展趋势来优化运维。

在设备可靠性管理流程中，预测性维修承担的主要职责和任务如下：

- 按照预防性维修（PM）策略，按时完成设备预测性维修数据采集；
- 分析预测性维修数据，识别异常设备，编制技术分析报告；
- 组织整体状态评估会议，评估设备状态，制定设备检修方案；
- 设备状态通报；
- 根据预测性维修结果，提供预防性维修大纲优化建议；
- 维修后试验、故障诊断技术支持。

2. 设立预测性维修组织机构，统筹管理工作

针对当前预测性维修技术在核电行业应用范围小、技术管理分散等难点，三门核电技术支持处统筹负责管理预测性维修相关工作，主要包括：

- 开发和维护预测性维修大纲，制定管理流程；
- 落实设备分级结果和系统预防性维修大纲要求，配置和应用预测性维修技术，包括振动分析、红外诊断、润滑分析、超声检测、电机诊断等；
- 统筹管理预测性维修信息数据，开发和维护信息化管理平台；
- 执行预测性维修检测，采集设备状态信息；
- 评估设备状态，提出性能提升方案；
- 承接设备故障诊断任务，为设备运行和维修提供技术支撑；
- 关注前沿技术，拓展和丰富预测性维修技术范围。

3. 建立程序体系和工作流程

三门核电通过对标学习和持续的实践总结，建立了完整的预测性维修程序

体系，采用“大纲→技术导则→检测规程”三层式程序构架。

预测性维修工作流程大体分为6个环节，分别是PM策略、数据采集、技术评估、整体评估、性能提升、PM反馈。

（1）PM策略：通过分析设备失效机理，开发有效的检测项目；

（2）数据采集：执行检测工单，采集预测性维修（PdM）数据；

（3）技术评估：分析数据，给出技术评估意见；

（4）整体评估：综合分析设备状态数据，对设备进行状态分级，并提出性能提升建议；

（5）性能提升：实施设备维修，提升设备性能；

（6）PM反馈：总结PdM实践经验，优化PM策略。

4. 开发预测性维修管理平台

为科学高效地管理预测性维修活动，实现统一的标准化和信息化管理，三门核电提炼了预测性维修管理流程中的详细技术需求，完成预测性维修管理平台开发及上线运行，从而以数据流驱动的方式实现了数据存储、状态评估、趋势分析和报告通知等流程的自动化和信息化。预测性维修管理平台定位为“数据仓库”，整合管理预测性维修检测数据、设备状态数据和维修数据，为充分挖掘数据价值提供了基础。预测性维修管理平台实现了“流程驱动”，从数据采集、数据分析、技术评估、状态提升、事件跟踪到最后的故障源分析管理，每个环节均通过数据驱动，避免人因失误导致的环节缺失，形成闭环管理。

5. 建立事件档案，管理故障信息

通过预测性维修检测发现的异常需要加强监测或消缺处理，开展事件跟踪和处理是设备性能提升管理的重要一环。三门核电基于预测性维修管理平台建立了事件跟踪机制，有效跟踪和记录异常设备处理的过程及结果，同时为异常设备建立了“档案”，为后续类似的问题分析和治理提供参照，也为预防性维修调整优化提供支持。

预测性维修检测发现的异常状态设备在性能提升完成后，将基于预测性维修平台开展事件总结，三门核电在事件总结过程中嵌入了故障管理制度。故障管理包含故障类型、所属类别、故障描述等关键信息，电厂长期累积的故障通过故障管理模块形成图表统计和详细清单，为电厂预防性维修整体优化提供指引。

6. 开发标准教材，培养技术人才

为解决核电行业内预测性技术的应用经验匮乏的困难，三门核电对每一项预测性维修实例，从异常发现到性能提升的全过程进行分析，形成事件总结单。每年编制预测性维修工作年鉴，汇编当年的应用实例，做好技术成果和经验的总结。

准确性和及时性是预测性维修工作的两项重要指标，而人员的技术能力直接决定了是否可以及时准确地发现设备异常。三门核电非常重视人员的技术培训和能力建设，根据岗位职责和技术特点发布了“预测性维修人员资质认证”程序，明确了各技术各层级的人员能力要求，建立了人员技能提升通道。同时，依托技术应用成果，开发了预测性维修标准培训课程及教材。教材包含了预测性维修理念、工作流程和预测性维修技术的理论及实践，是业内第一套完整的、成体系的预测性维修培训教材。

经多年培养，已有4人次获得国际振动分析师Ⅱ级，2人次获得国际润滑分析师Ⅰ级，1人次获得国际红外热成像分析师Ⅰ级。理论联系实际，不断总结提高，预测性维修技术人员的诊断水平取得长足进步，为及时准确诊断设备故障、保障机组安全稳定运行夯实了技能基础。

7. 挖掘技术价值，创新拓展应用

预测性维修技术为“非侵入的维修”，可以在不干扰设备运行的情况下进行状态检测和诊断。三门核电总结经验，不断深挖现有预测性维修技术手段潜力，持续拓展预防性维修大纲范围之外的预测性维修应用场景，为系统运行决策提供输入。在常规离线检测的基础上，研究并成功实践了：红外热成像技术应用于机组热力性能监测、氢气点火器监督试验；超声检测技术应用于阀门内漏诊断、压力边界泄漏检查；振动分析技术应用于设备健康管理，实现重要设备的在线振动数据监测。

8. 简化现场执行，实施路径检测

以设备可靠性为中心的维修管理定位决定了预测性维修覆盖大量重要的设备，对应的项目和任务也非常繁重。三门核电以提高检测效率和提升采集质量为宗旨，对预测性维修项目中风险一致、地域相近、周期一致的任务在工作任务上游、预防性维修项目下游实施了合并，减少了50%以上的人力资源。

三门核电预测性维修管理研究项目自立项以来，通过不断摸索、实践、改进，已建立了完善的程序体系和培训体系，配置了振动分析、红外诊断、润滑分析、

超声检测、电机诊断等5种PdM技术，完成了预测性维修管理平台开发上线和升级，实现了现场检测任务路径化管理。预测性维修体系运作以来，电厂年均减少120余项整体检修和370余项定期检查，同时平均提前诊断及治理故障设备40余台/年，为快速针对性维修提供了技术支持，为设备可靠性提供了有力加持。

[点　评]

经过不断探索、细化、精炼、提升，三门核电已建立了完善的预测性维修管理流程、完备的技术配置、标准化的管理平台、精简的执行制度，形成了卓越有成效的应用体系。通过基于设备可靠性管理的预测性维修应用体系建设，在技术管理和技术应用等方面进行了实践与创新，有效地节省了设备运维成本，提高了设备可靠性，创造了良好的效益，同时为预测性维修技术在核电行业内的推广提供了有益的借鉴。

18.4.5　设备可靠性管理案例4：福清核电设备故障处理运维信息（病历）全过程精细化管控

[标　题]

开拓创新研病历，鼎力支持消故障

[案例概述]

福清核电首创核能行业设备故障处理运维信息管理的病历库模式，精细化管控设备故障处理的全过程运维信息。创新性地引入“熵增理论”和“耗散结构理论”用于研究设备故障的机理及处理策略，引入“望闻问切”用于设备故障现象信息采集。行业首创“源项关联分析法”用于设备故障原因分析和风险分析，以便采取系统化有效的干预处理措施。

福清核电研发的设备病例库项目于2022年6月获得“中国核电精细化管理案例三等奖”；2022年7月获得“中国核电管理创新优秀奖”；同期通过中国核能行业协会团体标准立项审查会。

[案例详述]

随着核电机组运行堆年增长，积累大量机组设备故障运维处理的历史经验数据信息，这些经验数据信息对于后续设备故障处理具有重要的参考应用价值。

当前核电设备故障处理历史经验数据信息处于离散化，且未全过程管控，无标准、无规范，未进行有效的集成化管理且未结构化，不利于构建起“大数据”，不方便科学化的管理应用。

福清核电引入“熵增理论”和“耗散结构理论”用于研究设备故障的机理及处理策略。熵增理论可为我们指出核电机组系统设备出现异常缺陷（故障）的内部机理和规律；耗散结构理论可为处理核电机组系统设备故障提供理论依据和实践的正当性。

1. 构建设备故障病历卡

设备故障病历卡是运维人员对设备故障的发生、发展、检查、诊断、分析、处理等运维活动全过程的记录，是开展设备故障处理数据信息结构化和精细化管控的需要，设备故障病历卡主要包括以下内容。

1）机组系统设备状态规范要求

机组状态按照技术规范状态划分要求执行，系统设备状态按以是否投运为准。机组状态包括反应堆功率运行模式、蒸汽发生器冷却正常停堆模式、余热排出冷却正常停堆模式、维修停堆模式、换料停堆模式、反应堆完全卸料模式。系统设备状态内容包括系统（投运、热备停运、冷备停运）、系列（投运、热备停运、冷备停运）、设备（投运、热备停运、冷备停运）。

2）故障现象采集方法

故障现象（病症）数据信息按“望闻问切”要求收集设备故障的音频、视频，测量的温度，振动数据等现象信息。

3）源项关联分析方法

核电机组系统设备故障源于各种风险源项，同时也会产生各种风险源项影响机组的其他系统或其他设备的运行。以设备故障为风险源项的汇集中心和输出原点，设备故障缘于源项的输入，设备故障的风险来自源项的输出。

系统设备源项关联性可分三大方向：工艺流程上的关联（包括系统设备功能上的关联）、联锁动作上的关联、空间布置上的关联。依照这三个方向的关联性进行关联分析，便于更有目的性、更清晰地对设备故障进行分析，清楚地勾勒出核电机组系统设备故障风险源项的关联关系。

按设备故障的处理与相关维修专业的关联关系，源项关联项目分为九大类型：化学类源项、仪控类源项、电气类源项、辐射类源项、机械热工类源项、堆物理类源项、工业安全类源项、核安全类源项、人因失误源项。

源项关联分析的表示方法为链式递进关联分析。以设备故障为源项输入的汇集点，从源项关联的三大方向和九大类型着手，进行链式递推分析设备故障的原因和风险，直到原因被排除或原因被确认，风险得到有效的屏障防护（见图 18－4）。

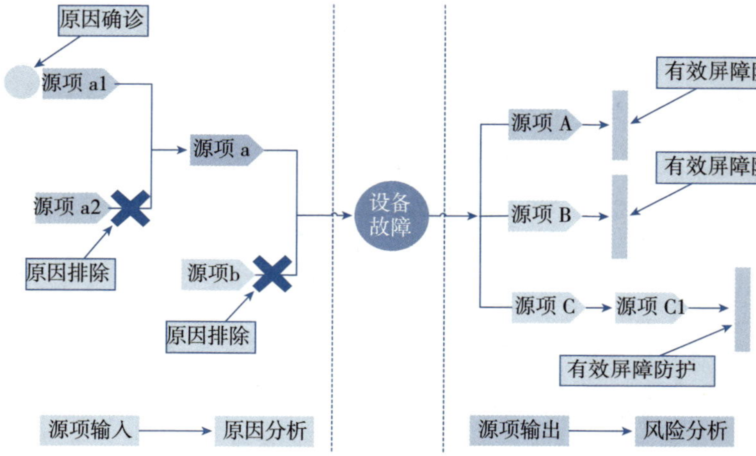

图 18－4 链式递进分析表示法示意图

4）“处方”规范要求

“处方”包括运行干预行动、维修消缺行动，根据风险分析和原因分析制定相应的干预处理措施。为方便数据结构化，“处方”的编录要求单一对象单步操作，避免多个对象多步操作编录产生的数据复杂化，引起识别和应用的不便。

5）“医嘱”规范要求

“医嘱”，即临时运维提示信息，用于针对不能短时消除的设备故障，运行和维修等各专业制定应对干预处理措施。运行领域由运行工程师制定，维修领域由故障处理工作负责人制定。

6）运维专家信息规范要求

记录设备故障处理相关运维专家姓名、专业和具体联系方式信息，方便建立设备故障与运维专家的关联性，继而构建运维专家库，用于支持设备故障高效处理。

2. 开发智能软件平台

通过制定设备故障病历卡标准和数据信息结构化规范要求，研发基于病历库模型的设备故障处理智能支持软件平台，构建起“病症库”“处方库”“源项库”“运维专家库”四个大数据库，以便开展智能支持设备故障处理应用：基于“病症库”的智能“病症”采集和确诊，基于“处方库”的智能调用“处方”，基于“源项库”的智能风险和原因分析，基于“运维专家库”的运维专家会诊，基于“源项库”的智能隔离，基于“病历库”四大数据库的设备故障仿真应用于数字孪生电厂等。

3. 项目实施效果

开展“核电厂设备故障处理运维信息（病历）全过程精细化管控”项目，构建机组系统设备异常缺陷病历库，是总结分析运行和维修专业的“实战”，以便应用到未来的“实战”，为未来干预处理机组设备“病情”提供方便，通过与病历库实例中的“病症”现象特征比对，运行人员能快速了解“病情”的轻重缓急，同时参考“病历库”及时有效地“对症下药”，采取及时有效的干预措施，避免必须采取或需要采取的干预措施未执行或是未及时执行，导致异常缺陷恶化的情况出现。实践证明，构建病历库具有以下实际意义：

- 通过提高机组系统设备“病历”管理水平，来提高设备可靠性管理水平，从而提高机组运行可靠性；
- 减少知识性失误，提高运行人员的实战技能（提升操纵员基本功）和工作效率；
- 提高核电运行和各专业协同作战水平；
- 依托病历库信息的平台，开展运行控制优化、技术创新、管理创新等工作；
- 节省人力、物力成本；
- 为核电智能化做大数据准备。

开展“核电厂设备故障处理运维信息（病历）全过程精细化管控”项目工作以来，该项目多次应用于机组设备故障处理的经验支持，其中2021年共计支持机组设备故障处理20余次，及时有效地守护了机组的安全可靠运行。同时，新的机组设备故障处理信息又新增到“病历库”中，不断丰富和完善“病历库”，形成良性循环，为设备故障诊断、风险识别和风险控制、原因分析、干预行动等奠定经验支持基础。

[点　评]

“核电设备故障处理病历库”项目，构建了设备故障处理运维全过程数据信息管理的标准和方法，为电厂设备“排故”的知识积累创造了有利条件；同时开展了设备故障处理智能支持应用探索，有利于助推我国构建“支撑核电安全运营的智能保障平台”，抢占核能发展制高点。

18.5 备品备件管理

18.5.1 综述

备品备件是核电厂保持安全稳定运行的物质基础，关系到机组、系统和设备的可靠性和安全性。核电厂备品备件管理的目的是保证设备检修的需求，在做到保质、保量、按时供应的基础上不造成积压浪费。核电厂备件管理工作主要包括编码管理、定额管理、质量管理、采购、仓储、保养、使用、修复利用等内容。

当前核电企业备件管理存在两大问题：一是库存不断上涨，占据了大量的企业资金，增加财务成本，影响企业利润；二是库存备件无法完全满足设备维修需求，存在缺口，影响设备缺陷处理。

作为示例，本节介绍了秦山核电数字化备件管理体系建设、标准维修耗材“寄售”管理及其应用两个案例，反映了中国核电在备品备件的管理体系建设、采购和储备方式优化、库存管控上所取得的创新成就，很好地解决了备件管理两大问题。

18.5.2 备品备件管理案例1：秦山核电数字化备件管理体系建设

[标　题]

加强顶层设计，坚持系统谋划

[案例概述]

基于备件管理精细化管理特性，顶层设计、系统谋划，秦山核电构建了数字化备件管理体系，夯实了备件管理基础，提升了备件需求管理的基础数据质量，实现了备件管理从经验管理模式向数字化精细化管理的转变。从而提高了库存规划与管控能力，实现了库存有序可控；取得了显著的库存管控效果，库存规模连续两年分别下降了1.56亿元与1.96亿元，打破了多年上涨的趋势。

本案例获得“2021电力行业设备管理与技术创新成果二等奖”；核电厂备件一体化数字管理获得“2021年度国际数据与信息化管理未来运营领军者奖”“浙江省电力行业协会管理创新三等奖”等奖项。

[案例详述]

1. 精准分析，挖掘备件管理差距

核电厂设备数量和种类多，备件管理具有种类繁多、计划性强、关键备件不能缺货、价格昂贵、采购流程长等特征。此外，备件管理也缺少理论支撑。

核电备件精细化管理要求主要体现在以下8个方面：一是计划性。根据备件的不同使用场景，计划管控方式也应该有所不同。二是关联性。任何一个备件，都应有归属设备，通过编制设备部件清单（BOM）建立设备与备件的关联关系。三是精确性。预防性维修的备件按照“需要多少，采购多少，使用多少”的原则。四是保质性。质量是备件的核心属性，采购的备件必须满足技术规格书的质量要求。五是全局性。核电企业备件管理的业务链条长、业务关联多，通常横跨维修、设备管理、经营管理、商务采购四大领域的管理流程，各部门业务环节相互影响，相互作用。六是载体友好性。备件管理的各流转业务环节均相对独立，必须建立统一的信息载体，实现各部门间的业务处理、信息流转和共享。七是经济性。备件储备必须考虑经济性，过多的库存占据大量的企业资金，增加财务成本，影响企业利润。八是主观能动性。备件工作繁杂琐碎，必须发挥人员的主观能动性，提高服务意识，消除部门壁垒。

2. 系统谋划，提升备件管理效能

针对各部门业务的独立性，在强化职能、落实责任的基础上，以备件管理数据中台实现各应用软件的数据贯通。针对计划性备件和随机性备件的不同特点，建立了分库管理流程；分步进行编码优化，并进一步实现各电厂的信息互通和备件共享；通过物联码实现备件的全寿期质量管控。

1）备件管理数据中台

秦山核电建成面向不同用户（运行、设备、维修、采购工程师等）的设备编码数据库，主要包括设备设计信息数据库、设备信息数据库、设备文档资料数据库及设备部件BOM数据库等，满足不同用户在不同数据应用场景下的需求，主要包括物资编码申请、备件等效相容替代、采购供应链、备件虚拟库、物料需求及设备周期性检修、全寿命周期备件管理等业务环节，全面打造秦山核电“集约化共享、数智化驱动、开放性融合”的数字化设备管理中台。

2）根据可预知性对备件实行分库管理

根据备件的需求性质进行分“库”管理，将库存分为随机备件库和可预知备件库两个虚拟仓库：针对可预知备件，将工单信息与采购行信息关联控制，实现专买专用；针对随机备件，将定额水平与采购在途数量关联控制，实现备件库存的最优管控。

推动以计划为核心的可预知备件管理。秦山核电建立并完善了一套完整的“工单任务计划—备件需求计划—采购计划—工单需求”闭环管理流程。

开展以可靠性为核心的随机备件管理。秦山核电基于设备的故障率、部件失效带来的后果损失等多方面评估，通过出库数据或设备缺陷进行修正，建立了一套科学的备件定额计算方法。

3）优化备品备件的编码管理

建立基于用户的编码管理体系。第一种是设备的位置编码，这是现场具体执行功能的位置编码；第二种是设备的特征编码，该类编码用于同类型设备的归类管理和技术准备；第三种是备件的物资编码，该类编码服务于采购人员及设备管理人员，采购人员使用物资编码向厂家传递技术要求，设备管理人员使用物资编码关联设备，进一步明确备件服务的设备信息。

通过制造商提供的图纸文件等技术资料建立备件清单和厂家产品备件编码数据库，推进物资编码标准化管理。基于厂家技术文件资料建立了备件与设备的关联关系；厂家的备件代码是其厂内物项流动的物联码，具有唯一性。

备件编码存在“一物多码”现象，是一个历史遗留问题。通过物资编码标准化系统消除“一物多码”，实行“增一减五”的总体数量控制手段，提高新申请备件的数据质量，增加了新增编码的审批级别和监管级别，在流程上控制住了物资编码的质量问题。

物资编码的使用实行闭环管理。通过数据贯通平台，物资编码信息的修改与变动可以实现全业务的贯通与闭环管理：在物资编码信息发生纠错与补充修改时，能够及时通知相关责任部门和责任人，及时更新相关信息和文档。

4）物联码助力备件实物管理

针对每一个采购的备品备件，系统生成一个“物联码”，该物联码是该备品备件的数字化档案袋。在该备件各项业务活动中，各部门产生的文档数据通过信息系统自动关联、存入该档案袋。

3. 全程管控，提升备件质量管理

建立备品备件全寿命周期质量管控体系，做好备品备件实物的质量管理，确保合格的备件用到现场。

明确备件质量管理要求。采购技术规范书是物料主数据的技术要求的主要载体。采购技术规范书主要包括技术信息和验收要求两个方面。

建立备件在库保养与跟踪管理体系。在备件到货时，根据采购技术规范书要求开展验收工作，通过在库保养与跟踪记录，确保备件质量可跟踪、可管控。

对现场更换下的备件开展鉴定与评估。当新的备件领用出库并被安装至现场时，现场更换下来的全部备件均应开展质量评估：对于性能未完全丧失的，应进行修复，修复合格后作为循环备件继续使用；对于性能丧失的，应返给仓库，按照废旧物资处置。

4. 夯实基础，优化备件库存管理

1）分库管理框架

计划性备件与随机性备件两类备件的管理特点和方式完全不同，因而必须分库管理。不同物资流动性管控要求不同，在信息软件系统中设定了不同的虚拟库存地点，分别为随机性需求库存、待处置库存及可预知性需求库存（见图 18－5）。

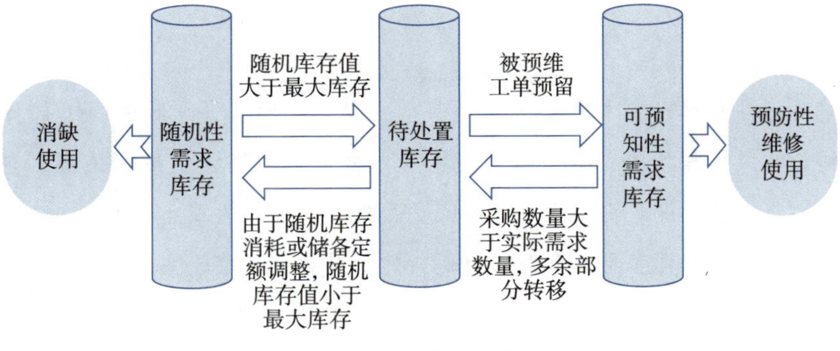

图 18－5　备件分库管理

随机性需求库存是为现场缺陷消除等随机性需求而准备的库存，待处置库存主要是指经过现场技术评估，已经不再需要的库存物资，这些物资应及时进行转让或报废处置，可预知性需求库存主要来源于预防性维修工单的采购。

2）“三不买”原则

为遏制备件库存上涨的趋势，秦山核电确定了“三不买”原则，即没有BOM的备件不买，没有预防性维修工单需求或储备定额的备件不买，没有采购技术规范书的备件不买。

3）计划性备件管理

预防性维修项目模板工单需求不准确是造成计划性备件需求不准确的主要原因。2020—2021年，对约20万条领料行项目进行审查，剔除了约3.2万条领料行项目，增加了2.4万条领料行项目，修正了约5000条领料行项目，预防性维修工单备件采购准确率快速提升到95%以上。

造成计划性备件需求不准确的间接原因是预防性维修项目调整后没有及时修改优化与备件需求的联动关系，因此必须建立预防性维修大纲与预防性维修项目、模板工单备件需求及工单任务排程之间的联动关系，一动俱动，及时调整采购计划。

综合考虑立项、采购计划制订、合同签订、工单准备等环节，对于预防性维修的备件采购需求的提出时间，国内采购提前两年，国外采购提前三年，增强了采购工作的计划性。

对于计划性备件的使用情况，建立了日常预防性维修备件定期清查制度，预防性维修项目的必换件领用率已经从2020年的80%左右稳步提升到2021年的近100%。

4）随机备件管理

随机备件的库存成本取决于以下两个方面：备件缺货导致的关键部件停机时间延长的成本和风险，备件存储费用及备件未被使用就报废的风险。在库存的全面性与经济性两者之间找到平衡，是随机备件管理的重点与难点。

核电备件的管理基于设备对机组运行的重要程度开展，主要分为SPV备件、关键备件、重要备件及一般备件。针对不同级别的备件，制定不同的定额储备管理策略。

备件的储备管理策略确定后，确定定额。由于缺乏随机备件定额的理论依据，暴露出备件定额有些覆盖面不够，有些范围过大、数量过多等现象。秦山核电综合考虑备件的历史消耗情况和行业经验，确定了典型设备的储备清单。

建立随机备件储备需求，该储备需求修正了基于核电备品备件管理的MRP模型，这套MRP模型总体上适用于现有核电备件业务，可执行性高，从根本上解决了存多少、补多少及何时补的问题。

5）确定库存结构优化策略

库存结构优化，一方面把不需要储备的库存备件处置掉，另一方面把缺货后对电厂安全稳定运行影响较大的备件补充上来，总体上实现稳中有降的库存管控目标。

2021年完成库存物资5.69亿元状态为冻结采购备件的清理，识别完成约2亿元的待处置库存物资。2022年将推进库存2.22亿元无主备件的清理，将找不到主设备的物资纳入处置流程。基于历史消耗，对超最大库存数量的备件进行预测使用情况，预计十年将消耗约3.26亿元的超定额储备物资。

秦山核电启动“腾笼换鸟”计划，由原来的被动处置冗余库存，转为主动处置冗余库存，在按照计划去除冗余库存的基础上，设定冗余备件采购需求，提高电厂的抗风险性。

5. 效果显著，助力核电降本增效

1）优化管理体系

打破了之前备件一体化的粗放管理模式，建立了计划性与非计划性备件需求的物资采购、预留和使用规则，工单间物资预留锁定调剂规则，待处置库存物资管控规则等，确保库存有序流动，实现了强计划、重保障及降库存等多方面的管控目标。

基于备品备件管理的业务，发布了7项数据标准，夯实了备件管理的业务基础，系统地梳理各业务间的职责边界、业务衔接与业务目标的一致性。

设置了多个维度的考核指标，包括计划性备件、随机性备件、采购供应链等。

2）提升管理效能

第一，夯实了备件管理基础，完成了8358项图纸的清理工作，涉及129971台设备、214059个部件信息，关联了66893项物资，评估并优化了约19万元物资的定额，完成了约8万项模板工单领料单的优化工作。

第二，提高了库存规划与管控能力。分库管控满足了不同需求的特点，最大限度保障了库存物资的有序流动。

第三，取得了显著的库存管控效果。库存规模打破了多年上涨的趋势，2020 年、2021 年连续两年分别下降了 1.56 亿元、1.96 亿元。

第四，提升了秦山核电品牌影响力。目前该管理体系已经成功推广至三门核电，福清核电、海南核电也正在上线准备中。这套管理体系充分体现了秦山经验，提升了秦山核电的影响力。

[点　　评]

本案例基于备件管理精细化管理特性，优化顶层设计、系统谋划，建立了一套完整的数字化备件管理体系，实现了秦山核电从经验管理模式向数字化、精细化管理的转变。建立了面向用户的设备编码管理体系，提升设备与备件数据质量；依据不同需求特点制定分“库”管理策略，强化可预知备件需求的计划性与随机备件需求制定的科学性，提升备件数量管理能力；通过备件全寿命周期管理跟踪体系，加强备件的质量管理。

18.5.3　备品备件管理案例 2：秦山核电标准维修耗材“寄售”管理及其应用

[标　　题]

培育“主动优化、持续改善”的文化

[案例概述]

2021 年 5 月，作为中核集团首个正式运营的“寄售”项目，秦山核电维修耗材寄售项目开始正式运营。在采购规模化、标准化、集约化方面积极探索创新，持续改善、优化集采和库存模式，成为示范和标杆。

秦山核电积极落实中核集团以“主动优化、持续改善”为主题的精细化管理年工作安排，以“一年打基础、两年抓提升、三年赶先进、四年创一流”的精细化管理思路，在“寄售”管理方面持续探索、创新，采取先领用后结算的“寄售”管理模式，逐步实现“寄售”物资的“零库存”管理。

本案例获得“浙江省电力行业2021年度管理创新优秀成果三等奖”。

[案例详述]

通过维修耗材标准化工作，将原先9万项物料整合至4485项，并实施标准化管理。将4485项标准维修耗材纳入框架协议，在中核集团一级集采目录基础上，以大单议价方式引进了京东公司这类拥有先进、完善供应链资源的供应商，采取先领用后结算的“寄售”管理模式，逐步实现“寄售”物资的“零库存”管理。

秦山核电维修耗材通过集团一级集采报价，较自采历史价格低15%以上，充分体现集采的价格优势。维修耗材全部在中核集团电子商城下单，大幅提高集采率和资金节约率。通过整合维修耗材采购，降低合同数量，大幅提高采购效率。减少了物资储备，降低了库存。成员单位可直接在集团电子商城下单采购，实现共享。

1. 维修耗材标准化

秦山核电维修耗材标准化具有一定的探索性和创新性。该项工作接口多，涉及维修领域、商务采购领域多个部门；所涉及物资数据繁杂，信息量巨大，原始数据近9万条；在国内同行中，尚无成功的管理经验供参考学习。

维修耗材现有的物资编码未结合维修专业特点，编码中未直观体现物资的分类，导致维修人员无法快速查询所需物资。经过讨论分析，维修各专业使用的耗材类别相对集中，结合维修专业特点对物资编码进行属性分类优化，形成维修耗材分类编码。

对近9万条维修领域物料数据进行标准化梳理，通过合并相同或相近的物料，剔除重复数据、无效数据、睡眠/僵尸数据，最终确定第一版维修耗材标准清单4大类31中类215小类，共4443个编码。

2. 采购方式优化

秦山核电标准维修耗材属于标准工业品范畴，中核供应链公司已通过公开招标方式引入8家中标单位，并签订了框架协议。秦山核电经与中核供应链公司共同商议采购方案，确定了秦山核电标准维修耗材以“大单议价”方式向该8家单位发起询价，通过经评审的最低价法选择供方，签署框架协议后合同供应商在中核集团电子商城完成标准维修耗材商品上架工作，各成员单位可直接在电子商城下单采购。

3. “寄售”模式应用

秦山核电标准维修耗材寄售项目，由秦山核电提供1个“寄售仓”和4个“无人仓”，采用先领用、后结算的“寄售”模式，由供方负责免费运营。供方在秦山核电仓库合理储备库存，同时使用秦山核电的仓储系统和供应商的系统进行日常维护与出入库管理，既能满足秦山核电仓储系统运营，又能通过供应商的系统实行智能化运营。本项目采取整体规划、分步实施的原则，逐步实现从人工运营到数字化升级，逐步提升智能化水平。通过软件系统改进及管理优化手段，供应商与秦山核电的配送团队合理衔接，可提供寄售物资的配送服务。

寄售管理流程整体方案是供应商寄售，指供应商将货物先存放在秦山核电，货物所有权仍归属供应商，但由秦山核电进行实物和库存水平的管理。秦山核电领用或消耗后方与供应商进行结算。

框架协议签订与执行流程包括需求计划提报、采购寻源、寄售框架协议签订、立项申请、下达子订单、寄售物资接收入库、寄售物资库存管理等环节。采购部门依据物资需求计划进行采购寻源，确定寄售物资的供应商，与供应商完成寄售框架协议/框架合同的签订。需求部门完成立项后，系统参照框架协议生成寄售子合同。再根据框架协议子合同/框架合同生成采购订单，用于寄售物资收货。

秦山核电寄售物资能够实现工单预留。需求部门根据实际需求，对秦山核电自有库存及供应商寄售库存均能实现预留，在自有库存能满足需求的情况下，优先消耗自有库存，在自有库存不足时，能够同时预留寄售库存。

通过软件系统改造及管理优化，秦山核电已具备寄售物资配送能力。根据需求部门的领料申请，先由供应商在系统中将寄售库存转移至秦山核电自有库存，再由秦山核电配送人员直接进行配送。

供应商在秦山核电仓库合理储备库存，并同时使用秦山核电的仓储系统和供应商的系统进行日常维护与出入库管理，既能满足秦山核电仓储系统运营，又能通过供应商的系统实行智能化运营。基于寄售物资库存的消耗情况、再订购点、供应商的补货周期等制定寄售物资的补货策略，当寄售库存低于再订购点时触发补库通知，系统通知补货。

秦山核电维修耗材“寄售”项目成功实施后，“寄售”规划已从通用材料类向安质领域和通用备件类覆盖，2021年陆续签订了7个“寄售”项目框架协议，2022年规划了辐射防护和劳保用品、SKF轴承、通用仪表等12个“寄售”项目。秦山核电“寄售”项目已全面铺开，布局未来3年（2023—2025年）的“寄售”项目，将“寄售仓”延伸至电厂外部，特别是“危化品”拟转移至电厂外部“寄售”。

4. 实施效果显著

1）维修耗材实现标准化管理

通过维修耗材标准化工作，将原先9万项物料整合至4485项，并实施标准化管理，解决长期存在的七大问题：属性/分类不明确、不清晰、不统一；“一物多码”；“睡眠码”较多；库存积压；申报方式不合理；跨单元领用流程复杂；物资编码归属管理不合理，物资编码总量逐年增长。

2）标准维修耗材工作成果实现共享

维修耗材的标准化管理对同类电厂具有很强的参考借鉴意义。秦山核电标准维修耗材寄售框架协议签订后，供应商随即完成该标准维修耗材在中核集团电子商城上架，成员单位可直接在电子商城下单采购，实现耗材共享。

3）大幅降低采购成本，采购效率大幅提升

秦山核电维修耗材通过集团一级集采报价，比秦山核电历史价格低15%以上。截至2022年5月，秦山核电维修耗材采购额已达1331万元，相比历史采购降低了267万元；秦山核电各寄售项目的采购额共计3031万元，相比历史采购降低了489万元，集采的价格优势充分体现。

维修耗材全部在中核集团电子商城下单，大幅提高集采率和资金节约率。通过整合维修耗材采购，减少合同数量，大幅提高采购效率，寄售物资平均下单周期3天，远低于日常采购3个月的合同签订周期。

4）降低库存

2021年，秦山核电维修耗材库存额876万元，通过寄售模式，优先领取和消耗秦山自有库存，而后通过先领用后结算的方式进行寄售管理，实现秦山核电维修耗材“零库存”的目标。截至2022年5月，秦山核电维修耗材寄售项目为库存压降贡献1331万元，秦山核电各寄售项目为秦山库存压降贡献共计3031万元。

[点　评]

秦山核电寄售是对降低库存成本、优化采购渠道、提升产品质量、减少寿期报废的有效创新和尝试，将对其他核电厂起到标杆和示范作用。秦山核电未来要做好寄售和“零库存”项目规划，与更多有实力的优秀供应商合作，助力秦山核电库存优化、效率提升、降本增效。寄售和“零库存”管理模式的推广应用，对中国核电库存控制水平提升和库存成本降低起到越来越大的作用。

18.6 技术改造管理

18.6.1 综述

技术改造是核电厂对生产工艺系统、设备部件/材料和构筑物所做的实体或功能上的变更工作，是设备管理的一项重要工作。通过合理规划、统筹调配资源，利用技术改造解决机组设备老化/过时、系统设计/设备缺陷，提升系统设备可靠性，是核电厂机组安全稳定运行的重要保障。

技术改造修改了机组、系统的原始设计或设备，总是伴随着风险引入，因此必须制定严格缜密的流程来控制技术改造的风险，保证技术改造的质量。技术改造流程复杂，通常包括项目申请、项目立项、预算审批、初步设计、详细设计、物项采购、现场施工、试验验收、投运、文件修改、项目关闭等阶段。中国核电各电厂建立了一整套的技改管理体系，开发了信息化平台，强化了技改过程管控，实现了技改流程的标准化、提升了技改流程的效率和质量。

作为示例，本节介绍了江苏核电基于标准化、精细化、信息化、群堆化的技改管理体系建设和秦山核电打造以提升管控和效率为导向的核电厂变更管理可视化集成应用两个案例。通过建立技改信息化流程，规范了技改各环节的标准化、精细化要求，全流程从严、从细管控，践行了中国核电标准化、精细化战略。

18.6.2 技术改造管理案例1：江苏核电基于标准化、精细化、信息化、群堆化的技改管理体系建设

[标　　题]

点点滴滴求合理，细微之处见精细

[案例概述]

江苏核电牢固树立“控增量、降存量、强执行、优流程”的理念，构建标准化、精细化、信息化、群堆化的技改管理体系。通过加强技改的标准化管理，提高项目质量；实施技改分级管控，实现管理模式由粗放型向精细化转型；搭建信息化管理平台，推进技改管理智能化发展；多举措加快技改群堆化管理，实现资源优化配置。技改管理水平的大幅提升，有效保障了机组安全、可靠、经济运行。

技改项目的节点多、流程长、内容杂，涉及部门多，江苏核电创新管理模式，细化管理流程，将技改项目分解成不同的标准化模块，同时运用信息化手段，将每个分解的模块进行量化分析和管理，力求每个模块都“合理”，从而“以小见大”，保证了技改的管理效率不断提升。

该项目荣获“2021年江苏省电力行业企业管理现代化创新二等奖”。

[案例详述]

1. 强化顶层设计，明确建设目标

江苏核电以中核集团“精细化管理年”为契机，在公司“一个确保、三个到位、五个思考”目标路线图指引下，建立了技改管理的理念：控增量、降存量、强执行、优流程；采用系统思维、强化目标导向，制定一系列措施，推动变更管理由“大水漫灌”向“精准滴灌”转变。

制订技改管理计划，明确中长期管理目标。根据技改“控增量、降存量、强执行、优流程”的管理理念，为了科学制订技改管理的计划，江苏核电对技改的历史数据进行了整理，包括商运机组不同阶段技改项目的数量、技改项目各环节的平均时间等，并构建了技改存量的函数模型。

编制生效了《江苏核电技改管理中长期规划》以及《江苏核电技改管理年度计划》，明确了逐步实现机组技改管理“1—6号机组的存量技改项目数量小于800项”的远景规划目标。

建立健全管理程序和规章制度，筑牢技改管理工作基石。为规范江苏核电

的技改管理，指导技改管理工作的有序开展，江苏核电编制、升版了一系列管理程序和技术方案，包括《永久变更申请管理》《永久变更设计管理》《永久变更计划管理》《江苏核电站变更项目优先级别管理规定》等，为推进技改管理的体系建设打造良好的基础。

强化专项组运作，保障技改管理工作进展。为充分保障技改管理的工作进展，江苏核电加大技改管理过程中的协调力度，建立了技改管理协调专项组，并每周召开例会，协调技改管理过程中的问题，有力保障了技改管理工作的顺利开展。

2. 加强标准化管理，提高项目质量

通过提出技改的标准化要求，明确各环节的标准内容，从全流程的角度实现管控，大大提升了技改项目的质量。

从技改的申请提出开始，申请人须按照技改申请单模板，准确填写项目名称、机组号、设备编码、安全级别、实施窗口以及是否涉及SPV设备等内容。

通过建立标准化的流程，规范技改申请的填写，一方面，从源头杜绝部分非技改项目的申请进入技改流程，控制了技改的数量，提升了技改申请的质量；另一方面，能够提前识别出该项技改存在的风险、类别、经济性、必要性等因素，为后续整个技改的管理提升提供了大数据支持。

3. 实施分级管控，实现精细化转型

江苏核电综合设备分级、安全重大程度、实施总费用大小等维度，对技改项目进行分类管理。按项目重大程度确定项目类别。技改项目分类分为一般技改、重大技改、特大技改，并分别制定了标准化审查流程。

为了进一步加强对紧迫性强的技改项目管控，江苏核电制定了技改项目的优先级别打分制度。技改项目优先级是指对项目的安全性、可靠性、执照相关、PSA结果、投资/收益、设备性能、生产影响程度等各方面总体评价后，按照江苏核电站技改项目优先级打分表确定其优先级。优先级分为优先Ⅰ级、优先Ⅱ级和正常。

通过建立技改分级管控机制，对不同级别技改项目实施不同策略，加快推进重点技改项目进展，从而优化电站资源配置，实现技改管理模式由粗放型向精细化管理的转型。

4. 搭建信息化平台，推进智能化发展

信息化是技改管理提升的必经之路，江苏核电积极搭建技改信息化平台。

在搭建信息化平台之前，机组技改项目主要为手动填写，但随着项目越来越多，管理需要投入很大的人力去维护，如何确保项目数据一致、条例清晰、实时记录、快捷查询就成了不得不面对的挑战，亟须开发一款界面友好、高效、功能完善、操作便捷的技改管理系统，以整合日常主要技改管理业务和流程，实现审批管控、项目文件管理、项目进度管控和预警等功能，更加高效、高质量地完成多台机组的技改管理工作。

江苏核电开发的技改信息化平台，对技改各环节的业务实现了电子化和自动化管理，有效提升了技改的管理水平。实现电子化审批流程、实现电子文件汇总管控、实现项目自动化管控、多系统统一平台操作。

5. 加快群堆化管理，实现资源优化配置

江苏核电1—4号机组采用俄罗斯VVER－1000改进型核电机组，5号、6号机组采用M310＋改进机型，从田湾大基地的角度出发，实施群堆化管理势在必行。江苏核电多措并举，积极开展技改群堆化管理，按照“控总量、降成本”的目标，实现技改设计、采购的优化配置，助力公司降本增效。

江苏核电的技改申请原先是分机组提出，并纳入总表管理，这带来技改项目管理成本高、重复设计/采购的资源浪费等问题。江苏核电对技改申请方式进行了优化：多机组均存在的同类问题合并提出技改申请并进行统一管理，以提升管理效率，降低技改总量，避免同类型问题在其他机组的遗漏；另外，统一设计、采购，能有效降低设计和采购过程中的费用。

6. 建立考核激励机制，筑牢长效运行基础

为有效推动技改项目的进展，保障技改管理执行的过程中不出现偏差，针对技改管理标准化、精细化、群堆化的不同维度以及技改项目的主要节点，江苏核电先后制定了7项关于技改的考核办法，纳入公司生产领域绩效考核管理办法，奖惩结合，提高了技改项目的计划完成率，有力推动了重点技改项目的实施。

通过基于标准化、精细化、信息化、群堆化的技改管理体系构建工作，江苏核电的技改管理水平得到重大提升，管理、经济、社会、生态等方面的效益得到显著提高。江苏核电采用系统思维、强化目标导向，制定一系列措施，有力推动技改管理由“大水漫灌”向“有序开发”转变。技改项目存量逐年上升态势得到控制，2017—2021年技改项目数量变化情况见图18－6。

在与同行对标、专家交流活动中，江苏核电技改管理工作获得一致的肯定

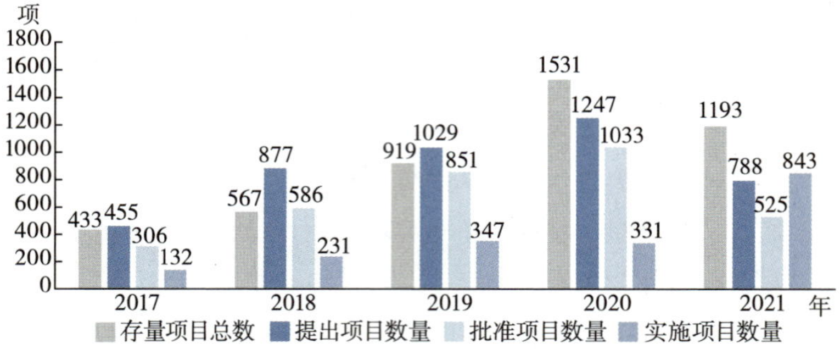

图 18－6　2017—2021 年技改项目数量变化情况

与好评，具有广阔的推广价值与应用前景。阳江核电、国核电力规划设计院等多家单位专程到江苏核电学习交流技改管理经验。江苏核电在“标准化、精细化、信息化、群堆化”的管理方式下，技改项目的成果层出不穷，2021 年先后获得省部级奖项 6 项，地市级奖项超过 20 项，并有效解决了江苏核电“十大缺陷”“十大技术问题”中的 5 项，有力保障了机组的安全稳定运行。

[点　评]

技改的精细化管理具有很强的应用价值，切合中核集团 2022 年“精细化管理年”中聚焦效率提高、聚焦质量提升的要求。通过对江苏核电技改管理中存在的问题进行分析，运用自我评估与对标同行的方法，科学制订管理计划和考核措施，加强标准化管理，搭建信息化管理平台，实行分级管控，实现了核电企业技改的精细化管理，大幅提升核电企业技改群堆化管理水平，在行业内具有很好的推广意义。

18.6.3　技术改造管理案例 2：秦山核电打造以提升管控和效率为导向的核电厂变更管理可视化集成应用

[标　题]

所见即所得，未见不可为

[案例概述]

核电厂变更管理“可视化集成应用”，在国内核电行业首创了基于可视化流程图的管理系统，该系统以用户“所见即所得”的方式将中国核电变更管理要求、操作理念及操作预期融入变更管理完整流程中，并通过合理的逻辑控制流程按序开展，确保流程的“未见不可为”。

该系统的部署实施，统一了核电厂变更管理业务流程，集成了核电厂变更管理程序多、周期长、项目技术要求高、人力及时间成本投入大等属性，让用户所见即所得，通过合理的逻辑控制和多重提醒功能，引领用户开展业务流程，以精细化管理方式有效提升了变更的管控能力和工作效率，有力落实了中国核电精细化管理实施战略，同时为电厂今后数字化转型提供了基础技术储备。

该项目荣获“2020 年浙江省电力行业管理创新二等奖”“2020 年中核集团科技研发与技术管理类创新三等奖”“2020 年国防科技工业企业管理创新三等奖”“2020 年中国电力企业联合会电力科技创新奖二等奖”等奖项。

[案例详述]

1. 实现流程标准化，助力精细化管理

通过变更管理可视化流程图，向用户展示一个统一的变更流程界面，引领和指导用户按流程开展变更业务过程，该界面涵盖了中国核电变更管理相关导则和管理规定，并针对用户操作设计了严格的逻辑控制功能，保证流程开展符合管理程序的规定和要求，统一了秦山核电、福清核电、海南核电 17 台机组的变更管理业务流程，消除了各电厂因流程差异造成的标准化和精细化壁垒，实现了变更流程的标准化，有力支撑了中国核电精细化管理的实施。

2. 完善“数据仓库”，为数字化转型提供数据储备

核电厂变更管理可视化集成应用，通过计算机软件系统实现，变更开展过程中所有信息数据得以保存共享，“数据仓库”得以不断完善，为电厂数据治理提供了数据服务，也为电厂今后数字化转型提供了基础技术和数据信息储备，如大数据应用、报表可视化展示、变更风险态势感知等功能的建设。

3. 技防替代人防，增强流程管控

将防人因失误理念融入变更流程节点及计划自动控制逻辑设计中，尽量让技防替代人防，提升变更流程的有效管控，减少人因失误，为机组安全运行提供了保障。

核电厂变更项目流程中参与角色较多，有变更管理工程师、变更责任工程师、施工负责人、设备工程师、文件修改人等，这些角色来自不同部门不同岗位，在变更流程的理解上存在不同程度的局限性，导致变更设计质量可能性不

大，甚至出现因不熟悉变更流程而产生的人因失误，对电厂安全运行产生严重影响。变更管理可视化集成应用可以将变更项目各流程对应管理程序中的要点展示给用户，引领和指导用户按管理程序开展流程，使得变更项目可控开展。

4. 增强进度管理，提升工作效率

核电厂变更管理流程从申请至关闭，包含设计、采购、报国家核安全局、施工、文件和设备信息修改、验收等流程，对应的管理程序多达20余份，普遍具有周期长、项目技术要求高、人力及时间成本投入较大等特点。变更管理可视化集成应用就是将这些特点集成在一个页面中，让用户所见即所得，通过可视化流程图可以快捷和有效操作，以及时高效地完成流程任务。

核电厂变更项目流程较长，其进度管理难度较大，项目计划超期问题频繁，尤其针对大修期间执行的变更项目，超期问题甚至可能影响大修进度。依据变更相关管理程序，核电厂变更管理可视化集成应用设置了多个计划节点，通过合理的逻辑控制和多重提醒功能，引领用户适时、及时地开展业务流程，为变更项目的进度管控提供助力。

5. 优化人机界面，提高用户体验友好度

彻底解决了国外引进系统人机界面不友好，与中国管理理念不符合的企业文化、流程执行与软件操作等问题，系统人机友好度符合国内管理预期，充分沉淀了国内核电多年的优秀管理实践。系统具备自动引导用户开展变更管理"端到端"流程操作的功能，使电厂变更管理效率大幅提升。

提升了用户体验友好度，让用户所见即所得。在变更开展过程中，各参与角色关心角度不同，如施工负责人关心的是实施进展，变更管理工程师关心的是全流程进度情况，核电厂变更管理可视化集成应用已实现"所见即所得"功能，它依据用户角色，以数据列表或图表方式，始终向用户展示其所需要的信息数据。

6. 提高自身竞争实力，拓宽应用市场

由于中国核电机组的多样性，已建立和实际运用的变更管理统一流程对今后类似涉及多机组和多领域的变更管理工作开展都有良好的借鉴意义，有益于实现核电厂变更管理的标准化和精细化管理。

核电厂变更管理可视化集成应用系统，为国内核电行业首创产品，该应用已成为中国核电安全生产平台（ASP-1）变更管理模块业务的设计基础，有望今后借助“一带一路”建设走出国门。

7. 通过合理设计，完善系统功能

核电厂变更管理可视化集成应用，其设计科学合理，且通过持续的迭代优化，其功能已趋于完善，可涵盖整个变更流程，主要功能如下。

1）变更流程自动推进

依据变更管理相关管理程序，设计变更主流程状态，明确流程先后顺序，实现变更流程闭环控制。依据变更管理程序和流程进展，设计变更状态推进逻辑，使变更流程按序推进。

设计合理的自动触发功能，以实现变更流程状态的自动推进、计划的自动跟踪、数据的自动填写、通知的适时发起等功能。

变更状态与其他业务功能相互约束和触发逻辑，使变更工单开完工、变更文件编写或修改、变更导致的设备信息修改以最优的逻辑顺序自动开展。

2）核电厂变更管理可视化流程图

依据中国核电变更相关导则和管理程序，依托核电厂生产管理系统，设计核电厂变更管理可视化流程图，以及符合管理要求的控制逻辑，强制用户按流程图指引及控制逻辑进行操作，以达到各核电厂变更管理流程统一的目的。

3）变更流程及操作功能的集成设计

设计集成页面，集成可视化流程图、项目清单、计划跟踪、提示通知、操作动作等，涵盖完整的变更流程，让用户在一个页面开展流程任务和必要的操作。

在可视化流程图中，通过多种颜色区分各变更流程角色，以颜色的变换标识流程任务进展情况，黄色表示进行中的流程，绿色表示已完成的流程。同时，用户在移动鼠标至框图位置时，系统以悬浮窗方式向用户展示该框图对应流程的相关规定或操作帮助。

在集成页面中，通过集成应用及变更状态推进逻辑，实现对变更流程的有序开展，并通过逻辑锁保证变更流程可控。

设计合理的流程节点和节点跟踪逻辑，实现变更进度的自动跟踪。针对超期节点，设计多重提示方法，包括流程图提示、邮件提示、超期报表统计功能等。

[点 评]

核电厂变更管理“可视化集成应用”，在国内核电行业首创了基于可视化流程图的管理系统，实现了中国核电17台机组变更流程的统一，提升了工作效率和变更项目管控能力，为机组安全生产提供了助力，为核电厂节约了大量的时间成本，切合中核集团2022年“精细化管理年”中聚焦效率提高、聚焦质量提升要求。

该系统功能全面、人机友好、安全高效，有极强的市场竞争力，目前已成为中国核电自主研发设计的ASP－1变更管理流程的设计基础，将跟随ASP－1的推广部署，为中国核电精细化管理提供助力。

［本章编写者：18.1节，姜向平；18.2节，关震、雷青松、张巍（20066016）、杨全超；18.3节，金艳骏；18.4节，刘健（20056006）、李小泉、王岩（19916050）、吕元亮、谷铁；18.5节，许涛（19978229）、秦博杰、吕欣；18.6节，李志龙、李阳（20063108）、郭强（20096070）］

第19章 技术支持

19.1 综述

核电运行技术支持是核电厂运行的重要保障，为实现核电厂安全、可靠、经济运行发挥非常重要的作用。技术支持领域的责任主要在于研究、发现并解决影响机组安全、可靠、经济运行的关键问题，其服务涵盖了研究、分析、设计、维修、检查和评估的全过程，涉及物理燃料、化学管理、材料及老化、安全分析等多个专业领域。

中国核电旗下各电厂立足“三新一高”，把精细化理念贯彻到物理热工、燃料管理、化学管理、在役检查、腐蚀防护、安全分析等方面，以“协同共进、精益求精、深耕致远、争创一流”为目标和口号激发战斗力，持续提升工作质量和检查效率，全面提高本质安全和机组经济性。

物理燃料专业以精湛物理技能保堆芯安全，优化燃料管理促效益提升。化学管理专业，网罗核电厂化学数据，破解“健康密码”，查找“病因”，改善“体质”，为核电厂安全、经济运行保驾护航。材料及老化专业，履行核电厂“医生”职责，寻真求实，因材施措，聚焦并解决核电厂关键材料失效问题，提升设备可靠性。安全分析专业，精心策划，建设风险评价体系；夯实基础，守护核电厂安全基准；布局未来，开创风险指引优化。

秦山核电、福清核电及海南核电不断优化物理试验时间，缩短大修工期，相关成果获得“中核集团科学技术奖二等奖”“中国核能行业协会科学技术二等奖”等奖项。海南核电自主创新开发的AFA3G型燃料组件破损检测、修复装置和方法，获得“海南省科技进步一等奖”“中核集团科学技术二等奖”等奖项。

江苏核电、三门核电、秦山核电及海南核电通过建设基于风险的核安全监管体系，获得“中核集团科技进步奖三等奖”“国防科技三等奖”“核能行业协会科学技术奖三等奖”“中核集团管理创新奖优秀奖”等奖项。

各核电厂在技术支持领域精细化管理方面还有以下良好实践：各核电厂技术支持领域组织系统开展高风险小支管、高能管道监督，大幅减少因小支管失效导致的机组非停次数；秦山核电总结出一整套适用于M310核电机组十年大修在役检查实施策略的精细化管理模式；海南核电精准识别防腐管理过程中影响执行效率的核心因素并进行全流程管控，实现防腐消缺效率大幅提升；三门核电对标国际一流，建立了全面的化学技术管理体系；海南核电开展蒸汽发生器排污流量控制，提升机组功率，解决二回路硫酸根控制难题。

19.2 物理燃料

19.2.1 综述

压水堆核电厂物理燃料领域主要通过合理布置核燃料在堆芯的位置等方式，确保燃料组件在高温高压下的完整性以及满足年度发电的需求；通过物理试验验证设计相关参数的准确性，从而验证反应堆设计安全，提供反应堆的安全监督、经济运行所需的物理参数。

各核电厂通过技术创新、燃料标准化和全寿期管理等精细化手段，从细从严践行“燃料无小事，堆芯无小事”的理念，确保反应堆的安全稳定运行。

物理燃料领域包括物理热工和核燃料两大专业，在物理热工专业，本节介绍了各核电厂换料后启动物理试验优化和海南核电“大机小网”下机组换料设计优化两个案例；在核燃料专业，本节介绍了海南核电AFA3G型燃料组件破损检测、修复及复用装置和方法，三门核电以首循环“零破损”为目标的核燃料可靠性管理，秦山核电核燃料标准化管理三个案例。

19.2.2 物理热工案例1：换料后启动物理试验优化

[标　　题]

精益求精优化物理试验，技术创新助力降本增效

[案例概述]

中国核电各电厂和运行研究院以精细化管理为抓手，积极探索物理试验新方法、新技术，持续开展换料启动物理试验优化工作，分享良好的实践经验，大大地缩短了换料启动物理试验时间，为企业的降本增效工作贡献力量。

秦山核电研发的“动态刻棒技术”为国内首创控制棒测量新技术；福清核电研发的“一点法”是国内首创的堆内外核测互校新方法，获得“中国核能行业协会科学技术奖二等奖”；海南核电研发的“深度次临界刻棒技术”是国内首个完成机组验证的次临界状态下测量控制棒的新方法。

[案例详述]

换料启动物理试验作为验证换料堆芯设计安全性的重要环节和大修的关键路径，直接影响核电厂的安全性和经济性，海南核电通过精研试验新方法、精简试验项目以及精准控制试验操作大大缩短了换料启动物理试验和升功率物理试验的时间，实现了换料启动物理试验时间由30小时左右优化至约14小时，换料后升至满功率由96小时左右减少到51小时左右。

1. 技术创新，精研方法

以精研技术为基础，以科技创新为助力，积极探索换料后启动物理试验新方法、研究物理试验新技术，坚持“勇于创新，严谨论证，科学验证，安全评审”的理念，确保物理试验的新方法和新技术在核电厂成功复制应用。

中国核电各电厂在换料启动物理试验方法科研创新方面取得丰硕成果。秦山核电与中国原子能科学研究院、上海核星核电科技有限公司联合研发的“动态刻棒技术”是一种快速测量控制棒价值的试验方法。该方法在反应堆临界状态下通过快速连续插入控制棒，使堆外电流响应变化，进行空间修正，得到控制棒组价值。与传统调硼法相比，该方法能有效节约控制棒价值测量时间，大幅减少硼化稀释及控制棒操作，从而降低人因失误风险，并减少核电厂废液产生量。秦山核电成为国内首家使用动态刻棒技术的核电厂，为换料启动物理试验节省约6小时。福清核电研发和应用的堆内外核测互校“一点法”属国内首

创的新方法。“一点法”主要是将原本需要在反应堆上通过实际操作来获得的不同堆芯功率分布状态改为由具有堆芯核设计级精度的软件的数值模拟来产生，利用一次实测的通量图完成对探测器效率的校刻和数值模拟电流的归一化。“一点法”的应用为换料启动物理试验升功率试验节省约8小时。

海南核电通过加强与设计院的紧密合作，与中国核动力研究设计院联合研发了“深度次临界刻棒技术”，属国内首创。“深度次临界刻棒技术”是一种能够在反应堆处于次临界状态下快速进行控制棒价值测量的方法，应用了“源倍增法”原理，除兼具“动态刻棒技术”优点外，其技术优势还在于从根本上避免由控制棒操作失误导致反应堆紧急停堆的风险，且试验在热停堆平台开展，无须占用核电厂大修关键路径，具有良好的经济性。次临界刻棒试验方法作为物理试验方法理论的新突破，比动态刻棒方法更安全且不占用大修关键路径。

2. 经验共享，精诚合作

践行“一家人、一盘棋”理念，中国核电各电厂和运行研究院共同建立各电厂物理燃料领域交流平台与定期交流机制，共享物理试验的良好实践，对标国内外先进物理试验方法，以集约化的方法发布《压水堆核电厂换料启动物理试验优化报告》，确定了5项优化项目及28项子课题，并明确各电厂负责实施的优化项目和子课题，针对问题共同研讨，确保项目和子课题的顺利推进。

各核电厂以“开放、坦诚、合作”的态度共享物理试验良好实践，特别是在物理试验新方法、新技术的推广应用时，将新方法、新技术首次应用过程中遇到的技术和管理问题以及解决思路毫无保留地进行分享，避免了各核电厂“走弯路”。江苏核电分享了稀释方法达临界在技术和管理上的注意事项；三门核电分享了低功率物理试验结束后的棒位恢复阶段执行中间量程探测器通道校准和坪特性试验；海南核电分享了“缩短升功率平台功率稳定时间”方法，以及在实施过程中积极主动沟通协调相关方，促成与国家核安全局项目沟通对话会的顺利召开的经验。

中国核电各电厂和运行研究院后续将共同研讨、制定标准的换料后启动物理试验项目清单和方法及机组差异化试验项目，为优化在建机组的启动物理试验指引方向。

3. 对标先进，精简项目

各核电厂通过物理燃料领域交流平台和定期交流机制，了解到换料启动物理试验的新方法、新技术，清楚了换料启动物理试验优化方向和目标，真正做到了“对标先进找短板，取长补短减项目”。

海南核电制定了《换料后启动物理试验优化清单及实施计划》，明确了换料启动物理试验优化的目标和具体实施内容并落实到人。通过吸收引进“动态刻棒”“一点法”等先进的物理试验方法替代“调硼法”，删除了“调硼法”相关物理试验项目7项，换料后启动的物理试验项目由11项删减为4项，大幅减少启动物理试验时间，优化效果如图19－1所示。

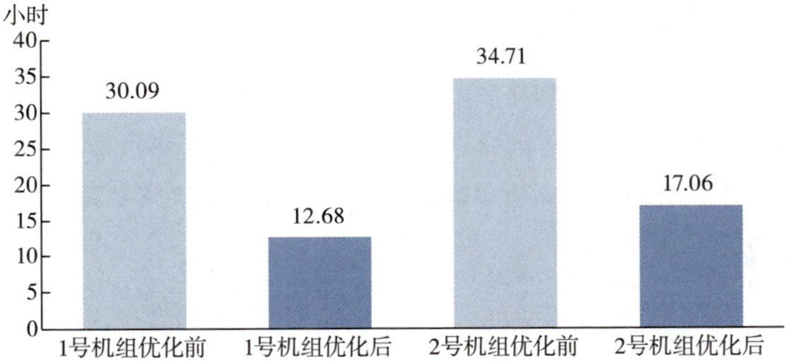

图19－1　海南核电1号、2号机组历次换料后启动物理试验耗时

在“一点法”项目验证过程中，坚持严谨科学验证的理念，谨慎操作，全程参与，重点把控，对1号、2号机组共9个燃料循环，总计728个数据全部进行计算验证，并完成“缩短升功率平台功率稳定时间”后“一点法”适用性的分析报告，确保“一点法”在海南核电的成功应用。目前中国核电各电厂均已完成“动态刻棒技术”和“一点法”的应用。

4. 桌面推演，精准操作

以“主动优化，持续改善”为宗旨，海南核电全面梳理物理试验组织过程和实施流程，通过组织换料物理启动试验相关专业，采用桌面推演的方法，对换料启动物理试验的全过程进行模拟推演；优化合并“换料堆芯初始临界试验”流程重复的试验项目3项和删除“换料堆芯零功率性能试验”步骤重复的项目2项；细化影响机组安全的操作步骤，比如试验中涉及硼化提升控制棒等反应性变化的操作步骤，在规程中明确了操纵员使用硼化和控制棒手动控制的典型操作配合等。

持续开展物理试验操作过程的经验反馈工作，编制《换料启动物理试验经验反馈库》并持续更新，总结每次物理试验浪费时间的经验以及分享试验过程中精准控制的良好实践，力求做到精准控制试验过程，减少试验状态的重复调整，制定标准的试验步骤并落实到每一步操作中；通过模拟机培训项目，强化物理试验人员与配合人员技能和操作配合培训，确保指令与操作精准一致，实现了换料后启动物理试验“一气呵成”。

[点　评]

换料启动物理试验优化在确保机组换料后设计安全的前提下，大幅缩短了核电厂大修后升至满功率的时间，为大修关键路径优化做出突出贡献，为电厂带来显著的经济效益。海南核电技术领域贯彻“精益求精、深耕致远”的精细化管理理念，综合采用“四精”办法（精研试验新方法、精诚合作交流、精简试验项目、精准控制试验操作），大大缩短了换料启动物理试验和升功率物理试验的时间，为助力“降本增效”做出了良好示范。

19.2.3 物理热工案例2：“大机小网”下机组换料设计优化

[标　题]

长短交替换料，安全增创效益

[案例概述]

面对海南电网“大机小网”问题，全网负荷较低且用电峰谷差距大等负荷特性，海南核电通过分析，在国内首次开展了“核电机组配合电网调峰”的专题研究，制定了减少换料新组件数的换料方案解决长期低功率运行导致燃料利用率低的问题，同时创新性提出了适合电网负荷特性的“长短交替循环换料”。海南核电开创审评、论证并行协同的项目推进模式，构建“三方联动、高效响应”的工作模式，仅仅18个月就完成了项目设计、论证、审评和应用的准备工作，确保了项目如期应用，既保障了电网的运行安全和电力需求，又提升了核电厂的经济性。

海南核电长期降负荷运行研究项目获得“中核集团科学技术二等奖”。

[案例详述]

海南电网长期存在“大机小网”问题，随着核电机组入网，该问题显得更加突出，电网调峰的压力不断增大，核电换料论证分析需要更加灵活精准。随着换料设计技术经验的不断积累，核电厂换料设计在保证安全的前提下，朝着更灵活、更经济的方向不断迈进。目前，运行核电厂已经在换料设计领域进行了诸多尝试。从秦山核电18个月换料到海南核电长期低功率运行，从海南核电长短交替循环换料到更加具有灵活性的机动循环，各电厂秉承“精、准、细、严”的精细化管理理念，融入项目工作，形成了一系列优秀的成果。

海南核电通过“需求导向、求实创新、系统推进、持续改善”等管理措施，诠释了精细化管理在换料设计优化工作中的内涵。

1. 内外兼顾、需求导向

随着核电在电网装机容量的逐年增加，核电机组不可能再像过去一样，长年基负荷运行，配合电网调峰运行是核电企业必须面对的问题。2015年，海南电网全年最高统调负荷预计约4000兆瓦，海南昌江核电厂两台CNP650机组单台额定功率650兆瓦，低谷时单台机组的容量超过电网统调负荷的20%，“大机小网”问题严重。在联网二回尚未投用的情况下，海南电网正常运行仅由联网一回与大陆相连作为紧急备用，统调负荷小，核电机组被迫长期低功率运行并且配合调峰，机组利用小时数也难以达到设计要求，机组面临巨大压力。

平衡循环长度284EFPD（等效满功率天）的设计导致机组大修时间较为固定，换料大修时间不能满足海南电网负荷随季节呈现明显的波动的特性，导致过渡循环运行功率的不确定、首循环提前停堆以及后续燃料组件装载方式的不确定等问题，不仅造成了核燃料的浪费，还使得换料安全分析与安审工作难度大增，报备国家核安全局的《换料大纲》文件频繁修改，燃料组件利用率降低，企业效益下降，经营成本增加。

海南核电整合资源、深入研究海南电网负荷趋势以及抽水蓄能等配套设施的投产计划，提前谋划满功率运行后的换料策略。从电网调峰需求与燃料经济性等方面出发，兼顾电网与电厂对于换料方案的要求，制定了符合电网春节和雨季负荷需求低特性的长短交替长循环燃料管理策略，将两台机组的换料大修时间分别安排在春节和雨季。既可以缓解电网调峰压力，保证机组运行安全，又可以提高燃料利用率，提升循环经济性。

2. 立足专业、创新求实

国内核电机组长燃料循环换料策略都是标准的18个月模式，不能满足海南电网春节和雨季跨度时间的需求。海南核电立足专业，从换料设计优化方面出发，综合考虑多方面因素，创新燃料管理方案，确定大跨度长短交替换料的技术路线，提出了大跨度长短交替运行燃料管理优化堆芯设计，即春节至雨季循环520EFPD与雨季至春节循环460EFPD的长短交替循环管理方式，制定了换料新组件数目为48组和44组交替的燃料管理策略，避免了大修与电网负荷低谷不匹配导致的额外低功率运行，大大提高了燃料组件利用率。

作为目前国内运行电厂设计的最长循环长度，520EFPD在论证实施过程中，存在诸多难点，对于这些问题，海南核电采用“计划—执行—检查—处理”的全面质量管理步骤，在项目执行过程中一旦出现问题，立即寻找关键症结，第一时间形成解决方案，保证项目工程进度。

海南核电长循环项目首创过渡循环的首循环独立设计、论证思路。在过渡前堆芯采用3.25%富集度燃料组件，为满足大跨度长短交替循环长度的需求，实现在海南孤岛电网中的用电峰谷匹配设计，换料设计优化后拟采用4.45%富集度燃料组件，但在分析过程中出现了过渡循环旧燃料组件剩余反应性较低，新旧燃料组件反应性差异巨大，各循环堆芯功率分布展平的难题。因此，为确保机组的运行与电网的用电需求完美匹配以及反应堆安全过渡，海南核电组织相关专业人员在燃料管理策略、过渡循环和平衡循环装载方案布置上进行了深入研究，准确分析含钆可燃毒物在达到各循环中时刻（钆峰）、新燃料组件反应性释放后、功率分布控制中的难点，特别是在差异性最大的第一个过渡循环，通过恒定的燃料复用装载方式堆芯功率难以展平。通过全面分析，本项目提出首个过渡循环独立设计理念，通过第一个过渡循环新旧燃料组件的独立设计，成功展平了堆芯内外功率分布，从而实现了通过四个过渡循环向长短交替平衡循环的过渡。

3. 垂直管控、系统推进

海南核电长短交替换料策略依托信息化管理手段精准实施长周期预防性维修管理，运用系统化思维，构建先进、高效、协同的项目创新、研发、评审、实施体系。在项目整体推进过程中，注重细节管控，科学量化项目目标与进度计划，仅18个月的时间就完成了项目论证、安审与批复以及项目现场实施的全过程。

为保证机组长短交替循环换料设计优化的成功实施，设立循环优化领域领导组，负责统筹规划、政策制度研究、考核评价以及重大事项的协调和决策等工作。对于决定项目成功与否的关键重大问题，海南核电设置垂直指挥线，保障工作有序开展。以长循环燃料组件准备为例，核燃料采购一般提前三年开展，项目实施节点确定后，由于进度非常紧张，为避免出现无料可换的重大风险，海南核电在总结以往重大改进工作经验的基础上，结合长短交替循环燃料管理优化的特点，从关键点、控制点、技术薄弱点等几方面梳理项目制约因素，建立过程控制机制，对于重大风险与重要制约项，建立垂直项目管理模式，遵循提前介入、优先协调的工作原则，强化风险管控，确保风险管控与保障工作全面、准确、到位。

作为国内首个长短交替循环换料项目，项目论证与安全评审时间通常为30个月，为保证项目实施节点，海南核电开创审评、论证并行协同的项目推进模式，梳理“设计—审评—修改”环节的详细流程，作为并行协同项目推进的依据。在每一个过程中，实现设计、审评、修改充分融合，并行开展工作，促进项目衔接紧密。为匹配设计论证工作开展流程优化并减少冗余工作，最终在18个月内完成全部论证审评工作。

核电厂的安全运行是核安全的重要保证，为实现平稳过渡，海南核电构建了“文件—人员—机组”“三位一体”的燃料管理方案优化实施体系。对于燃料管理方案变更涉及的文件修改数量多、专业广的问题，优化文件生效流程。采用信息化管理，流程管控的方式，各专业并行修改、统一生效，避免出现机组运行文件内容不自洽的情况。对于双机组共用文件，由于存在实施不同步的问题，因此进行差异化管控。同时，为降低方案切换导致的人因失误造成事故的风险，海南核电分批次、分领域组织人员进行全面的宣贯培训。针对每项现场修改梳理工作节点，制定了独立的计划执行流程，编制风险分析与应急预案，充分使用防人因失误工具，顺利实现双机组换料设计优化改造。

4. 大胆创新、持续改进

长短交替长循环换料设计优化的成功应用大大延长了核电厂循环长度，提高了年度负荷因子（见表19－1）。此举增加了年发电量，降低了大修频率，为节能减排与降本增效提供了有力支撑。

表19－1　长循环年度大修次数与循环负荷因子

项目		年度					
		2020	2021	2022	2023	2024	2025
1号机组	年度停堆换料次数	1	1	1	0	1	1
	年度负荷因子	0.822	0.890	0.855	1.000	0.890	0.912
	年发电量/亿度	46.96	50.70	48.67	56.94	50.70	51.95
2号机组	年度停堆换料次数	1	1	0	1	1	0
	年度负荷因子	0.828	0.891	0.981	0.899	0.912	0.981
	年发电量/亿度	47.27	50.73	55.85	51.17	51.95	55.85

在长短交替循环换料成功实施的基础上，海南核电进一步深入挖掘，在机组功率提升、堆芯扩容等方面进行尝试。首创通过调节测温旁路滤波系数，稳定堆芯功率显示，避免由仪表波动导致的机组运行功率偏低，提高机组稳定运行功率水平，为核电机组带来经济效益。目前该成果已推广至国内其他核电厂。另外，海南核电堆芯扩容项目已正式启动，在确保安全的前提下，将为电厂带来更大的经济效益。

[点 评]

随着核电装机容量的逐年提升，国内核电机组越来越多地面临降负荷运行导致的燃料利用率低的问题。海南核电通过换料设计优化研究创新制定了“长短交替”的长燃料循环策略，使燃料得到充分使用，更好地匹配电网负荷特性，创造良好的经济效益，为同行电厂换料燃料管理提供了很好的实践经验和技术借鉴。

19.2.4 燃料管理案例 1：AFA3G 型燃料组件破损检测、修复及复用装置和方法

[标 题]

联合自主创新，技术引领发展

[案例概述]

“AFA3G 型燃料组件破损检测、修复及复用装置和方法”项目研发了破损燃料单棒快速定位和泄漏单棒更换两套技术及装备，实现了破损燃料棒的快速精确定位及更换。目前已成功应用于海南昌江核电厂及江苏田湾核电厂，创造了国内首次应用自主开发的燃料组件检修技术实现燃料组件修复、超声检测、大修期间完成燃料组件检修并回堆利用等多项行业纪录，解决破损燃料组件检修“卡脖子”关键技术问题，可为核电厂挽回因单根或多根核燃料组件破损引起的重大经济损失，也标志着我国具有独立自主的核燃料检查修复配套能力，在“华龙一号”出口海外、减少核废料产生、促进环境保护等方面具有深远意义。

[案例详述]

作为核电厂的动力之源，燃料组件的完整性对于反应堆的安全、经济运行

至关重要。燃料组件是反应堆的核心部件，并且是保障核安全三道屏障中的第一道屏障，其在设计时虽采取多项措施以降低破损率，但仍存在极低的破损概率。燃料组件破损超过一定量后会要求核电厂降功率运行甚至停运，不仅会增加人员的辐射剂量，还会严重影响核电厂的经济效益和安全性能指标。

国内核电厂所配备的燃料组件破损检查设备，大多数为国外整体进口设备，其中部分国内生产的设备的关键核心部件也依赖进口，不具有自主知识产权，在技术支持和备品备件采购等方面都受到国外市场的限制。与此同时，“华龙一号”的走出海外，必然要求燃料组件检查修复配套技术能力具有自主知识产权。

因此，为打破国外技术垄断，突破技术瓶颈，海南核电结合自身需求开展具有自主知识产权的破损燃料组件检查及修复装置研发工作，并建立了破损燃料组件修复体系。项目开创了国内破损燃料组件在大修期间修复后直接回堆使用的先例，在降低燃料成本的基础上，构建了国内核电厂对破损燃料组件完全自主高效处置能力，对核电事业的未来发展具有积极意义。

1. 优势互补，厂所联合创新研发

海南核电对国内研究机构以及供应商进行了广泛的调研，海南核电确定与中核武汉联合研发 AFA3G 型燃料组件破损超声检查设备、燃料单棒更换工具。双方优势互补，提高研发效率，降低研发成本和研发风险。双方专业的研发团队、充足的研发资金以及丰富的现场经验均为破损燃料组件检查及修复装置的研发提供了有力的支撑。

2. 勇于挑战，凝心聚力攻坚克难

燃料组件单棒更换设备用于修复破损核燃料组件，属于核燃料特种维修的核心技术之一。在研发过程中面临着超声波探头运动间隙小、晶片背反射信号难消除、多组探头平行度要求高等诸多难题。研发团队直面技术难度大、设备可靠性和安全性要求高等挑战，突破诸多关键技术难点，在团队成员的通力合作下，最终实现单次通过检测一组燃料组件的功能，研制出具备国际先进水平的核燃料组件单棒更换设备和试验设施。

在研发过程中，团队主要解决了三大关键技术难题，形成了 4 项关键技术。为满足探头运动驱动电机、位置反馈单元高辐照环境下工作需求，开发专用高耐辐照伺服控制系统；根据燃料组件结构尺寸，优化探头组件布置，实现 1 次运动检测 1 组组件，大大提高检测效率；同时，考虑风险控制，设计专用应急脱离

结构，保证紧急情况下燃料组件与检测设备脱离。团队在解决上述难题的基础上，形成了基于单棒抽拔负载函数的连续测量和安全保护技术，适用水下狭窄空间的核燃料单棒定位、抓取和抽拔技术，远距离水下安装/拆卸锁定螺栓的防咬死技术以及核燃料组件锁定螺栓水下防松脱精密胀形技术。

最终研发的设备具有探头信噪比高、检测效率高的特点，其主要技术参数见表 19－2。通过检测系统高辐照环境试验，证明该检测技术在高辐照条件下各部件均能正常工作，实现对燃料组件的正常检测。通过试验环境下对模拟组件中破损燃料棒检测试验，证明该检测技术能够对燃料组件中破损燃料棒进行精确定位，且模拟组件中破损燃料棒的检出率为 100%。

表 19－2　技术参数对比

序号	对比点	中国核电（中国）	阿海珐（法国）	西屋（美国）	结论
1	定位速度	定位时间≤0. 5h	定位时间＞2. 5h	定位时间≤0. 5h	优于阿海珐技术、与西屋技术相当
2	定位信号信噪比	信噪比≥12dB	信噪比≥12dB	信噪比≤10dB	优于西屋技术、与阿海珐技术相当
3	设备可靠性	机械结构比较可靠	机械结构比较可靠	含电动和气动执行元件可靠性较低	优于西屋技术
4	操作简便性	经验和技能要求低	经验和技能要求较低	经验和技能要求高	优于西屋技术

3. 全流程风险管控，建立破损燃料组件检查修复体系

为保证项目安全、顺利实施，海南核电与中核武汉成立专项联合工作组，制订专项工作计划。通过每日汇报进展，每月召开项目协调会、设置专项负责人等形式，加速推进合作研发项目的进展；同时，对项目全流程风险进行梳理，针对关键风险点编制专项风险预案与应急处置措施。在正式修复前，多次展开现场实地模拟演练，在模拟组件上进行组件拆装预演，确保现场操作万无一失。

海南核电通过破损燃料组件检查及修复项目的成功实施应用，总结破损燃料组件的超声检查和修复的实施经验，优化海南昌江核电厂破损燃料管理策略（见图 19－2），建立了破损燃料组件超声检查及修复体系，其中涵盖人员、文件准备、设备的入厂安装调试、大修期间的实施计划、现场实施的风险及应对措

施、实施时的第三方独立见证、修复后的组件完整性检查、相关报告的提交，换料堆芯的紧急换料设计以及入堆后组件的监测等，确保组件修复前有准备，修复过程有监督，修复后有检测。破损燃料组件修复体系的建立为行业破损燃料组件修复的工作流程和管理措施规范化奠定了基础。

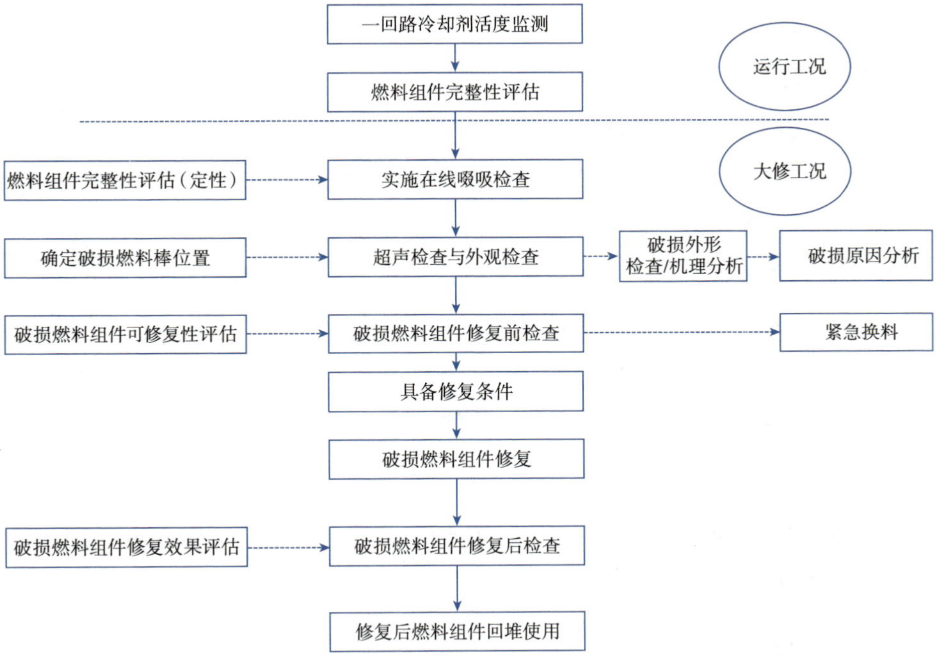

图 19－2　海南昌江核电厂新破损燃料管理策略

4. 创新驱动发展，填补国内技术空白

破损燃料组件检查及修复设备国产化，使国内核电厂摆脱了对进口设备的依赖。2017 年，国产化的破损组件超声检查设备和换棒修复设备在海南昌江核电厂 2 号机组首循环换料燃料组件完成首次应用，成功定位破损燃料组件，并完成组件单根棒的快速修复及修复后燃料组件的回堆使用，标志着国内核电厂在破损燃料组件检查领域不再依赖国外进口技术，填补了我国在该领域的空白。

项目的顺利实施成功解决了如果燃料循环内出现多组燃料组件破损，紧急换料设计就无法实现，而紧急采购燃料组件周期较长，造成长时间停堆风险的问题，为国内先例，可为核电机组挽回巨大的经济损失。该项目培养了一支从设备研发到修复完成再回堆使用，完整的燃料组件破损处置人才队伍；建立了一套适用于海南昌江核电厂的燃料组件检查、修复文件体系，为建立标准的燃料组件检查、修复工作流程化、标准化奠定了良好的基础。

只有瞄准核电前沿技术发展，才能持续激发创新能力，核电厂应加快创新驱动发展战略，构建创新开放体系，不断实现关键技术的自主可控，牢牢把握核电行业创新发展的主动权。

[点　评]

国内核电厂对破损燃料组件基本采用“弃用”的方式进行处理。海南核电与中核武汉共同研发的具有自主知识产权的AFA3G型燃料组件破损检测、修复及复用装置检查效率高、安全可靠，国内首次实现了在大修期间完成燃料组件检查、更换并回堆利用，降低运行成本的同时也为核电厂的安全运行提供了有效保障，填补了我国在该领域的空白，健全了破损燃料组件修复及保障能力，并可作为我国三代核电机组“华龙一号”的核燃料配套保障能力而出口海外。

19.2.5　燃料管理案例2：以首循环“零破损”为目标的核燃料可靠性管理

[标　题]

精细化管控核燃料，保障核燃料可靠性

[案例概述]

核燃料包壳作为放射性物质包容的第一道屏障，其完整性直接与核电厂的安全、经济效益和社会效益休戚相关。三门核电以核燃料首循环“零破损”为目标，梳理燃料破损原因，在燃料设计、制造和运行等方面采取针对性的管理措施进行核燃料全寿期的管理，根据燃料检查的结果不断优化燃料管理策略。同时，明确绩效考核、经验反馈和长期优化机制，主动优化、持续完善管理体系，实现了三门核电1号、2号机组首循环核燃料“零破损”。

[案例详述]

核燃料“零破损”是保护公众与环境的需要，是促进核能行业健康稳定发展的需要，是保障机组安全经济运行的需要。三门核电以核燃料首循环“零破损”为目标，基于PDCA闭环管理模式，主动优化，持续完善燃料可靠性管理体系。该体系助力三门核电实现首循环核燃料“零破损”，提高了核电厂运行安全性，为核电厂创造良好的效益奠定了基础，塑造了良好的社会形象。

1. 首创燃料设计变更管理流程，保障核燃料可靠性

三门核电对标国际先进管理理念，基于自身管理模式，建立全面的燃料设计变更管理流程，对燃料相关变更风险进行全面管控。

基于不同设计变更项目对燃料可靠性潜在的巨大影响，三门核电梳理出7大类重大变更项目，规定风险评价应至少需要包含的5个方面的内容。在变更方案审查阶段，将涉及燃料管理、化学控制、运行等多个燃料可靠性相关专业的人员组织在一起，对涉及燃料的设计变更开展全面的核电厂内部审查，充分评估对燃料可靠性等14个方面的影响。在方案实施阶段，责任部门通过事先编制的监督计划来监测实施变更后的潜在影响，并及时处理异常工况以避免出现燃料破损。监督计划中规定的监测项目，可通过状态报告系统分配到各责任处室，明确责任人和完成时间，进行精细化管理。

通过完整的管控流程、全面的变更设计风险评估和变更方案审查，以及闭环跟踪的监督计划，三门核电最大限度地消除了影响燃料安全的变更风险隐患，从源头上保障核燃料可靠性。

2. 严控燃料制造质量，杜绝缺陷组件入堆

制造前，在质量计划中针对直接影响燃料可靠性、工艺有特殊要求和过程质量不稳定的关键步序共设置3个H点（停工待检点）、34个W点（见证点）和30个R点（记录和文件审查点），保证整个生产过程中质量可靠、稳定。同时，对格架和上下管座执行百分之百的全检，将包壳管和零部件的抽查率提高一倍。

制造过程中，三门核电率先向燃料制造厂引入防异物管控和防人因失误管理模式，在燃料芯块装管等关键敏感生产区域建立防异物排除区域；对燃料棒拉棒等重要岗位实行防人因失误管理，有效避免不可逆且损害巨大的误操作出现。同时，为保障监造工作的规范化、标准化，三门核电根据制造工序，形成骨架胀接及检验、燃料棒生产及检验等8项标准见证单，统一监督内容、频率和记录方式。

新燃料到厂前编制专门的检查方案、明确责任分工与工作流程，并同步组织接收检查培训进行桌面推演和查漏补缺。新燃料运输到厂后，三门核电按照检查流程开展新燃料接收检查和异物排查，杜绝带缺陷的新燃料入堆使用，确保新燃料完整、可靠。

3. 建立多层屏障，保证核燃料可靠性

1）建立主回路异物检查处置流程，保障首循环燃料可靠运行

三门核电吸收先进燃料管理理念，在首次装料前建立主回路异物检查与处置流程。从职责分工、检查范围和检查流程等方面落实防异物管控。对堆芯、燃料以及与堆芯相连的所有系统与设备进行编制检查清单，全面涵盖主回路的系统和设备。针对每个检查对象，拟订详细的检查计划，开发对应的检查要求和方法，确保满足异物排除区域的使用规定。在完成主回路的检查或清理后，及早建立异物排除区域，确保其在装料前始终保持整洁状态。

2）设置独立防异物监督，建立多层防异物屏障

针对一回路开口的工作，三门核电采用专用塑料布对一回路开口处进行包裹，形成有效封闭边界，并在异物排除区域出入口设置物项存放和进出登记隔离区。独立防异物监督员负责检查出入异物排除区域的人员、工具和材料，更新材料责任登记表，监督异物控制区内作业，实现专人专责制。

同时，针对所有涉及一回路开口的工作，三门核电要求设置质量控制点，仅当独立的质量控制人员确认当前作业区域已按要求建立完整防异物排除区域后工作人员才可开展工作，在 QC 人员检查确认当前工作区域已无物项遗留后工作才能结束。

3）严格控制燃料运行条件，确保燃料安全运行裕量

为保障燃料组件和相关组件在堆内运行期间的机械可靠性，三门核电编制《燃料运行限制与条件》技术文件，从升功率速率限制、轴向功率运行限制、控制棒提升速率建议等方面对燃料运行要求进行全面规定，并梳理形成 17 类禁止与燃料直接接触的材料。

在机组启动过程中，严格按照《燃料运行限制与条件》的要求进行升功率速率限制，对于大幅度的升降功率，通过发布专项的反应性计划对升降功率限制等影响燃料安全的重要因素进行精确控制，避免芯块与包壳的相互作用，保障功率变化期间的燃料可靠性。

4）创新化学控制技术，加强水化学分级管控

三门核电依托 EPRI、IAEA 和西屋公司等组织的技术资料全面梳理影响核燃料可靠性的化学参数，在国内首次将一回路的水化学参数按照控制参数、诊断参数进行分解管理，制定期望值、限值，并设定详细的三级纠正行动水平，同

时引进化学有效性指标，对溶解氢、pH、氟和氯等关键参数严格管理，从而保证反应堆一回路水质条件，为核燃料在堆内的运行提供最优的水化学环境。

5）燃料可靠性持续监测、精准分析、及时干预

为及早发现燃料在堆内运行的异常状态，及时采取干预措施缓解燃料降级或破损，三门核电编制《堆芯监督管理》和《燃料组件破损监测与管理》程序文件，明确规定停、启堆和正常运行期间的放射性核素监测频率及燃料破损定性和定量分析方法，并同步建立燃料破损后处理流程。在燃料出现破损或疑似破损后，第一时间排除异常，避免继续恶化、扩大破损的数量，对核电厂造成更大的损失。三门核电以 I－131 等效剂量当量活度值作为标准，将燃料破损后采取的行动措施分为 4 个级别进行分级管控，在放射性核素活度达到停堆限值前提前对破损燃料进行及早干预。

4. 建立辐照后燃料检查体系，闭环管理不断优化

三门核电在计划、实施、检查和处理 4 个阶段建立辐照后燃料全面检查的闭环管理流程。通过该流程把制订检查计划、实施燃料检查、评估燃料性能和优化燃料管理及堆内运行策略进行有机结合，并通过每次循环的运转，持续提升核燃料的可靠性。

三门核电统筹考虑机组大修中长期规划、大修工期、辐射剂量和工作量，编制形成《三门核电辐照后燃料检查十年计划》，对燃料检查进行全寿期管理。并基于卸料期间燃料变形检查结果，提前识别难装入堆的组件，并根据组件整体的变形量和扭转角度，确定偏移角度，指导回堆组件的装料操作，避免变形组件因装载操作的困难性而产生燃料损伤。

5. 以绩效奖励和考核为手段充分调动人员主动性

三门核电将核燃料可靠性指标纳入公司生产 KPI 指标体系，设置机组月度、季度 WANO 燃料可靠性和机组带破损燃料运行月数。在公司“三门核电生产 KPI 指标考核清单”中为燃料可靠性指标设置绿区、黄区和红区，进行分级管控，考核项目细分到责任部门和具体责任人，从管理上层层压实责任。

6. 实行全面监督和持续优化，确保管控落地和完善

三门核电每年从燃料质量控制、异物防控和合理控制机组运行参数等 6 个方面建立燃料可靠性年度提升计划。每月发布《堆芯监督月报》和每年发布《燃料可靠性年报》，对持续跟踪、评估的燃料可靠性情况进行说明。

同时，为不断提升机组核安全，三门核电对燃料可靠性管理的全过程进行精细化管理，持续完善核燃料可靠性管控体系。针对核电厂内部发生的事件，要求发起状态报告进行记录，同时进行原因分析，及时制定有效的改正措施，并明确责任人和完成时间；针对其他核电厂或燃料制造厂发生的燃料相关事件，燃料人员会进行适应性评估并制定改进措施。在此基础上，梳理形成燃料设计变更管理、燃料制造、新燃料接收检查、燃料操作、燃料破损监测、破损燃料检查与修复、辐照后燃料检查共7大类经验反馈清单，不断完善燃料可靠性经验反馈体系。

三门核电以首循环“零破损”为目标的燃料可靠性管理模式，包含了核电厂燃料从燃料设计制造到完成设计燃耗卸出堆芯的全过程控制，实现了1号、2号机组首循环核燃料的“零破损”。

三门核电利用良好实践，助推行业核燃料可靠性管理提升，首创的主回路异物检查和处置流程填补了国内的空白，被运行研究院评为四星级绩效范例。

[点　评]

以首循环“零破损”为目标的核电厂燃料可靠性管理，对核燃料的设计、制造和运行的全寿期进行针对性的管控，考虑的范围全面，管控措施针对性强、效果好，对保障核燃料的可靠性具有重要意义。三门核电以“精细化管控核燃料，保障核燃料可靠性”为燃料管理的工作方针，在机组工程建设期间就开始将其成功融入核电厂工作流程中，层层压实责任，细分到责任部门和具体责任人，为机组的安全运行增添了一道坚实的防线。该实践在三门核电已取得良好成效，受到国内同行认可，在国内具有良好的示范作用。

19.2.6　燃料管理案例3：核燃料标准化管理

[标　题]

推进标准化，促进核燃料管理提升

[案例概述]

“核燃料标准化管理”项目是秦山核电为打造世界一流的核电运行管理品

牌，加强管理，夯实基础，在实现“资源集约化、技术专业化、运行标准化、管理精细化”的“四化”过程中，核燃料管理领域探索出的一套适用于多堆型多机组、规范统一的核燃料管理模式，达到了提高工作效率、节约人力成本、获取更好的经济效益、提升行业竞争力的目的。

[案例详述]

秦山核电为了打造世界一流的核电运行管理品牌，加强管理，夯实发展基础，确保安全生产，逐步实现“四化”，迫切需要进一步提升管理水平，通过内部提优，外部对标，形成统一的管理规则、标准和方法，实现管理标准化极为重要。

秦山核电秦一厂、秦二厂以及方家山共有 7 台压水堆机组，机组建设及投运时间不同，堆芯和燃料组件类型不同，流转管理环节不同，存在着各类资源大量冗余和缺乏并存的矛盾。具体表现在：核燃料相关管理制度、技术文件数量过多，层次不清；核燃料管理软件数量多，同质化严重，管理侧重点不同导致功能并不全面；在大量的现场工作实施过程中，管理及操作流程不一致、关键记录模板和数据要求不一致，导致工作效率不高，同时也增加了燃料管理的风险。因此，提升管理水平、实现核燃料标准化管理极为迫切。

压水堆核燃料管理包含核材料管理、燃料采购技术、制造监督、燃料接收、装卸料设计、装卸料实施监督、燃料性能监督、乏燃料处置、核材料管理等技术和管理工作，具有战线长、技术含量高、质量要求高等特点。管理水平直接影响机组的安全运行及经济效益。

秦山核电利用改革的契机，以及核燃料管理内外部环境和自我革新的动力，利用专业化的人才队伍，开展了一系列的精细化举措，确保在模式切换过程中核燃料安全、经济、高效运作，并持续改进和提高，成为中国核电核燃料管理标准化的模板。

1. 对标国际先进压水堆核电

秦山核电与世界上先进的核电运营管理公司进行对标，发现管理的多样化是管理业绩上不去的原因之一。秦山地区压水堆机组堆型不一样，管理上存在诸多差异。先进公司最主要的经验是“One way, best way”，即一个方法就是最好的方法，强调的是尽量对不同的核电厂使用同一种管理模式，尽量共性化，减少个性化，这样不仅可以减少管理成本，产生规模效应，而且可以交叉对比，互相借鉴，从而优化生产和管理手段。秦山核电通过对标该公司核燃料先进管理经验，翻译和学习其管理报告和程序，吸收好的经验，因地制宜，构建秦山核电的标准化燃料管理模式。

2. 建立标准化的核燃料管理程序体系

通过梳理秦山核电各电厂压水堆核燃料管理程序，建立了一套统一规范的核燃料管理程序文件体系，形成了“管理大纲—管理制度—管理细则—技术规程”的四层结构（见图19－3）。

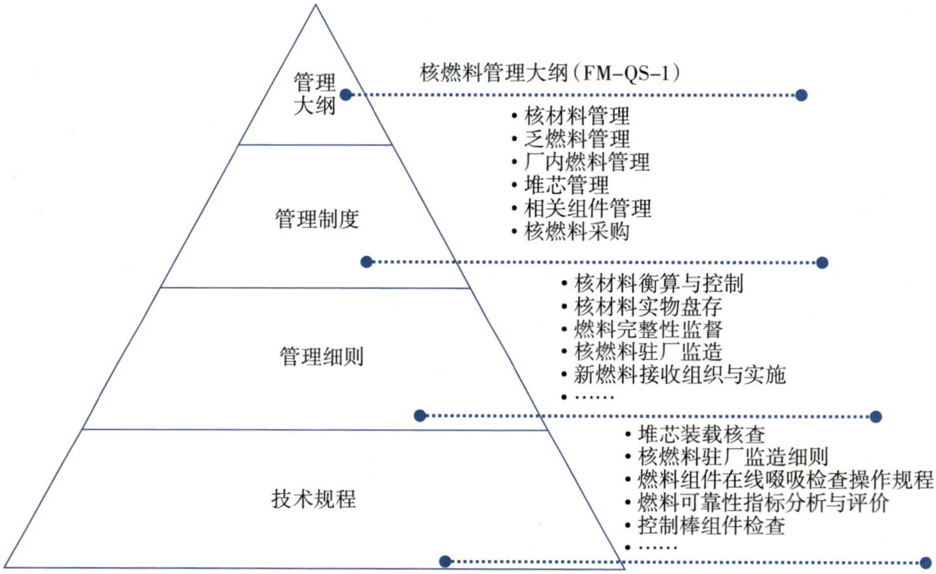

图19－3　标准化核燃料管理程序体系

3. 提炼共性化程序

在核燃料管理文件体系建立过程中，提炼共性化程序是一项重点工作任务。通过对各电厂压水堆燃料管理重复程序、重复内容的梳理，列出标准文件清单，逐步转化与实施。通过这项活动，管理程序文件的数量大大减少，管理规则更加明晰。

4. 关键记录模板标准化

在燃料接收、燃料移动、燃料装卸料监督这类现场操作工作中，需要严格记录大量原始数据，这类记录数据是堆芯设计、燃料性能监督及核材料衡算最重要的原始数据，也是秦山核电开发的核燃料管理信息数据库平台中基础数据的来源，它关系到堆芯的临界安全、燃料的完整性、管制安全等一系列压水堆燃料管理的关键问题。在过去，这些记录的设计与所在机组类型、工作负责人的习惯密切相关。通过建立核燃料标准化专业人员队伍，成立专项组，召开标准化讨论会，最终在燃料组件移动单、相关组件倒换移动单、燃料组件移动顺序表、相关组件倒换移动顺序表等数十份重要记录的基础上形成了统一的表单模板，这也在一定程度上保证了现场操作的标准化，保证了工作质量。表 19－3 为标准化后的压水堆燃料组件卸料移动顺序表。

表 19－3　燃料组件卸料移动顺序表

<table>
<tr><td colspan="2" rowspan="2">×××核电厂</td><td colspan="7" rowspan="2">堆芯燃料组件卸料移动顺序表</td><td>机组：</td><td colspan="2">循环：</td></tr>
<tr><td>大修：</td><td colspan="2">页码：</td></tr>
<tr><td rowspan="2">步号</td><td>燃料组件</td><td>相关组件</td><td colspan="2">从</td><td colspan="2">到</td><td rowspan="2">抓取时间</td><td rowspan="2">脱扣时间</td><td rowspan="2">日期</td><td rowspan="2">签字</td><td rowspan="2">备注</td></tr>
<tr><td>标识号</td><td>标识号</td><td>乏池</td><td>堆芯</td><td>乏池</td><td>堆芯</td></tr>
<tr><td></td><td></td><td></td><td></td><td></td><td></td><td></td><td></td><td></td><td></td><td></td><td></td></tr>
</table>

5. 操作流程标准化

压水堆燃料组件管理包含大量的现场操作，如新燃料接收、装卸料监督等，这些操作直接关系到燃料的安全以及大修工期。堆芯燃料处对这些关键点的流程进行了标准化。

以新燃料接收为例，秦山核电每年有 5～7 次的压水堆新燃料接收。过去秦山核电各电厂新燃料接收在流程、人员安排，尤其是部门接口方面存在诸多不同点，给接收工作带来了一些困扰。堆芯燃料处组织接收工作后，迅速地对接收流程进行了标准化管理，对新燃料接收培训、接收准备、建立新燃料接收组、现场实施及接口安排等流程的每一个环节细节都进行了认真的研究，制定了标准化规定。因为有了可执行标准，部门间沟通更顺畅，接收工作更加有序，确保了燃料的安全。

6. 标准化的核燃料管理信息软件系统

压水堆燃料管理具有管理流程复杂、数据量大的特点。秦山地区自首台压水堆机组运行以来，陆续开发了多个与压水堆组件管理相关的软件系统，存在类型雷同、接口众多、数出多门的管理状态。为了实现压水堆组件标准化管理，改变这一现状，秦山核电组织专业力量，针对核电厂压水堆燃料管理特性开发了一套统一系统，即 N1－NMS（核燃料管理信息系统）。在开发之初，该系统就定位为科学化、标准化的系统，并被纳入中国核电信息化共性项目，面向中核集团所有核电用户。

秦山核电通过组织秦山地区燃料管理的中坚力量，成立 N1－NMS 开发专项组，精炼出标准化的生产管理流程，从而形成标准化的产品。N1－NMS 作为压水堆机组核燃料标准化管理的重要工具，具有诸多优点和创新之处，如既能满足燃料相关的生产运行的需要，又能服务于企业管理，该系统的核燃料管理数据库平台是秦山核电的压水堆核燃料标准化管理平台，功能包括核燃料在核电厂的全寿期运行数据与信息管理，能在核电厂的流转、操作环节复杂多样的条件下，对大量的数据进行及时采集和交汇、计算和分类分级统计。该系统采用专线网络系统，实现各电厂之间的数据与信息传递及集中平台数据处理，具有较好的灵活性，满足不同核电厂的需要。

N1－NMS 实现了压水堆核燃料标准化管理的电子化、信息化，改变了原来各个电厂多类型的管理模式，从而节约人力、物力，大幅提高工作效率，在保证数据的准确性、安全性的同时，也利于信息资源的共享，是实现秦山核电压水堆核燃料标准化管理模式的重要技术手段。

7. 标准化管理宣传、落实和推广

秦山核电在压水堆组件管理标准化管理的过程中，注重核燃料管理标准化人才队伍的建设。通过加大宣传力度、结合部门内部培训，增强员工的标准化意识，使员工认识到标准化的重要性，在工作中自觉执行，使标准化落实到位。另外，为鼓励人员参与标准化创新建设，部门设定激励措施，鼓励员工提出好的标准化建议，及时反馈和运用到核燃料标准化建设中。通过开发核燃料信息管理系统，降低了原各核电厂独自开发的费用，缩短了开发周期，节省了总的开发成本。该系统已推广至福清核电、海南核电、江苏田湾核电，以及集团外多家核电厂，该系统还可直接应用于恰希玛核电站，实现“走出去”的战略。《核电厂堆芯与燃料管理》获批中核集团企业标准，成为中国核电核燃料管理标准化的模板。

[点　评]

核燃料标准化管理是秦山核电在推进改革过程中，结合内外部驱动力，主动优化、持续改善的重要成果，其标准化推进理念和方法，符合“四化”要求，即资源集约化、技术专业化、运行标准化、管理精细化。同时，丰富了中国核电精细化管理体系，为中国核电下一步专业化、集约化管理贡献了宝贵经验，起到了很好的示范作用。

19.3 化学管理

19.3.1 综述

压水堆核电厂化学监督的主要任务是通过有效的化学控制和管理来降低化学杂质，减少腐蚀，维持电厂各设备的完整性和可用性并尽可能减少核电厂放射性和非放射性物质向环境释放。同时，通过化学手段发现系统设备缺陷，给其他专业提供化学技术支持，为核电厂安全、稳定、经济运行提供保障。

核电厂化学人员主要任务是监督和控制系统设备流体的品质状况，通过化学监督及时发现系统设备和人员操作存在的问题与缺陷，通过化学参数趋势分析发现核电厂系统设备在化学领域存在的不良状态，以便核电厂尽早制定合适的方案和对策；通过化学专业支持，制定和实施合适的化学处理方案，保证核电厂系统设备处于良好化学状况，减少系统设备腐蚀，延长系统设备特别是蒸汽发生器这一重要设备的寿命。水化学控制是实现核电厂寿期内不更换蒸汽发生器最重要的手段。

作为示例，本节介绍了海南核电压水堆核电站二回路硫酸根控制，海南核电动态降低蒸发器排污流量、提升发电功率，以及三门核电构建以水化学控制策略为基础的化学技术管理体系构建 3 个案例。

19.3.2 化学管理案例 1：压水堆核电站二回路硫酸根控制

[标　题]

凝心聚力，护航水质

[案例概述]

蒸汽发生器是压水堆核电站最重要的设备之一，大修启机阶段蒸发器排污水硫酸根含量的控制一直是行业内公认的难题。海南核电通过多部门联动、专项管理、专人跟踪的形式，使蒸汽发生器排污水硫酸根从机组满足 30% 功率运行到满足 WANO 中值仅用时 17 天，大大降低了生产成本，降低了机组腐蚀速率，实现了行业内新机组大修启机阶段水质指标达到 WANO 中值用时最短纪录。

[案例详述]

压水堆核电机组在启动阶段与功率运行阶段，硫酸盐过高会加速蒸汽发生器管材的晶间腐蚀，加速磁性氧化铁在缝隙中的增长（凹陷），伴随氯化物条件下的点蚀等。在不同的热力条件下，换热器表面的硫酸盐会隐藏、吸附和释放。针对机组启机阶段蒸汽发生器排污水硫酸根浓度控制这一行业难题，公司成立专项攻关小组，勠力同心，迎难而上，积极探寻控制水质的最优方法。

大修启机阶段蒸发器排污水的硫酸根含量控制直接影响着机组的使用寿命。海南核电在102大修前后通过多部门联动，细化项目工作、层层把关、精确控制，使机组功率运行后蒸汽发生器排污水硫酸根含量降至WANO中值所用时间显著缩短；启机期间的冲洗时间、冲洗用水量也明显降低；同时，降低了蒸汽发生器管材的腐蚀速率，保障了机组稳定运行。

1. 细致排查“找原因”

从化学品残留到材料质量控制，从设备缺陷排查到运行工艺调整，海南核电秉承“严细融于一切”的核工业精神，坚持“不放过、不漏过”的态度，多个部门和衷共济、奋楫笃行，全面深入现场对各类装置、备件进行排查，抽丝剥茧，反复确认，最终把问题锁定，对症下药。

2. 化学品管理“全流程”

高硫含量的化学品的引入，是二回路水质硫酸根含量升高的一大主因。海南核电高度重视化学品的技术管理与安全管理，采取了一系列强有力的措施，从源头到用户，环环相扣，精准把控每个环节。做到“凡入厂必审定，凡使用必审批，凡存储必办证”。每种化学品标配“一书一签”，采用智能线上管理模式，建立全厂化学品使用台账，确保每一种化学品均可溯源。

同时，对于导致水质异常的高硫化学品及材料制定“黑名单”，进行物项替代，科学合理地有序替换。

对于重要设备的油漆、涂层、保护膜（油）加强管控，在安装阶段就按要求进行有效清理，制定检验标准，作为QC项目进行重点管理。

3. 内衬材料质量“严控制”

高硫化学类固体材料受温度、流体冲刷等因素影响，会不断向水中溶出硫酸根离子，对二回路水质造成严重影响。海南核电对系统容器、管道橡胶衬里进行严格管控，制定衬胶修复的工作规程，对打磨等级、涂刷工艺进行了详细规定，要求验收准则翔实细致，工作记录严谨合规。凡是有内衬的设备，全部纳入预防性维修和定期试验管理，项目定期触发，设备状态检查定期开展，发现一例修复一例，将隐患扼杀在摇篮里。

4. 设备缺陷“零容忍”

海南核电凝结水精处理系统离子交换器的水帽与树脂捕捉器的滤芯均采用梯形绕丝工艺。该工艺在实际工程应用中易导致离子交换树脂漏入二回路水系统，使水质恶化。针对该工艺缺陷，海南核电广泛调研工艺优化方法，科学决策、统筹规划，以“零容忍”的姿态制定了短期和长期“分步走”策略：短期内对缺陷及时响应，加快工单排程，缩短缺陷存在的时间；长期则经过多方讨论，制订详细周密的技术改造计划，层层分解任务、专人推动、专人跟踪，推动该方案顺利实施。

5. 改造优化双管齐下，助力水质精准控制

海南核电经过反复研究，对树脂选型及运行操作制订精细的专项改造计划和优化方案，安排专人专项对接，确保每一步的实施都有人负责、有人记录、有人反馈。专项组牵头，多部门紧密配合，选用物理、化学性能更加优化的大孔树脂、改进混床结构，对树脂再生工艺进行优化和监管。经过反复调试与验证，二回路水质最终达到了较好的控制水平。之后，海南核电将设备改造和运行优化的经验成果纳入相应的运行规程和操作手册进行固化。

经过一系列举措，102 大修时，蒸汽发生器排污水硫酸根从机组满足 30% 功率运行到满足 WANO 中值仅耗时 17 天，大大降低了生产成本，降低了机组腐蚀速率。

[点　评]

核电厂二回路硫酸根异常可能是单一原因所致，也可能来源复杂，是多种因素促成的综合性效应。通过对每个原因进行分析排查，建立台账，科学管理，积极预防，紧抠细节，针对性制定解决方案和提出优化措施，对同类型机组二回路的硫酸根控制有着重要的借鉴意义。

19.3.3 化学管理案例2：动态降低蒸发器排污流量，提升机组功率

[标　　题]

从“习以为常”中找新意、提效益

[案例概述]

蒸发器排污系统（APG）是通过对蒸发器连续排污来净化二回路整体水质的系统，排污流量越大，越利于蒸发器内杂质排出，但随之损失热量也越多。核电机组功率运行期间，蒸发器排污系统通常保持设计的最大排污流量运行，海南核电在保证二回路化学指标均优于WANO中值的前提下，在行业内率先通过降低蒸发器排污系统排污流量，减少机组热损失，实现机组的降本增效。

[案例详述]

为降低核电厂用电率和度电成本，海南核电内部成立多个降本增效的揭榜挂帅项目，号召公司全体人员树立“一切成本皆可控”“人人可为、时时可为、处处可为”的成本管理理念，确保机组增发满发、应发尽发。为此，海南核电在机组运行工况和运行模式上进行深度挖掘，针对能耗大、经济成本高的系统设备，海南核电秉持“度电必争”“锱铢必较”的态度，对“习以为常”的运行模式进行审查评估。在确保机组安全稳定运行前提下，探寻蒸发器排污系统的最经济运行工况，实现了单台机组每年250余万元的经济效益提升。

1. 破旧规，寻新机

在机组运行初期，核电厂二回路水质通常较差，APG系统通常采取最大排污流量方式运行，以减少蒸发器腐蚀和内部杂质沉积。但经机组多轮大修后，二回路水质基本实现稳定，各核电厂用于监督蒸发器腐蚀结垢的化学指标均优于WANO中值，机组稳定运行后APG系统是否仍需保持最大流量排污，排污流量降低后有何经济价值，各核电厂均未进行评估。

海南核电敏锐发现蒸发器排污系统运行中存在的优化空间，积极查找蒸发器排污系统由于消缺流量低于最大排污流量时，二回路化学指标的变化情况。经过对数十次消缺期间的百余项二回路化学数据的查询比对，发现经过机组多个循环净化后，即使蒸发器排污系统排污流量降低一半，二回路水质化学指标均优于WANO中值。而且，蒸发器排污系统降流量后，在保持发电功率不变的

前提下，机组堆芯功率有明显降低。经理论计算和实际验证，蒸发器排污系统中用于净化水质的树脂使用周期也将明显延长。由此可见，若能在二回路水质化学指标优于WANO中值前提下，保持蒸发器排污系统长期低于最大设计流量运行，就能实现机组的节能减排。为此海南核电专门成立揭榜挂帅项目，推进该项目有序开展。

2. 广调研，掘潜力

为研究该项目可行性与潜在经济价值，海南核电制订计划，对同行电厂十余台机组的蒸发器排污系统排污流量进行调研。经调研发现，目前国内各核电厂蒸发器排污系统均保持设计最大排污流量运行，低流量运行的可行性与经济性研究仍是真空区。各核电厂蒸发器排污系统设置基本相同，若该项目验证可行，则可复制性较强，能在同行电厂之间广泛推广，从而实现更大范围的降本增效。

3. 集众智，分职责

为确保项目执行的安全性与经济性能得到充分评估，海南核电根据该项目涉及的专业领域，策划成立专项工作组。专项工作组包括化学、运行、仪控、性能4个专业组，各专项工作组共同商议方案、确定项目节点；专业组之间明确职责，安排专人跟踪、推进项目执行，确保项目执行安全有保障，每项工作有人负责、有人跟踪。

4. 编试验，重验证

为确保蒸发器排污系统低流量运行期间机组能够安全稳定运行，并充分证明项目的经济性，专项组编制《蒸发器排污系统流量控制与二回路水质优化试验方案》，指导项目试验开展。试验方案明确了试验前提与逻辑、试验风险与预防措施、专业组需收集数据与职责分工等内容，确保试验步骤的紧密衔接。整个试验采取循序渐进的执行方式，分阶段减少蒸发器排污系统排污流量，在每个流量平台由各专业组关注系统运行状况、收集机组安全、经济指标。最终经过了为期6个月、4个流量平台试验，充分证明项目的可行性、安全性。

5. 统数据，定方案

专项组收集汇总4个流量平台试验的运行状况参数、化学参数波动、仪控信号反馈、堆芯功率变动等数据，并对整个试验期间的数据进行趋势分析和综合评估，选取蒸发器排污系统排污流量最优点，最终将蒸发器排污系统排污流量降至原流量的2/3，并将最佳运行流量固定在蒸发器排污系统运行规程中，指导系统日常运行。

6. 传经验，提效益

蒸发器排污系统排污流量降低后，专项组对机组堆芯功率进行多次跟踪，对蒸发器排污系统中树脂使用周期情况进行多次比对。最终验证项目实施后，树脂使用周期明显延长，堆芯热功率降低2兆瓦，机组电功率提升0.66兆瓦，每年每台机组可带来直接经济效益250余万元。海南核电也将此项目的良好实践推荐给同行电厂，让该项目在更广的范围内实现节能减排、降本增效。

[点　评]

目前国内M310核电机组蒸发器均采用全流量排污运行方式。海南核电有限公司2号机组大胆创新采用降低排污流量的运行方式，既能保证二回路水汽品质，又能提升电功率，提升机组功率0.66兆瓦，为公司降本增效做出重要贡献。该项目可作为中国核电内部提升机组功率的良好实践向同行推广。

19.3.4 化学管理案例3：构建以水化学控制策略为基础的核电厂化学技术管理体系

[标　题]

全方位管控提升，创一流化学业绩

[案例概述]

三门核电在对标国际一流的基础上，借助EPRI技术平台，以水化学控制策略（SWCP）要求为基础，建立了涵盖策略开发和评估优化、风险识别、趋势跟踪等方面的化学技术管理体系。经实践验证：三门核电1号机组商运后17天WANO化学指标达到WANO中值的优良业绩；101大修由化学主导的除氢、除氧工作共节省大修关键路径26小时，为电站经济效益做出突出贡献。

[案例详述]

1. 自主开发三门核电水化学控制策略

水化学控制策略主要作用是明确电站水化学控制方式的制定及调整依据，

保留电站全寿期与化学相关的记录和信息，对保持电站化学控制持续优化意义重大。

三门核电按照项目节点计划提前两年成立水化学策略开发工作组，依托EPRI技术平台，组织消化水化学导则，并重点对AP1000化学控制技术和导则之间的差异进行梳理和评估。最终在2018年机组装料前完成三门核电一、二回路水化学策略的发布。水化学策略的开发和应用，填补了国内电站在化学技术管理体系方面的空白，为构建先进的化学技术管理体系奠定了基础。

2. 提前谋划，形成标准化异常排查流程

核电厂需要进行化学控制的系统较多，但在出现异常时的排查流程基本相通。因此，为提高工作效率，在工作经验总结和优化的基础上，核电厂自行编制了《化学异常问题排查方案》，形成化学异常解决标准化思路。

化学控制相关系统接口多，引起化学异常的因素也非常多，化学异常排查的准确性和纠正措施的及时性，可以缩短化学异常持续时间，尽快将异常恢复至正常范围内，降低对系统设备的不利影响。三门核电主动作为，提前谋划，在总结机组调试、启动、运行期间出现异常和问题的基础上，充分借鉴标准化化学异常排查流程，对影响系统水质的因素提前进行全面梳理，以WBS形式展现（见图19－4），提前预测可能出现的问题并制定应急预案和纠正措施。目前已完成7个重要系统、29个关键参数的异常影响因素的综合分析，梳理引起异常的可能原因100多项，为后续化学异常响应提供指导。

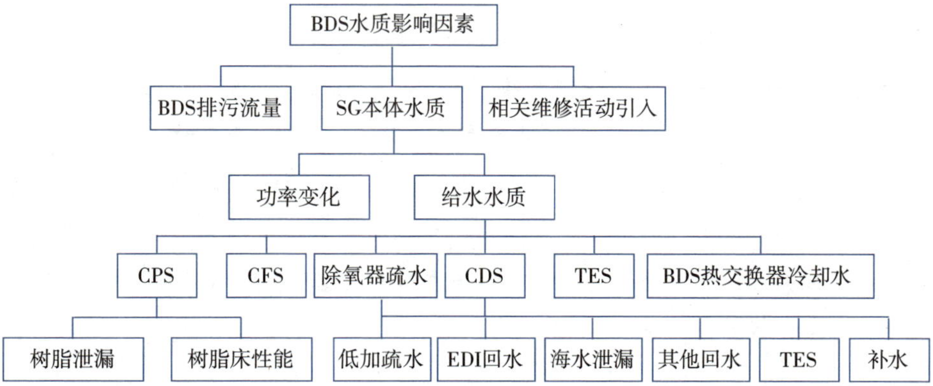

图19－4　水质影响因素分析树状结构

3. 依据充分，建立保守决策流程

AP1000 机组设计采用一些国际前沿的化学控制技术，新技术在出现问题后，需进行保守决策。三门核电根据 AP1000 化学技术特点，自行梳理了不同技术应用方面存在的风险，包括：首次执行没有程序指导的工作；根据现场实际情况，需要偏离程序一段时间的工作；化学相关设计变更工作。同时，根据风险大小给出具体的需要进行决策的入口条件、决策流程、决策过程风险分析及实施后效果评价，形成闭环管理；借助风险挑战会制度，充分发挥不同领域的力量和优势，确保决策安全有效。

4. 对标先进，提升化学技术管理绩效

三门核电全面引入 CEI（美国先进电站化学指标，化学有效性指标）管理体系。CEI 是所选化学参数对时间因子的整体计算结果，包括核电站一、二回路化学相关参数，而且通过超标限值与累计时间两个维度进行计算和评价，同时根据电站实际控制水平不断更新控制限值，保持指标的挑战性。CEI 较 WANO 指标能更全面、客观地反映电站化学控制工作的有效性。

5. 总结提炼，优化水化学技术持续管理体系

水化学控制策略的最大价值在于要求核电厂在每个燃料循环结束后，根据正常运行期间的化学监督状况和大修期间检查情况，对该循环化学控制效果进行评价，为下一循环水化学优化提供输入，从而持续提升化学技术管理水平和电站化学业绩。三门核电开发了水化学策略、电厂化学技术规范、化学控制执行文件三级程序体系，通过调研、分析确认每个层级文件的优化依据，然后对运行及大修期间收集的数据和检查信息进行评估，提出优化建议，反馈至每一层级的文件中，指导水化学控制策略不断优化。同时，为统一评估流程，开发了《水化学策略评估优化报告》《化学异常排查和总结报告》等 8 份报告编制模板，规范报告编制过程。秉承“对标国际一流、追求行业领先”的工作理念，以水化学策略要求为基础的化学技术管理体系，辅以完备的文件程序保障体系支撑，已成为三门核电化学技术管理工作的标准化流程，为水质控制持续优化、化学业绩不断提升保驾护航。

[点　评]

三门核电以水化学控制策略为基础，以AP1000化学新技术为平台，以化学指标管理为导向，建立覆盖水化学前端预防、过程控制、效果评价、持续优化等全方位的化学技术管理体系，创造1号机组的WANO化学指标在同类堆型的优良业绩；科技创新成果取得重大突破，专利受理50项（发明33项）/授权10项，发布《压水堆核电站一回路冷却剂加锌指南》团体标准等，先进的管理理念正在被国内其他同行电站学习和借鉴，行业标杆地位日益彰显。

19.4　材料及老化

19.4.1　综述

核电厂运行期间，设备受到温度、应力、辐照、腐蚀和磨损等因素影响会引发材料降级，如老化、脆化、疲劳以及缺陷的形成和发展，可能导致严重后果。为保证核电厂安全，须对核电厂关键系统、部件及材料开展在役检查及老化监督评估，识别材料产生的缺陷及损伤机理，制定缓解、监督措施，以确保其安全状态满足核电厂安全运行要求。

材料及老化管理业务涵盖在役检查、失效分析、老化监督、腐蚀防护等内容。核电厂的材料及老化管理好比人的健康管理，既需要“体检”式的全面检查以覆盖满足核安全监管要求，也需要“精准把脉”式的专项诊断以聚焦关键失效风险。中国核电各电厂通过管理创新、技术创新、规则优化、标准化管理等精细化手段，以“严慎细实”的工作态度创造优异管理业绩，践行核电厂健康管理师的使命。

作为示例，本节介绍了高风险小支管和高能管道可靠性提升，秦山核电在役检查精细化管理实践和应用，海南核电全流程精细化管理、助力防腐管理效率提升3个案例。

19.4.2 材料及老化案例1：高风险小支管和高能管道可靠性提升

[标　　题]

精准监督控风险，科学治理“减非停”

[案例概述]

根据法国电力集团经验反馈，外径小于2英寸的小支管与主管道连接的管座焊缝存在开裂风险，并建议采取适当措施消除隐患。国内核电厂也发生多起因小支管振动开裂导致的停机停堆事件。

日本美滨核电厂3号机组曾发生蒸汽管道爆裂事件，造成人员4死7伤。中国火电厂高能管道爆裂事故也时有发生，给电厂及社会带来巨大损失。

中国核电高度重视高风险小支管和高能管道管理，在精细化管理思想的指引下成立专项组，组织各电厂针对可能造成停机停堆和大于10%功率波动的高风险小支管及高能管道开展技术研究，并制定维修策略，编制了高能管道和小支管可靠性管理指南、监督大纲。历时两年完成高风险小支管、高能管道的监督检查，确保此类隐患可知、可控。

[案例详述]

高风险小支管和高能管道管理是核电厂面临的共性问题。根据经验反馈，小支管主要失效部位为支管与母管的连接焊缝，原因为焊缝质量不合格或振动疲劳导致焊缝破裂。小支管通常为仪表管线或引压管线，其泄漏可能导致仪表参数偏离，触发停机停堆信号或失去屏蔽功能，造成不可接受的后果。高能管道失效则主要由焊缝失效和管壁腐蚀减薄导致，存在较高的工业安全风险。

核电厂原有的设备分级对象中不包括管道，也未将小支管和高能管道纳入关键敏感设备管理，未对高能管道和小支管进行明确的定义和分类。各电厂往往根据自己的经验制订筛选、分类原则和监督计划，存在思路不清晰、筛选范围片面、监督和评价体系不完整等问题。海南核电牵头各电厂，通过研究国内外标准和案例，摸排核电厂短板和弱项，集思广益、共同策划，制定了一套完整的高能管道和小支管筛选、评价流程（见图19-5）。针对存在腐蚀风险和焊缝失效风险的高能管道及影响停机停堆、造成功率较大波动的小支管，进行全面排查和分级。项目成果作为指导高能管道和小支管管理的技术指南，已推广至中国核电所有核电厂，指导各电厂建立监督大纲和计划。实施过程中，各电厂紧抓落实，在两年内完成所有排查任务，建立运行机组的高风险小支管和高能管道清单，实现此类风险可知、可控。

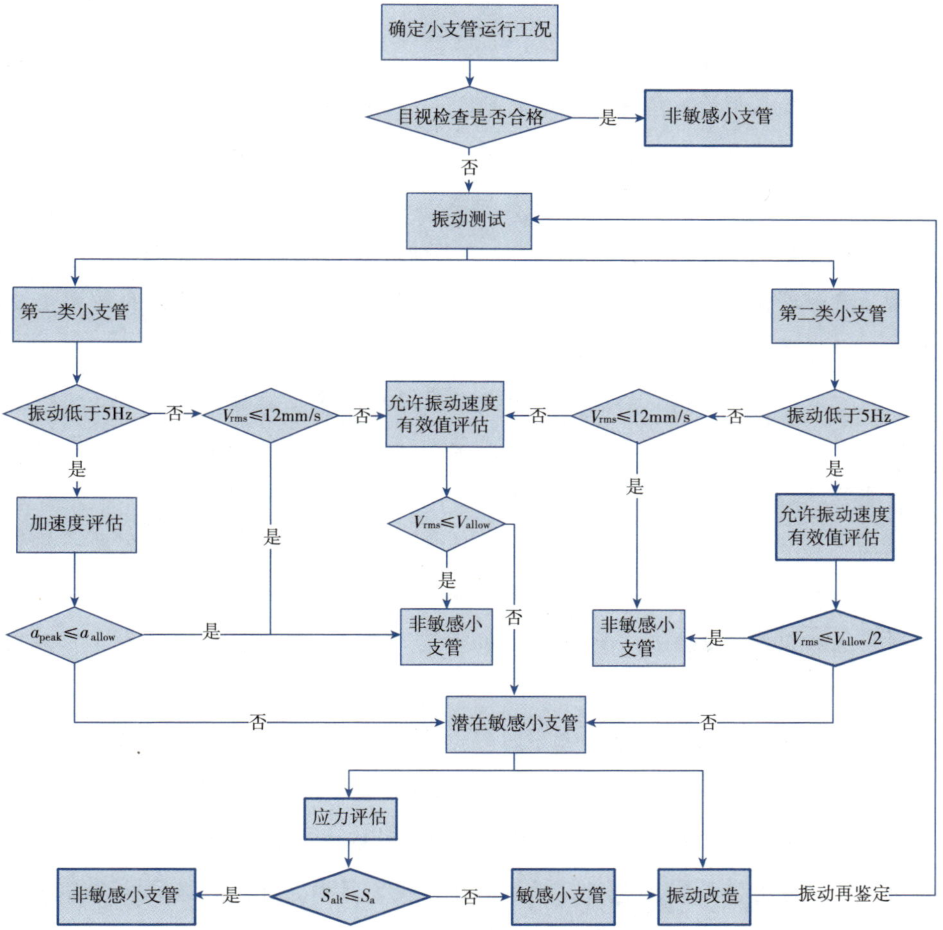

图 19-5　高风险小支管振动筛选与评价流程

1. 集中智慧，精细策划

利用集体的力量，让困难迎刃而解；精细策划，使工作顺理成章。个人的力量是薄弱的，个人的思维也是局限的，只有集体的力量坚不可摧，也只有集体的思维才能全面细致。

项目伊始，在中国核电精心策划之下，由海南核电、秦山核电、田湾核电、福清核电、三门核电和中核武汉共同参与并成立专项组，确定技术路线及方案，携手开展高能管道和小支管管理可靠性提升工作。针对高能管道及小支管失效特点，开展了国内外标准、规范的研究，对筛选和监督方式等进行商讨与思维碰撞，集中各方的资源和力量，确保制定的措施具有普遍适用意义，同时也力争能够更加快速地实现工作目标。

2. 风险识别，技术先行

遏制风险，根治缺陷，以“寻根问底”的态度进行失效模式分析，寻找管道的脆弱环节；以技术理论为指导，开展全面风险识别。国内外核电运行经验和研究表明，高能管道的破裂和泄漏主要是由于安装时焊缝存在制造缺陷，运行过程中受工况、介质及结构的影响，发生流动加速腐蚀、汽蚀或者应力腐蚀，使管道壁厚减薄，不足以承受内部压力时即发生破裂。而小支管的失效则主要是由于管道振动，焊缝产生疲劳裂纹，最终导致管道泄漏。

基于对失效机理的认识，分析设计、安装等阶段可能存在质量问题；根据管道工况和功能，识别敏感系统、敏感管道和敏感部位，并结合管道失效后果的严重程度进行精细化筛选，制定高能管道和小支管的敏感筛选原则。将关注点按照“面—线—点”的思路进行逐步细化，将一类风险从系统细化到一根管线，再精确至一个弯头、一条焊缝，实现风险“定位”和风险部位“精细化”。通过筛选和识别，建立每一台机组的风险隐患清单，聚焦失效高风险点并将其作为监督的主要对象。

3. 强化风险指引，关注主要矛盾

即便是经过一系列的筛选，每个机组依然有1000~1500根小支管和1500个左右高能管道部件，在有限的大修窗口内难以对所有管道完成全部检查。因此，须对每个监督对象制定优先级，抓住问题的主要矛盾，并进行差异化监督来确保风险可控，同时减少不必要的重复监督，节约电厂运营成本。

高能管道的主要失效机理为流动加速腐蚀和冲蚀。通过识别管道材质、运行温度、介质pH和管道结构等参数，按照指南规定，将其划分为不同的敏感等级。针对高敏感的部件进行高频次的检测，通过抽取有代表性的典型部件来反映整根管线的减薄趋势，达到“窥一斑而知全貌”的效果。综合考虑小支管失效概率及失效后果，将其划分为不同的等级并制定适当的监督措施。对风险较高小支管的所有焊缝进行更为频繁的监督，适当延长风险级别较低的管道检查周期，实现“高风险早知道，低风险能知道”的目标。

为做到筛选和分级的明示化、规范化，中国核电根据研究成果编制了《常规岛高能管道可靠性管理指南》《常规岛高风险小支管可靠性管理指南》《核级高风险小支管可靠性管理指南》等几份标准化文件，用以指导各运行电厂开展高能管道和小支管管理，并以此为依据建立相应的监督大纲和检查计划。

4. 紧抓计划落实，确保风险可知可控

制定策略和计划只是开始，完成监督才能真正研判风险所在。尽管每个核电厂根据指南的要求识别出了监督对象，并进行了分级和分类，已经大幅缩减了监督的数量，但是庞大的核电运行网络中仍然有大量的管道需要进行检查。面对巨大的工作量，各核电厂各尽所能，从大修计划、人员配置和项目管控等多个方面入手，优化工作组织过程，提升配合效率，并在实施过程中不断找偏差、补短板，在有限的时间内完成对高风险部位的检查，确保风险可知、可控。

5. 安全性和经济性，两手都要抓牢

经过多次的监督和检测后，各核电厂都采集了大量的样本，共同建立数据库并进行分析和研究，以评估监督措施的针对性、机组的总体风险。

基于该数据的统计和分析，结合实际经验积累，中国核电牵头开展监督规则优化，进一步聚焦失效风险较高的管道及部件，弱化普遍性的监督。在确保安全可靠的前提下，进一步提升经济性。

[点　评]

高能管道和小支管作为核电厂系统与设备的重要组成部分，关系到机组安全稳定运行和工业安全。各电厂以精细化的思路，坚持技术领衔，充分识别风险，并以风险为指引，兼顾安全性和经济性，建立了一套具有指导意义的工作方法和标准规范。用两年时间实现此类风险可知、可控的目标，并在监督和管理措施上做到了精益求精、持续优化，具有良好的推广价值。

19.4.3 材料及老化案例2：秦山核电在役检查精细化管理实践和应用

[标　　题]

建立标准优化流程，分秒必争实现工期优化

[案例概述]

通过对在役检查法规标准的分析论证，结合在役检查技术特点和多年积累的经验，以保障机组安全、质量、进度受控为目标，创新M310核电机组在役检查实施策略和管理模式，实现M310核电机组大修在役检查工作的保质、保量、安全、高效，实现大修工期优化。

[案例详述]

M310核电机组在机组大修期间执行在役检查工作，检查项目主要包括反应堆压力容器在役检查、一回路主设备接管焊缝射线检查、蒸汽发生器一次侧传热管涡流检查、蒸汽发生器一次侧传热管氦检漏、蒸汽发生器二次侧水力冲洗等重大项目。一般情况下，年度大修在役检查项目在全部大修工期关键路径的占比约为25%，十年大修全面在役检查项目在全部大修工期关键路径的占比约为40%。同时，在役检查项目集中在核电大修低低水位检修窗口和反应堆压力容器在役检查窗口，项目多、工期紧、风险高，先决条件互相制约、交叉重叠，如果逻辑安排不合理、考虑不周全，则不仅影响大修整体工期，还会给其他工作带来风险。

秦山核电通过对在役检查法规标准的分析论证，结合在役检查技术特点和积累的经验，以保障机组安全、质量、进度受控为目标，创新M310核电机组在役检查实施策略和管理模式，实现大修工期优化。

1. 深入研究规范，优化一回路水压试验顺序

根据早期国内同类型核电厂全面在役检查工程惯例，反应堆压力容器的全面在役检查、蒸汽发生器传热管涡流检查等工作均在一回路水压试验后实施。通过分析论证，监管当局特许在一回路水压试验前完成蒸汽发生器传热管、反应堆压力容器全面在役检查。

基于此，秦山核电首次提出将反应堆压力容器全面在役检查安排到一回路水压试验前实施，这样的安排有利于提早发现设备潜在的超标缺陷并及时予以

评价或处理，从而保证水压试验的安全顺利实施，也可避免在水压试验完成后才被检出的超标缺陷因开展重要维修作业而发生水压试验失效的可能，同时可在大修关键路径中减少一次一回路充排水操作，并为反应堆压力容器检查项目优化创造先决条件。

2. 钻研技术特点，创新反应堆压力容器检查方式

一回路水压试验与全面在役检查顺序调整后，反应堆压力容器检查可以安排在一回路水压试验前。秦山核电深入分析反应堆压力容器检查项目与设备特点，创新提出将反应堆压力容器全面在役检查分为低水位检查和高水位检查两个阶段，使得反应堆压力容器在役检查可以从低低水位期间提前开始，低水位检查与低低水位的检修工作并行，可大幅缩短反应堆压力容器全面在役检查占用关键路径的时间。

以秦山核电二厂309大修为例，通过优化反应堆压力容器检查方式，将反应堆压力容器高水位检查窗口时间优化为187小时，较原关键路径缩短了65小时。在实施阶段，检查人员根据检验流程图，提前规划好每个检查步序所需的环吊、场地、核清洁等配合工作，严格管控高水位检查项目的每个环节，改进检查设备安装调试效率，通过多方努力最终以181小时的优异工期圆满完成了十年大修关键路径项目，创造了秦山核电反应堆压力容器在役检查关键路径最短用时纪录。

3. 创新管理策略，首次实现蒸汽发生器传热管先导式管理

根据规范要求，秦山核电二厂4台机组蒸汽发生器传热管从第二次全面在役检查开始，需对前期未进行过旋转探头的所有传热管进行管板胀接区域的旋转探头检查。

经过全面分析旋转探头的技术特点，收集其在国内外检测缺陷的案例，结合秦二厂4台机组蒸汽发生器传热管尺寸、传热管胀接工艺、蒸汽发生器制造厂商、运行参数和传热管质量现状等因素进行综合分析，秦山核电提出先导式在役检查管理策略，将秦二厂2号机组2号蒸汽发生器作为“先导蒸汽发生器”，其旋转探头检验结果具有典型代表性，可为其他蒸汽发生器提供参考数据。

该先导式管理策略获得国家核安全局的批准，并通过在秦二厂大修中的应用实现蒸汽发生器检查计划的优化，累计减少6.3万根传热管旋转探头检查数量，15次大修累计缩短主线工期60天。

4. 规范射线作业流程，实现射线探伤标准化

秦山核电建立了全流程要素的射线探伤管理体系，从放射源转运、存储、领用，探伤操作、洗片、验收，以及应对探伤机卡源、放射源丢失或被盗等各类突发状况的应急预案，层层把控、严防死守，坚决将射线探伤辐照事故发生率降到最低。同时，秦山核电制定了人员管理、应急预案管理的一系列管理体系，包括射线探伤操作指南、射线探伤考核方案、射线探伤应急预案、放射源应急处理演练方案等，有力保障关键路径不受射线探伤影响且探伤过程安全、质量受控。《射线探伤作业指南》制定了作业流程确认单、射线检验源机操作确认单等系列操作性文件，细化现场作业人员行为规范，杜绝人因失误陷阱。

5. 检验技术创新优化

传统射线探伤检测技术的检测方法、检测工艺及检测标准都已较完善，但其工序烦琐、效率低、底片存储及查询统计困难、辐射风险高的局限性日益凸显，传统射线检测技术在检测速度和成本控制等方面已无法满足各核电厂日益增长的生产需求和检测公司日益激烈的市场竞争需要。

秦山核电通过对比国内外先进的检验技术及设备，将数字射线技术成功应用于现场实际中，使得工作效率有效提升，并开展底片数字扫描技术进行检验数据信息化建设，借助相控阵超声成像检测、冷阴极 X 射线技术等检测手段替代射线检测，大幅降低辐射风险及大修窗口需求，使得秦山核电射线探伤作业全面升级，提高了现场作业效率，进一步提升了作业安全性。

通过对射线检测数字化技术的深入研究，能实现射线检测数字化技术在核电厂核级设备管道焊缝检验应用，同时推动建立核电厂核级设备管道焊缝数字射线检验相关行业/国家标准的制定。

[点　评]

秦山核电基于多年在役检查实践经验，经过在管理创新、技术创新、规则优化、流程规范及行为规范等方面的不断改进提升，摸索总结出一套适用于 M310 核电机组的在役检查精细化管理模式。通过该模式在秦山核电的实践应用，可有效缩短大修关键路径工期，为公司带来显著的经济效益。

19.2.4 材料及老化案例3：全流程精细化管理，助力防腐管理效率提升

[标　题]

精于筹划、细于管控，促防腐施工效率、安全管理双提升

[案例概述]

海南核电自安装阶段至今已十年有余，部分设备及厂房腐蚀、污损情况严重，影响机组美观的同时也给机组运行安全带来影响，使得核电厂生产管理系统积累了数量众多的腐蚀缺陷工单，占用大量核电厂生产资源的同时，防腐施工频繁涉及的高风险工作也给核电厂安全管理提出挑战。借助精细化管理理念，通过精准识别影响防腐执行效率的核心要素，理顺核电厂接口资源并对原有繁杂冗余的管理环节“去芜存菁”，建立高效的工单处理流程并加以标准化，实现从“缺陷信息收集、现场核实、工单准备、计划排程、方案制定、现场实施至完工验收”的全流程管控，促使防腐工作效率大幅提升。同时，通过贯彻“安全明示化管理”制度，及“立体化培训、三级安全监督”管理要求的执行，使得防腐安全管理水平持续提升，连续三年实现“零违章”目标。

[案例详述]

海南核电所处环境年平均气温24.1～25.1℃，年平均日照2000～2600小时，属典型的热带季风气候区。高温、强紫外线、高湿及高盐分的客观环境，导致设备腐蚀问题频发。

原有防腐管理体系中，存在腐蚀接口管理混乱、缺陷评判标准缺乏、技术管理与施工管理未能良好结合、施工管理粗放等弊端，导致工单审批、执行等流程缓慢，效率低下。此外，缺乏有效的监督手段，使得重复消缺、安全违章的情况屡有发生；缺乏前瞻性的管理，使得防腐管理处于“兵来将挡，水来土掩”的被动状态；缺乏强有力的组织手段和高效精简的管理制度，造成管理资源浪费严重。针对以上情况，海南核电以“精细化管理”为指导思想，以“技术引导施工”为理念，以“管理规范化，施工标准化，安全明示化”为抓手，识别影响工单执行效率的关键因素，精简流程并进行标准化管理，改良工作量确认方式并辅以信息化。多措并举，历时两年时间，实现从被动防腐到主动防腐的转变，实现防腐执行效率和安全管理双提升。

1. 头脑风暴，精准识别问题

通过头脑风暴，隐藏在“滨海电厂设备腐蚀问题普遍存在”表象之下，导致防腐工作执行效率低下的真正原因逐渐浮出水面。腐蚀环境恶劣不假，但合理利用核电厂资源，对腐蚀问题进行有效管控才是解决问题的关键。因职责划分历史沿革，导致防腐接口些许混乱，技术管理与施工管理分分合合，难以形成“合力”。此外，防腐工作自发现缺陷、现场核实缺陷、制定方案、工作票准备、工单排程、隔离准备等，历经十余个环节，流程冗余也是部分缺陷在工单系统中“停滞”数年之久的重要原因。

此外，缺乏统筹管理也是影响工作执行效率的因素之一。若以缺陷为最小管理单元，则现场星罗棋布的腐蚀缺陷势必导致资源浪费严重，单核实缺陷环节就令人“苦不堪言”。

防腐工艺老旧，亟待更新是另一个摆在大家面前的问题。现场防腐施工，一直给大家留下“一把刷子、一桶漆”的落后形象，这也反映出防腐工艺老旧、施工低端化的模式，已不被电厂所认可。

人的因素往往是管理的核心，防腐工作也不例外。在梳理问题过程中我们发现，防腐施工骨干人员离职率高居不下，导致现场人员管理难度大，而这不是简单通过培训或提升技能可以解决的。分析后我们意识到，人员流动的原因其实很简单：工作量缺乏有效管理，混乱低效，严重伤害了施工人员的积极性；按“出勤率”打卡发薪水，简单粗暴。

2. 流程简化，好钢用在刀刃上

理顺流程，精简提效是我们的核心追求。基于此思想，编制计划管控流程，建立“缺陷发起—现场核查—工单准备—风险识别—计划排程—现场实施—工单完工”全过程管控，明确每个环节的责任人、管控要点及时间节点。同时，合并优化风险识别、配合需求、方案制定等过程，减少内部工作流转环节。

精简流程后，可将更多的精力投放在更重要的环节，并对这些关键环节予以“精细化和标准化”。例如，在工单准备环节，开发标准模板对设备名称、设备编码、缺陷严重程度、缺陷环境、配合需求等予以记录并拍照反馈缺陷细节；在技术交底环节，按照标准工艺卡填写技术要求、风险和应对措施；重大缺陷处理需填写标准的技术方案；按照模板要求，填写打磨方式、涂层信息、施工步骤、隔离需求及风险管控措施。

此外，针对重要系统设备、高风险工作实行多级监督机制，专人负责协调现场施工过程中的各类问题，做到重要工作“质量有人负责，安全有人监督”，确保现场工作处于高效管控之下。

3. 无规矩不成方圆，强化标准意识

标准化不是一个空洞的概念，而是将更优的技术、管理经验总结归纳，形成可供高效执行的准则。

海南核电基于实践经验对核电厂腐蚀防护现有的管理程序、技术标准予以整合和补充，建立包含管理程序、技术程序、安全质量管理、流程控制等的文件体系，并围绕该体系开发子程序和配套的技术规程，防腐管理标准化体系如图 19－6 所示。通过编制工作量管理程序，明确工作确认方法和流程；编制防腐施工标准，对施工质量要求、工艺细节及步骤予以明确。该管理体系的提出，既为专业制定需要遵守的“规矩”，也为推进“标准化”奠定基础。

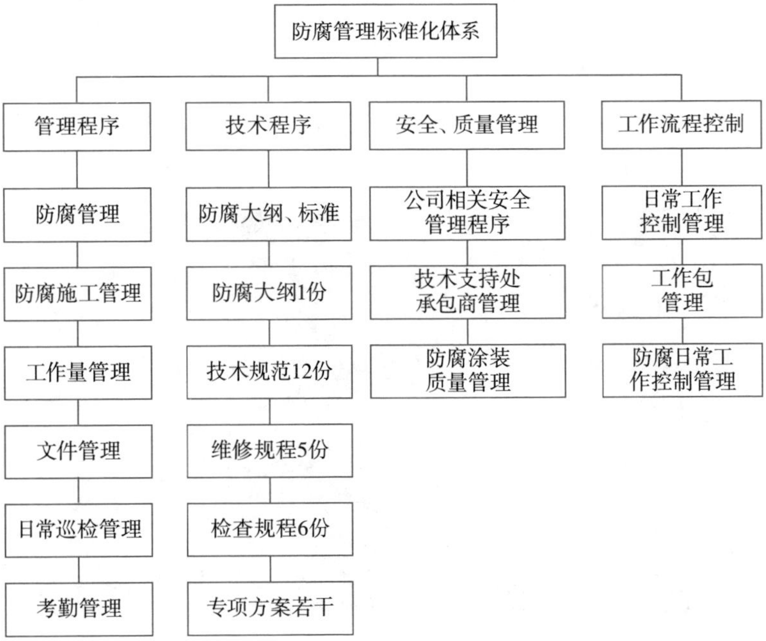

图 19－6　防腐管理标准化体系

4. 数据信息化，助力科学管理

信息化对于防腐工作而言，有两大裨益：确保防腐工作过程中产生的数据准确、高效，并可利用数据进行缺陷趋势分析和管理改进。例如，历次大修不同涂层用量、人工量；日常每天、每月的施工作业量；哪些员工的效率更高，哪些员工的返工率高；各类涂层尤其是危化品的消耗量与进出库记录是否匹配，以及何时提出采购需求等。

材料的腐蚀问题不是偶然发生或单独发生的，它往往具有普遍性和继发性。同类设备或相似服役条件下设备的腐蚀事故往往对其他设备的腐蚀管理具有重要的指导意义。通过腐蚀数据信息化，有利于分析缺陷主要类型及趋势变化，开展针对性的防腐治理，降低重复性缺陷的发生频率。基于该数据，可针对腐蚀高发厂房优先投放资源，以提升资源利用率，从而实现腐蚀数据自下而上的积累和自上而下的使用，全面掌握核电厂腐蚀现状，为腐蚀管理体系化的发展提供数据基础和决策依据。

5. 建设防腐示范厂房，打造美丽海核

设备的腐蚀问题往往和运行环境相关并呈现“集群”特征。基于此，防腐专业联合运行、生产计划等部门针对缺陷频发，腐蚀问题严重的区域开展集中消缺并打造防腐示范厂房。以专项组的方式，简化处室和部门之间的职责接口，统一思想，高度协同，将有限的资源集中在待攻坚的问题上，一去沉疴，让蒙尘的设备再次焕发新春。图 19－7 为防腐管理示范厂房治理前后情况对比。

图 19－7　防腐示范厂房治理前后对比

6. 技术创新，科学解决腐蚀痼疾

此外，将管理创新与技术创新相结合，将防腐示范厂房作为新技术应用试点以解决腐蚀痼疾，例如，不锈钢专用透明涂层，有效缓解室外不锈钢罐体点蚀；粘弹体材料＋缓蚀剂，将碳钢罐体的裙边腐蚀扼杀在萌芽状态；先进纳米涂层的应用，有效缓解海水管道冲蚀效应；干冰除锈，可在电气设备上大胆作业。这些新技术、新方法、新材料的应用，让原本老旧的涂层体系焕发活力，也让核电厂与国内十余个科研院所及涂层开发机构建立良好合作关系，增加核电厂技术储备。

7. 工作量化管理，激活团队战斗力

按照出勤率给付工资与按照工作量结算，是最为普遍的防腐施工管理方式。但按照出勤率会导致部分员工“出勤不出工，一天的活三天干”，极大地影响施工效率，还容易滋生“慵懒散漫”的工作态度。海南核电意识到该问题后，果断将合同结算方式变更为按照施工面积和实际产生的工作量认定，并制定了相应的程序予以规范管理。依据该程序，施工班组在确认缺陷信息时就需对施工面积进行预估并领取对应面积的涂料等耗材；工作执行结束后由技术人员进行现场核实确认，每周汇总一次。该制度执行之初，大家都以为会徒增核实面积的工作量，可坚持执行两年下来，现场执行效率大幅提升，常驻现场施工人员由30余人减少到20人左右，施工过程中涂层耗损率逐年下降，而施工人员的待遇逐年攀升，队伍流动性大的问题也一并得到解决。通过标准化和规范化介入，施工面积核算变得轻松、快捷、标准，这一改革措施最受员工欢迎。

8. 风险明示化，措施精准化

防腐施工存在作业环境复杂、安全风险高及施工人员素质良莠不齐等特点，是核电厂安全管理的难点。实践表明，通过建立“风险明示化”制度，可有效提升防腐施工人员的安全意识和技能，降低施工过程中的安全风险及违章率，促进防腐施工安全管理标准化、规范化目标达成。

结合防腐施工安全违章经验反馈及风险管控要点，识别出11项主要安全风险作业类型，并从作业前准备、施工过程、应急预案、经验反馈（典型事件）等环节，精准而清晰说明过程中存在的潜在安全风险，并制定具体、明确的应对措施，实现安全管理明示化。同时，围绕“风险明示化”制度，开展立体化培训、强化现场监督等措施，给施工人员传达明确的管理期望和目标，并通过一系列措施，使得管理水平持续提升，连续3年实现安全“零违章”目标。

[点 评]

核电厂防腐工作，承担着缓解设备腐蚀、延长设备寿命的重要职能。海南核电防腐团队从精细化入手，于无声处做文章。通过技术创新，不断引入新技术、解决老问题；通过管理创新，摸索出一条提高工作效率，塑造施工标准化、管理规范化专业团队的管理路径；通过强化安全管理，培育出一支安全“意识高、技能足”的专业团队。通过这一系列努力及尝试，逐步呈现“管理效率及安全绩效持续提升，施工费用稳中有降”态势，推动海南核电防腐工作持续迈上更高台阶，值得同行学习及借鉴。

19.5 安全分析

19.5.1 综述

核安全是核电厂的生命线，国内核电机组装机容量在不断提升，为使中国由核电大国走向核电强国，核安全监管部门拟推行一套全新的基于风险的核安全监管体系。安全分析领域是以建设“基于风险的核安全监管体系”为目标，开发核电厂概率安全分析模型，搭建维修有效性评价及配置风险管理体系，利用风险指引型综合决策技术方法对核安全监管进行改进，即加强安全决策的有效性、更有效地利用监管资源和减轻核电厂不必要的负担，为核电厂创造效益。此外，安全分析领域还承担着核电厂严重事故应对、最终安全分析报告管理、定期安全审查等工作，为核电厂持续满足安全基准提供技术支持。

各电厂秉承“精心策划、夯实基础、布局未来”的精细化思想，大胆创先、争创第一，实现了多个首创。其中，江苏核电探索维修新模式，实现基于风险的核安全系统在线维修；三门核电独创大修新理念，实现基于纵深防御的大修配置风险管理；秦山核电开展延寿新尝试，实现基于风险和状态的维修有效性评价体系。

作为示例，本节介绍了江苏核电风险指引型安全系统在线维修相关案例。

19.5.2 安全分析案例：风险指引型安全系统在线维修

[标　　题]

首创维修新模式，实现国内“零突破”

[案例概述]

在中国率先采用国际先进的风险指引综合决策方法优化核电厂技术规格书中安全系统定期试验周期、两列安全系统不可用时的机组后撤时间，并将安全系统维修工作由大修期间调整到日常在线维修，优化检修项目和检修窗口，减少大修工作量，提高核电厂经济性和维修灵活性。

[案例详述]

江苏核电1—4号机组风险指引型安全系统在线维修项目是在国家核安全局积极推动风险指引型安全管理理念、实施PSA应用试点项目以及江苏核电1—4号机组安全系统大修工期紧、任务重，可能成为大修潜在关键路径等一系列背景下组织实施的。

江苏核电为国内首个开展安全系统在线维修的核电厂，以敢为人先的勇气，精心策划、缜密论证，经过多轮审评问题答复，项目最终获得国家核安全局专家的认可，1号、2号机组与3号、4号机组分别于2017年、2020年获得国家核安全局的批准，在国内实现“零突破”。

1. 深入生产，用心把脉核电站痛点

为积极响应国家核安全局2010年2月《概率安全分析技术在核安全领域中的应用》政策声明，推动概率安全分析在核电厂核安全领域中的应用，提高核电站安全水平和核安全监管效率，江苏核电自政策发布之日起，积极率先行动，安全分析人员深入广泛地征求生产部门人员的实际需求，多次召开专题讨论会，以期利用政策优势，积极解决生产一线痛难点。“广征求、精筛选、重调研”，江苏核电在经过公司处室内部讨论并向国家核安全监管部门、国内设计院调研可行性之后，最终确定了开展风险指引型安全系统在线维修项目。

江苏核电主动开展风险指引型安全系统在线维修，有其内在实际需求（难点）：自2007年商运以来，江苏核电已完成多年历次换料大修，在大修组织、准备和实施等方面积累了一定的经验，使得大修计划不断优化，大修工期不断缩短。以1号、2号机组实践经验统计，江苏核电安全系统的维修工作均安排在停堆期间进行，安全系统每个燃料循环解体维修一个系列，时间大约15天，检查维护其余三个系列，每系列时间2至6天，因此安全系统的四个系列维修检查时间已接近大修工期，很可能成为关键路径，导致换料大修期间维修工作量大，工期紧，增加了发生人因失误事件的可能性及大修风险控制的难度。

江苏核电主动开展风险指引型安全系统在线维修，有其先天设计优势：江苏核电1—4号机组安全系统采用四列冗余设计，安全性较高。安全系统中两个系列用以满足事故分析的要求，其余两个系列一个按照单一故障准则考虑，另一个则可用以进行维修、定期试验等活动。因此，江苏核电1—4号机组从设计上具备安全系统一个系列在机组运行期间开展维修的特点，但江苏核电技术规格书（TS）较为严格的要求，使得核电厂的预防性维修工作均安排在停堆期间进行，未能充分利用四列冗余设计的先进性。

在此情况下，为了降低大修工作压力、提高设备的维修质量，江苏核电准备借鉴国际上核电厂的先进经验，采用基于风险指引综合决策方法，在确保风险可控的前提下，将安全系统的维修工作转至机组功率运行期间开展，实施安全系统在线维修。该项目首先要求不影响电站的正常运行，其次不能影响电站的性能指标，并需要为生产部门及大修关键路径成功减压。

2. 对标先进，找准主攻方向

江苏核电通过对国内同行电厂M310型核电机组、EPR型核电机组及西屋公司标准技术规格书类似的安全系统的系统设置、技术要求、退防时间和监督要求等进行对标分析，确定了江苏核电对技术规格书的主攻优化方向：一是优化调整安全系统的定期试验周期；二是在两列安全系统不可用的情况下，适当延长技术规格书中机组由功率工况退到冷停堆工况的时间限制要求。

以江苏核电原有的1号、2号机组技术规格书为例：在安全系统的两个系列不可用时，反应堆机组将由功率工况后撤到冷停堆工况，其时间规定为发生安全系统两列不可用后机组立即后撤（在31小时内完成状态转换），对安全系统定期试验周期的要求是每月对四列安全系统进行一次定期试验。即使核电站不执行在线维修，目前这样的要求也在一定程度上限制了核电站的正常运行。如果安全系统的一个系列做定期试验或需要开展纠正性维修，而另外一列安全系统不可用，则机组状态需要立即后撤；而如果上述状态转换时间增加为3天+31小时，则可以极大提高核电站运行的灵活性。

在主攻方向明确后，一方面通过确定论分析论证符合现行核安全法律法规的要求、与机组设计的纵深防御原则一致；另一方面在此基础之上，还充分利用江苏核电1—4号机组成熟的概率安全分析模型进行概率风险分析，论证其满足概率风险接受准则。

3. 国内首例，降本增效做表率

江苏核电1—4号机组安全系统在线维修极大地减轻了维修、运行等生产部门的压力，降本增效上成效显著，获得广泛认可。以一期风险指引型安全系统在线维修为例，取得以下成效。

（1）安全系统定期试验周期由1个月延长为2个月：能够减少设备损耗，减轻运行人员和维修人员的操作负担。延长设备维修时间，可提高设备可靠性，节省人力、物力成本。

（2）提高机组能力因子：两列安全系统不可用时，反应堆机组由功率工况转换到冷停堆工况的时间从31小时延长为3天+31小时，提高机组能力因子。

（3）实施安全系统在线维修优化，减少大修主线工期：通过将安全系统维修安排在日常进行，实现安全系统在线维修，极大地提高了机组运行的灵活性，可降低大修工作的压力。大修中4个安全通道的检修工期为26~28天；实施安全系统在线维修后，一回路检修工作不再受制于安全系统状态。

（4）实施在线维修，以首次安全系统及其支持系统实施的结果为例：安全系统在线维修项目占大修总项目的9%，占安全系统检修项目的57%。即将大修项目近10%的内容实现了在线维修，有效地缓解了大修压力，缩短了维修时间。

此外，风险指引型安全系统在线维修项目对风险指引技术在我国核电厂的应用具有重要的示范作用，为我国核电厂未来实施风险指引型应用项目，制定核安全监管的技术导则、标准积累了经验，具有显著的社会和经济效益及推广前景。

4. 精心策划，开展风险监测

（1）大修相关部门结合维修工作涉及的机械、电气大修项目清单，细化大修项目计划实施窗口与隔离状态要求，提前梳理在线检修计划条目逻辑安排，优化了安全通道项目、柴油机项目及部分检修项目的逻辑顺序，实现部分检修项目提前执行。以江苏核电OT212大修为例，提前实施1682项在线维修项目，有效缩短了大修期间项目计划执行时间。

（2）自江苏核电一期、二期安全系统在线维修项目获得国家核安全局批准后，江苏核电已在历次安全系统在线维修时开展核风险分析、制定纠正行动，并利用已开发的风险指引相关管理工具，实施性能监督，持续或定期评估核电厂安全情况：用风险监测器系统实时监测机组状态，用设备可靠性数据库收集电站设备的基础数据并分析，用缓解系统性能指标监测关键安全系统性能，用安全事项重要度确定程序对电站重要安全事项和工程改造进行评价。

江苏核电在实施在线维修项目后，对出现的设备故障、缺陷进行分析，评估实施在线维修后设备性能变化，并编制年度在线维修相关系统设备评价报告，根据评价结果采取应对措施。多年来的安全系统定期试验情况分析结果表明：在线维修实施前后定期试验成功率未见劣化趋势，缺陷在正常范围内，在线维修实施效果良好。

[点　评]

2017 年、2020 年国家核安全局先后批准了江苏核电 4 台机组安全系统在线维修优化项目，这标志着江苏核电目前成为国内首个允许实施安全系统在线维修活动的核电厂。

风险指引型安全系统在线维修项目借鉴了国际上先进核电厂的经验，采用概率论和确定论相结合的风险指引综合决策方法，论证了安全系统在线维修的可行性，对技术规格书中安全系统定期试验周期、两列不可用时间进行优化。该项目提高了机组运行的灵活性，对提高安全系统维修质量和设备可靠性、确保机组安全稳定运行具有重大、深远的意义。

［本章编写者：19.1 节，吴小亮、薛翔、胥俊勇、郑彬、覃磊；19.2 节，胥俊勇、吴丹蕾、邓正宝、丁针挺、王玲彬；19.3 节，郑彬、卢盖、姜磊、李虹秀；19.4 节，薛翔、覃磊、王孝恩、高飞、卢裕夫；19.5 节，杨铭（20135022）、于文革、张柳］

20

第 20 章 安全质量

20.1 综述

安全是核工业的生命线，质量是核安全的保障，安全和质量是核电厂的根本所在。中国核电深入贯彻落实习近平总书记关于安全生产的重要论述、《中华人民共和国安全生产法》、《中华人民共和国核安全法》，始终视安全为社会责任的核心，坚持人民至上、生命至上理念，坚持走安全发展、高质量发展的道路，坚持安全质量高标准、严要求，从安全文化建设、安全培训、冷源安全、辐射防护、工业安全、消防保卫、质量管理等领域入手，实施全链条、全过程安全质量管控，提高安全监管能力，推动核事业持久安全地健康发展。

为强化安全质量管理，中国核电各电厂以高度的主人翁责任感，引领全员参与安全质量管理，培育浓厚安全文化氛围，精准施策铸就安全质量堡垒，打造技术屏障保障冷源安全，精细管理铸就质量大堤，可视化、标准化的双重预防机制护航安全质量。一系列安全质量强化管控举措的落地实施，有效提升安全质量管理各个环节的精细化运作程度，提升安全质量管理绩效，并获得“中国企业安全文化建设示范单位”“核材料管制与核安保管理工作先进单位”等称号，江苏核电和福清核电等单位多次获得“全国质量奖”“中国国防工业企业协会管理创新奖”等奖项。

20.2 安全文化建设

20.2.1 综述

安全文化源于国际核安全咨询组对切尔诺贝利事故的报告，是存在于组织和个人中的各种特性与态度的总和，它建立了一种超出一切的观念，即核电厂的安全问题由于它的重要性要确保得到应有的重视。安全文化的核心是以人为本，需要将安全责任落实到每位参与核电工作的员工身上，通过培育员工共同认可的安全价值观和安全行为规范，营造出自我约束、自主管理和团队管理的安全文化氛围。

为培育浓厚的安全文化氛围，中国核电各成员公司着重在培育示范表率安全感知文化、各司其责安全责任文化、多方联动安全协同文化、知行合一安全自主文化、强化双基安全精细文化、“紧前”管理安全防控文化等方面创新安全举措，做好领导安全表率示范引领，为安全提供“前驱”动力，建立层次分明的安全正向激励体系，为全员参与安全生产增加“后驱”，带动引领形成自主安全管理良好意愿，助力安全生产。

作为示例，本节介绍了三门核电安全文化培育实践的精细化案例。

20.2.2 安全文化建设案例：安全文化培育实践

[标　　题]

培育“强双基促自主”的安全文化

[案例概述]

三门核电基于“6555”安全管理，以“强双基促自主”为导向，系统开展卓越安全文化建设。通过安全文化引领，有效做细做实安全基层基础工作，推动员工安全意识技能素养持续提升，引导全员自主安全管理，创造良好安全绩效，相关成果入选中国企业安全文化建设典型案例，获评“中国企业安全文化建设示范单位”“浙江省安全文化建设示范企业”。

[案例详述]

三门核电围绕“零事故、零伤亡、追求国际一流安全业绩”安全绩效目标，以“强双基促自主”为导向，按照“实践培育文化、文化引领安全、安全提高绩效、绩效推动发展”思路系统开展卓越安全文化建设。基于“6555”安全管理，打造卓越安全文化建设坚实基础；推动领导干部“两个沉下去”，培育示范表率安全感知文化；推动各级岗位职责要求清单化，培育各司其责安全责任文化；跨单位和专业组建重难点安全问题攻坚型团队，培育多方联动安全协同文化；建立并实施层次分明的正向激励体系，培育知行合一安全自主文化；实施三级网络化严细管理，培育强化双基安全精细文化；建立并实施措施前置审查推演机制，培育“紧前”管理安全防控文化；强化制度建设文化宣传，构建安全文化水平长效提升机制（见图20－1）。三门核电希望通过安全文化引领，有效做细做实安全基层基础工作，推动员工安全意识技能素养持续提升，实现全员自主安全管理，从而促使安全事件违章数量逐年双下降，创造良好安全绩效。

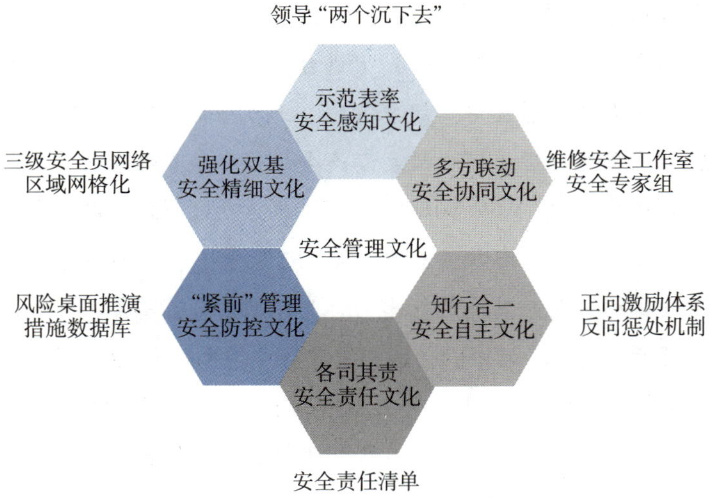

图20－1　三门核电安全文化模型

1. 基于“6555”安全管理，打造卓越安全文化建设坚实基础

对公司内外部的各类典型事故案例、违章案例的事故/违章的过程、原因、防范措施等进行全面性、系统性、全流程梳理分析，找出作业过程潜在安全风险或者风险较大的因素，以强化作业过程风险管控为着力点，建立作业活动“6555”安全管理模型（见图20－2）。以安全管理“6”模块为主线，建立关键环节关键人员履职清单；以作业活动“5”落实为切入点，有效制定作业过程关键步骤关键措施；以作业人员“5”做到为落脚点，清楚明确安全作业实现途

径；以管理者履职“5”要求为抓手，打造卓越安全文化建设坚实基础。

安全管理“6”模块

- 安全早班会
- 作业期间安全巡查
- 安全风险预知
- 作业过程观察指导
- 作业前安全检查
- 次日工作安排

作业活动“5”落实

- 作业准备前现场查勘
- 到现场后工前会
- 作业开始前安全确认
- 作业过程中安全交流
- 作业结束后安全总结

作业人员“5”做到

- 正确佩戴防护用品
- 正确使用工器具
- 按程序正确操作
- 保持作业场所整洁
- 工完料净场地清

管理者履职“5”要求

- 讲安全
- 安全工作布置安排
- 作业现场安全巡查
- 作业活动观察指导
- 安全反思经验反馈

图 20－2　三门核电作业活动“6555”安全管理模型

配套安全举措，强化“6555”落地执行。实施项目经理每月讲安全课制度，执行“师带徒”制度，推动领导定期上讲台，持续强化全员安全知识技能水平和风险防范能力。推动管理者从组织管理、工作分配角度考虑风险和应对，从工作逻辑上确保安全；管理者通过定期安全巡查和观察指导，及时发现和迅速有效协调处理安全问题，有效保障作业前端和作业过程安全风险控制措施的有效落地执行；管理者通过参加安全早班会、工后会、安全专题会，充分利用其丰富安全管理经验，及时发现和指出共性管理问题并指导纠正，推动针对性措施有效反馈至后续作业活动中，形成安全风险控制的良性互动循环。

2. 推行领导干部“两个沉下去”，培育示范表率安全感知文化

建立并实施公司领导周末节假日带队现场安全巡查制度、生产一线部门领导每日全职带班现场巡视制度，推动各级领导干部下沉现场及时发现和快速协调处理安全问题。建立并实施公司领导定期下班组安全指导机制、中层领导对点联系基层班组制度、安全专工安全工作对口帮扶制度，推动各级领导干部下沉班组，有效指导安全管理改进提升。领导干部做到“两个沉下去”，用实际行动而非口号做安全的表率，全体员工都看得见、感受得到，为员工树立了标杆和榜样。安全企业核心价值观不再高高在上、不再停留在文件中，可有效引领全员自主安全管理。

3. 聚焦岗位职责，落实培育各司其责安全责任文化

实施安全生产责任“一岗一清单”管理，结合各岗位的业务工作特点和安

全风险情况，逐一明确28个处室、86个科室、405个岗位的安全生产责任。发布实施安全生产责任履职清单及评分细则，逐一明确各部门负责人安全生产职责。以现场区域安全、作业过程安全和风险管控为核心，发布实施现场作业协作单位项目经理、安全员安全生产履职清单，量化明确安全职责。

4. 跨单位专业攻坚，培育多方联动安全协同文化

成立维修安全工作室，聚纳各专业技术骨干，发挥技术支撑优势，实施项目经理负责制，聚焦六大安全主题，开发专项课题，逐一突破共性难点安全问题。跨单位整合安全监管力量，组建八个安全专项专家组，建立高效运作机制，以标准化清单提高专项安全检查专业度，开展相互安全对标，推动各单位安全管理水平共提升。打造大修安全管理一体化网络，通过专项分组、风险前置审查、桌面推演、快速响应、有效指导等手段强化全区域、全时段、全过程监管，创造优秀大修安全业绩。

5. 正向激励引导，培育知行合一安全自主文化

建立并实施面向作业人员引导要安全、保安全的行为“点赞”机制，持续提升全员安全意识、技能和素养，培育员工良好安全行为习惯。建立并实施面向全体员工实现团队互助管理的月度嘉奖机制，引导全员及时发现和协调整改现场安全隐患，及时指出和纠正不安全行为，持续优化提升安全管理水平。建立并实施面向关键人员做细做实安全基础的专项激励机制，聚焦解决安全管理重难点问题，持续提升核电厂本质安全水平，并以点带面引导更多员工主动参与安全管理。

6. 实施安全网格管理，培育强化双基安全精细文化

基于现场作业风险控制组建一支“敢管、能管、会管”的三级兼职安全员网络队伍，建立高效运作机制，推动有效做细做实安全基层基础工作。对核电厂生产子项、厂房构筑物和现场区域实施网格化管理，实现现场区域全覆盖安全监管。建立并实施抓早抓小的问题查漏补缺机制，从严从细堵住安全管理漏洞。

7. 聚焦作业风险管控，培育“紧前”管理安全防控文化

对于重点专项工作，提前获取工单信息分配给具体人员，组织开展安全措施前置审查，逐一给出审查意见和改进建议。针对高风险作业，组织开展桌面推演，不同专业、不同角度、不同人员“红蓝”方挑战，提高风险识别全面性和应对措施完善度。实施现场实地查看制度，持续强化安全风险前端控制。

在卓越安全文化建设过程中，三门核电形成了系列安全管理良好做法和实践，并组织人员基于应用效果评估，定期进行成果总结和提炼，固化形成长效机制，落实到安全管理制度、方案和计划中，有效夯实安全文化建设基础，为公司卓越安全文化建设注入持久强劲动力源泉，持续发挥文化引领作用，做细做实安全基层基础工作，引导全员自主安全管理，创造卓越安全绩效。

此外，三门核电组织发布公司卓越安全文化体系释义，开展全员安全文化宣传与培训，持续加深全体员工对公司安全文化内涵的理解和认同。充分利用公司网站、报刊、公众号、宣传橱窗、电子屏幕、展板等各类宣传平台，充分挖掘安全先进事迹、先进典型，开展持续性宣传专题报道，营造安全无处不在的氛围。定期组织开展安全知识竞赛、安全技能比武、安全管理“找碴儿”等形式多样的安全活动，营造安全人人参与的氛围。定期开展优秀安全联络员/安全员、安全明星、安全“大咖”等评比表彰活动，营造安全比学赶超氛围。

[点评]

三门核电以培育“强双基促自主”的安全文化为基础，充分发挥出安全文化的凝聚功能、导向功能、激励功能、约束功能、教化功能、辐射功能、增效功能，为公司安全发展注入持久强劲动力源泉，持续发挥文化引领作用，做细做实安全基层基础工作，引导全员自主安全管理，创造卓越安全绩效。

20.3 安全培训管理

20.3.1 综述

为了持续推进安全培训的适宜性、有效性和精细化，中国核电各成员单位在安全培训领域不断创新、持续细化；注重系统思维，贴近现场，精细分析，杜绝“一盘棋”式教育培训方式，形成了精准化安全教育培训体系；开设集安全知识学、练、考、评等功能于一体的“安全直通车”，实现学习和测试联动，多维度评价培训效果。从理论到实践，员工通过参加安全培训、学习安全知识，切实强化员工的安全意识、风险辨识能力和安全技能。

作为示例，本节介绍了三门核电精准安全教育培训实践、福清核电一体化安全学习管理平台的搭建两个精细化案例。

20.3.2 安全培训管理案例1：精准安全教育培训实践

[标　　题]

以精准培训铸造安全堡垒

[案例概述]

三门核电以提升现场的安全管理绩效为导向，聚焦培训需求，将现场作业的管理人员和作业人员作为培训对象，通过协作单位联席会议、安全员网络专项培训、安全专工定点联系班组、安全早班会、项目经理讲安全课等形式提升管理人员的安全管理能力，强化作业人员的安全意识和安全技能。

[案例详述]

三门核电提出“零伤害、零事故”的安全绩效目标，不懈追求国际一流的卓越安全业绩，系统策划了精准化安全教育培训体系。该体系以基本培训授权体系为基础，通过采取各层级安全培训教育举措，构建精准培训的资源支撑体系；基于安全中不同角色的职能，确定以现场作业管理人员和现场作业实施人员为精准化安全教育培训对象，通过采取系列精准化安全教育培训手段，提升安全管理人员的安全管理能力和监督技能，强化作业人员的安全意识和安全技能。

1. 打造优秀的安全教育培训队伍

公司组织教员下现场，入基层班组学习获得岗位授权、深入参与机组的运行和维护工作中，开展教员专项技能培训、理论提升培训、经验反馈持续跟踪学习以及开展专项技术工作等方式提高教员的知识和技能水平。推行多部门协作机制，从各部门选择优秀人才作为培养对象，开展教员专项培训，考核合格后授予兼职培训教员的资质。日常安排专职教员和兼职教员进行授课，并组织专职教员和兼职教员互相观摩课堂的方式共同提升，助推专职教员技术化，兼职教员专业化。

2. 开展安全员网络专项培训

自2018年起，三门核电致力于建设一支“敢管、能管、会管”的兼职安全员队伍，分别设置处室级、科室级和班组级安全员，形成三级安全员网络，同时将协作单位安全管理人员纳入三级安全员网络统一管理。公司每月组织安全员网络会议，借此平台向各级安全员培训法律法规标准、公司管理制度、隐患排查治理方法、事故经验反馈案例等内容，持续促进各级安全员安全知识和技能的提升。同时，公司按照“专业定制”策略，紧密结合现场安全监管重点、难点或关注点开发安全专业课程，根据安全员的业务范围组织其选择相应课程，并组织定期集中培训。

3. 项目经理月度必讲安全课

公司建立并实施协作单位项目经理每月讲安全课制度。现场设立独立项目部并涉及现场作业活动的协作单位，项目经理每月至少要在项目范围内讲一次安全课。讲课采用“站班会”形式，强化安全“仪式”感，每次15分钟左右，面向项目部一线技术、管理、作业人员，结合现场工作风险实际，针对性讲安全管理要求、现场典型共性安全问题及解决方案等。同时，通过项目经理的示范表率，上行下效，持续强化现场安全管控，持续提升作业人员的安全意识、技能和素养。

4. 安全专工定点联系班组

公司实施安全专工定点联系班组机制，每名安全专工对点联系多个作业班组，定期参加安全早班会、工前会、交接班会，参与作业风险识别与控制措施制定，参加作业安全交底，实施安全培训效果现场验证，针对现场检查发现的共性典型安全问题进行系统剖析，找出薄弱环节，开展专项培训。

5. 持续推动班组安全早班会标准化

公司建立了标准化早班会召开流程，首先是对安全专业知识的学习，并对前一天的学习情况进行抽查；其次针对前一天作业过程中发现的安全相关问题，由当事人进行经验反馈，供班组人员警示教育学习；最后对当天将开展的工作进行安全风险分析，并明确作业人员开展相关作业过程中需关注的安全事项等。每天学安全、讲安全，形成良好的安全文化氛围，推动安全意识真正入脑入心。

6. 开展班组安全周例会

安全周例会不同于安全早班会，重点关注当周工作中安全相关问题的总结、分析和经验反馈，近期安全文件的学习。公司内安全周例会的召开也是以班组为单位，由安全员组织召开。安全员汇总当周所有工作的安全管控和执行情况，深度剖析管理人员及作业人员的安全方面存在的不足，分析班组近期安全趋势，安全员结合班组实际工作的开展，查找相关案例和公司相关制度的管理要求，开展精准化培训。班组安全周例会的氛围是轻松的，作业人员可以对安全疑惑进行提问，安全员及安全专工等可以做出详细的解释，这种培训成为班组整体安全意识提升和安全技能强化的有力手段之一。

7. 开展问题班组专项安全培训

公司定期开展现场安全知识抽查，准确了解作业人员对安全知识的掌握情况。通过安全隐患数据分析，了解班组问题，安全监管部门针对导致问题发生的因素进行分析，查找问题班组的薄弱点。针对问题开展专项提升培训，避免类似问题的发生。

8. 高风险作业执行班组开展专项安全培训

核电厂的不同阶段，现场工作所面临的重要风险工作种类也在持续变化。为了提升实际作业过程中的安全绩效，有效减少或避免安全事故事件的发生，准确掌握现场阶段工作的风险点，开展精准化安全教育培训，是做好安全管控前端工作的必要措施。例如，生产运行阶段，大修时期为大量工单聚集的关键时期，大修阶段的前期重点工作为材料的吊运。在工作开展之前，安全监管部门梳理工作的关键点，包括吊索具的检查、起重物的绑扎、吊运过程中隔离的建立、路径的选择等，收集相关工作的内外部事故事件案例，结合专业知识开展定向培训。此外，在高风险作业执行之前，班组内会召开工前会，进行安全技术交底，对工作中涉及的各项风险点及其预控措施进行精准培训，确保高风险作业执行人员已具备相关安全技能。

[点　评]

三门核电不断在精准安全培训方面总结经验、固化做法，形成了一系列良好实践，被中国核电、中核集团采纳为优秀安全管理案例，在各成员单位推广实施。

20.3.3　安全培训管理案例2：一体化安全学习管理平台的搭建

[标　题]

精准直达，常态化开展安全学习

[案例概述]

福清核电在中国核电 App 和企业微信开发“安全直通车”手机端应用，整合安全学习、检测、竞赛和资料查询等功能，成为一个集学、练、考、评等功能于一体的安全知识在线宣教学习平台。该平台为常态化开展安全培训教育拓展了新的渠道，解决了员工安全学习活动组织过程繁杂、数据统计低效和效果跟踪困难等问题，达到降低成本、提高效率、增加效益的目的。

[案例详述]

福清核电利用“互联网+安全”信息化技术开发“安全直通车”平台，整合安全学习、检测、竞赛和资料查询等需求，提供一个集学、练、考、评等功能于一体的手机端在线宣教学习平台，提高了员工参加安全学习活动的便捷性、及时性和有效性，为培训学习活动拓展了新的组织渠道，解决了员工安全学习活动组织过程繁杂、数据统计低效和效果跟踪困难等问题。

1. 合理应用移动端平台，提高组织效率

福清核电利用信息化技术在中国核电 App 和企业微信开发“安全直通车”平台，整合安全学习、检测、竞赛和资料查询等功能，打造一体化安全宣教服务新平台，丰富学习组织形式。员工可以通过手机随时随地参与安全学习，节省大量邮件来往、数据收集和组织会议次数，有效降低组织安全学习活动的时间成本，提高了安全学习活动的即时性、便捷性。

2. 科学设计学习流程，提高学习效率

完整的培训流程应由培训需求分析、确定培训目标、制订培训计划、实施培训、培训评估5个阶段构成。通过科学设计“安全直通车”平台线上培训学习流程（见图20－3），形成系统性的培训和学习效果评价，按照培训需求和培训目标将学习内容细分为“我的课堂”“安全加油站”“安全生产网”3个栏目。

1）我的课堂

这一栏目不定期推送内外部安全学习资料，主要用于学习了解安全生产相关法律法规、事故事件经验反馈、重要文件等。具备定向推送功能，指定范围或领域开展针对性学习。每期学习首先需要浏览课程课件资料所有内容，系统判定“已学习”；其次获得参加在线测试权限，通过预设的及格分数线，系统判定“已通过”本次学习；最后培训课程会显示“已学习”。学习流程系统不允许跳步操作，有未完成的项目，系统会提示“继续学习”。

2）安全加油站

安全加油站为员工自主学习栏目，以“通用/专题加油卡”形式提供侧重于

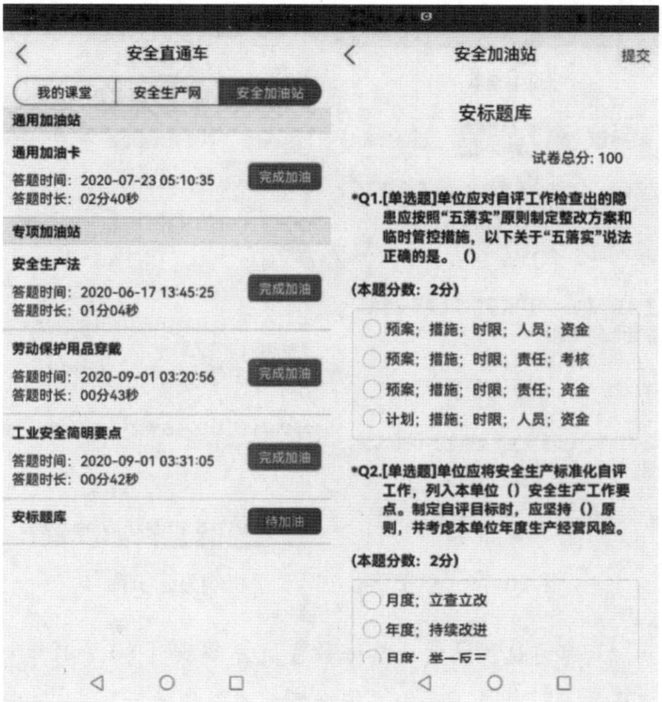

图 20－3 “安全直通车”手机端各栏目显示页面

安全相关法律法规、工业安全相关管理程序的答题练习功能。结合违章人员再学习需求，可以向处室、科室、员工不同层面的人员定向推送“加油卡”，组织违章人员进行在线安全知识检测。可以利用“安全加油站”统计答题时长信息功能，组织安全知识答题竞赛等活动。

3）安全生产网

这一栏目同步福清核电安全生产网“安全动态”“安全信息”“安全培训”等重要模块内容，可以通过手机端阅读、查询、下载网页上的安全信息资料，为员工了解企业安全生产信息提供了便利（见图 20－4）。

3. 简化效果评价方法，强化学习效果

多数培训活动通过会议、培训、邮件自学等形式开展，保留的签到表仅能证明组织方有无将信息传递下去，因为缺少评估环节，培训效果无从考证，培训的质量就会大打折扣，培训难免流于形式。“安全直通车”采用最简单有效的答题打分方式进行效果评估。

“我的课堂”不定期推送内外部安全学习资料，每期学习的“在线测试”为

图 20－4　“安全生产网”手机端显示页面

必须操作环节，只有通过预设的及格分数线（系统默认 80 分），系统才能判定本次学习为“已学习”状态，否则系统会提示“继续学习”。组织者可以通过后台统计参与情况、通过率、个人答题分数等信息，便于了解和检验员工对学习内容的掌握情况，定量评价重要安全信息传达是否到位。针对必须完成的学习和答题测试内容，既能保证安全重要信息传达到位，也能为学习效果评价和后续培训内容优化提供基本数据支持，进一步提高安全学习效果。

及时向各处室安全员通报每期学习进展情况，提高各部门重视程度，督促员工按期完成学习，保证达到预定的学习目标（见图 20－5）。

自 2020 年 6 月上线以来，“安全直通车”已发布 40 期安全学习课程，涉及《中华人民共和国安全生产法》、习近平总书记关于安全生产重要论述、典型安全事故事件经验反馈、全国防灾减灾日宣传等内容，累计 7.2 万多人次参加学习；发布 1 期“通用加油卡”和 5 期“专项加油卡”，涉及劳动防护知识、工业安全基础知识、安全生产标准化测试等内容，累计 1 万多人次参加学习。通过组织长期学习活动，培养用户使用习惯，通过各种方式宣传和强化“安全直通车”实际应用，“安全直通车”平台越来越受青睐。安全学习活动按期参与率从初期的 28% ~40% 水平提升至目前的 95% 以上，答题测试通过率接近 90%，各处室按期参与率和通过率总体均呈上升趋势。

各位安全员：

【安全直通车】习近平总书记关于安全生产重要论述（第六期）学习情况详见附件，请及时督促学习，学习期限2021年3月2日至3月31日。

本期统计数据显示各处室参与率高，但答题率低，各处室答题测试通过率应>90%，请关注。

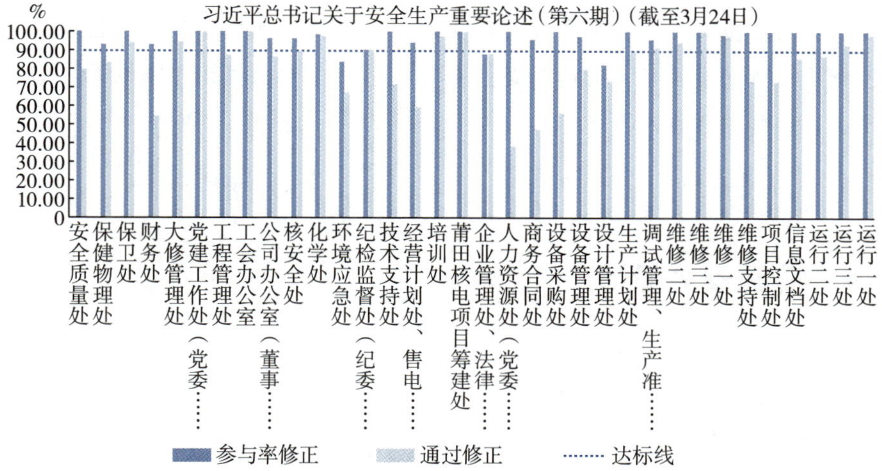

图 20－5　自动统计数据分析和通报

在学习方式方面，减少了常规的发邮件组织自学或通过会议等形式组织学习讨论的次数，节约了组织学习活动的时间，较少占用员工正常工作时间。员工通过手机登录中国核电 App 或企业微信，打开“安全直通车”平台即可学习，不受时间、地点约束，灵活安排学习时间。在学习记录方面，摒弃不必要的纸质“签到表”，节约记录、组织签字、整理、扫描、存档等人力成本，消除学习记录补签、漏签甚至造假问题。员工通过“安全直通车”平台进行学习的过程中，学习情况、学习时间、测试得分等数据被软件自动记录，组织者可以实现统一管理，无须多层级人员开展登记、汇总或建档等工作，能即时获得准确信息，确保安全信息传达到位，精确到人。在学习效果评估方面，解决了一般自学学习活动结束后缺少数据支持，难以开展学习效果评估、学习情况督查等工作的问题。通过“安全直通车”后台记录，整理员工参加安全学习活动的参与情况、完成情况及测试得分等数据，可以实现学习效果的定量分析和评价，为后续优化学习活动提供参考，结合公司专项激励工作，提供数据支持，引起各处室对安全学习活动的重视，激发员工参与的积极性。

[点　评]

“安全直通车”平台是公司安全教育培训精细化管理的典型示范案例，提升了员工进行安全学习的便捷性和针对性，也提升了员工接受安全教育培训的自主性，为增强企业全员安全文化意识提供了新思路、新方式，值得推广应用。

20.4　冷源安全管理

20.4.1　综述

中国核电已建核电机组均位于沿海地区，核岛安全厂用水系统和常规岛循环水系统均将海水作为冷却介质（大海为核电站冷源）。海生物或杂物大规模入侵，将威胁冷源取水安全，严重时导致机组降功率甚至非计划停堆。为保障冷源安全，中国核电各电厂近年来采取针对性的设计和运行控制措施，推进冷源组织机构组建、冷源堵塞应急预案准备、拦污过滤设备改进、海生物调查和风险月历编制、海生物监测预警和拦截等多项精细化改进措施，全面提升各核电厂冷源取水的安全可靠性。

海南核电通过细心探究致灾物堵塞原因，建立了国内首个全天候综合性致灾物监测预警系统，完成了海工优化工程及主动导避研究，编制完成了国内核电冷源管理首份技术标准，为核电厂冷源运维管理起到了良好的示范作用。三门核电、秦山核电、福清核电、江苏核电等开发部署了核电站取水口致灾生物监测预警系统，实施技改研究验证，有效实现对水面致灾物的监测和预警，阻止海生物附着和侵入。

作为示例，本节介绍了海南核电纵深防御保冷源安全的精细化管理案例。

20.4.2　冷源安全管理案例：纵深防御保冷源安全

[标　题]

系统思考，多举措并进保冷源安全

[案例概述]

针对核电厂冷源取水区致灾物类别多样性及防控技术专业性的特点，海南核电多维度开展分析和实践工作，细心严密探究致灾物堵塞影响因素，明确了冷源管理工作应以科学精准的技术方法和严细用心研究的方式进行，立足于科研和工程相结合，开展了多项技改和大量研究工作。项目实行后，海南核电未再发生由致灾物堵塞造成的取水异常事件。海南核电在工作过程中建立了国内首个全天候综合性致灾物监测预警系统，编制完成了国内核电冷源管理首份技术标准，对行业冷源管理具有积极的引领和示范意义，获得“海南省2021年度电力科学技术二等奖”。

[案例详述]

近年来，国内部分核电厂发生了多起鱼虾、水母、海藻等海生物以及漂浮垃圾等杂物短时间集中爆发，造成过滤装置堵塞及取水困难的情况，严重的可导致机组降功率或非计划停机停堆。

海南核电投运以来，也曾发生取水系统杂物堵塞导致冷源取水异常事件，尤其是在2018年4月出现了海藻大量入侵并最终迫使机组非计划停堆。为此，海南核电于2018年5月开展了针对冷源系统性能提升的专项行动，以期通过系统探究致灾物堵塞原因，采取有效的致灾物精准防控技术手段，改变冷源取水异常事件频发的被动局面。

基于冷源系统堵塞物种类繁杂、表现形式多样和影响因素复杂的特点，海南核电在公司内部组建专业管理和研究团队，结合事件表象，从基本的厂址环境（包括海洋自然环境及周边人文环境）、致灾物种类及生长习性以及致灾物发展影响因素（气象、水位等）多方面细致研究和探查根源，确定了科学精准的防控技术方法，同时开展有针对性的技术研究和攻关，包括监测预警系统建立、化学消杀方法优选等，确保了总体工作方向的正确性和技术措施的有效性。

海南核电深入系统探究致灾物形成原因、实施科学精准防控技术，确保核电厂取水安全的冷源管理工作主要做法如下。

1. 组建研究团队，建立工作机制

海南核电成立了以公司总经理为组长，涉及机械、电仪、土建、化学以及环境等专业的精细化管理团队，为顺利协调冷源专项组内部成员高效开展工作，管理团队建立了有序、高效的工作机制，包括定期会议制度、工作周报（月报）制度以及信息沟通机制，同时执行冷源工程师工作模式，有力地推进了冷源管理工作的开展。

2. 分析事件表象，细致探查原因

根据前期堵塞事件的情况表现，管理团队确定致灾物防控工作思路为：由表象入手，分析其背后隐藏的影响因素，再针对各因素分析制定科学精准的防控技术手段。

管理团队充分重视现场巡查，对各级过滤装置拦截的杂物分类整理，对于其中难以判断物种的海生物采用晾晒或药物处理等方式收集，寄送相关研究单位进行物种辨识，同时分析杂物量在不同季节、气象、水文等方面的变化趋势，并结合防控措施执行情况，总结出冷源管理应从致灾物产生机理、致灾物发展影响因素以及控制手段有效性等多方面进行研究的工作思路。

3. 明确工作方向，实施精准措施

根据以上工作思路，管理团队从三方面开展冷源管理提升工作，具体包括致灾物调查和种类识别、影响因素控制以及强化致灾物防控手段，下面分别予以说明。

1）致灾物调查和种类识别

管理团队组织开展冷源系统取水口的海洋生物调查，在此基础上，筛选出能够对核电站的取水工程造成堵塞风险的生物种类，总结具有潜在堵塞威胁的海洋生物种类。同时，根据赤潮生物、浮游动物、潮间带和潮下带底栖生物调查以及取水口泵房生物样品分析结果，绘制了海南核电取水口风险性海洋生物时序统计表，最终形成有实际参考意义的堵塞物致灾风险月历。

同时，基于海洋科学规律和核电冷源安全需求，海南核电冷源专项机构组织构建了具有综合性和针对性的核电冷源堵塞物专题调查、识别与评估技术方法，编制完成了《冷源系统堵塞物调查和应对措施研究报告》。

2）影响因素控制：海工优化工程及主动导避研究

针对2018年4月大量藻类堵塞过滤装置最终导致双机组停机、停堆事件，海南核电组织人员进行认真分析，确认了除海藻大量生长的固有原因外，较大的风力和浪涌也是造成堵塞现象的重要影响因素，而现场构筑物布置不当和拦截设施能力不足正是前述影响因素发生巨大效力的根本原因。基于此，海南核电决定启动海工优化工程，包括明取水口门处桩基拦污网建设、防波堤优化布置等工作内容，其间还组织进行了岸滩稳定性、拦污网数模物模等多项专题研究。该工程在2020年完成实体布置，多道有效的实体屏障，有效削弱了气象和水文影响，为机组取水安全提供了保证（见图20－6）。

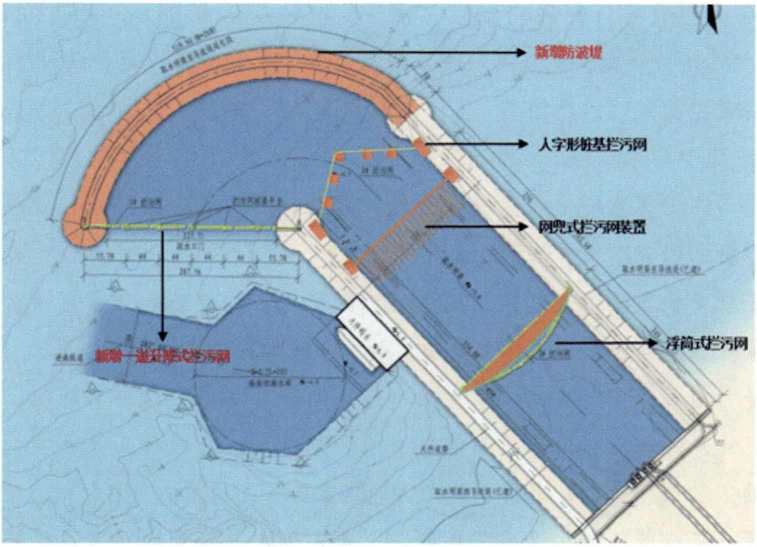

图20－6　明渠取水多道实体拦截屏障

优化后的防波堤能够借助取水海域水动力状况，以及适合的浪、流和风力作用疏导堵塞物远离取水口。

3）强化致灾物防控手段

对致灾物的防控主要体现在两个方面：提前发现和有效拦截。

（1）建立监测预警系统，实现致灾物早期发现。

致灾物的出现和聚集态势增加有其发展过程，只有尽早发现，才能为后续控制和拦截争取时间。

2018年1月，冷源管理团队主导实施了“昌江核电站取水口监测技术项目”专题研究，建立可实际应用的冷源致灾物监测预警系统，于2020年底完成验收，投运后曾多次发现漂浮藻类等目标，并根据预设逻辑及时发出预警信息。

海南核电致灾物监测预警系统为国内第一家获得网络安全二级认证的核电厂取水口致灾物监测预警系统，取得多项专利和软件著作权，其构建的致灾物综合信息数据库和灾害早期预警预测模型，在国内属于行业领先水平。

（2）贯彻纵深防御理念，优化拦截体系。

冷源管理团队树立“堵塞物拦截纵深防御”理念，对拦截过滤装置布设及配置进行优化，在明渠配置四道拦截网：第一道拦截大型树枝、水母，网孔直径约 50mm×50mm；第二道桩基拦污网，用于收集较小杂物，网孔约 30mm×30mm；第三道为可拆卸网兜式拦污网，具有杂物承载能力，网孔约 10mm×10mm；第四道为浮筒式兜底网。细致而有层次的拦截布置，遵循纵深防御理念，实现了有效拦截杂物的功能。

（3）化学抑制研究，丰富致灾物防控手段。

为遏制在工艺系统中海生物的附着和生长，冷源管理团队组织开展了致灾物的化学抑制研究，主要从两方面开展工作：

一是现有次氯酸钠药剂消杀的运行方式研究，包括药剂含量以及加药频次的变化测试，总结出适合现场致灾物消杀的合理加药方式。

二是针对管路中海生物附着生长，开展新型环保涂层试验和研究，验证了新型环保海洋防污涂料，该涂料能够有效削弱藤壶、蓝贝等海生物在受到外界刺激时的主动收缩能力，丰富了致灾物的化学防控手段。

海南核电冷源精细化管理工作实施以来，取水系统重大堵塞风险防范效果凸显。2018 年 5 月以后，无论是海生物大量繁殖季节，还是台风期，均未发生杂物聚集导致的取水异常事件，避免了冷源异常导致的电量损失，降低了生产运维费用，达到了冷源精细化管理的目标，机组整体可用性、经济性得到了显著提升。

冷源管理团队及时总结工作经验，提炼出行业通用的十大良好实践：①配置专职冷源工程师；②取水明渠增加主动导避功能；③漂浮物模型验证明渠设计；④设置具备自清洁能力的首道拦污网；⑤海生物预警监测系统实时监控预警；⑥小网孔网兜高效拦截小尺寸生物；⑦主控冷源系统水位监控一体化；⑧建立堵塞物拦截纵深防御体系；⑨鼓网电机由立式改为卧式；⑩冷源管理专项小组运作。2021 年、2022 年团队相继编制发布《滨海核电站冷源取水区致灾物监视、预报与处置指南》和《核电厂冷源致灾物防控技术导则》两项冷源管理技术标准，填补了国内该领域技术标准的空白。

海南核电通过全面系统研究冷源事件原因、组织开展冷源科研，采取精准技术防控，维护电厂冷源安全。另外，相关冷源管理理念、现场良好优化措施以及防控技术标准的建立，也为核电厂现场冷源运维管理起到了良好的导向作用，将显著提升核电冷源管理的整体水平。

[点　评]

海南核电冷源安全提升管理实践基本消除了由冷源问题造成的非停风险，大大提升了抵御致灾物堵塞鼓网的能力，研究团队总结提炼的冷源管理成熟经验和冷源管理系统理念，得到国家能源局和各核电厂同行的高度认可，相关经验固化在《核电厂取水工程堵塞物防控设计指南》之中，为核电厂冷源系统运维管理和技术改造起到了很好的示范作用，树立了行业标杆。

20.5　质量管理

20.5.1　综述

质量创造品牌，质量创造价值。质量管理是核电运行体系的基石，通过高质量的设计变更和技术状态控制，保持核电厂在设计上的安全性、可靠性和经济性；通过高水平的核电厂技术支持、及时有效的维修、严格的质量控制活动，保持核电厂系统、构筑物和部件的高度可用率与可靠性；在有效的治理、监督和支持下，遵照运行规格书和质量保证大纲要求，长期稳定、安全、可靠和经济地运行核电厂。

为实现高质量发展和精细化执行，各核电厂在质量管理领域勇于探索，积极创新，屡获佳绩，如江苏核电、福清核电获得“全国质量奖”，三门核电、福清核电获得“国家优质工程金奖”，秦山核电、江苏核电、福清核电、三门核电、海南核电、霞浦核电获得国际质量管理小组最高奖项。从体系策划，到过程管理，到监督监视，再到持续改进，中国核电人用精心、精准和精细严守质量红线和质量底线，为核电安全稳定运行保驾护航。

作为示例，本节介绍了福清核电卓越绩效模式的导入和实践、三门核电构建基于“预防、监测、反馈”的记录质量控制体系、三门核电以“强执行除隐患”为导向的体系文件及执行质量提升 3 个案例。

20.5.2 质量管理案例1：福清核电卓越绩效模式的导入和实践

[标　　题]

卓越引领、精细管理，打造行业新标杆

[案例概述]

为落实国家核安全法，夯实核电安全职责，提升综合管理水平，福清核电导入卓越绩效模式，组织开展创全国质量奖系列工作，以创奖为契机不断改进和提升福清核电的经营管理水平。紧扣“主动优化、持续改善”的精细化管理要求，结合实际细化卓越绩效导入各阶段工作要求及目标，主动识别公司战略管理、顾客市场、资源配置、体系优化、绩效改进等方面的改进方向，持续细化管理方法，不断优化管理流程，持续推动公司安全高质量发展，为打造核电行业新标杆不懈努力。2021年12月，福清核电获得“第十九届全国质量奖”（见图20－7），是福建省内首家获此殊荣的电力企业。

图20－7　福清核电获得全国质量奖

[案例详述]

1. 精心组织，筑牢创奖基础

福清核电统筹谋划，精心布局，在导入卓越绩效模式、争创全国质量奖过程中细化各项要求及目标，在组织、机制、资源等方面提供切实保障，有力有序推进各项组织工作，为全面深化卓越绩效模式，争创全国质量奖打下坚实基础。

（1）精心谋划定大局。在中核集团、中国核电的大力支持与帮助下，福清核电成立卓越绩效创奖领导小组，总经理担任组长，精心策划卓越绩效导入工作，建立科学规范的组织机制，推动各项工作有序进行，全体高层领导参与卓越绩效导入工作的实施、协调以及评审汇报工作。同时细化总体分工与要求，成立卓越绩效创奖办公室和7大专项工作组，精准负责整体组织、自评、改进、材料编制及评审等工作。各专项组分工详细，职责明确，确保日常组织机制科学规范、运转有效。

（2）精选资源有保障。福清核电精选专业的师资力量、丰富的培训保障、优秀的人才队伍和丰富的对标学习活动等资源，各部门负责人亲自参与项目，抽选熟悉处室业务知识和管理经验的骨干员工作为自评师全程参与，落实各项行动，极大推动各项改进工作，充分保障各项工作高效开展。先后邀请了全国质量奖资深专家，各高校教授、博士，“钱江人才”等专家团队前来开展指导工作；先后安排4次贯标培训、2次内部自评师培训，累计培养了60余名专业自评师，组织开展基层、中层和高层干部导入培训等大规模培训学习6次，参加贯标培训的领导干部多达200余人次。

（3）精细推进有力度。福清核电通过“长周期+年度+专项”的导入工作计划，细化每阶段工作及推进目标，累计制订10份阶段工作计划方案。针对公司级别的安排，各专项组制订专项计划，做到公司层面和专项组工作衔接有效，科学精细推进。制定《卓越绩效工作实施细则》，对日常各项工作进行规范。通过开展定期月度例会和不定期专项协调会，月报和日报结合进行跟踪，“线上+线下”的协调机制，“点对点”走访，对各专项整改行动、问题进行跟踪和协调。并通过组织各级部门积极自评，查找差距，互相对标，发挥优势。累积开展公司级别自评诊断3次，形成自评汇报材料100余份，总结提炼并形成各处室特色汇报材料52份，编制卓越绩效亮点手册1份，制定整改措施120余条，持续优化经营管理。

2. 精准改进，落实专项提升

福清核电结合实际情况，在战略管理、顾客市场、资源配置、体系优化、绩效改进等方面主动精准识别改进方向，办细办实各项工作，有效促进管理提升。

（1）严细顶层战略，引领企业发展。福清核电完善顶层设计，成立规划委员会，建立《战略规划管理大纲》等管理制度，结合“十四五”规划制定过程，细化战略分析、制定、执行及评估改进4个环节要求，实施动态过程管理。提出发展思路、战略定位、远景目标和五年发展目标，制定工程建设、机组运维、安全质量、科技创新、产业格局等具体目标，部署11个领域的重点任务和关键绩效指标，编制11个领域的专项规划，进一步细化具体的任务和任务节点，确保总规划可分解、可量化、可落实，形成配套支持、上下衔接的完整规划体系，引领企业发展。

（2）细化客户管理，提升市场竞争力。福清核电坚持“以客户为中心”的经营理念，运用多种信息获取和各项分析法，将市场细分为省内、华东、板块内等目标市场，确定国家电网、售电公司、大目标客户群等目标客户群。用“指标+量化”的方式识别出重点需要关注的市场和需要资源倾斜的顾客，实施分类管理；从客户关注点入手，明确不同类型客户的需求与期望，提供精细服务；同时创新客户服务模式，建设智慧售电管理平台，集成“购售组合”“财务结算”“负荷预测”等多项功能，提高交易精准度，服务更快捷高效；开创全国首个“网络售电直播间”，探索互联网营销模式；开发渠道代理机制，开拓小型企业市场，不断提升市场竞争力。

（3）落实人才优先理念，实现员工企业共赢。福清核电通过优化人才招聘、自主人才培训，提升人才核心能力，为企业可持续发展提供人才动力。建立以校园招聘为主，以集团内部调动和社会招聘为补充的多元化人才引进方式，开展“核电周”、合办科研工作站、提供岗位实习等活动，吸引高校优秀人才。结合标准化招聘流程、定量胜任素质测评、组织专业化面试官团队，确保人才引进的质量。成立华龙国际培训中心，建立全球首个“华龙一号”操纵人员培养体系和培养流程，开设核职业领导力研讨班等，开展多层次、多维度的人才培训。建设技能培训大楼，配置6个多功能仿真实验室，“华龙一号”主泵等模拟体以及冰塞培训等17间技能培训室，为人才培养提供丰富的软硬件支持。

（4）优化过程管控，提升关键能力。福清核电推行精细化过程管控，在总体过程梳理识别、关键过程确定、实施与改进等方面进行优化。系统梳理并识别公司核心业务、支持和管理流程，梳理21个一级过程，并确定运行管理等13个关键过程。组织管理程序体系优化，将990份公司程序优化至442份，实现流程精简高效。同时，加强关键过程建设，建立高效的项目管理机制，提高安全生产能力，提升公司运营能力。例如，工程建设首创“华龙一号”示范工程党建联建基层党建模式、创新项目管理模式和沙盘推演、应用TOP10管控机制等；运行机组推行精细化运行管理，实施精细化运行风险管控等举措。通过以上一系列关键过程提升措施，创造了行业领先的工程建设、生产运营等业绩。

（5）重视创新改进活动，促进企业蓬勃发展。福清核电完善改进创新管理体系，建立公司、处室、科室、班组4个层级的改进与创新管理体系，大力开展技术改造、管理创新、状态报告、隐患处理、标杆管理、TOP10管理、同行评估、技术支持、项目攻关、变更改造、沙盘推演、经验反馈等多种改进创新活动，进一步提升管理水平。通过有效的改进创新，形成管理创新成果100多项并屡获嘉奖，荣获全国管理创新奖项19次，省部级科技奖20项，累计申报专利1300余项，已授权479项。

3. 追求精品，收获丰硕成果

在精细化管理方法的指导下，福清核电导入卓越绩效模式，争创全国质量奖，主动识别改进方向，精准实施专项提升，取得了一系列进步。

2021年1月30日，福清核电5号机组“华龙一号”全球首堆成功投入商业运行，标志着我国在三代核电技术领域跻身世界前列。2022年3月25日，6号机组投入商业运行，我国自主三代核电“华龙一号”示范工程全面建成。2021年，1—4号机组实现WANO综合指数满分，渠道代理签约电量超13亿千瓦·时，连续四年售电位居全省第一，是中核集团售电标杆；并获得中国核电“MKJ（目标考核激励管理）经营管理先进单位”荣誉称号及中核集团2021年度“业绩突出贡献奖”，连续两年蝉联业绩突出贡献奖。

[点　评]

福清核电通过导入卓越绩效模式，在战略管理、顾客市场、过程与体系管理等方面主动识别改进方向，细化管理方法和流程，大力开展改进创新活动，有力推动了公司高质量发展，创造了行业领先的工程建设、生产运营业绩，丰富了中国核电精细化管理体系，为兄弟单位引进卓越绩效模式、持续改进提升提供了良好的借鉴。

20.5.3 质量管理案例2：基于“预防、监测、反馈”的记录质量控制体系

[标　　题]

抽丝剥茧以小见大，精细贯穿记录始终

[案例概述]

为系统提升记录质量，三门核电创造了一套记录质量持续提升的标准做法。运用精细化管理方法，从记录的形成过程，深入剖析影响记录质量的每一个关键影响因素和环节。三门核电从人员技能培养、文件优化、要求简化等方面“预防”记录问题的产生；通过实施观察指导、开展多角度记录审查、开展记录质量趋势分析等方式实现对记录质量状态的及时“监测”；通过典型记录质量问题宣贯、记录质量提升进班组、记录问题上讲堂等方式，及时将监测获得的数据进行“反馈”。通过近三年的实施，实现了记录质量和人员意识的双提升。

[案例详述]

针对三门核电近年来在内外部检查评估中“文件、记录控制”问题占比较高的现状，三门核电借鉴朱兰质量三部曲“质量策划、质量控制和质量改进”的思想，明确了以“预防、监测、反馈”为记录质量控制三部曲，策划并建立了覆盖记录形成前、记录形成过程中和记录形成后的全过程质量控制体系。

1. 建立预防机制，聚焦影响记录质量的关键因素

核电厂的生产记录是由特定的人员按照特定的管理要求执行特定的文件而形成的。影响记录质量的因素主要包括执行的人员、管理要求以及使用的文件。三门核电针对这些关键因素，策划并实施了一系列创新提升举措。

(1) 策划实施精准培训，提升人员技能水平。三门核电从受训人员精准、培训内容精准、考核方式精准、考核结果反馈精准4个方面系统策划了针对记录质量的精准培训。培训主要针对新进厂协作单位工作负责人、出现记录质量问题较多的工作负责人以及各班组记录审查人员；培训内容以各类内外部检查中多发的典型记录质量问题为主；通过情景模拟、场景复现、差错纠偏等方式开展实操考核，将考核暴露的问题通过记录提升进班组、参加各班组早班会等方式反馈给受训人员，确保其知晓正确的做法。

(2) 优化简化记录表单，减轻工作人员负担。三门核电对管理程序进行了

全面的梳理、自查和评估，排查冗余的管理要求、不必要的管理流程，简化、优化记录表单，将管理程序数量由1500余份精简至960余份，大大减少了管理程序记录表单数量，简化了部分管理程序中的记录表单。另外，三门核电全面审查梳理了工作文件中的生产记录表单，梳理出非必要记录项、未量化的验收准则要求，进行删除、简化、优化，增强了记录表单的易用性，减轻了记录填报人员的工作负担。

(3) 梳理简化管理流程，降低管理要求理解门槛。核电厂生产记录种类繁多，部分管理要求晦涩难懂，缺少具体的事例，理解门槛较高。三门核电从发现的各类记录质量问题中反推相关管理要求的合理性、易用性，以有利于执行人员使用为原则，对管理要求进行针对性简化、优化。对复杂记录制定编审指南，通过正反面具体事例，以范例的形式整理发布管理要求，简洁直观地呈现给工作人员。

2. 构建监测体系，掌控记录质量状态的发展趋势

核电厂每月形成的记录数以千计，海量数据，种类繁多，给掌握全厂记录整体质量状况增加了难度。为此，三门核电构建了覆盖质量管理人员、业务部门管理人员、协作单位管理人员的记录质量监测体系，全面及时地掌控各类记录的质量状态和发展趋势，将记录质量问题事后调查与追责尽可能前置，提升事前发现和事中纠正水平，将记录质量恶化趋势扼杀在萌芽状态。

(1) 实施多层次观察指导制度。为确保各级管理人员和监督人员了解现场记录质量状况，及时纠正工作人员记录质量问题，避免问题普遍化和扩大化，三门核电建立并实施了针对现场记录质量的多层次观察指导制度，明确公司业务部门和协作单位的管理层和监督层的关注重点始终保持在现场，通过对现场工作的观察指导，寻找改进记录质量的契机。三门核电制定了涵盖公司质量管理人员、业务部门管理人员、协作单位管理人员、协作单位监督人员的现场观察指导标准任务清单，明确了各级人员开展现场观察指导的频次、记录范围、覆盖的班组和区域等。

(2) 开展多角度记录审查。三门核电开展定期的、多角度的记录审查，对记录质量状况实施及时的摸底监测。以部门“质量推进者”、协作单位质量管理专兼职人员为基础，组建记录审查小组，形成网络。每月记录审查网络选取一定数量的当月完成的记录开展内部自查，对维修工作包、运行规程、设计变更

包等主要记录做到全覆盖。此外，建立覆盖维修工作包、运行规程、设计变更包等主要记录的质保审查机制，由质保工程师对重要工作记录开展独立审查。为倒逼各部门、协作单位主动审查并暴露问题，确保能够反映真实的记录质量状况，设置了记录审查问题“反差率”指标，将内部记录质量问题与质保审查发现问题的比率纳入绩效考核。

（3）定期开展记录质量趋势分析。按照多角度记录审查的结果，定期对记录质量趋势进行分析，从两个维度分析每月记录质量问题的分布。按照记录质量问题在各部门、协作单位的分布情况，为后续记录质量问题的反馈和预防提供输入。按照对每月问题类型分布情况的分析，掌握全厂存在的突出记录质量问题类型。按照上述分析的结果，制定针对性改进措施。

3. 整合反馈渠道，减少记录质量问题的重复发生

覆盖主要记录产生部门、协作单位以及主要记录类型的监测体系提供了大量的记录质量相关信息，包括需要汲取的教训、需要学习的良好实践、改善或恶化的质量趋势等。为了充分利用这些宝贵的经验，使之成为推动记录质量持续提升的燃料和养分，从而实现“预防、监测、反馈”全过程记录质量控制体系的闭环，三门核电整合了各类经验反馈渠道，形成了正向引导和反向警示相结合的系统化经验反馈体系。

（1）典型记录质量问题整理和宣贯。记录质量监测体系识别出大量的记录质量问题，结合监察监督、内部外评估、检查等活动中发现的记录质量问题，对这些问题进行分类、分析，提炼出有经验反馈价值的典型记录质量问题。定期或根据实际需要整理发布《典型记录质量问题集》，在班组、科室层级开展针对性反思、剖析和总结活动。

（2）记录质量提升进班组。建立并实施记录质量提升进班组制度，按照每月记录质量趋势分析的结果，选取至少一个近期记录质量问题相对较多或趋势恶化的班组开展面对面的宣贯与交流，确保记录质量要求和问题反馈直达一线工作人员。宣贯与交流的主题包括近期该班组的典型记录质量问题、外部检查发现的典型记录质量问题、其他班组发现的可汲取经验的典型问题和良好实践，记录质量要求的宣贯与解释。

（3）记录质量问题上讲堂。为确保记录质量问题和良好实践能够在一线工作人员中得到广泛而普遍的反馈，实施记录质量问题上讲堂制度，要求每个部

门或协作单位每月至少在一个班组内开展活动，由当月出现记录问题较多的人员站上讲台，在本班组内对记录质量问题、要求进行讲解，并组织班组内部讨论。

(4) 编制记录质量问题整改规范性手册。为避免数据记录整改不当以及记录质量问题演变成弄虚作假问题，三门核电发布了《生产记录问题典型案例整改规范性手册》，以“记录整改，有理有据；前因后果，交代清楚；漏填漏记，另行补充；签名日期，实事求是”为总体原则，明确了典型记录质量问题的整改要求和规范案例。

[点　评]

三门核电深入剖析记录产生的各个环节，利用精细化管理思想，针对影响记录质量的关键因素，策划并实施了一系列提升举措，构建了基于“预防、监测、反馈”的记录质量控制体系，通过近三年的实施，实现了记录质量、人员技能水平和质量意识的稳步提升，具有很好的推广价值。

20.5.4　质量管理案例3：以“强执行除隐患”为导向的体系文件及执行质量提升

[标　题]

源于现场建体系，精细执行保质量

[案例概述]

文件编制质量和执行质量是导致各类安全质量问题的一项重要原因。三门核电按照中国核电卓越核安全文化十大原则中的原则9——“识别并解决问题”的要求，通过全面审查、重点培训、正向激励等方式，发现工作规程执行问题、提高工作规程编制质量、提升人员自我改进的内生动力；通过数据梳理找准管理程序执行薄弱环节，通过多平台宣贯，强化执行人员对管理制度的学习效果；通过深入现场的全面监督，夯实质量基础，提高员工质量意识和执行业绩。

[案例详述]

核电企业有着极高的标准和极严的要求，但人为发生各类疏忽和错误无法杜绝。针对“文件编制、文件执行”问题较为突出的现状，三门核电以“强执行除隐患”为导向，按照“编制好、维护好、学习好、执行好文件体系”总体思路推进文件体系及执行管理。

1. 主动合规，追求卓越，建立高质量文件体系

作为AP1000全球首堆示范工程，三门核电确定了对标国际先进的目标和方向，在满足国内相关法规、标准要求的前提下，选定美国南方电力及其下属的Vogtle电站作为标杆开展业务领域的长期对标工作。至今，三门核电管理程序体系涵盖35个领域，包括979份管理程序、30份管理指令，根据大纲和管理程序要求，建立了各领域的技术规程、细则、图纸等工作执行文件体系。

2. 定期诊断，及时调整，维护管理体系有效性

三门核电通过监察、管理部门审查等方式，对管理程序体系持续进行全面、系统的审查分析，查找文件体系的问题，及时实施整改优化。对于公司管理职责变更后相关程序的适宜性升版工作，建立了工作流程，确保程序调整与职责切换无缝衔接。

3. 全面排查，清除隐患，提升新项目规程质量

核电厂运行阶段应不断发现和纠正生产规程存在的缺陷，持续提升规程质量，避免生产规程质量问题影响电站安全稳定运行。为此，三门核电策划实施了一系列生产规程质量提升行动。

（1）以规程审查为切入点，全面提升规程编制质量。发动生产规程编制相关部门，对所有已编制完成的5000余份规程进行全面自查；每月组织一次部门间的规程交叉审查工作，对涉及多部门的规程开展审查；公司内部定期组织对生产规程编制情况开展专项质保监督，检查生产规程编制能否满足规程编制指南的要求；在相关提升措施实施一段时间后，邀请外部专家对规程质量进行专项评估活动，从外部视角发现待改进领域。

（2）着力技能提升，精准培育规程编制能力。定期开展规程问题经验反馈活动，在班组、科室层级对当期发生的规程编制执行典型问题进行针对性反思、剖析和总结；分批组织编写要求、典型编制问题培训，避免编制人对编制要求理解深度不一导致编制质量参差不齐的情况。

（3）正面“点赞”激励，增强质量提升动力。为调动员工参与规程质量提升工作的积极性和主动性，建立多层次的正面激励体系。评选对规程质量提升

做出贡献的个人和集体，对主动暴露和发现问题的人员“点赞”，发放“点赞卡”。引导员工和承包商从“要我反馈问题”转变到“我要反馈问题”，持续提升编制人员自我改进动力。

4. 多平台宣贯改进规程执行弱项

建立合理的文件体系后，现场执行人员准确掌握管理体系要求是提高执行质量的必要途径。三门核电通过如下方式开展程序多平台宣贯，取得了良好效果。

（1）流程传递，覆盖全员。在程序审批电子流程中建立文件分发宣贯流程，通过文件分发流程确保新发布、升版文件分发覆盖所有相关人员。

（2）会议宣贯，聚焦弱项。以数据和事实为依据，筛选统计所有程序执行问题相关的状态报告（每年2000余份相关状态报告），确定每份状态报告所对应的管理程序和责任部门。

（3）邮件宣贯，消化新增。每周整理新增/升版/撤销的主要管理程序及其变更内容，确定每项管理程序变更的相关部门，通过邮件一一罗列并发送相关部门学习。

（4）问题总结，提炼成果。通过问题与事例提升学习效果，梳理总结典型的程序遵守问题，编制《生产工作包准备和实施过程中的常见问题》《规程质量典型问题宣贯材料》《年度质保监查、监督典型问题汇编》等材料供现场工作人员学习参考。

5. 问题导向，全面监督，实现高质量执行绩效

高质量的文件体系只有在得到严格遵守的情况下，才能达到预期的使用效果，获得预期的电厂响应。三门核电坚持问题导向、深入班组、深入现场，通过强化对现场工作执行的监督检查，发现并整改文件体系及执行问题。

（1）建立质量部门每月融入基层交流制度。质量部门每月选取一个班组开展面对面的交流与宣贯，就典型问题、原因分析、改进建议等进行交流与讨论。提升文件执行规范性、严谨性，推动解决当前和历次内外部检查中体系文件执行的情况。

（2）建立协作单位每日现场监督指导制度。协作单位制订每月自主化提升工作计划，明确协作单位项目经理部成员、QA、QC、班组长等管理人员每个工作日对协作单位工作人员开展监督指导的要求，查找文件准备及工作执行中的薄弱环节并实施整改。

[点　评]

事故事件缘于层层屏障的失效，严谨的执行文件与工作方法让每个人都成为一道屏障，有效避免人因失误。三门核电将失误视为提高认识和改进的机会，各级领导干部与监督人员做表率，广泛动员、长期坚持，通过系统化整改实现了文件质量与人员意识的提高并取得了良好的质量效果，有效推进了质量管理水平的不断提高。

20.6 辐射防护

20.6.1 综述

由于核技术的特殊性，核电站在带核运行之后会产生电离辐射。随着中国核电事业的高速发展，核电运行机组数量持续增加，大修次数不断增多，人员、设备和环境等相关复杂因素交织风险增加，集体剂量、非计划照射控制等面临更加严峻的挑战。因此，核电站辐射防护专业人员需要运用新技术、新手段，不断量化工作现场的辐射风险，打造安全可靠的辐射防护管理体系。

为更好地控制现场辐射风险，江苏核电对辐射防护动态区域进行精细化安全管理，三门核电打造了基于电站辐射场的可视化图像系统，秦山核电自主开发了辐射防护信息管理平台，这些工作先后获得了“WANO 良好实践”“国防企协管理创新成果奖”“浙江省电力行业管理创新成果一等奖”等荣誉奖项，在提升辐射防护管理能力的同时，确保核电站辐射安全良好受控，提升公众对核电站辐射安全的信心。

作为示例，本节介绍了江苏核电基于辐射防护动态区域的精细化安全管理和秦山核电多机组、多流程的辐射工作流程化两个案例。

20.6.2 辐射防护案例 1：基于辐射防护动态区域的精细化安全管理

[标　题]

将辐射囚于牢笼，让谈核不再色变

[案例概述]

江苏核电辐射防护动态区域的精细化安全管理于2019年10月开始实施，在辐射防护领域以本质安全和人员防护为目标，利用系统思维形成一种“前端主动防御、后端积极防护”的理念，建立了基于辐射防护动态区域的精细化安全管理，保护核电站作业人员免受或少受辐射影响，在核电机组大修集体剂量控制方面分别创造了国内M310机组“首次大修最优”“江苏核电历史最低”等纪录，开创了江苏核电辐射防护“动态区域管理元年”。

[案例详述]

江苏核电辐射防护领域运用系统思维，统筹考虑机组运行全寿期，以人员防护为目标，在电站实践全过程中，从时间和空间两个维度出发，形成一种“前端主动防御，后端积极防护”的理念，建立基于辐射防护动态区域的精细化安全管理，以计划、辐射、作业、人员、物项五大管控要素为抓手，充分考虑时间、空间两个管控维度上的防护措施，确保实现“人员集体剂量最优化”目标，保护作业人员，使其免受或少受辐射影响。

1. 明确管控需求，构建辐射防护动态区域精细化安全管理体系

全过程动态区域管理充分考虑时间和空间两个维度，从核电厂设计建造、正常运行、停堆检修以及退役等阶段充分考虑前端主动防御，控制辐射源项的产生，后端积极防护，强化监督管理的落实，按照“前端主动防御，后端积极防护”的原则，系统全面地进行动态辐射影响分析、动态区域最优化措施制定和实施评价，落实集体剂量最优化的控制目标。

（1）识别“5”大管控要素。在现场辐射防护的具体实践过程中，以计划、辐射、作业、人员、物项五大管控要素为抓手，对防护方式进行精细化划分并制定对策，最终实现人员集体剂量最优化目标。

（2）梳理“2”个管控维度。通过时间和空间两个维度，围绕集体剂量最优化目标在机组设计制造、功率运行、调停检修、换料大修、机组退役等过程中采取系列防护措施，实现精细化的辐射防护管理。

（3）明确“1”个管控目标。《电离辐射防护与辐射源安全基本标准》明确提出对人员剂量限值的控制要求，针对核电站各项作业活动制定集体剂量限值，明确集体剂量最优化目标为辐射防护管控目标，实施精细化辐射安全管理。

2. 确定管控原则，完善辐射防护精细化管理体系内容

通过五个要素实现对现场作业的精细化管理，统筹考虑作业在时间和空间

方面随辐射状态变化的干涉效应，针对不同的辐射风险等级采取不同的管理要求和手段，建立动态区域化管控边界，推动实现集体剂量的最优化管控目标。

（1）计划管控。分析区域内作业项目及时间窗口、作业实施步骤、作业相互干涉等引入的辐射影响，参与作业计划制订，针对重要风险作业进行预先推演，对管控措施以及作业实施计划进行辐射评价和防护指导，在作业计划中融入精细化辐射管控思想，促使方案、计划制订过程中融入辐射防护最优化思考。

（2）辐射管控。按照“前端主动防御，后端积极防护”的精细化管控原则，进行现场辐射源项的预先识别、影响分析、提前控制。通过冲洗、净化、容器介质充注、屏蔽、去污等方式进行精细化管理，将现场环境对作业人员的辐射影响降到尽可能小。

（3）作业管控。对检修作业的准备、实施、收尾及经验反馈全过程进行管控，保证辐射防护措施的有效实施，并实时验证和评价。以程序文件、作业方案为基础，利用辐射工作许可证分级制度进行辐射工作的动态区域管理。

（4）人员管控。对作业人员的技能、行为及人数控制方面进行管控，在管控过程中，通过将辐射防护思想融入作业班组，逐步提升和强化所有作业人员的辐射防护意识和自我防护技能。

（5）物项管控。对现场检修作业实施期间相关物项的存放、转移、使用、辐射水平控制等进行管控，将物项收集、暂存、转移、去污等纳入辐射管理，形成完整、统筹的闭环管理。

3. 深入理解管理需求，充分应用防护原则

为实现检修作业辐射水平控制的标准化、规范化，达到全方位、全过程、全员参与、全覆盖管理的目标，对电站实践动态辐射水平状态和工作任务进行统筹考虑。

（1）以计划为指引，确立任务目标。一是做好区域工作任务计划的纵深管理。对区域内所有辐射作业进行梳理，识别出对辐射防护影响较大的作业，并对其优先级进行排序，同时考虑不同类型作业之间的相互交叉影响。二是做好区域辐射水平控制计划的全局管控。按照机组状态及检修作业顺序安排，对不同控制措施的实施节点进行计划安排，确保所有最优化措施均得到有效实施。三是做好桌面推演对计划管理的合理性验证。对重要高风险作业内容进行集中桌面推演，综合不同角度和因素，验证计划安排的合理性，验证拟定控制措施

能否得到有效落实。

（2）加强辐射源项控制，开展主动防护。重点考虑辐射源项控制措施，降低辐射源项对作业人员的影响。一是研究源项控制，通过系统运行、冲洗、净化措施减少辐射源项，固化源项控制措施。二是提前规划已知源项控制方案，对已知辐射源采取控制措施，编制大修源项控制及最优化方案，有效降低区域辐射水平。三是及时实施新发现源项控制措施，优先考虑通过技术手段消除或转移辐射源，对无法消除的辐射源利用屏蔽措施降低其对周围区域的影响。

（3）加强辐射区作业动态跟踪。一是深度参与前端准备。对作业方案编制审核、检修相关文件制定升版、最优化措施清单制定、辐射许可审批、应急预案制定、辐射风险预估等过程提供充分的辐射防护技术指导。二是独立验证作业执行。对工前会、作业方案、文件、辐射工作许可、最优化措施、防护要求落实情况、辐射状态管控情况进行独立跟踪验证。三是督促完善完工收尾。作业完工后，除做好作业区域辐射状态验收外，督促班组进行专项作业经验反馈及总结、改进优化措施整理等工作。

（4）明确以人员为主体的管控要素。减少非必要人员在高辐射区域的停留时间，随着区域辐射场的动态变化采取不同的人员管控措施。一是培训授权分级化管控。基于相应人员执行的具体检修工作分工，对人员培训、技能验证、辐射防护授权进行分级，超高风险作业班组成员实施单项授权。二是作业人数最优化管控。通过作业过程中的对比实践，确定标准作业人数，在保证作业检修质量的前提下实现尽可能少的人数参与作业。

（5）确立以物项为载体的管控路线。物项的管控实时影响着作业区域的环境辐射状态变化，也是大修期间除系统固有辐射影响外最主要的辐射影响来源。一是动态跟踪辐射物项存放。对其存放位置的选择在作业前进行充分考虑，同时利用屏蔽和去污等方式进一步减少对周围空间辐射场的影响。二是统筹规划高放射性物项转运。高放射性物项的转运需提前编制转运方案，规划转运路线，缩短转运时间，提前识别转运过程中对途经人员及仪表的影响。三是合理实施作业物项去污。高放射性物项检修前，考虑对该物项进行去污，采取简单擦拭、人工清洗、超声去污、化学去污等合理的去污措施。

4. 辐射防护动态区域信息化、数字化管控提升

（1）现场辐射安全监督信息化、数字化应用。创建辐射防护运行信息化管

理平台，以电子值班日志代替日常辐射记录，开发应用辐射防护移动应用管理系统，提高现场工作效率和数据管理效率；构建完善辐射防护数据库，革新辐射数据管理和查询方式；辐射工作许可证自动分级，实现精准筛查、分区管控、精细管理；现场高剂量管控区域建立3D天眼系统平台，实现远端数据查询和实景模拟检修。

（2）推进核电基地智慧化电厂建设。开发和应用辐射防护值班日志系统、辐射票审批、放射源定位管理、辐射工作信息互联互通平台、模拟辐射场强度测量系统、智能鞋柜、智能辐射监测仪表、高剂量区域监控设备等系统，为建设江苏核电基地智慧电厂开启新的管理模式。

[点 评]

江苏核电辐射防护动态区域的精细化安全管理进一步提升了核电企业在辐射安全领域的管理效能，集体剂量控制成效明显，其精细化的安全管理理念和方法可为核能领域的辐射安全防护提供宝贵经验。

20.6.3 辐射防护案例2：多机组、多流程的辐射工作流程优化

[标 题]

基于要素融合的精细化辐射安全管理

[案例概述]

秦山核电基于要素融合理念，坚持系统观念，坚持安全第一，通过实施核电站辐射工作流程重构，将辐射安全管理及技术要素融入核电站安全生产运行的主流程中；以自主开发的辐射防护信息管理平台为抓手，应用高辐射区智能管控、放射源数字化跟踪、辐射安全大数据分析等新技术和新方法，实施了辐射防护技术规程要点显性化、辐射安全管理绩效评价指标量化、辐射安全审批流程清单可视化、辐射安全过程管控数字化；实现了核电站辐射安全精细化管理要求落地，确保核电站辐射安全良好受控，提升公众对核电站辐射安全的信心。

[案例详述]

秦山核电多堆型核电机组精细化辐射安全管理体系融合了秦山核电九台机

组近三十年来的运营管理经验，结合秦山地区改革后的群堆管理模式，经探索、研究，构建了一套适用于多堆型核电机组辐射安全管理的体系。综合历史经验数据，基于梳理核电厂辐射安全管理要素，梳理出辐射监测数据、辐射剂量、辐射工作人员授权、辐射工作许可等数据要素，结合数据接口基本规范、数据基础架构，形成辐射安全管理要素模型，实现辐射安全管理绩效的统一分析、评价和展示。

1. 合规要素全量化，融入辐射安全管理绩效评价

参考冰山法则安全管理模型，秦山核电建立了适用于核电厂辐射安全管理绩效评价的指标体系。该体系通过对辐射安全合规要素的梳理和分类，重点对隐患、偏差及人员行为欠佳等细小事件予以关注、评估、消除，避免辐射安全事件或事故的发生，体现了大处着眼、小处着手，确保达到辐射安全管理的目标。

辐射安全管理指标体系分三级，总体架构体现了一级指标以转化上级辐射安全监管合规要求的约束性指标为主，二级指标主要是核电站辐射安全管理要求和关注要点，三级指标以日常辐射安全监督活动和业绩为基础设置。秦山核电的辐射安全指标共21个，每个指标根据阈值范围，设置绿、黄、红三级状态灯，对每个指标实施评估打分，能够较为全面、客观地展现核电站辐射安全管理现状。

2. 风险要素显性化，融入辐射防护规程体系重建

秦山核电整理分析了九台机组辐射防护技术文件，近千份技术规程和操作票，通过精简完善，整合优势和资源，建立了一套适用于不同类型反应堆、九机组统一的辐射防护技术文件体系，满足多堆型核电机组辐射防护技术管理的新模式。

核电厂辐射防护技术文件体系重建过程中，基于高标准辐射安全的指引，通过合并辐射防护技术规程及ALARA（合理可能尽量低）实施方案要求，将原来现场执行的一本辐射防护技术规程和一本辐射防护实施方案，经过要素量化和关键步骤提取，转为一张现场可执行的操作票，用于人员的风险评估和防护。

3. 审批要素可视化，融入辐射安全管理流程审批

辐射安全管理部门审批应提供有价值的信息，以利于执行部门实施；在流程必经环节管控关键步骤，防止辐射安全管理被旁通。针对辐射工作、橙红区开门、放射源及放射性物品管理等审批工作，逐条明确申请内容和要素，实现最多跑一次、最多退一次等管理要求。

针对橙红区开门申请开发电子流程，通过数据贯通，关联辐射分区、工单信息、作业人员信息、辐射防护许可审批信息，可跳转至核电厂辐射监测数据、工单、辐射防护许可信息界面，实现了三向互通。

放射源管理审批流程优化工作目标是列清申请需求，为用户打造清晰明了的申请界面；优化审批流程，合并不必要的审批环节，简化放射源管理处室的审批工作；打通4个生产单元间的隔离，合并秦山基地放射源管理工作。放射源管理审批流程优化实施前，开展问卷调查，充分了解了用户的需求和痛点，收集7个方面32个待改进项。项目修改了放射源管理申请审批的28个应用场景，缩减了处室负责人重复审批环节10余项，明确了7个流程28项描述不清的申请信息，标明了用户需提供的附件、完成行动前需上传的工作执行文件，达到了“明、合、简”的目的。

4. 关键要素可执行，融入辐射工作过程安全管控

日常运行期间，辐射防护运行管理标准化，实现“卡票式”辐射防护运行操作。现场辐射防护工程师根据工作任务选择对应的、标准化的操作票、报警响应卡、测量图等操作文件，按照统一操作流程执行；辐射防护管理人员通过定期检查或操作考核等形式，检验运行操作岗位人员执行标准化文件的情况，统一标准、降低人因失误、提高工作效率。辐射防护技术文件的发布、执行、记录、反馈、更新实行闭环管理。

辐射防护大修管理标准化，实现“1－2－0”辐射防护大修监督。“1－2－0”即“一轴”“两点”“项目全覆盖”的辐射防护大修监督标准模式，通过以技术规程《大修辐射防护行动节点规程》为轴，设置大修辐射防护经理（协调人）和大修辐射防护工程师两个点，实施全部项目覆盖的循环负责制。大修经理、大修工程师、专项负责人、辐射防护技术员等根据节点任务，按照大修辐射防护行动节点规程要求，进行工作安排与实施。

5. 数据要素信息化，融入辐射安全管理数字赋能

秦山核电辐射防护主数据模型以辐射监测数据、辐射剂量、辐射工作人员授权、辐射工作许可等共25个数据对象、402标准字段为主，结合数据接口基本规范、数据基础架构，形成辐射防护主数据规范。辐射防护主数据模型包含辐射安全风险、辐射监测数据标准测点和指数、辐射防护值班标准日志、辐射剂量统计标准类别、辐射工作人员授权和剂量控制标准类型、辐射工作许可统

一分级等，以多系统融合为手段，实现辐射安全管理数据贯通及管理绩效的统一分析、评价和展示。

辐射场三维可视化系统通过设计图与激光扫描逆向建模技术，完成了秦山核电辐射控制区主要房间及设备的三维建模，建立了模型数据库，可快速进行查询和导航。实现了与核电厂生产管理信息系统、辐射防护信息系统等数据的连接，结合各系统的辐射安全管理信息，实现辐射防护定期测点、辐射防护标识标牌、放射性污染隔离区、放射性系统画像等数据的三维展示。利用辐射场三维可视化技术，把肉眼看不到的辐射场以色彩的形式展现出来，便于用户理解、记忆和判断（见图20－8）。

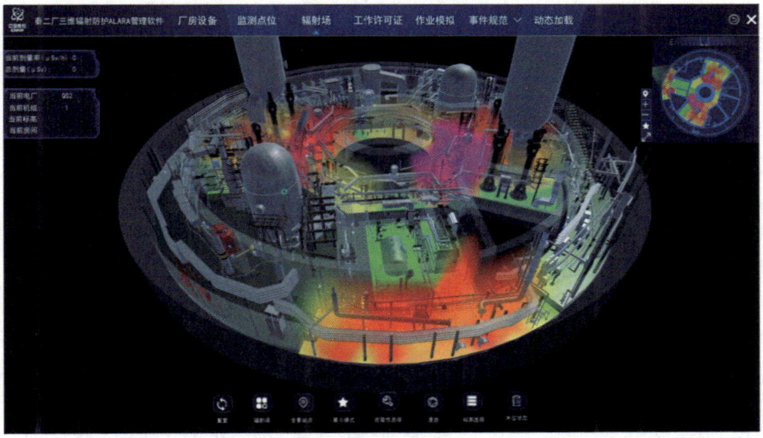

图20－8　辐射场三维可视化系统现场应用图示

在企业数字化转型环境下，充分利用我国在数字化技术、5G技术以及工业互联网技术上的优势，秦山核电开展辐射场三维可视化在核电厂ALARA中的应用，基于数字标签和移动App的放射源与放射性物品的盘点及电子借还，边界及红橙区智能钥匙的应用等辐射防护管理数字化和智能化应用实践，通过数字模型进行分析和预测，实时优化，提升现场执行能力和效率，规避风险、保证核电厂辐射安全受控。

秦山核电各机组主要辐射控制区边界门及红、橙区门锁均已更换为智能锁具，相关区域的开门授权均通过信息系统开展，实体钥匙借还使用人脸识别技术进行授权管控。通过该系统，可以实现智能挂锁的配置、电子钥匙的借还与授权等，并且可以实现指定区域、指定时间的辐射控制区边界或红、橙区的启闭授权；使原用于秦山核电现场边界管控和高辐射区闭锁的钥匙数量大幅减少，约为原来的

5%，降低人因失误风险，提升辐射控制区边界和高辐射区安全管控水平。

辐射工作许可的工单剂量预估模型，是基于年度约60万人次的辐射控制区剂量和工时数据，训练的集体剂量预估模型，可进行辐射剂量趋势分析、预估、跟踪和迭代。大修前，为大修每一个重点辐射工作许可设置了标准剂量作为参考；大修实施中，该预估值用于对现场该项工作实施辐射防护最优化的约束，在线实时跟踪，如该辐射工作许可剂量与设置的标准剂量有较大偏差，可提前介入，实施必要的干预；大修后，总结反馈，迭代更新该标准剂量。

基于秦山核电辐射防护信息管理平台的在线跟踪和状态实时展示，可对人员进出辐射控制区信息、辐射防护仪表和物资库存及借用登记、辐射监测数据、辐射工作许可开完工及剂量数据、放射源及放射性物品状态及路线等进行追踪，让现场执行有章可循、有据可查，让管理人员能统筹各类辐射安全管理要素，有的放矢。

[点 评]

秦山核电辐射工作流程优化专项，重建了秦山核电精细化辐射安全管理架构，完成了多堆型管理模式融合；实现了对秦山九台机组的辐射安全状况的有效统一管理；多项智能辐射安全管控措施首次成功应用，填补国内核电站该领域空白；整合优势和资源，创新思路，提升了核电站辐射安全管理业绩。

20.7 工业安全

20.7.1 综述

加强安全生产标准化、信息化建设，构建安全风险分级管控和隐患排查治理双重预防机制，已被纳入新版《中华人民共和国安全生产法》。核电现场安全风险类型多、作业环境复杂、作业活动数量高，因此运用标准化、信息化的手段开展安全风险分级管控与隐患排查治理工作尤为重要。

为更好落实双重预防机制，秦山核电建立标准化的“安全小白卡”以及3D

可视化机组工业安全风险管理系统，江苏核电建立构建创新型双重预防机制体系，同时借助信息化手段实现安全风险可视化、隐患排查治理简单化、安全绩效展示高效化，有效提高了安全生产水平。

作为示例，本节介绍了秦山核电隐患排查体系中安全检查卡的应用实践、江苏核电构建双重预防机制及安全管理模型两个案例。

20.7.2　工业安全案例1：隐患排查体系中安全检查卡的应用实践

[标　　题]

用心安全建体系，精耕细作创标准

[案例概述]

秦山核电构建的大型核电企业安全隐患排查指导体系，首创“安全小白卡”管理工具，提升了现场工作安全和全员安全素养，提升了公司安全管理绩效，助力企业迈向卓越安全工作目标，获得中国国防工业企业协会、中核集团管理创新成果奖。

[案例详述]

习近平总书记于2013年11月24日在山东考察黄岛经济开发区黄潍输油管线泄漏引发爆燃事故抢险工作时，曾做出重要指示：安全生产，要坚持防患于未然。要继续开展安全生产大检查，做到“全覆盖、零容忍、严执法、重实效”。

针对核电现场风险较高、环境复杂的特点，秦山核电主动审视以往安全检查的不足，以精细化、集约化、标准化为目标，聚焦现场安全风险管控、人员风险辨识能力建设和良好的安全文化氛围培育，精心谋划、精准发力，坚持目标导向和问题导向，聚焦关键问题环节，推进精细化管理，不求大而全，提倡小而精，主动选题、锚定目标、精准发力、解题破局。

用心安全建体系，精耕细作创标准，从“无”到“有”，秦山核电通过构建大型核电企业安全隐患排查指导体系，开展组织体系和流程工具创新，将各类高风险进行源头管控，实施精准化防范指导和管理。

1. 建立安全隐患排查体系，夯实安全责任

安全隐患排查指导体系坚持顶层设计、分层管理，创建以业务实现为核心，业务策划、业务执行与业务支持围绕核心运作的新模式，强调业务层之间相互

协同和并行同步，做大做强业务前端，加快业务功能实现，缩短业务开发周期。

因此，在组织结构上，成立安全隐患排查指导体系项目组（以下简称“项目组”），设项目组长和协调员，又根据不同的功能实现，分成多种“安全小白卡”业务，设置若干个不同的业务执行小组，执行小组设执行专工和执行督导员，具体业务实行执行专工负责制。

聚焦业务主线，扁平化的组织模式与平台，减少不必要的行政环节干扰，通过各小组组内成员各司其职、各负其责，综合考虑专职安全工程师的学历背景、专业能力和擅长方向，在每种“安全小白卡”业务上，合理安排专职安全工程师负责，让专职安全工程师强化责任心，发挥专长，精进拓展业务，使“安全小白卡”业务功能按期实现，提高工作实效，提升现场安全绩效。在探索创新安全项目管理新模式和新平台的同时，培养专工业务能力、锻炼专职安全工程师队伍。

2. 制定“安全小白卡”，细化指导隐患排查

针对人身伤害大、设备损伤高，潜在隐患不易辨识，缺乏统一标准等安全问题，按照精细化管理要求，项目组对风险管控进行分级分类，坚持理论联系实际，对不同层级的风险类型、不同类别的对象主体，分别制定工作目标和任务，鼓励业务执行小组和人员主动创新、差异化创新，实行定制化、个性化的安全管理。截至2021年底，项目组已开发36种应用性强、图文并茂的“安全小白卡”（见图20－9），作为现场安全检查和隐患排查的指导准则。

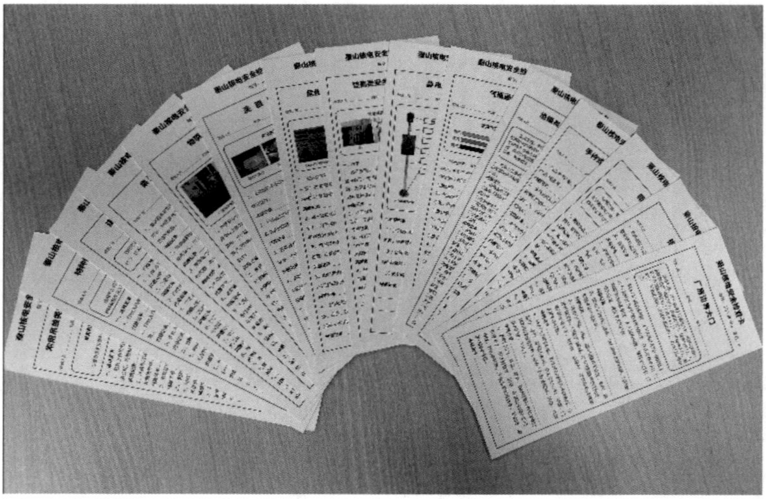

图20－9 “安全小白卡”成品

“安全小白卡”的主要作用和精细化工作目标如下。

（1）标准化提高：标准是核心，从一线作业人员和监督人员工作角度入手，通过标准的制定、要求的强调、问题的指导，开发出的一系列“安全小白卡”。与以往巡查式、凭经验为主的检查和工作相比，通过“安全小白卡”进行检查，检查的系统性和有效性得到了很大提升，解决了“查什么、怎么查”的问题。

（2）规范化严格：规范是目的，在以往的专项安全检查中，牵头部门是主导，要决定去哪检查，检查得细不细、深不深完全依赖于带队检查人员的细心程度和专业能力。“安全小白卡”明确了每个具体的设备或行为安全标准的规范化，可以保证无论“谁来查”都能做到严细有深度，避免了不同部门或不同检查人员因水平不同、检查力度不一的问题，做到了专项检查规范化。

（3）指导性加强：针对复杂的工作环境，各式各样的风险类型，无论是对于工作人员本身还是监督检查人员都无法做到面面俱到，“安全小白卡”成为现场隐患发现的重要指导卡，是现场状况安全与否的重要判断准则和依据。

（4）推广能力强：“安全小白卡”是将国家标准、行业要求与现场实际相结合的工业安全管理新实践，是核电行业的首创新举措；同时，作为工业安全良好实践，“安全小白卡”受到国防、核能、电力等行业的高度关注和认可。

（5）升级空间大：按照精细化管理工作要求，“安全小白卡”还将根据国家法规标准调整，结合现场实际变化，不断完善升级现场安全执行检查标准。

“安全小白卡”融合国家标准与行业要求，结合现场实际，能作为问题发现的重要依据，可触发状态报告系统、工单系统或工业安全系统等，进行跟踪整改，并不影响隐患闭环处理，且扩大到全员，可以是“任何人员”做检查，增加了问题发现和复查的透明度。通过“安全小白卡”以点带面，带动企业全员的安全防控意识与安全隐患辨识技能的提升，有力推广现场安全文化，大大提升现场安全绩效。

秦山核电构建的大型核电企业安全隐患排查指导体系及“安全小白卡”管理工具，从2019年试用到2021年广泛应用，现场隐患数量总体下降30%，潜在隐患得到及时发现整改。该项目精细化的管理方法提升了现场工作安全和全员安全素养，提升了公司安全管理绩效，助力企业迈向卓越安全工作目标，获得中国国防工业企业协会、中核集团管理创新成果奖。

[点　评]

安全管理的主动作为充分体现了秦山核电作为央企的责任担当，其创新构建的指导体系与“安全小白卡”开发的理念和方法，丰富了中国核电精细化管理体系，为国防、核能、电力等行业和企业的安全管理工作，提供了宝贵的经验和思路，可作为核电企业安全规范和精细化管理的有效工具。

20.7.3 工业安全案例2：构建双重预防机制，促安全生产关口前移，开展源头治理

[标　题]

让安全风险看得见、认得清、管得住

[案例概述]

安全风险分级管控和隐患排查治理双重预防体系是企业安全管理的基础，江苏核电牵头编制了集团公司《安全环保风险辨识与分级管控》企业标准，开发了危险源辨识和隐患排查治理信息系统，从场所安全、设备安全和作业安全3个维度，实现安全风险分级管控。这一系统作为中国核电2021年度揭榜挂帅项目，多次获得省市级管理创新奖项，经过现场实践，取得较好的实际效果，在核电企业安全双重预防机制方面进行了实践，具有较高的借鉴意义。

[案例详述]

1. 认识到位，充分理解双重预防机制的作用

2016年1月6日，习近平总书记提出在中共中央政治局常委会会议上发表重要讲话，提出“必须坚决遏制重特大事故频发势头，对易发重特大事故的行业领域采取风险分级管控、隐患排查治理双重预防性工作机制，推动安全生产关口前移”。2016年10月9日，国务院安全生产委员会办公室印发《关于实施遏制重特大事故工作指南构建双重预防机制的意见》，要求坚持风险预控、关口前移，全面推行安全风险分级管控。《中华人民共和国安全生产法》明确规定生产经营单位必须构建安全风险分级管控和隐患排查治理双重预防机制，健全风险防范化解机制，并将双重预防机制作为企业主要负责人的职责之一。

2. 明确思路，全面开展安全风险分级管控

双重预防机制是构筑防范生产安全事故的两道防火墙。第一道是管风险，通过全面分析、辨识，将事故风险一一识别出来，实现事故风险看得见；在风险辨识的基础上，企业进一步将事故风险分类、分级，明确管控责任部门、责任人，合理调配资源落实管控要求，实现事故风险认得清。第二道是治隐患，排查风险管控过程中出现的缺失、漏洞和风险控制失效环节，整治这些失效环节，动态地管控风险，实现事故风险管得住。安全风险分级管控和隐患排查治理共同构建起预防事故发生的双重机制，构成两道保护屏障，有效遏制重特大事故的发生。

江苏核电以危险源辨识为基础、以隐患排查治理为手段，把风险挺在隐患前面，把隐患挺在事故前面。实施基于动态危险源辨识管理的安全风险分级管控机制，开展场所、设备和作业活动存在的各种危险有害因素全方位、全过程辨识，将危险源管控措施转化为安全隐患排查标准清单，实行全员参与、自查自改的隐患自查自纠闭环管理，让安全风险看得见、认得清、管得住。

1）看得见：超前预防，识别危险源

在不考虑核与辐射风险的情况下，危险源辨识可以从场所、作业和设备3个类别开展，通过全面辨识，形成风险点清单、安全敏感设备清单、高风险作业清单，切实让风险点具体化、清单化，并形成安全四色图。

其中，场所和设备危险源存在一定的关联，场所危险源侧重于危险化学品的储存、使用场所。设备危险源侧重于工艺系统上的设备和特种设备及其重要部件。为了方便管理，往往将设备危险源的危险介质储存单元作为危险场所进行管控。

2）认得清：科学评定，辨识固有风险等级

常规而言，危险源的安全风险分级是从事故后果和发生概率两个角度进行评估，但在实际执行过程中，发生概率往往很难判断，尤其是涉及自身相关的危险场所和设备，不同的人给出的结果往往存在巨大差异。因此，若要认清风险，就需要将危险源的风险分为固有风险和控制风险。固有风险评估指在不考虑已采取的控制措施的前提下，实施风险评估的过程。控制风险是考虑了控制措施之后的风险。控制风险主要考虑危险源当前的隐患是否在可接受范围，如果没有隐患，就说明危险是可控的，设备、场所才能正常投入生产运营。双重预防机制讲的风险分级，包括安全四色图主要都是针对固有风险。

3）管得住：落实责任，有效管控安全风险

江苏核电针对各类法律法规、国家标准、规范文件的每一个条款进行适用性梳理，形成安全风险隐患排查标准条款库，作为隐患排查依据、作业危害分析的安全措施使用。

为便于员工从各自岗位的角度开展岗位安全风险管控和隐患排查治理，江苏核电将一般以上风险场所及所属的安全设备、设施适用的安全规范、标准，整合成不同场所的隐患排查表，由岗位人员按照隐患排查表条款定期进行检查。同时，按照“谁主管、谁负责”的原则，明确一般及以上风险点的管控责任人，风险级别越高，管控层级越高。

风险点管控除了检查现有控制措施是否存在隐患外，还要重点考虑现有管控措施的缺失，采取消除、替代等措施从根本上降低危险源的固有风险。

3. 动态管理，双重预防机制应用实践

1）场所安全风险分级管控

从事故后果和事故分类来看，核电厂内容易发生的较大以上事故主要是锅炉爆炸、容器爆炸、其他爆炸、中毒、淹溺、辐射等事故类型，主要涉及易燃易爆场所、使用有毒物质场所；一般事故主要发生在高浓度酸、碱，配电室等容易导致灼烫、触电事故的场所。根据固有风险制定场所风险等级判定条件清单，便于风险辨识人员直接判定等级。

江苏核电通过信息化手段，将危险场所或相同系列房间作为房间组创建辨识单元，根据危险能量或介质，选择风险等级，从措施库中选择适用的控制措施，完成危险源辨识及防控措施制定。

场所危险源的控制措施由系统自动转化为该场所的《隐患排查表》，通过系统分配任务，由责任人员定期开展隐患排查，通过手机App扫描房间二维码进行记录。

根据征地范围、用地范围和厂区平面图，动态展示各个危险源的风险等级，并形成风险四色图（见图20-10）。

2）设备安全风险分级管控

为保障核电机组安全稳定经济运行，各核电厂都开展了设备分级管理工作，依据设备对核电厂安全性、可靠性、经济性等的影响，将设备划分为关键设备、重要设备和一般设备3个等级，并根据设备的分级结果，合理分配和优化利用公司的管理和检修资源。然而，很大一部分事故是由设备、系统的设计或现实

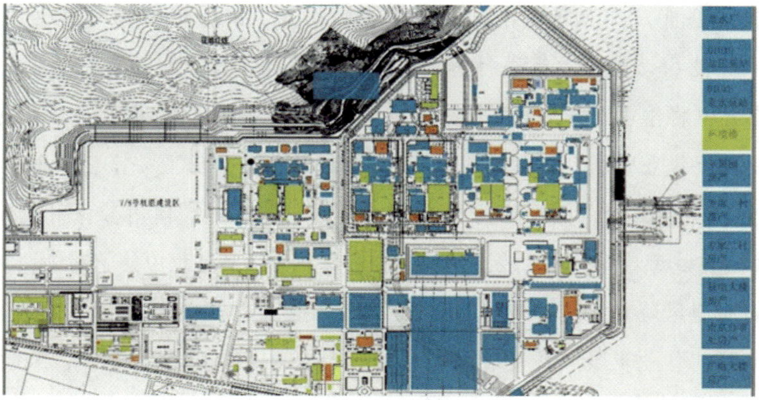

图 20－10 风险四色图

缺陷导致的。借鉴设备分级的思路，需要从安全维度建立设备安全分级清单。

从事故角度来看，对于核电厂而言，安全需要关注的系统主要是电气系统、高温蒸汽和水系统、酸碱系统、氮气系统、氢气系统和燃油系统等，这些系统中包含的能量、介质一旦溢出，就会导致爆炸、人员伤亡或高价值设备损失。此外，还需要重点关注特种设备的安全。

上述危险介质、能量所在的工艺系统或特种设备，尤其是储罐等的控制措施按照保护层理论可以分为本质安全、基本控制、超限报警等层级。但是从现实维修响应的及时性上来说，越接近危险源的措施，其设备对事故的影响敏感度越大，越需要企业给予高等级的预防性维修和消缺响应。

江苏核电制定设备分级标准，并对照标准梳理安全敏感设备清单，将安全敏感设备纳入预防性维修或检查维保管理，根据安全设备缺陷发生情况，适时调整预防性维修或检查维保策略；组织专业技术人员对安全设备上出现的功能性缺陷进行评估，将可能导致危险源安全功能完整性降级或失效的实体缺陷纳入安全隐患进行管理，推进优先处理。

江苏核电梳理运行机组安全敏感设备清单，通过信息系统随时和工单进行比对，查找属于安全敏感设备的缺陷，将其纳入事故隐患进行管理，重点关注该类设备的消缺过程和原因分析，对于需要一定时间方能消缺的纳入安全隐患整治 TOP 清单管控。

3）作业安全风险分级管控

作业类危险源的风险分级相对较为常规，主要是采用作业安全风险分析方法进行风险分析，对于起重作业、有限空间作业、脚手架、高处作业、带压堵漏、潜水作业、动火作业等进行辨识，并通过高风险作业许可进行管控。

江苏核电将作业活动安全风险分析融入维修工作包，将一项作业活动的执行过程划分成若干作业步骤，辨识与分析每一步骤中潜在的作业安全因素和风险等级（高度风险、中度风险、低风险），如作业类别、使用工具、使用劳保用品带来的危险，并通过措施库选择对应的安全措施，在具体作业活动过程中给予落实。

针对安全风险分析辨识发现一个或多个作业步骤风险等级较高的作业活动，实施高风险“作业步骤”许可管理，通过设点、验证、跟踪等管控，风险等级越高，管控层级越高，实时监控高风险作业项目开工状态（已开工、已暂停、已结束），对每一个高风险作业项目设置“跟踪检查台账”，建立一套集成风险分析、分级许可管控、开工前办理作业许可、开工时进行检查跟踪、结束后进行记录归档、统计分析的高风险作业跟踪管理信息化系统，实现高风险作业闭环管控。

[点　评]

构建双重预防机制就是针对安全生产领域事故防范“认不清、想不到”的问题，做到关口前移，责任到岗，齐抓共管。江苏核电在场所、设备、作业3个方面建立双重预防机制，将安全标准规范融入隐患排查、作业安全措施，落实到具体岗位，实施安全清单式管理，让安全风险看得见、认得清、管得住，推动信息化建设，实现动态分级管控，有效防范安全事故的发生，取得了良好成效。

20.8 消防保卫

20.8.1 综述

消防安全和保卫安全是核电厂安全管理的重要领域，无论发生火灾事故还是安保事件都会给核电厂带来不可估量的损失，甚至会导致核事故的发生，在核电厂日常管理中，防火、防盗、防破坏都是必修课，想要做好这两样工作，必须密织网络、严防死守。

中国核电各电厂在日常消防保卫管理中贯彻精细化管理要求，从精简人力资源配置、优化隐患处置流程、强化专业能力建设、精准解决“陆海空网”安保防控等方面着手，推进了消防保卫工作的管理提升。

作为示例，本节介绍了三门核电智慧消防安全的实践与应用和海南核电“陆海空网”智能安防体系建设两个精细化案例。

20.8.2 消防保卫案例1：智慧消防安全的实践与应用

[标　　题]

智慧消防与火警复核联防联动

[案例概述]

三门核电火警视频复核消防联防联动建设项目于2021年8月15日完成主体工程，经过2个月的调试和6个月的试运行，于2022年2月15日正式投入使用。项目运行后，形成了“人防、物防、技防”统一的资源体系，促进了企业消防安全管理转型升级，通过科技赋能，优化整合了人力资源，精简了消防管理流程，细化了管理颗粒度，实现了消防安全管理的精细化，提升了消防管理效能。

[案例详述]

1. 构建消防检查智能化管理系统

1）以网格化管理为基础，谋划智能化消防安全检查管理子系统顶层设计

网格化管理是将管理区分成若干个特定区域，每个区域指定特定的责任人，由消防综合监管系统按照日常、周、月度、季度安全检查计划，定期派发任务，责任人通过巡检仪对消防设备设施的NFC标签进行扫描，完成设备检查情况编辑、隐患上报、设备设施临期/过期提醒、整改申报等工作。管理员的巡检App可对责任人的检查结果进行追根溯源。消防综合监管系统投用后，大大降低了管理难度，提升了整体管理效率，在消防安全网格化工作基础上，实现网格之间信息的有效沟通、资源共享，消防安全检查常态化、隐患整治长效化得到有效支持，系统投用后已完成1287项消防隐患的发现和整改。

2）以火灾危险性和危害性为因子，开发智能消防检查管理系统

通过定性分析和定量分析，综合考虑风险影响和风险概率两方面的因素，对建筑物火灾的风险因素进行评估，分析每个建筑物存在的危险性、危害性，计算火灾风险因子之和与火灾危险等级对应赋值之积，确定建筑物的风险级别，得到风险矩阵，

为火灾防控规划、防火力量合理分配以及消防安全处置措施布置提供有效依据。

3）基于消防风险分级矩阵，搭建智能消防隐患跟踪处理流程

消防综合监管系统充分利用移动互联网、智能终端、云服务等技术，以消防风险分级矩阵的消防隐患数据等为基础，通过专项安全检查和常态巡检，将现场安全隐患排查与标准化数据库相对接，按照建筑物风险数值的高低确定检查巡检频次以及维修处理优先级，优化智能消防安全检查管理系统隐患跟踪处理流程，合理配置人力资源，保障管理区建筑物消防设备设施安全稳定状态。

2. 构建消防设备设施智能预维运转体系

1）基于消防设备设施信息化，开发预防性维修任务处理运转体系

消防综合监管系统支持消防设备设施全寿期管理，以消防设备设施巡检数据库为基础，能够录入、修改所有消防设备设施信息，录入灭火器台账、管理区建筑物分布图、消防设备设施台账以及管理区摄像头点位图等数据，能向巡检 App 和维保管理模块发送和下达检查、试验、维修任务。消防智慧巡检 App 采用 NFC 近场通信手段，支持实体化检查网络布控，支持将巡检仪采集的设备设施检查情况一键上传。

智慧巡检系统通过定位可以核实巡检人员工作的有效性、真实性。对比消防检查、维保信息化投用前后的检查员单次消防检查路线用时与维保人员单次处理问题用时，发现检查员单次消防检查用时平均节省约 30 分钟，维保人员单次处理问题响应加快了 5 分钟。消防综合监管系统投用后，已完成 582 项维修任务、297 项试验任务的下发和整改。消防设备设施预防性维修任务处理体系有效运转，实现任务派发、隐患提报、工单关联、闭环确认等环节的自动运转。

2）消除中间环节，开发消防设备设施快速消缺智能运转体系

传统的消防设备设施维保任务采用人工方式派发，发现隐患后需要进行隐患反馈，工单派发至处理责任人后才能进行缺陷处置，消缺流程环节烦琐，延长了处理时间，增加了消防设备设施运行负荷。智能消防设备设施处理流程优化消除了“隐患反馈—工单派发—缺陷处置”环节，实现快速消缺，提高了消防隐患整改及时性。

3. “秒复核、秒出警”一体化联防联动中心

1）完成火灾自动报警系统整体集成，实现报警信号集中统一监控

完成南区消防控制室、武警营房等 6 台火灾报警控制器功能迁移，在消防站设立技防消控中心，实现了管理区 4 个消防控制室集成化，报警信号统一监

控，值班消防控制室由4个减少至1个，值班人力减少20人，实现了管理区火警信息集中监控，实现降低人工成本与提升员工能力“双赢”目标。

2）完成火警信号视频化，构建火警快速复核管理模式

三门核电火警视频复核消防联防联动建设项目完成后，消防综合监管软件及大屏幕显示屏、存储设备、传感器、信号传输装置等相关设备组成的系统，实现管理区火灾自动报警系统与视频系统联动，综合监控、管理、存储、展示、电子地图绘制（三维建模）和三维地图报警显示等功能。消控室值班员接到火警后，调用现有的摄像头，并与火灾自动报警系统按照区域建立联动关系，实现火警“秒复核”，每次可减少火警复核时间3～5分钟，提高了火灾报警的响应速度，在管理区火警信息集中监控基础上实现了重点区域火警信息视频复核和全厂人工消防力量集中调度，优化了资源配置。

3）完成智能接警系统建设，做到接警“零失误”

智能接警系统与综合监管系统联动，连接专职消防应急救援队报警电话，进行数据通信，能够监听报警电话。系统拥有数据库，用户能自主编辑并存储现场各子项信息和灭火救援预案；支持语音识别，识别并文字转换自动记录报警人描述的火灾地点、报警人信息和电话等信息，具有纠错和联想功能，对识别的内容与数据库中子项信息进行比对，提高语音识别准确率，将记录的信息生成接警单并实时显示在综合监管系统上。用户能够对生成的接警单进行文本编辑，并能够一键打印成纸质接警单。智能化接警系统投用后，专职消防应急救援队已成功接警194起，未出现接警失误、漏接、错接情况，做到了接警“零失误”，对快速锁定处警目的地、减少火灾损失起到了至关重要的作用。

4）完成“报警—接警—处警”智能一体化，大幅提升火警响应效率

为提升火警响应效率，三门核电将消防控制室与119接警中心集中设立，在解决了火灾自动报警系统电源压降、超远距离信号传输等技术难题基础上，构建了“报警—接警—处警”智能一体化联防联动中心，每次可缩短火警复核时间3～5分钟和电话报警时间1～2分钟，消除了因复核周期长而造成的火灾重大损失风险，通过智能一体化系统实现了报警快、调度快、处置快，大幅提升火警响应效率。

4. 构建核电企业消防安全健康管理体系

1）消防安全管理指标数字化，综合开展核电厂消防安全管理

通过计算火灾探测系统可用率、灭火系统可用率，将消防安全管理指标数

字化，使其更直观、更科学，降低管理难度，便于同行对标，促进业绩提升。

2）消防安全健康评价信息化

消防综合监管系统综合运用物联网、大数据、移动互联网等新兴信息技术，有效整合各方力量，全面促进信息化与消防业务工作的深度融合。将各项指标融合成消防健康状态管理指标，管理员可直接通过三门核电智慧消防系统大屏幕显示的消防健康状态了解核电厂消防安全健康状况。消防健康综合评价体系为企业的隐患排查、风险预警、安全绩效考核、统计分析等安全管理工作提供了科学依据和决策参考。

[点　评]

火警视频复核消防联防联动项目的高效建设，展示了三门核电在消防领域的积极探索，优化了消防安全管理，节约了资源，成果丰硕，是精细化管理的良好实践，为核电厂消防安全持续提升提供了样板，对其他核电厂有很好的借鉴作用。

20.8.3 消防保卫案例2：“陆海空网”智能安防体系建设

[标　题]

科技促进管理，打造核电“护盾”

[案例概述]

为应对日趋严峻的核安保外部环境，海南核电根据集团公司安全专项整治三年行动和上级监管政策的要求，从2020年2月开始筹划构建“陆海空网”全方位智能安防体系，于2022年5月初步完成安防系统的改进与整合，提升外部入侵态势感知能力、优化指挥调度效率、强化联防联动机制、降低安防人工成本，为核电厂安全运行保驾护航。

[案例详述]

核设施作为重点目标单位，安保工作责任重大，容不得半点疏忽和大意，务必把工作抓实做细，确保万无一失。海南核电学习新的核安保管理理念、探索与实践新的管理方式，使精细化管理的理论、方法贯穿核安保管理的全过程，通过数字化、数智化、数治化三步走逐步构建“陆海空网”智能安防体系，用新思路、新技术、新手段提升应对内外部威胁的能力。

1. 以技防提升促进领域管理，坚持技防同行引领

“十三五”以来，核安保法规大范围升版，相关监管指导性意见密集发布，对核设施安全防范提出了新的要求，在传统陆域安全防范的基础上，新增了水域、空域及网络安全的防范要求。海南核电认真探索研究，在“陆海空网”4个方面加强技防建设。

（1）陆：2020年初，海南核电在不改变实物保护出入口控制系统功能的基础上，在控制区出入口增加人脸识别系统，人脸数据来源于实物保护系统数据库，两者之间通过通信对接，将人员卡号、照片、有效期等信息自动同步至人脸识别服务器，免除重新组织全厂人脸数据采集。核安保法规“人证合一”管理要求由人工验证优化为系统自动验证，防止不法分子冒用证件进入核电生产区。

（2）海：滨海核电厂取水口存在海域入侵威胁，海南核电提前开展研究，于2021年完成水域核设施实物保护响应策略及应急预案研究，明确了系统三层警戒区域划分，提出了涵盖中低空、水面、水下的体系化、系统化、立体化、全要素实物保护方案，通过威胁来源及其入侵方法和风险级别分析，结合水域试验及海底地形探测描绘，充分采集数据，提出不同来源入侵目标的响应原则、处置措施以及基于综合管控平台的联动机制，为海域实物保护应急响应策略的制定及应急响应的启动和执行提供保障，为后续建设技术防范措施奠定基础。

（3）空：上级监管单位要求核设施采取措施应对低空小型飞行器入侵的新型威胁。海南核电通过新技术应用研究，制定低空小型飞行器入侵防御系统建设技术方案，于2020年完成系统建设并通过国家核安保技术中心第三方验收。系统采用专门研制的四面相控阵雷达及其他电子侦察、光电设备，结合人工智能技术，实现了无人值守自动处置。在构建自动防御体系的基础上，海南核电对接当地公安和空管部门，对核电厂周边五公里实行禁飞区划定，设置公安执法黑白名单辅助整体管控。此外，海南核电与驻厂武警、当地公安及低空监管部门等联合建立昌江核电厂无人机入侵应急处置体系，弥补了海南核电基地空域防范的盲区。项目已在海南核电试点应用成功，可推广部署到中国核电其他运行核电厂，实现运行核电厂空域技术防范全覆盖。

（4）网：实物保护系统网络是单一局域网，属于孤岛网络，早期投入运行的核电厂容易忽视实物保护网络安全在技术防范措施上的资金投入。海南核电通过搭建实

物保护系统最小化运维平台，验证相关加固措施不会影响实物保护系统正常运行后，正式对网络进行整体加固，成为中国核电实物保护系统网络通过等保三级测评的首家核电厂。此外，结合集团公司数字化转型工作要求，海南核电对管理区安防系统进行整合，以网络安全等保三级的标准对管理区安防网络进行了整体防护。

通过数字化集成，打通各安防子系统的通信壁垒，实现跨平台通信，在管理区安防指挥中心搭建了卡片式监控体系，构建“陆海空网”数据收集、指挥调度、勤务保障综合智能安防体系。

2. 以重点任务保持人员积极性，坚持管理不断创新

为充分贯彻落实上级监管政策要求和集团公司安全专项整治三年行动会议精神，海南核电结合中国核电运行电厂核安保领域存在的共性问题，积极承接上级单位的重点任务。通过承接重点任务，既保持人员积极性，又针对性解决核安保管理上的弱项。通过承接国家原子能机构“风暴－2020”核安保演练和公安部电力系统反恐达标的双重考验，海南核电安保力量得到了锻炼和提升，得到上级监管部门的肯定。

2020 年，海南核电承办国家原子能机构“风暴－2020”核安保演练任务，首次将演练范围从固定场所拓展到运输活动，首次从传统威胁拓展到“低慢小”等新型威胁，首次军警民联动应对超设计基准威胁，首次将通信卫星、北斗、高分遥感等高新技术融合应用到核安保演练。海南核电针对此次演练，开发出核电厂实兵仿真推演系统及一体化勤务指挥系统，该指挥系统创造性地拓展了二维地图和三维地图展示应用，将激光对抗设备以及无线对讲设备进行融合，不仅快速提升作战指挥、人员调动、响应与配合的能力，还为核电厂进行防范措施升级、人防力量及装备配置优化、反恐预案流程优化等提供技术性支撑，从而确保核电厂人防、技防、物防的有效性、可靠性，实现了平战训一体化的指挥体系，制定中核集团《核安保反恐实兵演练管理标准》，使中国核电反恐预案推演、实兵演练、演练评估等环节的技术措施形成管理制度。

2021 年，海南核电作为中核集团唯一的一级试点单位开展治安反恐达标工作，针对标准中的总体防范要求、常态化和非常态防范要求、安全防范系统技术要求等 7 部分进行了逐项梳理和对标审查，形成了 144 项改进项，进行整改闭环管理，既提升技防，又加强管理，同时规整了文件体系，在 2022 年初顺利通过了公安部反恐办组织的验收。海南核电作为海南省首家达标电力企业，在省

公安厅组织下，将达标经验推广到省内其他电力企业，起到了示范引领的作用。

3. 以良好绩效提升岗位水平，坚持培养服务意识

近年来，海南核电在安保领域积极承接上级任务提升绩效，通过任务实施不断积累工作经验，不断提高岗位技能水平和培养团队协作与责任担当意识，使团队勇于挑战更高水平的目标。坚持以服务为宗旨，努力打造一流安保队伍，以技术创新保障安保工作高效有序，为企业可持续发展保驾护航。

核电安保精细化管理需要各级部门和管理者尽心尽责、密切配合、全员积极参与，需结合外部形势不断做出调整。在“十四五”期间，海南核电将继续推动核安保数字化转型，结合《中华人民共和国密码法》相关要求，认真落实核安保监管设施端试点建设，打造符合需求的安全采集数据、安全管理数据、安全传输数据的“可管、可控、可信”的密码应用技术体系，开展采用国密技术构建先进国产化实保平台研究，开展智能巡检无人机和机器人研究，建立数据智能化治理体系，积极推进核安保标准制定，有效提升核电厂应对新形势下的新威胁和新挑战。

[点　评]

新技术的发展与运用使核设施核安保面临的威胁日益立体化，海南核电立足于建设立体全面的安全保卫体系，率先开展系统性、全面性的“陆海空网”一体化安防系统研究，收获了大量理论数据和实践经验，突破常规理念的束缚，实现了安防体系“数字化”的改革、“数智化”的发展、“数治化”的目标。

[本章编写者：20.1 节，卯春福；20.2 节，周仕杰、王旭（20133041）、高君阳、王志昊；20.3 节，陆翡翡、宁珂、张航（20180900）、田玉柱、周仕杰、叶应权、纪伟、王凯、郭振杰、周旭飞；20.4 节，胡振煜、张煜（20145068）；20.5 节，李超（20069085）、李健（20089077）、吕添博、黄珊、唐江亮、陈睿（20059019）、周志景；20.6 节，金曦、赵喜寰、李中华、易柏元、董海斌、代婉金、李宏强、何俊男、朱敖正、曾进忠、张强（19977128）；20.7 节，卯春福、忻盛、李技、陆秋生、陈波（20052832）、仇理、宋佳；20.8 节，陈志鹏、杜耀东、陈岑凯、夏恩亮、胡小刚、周良峰、梁拯]

21

第 21 章 人才培养

21.1 综述

党的十九大报告明确指出，“人才是实现民族振兴、赢得国际竞争主动的战略资源”。集团公司在 2022 年人才工作会上也提出，“集团新时代人才工作总体目标是要建设世界核工业重要人才中心和创新高地”。

中国核电深入学习贯彻中央人才工作会议精神，积极落实集团公司“人才优先”发展理念，大力推动“人才强企”发展战略，破除束缚人才发展的传统观念和体制机制障碍，不断优化人才体制机制，构建以价值和创新为导向的“511”全过程人才管理体系。通过建设华龙国际培训中心，构建国际人才培养体系。通过科学化的专业培养课程设计、构建全面提升操作人员技能的“四精”模拟机培训管理体系和面向国际的 AP 系列操纵人员培训标准，为中国核电培养核心技术人才提供保障。

通过精细化分层级实施人才培养策略，开设核职业领导力研讨班，建立核电大修经理和维修技能分级考核体系，为中国核电高质量发展提供坚实的人才保障。

秦山核电核职业领导力研讨班获中国人才发展社群（CSTD）主办的 2019 年第四届全国学习设计大赛金奖第一名。江苏核电构建的“四精”模拟机培训管理体系获“中国核电 2022 年度管理创新成果及精细化案例优秀奖”。三门核电开发的AP系列核电厂操纵人员模拟机考试实施方案获得“中国核电2022年度管理创新成果三等奖”。

21.2 人才培养体系

21.2.1 综述

为贯彻落实中央和集团公司关于人才工作的总体要求，破除束缚人才发展的传统观念和体制机制障碍，打造让人才脱颖而出的平台机制，支撑公司战略发展，中国核电建立了贯穿人才生命周期的全过程管理体系。通过搭建各种能力展现平台让各领域优秀人才脱颖而出，通过制订专项培养计划、助推计划培养高端人才，通过技能竞赛、比武选拔技能人才，实现三支队伍五通道各序列各层级人才协调发展。

中国核电于2019年12月发布了《中国核能电力股份有限公司关于加强新时代人才队伍建设指导意见》，各成员单位依据该指导意见都制定了加强人才建设的工作方案，其中江苏核电创新人才管理体系，以精准施策分层级、分专业开展人才培养，搭建了“511”全过程人才管理体系，以精细化管理助推人才队伍建设。“511”即“五精细一集约”，通过对人才实施精细化管理，以人才驱动科技创新，打造核电行业人才高地，助推企业高质量发展。福清核电充分吸收十余年工程建设、调试、运行经验，统筹优质培训资源，成立华龙国际培训中心，建成全球首个“华龙一号”培训基地，建立了一套有效的授权上岗、全员培训和终身学习的培训体系，为创建学习型组织、打造人才高地搭建了扎实的平台，培养出一大批合格的核电人才。同时，先后承接了江苏核电、漳州能源、阿拉伯联盟、IAEA、亚洲区域专项合作基金（以下简称“亚专资”）等国内外机构累计1020人培训，并获得业界的高度认可，为“华龙一号”“走出去”的国家战略助力。

作为示例，本节介绍了江苏核电构建以价值和创新为导向的“511”全过程人才管理体系、福清核电构建与实施华龙国际人才培养体系两个案例。

21.2.2 人才培养体系案例1：以价值和创新为导向的“511”全过程人才管理体系构建

[标 题]

“五精细一集约”厚植人才发展沃土

[案例概述]

人才资源作为赢得竞争主动的战略资源，是行业发展的根基。为贯彻中央人才工作会议精神，落实中国核电“人才强企”发展战略，江苏核电运用精细化理念，聚焦精细人才引进、培养、使用、考核、激励和集约配置人才资源的“五精细一集约”，构建了行业内首个人才管理体系——“511”全过程人才管理体系，对人才实施精细化管理，以人才驱动科技创新，打造核电行业人才高地，助推企业高质量发展。江苏核电通过实施“511”全过程人才管理体系，近年来所获颇丰。2021年有2人获得“全国技术能手”称号，5人入选江苏省“333高层次人才培养工程”，9人获得“省级技能人才”称号。

[案例详述]

基于全球“在建+在运”总装机容量最大核电基地——田湾核电基地新时期战略发展需要，为建设核电行业人才中心和创新高地，打造以拔尖、专家、“精英人才”为主的三级人才梯队体系，以“创造高价值”“鼓励多创新”为导向，将“人才”作为根本点和出发点，坚持系统思维，整合人才管理各个单独环节，运用精细化管理理念，原创性构建了“511”全过程人才管理体系（见图21-1），即贯通人才引进、培养、使用、考核、激励五大流程，打造一个人才库平台，依托一套“五通道”标准职位体系。作为行业内首次提出的人才管理体系，通过对人才实施精细化管理，使人才管理各环节内在耦合，契合人才成长规律，充分激发人才活力和提高人才培养质量，促进企业高质量发展。

1. 坚持人才优先，精细化引进高质量人才

人才引进质量关乎人才管理的根基。江苏核电坚持市场化引才，围绕目标制定可行性策略，精细化引进优秀毕业生和青年科技人才。

1）引进企业发展需要的优秀毕业生

立足全球“在运+在建”的最大核电基地，向高校毕业生展现最广阔的事

图 21-1　"511"全过程人才管理体系架构

业发展平台和最具魅力的核电基地，并坚持领先同行的"具有竞争力"的薪酬待遇，形成了市场化引才机制，极大地提高了招聘市场竞争力，赢得了重点院校毕业生的广泛关注。应对疫情影响，建立"规模化、标准化"线上线下相结合的校招新模式，精细化制定招聘安排，单个城市招聘时间缩短至2天，校招效率和质量领跑同行。强化微信新媒体宣传，校招微信推文浏览量突破2万大关，在同行中排名第一。2021年度招聘"双一流"毕业生占比较上年提升11.3%。

2）引进助力科技提升的外部高层次人才

中国核电高度重视青年科技人才引进，为培养造就高水平人才队伍，以江苏核电为试点，经批准于2018年10月正式设立江苏核电有限公司博士后科研工作站。与西安交通大学核科学与技术博士后流动站联合招收1名博士后进站，校企共同开展科研工作。经过3年的培养，2022年6月21日，首位博士后顺利出站，实现了中国核电博士后出站"从0到1"的突破，为未来博士后培养及在站管理提供了成功范例和首创经验。

同时，积极开展外部高层次人才引进工作。截至2022年，共计柔性引进了11名外部高校、科研院所的高层次人才，并依托柔性引进人才积极开展各类攻关活动，例如，与中国科学院大学联合建立了大数据实验室，共同推进核电行业大数据研究工作。

2. 坚持核心驱动，分层级精细化开展人才培养

建设“3+3”内外部人才库，是“511”全过程人才管理体系的系统化精细举措，重点解决人才无准确分级分类标准、“项目—人才”缺乏精准联动机制、人才培养跟踪体系欠缺等一系列人才培养短板。

1）设计“3+3”内外部人才库

为整合公司内部外人才资源，公司建立了人才库，由内部人才库和外部人才库组成。内部人才库细分为拔尖人才库、专家人才库、启航人才库三类人才子库，主要为了加速人才培养，培养高水平人才；外部人才库细分为外部高层次人才库、外部专家人才库、外部储备人才库三类人才子库，主要为了吸引和整合外部人才。

内部人才库对内部人才进行系统的分类分级管理，发现和识别内部优秀人才，构建一个不断提供关键岗位核心人才供给的培养平台和输送渠道。根据人员年龄、岗位、技术技能水平，制定人才入库标准，建立起符合企业业务发展实际、评价体系合理的精准人才评价分类标准。外部人才库吸引和整合外部人才，拓宽引进渠道和深化合作，集聚业务发展需要的各类型外部人才，为业务发展提供外部智囊支持。

2）建立入库人才与项目相结合的培养机制

入库人才关键在于培养。配套设计了人才库使用机制，按专业和能力水平精准匹配科技创新、管理创新项目，形成“项目助推人才成长，人才助推项目实施”的双向助推格局，在项目与人才之间搭建联通桥梁。对库内人才实行“一人一档”精准化动态跟踪管理，将不满足人才库管理机制的人员及时调整出库，真正将人才库做活。

目前，所有入库人才均已申报项目，将通过项目助推的方式持续培养人才，内部入库人才共申报项目261个、人均1.3个项目。配套建立跟踪检查制度，作为人才培养与使用的参考，逐步形成人才管理长效机制。

3. 坚持均衡发展，多元化畅通职业发展通道

在“五通道”标准职位体系基础上，以“水滴形”人才队伍为模型，建立

“标准化”+“差异化”职业发展通道。

1）推行“标准化”人才发展通道

构建“水滴形”人才梯队。根据业务职能、专业技术、运行操作、技能作业等四大序列各职级控制标准，创建标准“水滴形”人才梯队模型，推动“水滴形”人才梯队发展。一是精准规划各层级人才晋升职数，通过组织年度职级晋级工作，推动现有人才梯队向“水滴形”人才模型发展。二是精细化制定职级晋升标准，将个人履历、获奖专利、绩效表现、业绩成果等量化进入晋级考核，“显化”晋级规则，形成精准引导机制。三是分级组织晋级考评，向各用人主体充分授权，发挥用人主体在人才培养中的积极作用，充分释放人才活力。

2）建立“差异化”人才发展通道

设置技能人才发展专项通道。为引导一线员工扎根现场，提升自主维修水平，加强技能人才培养，推动技能大师培育，在标准职级晋升规则外，设置技能人才职级晋升专项通道：获得本岗位相关高级技师/技师资格的，可直接申报技能序列12/11职级晋升考核，不受限于当前职级、学历、绩效积分等约束性条件。该规则实施以来，已有8名技能人才晋升职级。

设置“精英人才”选拔通道。为加速年轻员工成长，对发展潜力大的年轻员工予以重点培养，在标准职级晋升规则外，设置“精英人才”选拔通道：面向参加工作满一年至三年（含）的校招入职毕业生，以一定比例推荐、选拔优秀青年人才，入选“精英人才”的员工再晋一级，并纳入启航人才库。所在处室配套专项培养计划，助推年轻优秀人才尽快成长。

4. 坚持精准考核，定量化突出考核分配机制

实施以价值贡献为导向的考核分配机制，推行量化考核。深入梳理分析业务工作，结合个人工作质量、工作效率等多维度的综合评价，形成考核工时，量化体现员工工作价值。量化数据可用于薪酬分配、人力资源配置优化、绩效提升等。2021年，在人力资源领域率先试点运行量化考核工作法，考核结果与绩效奖金挂钩，较为明显地提升员工工作积极性，目前已在企业内推广应用。

5. 坚持多元激励，全方位激发人才创新活力

为打造让人才脱颖而出的平台和机制，让“大价值”“大贡献”获得“大

激励”，形成广泛的人才示范效应，通过实施精准考核激励，激励人才创新超越，助推企业科技创新水平全面发展。

1）推行以创新为导向的精准激励机制

聚焦重大荣誉、揭榜挂帅、技能竞赛等主要成果领域，按照业绩成果水平、贡献大小及含金量，创新人才激励举措，建立职级激励、浮动职级激励、一次性奖励和“精英人才”激励等专项人才激励机制。具体如下所示。

（1）职级激励：获得“重大人才”称号的直接兑现职级待遇，如2021年公司2人获得“全国技术能手”称号，直接兑现15职级待遇。

（2）浮动职级激励：揭榜攻关项目负责人、获得相应奖项予以阶段性上浮职级激励，如完成公司级揭榜攻关项目的负责人可上浮2职级享受2年、上限不超过15职级。

（3）一次性奖励：对揭榜攻关团队、省级技能竞赛获奖、发布SCI论文的予以一次性奖励，如完成公司层面揭榜攻关项目的团队予以一次性奖励。

（4）“精英人才”激励：入选“精英人才”的予以提前半年晋级激励。

2）突出贡献专项激励

积极发挥考核激励“指挥棒”作用，以价值评估将资源向重点领域、核心岗位人员倾斜。例如，设定机组大修奖基准工期，大修工期达到基准工期的，给予定额奖励；较大修奖基准工期提前的，按提前天数给予不同额度奖励。

依托田湾核电基地人才优势，集合优势人才资源向重点业务、重要领域、重大工程倾斜，保障核心工作高效推进。

“上下一盘棋”，统筹配置人力资源。深入贯彻习近平主席在中俄核能合作项目开工仪式上的重要讲话精神，为打造7号、8号机组标杆工程，主动开展人才资源内部横向调配，通过精准匹配专业和工作经历，2021年度向田湾7号、8号机组工程建设调配有经验人才60余人，为重大工程推进奠定了坚实基础；为加强核能供热项目开发，结合现有人才资源调配优势，多种招聘方式协同发力，发挥资源“集约化使用”优势，为重大项目推进提供了人才资源保障。

践行“强核报国 创新奉献”的新时代核工业精神，持续向集团总部、中国核电、各重点项目、国际组织等外派骨干人才，现有各类派出人员近100人，通过各类外部平台培养懂战略、眼界宽的复合型人才。

通过构建与应用“511”全过程人才管理体系，精细化公司人才管理，形成了企业、员工之间“双赢”共进的良好局面，有效推动公司高质量发展。人才培养成效显著提升，2021年有2人获得“全国技术能手”称号，5人入选江苏省“333高层次人才培养工程”，9人获得“省级技能人才”称号。人才资源配置效率明显提升，2021年企业全员劳动生产率较上年涨幅达37.4%。

[点　评]

江苏核电构建“511”全过程人才管理体系，全面贯彻了习近平总书记关于人才工作的重要论述和中央人才工作会议精神，充分体现了江苏核电加强党对人才工作的全面领导，深入推进三项制度改革，落实集团公司和中国核电“人才优先”理念，以精细化管理提升企业人才管理水平，符合行业层面和企业发展的战略需要，为核电行业人才管理提供了良好的实践经验。

21.2.3　人才培养体系案例2：华龙国际人才培养体系构建与实施

[标　题]

建立国际化人才培养基地

[案例概述]

作为高科技企业和自主三代核电技术“华龙一号”全球首堆的建设单位，福清核电充分吸收十余年工程建设、调试、运行经验，统筹优质培训资源，成立华龙国际培训中心（见图21－2），建成全球首个“华龙一号”培训基地，建立了一套有效的授权上岗、全员培训和终身学习的培训体系，为创建学习型组织、打造人才高地搭建了扎实的平台，培养出一大批合格的核电人才。同时，先后承接了江苏核电、漳州能源、阿拉伯联盟、IAEA、亚专资等国内外机构累计1020人培训，并获得业界的高度认可，为“华龙一号”落实“走出去”国家战略助力。

图 21－2　华龙国际培训中心揭牌

[案例详述]

2021 年 3 月 10 日，中核集团党组书记、董事长余剑锋调研福清核电指出："福清核电不仅是中核集团的核电基地，将来还要作为'华龙一号'的国际基地，我们要走向世界，福清核电一定要把华龙国际品牌打造出影响力，华龙培训就以福清核电为培训基地。"

2022 年 3 月 25 日，福清核电 6 号机组正式投入商业运行，"华龙一号"示范工程全面建成投运，新的阶段，福清核电提出了新的远景规划"到 2035 年，再造一个新福核"。福清核电将坚持以人才高地、管理高地、技术高地建设战略，不断夯实福清核电基础实力、推进公司创新发展，做大做强华龙国际培训中心，一方面为福清核电远景发展提供坚实的人才资源保障，另一方面为福清核电多元化发展、员工职业发展提供更广阔的舞台，为幸福福核建设增添新的元素。

1. 创新核电人才培养体系，打造全员终身学习机制

福清核电重视和关注学习型组织的创建，强调：一是全员学习，即决策层、管理层、操作层，都要全身心地投入学习；二是全程学习，企业的运作包括准备、计划、推行三个阶段，不能把学习与工作分割开来，必须做到边学习边准备，边学习边计划，边学习边推行；三是团队学习，不仅重视个人学习和个人智力的开发，更重视团队学习和群体智力的开发。

福清核电已建立健全高效的培训管理体系和良性的人才培养与激励机制；合理利用和优化培训资源，从现场工作实际需要出发，围绕核电站安全生产组织实施各类培训和技术支持活动，持续提高核电站人员的知识技能水平，培养各类合格人才，为核电站安全生产做出积极贡献。培训管理机制体现如下。

1）授权上岗制

为确保核电站安全和经济运行，核电站员工在执行各种任务之前，必须在规定的期限内进行适当的培训并获得相关授权与相应的工作资格。授权和资格管理制度适用于核电站与核安全相关工作的每一位员工。

2）全员培训制

核电站全体员工和参与核电站生产作业的承包商人员，无论他们处在何种岗位都必须按照岗位要求接受相应的培训。

3）终身学习制

一是授权有效期限决定着员工必须按个人年度培训计划进行复训及新课程学习；二是每一个员工为掌握和提高业务水平不断接受技能培训，学习新知识，以确保个人上岗资格的延续，对每一个在岗员工均实行终身培训。

2. 建立华龙国际培训中心，打造高效人才培养平台

1）华龙国际培训中心应运而生

核电企业最重要的任务是在确保核安全的前提下，实现发电量和效益的最大化，这需要大量的核电人才，以福清核电6台机组为例，培训部门的人员满编仅46人，其中包含培训管理人员。仅靠专职教员无法满足2000多名员工的培养需要。为创新人才培养机制，加快人才培养速度，提高员工素养，福清核电在国内核电企业中率先提出建设华龙国际培训中心的构想。

通过建设华龙国际培训中心，整合福清核电全公司的人才资源和培训资源，可以达到以下目标。

一是有效贯彻福清核电总体发展战略和人力资源战略。总结并传承福清核电十余年在工程建设、机组安全运行方面积累的良好实践和经验，培养各层级专业化队伍和职业化人才，消除因为人员队伍年轻而存在的知识、技能和经验的不足，持续提升公司的核心竞争力，确保公司各项战略目标的实现。

二是提升员工能力。福清核电员工队伍普遍年轻，在知识、技能和经验上积累不足，在机组的建设、调试及运行阶段，已经发生了人员知识、技能不足

导致的安全、运行和人因事件，需要通过有效的培训提升人员的能力，确保核电机组的安全稳定运行。为了加强人才队伍培养，通过建设华龙国际培训中心，整合公司内外部资源，推动公司培训体系的完善和提升，探索创新培训方法，强化教员队伍建设，开发优质培训教材，完善培训教学设施，为创建学习型组织打造人才培养的扎实平台。

三是满足“华龙一号”“走出去”的国家战略需要。配合“华龙一号”核电工程项目输出的国家战略，华龙国际培训中心致力于建设成为核电企业中一流的培训基地，面向国际核能行业、海内外“华龙一号”项目提供规范化、技能化和高端化的各类培训与技术服务，输出核电管理的各类技能人才和项目管理人才。

2）华龙国际培训中心建设实践

福清核电发布《华龙国际培训中心组建规划方案》《华龙国际培训中心新阶段发展规划》，挂牌成立华龙国际培训中心，建立完整、系统的三大体系：培训管理体系、培训课程体系、培训教员体系。通过优化培训管理、监督、激励和评价体系，创新培训方法，强化教员队伍建设，开发优质培训教材，完善培训教学设施，打造公司人才培养的扎实平台。

华龙国际培训中心的定位：融贯福清核电的建设和运行管理经验，用优秀的人培养卓越的人，成为行业一流的核电人才培训基地，面向全球范围推广“华龙一号”技术标准、管理标准、运维标准三大标准，提供人才培养与技术支持两大服务。

根据中心的定位和建设目标，对中心的教学架构及教学功能模块的设计见图21－3。

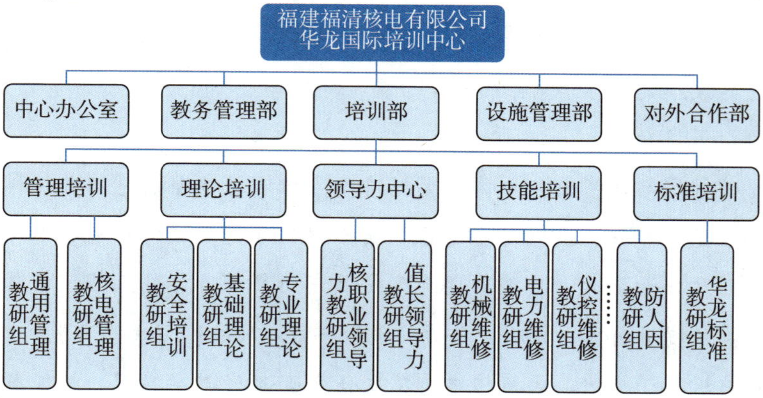

图21－3 华龙国际培训中心教学架构示意图

与企业按职能设置的行政组织机构相比，中心的教学架构更好地整合了跨部门之间的培训资源，打破职能部门之间的壁垒，实现资源的共享、整合、协调利用，能够最大限度地利用培训资源。

3. 以教员、课程、设施为重心，增强自主培训核心能力

1）教员队伍建设

教员是培训工作的关键力量，教员队伍整体素质如何，直接影响到培训质量的好坏。建设一支素质优良的教员队伍，是搞好培训的必要条件，也是培训工作必须研究的重要课题。多年来，福清核电通过不断探索和总结，已形成较完善的教员队伍的培养和管理体系。

中心教员配置分为内部教员和外部教员。内部教员从福清核电的高中层管理者、专家和技术骨干、专职教员以及具有专长的员工中选拔和培养，他们在福清核电建设和生产过程中积累了丰富的经验、扎实的专业知识和技能，人数约400人；外部教员从行业内、培训机构、知名高校、科研院所等的名师中聘任。担任中心课程授课任务的教员统一服从中心的管理，由中心进行资格认证。

2）课程体系建设

由于核电站集高科技成果、核安全风险和众多复杂系统于一体，所以对其工作人员的培训要求极为复杂。基于核电培训特点和福清核电既有培训课程体系，课程覆盖核电厂所有的理论培训、技能培训和岗位培训，教学体系覆盖运行操纵人员、维修骨干人员、装卸料操纵人员、辐射防护人员等核电厂主要生产岗位人员的培训业务。

3）培训设施建设

培训中心建筑面积12016平方米，技能培训中心建筑面积9567平方米。“华龙一号”模拟体厂房共2座构筑物，其中配置了模拟机、多媒体教室、日常培训教室、“华龙一号”蒸汽发生器局部模拟体、“华龙一号”压力容器局部模拟体、“华龙一号”主泵局部模拟体、“华龙一号”装卸料技能培训室、机械/电气/仪控维修技能培训室、工业安全培训室、辐射防护培训室、热工水力培训室、防人因培训室等，可实现新建“华龙一号”核电机组运行、生产技术人员全流程培训。

4. 提高培训资源利用效率，打造特色培训服务项产品

福清核电已按照系统化培训方法（SAT），组织各部门开发了完整的岗位培训大纲，不同岗位设置不同培训课程清单。目前可根据培训需要提供21项培训

服务产品。通过华龙国际培训中心的建设，取得以下瞩目成果。

1）构建终身学习新体系，培养国之重器核电人

自2018年起，自主实施了四届新员工核电基础理论培训，包括核反应堆物理、核反应堆热工水力学等12门课程，每届历时5个月共计950学时。培训充分结合福清核电机组运行维修及管理需求，效果显著，同时也为华龙国际培训中心储备了一支实践经验和理论知识兼具的优秀教员队伍。

自主开发值长领导力培训课程，对于提升值长能力、保障机组安全起到了重要作用。

自主实施核职业领导力研讨，推动公司管理人才职业化、专业化发展，提升公司管理水平，持续提升中基层管理人员的运营决策、团队管理的整体素质。以“核职业领导力研讨班”作为管理培训与提升的平台，以“知行合一、学以致用”为目标，不断完善和丰富培训模式，落实跟进培训实践效果，致力于打造精品培训课程。

截至2021年底，福清核电自主培养出的优秀人才有享受“国务院政府特殊津贴”人才及“国家级技能人才培育突出贡献个人”“全国技术能手”等国家级人才11人，中核集团“首席技师”“彭士禄核动力创新青年人才奖”“青年英才”等省部级人才20人，“中国核电领军人才”等地市级人才13人，副高级及以上职称338人、高级技师42人，累计自主培养操纵员、高级操纵员452人。目前以上人才已成为公司的技术和管理中坚力量。

2）营造浓厚学习氛围，激发员工学习热情

为提升教员荣誉感、营造全员学习氛围，自2018年起开展优秀教员评选活动，给予专项绩效激励，并在后续职业发展方面享有优先权。为促使员工萌发自我学习意识，对员工的学习质量给予评价，做到“有奖有罚”。获得“国家级技术能手”荣誉称号的员工，将享有副总工/副厂级待遇。以“价值创造”为导向，自我学习的意识逐步深入人心，组织绩效得到持续提升。

3）降本增效创收，积极拓展国内外培训市场

自华龙国际培训中心成立以来，通过核电基础理论培训、核职业领导力培训、干部培训、核燃料操作等自主培训项目，为公司节约培训成本和管理费用约1500万元。共接收江苏核电、漳州能源、中核陕铀、中核兰铀、中核海洋、霞浦核电、华能海南昌江、阿拉伯联盟、IAEA、亚专资等国内外机构累计1020

人培训，实现对外盈利收入近亿元，获得业界的高度认可。

4）获得外部社会效益，多次同行交流分享

福清核电在“华龙一号”示范工程建设和生产管理过程中，通过建立全员的终身学习机制，把培训贯穿到“学习—实践—提升”的螺旋式上升通道，不断提升工程建设与生产绩效。在各类培训项目由委托外部培训到自主实施的过程中，福清核电积累了丰富经验，多次在核电培训领域进行业务交流分享。

[点 评]

福清核电通过实践创新，探索出一条核电人才高效培养的路径，不仅为福清核电培养了大批优秀人才，也为国内外同行提供优质培训服务，提升了华龙国际品牌的影响力，助力核电“走出去”国家战略实现。

21.3 操纵员培养

21.3.1 综述

加强人才队伍建设是履行强核强国使命、提高安全生产绩效的重要保障。操纵人员是核电企业关键岗位核心技术人才，他们直接操纵反应堆、监视和控制核电厂运行，操纵人员的绩效水平直接关乎核电厂的安全和经济指标。随着核电规模增长和技术发展，核电厂操纵人员培训须与时俱进，通过精细化管理加强制度建设和制度落实，构建更加有效的操纵人员培训和考核体系。

为高质量对接集团公司“精细化管理年”各项工作，落实《中国核电减非停专项规划》要求，江苏核电以“打造培训高地，创精品运行”为目标，构建“四精”模拟机培训管理体系，即“精细管理、精准需求、精心设计、精确实施”，将精细化理念融入日常，进行以系统思维、流程规范、数据说话、持续改进为特征的闭环管理，力争达到同行业培训管理新标杆。江苏核电构建的“四精”模拟机培训管理体系获“中国核电2022年度管理创新成果及精细化案例优秀奖”。

为贯彻国际化的核电运行管理理念、改进培训管理并落实国家能源局政策，开展对操纵人员培训相关的新标准研究。三门核电系统策划，开发AP系列核电厂操纵人员模拟机考试实施方案，按照“科学化、规范化、精细化、常态化”的工作思路，精细量化“人、机、料、法、环、测、安”各方面，部署实现新方案成功落地并推动实现整个培训体系的创新变革和优化完善。三门核电的新方案获得“中国核电2022年度管理创新成果三等奖”。

作为示例，本节介绍了江苏核电“四精”模拟机培训管理体系建设和三门核电与国际对标的操纵人员培训标准建设两个案例。

21.3.2 操纵员培养案例1：“四精”模拟机培训管理体系建设

[标　　题]

天下难事必作于易，天下大事必作于细

[案例概述]

为了高质量对接集团公司“精细化管理年”各项工作，落实《中国核电减非停专项规划》要求，江苏核电以“人因管理提升”为切入点，从2019年开始推动并实施以提高操纵员模拟机培训质量、提升操纵员技能为根本，以“主动优化、持续改善”为主题的精细化管理创新，目标是建立以“精细管理、精准需求、精心设计、精确实施”为特征的“四精”培训管理体系。截至2022年，精细化理念已经贯穿模拟机培训各个环节，形成多层次、实战化、电子化的，具有田湾特色的优秀模拟机培训管理实践。

[案例详述]

操纵员模拟机培训是提升操纵员技能水平最有效的手段。江苏核电培训处以操纵员模拟机提升培训管理为抓手，坚持问题导向、目标导向、结果导向，精准识别当前培训管理存在的短板，通过实施精细化管理，助力管理水平提升。该精细化案例被广泛应用于操纵员模拟机培训，以“系统思维、流程规范、数据说话、持续改进”为总要求，以“数字化、实用化、多维度”信息化平台为保障，运用大数据技术方法，确保创新工作有效实施。

1. 建章立制，构建精细化管理体系

江苏核电针对当前国家核电发展形势以及培训在操纵员技能提升的核心地位，确定了“提升操纵员技能，助力精品运行”的管理目标。公司领导顶层设

计战略规划，健全战略管理组织架构，确立了“三高一精”的发展愿景，打造“机组安全、人员培训、科技创新”三大高地，实施技术创新和管理创新“双轮”驱动发展战略。培训处在实施过程中细化分解上层战略、规划和目标，组织研究国家法规、行业标准，针对培训管理体系中的每一个环节，自查培训管理程序，识别管理体系上的漏洞，在准备、实施、评价、改进的每一个环节都做到精细化、标准化，构筑以全面提升操纵员技能为目标的“四精”模拟机培训管理体系。具体做法见图21－4。

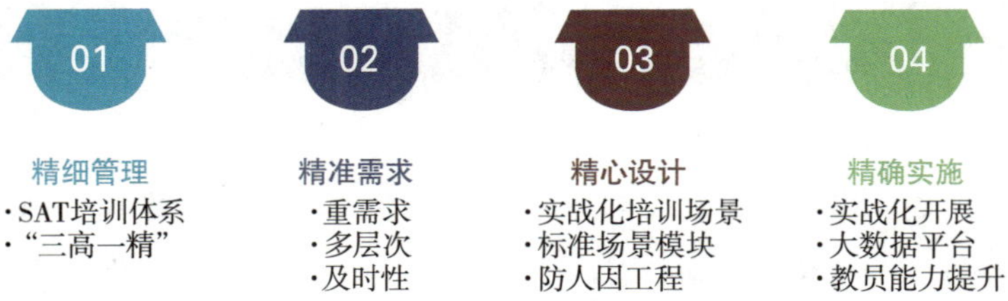

图21－4 “四精”模拟机培训管理

2. 精准需求，确定多层次培训内容

江苏核电培训处操纵员培训科在培训大纲要求内容基础上，结合操纵员具体岗位特点及职责，高度重视培训内容，确保其精准化、多层次、能及时用于操纵员培训。

1）变“制定选课”为“大家选课”，组织培训调查

教员在制订年度培训计划前，以培训需求调查表及微信推送调查等形式组织操纵员反馈培训需求，充分了解并分析运行值、学员的知识技能弱项，总结提炼其中的热点、难点，目标是做到模拟机培训与机组实际工作相结合，避免教学与需求脱节。集众智、选好课，紧贴操纵员与运行团队实际需求，科学设置符合操纵员个体及团队弱项、热点的对路课程。为了做到这一点，深入调研，广泛征求学员意见和建议，变“制定选课”为“大家选课”。

2）开拓思路，丰富模拟机培训体系

对标国内外先进模拟机培训教材体系，组织分析不同层次、水平、岗位操纵员的培训数据，识别出机组值长/副值长等核心岗位的岗前培训课程缺失，操纵员、高级操纵员在通过相应的取照考试，进入具体的工作岗位后，缺乏系统性的模拟机培训课程。为了完整职业培训体系，开发高级岗位培训课程，组织差异性培训，以解决培训体系缺乏层次问题。

3）变“一家经验”为“大家经验”，分析运行事件

定期组织学习、研究内外部运行事件的经验反馈、良好实践，采取精细化管理提升措施，确定运行事件筛选原则及方法，根据机组的设计特点进行模拟机培训的适用性评价，开发模拟机培训课程，及时组织学员进行针对性培训。模拟机培训场景“模块”注重做好应用题，以核安全为导向，穿插机组实际运行的典型案例，变“一家经验”为“大家经验”。

3. 精心设计，开发实战化培训场景

高质量的培训场景能够全面考察学员的理论知识、操作技能、团队合作水平，调动学员的培训积极性、紧张感，贴近机组实际工作，使模拟机培训更有价值。

从实战化出发，精细化切入，实用化着力，细化分解具体培训内容，做到横向覆盖各个岗位，纵向贯穿个体、小组、运行值、运行处各个层面，切实把操纵员工作中涉及的方方面面讲清楚、讲明白，实现员工培训与岗位需求的无缝衔接，精心设计开发培训场景。

1）模拟机培训场景“实战化”

在以往模拟机培训过程中，学员缺乏机组上真实操作、及时决策的紧张感，带有典型的“培训心态”，对学员在真实机组出现紧急工况下抗压能力的培训、考察不足。“实战化”培训场景从培训实战化出发，牢固树立以能力为本的理念，坚决克服培训中的形式主义，着力培养学员灵活运用所学知识与实际操作技能除痛点、疏堵点、解难点，不断突破自身发展瓶颈。

通过设计“实战化”模拟机培训场景，提升场景的挑战性、真实性，使操纵员带着压力参加培训，极大地调动了学员积极性，培训面貌焕然一新。在不断破解问题中提高自身解决实际问题的意识与能力。

2）模拟机培训场景“模块化”

为了确保“实战化”模拟机培训场景符合行业标准与公司管理程序的要求，确保操纵员能够运用必要的知识、技能、行为和实践，“实战化”模拟机培训场景严格按照2021年4月27日发布的新版《核电厂操纵员模拟机考试实施细则》规定进行编制，符合《中华人民共和国民用核设施安全监督管理条例》《民用核设施操作人员资格管理规定》《核电厂操纵员培训与执照考核管理办法》要求。标准的模拟机培训场景“模块”，既能用于培训，也能用于考核，极大提升了培

训考试场景编制的规范性、便捷性。

3）突出防人因失误工具的使用

主控室操纵员防人因失误工具的使用是实际工作中人因工程管理的重要组成部分。为了通过模拟机培训有效提升操纵员防人因失误工具使用能力，在编制“实战化”模拟机培训场景模块过程中，各个岗位额外设置固定数量的防人因失误工具使用监控点，并赋予较大考核比重，积极引导学员认识到防人因工具使用的重要性。

依据中国核电《关于对值长领导力和操纵员基本功组织培训和观察指导的通知》，组织进行“田湾核电站操纵员基本功年度强化培训”及“田湾核电站值长领导力年度观察指导”，成立评估小组，针对操纵员基本功弱项及防人因失误工具使用的薄弱环节，提出改进行动。以2019年为例，评估出运行人员操作偏差及人因失误292项，并对4台机组22名值长进行量化打分，制定改进行动及建议11项。

4. 精确实施，全方位为培训保驾护航

要保证模拟机培训工作顺利实施，达到预期培训目标，全面、充分的保障必不可少。江苏核电从培训实施精细化、培训效果评价精准化、教员能力提升3个方面进行了管理创新工作，依托自主开发的电子化平台保证创新工作的全面开展。

1）模拟机培训实施精细化

培训实施精细化、标准化。形成模拟机培训准备通知单、“三教员”设置、模拟机培训日报制的培训实施流程。在培训开始前，模拟机教员发送“培训准备通知单”，内容包括培训内容、学员上机计划等，使学员更高效地利用培训时间，提升培训效果；加大教员配置力度，“三教员”同时授课，全方位观察、记录学员表现；建立模拟机培训日报制度，模拟机培训日报制度包括学员的操作偏差、良好实践、经验反馈、文件质量等模块，及时、客观、准确地进行信息共享，为培训学员及时纠偏、管理者掌握培训动态提供了丰富的信息。

2）自主设计开发模拟机培训电子化平台

自主设计开发模拟机培训电子化平台，将确定的需求转化为发现问题、反馈结果、制定措施的过程，达到“角度多样、分析直观、数据全面”的效果。构建模拟机培训偏差数据库，包括组织机构、偏差记录、偏差条款。模拟机教员将操纵员的操作偏差记录在电子日志中，可按照个人、岗位、团队进行分类、汇总，围绕主控室操纵员基本功弱项5个维度及各自岗位的二级维度，细化主控室操纵员模拟机培训评价标准，准确进行培训效果评价及分析。通过电子化平台精确分析记录学员操纵偏差，收集客观数据形成分析报告，以 2021 年 3 号、4 号机组执照人员模拟机复训为例，模拟机教员共记录观察事实 1571 项、实战化培训观察评分 192 份。

该电子化平台的优势在于：

- 对操纵员在整个培训周期内的具体操作偏差进行分类而形成客观的数据汇总，精准识别出个体弱项；
- 对运行值、运行处进行整体评价，精准识别出团队共性弱项；
- 对各个岗位具体偏差进行分类形成客观数据汇总，精准识别出岗位弱项；
- 对连续几个培训周期的记录进行横向对比，识别改进行动的有效性。

3）全面提升教员能力，保障培训质量

建立健全专职模拟机教员培训、考核和授权机制，持续提高、更新专职模拟机教员的知识、技能和经验，改进授课效果，加大专职模拟机教员生产一线培训力度，制定《年度专职模拟机教员专业能力提升方案》。

及时完善、更新模拟机培训资料，包括但不限于模拟机培训场景、模拟机培训教案、模拟机考试题库等。

深入分析主控室操纵员各岗位的工作特点，专职模拟机教员定期在对应机组主控室进行机组启、停机以及专项操作学习与交流。

开展专职模拟机教员业务讲堂，讲堂内容包含但不限于专题模拟机培训、事故规程研讨、模拟机授课技巧等，交流教学经验。

[点　评]

操纵人员培训工作是公司人才培养的重要抓手，是助力打造机组运行全球标杆工程的重要组成部分。“四精”模拟机培训管理以“精细化”为依托，遵循“主动优化、持续改善”的总体工作思路，以信息化、标准化为载体，做到有责任、有目标、有期望、出实效。通过打造工作专业化、执行效率化、管理精细化、业务标准化的培训管理体系，在行业内操纵人员培训方面发挥引领作用，提供了田湾方案，实现了“培训创造价值，人才赢得未来”的目标。

21.3.3 操纵员培养案例2：与国际对标的操纵人员培训标准建设

[标　　题]

学习先进、追求卓越

[案例概述]

为贯彻国际化的核电运行管理理念、改进培训管理并落实国家能源局政策，开展对操纵人员培训相关的新标准研究，三门核电系统策划，开发AP系列核电厂操纵人员模拟机考试实施方案，按照“科学化、规范化、精细化、常态化”的工作思路，精细量化“人、机、料、法、环、测、安”各方面，部署实现新方案成功落地并推动实现整个培训体系的创新变革和优化完善，保障了企业高质量发展，创造了显著的经济效益。

[案例详述]

操纵人员是核电企业关键岗位核心技术人才，他们直接操纵反应堆、监视和控制核电厂运行，操纵人员的绩效水平直接关乎核电厂的安全和经济指标，随着核电规模增长和技术发展，核电厂操纵人员培训必须与时俱进，加强制度建设和制度落实，构建更加有效的操纵人员培训与考核体系。核电行业主管部门明确要求，“十四五”期间加强对操纵人员培训与考核相关的新趋势、新技术进行前瞻性研究。长期以来，三门核电操纵人员培训沿袭首批西屋模式、对标国外核电厂、借鉴国内同行等，虽博采众长，但一直未能有效整合、统一，导致标准不明、有先进理念却未能长久贯彻、有良好实践却未能有效推广。为落实国家能源局的政策要求，同时能够形成明晰的培训标准，坚持贯彻长久以来吸收引进的国际先进理念，三门核电迫切需要建立一套新的操纵人员培训考核标准，以高于行业标准的人才培养模式为引擎，推进企业高质量发展。三门核电的主要做法如下。

1. 解放思想，协同开发三代堆型新方案

三门核电作为国家首个引进的第三代压水堆核电技术自主化依托项目，在引进、吸收过程中，不但充分掌握了包括自主化人才培养能力在内的核心技术和能力，也消化吸收了国际先进理念，在运行培训领域树立起了行业标杆。2021年4月，国家能源局发布23号文《核电厂操纵人员模拟机考试实施细则》，要求各核

电厂遵照执行。该实施细则与三门核电一直采用的对标美国核电厂的模拟机考试方式有很大区别。为了持续贯彻三代核电与国际接轨的运行管理理念，保持先进性并持续提高自主创新能力，三门核电大胆改革、自主创新，协同核电厂同行经过一系列的调查研究、分析论证、听证汇报、多次邀请专家研讨，并征求上级部门意见，共同开发了全新的《AP1000核电厂操纵人员模拟机考试实施方案》（以下简称《方案》），成功通过了核电厂操纵人员资格审查委员会审查。

《方案》在操纵人员考核能力全面性、考试试题难度和考试评判要求上均高于国内其他核电标准，三门核电以高标准严要求致力于打造一流的人才队伍，助推企业实现成为业界运行业绩领头羊和行业标杆的目标，为开创可持续、高质量发展的新局面提供有力保证。

2. 精细化部署，确保实施方案成功落地

国家能源局23号文发布后，三门核电面临的第一次考验是在2022年1月初举行的第五批操纵员换照考试。通过前期的大力推进，2021年10月，《方案》成功通过了核电厂操纵人员资格审查委员会审查。在仅剩的两个月，三门核电紧锣密鼓展开操纵人员取换照改革工作，按照“科学化、规范化、精细化、常态化”的工作思路，部署实施新方案。

三门核电充分运用系统化思维，从管理提效角度，对换照考试组织流程的各环节充分评估，通过精细量化“人、机、料、法、环、测、安”各个方面，在确保满足法律法规的前提下，优化流程，减少教员负担；通过流程梳理、上下游关系分析，层层推进，降低交接沟通成本；通过编制普适性模板，减少教员编制考试场景的重复性工作；通过合理分配校对、审核、电子教案验证工作，实现人员和模拟机机时最佳配置。操纵人员模拟机考试新方案实施流程如图21－5所示。

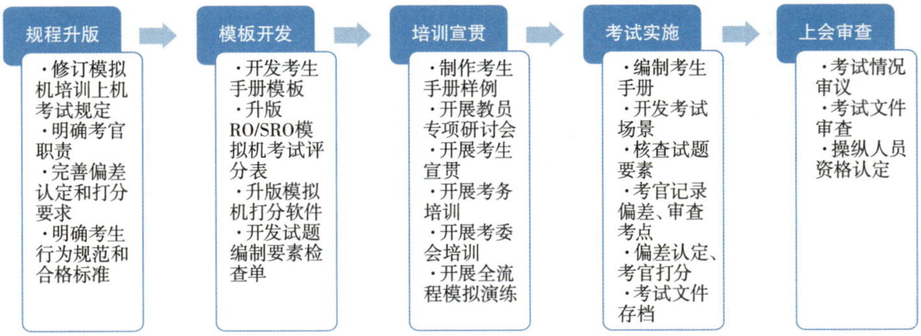

图21－5 操纵人员模拟机考试新方案实施流程

3. 动态优化，内外双闭环推动培训长效提升

《方案》落地实施后，秉承“科学化、规范化、精细化、常态化”的工作思路，为总结本次实践经验，确立新的操纵人员取换照考试规范，三门核电开展监督评估、审查总结工作，从实践中查漏补缺，提出改进项，规范管理程序、持续完善管理方法和组织流程，通过闭环反馈确保落实国家监管单位政策要求，并且持续提升管理水平。图21－6是培训体系中操纵人员模拟机考试管理模块的内部闭环，将考试环节的革新内容作为反馈输入整个培训体系的循环数据链，实现了推动整个培训体系创新提升的外部闭环。

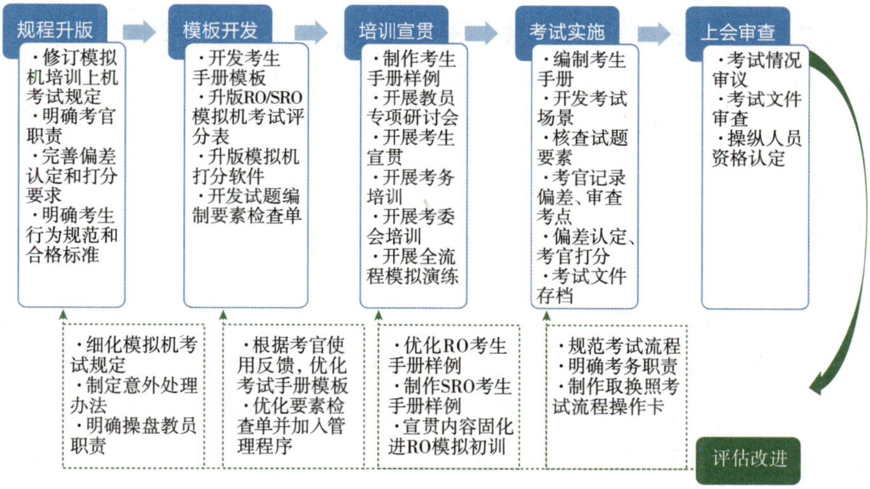

图21－6　操纵人员模拟机考试新方案实施闭环管理

三门核电培训体系的顶层设计以系统化培训方法为指导，打通人才培养循环数据链，保证源源不断的培训数据迭代生长动力，使得人员的能力提升实时紧跟核电厂实际需求变化，以保证核电厂安全、稳定和高效运行。系统化培训方法是一种在世界核电领域受到普遍重视并得到广泛推荐的培训方法，由分析（A）、设计（D）、开发（D）、实施（I）和评价与反馈（E）5个阶段构成。基于系统化培训方法确定的岗位培训数据并不是固定的，而是根据内外部的要求不断进行实时变化。系统化培训方法赋予了数据循环迭代的自驱力；以考核的新要求反馈至培训阶段，变革培训管理要求；以考核高标准倒推培训建立高标准，实现整个培训体系的创新变革和优化完善；通过全面审查评估培训教材、模拟机培训场景、考评标准和组织流程，建立培训管理体系的全流程闭环管理，

实现管理的科学性、规范性和有效性。

4. 场景模块化，实现培训模块精细化管理

按照操纵人员模拟机考试实施方案中“每套操纵员试题的事件类型须包括1个反应性操作，1个正常运行，4个仪表、设备故障，2个主要事件，1个自动功能手动控制；每套高级操纵员试题的事件类型须包括1个正常运行，2个仪表、设备故障，1个主要事件，2个技术规格书评估”的新规范，全面梳理当前RO/SRO模拟机培训场景导则，对包括单一场景和综合场景在内的182份培训场景优化升版，增补事件类型、重组故障组合，增加经验反馈和行业事件，扩大故障覆盖面。

从管理提效和精细化管理角度，创新性提出模拟机场景模块化管理思路，完成58份RO模拟机单一场景典型故障模块化和84份运行规程建库管理，为核电培训板块数字化、信息化工程打下坚实基础。

5. 制度细化，建立培训上机、点评标准流程

三门核电在培训上机、点评标准流程的建立过程中进行了多次讨论。公司班子领导及运行处、培训处领导给予了充分的指导意见。培训处教员根据培训实际执行情况也进行了数次优化，结合美国NRC发布的NUREG－1021操纵人员考核能力要素和WANO运行值绩效评估（CPO）重点关注内容（近年来，世界核电领域WANO CPO待改进项主要集中在反应性管理和控制不足、技术规格书使用不足、值长全局掌控不足等方面），在以操纵员五大基本功作为点评维度之外，开创性地将反应性、技术规格书、值长全局掌控等作为独立的维度进行点评，从而使操纵人员在扎实基本功的基础上，聚焦这几项行业内人员普遍弱项，更有针对性地进行人员能力提升。

此外，三门核电为使培训上机、点评标准流程更加规范，重点参照了WANO CPO场景实施过程，做了细致的规定，包括交接班、场景过程中的观察及速记方式、场景结束后教员与学员的短会、时间线的讨论、观察报告的编制等内容。场景点评时间与场景等长，能将场景中的各个事件工况、学员执行的强项、弱项进行深入讨论，并且按照“操纵员5项基本功＋反应性/技术规格书/值长全局掌控”进行分类，使操纵员能充分了解自身哪方面存在不足。点评中也讨论正确的执行方式及改进行动，为提升运行绩效明确方向。

6. 从数据见精细，全面强化精准培训效果

三门核电坚持逻辑、依据、数据的工作方法，不断完善培训体系培训标准，

以数据驱动培训决策，使人才培养有的放矢，使一流人才精准支撑核电企业安全、技术、经济性领先竞争力，充分发挥第一资源的重要作用。

培训有效性最重要的验证标准为生产绩效的不断提升。三门核电将培训数据融入生产管理系统中，培训考核与评估、培训观察数据与人员绩效观察、状态报告等数据由统一平台管理，实现数据集中，可以方便数据统计查询、分析对比和深化应用。以核反应堆操纵人员岗位为例，操纵人员能力评估和培训是关系核电厂安全高效运行的根本。三门核电实现了操纵人员基本功的培训评估数据和生产绩效数据的统一管理和融合应用，能有效识别操纵人员共性弱项，提高了培训的针对性和有效性，也为操纵人员基本功弱项趋势分析提供了累积数据支撑。

三门核电树立核电厂操纵人员培训高标准，坚持培养一流人才的目标导向，形成“培训成就一流人才，人才创造卓越业绩”的共识，通过描绘一流人才数字肖像，完善人才培养体系，坚持生产绩效提升的结果导向，形成了与企业发展相匹配的人才储备。在培训标准构建过程中，积累了大量的基础数据，并将在数据的循环流动中持续积累和迭代。与此同时，形成了一套行之有效的数据治理方法，对数据挖掘进行了初步探索，为充分发挥数据价值、稳步推进智慧培训/未来培训、深化企业数字化转型打下了牢固基础。通过动态跟踪人员绩效，及时开展数据分析，以分析结果驱动培训决策，精准消除人员绩效偏差；通过减少人因失误提升生产绩效，保障机组安全稳定运行。三门核电一期工程作为国家首个引进的第三代压水堆核电技术自主化依托项目，承担起党和国家赋予的历史使命，在引进、吸收、再创新的过程中不但充分掌握了包括自主化人才培养能力在内的核心技术和能力，而且积极进取、解放思想，吸收国际先进理念，以国际化视野打造国际领先的行业标杆，三门核电建立的AP1000核电厂操纵人员培训标准，为提升核工业的核心竞争力提供了“三门方案”，获得国家能源局认可，在山东核电得到全面推广，并逐步推广到国核示范等机组，得到行业的一致好评，与中核运行、中广核大亚湾核电、宁德核电、石岛湾核电等多家核电企业进行操纵人员培训对标交流，推动了行业整体高质量发展。

[点 评]

标准建立工作需要精、细、严、实，尤其是面向操纵人员这一核电企业关键核心岗位人才，要追求精益求精，三门核电开发的《AP1000 核电厂操纵人员模拟机考试实施方案》能获得国家能源局认可并在短时间内实现成功落地，离不开精细化工作部署：坚持系统思维和统筹推进，以提质增效为衡量标准，进行“恰到好处”的精细化管理，勇于自我革新、破除思维定式。在运行培训领域，要继续以三门实践为榜样，精耕细作，坚持问题导向、目标导向、结果导向，主动优化、持续改进，瞄准管理薄弱环节精准发力、解题破局。

21.4 其他重要岗位人才培养

21.4.1 综述

核电企业专业性强，知识门类繁多，一名员工从进入公司开始，就要参加入厂通用培训、基本安全培训、核电基础理论培训、岗位培训、管理培训等各类培训，中国核电及各成员单位以岗位培训大纲、培训清单为基础，建立起一套核电厂“岗位培训—考核—授权—上岗”机制。目前核电运行、技术、技能等各类岗位都已经建立起了相对完善的基础培训体系，构建了针对各类人才的特色培养机制，打造了一支结构合理、素质优良的人才队伍。

为进一步提升各类人才队伍的专业性，中国核电精准施策，不断梳理优化各类专项培训，建立起从提供基础性培训逐步迈向培养专业性更强、解决问题能力更高的专业人才培训体系。其中，秦山核电开展的核职业领导力研讨班，建立了以提升领导力为核心，通过传递公司管理理念和期望、访谈沟通、制订行动计划等来实现企业文化传播的知、信、行，在传承管理经验、提升管理人员领导力、强化内部凝聚力、促进核电厂运行业绩持续提升、增进核电厂跨领域交流合作等方面都发挥了重要作用。福清核电大修经理标准化培训，以大修 P 规程、大修标准计划、标准化工作手册、大修经理指导手册等标准化文件为基础，以大修人员职业发展路径图为蓝本，通过对大修经理工作职责、能力需求进行分析，针对性制定大修经理培训课程清单，开展系统化的培训。作为国内首家实施维修技能分级考核的核电企业，三门核电通过构建和实施维修技能分级考核体系，创新维修人员技能量化管控措施，有效促进了维修人员“大技能”提升的目标实现，为基于技能人才的大型电力企业的人才评价提供了新途径、新方法，具有较高的借鉴、推广价值。

作为示例，本节介绍了秦山核电核职业领导力研讨班组织模式开发、福清核电大修经理标准化培训管理体系建设和三门核电维修技能分级考核体系开发与实践3个案例。

21.4.2 其他重要岗位人才培养案例1：核职业领导力研讨班组织模式开发

[标　题]

精耕细作，构建不一样的核职业领导力研讨班

[案例概述]

2009年，作为赴加拿大、美国与国际核电同行进行对标管理的一项重要后续行动，秦山核电启动核职业领导力研讨班这一提升公司领导力的培训模式，至今已走过13年，共举办40期，国内培训31期，培训中层、基层管理人员612名。核职业领导力研讨班已为核能同行广泛认可，并成为秦山核电对外服务精品项目，为中核陕铀、中原公司、华能石岛湾、福清核电、三门核电、江苏核电、海南核电、霞浦核电、华东监督站、华东电力设计院等十几家单位培训约200名学员，在传承管理经验、提升内部凝聚力、将学习成果转化为工作实效、促进核电厂运行业绩持续提升、增进核电厂跨领域交流合作等方面发挥了重要作用。

2020年初，该研讨班项目获得国家版权局认定的两项版权，开创了秦山核电对课程类知识产权保护的新模式。

[案例详述]

2019年11月21日，由中国人才发展社群主办的第四届全国学习设计大赛上，秦山核电精品培训项目“核职业领导力研讨班”在286家参赛单位中脱颖而出进入决赛，征服了全场近500名专业评委及大众评审团，夺得金奖第一名（见图21-7）。是什么样的培训模式能够得到全国专业人士的肯定和认可？这一培训模式又有哪些与众不同的特点？下面，我们将走进不一样的核职业领导力研讨班。

图21－7　核职业领导力研讨班获奖

1. 不一样的课程——精雕细刻出精品

在研讨班会议室，没有投影、没有讲课白板，仅有的一台电脑用作发言记录——研讨班“夜话领导力”的课程正式开始。主持人、秦山核电总经理首先请学员提出自己在工作遇到的管理难题，然后由其他学员根据经验给出解决方案，而总经理只做讨论组织和关键点启发引导。

总经理话音未落，一位来自财务领域的学员立即发问：“我的问题是如何引导职工积极学习相关业务知识与技能?”经过短暂思索，十几位学员纷纷建言，提出主动组织相应内部培训、发挥科员不同才能轮流讲课、科长带头学带动大家一起学等10多条建议。话题结束，此学员感慨地感谢大家：这可都是“金点子”！当晚，3个类似的管理问题，通过这种互动式的提问与解答有了答案。

以上场景只是秦山核电核职业领导力研讨班中的一个小场景。研讨班建立之初，项目组就设置了课堂培训、现场观摩访谈以及行动制定和落实三段式课程模式。所有的模块设置都是由现任公司高层牵头成立专项组精心打磨完成的，主题紧扣“核安全”和“领导力”，课程设计的核心环节紧密围绕核电厂实际管理课题开展研讨与交流。

研讨班第一阶段开展为期一周的全封闭课堂交流，重点研讨包括领导力、核管理人员素养、安全文化、人员绩效、沟通交流、人员行为、工作观察与指导、行动计划与陈述等内容。目前“领导力”“管理沟通交流”以及“核安全文化”等课程已经成为中国核电管理培训的品牌课程。在第一周40课时课堂培训中，参加了15次讨论、1次模拟任务和1次夜话领导力的学员梁某说：“课程很新鲜、很有针对性，也很辛苦、很费神、很有收获!”

研讨班第二阶段以任务卡的形式将18位学员分为3组，在一周的时间内，各组组员发挥各自的沟通组织能力，自主完成核电厂日常生产管理活动观摩，公司高层、中层、基层员工以及承包商管理人员访谈，学员跨领域岗位交流等活动，主要目的在于近距离观察体验核电厂管理活动，让学员以相对独立的眼光观察核电厂运营状况、了解各层级各领域人员的管理理念和管理经验。

研讨班第三阶段，学员在前两个阶段的学习和交流基础上，针对发现的问题制订个人、部门及公司三个层级的行动计划，使两周的研讨交流成果落地。

2. 不一样的教员——精耕细作见真章

第29期研讨班培训教员、公司技术领域领导终于松了一口气——他的培训课件“实践论与矛盾论”自2020年开始加入核职业领导力的课程清单，每次授课前都会几易其稿后才提交给会务组。尽管已多次讲授该课程，但他还是提前一个月就开始了课件修改和准备，重点传递哪些期望、案例是不是新近发生并具有典型性、课程讨论话题如何设置等都是他要考虑的。

“最好的老师就在身边，最好的教材是身边的事”，这是研讨班教员选聘的基本出发点。研讨班的教员大部分由核电厂内部管理人员担任。在过去几年中，秦山核电举办的研讨班里共有31位教员，其中有27位是核电厂中层以上管理人员，其他教员也是核行业资深专家。

研讨班的一位组织者介绍说：“由秦山核电自己的高级管理人员和重要中层管理人员担任教员，不仅能让学员感到公司对这项培训的重视，也是沟通公司管理期望的最佳机会。教员传授知识并不是重点，重要的是通过管理期望的传递和沟通使学员的行为发生改变。教员不是简单讲解，更多是通过与学员互动，激发学员思考、讨论，并逐步激发学员改变现有管理状态的愿望。”

3. 不一样的学习——精密充实增实力

研讨班自成立之初，就对整个培训流程进行了精密的设计，确保在两周的过程中既能让学员感受和体验领导力，又能为学员提供亲自实战的机会。比如在第二周，培训项目组提供任务卡，班委和各小组长根据任务卡的要求去设计和规划整个流程，学员在完成任务的同时，也展现了自身在各个方面的领导力。

“基于每位学员在5天培训中未发生迟到现象，我们为每位学员加贴一颗星星！”“感谢李某同学精彩主动的发言，要贴一颗星星”……在第一周的培训中，“贴星星”成为大家的自发行为；在第二周，在更广泛交流互动中产生明确及时的认可——大家更加关注其他领域部门人员的良好实践。研讨班倡导学会欣赏他人并明确表达出来，这样可以培育坦诚融合的认可文化和沟通环境，使学员养成自觉使用这种有效激励员工方法的习惯。

“这次研讨班获得的沟通机会太难得!”学员周某感触地说，“第二周我们访谈了公司和厂级领导4人、处级领导9人、科值长5人、协作单位领导1人，与在公共宣传媒介上读取组织愿景和工作目标相比，面对面听取高层和管理人员对组织愿景、价值观等进行深入浅出的阐释、对自己提出殷切期望，这样的沟通和期望更让我们认同。我们观摩生产活动16项、各类会议8次，大家更深刻地了解和理解了电厂生产的表象与内在环节。这也是一种有效沟通。”

谈及学习感受，其他学员也纷纷发表感言，保持对“领导力”的绝对关注：所有课程都围绕领导力设置；在人员访谈中，学员与受访人员只谈管理、不谈技术；突出表现“自律”与“言行一致”的领导力特质——教员讲课和学员上课严格守时；人员访谈严格控制在1小时内；通过班级班委自主管理感悟团队领导力；小组自主开发设计第二周的活动路线及内容，提升成员的组织、沟通能力……

4. 不一样的考核——精准落地见实效

“一项好的培训，必须带来积极的变化。”研讨班的第三阶段是围绕如何带来积极的变化开展的——制订执行1项6个月内能够完成的个人行动计划、部门行动计划及公司级行动计划，这就是对学员两周学习思考的考核。

个人行动——1项自己能完全掌控的行动计划，大家根据研讨班期间的所闻、所见、所思，提出改变自己的行动计划，如养成阅读习惯、锻炼身体、策划结婚纪念日、为家人学做一桌美味可口的饭菜等。

部门行动——1项需要学员所在部门成员共同完成的行动计划，让学员体会如何获得必要的支持、资源，学会沟通，掌控变革并朝着预期的方向发展，如组织处室员工述职演说、运行某处智慧化提升需求梳理及可行性研究、大修准备全要素/全流程精细化管理、推进管道振动监督精细化管理、5G环境下的执法记录仪调研等。

公司级行动——1项需要多个部门协作开展的行动计划。学员将体会到领导和其他部门同事支持的重要性，锻炼学员的协调能力和团队协作精神，如提高会议有效性、优化防人因实验室、建立秦山核电“责任心之梯”、开发秦山核电“百事通”小程序等。

截至2022年，该课程产生公司级行动项47个、部门行动项650个、个人行动项790个，有效提高了公司管理水平和管理效率。

5. 不一样的理念——精致理念现情怀

研讨班自创立之初，就倡导学员要树立“修身、齐家、治国、平天下”的理念，通过各种不同的学习交流不断提升自身修养，从点滴做起，用心、用行动去影响、改变周围的人和事，不断提高个人能力，增强团队凝聚力和战斗能力，进而提升公司的绩效。同时，研讨班鼓励学员要心怀大局，不畏岁月和年纪，永葆自己的好奇心和积极向上的学习热情，适应时代的发展和要求，才能在不断变化的环境中保持自身的核心竞争力，勇立潮头。

道阻且长，行则将至；行而不辍，未来可期。核职业领导力研讨班秉持其发展理念，尽最大的努力使学员有所得、有所思、有所获，共同助力秦山核电的发展，共同建设秦山核电更加美好的未来。

[点　评]

核职业领导力研讨班建立了这样一个链条：以提升领导力为核心，通过公司领导和内部教员讲授传递公司管理理念和期望，使学员“知”；通过学员访谈和多场合沟通印证自己所学，使学员“信”；通过个人行动、部门行动和公司级行动践行所学，使学员“行”。这个链条实现了企业文化传播三境界——知、信、行。特别是最难的“行”，通过层层递进的推动把文化理念变成实实在在的行动，并推动工作不断获得提升。这是一条可信的文化实践途径，也是可复制的文化传播模型。

21.4.3 其他重要岗位人才培养案例2：大修经理标准化培训管理体系建设

[标　题]

从大修计划工程师到大修经理的卓越之路

[案例概述]

核电机组换料大修是一个系统化的项目工程，存在工作量大、参与人数多、涉及专业广、参与单位多、协调接口多、工作逻辑复杂、准备周期长等特点。大修经理作为换料大修的项目经理，承担大修项目的整体管理，负责落实大修准备工作，协调各专业准备工作，组织大修项目的实施并组织突发问题的解决等，对实现大修优秀业绩有着至关重要的作用。大修经理不仅需要扎实的技术能力水平，也需要优秀的项目管理能力。对大修经理的培养是一项综合系统性工作，需要依托标准化的培训体系和文件体系，实现大修经理的迅速成长，满足岗位需求，满足核电厂大修需求，满足核电基地群堆管理的需要。

福清核电大修经理标准化培训以大修P规程、大修标准计划、标准化工作手册、大修经理指导手册等标准化文件为基础，以大修人员职业发展路径图为蓝本，通过对大修经理工作职责、能力需求进行分析，针对性制定大修经理培训课程清单，开展系统化的培训。大修经理标准化培训体系实施以来，培养了多名大修经理，并多次实现大修“30”目标，其中福清核电105大修创造中国核电同型机组最优大修工期纪录。

[案例详述]

1. 夯实大修经理标准化技术基础

1）“一键式”工单窗口

大修项目是大修工作的基础，福清核电基于预定义项目数据库，开发了预定义项目标准窗口，固化每项工作的标准窗口并转化成排程码，使每个大修的几千项预定义项目都有了其“身份”，明确了在什么窗口实施。再通过自动排程软件及排程码，实现大修预定义项目工单窗口一键式挂接逻辑，减少大修计划工程师工作量的同时，保证项目大窗口的准确性。基于排程码基础，福清核电对预防性数据库每个项目编制IO（不可用事件）/LCO（运行限制条件）/TRO（运行技术要求）码，通过软件自动识别冲突，实现对核安全相关条件的自动预警。标准化工单窗口可以帮助大修计划工程师对大修检修项目进行快速分门别类，拓宽人员大修项目组织的整体视野。

2）“条目式”例行工作

基于大修计划工程师及大修经理的例行工作，开发例行手册35份，对每个岗位所需开展的工作进行条目化指导，并在例行手册中强调细节工作，避免例行工作成为探索式工作，让新人不慌。同时让大修管理人员在不实际从事某项工作的情况下也能抓住一项工作的重点、要点，为成为大修管理人员、牵头大修项目组织奠定基础。

3)“传承式”大修P规程(计划参考方案)

福清核电首创行业大修计划技术文件体系,作为公司大修能力的载体和产品,迭代优化,将个人经验和单次大修成果固化。基于大修标准主线计划及准备计划等大修工作,编制大修P规程,涵盖了机组大修期间上下行、重要检修工作和主线重要异常的计划安排、决策和处理思路以及经验反馈总结,形成了一套标准的大修决策情景库,对大修经理快速应对大修重大异常很有帮助。福清核电针对M310机组开发了27份大修P规程,华龙机组开发了18份大修P规程,覆盖主要大修计划安排工作和风险管控。

4)“大纲式”指导手册

基于各岗位大修准备和实施要点,编制了《大修经理组岗位指导手册》和《大修OCC各岗位指导手册》,对大修各主要管理岗位的职责、经验技能要求、学习的材料和工作要点进行了指导,起到提纲挈领的作用。通过指导手册,梳理各个岗位经理的工作脉络,对准备实施各项工作进行串联,规范大修经理组各岗位的准备和执行,更好地传承经验,实现岗位“新人”快速成长、“老人”查漏补缺。同时,也为了解并组织其他岗位经理做好工作打开了一扇门,为从大修计划人员成长到大修经理需要关注推进的各领域工作,提供了清晰的脉络。

2. 蹚出大修经理发展卓越之路

基于大修经理在大修业务中的核心组织管理作用,要求大修经理职业化、专业化、多元化,即能建制度、能带队伍开展大修准备和实施,主导大修各项工作控制,具备计划通岗、流程及各岗位通识。福清核电结合计划工程师的基本技能和知识要求,分析大修经理职责和大修项目各业务领域环节,确定大修经理需要的知识、技能,并将这些确定为培训目标和职业发展路径,制定职业发展路径图,规划从大修计划工程师到大修经理的成长之路,涵盖工作能力和工作态度两大维度,分为员工知识水平、技术水平、综合素质能力、责任心阶梯四个方面,包含具体衡量标准(见图21-8)。

通过大修管理人员职业发展路径图(见图21-9),明确各个岗位阶段的要求及差别,实现对人员水平的一个度量,明确差距及后续需要开展的提升和需要达到的水平,在保证人员满足当前岗位能力需求的同时,为承担更高岗位提供支持。通过合理规划各个阶段需要掌握的内容、达到的水平,保证人员学习的条理性;通过对人员责任心的评价,激发人员的积极性。

图 21－8　大修经理知识体系

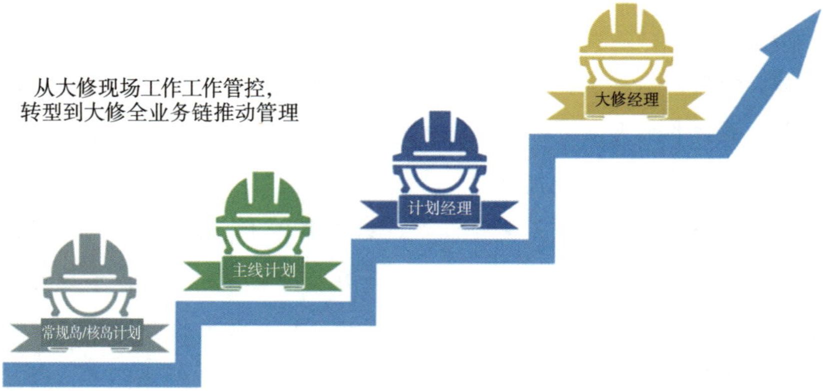

图 21－9　大修管理人员职业发展路径图

以大修管理人员职业发展路径图为基础，实施大修管理人员职业发展评估工作，全面评估人员成长进程。培养对象根据本人从事大修管理相关的工作表现，对照大修管理处职业发展路径图，对本人实际的工作能力和工作态度进行自评。指导人对员工自评结果进行复评。由资深人员组成的评估小组根据培养对象的工作业绩，结合培养对象的自评、指导人审核意见进行最终评定，并将评定结果进行展示。

根据评估结果，针对每位员工的评估黄灯项制定解决措施，针对每位员工下一阶段知识水平、技术水平、综合素质能力、责任心阶梯要求制订成长计划，并为每位员工指定指导人、监督人进行指导、监督。通过闭环的评估、指导、改进流程促进大修人员快速成长，以及准确发现薄弱点，并针对性地改进提升。

3. 大修经理成长组织保障充分

为了培养大修经理，并提供实战经验，福清核电采用计划小队模式提升人员管理能力，通过影子培训和“1 +1”帮扶模式帮助实现从计划工程师到大修经理的平稳提升。

“计划小队”管理模式是以生产单元为基础进行划分，采用项目制管理，实行责任田、网格化管理。计划小队人员组成不局限于具体的科室，各单元大修计划岗位人员原则上以小队人员为基础进行安排，尽量固化各机组计划团队人员。每个小队设置一名队长，负责小队的总体管理及分工，各成员在队长的总体安排下开展工作。计划小队负责各单元具体大修计划的编制，组织开展单元数据库的优化，根据上次大修经验反馈，修改优化本单元的大修数据库，在下次大修落实各大修经验反馈，保证本单元项目中长期规划的合理性。通过担任计划小队队长，在锻炼人员带队伍能力的同时，实现建立大修项目全局视野，串联大修规划、准备实施、总结各个环节，为人员担任大修经理提供保障。

“影子”培训以具体大修岗位为基础，对拟担任新岗位的人员开展培训。影子培训人员虽不直接承担大修具体工作，但是跟踪相应岗位工作。培训期间被培养人全程跟踪岗位工作。影子培训以指导手册和例行为基础，将手册的枯燥文字描述转换成实际的实施动作。通过影子培训，进一步加深人员对岗位具体工作的理解和规范要求，实现准实践。

“1 +1”帮扶以具体大修项目为对象，为担任新岗位的人员指定经验丰富人员担任指导师傅，开展指导活动。针对大修经理岗位，指导工作覆盖准备和实施，特别是加强对安全、质量管理等非计划业务知识的开拓，保证大修经理对大修项目的全要素管控。大修准备期间，指导人员通过自己从事该岗位工作时的经验，进行代入性的系统讲解指导，并针对具体问题阐述解决方式方法，以及自己碰到过的类似问题处理方法。大修实施期间，开展对各类会议、工作组织的观察指导，规范动作的同时，厘清处理问题的思路。针对实施期间的得失并结合复盘工具，对当天工作进行分析，持续改进后续工作。在进行帮扶时提供指导，但又不替代，保证被培养人的主观能动作用。

2020年以来，福清核电通过大修经理标准化培训体系的实施，顺利完成4名大修经理岗位培训，并高质量组织大修工作。2021年，福清核电105大修创造中国核电同型机组最优大修工期纪录，大修指标三星率连续3年实现超过90%的考核指标。由大修经理牵头持续开展体系化大修优化，创新优化、有效提升大修业绩，福清基地已成为中国核电大修良好实践的主要提供者。

[点　评]

福清核电首创大修经理标准化培训体系，以标准化思想为指导，运用系统思维，以技术文件、工作流程、培训体系标准化为基础，构建系统化、体系化的成长路径，实现大修人才培养精细化，是核电厂大修经理培养的典范。经该体系培养的大修经理，具有扎实基础、全面素质、全局视野，带领福清核电大修团队多次实现“30”目标，其中105大修创造了中国核电同类型机组最优大修业绩。

21.4.4 其他重要岗位人才培养案例3：维修技能分级考核体系开发与实践

[标　题]

核电厂维修技能分级考核体系开发与实践

[案例概述]

维修人员技能水平是保障维修工作可靠性的重要环节，通过细致深入的理论研究和实践应用，将核特有工种职业技能鉴定程序与系统化培训方法相结合，构建整套核电厂维修技能分级考核体系，填补了维修技能量化控制的空白，开创了核电厂维修技能管理新途径、新方法，形成了可复制的技能管理体系，极大地降低了培训成本。三门核电从2016年起正式实施维修人员技能分级考核，并将考核结果应用于实际工作中，真正将维修技能提升落到了实处，抓出了实效。

[案例详述]

随着核电建设的发展、社会化分工以及核电厂运营经济性的需要，越来越多的检修承包商介入核电厂的检修活动领域，大量的工单由承包商人员负责实施。由于核技术的特殊性和独特性，核电厂对核电检修承包商的技能水平等综合能力要求较常规电力行业高。目前维修承包商人员技能水平和技能培训管理呈现以下特征。

1）维修人员技能素养差异大

维修人员的技能主要来自工作经验和培训，其中承包商人员学历差别较大，受教育程度参差不齐。根据三门核电在职承包商人员信息统计，高中及以上学历仅占一半，针对某个专项培训的掌握程度以及技能的融会贯通的能力都存在较大的差别。

2）维修技能专业面广、专业性强

维修工作多达二十多个专业班组，且每个班组中还存在多个细分的专业。同时，作业条件和作业地点的多变性带来了维修技能控制的复杂性。

3）维修承包商人员流动性大

由于核电市场的扩大，行业内的主力维修承包商存在多线作战、人力资源紧张的情况。在该部分人员流动稀释技术力量的同时，新进人员对设备以及现场的熟悉程度较差，也会影响维修工作的可靠性。

4）承包商技能培训方式单一

三门核电主检修承包商在技能培训方面缺乏有效的培训手段，各家对技能培训的重视程度存在较大差异，培训主要依据年度培训计划开展，授课方法以宣贯为主，技能培训效果不太理想。承包商员工对自己承担的岗位缺乏全面的认知，对培训目标和所需掌握的技能标准理解不一致。

5）缺乏周期性技能水平的量化监测手段

目前维修人员在完成上岗流程，取得所需的授权后便可从事对应的维修活动。针对技能水平的审核仅限于上岗前的职业技能鉴定和在岗的培训鉴定，辅助增加工作年限等工作经验的控制，而在岗阶段的技能量化评估仅限于内部培训考核，该考核结果较为单一和片面，不能有效衡量维修人员的技能水平。

针对以上问题，三门核电从实际出发建立了一套技能分级考核体系，具体做法如下。

1. 首创维修技能分级考核标准体系

维修技能分级考核体系是克服维修技能量化困难，结合电厂维修人员技能管控现状提出的有针对性的管理体系。将核特有工种职业技能鉴定程序与系统化培训方法相结合，制定出各岗位的维修技能分级标准，并全面公布，促使包括各维修承包商在内的所有维修人员对照自查，有针对性地开展维修技能培训，促进自学能力提高。对岗位技能标准和技能鉴定进行重点控制，从而简化技能培训这一复杂的中间环节，将大量的常规性技能培训交由各承包商自行组织实施，节约核电厂大量的培训资源（见图21－10）。

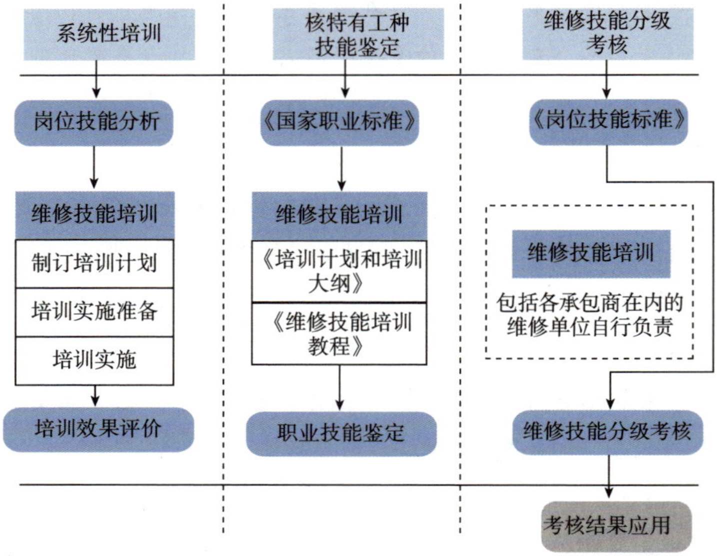

图21－10　维修技能分级考核体系管控流程

借鉴国家职业标准中的核心内容——“工作要求”部分，开发《维修人员技能分级考核标准》，对维修人员的技能水平进行较为准确的定量衡量。主要由机械、电气、仪控3个科室各个专业班组组成，每个专业班组均明确初级、中级、高级职业资格的考核标准。

2. 开发三个维度实操考核技能

维修实操技能考核是技能分级考核的核心内容，由于实际考核过程在很大程度上受到考评员技术水平和考核设施的限制，需要选择合适的考核方式。根据现有技能考核资源将考核方法分为以下三种。

1）现场模拟操作考核法

利用模拟体进行实操考核，考评员对被考核人的某一项操作技能进行观察。同时，考题中明确先决条件、标准维修程序及各步骤得分标准、扣分项及对应的分值范围等。

2）桌面推演模拟考核法

由于受现场设备状态和培训模拟体限制，没有条件对故障排除等稍复杂的维修活动项目进行实操考核，因此采用文字叙述的形式间接地对被考核人进行设备原理、解决实际问题的综合能力考核。在采用桌面推演模拟考核时，考题中应准确说明设备故障情况，在评分标准中应给出原因分析的得分点及对应分值、明确处理程序及各步骤的得分标准、扣分项和对应的分值范围等。

3）口试考核法

各专业的初级工和中级工无须参加面试考核，被考核人需要针对某技能项目的工作原理、操作过程和技术要点等进行描述，考评员可以综合判断被考核人的协作能力、应变能力等内容。面试考题应明确详细的答案及对应的得分标准、扣分项及对应的分值，以保证各考评员的评分标准一致。

3. 专业开发技能分级考核题库

依据国家职业技能鉴定命题标准，建立起初具规模的考核题库。目前已开发理论试题3175题、技能实操题259题。同时，根据专业分类、技能分级等制定了试题编码规则，为规范有序的题库管理奠定了基础。

理论考核采用闭卷书面考试的方式，从题库中随机抽题组卷，主要分为公共基础理论、科室通用理论和小组专业理论3个类别，组卷时针对不同的考核等级侧重不同类别的理论，具体见表21－1。

表21－1　技能分级理论考核分值比例　（%）

类别	初级工	中级工	高级工
公共基础理论	40	20	20
科室通用理论	60	60	30
小组专业理论	—	20	50

4. 维修技能分级考核规范化

作为国内首家实施维修技能分级考核的核电企业，三门核电通过开展专题会议、培训宣贯、走访交流等形式，打消维修承包商对技能分级考核的抵触情绪，同步建立一支技术过硬、作风过硬的考评队伍，营造公平公正客观的考核氛围。

三门核电通过开发技能分级考核管理程序，明确理论、技能、面试答辩等各环节的分值比例、组织实施的程序、各专业技能考评组成员计划等内容。

三门核电通过组织成立考核组委会和考评组，建立考核组织管理体系。其中，考核组委会全面负责本次考核工作的总体计划安排、组织、动员和协调，对整个考核过程进行监督指导、审查最终的考核结果。

三门核电明确了考评人员的基本条件，考评员应当具有高级以上职责资格或中级专业技术职务以上资格，了解并熟悉本专业的专业知识和操作技能，有丰富的考评工作经验。

三门核电通过借鉴核特有工种技能鉴定的考试形式，开发维修人员技能分级考务工作流程。

维修技能分级考核结果的应用首先应作为维修人员岗级调整的一个重要标准，以有效促进维修人员学习提高自身技能水平的积极性。同时，核电厂根据系统设备的重要程度进行了详细的设备分级，根据维修工作风险、技术难度等进行了工作包分级。因此，如将维修技能等级与其相关联（见图21－11），将对核电厂维修工作可靠性的管控发挥积极作用。

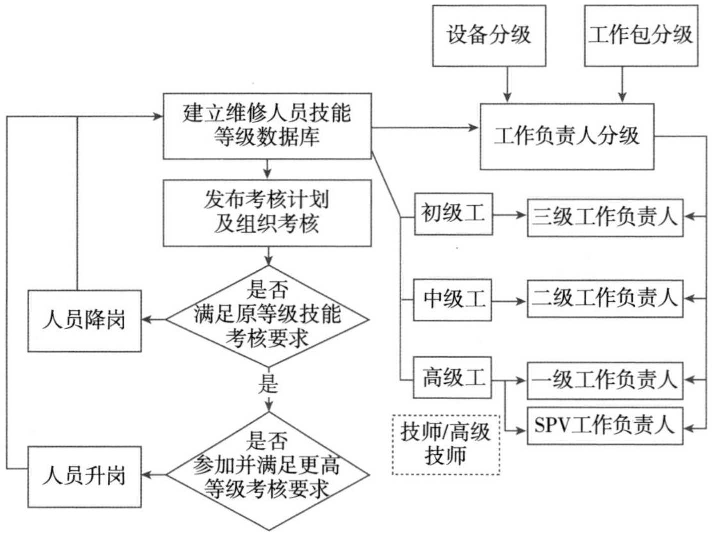

图21－11　维修人员技能等级考核应用总体结构

三门核电在2015年对维修承包商进行预考核，2016年8月首次正式对210名检修承包商实施维修技能分级考核，192人考核合格，合格率为91.43%。2017年10月至2018年4月持续开展检修承包商技能分级考核。经过连续4年的考核实践，整个技能分级考核体系已日趋完善，充分证明了维修技能分级考核体系可操作性。

自公布开展维修技能分级考核工作的计划以来，各维修人员对维修技能的重视程度显著提高，自学专业知识和主动练习专业技能的积极性高涨，已经完成从“要我提升”到“我要提升”的意识转变，营造了全员技能提升的良好态势。

通过将考核结果应用于实践，将维修技能分级考核结果与人员岗级挂钩，与核电厂设备分级、工作包分级相结合，提高了核电厂维修工作安全可靠性。如果各核电厂能够逐步建立起维修技能标准、考核办法等基本一致的维修技能分级考核体系，将可实现在各核电厂之间建立一个维修人员技能等级和考核信息共享的数据库，有利于各核电厂快速评价各维修承包商人员的技能情况。

[点　评]

作为国内首家实施维修技能分级考核的核电企业，三门核电通过构建和实施维修技能分级考核体系，创新维修人员技能量化管控措施，有效促进了维修人员“大技能”提升的目标实现，为基于技能人才的大型电力企业的人才评价提供了新途径、新方法，具有较高的借鉴、推广价值。

（本章编写者：21.1 节，李燕麟；21.2 节，常文杰、李文韬、张明辉；21.3 节，常文杰、周阳、冯静；21.4 节，常文杰、刘琪、王再根、陈超君）

附　录

附表 1　缩略语

英文缩写	英文全称	中文全称
ADDIE	Analysis, Design, Development, Implementation, Evaluation	分析、设计、开发、实施、评价与反馈
AFA3G	Advance Fuel Assemble 3 Generation	第三代改进型燃料组件
AI	Artificial Intelligence	人工智能
ALARA	As Low As Reasonably Achievable	合理可能尽量低
AOM	Advanced Online Monitoring	先进在线监测技术
APG	Steam Generator Blowdown System	蒸发器排污系统
ASME	American Society of Mechanical Engineers	美国机械工程师协会
ASP (ASP - 1, ASP - 2)	Anquan Shengchan Pingtai	安全生产平台
AWT	Automatic Work - order - task Terminal	电子化工单开完工终端
BDX	Biaozhun Daoze Xitong	中国核电标准导则系统
BOM	Bill of Material	设备部件清单
CANDU	Canadian Deuterium Uranium Reactor	加拿大重水铀反应堆
CBM	Condition Based Maintenance	状态维修
CDF	Core Damage Frequency	堆芯损坏频率
CEI	Chemistry Effective Index	美国先进电站化学指标，化学有效性指标
CFAM	Corporate - Function - Area Manager	领域主管

续表

英文缩写	英文全称	中文全称
CFAM－SFAM	Corporate － Function － Area Manager，Site － Function－Area Manager	领域管理模式
CM	Corrective Maintenance	纠正性维修
CNBM	China Nuclear Power Safety Production Business Model	中国核电核电厂安全生产业务模型
CNEA	China Atomic Energy Agency	中国核能行业协会
CNNC	China National Nuclear Corporation	中国核工业集团有限公司
CPO	Crew Performance Observation	运行值绩效评估
CPR	Corporate Peer Review	电力公司同行评估
CSTD	Chinese Society for Talent Development	中国人才发展社群
DAMA	Data Asset Management Association	国际数据管理协会
DCMM	Distributor Coverage Management Module	数据管理能力成熟度评估模型
DCS	Distributed Control System	数字化仪控系统，分布式控制系统
EAM	Enterprise Assets Management	核电厂生产管理系统
ECM	Enterprise Content Management	企业内容管理系统
EDF	Electricite De France	法国电力集团
EDIF	Event，Data，Index，File	中核汇能项目基本信息数据规范体系
EFPD	Equivalent Full Power Days	等效满功率天
EJ	Erjibu Biaozhun	核工业标准
EPC	Engineering Procurement Construction	事件驱动的增值链图
EPRI	Electric Power Research Institute	美国电力研究院
EQP	Equipment Performance Index	设备管理绩效指标
ERC	Equipment Reliability Committee	设备可靠性管理委员会
ERDB	Equipment Reliability Data Base	设备可靠性管理系统
ERI	Equipment Reliability Index	设备可靠性指标
ERMs	Equipment Reliability Management system	设备可靠性管理系统
ERP	Enterprise Resource Planning	企业资源计划，人财物经营管理一体化系统

续表

英文缩写	英文全称	中文全称
ERWG	Equipment Reliability Working Group	美国行业组织设备可靠性工作组
ETL	Extract – Transform – Load	数据仓库技术
EVA	Economic Value Added	经济增加值
Exelon	Exelon Corporation	美国爱克斯龙公司
FEG	Functional Equipment Group	划分功能设备组
FMEA	Failure Mode and Effect Ananlysis	失效模式与影响分析
GOSP	Governance, Oversight, Support, Performance	管控、监督、支持、执行的管理模型
I0	I0	不可用事件
IAEA	International Atomic Energy Agency	国际原子能机构
INPO	Institute of Nuclear Power Operations	美国核电运行研究所
INSAG	International Nuclear Safety Advisory Group	国际核安全咨询组
IotDB	Internet of Things Database	数据库
ISO	International Organization for Standardization	国际标准化组织
ISOE	Information System on Occupational Exposure	职业照射信息系统
i – WeiXiu	i – WeiXiu	日常维修数字化管理系统
JIT	Just In Time	即时经验反馈
JYK	Jihua Yusuan Kaohe	计划—预算—考核
KPI	Key Performance Indicator	关键绩效指标
LCM	Life Cycle Management	寿期管理
LCO	Limiting Condition of Operation	运行限制条件
LERF	Large Early Release Frequency	放射性释放频率
LOE	License Operation Event	机组非停及执照运行事件
LX	Electrical Building	电气厂房
MKJ	Mubiao Kaohe Jili	中国核电目标考核激励体系
MR	Maintenance Rule	维修有效性评价，维修规则
MRO	Maintenance, Repair & Operations	非生产原材料性质的工业用品
MTBF	Mean Time Between Failure	故障率或者平均故障间隔时间
N1 – ECM	N1 – Nuclear Enterprise Content Management	中国核电企业内容管理平台

续表

英文缩写	英文全称	中文全称
N1 – ERP	N1 – Nuclear Enterprise Resource Planning	中国核电人、财、物一体化管理信息系统
N1 – NMS	N1 – Nuclear Fuel Management System	核燃料管理信息系统
NB	Nengyuan Hangye Biaozhun	能源行业 NB 标准
NEI	Nuclear Energy Institute	美国核能协会
NPDS	Nuclear Professional Development Seminar	核职业领导力研讨班
NPV	Net Present Value	净现值
NRC	Nuclear Regulatory Commission	美国核管理委员会
NX	Nuclear Auxiliary Building	核辅助厂房
OCR	Optical Character Recognition	光学字符识别
OE	Operation Experience	运行经验
OLE	Orbital Life Extension	运行许可证延续问题
OSART	Operation Safety Assessment & Review Team	运行安全评估
PDCA	Plan, Do, Check, Action	计划—执行—检查—处理管理循环
PdM	Predictive Maintenance	预测性维修
pH	Potential of Hydrogen	酸碱度
PHM	Plant Health Management	电站健康管理
PIC	Performance Improvement Case	绩效范例
PM	Preventive Maintenance	预防性维修
PMT	Preventive Maintenance Template	预防性维修模板
PSA	Probabilistic Safety Assessment	概率安全分析
PTR	Spent Fuel Pool Cooling (and Treatment) System	乏燃料水池冷却和处理系统
QC	Quality Control	质量控制
QDR	Quality Deficiency Report	质量缺陷报告
RBS	Resource Breakdown Structure	资源分解结构
RCA	Root Cause Analyse	根本原因分析
RCM	Reliability – Centre Maintenance	以可靠性为中心的维修
REs	Renewable Energy Sources	新能源项目状态控制系统
RFID	Radio Frequency Identification	射频识别
RINPO	Research Institute of Nuclear Power Operation	核动力运行研究所

续表

英文缩写	英文全称	中文全称
RMPFF	Repetitive Maintenance Preventable Functional Failure	重复发生的维修可预防的功能失效
RO	Reactor Operator	操纵员
RRA	Residual Heat – Removal System	反应堆余热排出系统
RSE – M	In – Service Inspection Rules for Mechanical Components of Pwr Nuclear Islands	压水堆核电厂核岛机械设备在役检查规则
RTM	Run – to – Maintenance	失效维修
SAP	System Applications and Products	企业管理解决方案
SAT	Systematic Approach to Training	系统化培训方法
SCI	Scientific Citation Index	科学引文索引
SER	Significant Event Report	中国核电重要事件群厂经验反馈报告
SFAM	Site – Function – Area Manager	子领域主管
SIP	Strategy – Item – Point	工效联动市场化绩效薪酬体系
SMART	Specific, Measurable, Attainable, Realistic, Time Bound	明确、可测量、可达到、现实合理、有时限
SOEE	Stage of Excellence	卓越阶段模型
SOER	Significant Operating Experience Report	重要运行经验报告
SPMS	Sanmen Project Management System	三门核电项目管理信息系统
SPV	Single Point Vulnerability	关键敏感设备
SRCM	Streamlined Reliability Centered Maintenance	设备可靠性分析
SREE	Safety, Reliability, Efficiency, Environmental Protection	安全、可靠、高效、环保
SRO	Senior Reactor Operator	高级操纵员
SSCs	Structure, System, Component	电站构筑物、系统和设备
SWOT	Strengths, Weaknesses, Opportunities, Threats	态势分析法
TRO	Technical Requirement of Operation	运行技术要求
UCF	Unit Capacity Factor	机组能力因子
UPS	Uninterruptible Power System	不间断电源系统
VBM	Value – Based Maintenance	基于价值的维修
VBM	Value – Based Management	价值管理

续表

英文缩写	英文全称	中文全称
VVER	Vodo - Vodyanoi Energetichesky Reactor	俄罗斯第三代核电机组
VVP	Main Steam System	主蒸汽系统
WANO	World Association of Nuclear Operators	世界核电运营者协会
WANO GL 2003 -01	Guidelines for Operating Experience at Nuclear Power Plants	《核电厂运行经验指南》
WANO GL 2010 -01	Guidelines for Performance Improvement at Nuclear Power Stations	《核电厂业绩改进导则》
WBS	Work Breakdown Structure	工作分解结构
XTP	Xitonghua de Tixi Pingtai	中国核电管理制度数智化平台

附表 2 单位简称与全称

单位简称	单位全称
中核集团	中国核工业集团有限公司
中国核电	中国核能电力股份有限公司
秦山核电	秦山核电有限公司、核电秦山联营有限公司、秦山第三核电有限公司、中核核电运行管理有限公司
江苏核电	江苏核电有限公司
福清核电	福建福清核电有限公司
海南核电	海南核电有限公司
三门核电	三门核电有限公司
中核武汉	中核武汉核电运行技术股份有限公司
运行研究院	核电运行研究（上海）有限公司
漳州能源	中核国电漳州能源有限公司

后　记

2022年是中核集团“精细化管理年”，为及时固化中国核电精细化管理成果，分享中国核电30多年来通过精细化管理实现绩效卓越、走向行业领先、迈向世界一流的管理经验，展示在核电运行精细化管理方面的优秀案例和良好实践，中国核电党委决定编制本书，并成立了以中国核电领导为组长，由中国核电经营计划部、安全质量部、党群工作部与海南核电、秦山核电、运行研究院相关人员组成的编辑部，负责组织中国核电各成员单位共同编辑成书。

全书分为上、下两篇，上篇“精细化群堆管控”重点介绍了中国核电在党建联建与企业文化、组织架构与绩效管控等13个方面的精细化管理经验总结，下篇“精细化电厂运营”汇集了秦山核电、江苏核电、福清核电、海南核电、三门核电、中核武汉、运行研究院、漳州能源等成员单位，在公司治理、生产管理等8个方面的75个精细化管理优秀案例。

在编辑部和中国核电各成员公司的通力协作下，本书从策划到成书仅用了4个月的时间，高效编辑的背后，恰好体现了编辑组织过程中的精细分工和有力执行。

本书在编辑过程中，还得到了中国经济出版社、《国资报告》杂志社和北大纵横管理咨询有限责任公司的支持指导，在此致以诚挚的谢意。

书中难免存在疏漏舛误之处，敬请读者谅解并提出宝贵意见！